U0453096

本书系国家社会科学基金重大项目"清末民国时期图书馆事业档案整理与研究"(项目编号：15ZDB128)成果之一

清末民国时期
图书馆事业档案及其利用研究

姚乐野 等著

中国社会科学出版社

图书在版编目（CIP）数据

清末民国时期图书馆事业档案及其利用研究／姚乐野等著. -- 北京：中国社会科学出版社，2023.12.
ISBN 978-7-5227-4190-1

Ⅰ. G259.295

中国国家版本馆 CIP 数据核字第 2024635WH7 号

出 版 人	赵剑英
责任编辑	张 潜
责任校对	王丽媛
责任印制	张雪娇

出　　版	中国社会科学出版社
社　　址	北京鼓楼西大街甲 158 号
邮　　编	100720
网　　址	http：//www.csspw.cn
发 行 部	010-84083685
门 市 部	010-84029450
经　　销	新华书店及其他书店
印　　刷	北京明恒达印务有限公司
装　　订	廊坊市广阳区广增装订厂
版　　次	2023 年 12 月第 1 版
印　　次	2023 年 12 月第 1 次印刷
开　　本	710×1000　1/16
印　　张	47.75
字　　数	665 千字
定　　价	268.00 元

凡购买中国社会科学出版社图书，如有质量问题请与本社营销中心联系调换
电话：010-84083683
版权所有　侵权必究

目 录

绪 论 ……………………………………………………………… (1)
  第一节　研究背景与意义 ………………………………………… (1)
  第二节　研究现状及评述 ………………………………………… (3)
  第三节　研究对象及内容 ………………………………………… (15)
  第四节　研究思路与方法 ………………………………………… (17)

第一篇　清末民国时期图书馆事业及其档案概述

第一章　清末民国时期图书馆事业发展概述 ……………………… (21)
  第一节　清末新式图书馆的产生 ………………………………… (21)
  第二节　民国时期图书馆发展概况 ……………………………… (27)
  第三节　民国时期图书馆制度建设 ……………………………… (33)
  第四节　民国时期图书馆学教育 ………………………………… (49)
  第五节　民国时期图书馆学术活动 ……………………………… (53)

第二章　清末民国时期图书馆事业档案概述 …………（58）
第一节　清末民国时期图书馆事业档案的分布情况 ………（61）
第二节　清末民国时期图书馆事业档案的内容概要 ………（67）
第三节　清末民国时期图书馆事业档案的史料价值 ………（97）

第二篇
图书馆管理与运行的分类研究

第三章　民国时期国立罗斯福图书馆研究 ……………（129）
第一节　国立罗斯福图书馆政治层面的几个问题 …………（130）
第二节　国立罗斯福图书馆的社会交往 ……………………（149）
第三节　国立罗斯福图书馆的馆务工作 ……………………（165）
第四节　严文郁访美活动 ……………………………………（170）
第五节　国立罗斯福图书馆的历史评价 ……………………（181）

第四章　民国时期四川地区基层图书馆研究 …………（184）
第一节　民国时期四川地区基层图书馆档案概况 …………（185）
第二节　民国时期四川地区基层图书馆兴起的原因 ………（188）
第三节　民国时期四川地区基层图书馆发展概况 …………（196）
第四节　民国时期四川地区基层图书馆馆务活动专题研究 ………………………………………………………（201）
第五节　民国时期四川地区基层图书馆的特点及历史地位 ………………………………………………………（242）

第五章 民国时期儿童图书馆研究 ……………………………… (249)
- 第一节 民国时期儿童图书馆档案概况 ……………………… (250)
- 第二节 民国时期儿童图书馆产生的背景 …………………… (254)
- 第三节 民国时期儿童图书馆的发展概况 …………………… (269)
- 第四节 民国时期儿童图书馆个案研究 ……………………… (297)
- 第五节 民国时期儿童图书馆的历史评价 …………………… (332)

第六章 全面抗战时期重庆地区图书馆研究
(1937—1945) ………………………………………………… (353)
- 第一节 全面抗战时期重庆图书馆档案概况 ………………… (355)
- 第二节 全面抗战时期重庆图书馆发展的背景 ……………… (367)
- 第三节 全面抗战时期重庆图书馆发展的概况 ……………… (381)
- 第四节 全面抗战时期重庆图书馆发展个案研究 …………… (394)
- 第五节 全面抗战时期重庆图书馆发展评价及小结 ………… (415)

第三篇
图书馆事业与图书馆教育、图书馆协会、图书馆职业化的互动关系研究

第七章 民国时期文华图专的图书馆学教育研究 ……………… (429)
- 第一节 文华图专的历史沿革 ………………………………… (430)
- 第二节 文华图专的课程设置 ………………………………… (442)
- 第三节 文华图专的教学、实践与科研 ……………………… (466)
- 第四节 文华图专的招生与就业 ……………………………… (481)

第五节　出国深造与国内交流 …………………………………（513）
第六节　文华图专的历史评价 …………………………………（518）

第八章　民国时期图书馆协（学）会研究 …………………（520）
第一节　民国时期图书馆协（学）会档案概况 ………………（520）
第二节　民国时期图书馆协（学）会的酝酿与成立 …………（525）
第三节　民国时期图书馆协（学）会的运行与发展 …………（531）
第四节　民国时期图书馆协（学）会的没落 …………………（561）
第五节　民国时期图书馆协（学）会的个案研究 ……………（566）

第九章　民国时期女性图书馆员研究 ………………………（589）
第一节　民国时期女性图书馆员档案概况 ……………………（589）
第二节　民国时期女性图书馆员产生的时代背景 ……………（591）
第三节　民国时期对女性与图书馆职业的认识 ………………（601）
第四节　民国时期女性图书馆员发展概况 ……………………（607）
第五节　民国时期女性图书馆员个体与聚合专题研究 ………（631）
第六节　民国时期女性图书馆员群体形成的意义及影响 ……（645）

第十章　民国时期图书馆阅读推广研究 ……………………（655）
第一节　民国时期图书馆阅读推广档案概况 …………………（655）
第二节　民国时期图书馆阅读推广的背景分析 ………………（676）
第三节　民国时期图书馆阅读推广的发展状况 ………………（694）
第四节　民国时期图书馆阅读推广个案研究 …………………（701）
第五节　民国时期图书馆阅读推广的影响分析 ………………（712）

参考文献 ……………………………………………………………（719）

后　　记 ……………………………………………………………（743）

图 目 录

图 0-1　"四川省立图书馆"职雇员工资与生活补助经费档案……（7）
图 0-2　1940年有关江北县民教图书馆的档案、璧山县立
　　　　图书馆馆务档案……………………………………（9）
图 0-3　研究框架 ……………………………………………（17）
图 1-1　清末成立的代表性公共藏书楼和图书馆 ……………（27）
图 1-2　1911—1936年《中国近六十年来图书馆大事记》
　　　　统计数量分布 ………………………………………（30）
图 1-3　1915—1934年中华图书馆协会统计数量分布 ………（30）
图 1-4　民国时期图书馆学著作出版数量年度分布 …………（54）
图 2-1　清末图书馆档案中记载奏设图书馆事项 …………（104）
图 4-1　民国时期大邑图书馆 ………………………………（219）
图 4-2　万县公立图书馆捐赠图书存根与收据 ……………（225）
图 4-3　万县公立图书馆寄存图书存根与收据 ……………（227）
图 4-4　万县公立图书馆藏书分类比较 ……………………（231）
图 7-1　毛坤著《机关文书处理规程》（未刊稿）封面
　　　　及封底 ……………………………………………（467）
图 7-2　文华图专学生身体检查登记表 ……………………（494）
图 7-3　档案管理班毕业证书（1942）……………………（502）
图 7-4　文华图专图书馆学毕业证书（1947）……………（503）
图 10-1　关于前来镇文化股领取巡回文库的通知 …………（706）
图 10-2　李爵如领到巡回文库的收据 ………………………（707）

表 目 录

表 1-1　民国时期《图书馆规程》《通俗图书馆规程》
　　　　修订简表 ………………………………………… (35)
表 1-2　民国时期代表性图书馆协会简况 ………………… (55)
表 2-1　近代图书馆史研究使用文献比例 ………………… (60)
表 2-2　近代图书馆史研究中使用的档案文献来源
　　　　档案馆分布 ……………………………………… (60)
表 2-3　清末民国时期图书馆事业档案地区分布情况 …… (67)
表 3-1　重庆市图书馆协会历次讲演题目及讲演人 ……… (161)
表 4-1　邻水县民众教育馆经费支出一览表
　　　　（1937—1940 年） ……………………………… (213)
表 4-2　新都县图书馆及其他教育机构 1932—1933 年
　　　　支出比较表 ……………………………………… (215)
表 4-3　1934 年新都县立图书馆各类图书册数统计表 ……… (232)
表 4-4　邻水县立民众教育馆馆藏书目清单
　　　　（1940 年 10 月） ………………………………… (234)
表 4-5　万县公立图书馆阅览人数统计表 ………………… (237)
表 5-1　京师通俗图书馆 1916—1918 年图书阅览券数
　　　　统计表 …………………………………………… (273)
表 5-2　1912—1920 年儿童图书馆相关论文发表统计 …… (277)
表 5-3　1925—1929 年儿童图书馆数量一览表 ………… (280)

表 5-4	推广期儿童图书馆相关著作一览表	(284)
表 5-5	天津社会教育办事处儿童图书馆 4—9 月阅书情况统计	(301)
表 5-6	社会教育办事处儿童图书馆 1917 与 1922 年征集展览会展品及相关条件	(303)
表 5-7	江西省立图书馆儿童阅览室设置及开展儿童服务一览表	(322)
表 5-8	1935.7—1936.6 儿童阅览室阅览人数统计表	(326)
表 5-9	图书流通处 1934.8—1935.4 各处阅览人数统计表	(331)
表 6-1	全面抗战时期重庆图书馆事业档案大致分布情况	(356)
表 7-1	教育部对文华图专教席与设备的拨款	(436)
表 7-2	文华图专课程一览表（1937 年前）	(443)
表 7-3	1937 年文华图专的课程及课时	(445)
表 7-4	内迁时期私立武昌文华图书馆学校学程一览表（1940 或 1941）	(451)
表 7-5	复员时期及合并前文华图专的课程设置	(454)
表 7-6	文华图专任教外籍教员概况	(457)
表 7-7	私立武昌文华图书馆学专科学校 补助费设置特种教席状况报告表（二十五年度）	(460)
表 7-8	周爱德简历及教学计划	(461)
表 7-9	文华图专外籍教师发表的论文概况	(462)
表 7-10	私立武昌文华图书馆学专科学校二十五年度第二学期授课时间表	(471)
表 7-11	文华图专各班历届入学及毕业人数统计表	(504)
表 7-12	私立武昌文华图书馆学专科学校三十二学年度毕业学生说明表	(509)
表 7-13	征求本校毕业学生工作登记表	(509)

表 7-14	文华图专出国留学深造情况	(514)
表 8-1	中华图书馆协会第一次年会议决案一览表	(567)
表 9-1	1912 年至 1928 年 7 位女性图书馆员教育背景一览表	(612)
表 9-2	1912 年至 1928 年 7 位女性图书馆员籍贯及图书馆从业经历	(613)
表 9-3	女性图书馆员参加第一至第三次中华图书馆协会年会情况	(618)
表 9-4	女性图书馆员中华图书馆协会第一次年会提案情况（1929 年）	(620)
表 9-5	冯陈祖怡协会任职情况一览表	(635)
表 9-6	国立广西大学图书馆普通女性图书馆员履历表（1930 年）	(643)
表 9-7	1931 年常熟妇女职业调查一览表	(646)
表 9-8	浙江图书馆人员性别统计情况一览表	(653)
表 10-1	民国时期图书馆阅读推广关键词表	(657)
表 10-2	各馆馆藏民国时期图书馆阅读推广相关档案情况一览表	(657)
表 10-3	民国不同时期图书馆数量统计表	(683)
表 10-4	民国不同时期浙江省立图书馆宗旨对照表	(686)
表 10-5	1929—1933 年天津市市立通俗图书馆读者阅览统计表	(699)

绪　　论

第一节　研究背景与意义

一　研究背景

图书馆作为人类社会发展和文明进程中的重要历史产物，是人类精神资源和文明成果重要的承载体，被誉为"人类灵魂的宝库""文化传承的殿堂"，在保存人类文化遗产、提供知识信息、传播先进文化、开展社会教育等方面承担着重要职责。清末民国时期是中国传统藏书楼衰落，近代图书馆兴起和发展的重要历史阶段，其间跨越不同的历史时期，图书馆事业的兴衰演变呈现出明显的复杂性、阶段性特点。清末，伴随着中国社会性质的演变、西学东渐的深入，西方图书馆思想开始传入中国，与中国传统的藏书理念相互碰撞与融合。在这一过程中，中国传统官方藏书楼、书院藏书楼、私家藏书楼等逐步向公共图书馆、学校图书馆、私立图书馆等演变。民国时期，随着国立、省立、县立、大学和教会等类型图书馆的蓬勃发展，以武昌文华图书馆学专科学校为代表的专门图书馆学教育机构创设，以中华图书馆协会为代表的图书馆协会（学会）等专业机构的产生与发展，中国传统目录学、校雠学、版本学与西方图书馆学交汇合流，逐步形成与国情相结合的中国图书馆事业本土化发展道路。在中华传统文化和西方图书馆思想的双重影响下，我国近代图书馆蓬勃兴起与发展。因此，无论是在图书馆事业史发展的阶段上，还是图书馆事业本身实践，清末民国时期图书馆事业都是一个值得重点研究的领域。

长期以来，学界对清末民国时期图书馆事业的研究主要依据的资料为当时的报刊、著作、论文等公开出版的文献，极少利用档案文献开展相关研究，使得清末民国时期图书馆事业在一些重要领域和关键问题上尚未得到系统深入的研究。而清末民国时期图书馆事业档案是当时图书馆事业发展最为原始的记录，是研究该时期图书馆事业最为真实可靠的第一手资料，对于更为深入系统地研究该时期图书馆事业具有重要的参考价值与支撑作用。

目前我国各级各类档案馆、图书馆等文化事业机构保存着大量这一时期图书馆事业的档案，但总体而言，学术界对这类档案的整理与研究尚处于起步阶段，大陆地区对这一时期档案大规模的系统化收集、整理与利用研究尚未开始，在清末民国时期图书馆事业档案整理利用方面，与其他学科（如法学界）对于清代和民国档案的整理利用相较亦有差距，档案利用仅局限于个案或局部的研究，研究成果不成体系且缺乏深度。诚如北京大学王子舟教授所言"只有认真翻阅那些泛黄的原始文献，才能获得历史的现场感；只有仔细解读那些繁体字乃至文言文，才能领悟先贤的睿智与感情"[①]。档案具有其他史料无可比拟的权威性，被誉为"没有掺过水的史料"，可"补史之缺、参史之错、详史之略、续史之无"。因此，充分收集、整理清末民国时期图书馆事业档案，并利用档案深化图书馆史的重点领域和关键环节研究，具有重要的理论意义和应用价值。

二 研究意义

（一）普查清末民国时期图书馆事业档案，为近代图书馆史研究奠定坚实的文献基础

通过清末民国时期图书馆事业档案的现状普查，弄清楚清末民国

---

① 王子舟：《图书馆学研究对象的历史误读》，《图书馆》2000 年第 5 期。

时期图书馆事业档案的馆藏分布、主要内容和史料价值。一方面，充分挖掘这一时期图书馆事业档案的学术价值，拓展清末民国时期历史档案利用；另一方面，对清末民国时期图书馆事业档案的馆藏分布、内容和价值进行专题研究，有助于为研究者提供档案查询利用指引，为近代图书馆史的重新书写奠定坚实的文献基础。

（二）深化清末民国时期不同类型图书馆的管理与运行研究

针对现有清末民国时期图书馆史研究尚存在的薄弱环节和语焉不详之处，以档案为基础，并与其他相关文献互相补充、互相印证，选取尚未系统开展研究的国立罗斯福图书馆、基层图书馆和儿童图书馆（专门图书馆）以及抗战时期大后方地区图书馆等不同类型的图书馆，进行系统化的研究，有助于揭示清末民国时期不同类型图书馆的管理与运行状况，深化近代图书馆史关键环节和领域的研究。

（三）加强清末民国时期图书馆事业发展的互动关系研究

清末民国时期图书馆事业的发展是一个多元素关联、互动的过程。这种互动与关联，既有图书馆事业发展催生的图书馆教育、图书馆社团组织、图书馆员职业化以及阅读推广工作，也有社会发展、历史环境、图书馆学教育、职业化和阅读推广反作用于图书馆事业的发展。加强清末民国时期图书馆事业及相关要素的互动关系研究，有助于拓展近代图书馆史的研究以及文化史、教育史和社会史的书写，并为当代的图书馆事业建设提供历史借鉴。

第二节 研究现状及评述

一 研究现状

清末民国时期图书馆事业档案及其利用研究是一项涉及图书馆学、档案学和中国近代史等学科领域的研究主题，通过对中外有关数据库及文献资料查阅可知，目前该领域的成果主要是有关清末民国时期图书馆事业史料的整理与出版，而有关"清末民国时期图书馆事业档案"和"利用档案开展清末民国时期图书馆事业研究"的成果比较匮乏。根据研究主题，将有关成果概要总结如下：

（一）清末民国时期图书馆事业档案的保存与整理情况

笔者对国家档案局、中国第一历史档案馆、中国第二历史档案馆、各省和中国台湾地区档案馆、高校档案馆及相关机构的门户网站进行了查阅，并对部分地区的档案馆进行了实地调查，可知现存清末民国时期档案数量庞大，内容丰富。从清代档案而言，目前存世约两千万件，除了一千余万件清代中央国家机关档案集中保存于中国第一历史档案馆外，其余部分（尤其是清代地方衙门及民间档案）则分藏于国内外数百个档案馆及相关图书馆、博物馆、研究部门的资料室和个人手中，其中国内各级地方档案馆是这些档案的保藏大户（据中国第一历史档案馆发布的调查报告）。就民国档案而言，一是中国第二历史档案馆共藏有1354个全宗（225万余卷），主要包括南京临时政府档案、民国北京政府档案、南京国民政府档案、日伪政权档案和特藏档案等；二是全国各省市县档案馆收藏有大量的民国档案，如《全国民国档案通览》一书收录了全国3800余家档案馆所藏民国档案的14500多个条目的全宗级目录信息；三是中国台湾地区现存的1949年前产生的民国档案，亦是民国档案不可或缺的组成部分，主要包括"1949年国民政府撤离大陆时带往台湾的档案、1945年台湾光复后至1949年国民党政权退台期间台湾省政府形成的档案、日本殖民统治中国台湾时期形成的台总督府档案"三方面的内容，主要存放在台湾"国史馆""党史馆"及"中央研究院"近代史研究所档案馆三地，还有部分档案散存于台湾"外交部""海军总司令部""邮政博物馆""国防部史政局"及"国防部情报局"等相关部门。综上可知，现存清末民国档案卷帙浩繁，各级各类档案馆、图书馆等文化事业机构已进行了大量的收集、整理和开发利用工作，为各领域的学术研究提供了宝贵的档案资料。其中，清末民国时期图书馆事业档案的大致情况如下：

1. 清末民国时期图书馆事业档案分布情况

（1）从档案"地域"分布而言，以设有独立的民国时期"图书馆"档案全宗为例，目前可查的民国时期"图书馆"档案全宗分散保存在全国众多档案保管相关机构。如中国第二历史档案馆（2个图书馆全宗）、首都图书馆（3个图书馆全宗）、上海市档案馆（1个图书馆全宗）、重庆市档案馆（2个图书馆全宗）、重庆市万州区档案馆（2个图书馆全宗）、重庆市璧山区档案馆（1个图书馆全宗）、南京市档案馆（1个图书馆全宗）、泰州市档案馆（1个图书馆全宗）、安徽省档案馆（1个图书馆全宗）、江西省档案馆（1个图书馆全宗）、邵阳市第一档案馆（1个图书馆全宗）、广东省档案馆（1个图书馆全宗）、四川省档案馆（1个图书馆全宗）、四川省江油市档案馆（1个图书馆全宗）、三台县档案馆（1个图书馆全宗）、长宁县档案馆（1个图书馆全宗）、武汉大学档案馆（私立武昌文华图书馆学专科学校档案）等。

（2）从档案"全宗"分布而言，设有独立的清末民国时期图书馆事业相关档案全宗的毕竟是少数，而大量的清末民国时期图书馆事业相关的档案分散在不同的档案全宗。如中国第一历史档案馆有关清末图书馆事业的档案分布在"军机处（全宗号：03）、宫中（全宗号：04）、内务府（全宗号：05）、学部（全宗号：19）"等全宗；北京市档案馆有关民国时期图书馆事业档案则分布在"北平市政府（全宗号：J001）、北平市社会局（全宗号：J002）、北平市教育局（全宗号：J004）和国立北京大学农学院（全宗号：J066）"等十余个全宗；四川省档案馆有关民国时期图书馆事业档案中，除了"四川省图书馆（全宗号：民109）"一个专门全宗外，其他相关档案则分布在"四川省政府秘书处（全宗号：民041）、四川省人事处（全宗号：民042）、四川省财政厅（全宗号：民059）和四川省教育厅（全宗号：民107）"等十余个全宗。此外，在台湾亦散存有民国时期图书馆事业相关的档案，如"国立中央图书馆"的部分档案主要藏于台湾"国家图书馆"、"武昌文华图专"的部分档案主要藏于台湾"档案管理局"。

2. 民国时期图书馆事业档案内容构成情况

民国时期图书馆事业相关的档案记录着这一时期图书馆事业的方方面面，内容丰富多样，是研究这一时期图书馆事业的重要史料基础。如四川省档案馆所藏"四川省图书馆（全宗号：民109）"全宗共有档案22卷（排架长度0.5米），形成于1941至1949年，主要内容包括"四川省图书馆的机构编制、部室设置的文件；有关职雇员聘用、考勤、奖惩、抚恤的文件与职雇员调查表、资历表，现任职雇员名册、薪俸表；四川省政府、省教育厅、财政厅等颁发的公务员铨叙办法、统计查报章程、人事调动、职员待遇调整的训令、指令、通知；有关请省会警察局派员守卫以保安全的文件等"；如重庆市万州区档案馆所藏"万县公立通俗图书馆（全宗号：0150）"全宗共有档案10卷（排架长度0.2米），形成于1927至1942年，主要内容包括"万县公立通俗图书馆开馆和迁址的文件，图书馆组织大纲、细则，职员履历概略，馆藏书室、阅览室规则及标语，有关图书馆购书、经费预算的文件等"。除专门全宗外，如四川省档案馆其他卷宗亦包括有"图书馆馆藏书目、市县图书馆在职人员名单、人员任用审查书、各机关院校图书馆目录资料等内容"；北京市档案馆可检索数字化并提供利用的民国时期图书馆事业档案共有384条，包括"北平市各类图书馆建立与撤并、组织章程、采购书籍、经费、巡回图书阅览、人事变动、北平图书馆协会"等内容。可知这一时期的档案反映着图书馆的规章制度、组织结构、人事、馆藏、经费和教育等。下图为四川省档案馆所藏"四川省立图书馆"职雇员工资与生活补助经费档案。

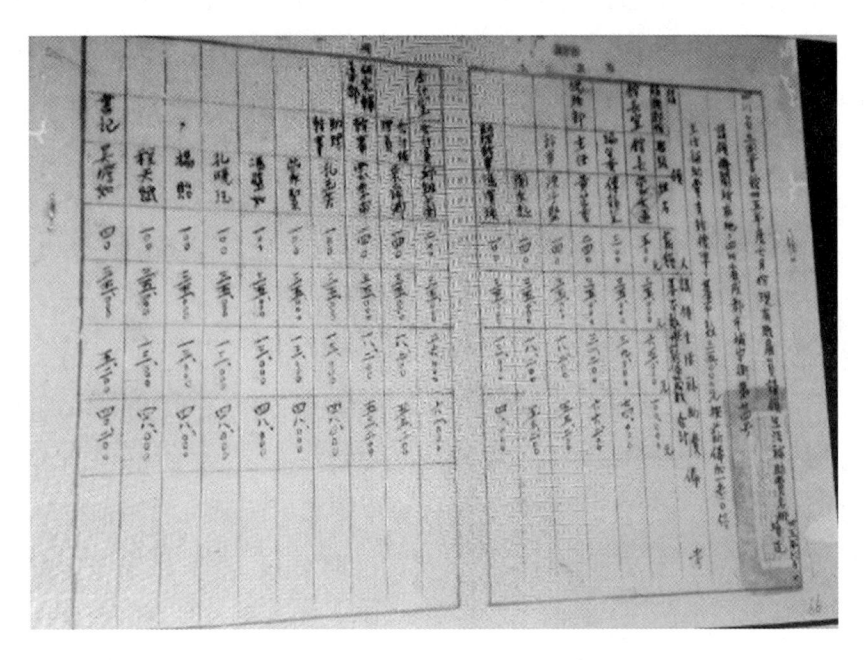

图 0-1 "四川省立图书馆"职雇员工资与生活补助经费档案

3. 清末民国时期图书馆事业档案整理与保护情况

（1）从现有档案整理成果而言，尚缺乏专门的清末民国时期图书馆事业档案汇编、档案目录和档案指南等成果。以中国第一历史档案馆、中国第二历史档案馆为代表的相关档案部门与机构，围绕清末民国时期的历史档案形成了大量的特定事件、特定主题、特定时期和特定人物等档案汇编成果，如中国第一历史档案馆公布的《明清档案出版总目》便列举了320余种档案汇编成果、中国第二历史档案馆公布的档案汇编目录中列举了90余种档案汇编成果。然而在这大量的档案汇编成果中，仅有少数汇编成果含有"图书馆"事业相关档案。代表性成果如《京师图书馆造送书籍数目册》（1913年）中收录有《京师图书馆档案》；《全国民国档案通览》（全10册）中共收录了21条有关"图书馆"档案全宗的介绍，包括第1册中的"国立中央图书馆（第112页）、日伪国立中央图书馆（第278页）、首都图书馆（第369

页)、京师通俗图书馆（第369页）、京师第一普通图书馆（第370页）"；第2册中的"中华业余图书馆（第41页）、国立罗斯福图书馆（第381页）、重庆市立图书馆（第381页）、万县公立通俗图书馆（第513页）、万县民众教育馆/图书馆（第513页）、璧山县图书馆（第572页）"；第4册中的"南京市民众图书馆（第47页）、泰县民众教育馆和图书馆（第121页）、安徽省立图书馆（第400页）"；第5册中的"江西省立图书馆（第294页）"；第6册中的"邵阳县图书馆、教育馆（第398页）"；第7册中的"中山图书馆（第7页）、四川省图书馆（第294页）"；第8册中的"彰明县民众教育馆、彰明县图书馆（第114页）、三台县图书馆（第131页）、长宁县立图书馆（第335页）"。此外，其他档案汇编成果中零星收录了"图书馆"档案，如中国第二历史档案馆编的《民国时期文书工作和档案工作资料选编》（档案出版社，1987年）中的"私立武昌文华图书馆学专科学校开办档案教育"（第655页）；广东省档案馆编的《民国时期广东省政府档案史料选编（1925.7—1949.8）》（广东省档案馆，1989年）第11册中的"广东省立图书馆（第216页）、中山图书馆（第216页）、仲元图书馆（第216页）"；天津市档案馆等编的《天津商会档案汇编1937—1945》（天津人民出版社，1997年）中的"国立劳动大学图书馆编制国内新旧书店调查表"（第1389页）；陕西省档案馆、陕西省社会科学院编的《陕甘宁边区政府文件选编》（陕西人民教育出版社，2013年）第二辑中的"延安中山图书馆启事"（第221页）等。

（2）从档案保护而言，清末民国时期图书馆事业档案资料非常珍贵、内容丰富，但破损严重，亟需保护。这既是加强这一时期档案管理工作本身的要求，也是系统、深入研究这一时期图书馆事业的客观需求。通过调研可知，由于历史、时间和保管条件等多种原因，部分清末民国时期图书馆事业档案存在不同程度的破损情况，需要开展针对性的档案整理工作以加强档案保护，下图为与民国时期图书馆事业相关的亟需整理和保护的破损档案示例。

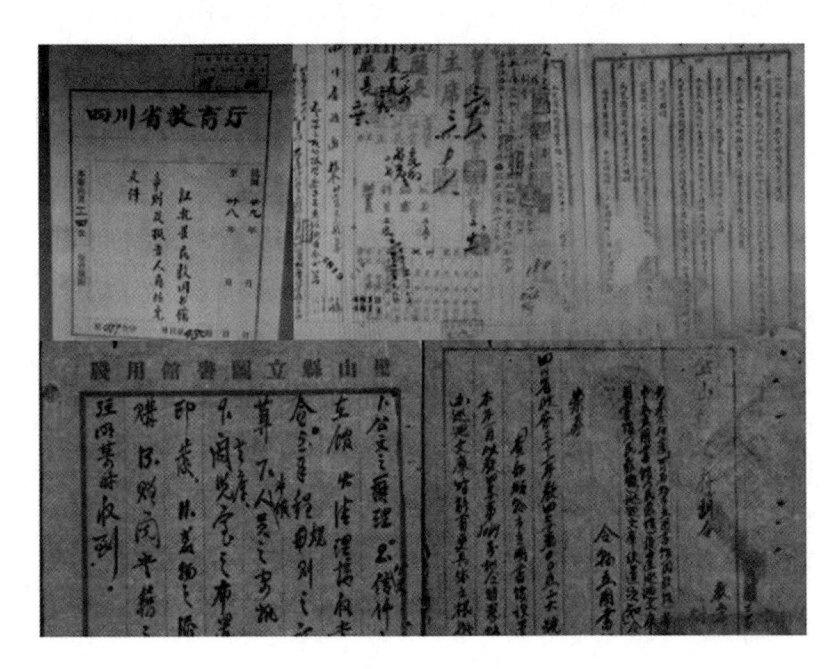

图 0-2　1940 年有关江北县民教图书馆的档案、璧山县立图书馆馆务档案

(二) 清末民国时期图书馆事业档案的研究利用情况

1. 清末民国时期图书馆事业档案提供利用情况

通过调研可知，中国第一历史档案馆、中国第二历史档案馆与各省市县档案馆所藏清末民国时期图书馆事业档案，大多已对外提供开放利用，但尚未提供清末民国时期图书馆事业专题档案的利用工作，研究者可通过网上和到馆相结合的方式自行查找利用。通过该部分档案提供利用情况分析可知：一方面，民国时期图书馆事业档案分散保存在全国各级各类档案馆、图书馆等文化事业机构中的不同档案全宗，部分地区有专门的"图书馆"档案全宗，部分地区保存在其他档案全宗；另一方面，各地区档案数字化程度不一，提供的档案目录信息或全文详略不同，如山东省和江苏省档案馆数字化程度高，而部分地区（如四川省、上海市等）档案馆有"图书馆"档案全宗介绍，但无法在官方网站查阅等。此外，通过其他各省市县档案馆网站"历史档案或民国档案"栏目检索查阅可知,大部分档案仅提供目录信息,可了解到所需档案的题名、责任者、形成机构、时间、全宗号和档号等基本信息,仅有广东、山东、湖北、江苏、浙江和天津等少量地方档案馆在官方网站提供了档案目录查询或部分档案扫描件供查阅。

2. 利用档案开展清末民国时期图书馆事业研究情况

通过对现有清末民国时期图书馆事业研究相关文献的前言、摘要、资料来源介绍和参考文献的分析可知,目前已有研究成果对清末民国时期图书馆事业档案的利用率极低。以可查1300余篇清末民国时期图书馆事业研究的期刊论文统计为例,仅有80余篇论文参考引用或查阅过少量档案,大致包括以下情况:一是对已出版的档案汇编成果的参考应用,如《京师图书馆档案》被《北京图书馆的历史和发展》(丁志刚,1980年)和《鲁迅先生对历史文献的保护、整理与使用》(李希泌、刘明,1980年)等论文参引;《中华民国史档案资料汇编》被《近代图书馆隶属体制浅议》(曾凡菊,2003年)、《清末新政倡行图书馆的立场与贡献》(范玉红,2006年)、《"整理国故"运动对近代图书馆建设的促进》(吴稌年,2006年)和《从"全球价值"到"地域关怀":近代教会大学图书馆功能考察》(吴民祥,2015年)等论文参引;《京师大学堂档案选编》被《清末民初日本图书馆学的传入及其影响》(潘燕桃、程焕文,2014年)等论文参引。二是对《历史档案》和《民国档案》两种杂志公开的档案史料的利用,如《历史档案》杂志公布的《清末创办公共图书馆史料》被《近代中国对图书馆社会教育职能认识的嬗变》(疏志芳,2008年)和《清末图书馆发展过快说略》(苏全有、邹宝刚,2012年)等论文引用。三是研究者到档案馆的查询利用,如《民国时期甘肃的图书馆事业》(邵国秀,1992年)查询利用甘肃省档案馆所藏图书清册档案分析了小学图书馆(室)的藏书量;《民国时期的宁夏公共图书馆事业》(李景华、索冰,1999年)查询利用了宁夏自治区档案馆"民国时期档案"文教类、中国第二历史档案馆"教育部档案";《民国时期"国立图书馆"问题研究》（杨玉麟，2000年）查阅利用了西安市档案馆1948年国立西安图书馆筹备委员会专门为员工求援寻购面粉的公函；《探寻郑振铎与近代中国古籍影印之情——以南京图书馆新见民国时期国立中央图书馆书目档案为据》（苏维，2018年）查阅利用了南京的国立中央图书馆有关"国立中央图书馆珍本图书展"等档案；《民国时期清华图书馆图书荐购研究及启示》（董琳、蒋耘中，2022年）查阅利用了清华大学档案馆有关国立清华大学购置图书、国立西南联合大学购置图书的办法与经费等档案。此外，尚有部分图书论著开始重视和整理民国历史档案，用于图书馆史的研究，如《晚清图书馆学术思想史》（程焕文，2004年）、《民国时期图书馆学著作出版与学术传承》（范凡，2011年）、《民国时期四川图书馆业概况》（任家乐、李禾，2013年）、《中华图书馆协会研究（1925—1949）》（王阿陶，2012年）等。总体而言，清末民国时期图书馆事业档案的利用尚处于零星和局部状态，大规模和系统化的利用尚未开始。

（三）清末民国时期图书馆事业其他史料的整理出版情况

清末民国时期图书馆事业的史料主要指这一时期与图书馆相关的"文献、档案、报刊、会议录、著述和书信札记"等资料，史料整理出版成果是图书馆事业、图书馆学史、专门史等研究的重要文献基础，目前围绕清末民国时期图书馆事业所形成的相关史料汇编成果颇丰。

1. 清末民国时期图书馆事业综合性史料汇编

近年来，国家图书馆出版社出版了多部图书馆学史料汇编成果，具代表性的有：2003—2013年间出版的《近代著名图书馆馆刊荟萃》（全20册，2003年）、《近代著名图书馆馆刊荟萃》续编（全20册，2005年）、《近代著名图书馆馆刊荟萃》三编（全22册，2006年）和《近代著名图书馆馆刊荟萃》四编（全16册，2013年）；2009年出版的《中国国家图书馆馆史资料长编》（全3册，李致忠主编）、《文华图书馆学专科学校季刊》（全8册）、《图书馆学季刊》（全11册）与《中华图书馆协会会报》（全6册）以及2013年出版的《民国时期图书馆学三种期刊分类索引》（辜军等编著）；2014年出版的《清末民国图书馆史料汇编》（全22册，王余光主编）、《民国时期图书馆学报刊资料分类汇编·儿童图书馆卷》（全3册，黄洁主编）；2016年出版的《民国时期图书馆学报刊资料分类汇编·法律法规卷》（全3册，滕静静、张珊珊主编）；2018年出版的《民国时期图书馆学报刊资料分类汇编 图书馆老照片卷》（赵建爽主编）等。此外，其他相关部门或学人汇编了较多的综合型史料汇编成果，如李希泌、张椒华编的《中国古代藏书与近代图书馆史料（春秋至五四前后）》（中华书局，1982年），北京图书馆业务研究委员会编的《北京图书馆史资料汇编1909—1949》（全2册，书目文献出版社，1992年），山西省图书馆编的《山西省图书馆史料汇编》（山西人民出版社，2003年），王强主编的《近代图书馆史料汇编》（凤凰出版社，2014年），郑燕云主编的《贵州省图书馆事业发展史料汇编》（贵州人民出版社，2019年），黄如花、张远航等主编的《中国近代图书馆学文献丛刊》（全60册，中央编译出版社，2022年），苏全友主编的《近代图书馆史研究文献丛刊》（全95册，上海科学技术文献出版社，2022年）；还有部分高校围绕中国图书馆事业史的教学汇编了相关史料，如《中国图书馆事业史参考资料》等。

2. 清末民国时期图书馆事业著述文集等史料

长期以来，清末民国时期图书馆学人的著述、文集、传记等史料受到图书馆学界的普遍重视。在学人著述方面，国家图书馆出版社等开始编辑出版《20世纪中国图书馆学文库》，计划从20世纪已出版的图书馆学术著作中遴选约100种学术水平高、影响大和教学所需的著作重印，以存图书馆学术专业文献供研究者使用。在学人文集方面，20世纪80年代以来，各出版社相继出版了不少图书馆学前人的文集，如史永元和张树华编辑的《刘国钧图书馆学论文集》（书目文献出版社，1983年）、钱亚新和白国应编的《杜定友图书馆学论文选集》（书目文献出版社，1988年）、丁道凡编的《中国图书馆界先驱沈祖荣先生文集》（杭州大学出版社，1991年）、梁建洲编的《毛坤图书馆学档案学文选》（四川大学出版社，2000年）、王嘉陵主编的《四川省图书馆·成都图书馆百年同人文集（1912—2012）》（四川大学出版社，2013年）、国家图书馆编的《袁同礼文集》（国家图书馆出版社，2010年）、刘宝瑞等编校的《民国图书馆学文献学著译序跋辑要》（国家图书馆出版社，2012年）和姚乐野主编的《民国时期图书馆学家学术文选》（全9册，国家图书馆出版社，2019年）等。台湾出版的《严文郁先生图书馆学论文集》（辅仁大学图书馆学系出版，1983年）、《屈万里先生全集》（联经出版事业公司，1983年）等。

3. 清末民国时期图书馆事业年鉴、纪事等

年鉴、纪事大多按编年体的方式记述重要的活动与事件，在已形成和出版的图书馆事业年鉴、纪事中，有不少反映了清末民国时期图书馆事业发展演变的重要史事。代表性成果如：张锦郎等编著的《中国近六十年来图书馆事业大事纪》（商务印书馆，1974年）、邹华享等编著的《中国近现代图书馆事业大事记》（湖南人民出版社，1988年）、陈源蒸等编著的《中国图书馆百年纪事1840—2000》（北京图书馆出版社，2004年）、麦群忠主编的《广西公共图书馆事业百年大事记》（广西人民出版社，2018年）、山东省图书馆编的《山东省图书馆史图录》（国家图书馆出版社，2020年）。

二 现状评述

（一）学界历来重视图书馆史料的收集与整理，但对档案史料的关注不够

已形成的清末民国时期图书馆事业研究相关的史料汇编成果颇丰，主要依托报刊、图书、文集和纪念册等公开文献，如《近代著名图书馆馆刊荟萃》（共四编78册）由近代各种图书馆刊物汇集而成、《中国古代藏书与近代图书馆史料（春秋至五四前后）》由各类史书和文章等选粹而成。然而，清末民国时期图书馆事业有关的档案收集与整

理工作尚未引起学界和有关部门的重视。

（二）清末民国时期图书馆事业档案丰富，但尚未形成专门的档案整理成果

清末民国时期是近代图书馆产生与发展的重要时期，历经百余年的兴衰演变形成了大量的档案，内容丰富多样，真实而全面反映了这一时期图书馆事业的面貌。然而，由于历史背景、档案管理体制和保管条件等多种原因，造成清末民国时期图书馆事业档案保存分散，收集整理困难，无法有效利用。学界尚未开始对这类档案进行系统化的整理，未形成专门的档案目录、指南和汇编成果。

（三）已有部分研究者注意到档案文献的利用，但尚处于零星和局部状态

长期以来，学界主要利用报刊、著作和论文等公开出版文献资料开展清末民国时期图书馆事业的研究，对最为真实可靠的档案史料的价值缺乏充分的认识。虽然已有部分研究者尝试利用档案开展相关问题的研究，但总体而言，这些研究成果对档案的利用处于碎片化和局部状态。

（四）清末民国时期图书馆事业的研究成果较多，但研究领域及问题有待拓展和深化

学界围绕图书馆产生的原因、主要人物与图书馆、主要事件与图书馆、区域图书馆、图书馆个案、图书馆文化与图书馆学教育、图书馆社会作用和图书馆法规制度等问题，产生了一批学术专著与论文。然而，由于缺乏相关档案史料的支撑，使得清末民国时期图书馆事业一些重要领域和关键问题尚未得到系统深入的研究，如现有研究较少涉及县级及以下基层图书馆管理与运行、基层图书馆社会功能的发挥、图书馆职业化等问题。因此，需要在充分掌握档案及其他史料的基础上，不断拓展研究领域，深化相关问题的研究。

鉴于此，本书在前期广泛调研的基础上，对清末民国时期图书馆事业档案进行研究，并利用档案围绕图书馆事业的关键领域开展专题研究，为推进近代图书馆史的再书写贡献力量。

第三节　研究对象及内容

本书以清末民国时期图书馆事业档案及其利用为研究对象，主要内容包括三部分：第一部分对清末民国时期图书馆事业及其档案概述，从清末民国时期图书馆事业建设与发展情况、图书馆事业档案文献普查情况等进行分析；第二部分利用图书馆事业档案对国立图书馆、基层图书馆和儿童图书馆等不同类型和不同层次图书馆的管理与运行进行研究；第三部分利用图书馆事业档案，就图书馆事业与图书馆教育、图书馆协会、图书馆职业化、阅读推广等领域的互动关系进行研究。研究内容大纲如下：

绪论：阐述清末民国时期图书馆事业档案及其利用研究的选题背景、意义，对清末民国时期图书馆事业档案整理、史料整理和档案利用等现状进行分析，对本书的研究对象、内容结构、思路与方法等进行说明。

第一章：清末民国时期图书馆事业发展概述。从图书馆在清末的萌芽与产生、民国时期图书馆发展概况、制度建设、图书馆学教育和图书馆学术活动等方面，对清末民国时期图书馆事业的整体情况进行简述。

第二章：清末民国时期图书馆事业档案概述。从清末民国时期图书馆事业档案的普查情况、档案的分布情况、档案的主要内容和在图书馆史研究中的价值等方面，对清末民国时期图书馆事业档案的整体情况进行简述。

第三章：民国时期国立罗斯福图书馆研究。选取民国时期国立罗斯福图书馆作为国立图书馆代表，从国立罗斯福图书馆的政治层面、社会交往层面、馆务工作层面以及严文郁访美等方面进行专题研究。

第四章：民国时期四川地区基层图书馆研究。选取民国时期四川（含重庆）地区的基层图书馆，从基层图书馆兴起的原因、基层图书馆发展概况、基层图书馆馆务活动和基层图书馆的特点及历史地位等进行基层图书馆专题研究。

第五章：民国时期儿童图书馆研究。选取民国时期儿童图书馆作为专门图书馆，从儿童图书馆的产生、儿童图书馆的发展阶段、儿童图书馆的个案及历史评价等方面进行儿童图书馆专题研究。

第六章：全面抗战时期重庆地区图书馆研究（1937—1945）。选取全面抗战时期重庆图书馆为代表，开展抗战时期图书馆事业发展研究，从图书馆发展的背景、概况、个案和评价等开展抗战时期重庆图书馆事业专题研究。

第七章：民国时期文华图书馆学专科学校教育研究。以图书馆事业和专业人才培养互动关系为视角，选取民国时期图书馆学教育代表机构——文华图专，从文华图书馆学专科学校的历史渊源、办学及课程设置、教学科研、招生和就业、国际交流等方面开展图书馆学教育专题研究。

第八章：民国时期图书馆协（学）会研究。以图书馆事业发展专业组织的互动关系为视角，选取民国时期图书馆协（学）会，从民国时期图书馆协会的酝酿和创设、运行与发展、没落以及个案研究等开展图书馆协（学）会专题研究。

第九章：民国时期女性图书馆员研究。以图书馆事业发展中女性图书馆员的动态发展、职业化等关系为视角，围绕民国时期女性图书馆员主体，从女性图书馆员的产生与发展、女性图书馆员的职业化发展、个案及评价等方面开展女性图书馆员专题研究。

第十章：民国时期图书馆阅读推广研究。以图书馆服务对象，面向读者的关系为视角，选取民国时期图书馆阅读推广工作，从阅读推广的背景、发展状况、个案研究及影响分析等方面开展图书馆阅读推广专题研究。

后记：总结清末民国时期图书馆事业档案及其利用研究取得的成绩，存在的不足及下一步研究展望。

第四节 研究思路与方法

一 研究思路

在全面普查清末民国时期图书馆事业档案的基础上,揭示清末民国时期图书馆事业档案的分布概况、内容特征和史料价值,并利用档案材料研究清末民国时期图书馆事业。本书按"总—分—总"的思路设计:首先,从"概述"篇总体阐述清末民国时期图书馆事业发展概况、清末民国时期图书馆事业档案概况;紧接着,从"管理与运行"和"互动关系"两篇分别对清末民国时期图书馆的不同类型、不同层次、不同时期图书馆的管理与运行,以及图书馆教育、图书馆社团、图书馆职业化等方面的互动关系等开展专题研究;最后,对研究作总结与展望。

研究的框架如下图所示。

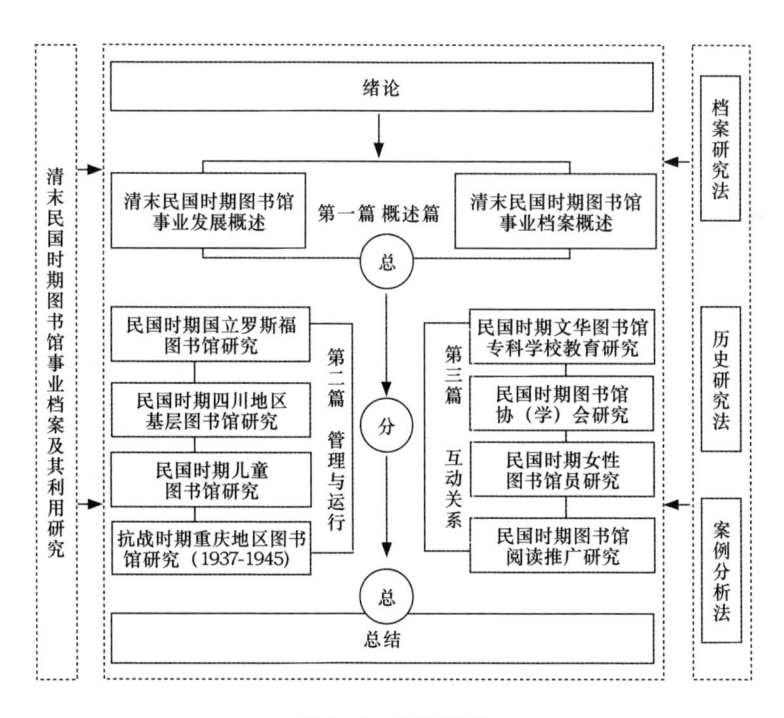

图 0-3 研究框架

二　研究方法

清末民国时期图书馆事业档案及其利用研究是一个跨学科的研究命题，综合运用档案学、图书馆学、历史学、文献学等学科研究方法，通过档案调查、文献查阅及实地调研等开展系统的档案普查。同时，利用挖掘和新发现的图书馆事业档案对清末民国时期图书馆史进行跨学科、多视角、深层次的综合研究。

（一）档案研究法

运用档案研究法对清末民国时期图书馆事业档案进行调查、收集和分析，对档案的分布情况、内容概况和史料价值等进行分析。对清末民国时期图书馆事业档案的内容进行研读，分析清末民国时期图书馆事业档案的特征，探讨其在近代图书馆事业研究方面的价值，深入挖掘档案的历史价值及其研究应用。

（二）历史研究法

在研究中运用档案一手资料，以清末民国时期历史发展脉络和规律为基础，将清末民国时期图书馆事业研究融入到历史发展进程、历史发展空间中，从档案角度揭示清末民国时期图书馆事业内在联系、动态发展的历史过程。

（三）案例研究法

运用案例研究法从清末民国时期图书馆不同类型（如国立图书馆、基层图书馆、儿童图书馆等），以及图书馆事业发展的不同方面（如图书馆学教育、图书馆协会、女性图书馆员、图书馆阅读推广等），选取典型案例进行分析，立体化地再现清末民国时期图书馆事业的发展历史全景。

第一篇

清末民国时期图书馆事业及其档案概述

首先,从近代图书馆在清末的萌芽与产生,民国时期图书馆发展概况、制度建设、图书馆学教育和图书馆学术活动等方面,对清末民国时期图书馆事业的整体情况进行分析。其次,从清末民国时期图书馆事业档案的普查情况、档案的分布情况、档案的主要内容和在图书馆史研究中的价值等方面,对清末民国时期图书馆事业档案的整体情况进行分析。

第一章

清末民国时期图书馆事业发展概述

第一节 清末新式图书馆的产生

鸦片战争爆发以来西方列强对中国的一系列侵略,迫使清政府打开国门、宣告闭关锁国政策破产,中国的社会性质急剧发生变化,进入半殖民地半封建社会。在社会性质大转变的过程中,西方列强不断入侵,社会各界人士纷纷投入国家的救亡图存,试图改变当时的社会困局,清政府也实施了系列新政,因此在社会民众、知识分子和清政府的多重力量推动下,全国掀起了各种社会运动和知识分子主动救亡图存的运动。同时,在西方列强入侵、战争破坏和救亡运动交替的进程中,中国传统藏书楼遭到了破坏并日渐衰落,西方思想的传入、传教士的活动促进西方图书馆思想在中国的传播与发展,在这种内部和外部因素的共同作用下,近现代意义上的新式图书馆得以萌芽和产生。

一 鸦片战争时期对西方图书馆的译介(1840—1860)

在鸦片战争时期,以林则徐、魏源等为代表的爱国人士和先驱们开始倡导"睁眼看世界"、寻找救亡图存之路。林则徐(1785—1850)是清末时期译介西方图书馆的第一人,为抵御西方列强的鸦片入侵,林则徐组织人员收集和翻译国外书报,以实现"师敌之长技以制敌",

他组织翻译的《四洲志》对欧美图书馆进行了介绍。据程焕文先生统计，《四洲志》对欧洲的图书馆情况进行了介绍，包括英国、德国、丹麦、土耳其、俄国和西班牙等国的图书馆设立情况，以及图书馆藏书类型和数量等情况的翻译介绍；此外，对美国图书馆的整体情况以及各州的图书馆情况译介比较详细，占据了较多的篇幅。在《四洲志》等译介活动中，林则徐将"Library（图书馆）"译为"书馆"、"Public Library（公共图书馆）"译为"公众书馆"，其内涵和后来发展的图书馆和公共图书馆基本一致，较之于书院、藏书楼的名称更为准确，林则徐的这种译介和努力对近代图书馆的产生与发展，对国人睁眼看世界了解西方图书馆起到了非常重要的作用[①]。

魏源（1794—1857）是继林则徐之后进一步译介西方图书馆的代表人士。魏源在林则徐《四洲志》的基础上，广泛利用当时可以掌握的大量西人著述，综合编撰而成《海国图志》，此书可以说是近代中国人自己编写的全面介绍国外情况的著作，在国内和国外都产生了广泛而深入的影响。相较于《四洲志》对西方图书馆的译介，《海国图志》对西方图书馆有进一步的补充和丰富，这为国人更加全面地了解和认识西方图书馆事业、吸收和接纳西方图书馆思想提供了更大的窗口，《海国图志》对近代图书馆的萌芽与进一步发展产生了重要的影响[②]。

在林则徐、魏源等代表人士译介欧美图书馆推动西方图书馆观念传入中国的进程中，也是第一次鸦片战争、太平天国运动和第二次鸦片战争发生的阶段。一方面，两次鸦片战争和太平天国运动沉重打击和动摇了清王朝的统治和根基，改变了中国的社会性质；另一方面，西方列强对中国的入侵、抢劫和破坏，以及太平天国运动对传统文化的仇视、破坏，严重摧毁和破坏了中国的传统文化，官方、寺观、书院和私人等各种类型的藏书遭到了破坏，造成了清末传统藏书的衰落。

[①②] 程焕文：《林则徐和魏源对西方图书馆的译介》，《图书馆论坛》2004年第1期。

传统藏书的破坏，从另一个方面为新式图书馆的建设与发展孕育了空间。

二 洋务运动时期对西方图书馆的考察（1861—1894）

两次鸦片战争迫使清政府打开国门，以林则徐、魏源为代表的人士睁眼看世界带动了更多的人一起主张对外学习和了解西方情况。清政府在如何解决内忧外患困局时形成了洋务派和顽固派，洋务派主张学习和利用西洋先进技术实现富国强兵，利用资本主义发展军事工业和民用企业维护清王朝统治，1861 年成立总理各国事务衙门，1862 年开办同文馆等，在全国掀起了历时 30 余年的洋务运动。

在这场清王朝统治阶层自救运动中，清政府逐渐加大派遣官员出洋学习考察的力度，政府官员和使者逐批走出国门游历考察，考察内容涉及工业、文化、农业等各行业，游历归来的官员按要求撰写考察心得体会，整理成书供学习参考。早期出访考察的官员对西方图书馆的介绍较少，代表性人物如第一个常驻西方国家的外交官郭嵩焘（1818—1891），在他的《伦敦与巴黎日记》中记述了游历考察图书馆的活动，游历的地方包括大英博物院书馆、学校藏书楼、大书堂、藏书处、博物馆藏书处等不同类型的"图书馆""藏书楼"，对这些"图书馆"和"藏书楼"的基本情况、藏书、管理和阅览等情况进行了介绍。郭嵩焘随行出访考察的副使刘锡鸿在《英轺私记》和张德彝在《随使英俄记》中也有图书馆、官书库等方面的记述。郭嵩焘一行的出访考察对西方图书馆理念和思想的传入起到了进一步的推动作用[①]。

薛福成（1838—1894）在《出使英法义比四国日记》中向国人介绍了出访英国、法国、意大利和比利时四国的经历与见闻，在日记中

---

① 傅敏：《郭嵩焘与西方图书馆文明的东传——读〈伦敦与巴黎日记〉扎记》，《图书馆》2004 年第 4 期。

指出"泰西诸国都城皆有大书库"、大英博物院图书馆"男女看书者三百余人，早入暮归"等。相较于郭嵩焘，薛福成在参观各国图书馆的记述上，除详细记载梵蒂冈图书馆外，其余记载较简略。同时，薛福成更加注重综合记载西方国家图书馆情况，对图书馆的认识更为深入，既对大型图书馆有记录，对监狱图书馆、贫孩院图书馆和其他特殊图书馆等也有关注和记载，这种进步是当时社会转型和思潮进步的一种表现①。

在洋务运动期间，出使英国法国大臣曾纪泽（1839—1890）、出使德国钦差大臣李凤苞（1834—1887）、中国工商业代表参加世界博览会的李圭（1842—1903）等在参观考察过程中，对巴黎书库、柏林书库、费城监狱图书室、美国国会图书馆、牛津大学图书馆等在日记中的记载，为国人了解西方图书馆提供了窗口②。此外，这一时期王韬（1828—1897）先后到欧洲、日本漫游，在欧洲生活两年多，形成的《漫游随录》对西方图书馆有深入详尽的记述，在图书馆一词的表述上用过"藏书之所""藏书之库""书库""大书院"等；在出访日本期间形成的《扶桑游记》记述了参观日本"书籍馆"的情形，对日本图书馆的发展演变有阐述③。

三　维新变法时期藏书楼的发展（1895—1900）

在甲午中日战争爆发、洋务运动宣告失败后，以康有为、梁启超为代表的维新派发起了"戊戌变法"运动（又称百日维新），力图通过维新变法来救国图强。在维新变法主张和举措中，他们提出要"开设学堂、办报纸……开设公共性的藏书楼（大书藏）"等，以此振兴教育和推行新政。虽然维新派的变法时间短暂而夭折，但

---

① 石烈娟：《晚清著名公使郭嵩焘与薛福成图书馆思想比较述论——从所著〈伦敦与巴黎日记〉和〈出使英法义比四国日记〉比较》，《高校图书馆工作》2009 年第 3 期。

②③ 韩永进：《中国图书馆史·近代图书馆卷》，国家图书馆出版社 2017 年版，第 20—24 页。

维新派的变法运动广泛而深入地传播了资产阶级新文化、新思想，批判了封建旧文化、旧思想，对西方图书馆思想和观念也进行了广泛传播，进一步推动和促进了我国开放式、公共性藏书楼的产生与发展。

在西方图书馆介绍和观念传播方面，较早介绍西方资本主义文化教育和图书馆的如《适可斋记言记行》（马建忠）、《盛世危言》（郑观应）和《弢园文录外编》（王韬）等对图书馆的功能与作用都有认识和体现，提出应建公共藏书楼，推动文化和教育的发展、启迪民智。维新派在"戊戌变法"中将创设开放性的藏书楼作为重要的工作之一，将藏书楼作为一种开放式的、公共借阅的社会教育机构来看待和推动创设，是有别于传统封闭式藏书楼的，赋予了藏书楼新的作用和价值。

在学会和学堂创立藏书楼的具体实践方面，维新派积极尝试。康有为、梁启超为代表的维新派，成立强学会宣传变法，虽成立不久即被查封，但倡导的变法维新思想已广泛传播，各地学会、学堂和报馆纷纷创设，学会和学堂大多设立有藏书楼或藏书室。学会和学堂藏书建设的目的在于宣传维新变法思想和推动改革，此时创建的藏书楼藏书以新学和西学为主，可面向会员和公众开放阅览，已具备近代公共图书馆的影子，是近代图书馆的萌芽与先声①。如受其影响的古越藏书楼，由浙江绍兴徐树兰创建的一个开放式私人藏书楼，面向社会各阶层开放，任何人只要愿意阅书均可到藏书楼登记观看，这种进步已区别于传统封闭式藏书楼，对我国近代图书馆的产生具有承上启下的作用②；再如京师大学堂藏书楼创设受其影响也比较明显，京师大学堂藏书楼为近代图书馆的正式开启做了探索与实践，京师大学堂藏书楼上承传统官学藏书、下启大学图书馆，是近代中国创办和发展的第

---

① 谢灼华：《维新派与近代中国图书馆》，《图书馆杂志》1982年第3期。
② 张树华：《"戊戌变法"与我国开放式藏书楼的产生》，《北京图书馆馆刊》1999年第1期。

一个大学图书馆。

四 清末新政时期公共图书馆的产生（1901—1911）

1900年义和团运动、八国联军攻入北京，使得清政府受到沉重打击，被迫与英法德奥等11国签订《辛丑条约》。在此背景下，慈禧太后以光绪皇帝名义下达改革谕旨推行清末新政，推行了一系列政治、经济、军事和教育等改革举措，其中的科举、学堂有关的改革直接影响和促进了近代图书馆的发展，藏书楼的观念再次深入传播，各地官吏、士绅、学校和政府等开始陆续创办藏书楼，具有公共性质的藏书楼、学校（学堂）图书馆、公共图书馆陆续创设。

如皖省藏书楼，由晚清士绅创办，制定和发布了《皖省藏书楼开办大略章程十二条》《皖省藏书楼同人广告本省官绅公启》《皖藏书楼启》等，推动了皖省藏书楼的创办与发展，皖省藏书楼的创办目的、宗旨都体现了开放性、公共性，以及资源共享、制度化管理、经费管理公开等特点[1]。皖省藏书楼虽然只短暂地存在约三年，也非官办省立图书馆，但皖省藏书楼的创建与发展处于维新变法倡导"设大藏书楼"和清末新政各地奏设公共图书馆之间，为省级公共图书馆的创办起到了先导作用，其公共性的藏书楼活动和思想具有承上启下的作用[2]。再如湖北图书馆，是由官方创办、最早贯以"图书馆"的公共图书馆，湖北图书馆筹设于端方，经梁鼎芬督办，成于张之洞，在1904年7月正式建成和对外开放[3]。

总的来说，清末时期公共藏书楼和图书馆相继创立，代表性图书馆如下图。

---

[1] 杨晓阳：《从〈皖省藏书楼开办大略章程十二条〉看皖省藏书楼进步性》，《大学图书情报学刊》2012年第1期。

[2] 韩永进：《中国图书馆史·近代图书馆卷》，国家图书馆出版社2017年版，第50页。

[3] 程焕文：《晚清图书馆学术思想史》，北京图书馆出版社2004年版，第299页。

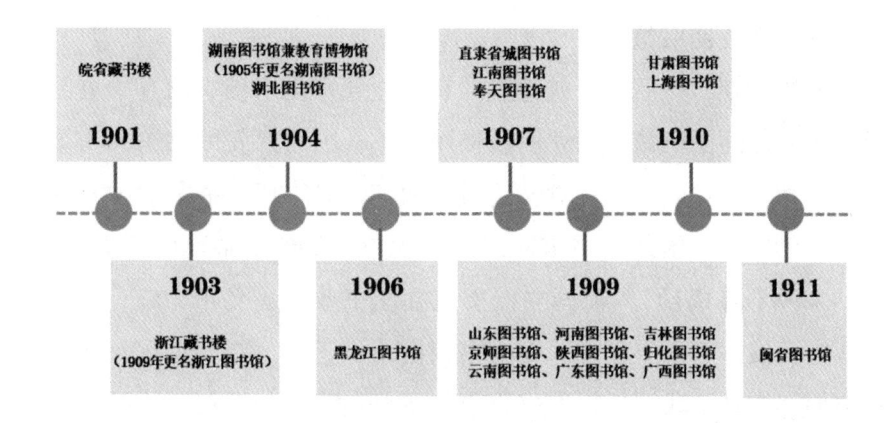

```
皖省藏书楼        湖南图书馆兼教育博物馆      直隶省城图书馆      甘肃图书馆
                  (1905年更名湖南图书馆)     江南图书馆         上海图书馆
                  湖北图书馆                奉天图书馆

   1901              1904                   1907              1910

      1903              1906                   1909              1911
   
   浙江藏书楼        黑龙江图书馆           山东图书馆、河南图书馆、吉林图书馆    闽省图书馆
   (1909年更名浙江图书馆)                  京师图书馆、陕西图书馆、归化图书馆
                                          云南图书馆、广东图书馆、广西图书馆
```

图 1-1 清末成立的代表性公共藏书楼和图书馆

第二节 民国时期图书馆发展概况

1911 年辛亥革命推翻了清王朝的统治，1912 年 1 月 1 日，孙中山就任临时大总统，改国号为中华民国。中华民国的成立开启了中国历史的新发展阶段，作为社会和文化事业重要组成部分的图书馆事业随之进入新的发展阶段。在民国成立之后，新教育制度推行，图书馆事业渐受重视，各级各类图书馆的创设蔚然成风，使得我国近代图书馆事业经由清末萌芽与短暂过渡后进入快速发展阶段。从历史进程而言，中华民国包括南京临时政府、北洋政府和南京国民政府等不同历史时期，处于社会运动、革命和战争交替的社会进程中。对于民国图书馆史的阶段划分学界有多种划分依据和方式：结合民国图书馆事业发展代表性事件和历史阶段，可将中华图书馆协会成立（1925 年）、全面抗日战争爆发（1937 年）、解放战争开始（1946 年）和新中国成立（1949 年）作为代表性节点对民国图书馆的发展阶段进行划分；从图书馆的类型划分，包括公共图书馆（国立图书馆、省市县图书馆）、大学图书馆（学校图书馆）、民众图书馆、教会图书馆、私立图书馆等不同类型。民国时期各阶段和各类型图书馆发展概况如下。

一 国立图书馆

民国时期,先后筹备或建立的有国立北平图书馆、国立中央图书馆、国立西北图书馆、国立罗斯福图书馆、国立西安图书馆共 5 个国立图书馆。虽然受到国民党文化教育政策、日本侵略战争和国共内战等因素的影响,国立图书馆的建设与发展面临着复杂而曲折的过程,总的来说不算成功,① 但国立图书馆在图书收藏、文化交流、民众教育等方面发挥着重要作用,在图书馆的组织建设、制度建设和社会活动方面,推动了我国近代图书馆事业更好地建设与发展,使得近代图书馆事业体系更加的完备。

国立北平图书馆、国立中央图书馆 2 所国立图书馆,总体发展情况较好。其中,国立北平图书馆前身为清末筹建的京师图书馆,京师图书馆在 1912 年续行清末筹建工作,并于当年 8 月开馆,正式开馆后经历过设分馆、扩建、搬迁、合并(与北海图书馆),在 1928 年正式更名为国立北平图书馆,抗战期间辗转长沙、昆明和重庆等,抗战后回迁北平,1949 年正式更名为北京图书馆,后更名为国家图书馆,是成立最早和现存唯一的国家图书馆。国立中央图书馆,于 1928 年由南京国民政府召开全国教育会议提议创设,1933 年正式成立国立中央图书馆筹备处,蒋复璁被任命为筹备处主任,1936 年在南京开放,全面抗战期间辗转重庆继续筹备建设,在 1940 年正式成立和公布图书馆组织条例,并向民众开放,在 1941 年开放重庆分馆,抗战后回迁南京,1949 年正式更名为国立南京图书馆,后与江苏省立国学图书馆合并为南京图书馆,是筹备时间最长的一所国立图书馆。

国立罗斯福图书馆、国立西北(兰州)图书馆、国立西安图书馆 3 所国立图书馆,均在民国后期的 40 年代筹设,总体的存在时间较短,其发展过程和影响力各有不同。其中,国立罗斯福图书馆在

---

① 杨玉麟:《民国时期"国立图书馆"问题研究》,《四川图书馆学报》2000 年第 4 期。

1946年开始筹设,在1947年开放阅览室但未正式开馆,其重要影响和特殊意义在于纪念美国总统罗斯福,专门收集中美关系、"二战"等方面的图书,新中国成立后先后发展和更名为西南人民图书馆、西南图书馆、重庆市图书馆和重庆图书馆;国立西北(兰州)图书馆在1943年开始筹设,在1944年正式开馆,1945年暂停运行,抗战后1946年恢复,在1947年更名为国立兰州图书馆,新中国成立后并为西北人民图书馆,后更名为甘肃省图书馆,在西北地区具有重要的影响和文化意义;国立西安图书馆筹设时间较晚,在1947年组建筹备委员会,但由于经费问题未能有效推进,新中国成立后筹备委员会终止,书刊转交给国立西北大学,是一所筹备时间晚、存在时间短又未正式建成和开放的国立图书馆。

二 省市县和学校图书馆

1915年公布的《图书馆规程》《通俗图书馆规程》和1927年公布的《图书馆条例》均规定各省市、县和自治区,以及公共团体、学校及工厂设置图书馆或通俗图书馆。同时期在新图书馆运动、公共图书馆运动、新文化运动、通俗教育和平民教育等重要活动的影响和推动下,各省市县公共图书馆相继建立,实现从无到有、从地区到全国的发展,并带动各级各类图书馆的产生与发展。据《中国近六十年图书馆大事记》《中华图书馆协会》《全国图书馆调查表》等资料统计,我国图书馆数量从民国初期的两位数到抗战前夕近上千所的大发展。

如《中国近六十年来图书馆大事记》统计,1911—1936年图书馆数量分布如图1—2所示。

再如,中华图书馆协会统计,1915年—1934年图书馆数量分布如图1—3所示。

分析可知,上述图书馆数量统计的标准和范围不同,有的数据只统计公共图书馆,有的数据统计公共图书馆、学校图书馆和私立图书

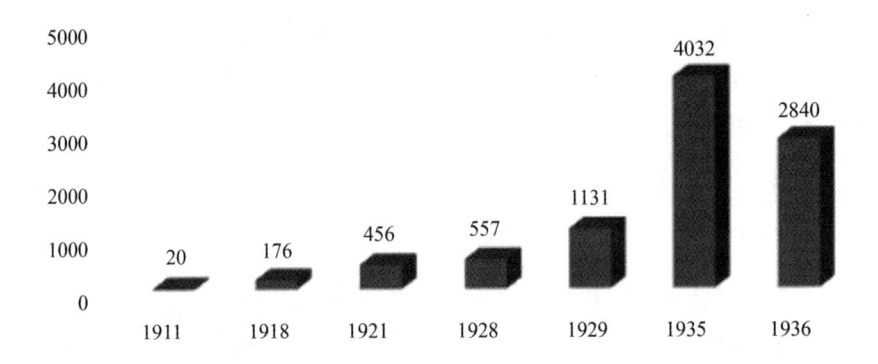

图 1-2　1911—1936 年《中国近六十年来图书馆大事记》统计数量分布

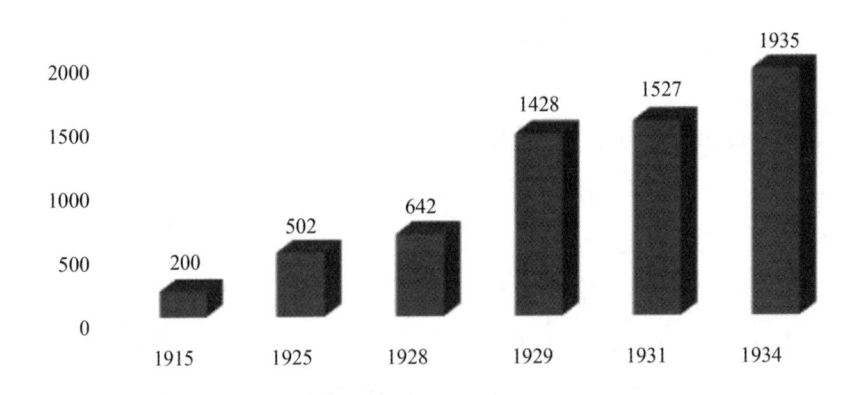

图 1-3　1915—1934 年中华图书馆协会统计数量分布

馆等各类图书馆,导致统计结果存在差异,但总体来说呈现出了民国时期图书馆的前期发展态势。在 1912—1927 年,为民国图书馆事业的初期发展期。这一阶段,在清末图书馆的萌芽和各类图书馆创办的基础上,民国图书馆得到进一步发展。在民国初期的十余年里,先后经历了新文化运动、五四运动、通俗教育、平民教育运动和新图书馆运动,推动了各类图书馆的创办与初步发展。在 1927 年南京国民政府成立后,政局和社会发展相对稳定,加之民国初期十余年的建设基础,尤其是中华图书馆协会等行业组织、图书馆学教育和图书馆学研究的兴起，直接促进了随后十余年（1927—1937年）民国图书馆的繁荣发展。随着1937年全面抗战爆发，社会各方面发展处于停滞和倒退状态，各省市图书馆破坏损失严重。抗战前夕是民国时期各级各类图书馆发展的高峰期，据申报年鉴及相关统计显示，1936年省市立图书馆（41所）和县级图书馆（约1000所），全国大学图书馆列入统计的国立、省立、私立大学图书馆共51所。

抗战胜利后，图书馆复员回迁建设。以杨宝华、韩德昌编著的《中国省市图书馆概况》为例，收录了1919—1949年间近50所图书馆概况介绍，其中绝大部分是省市立图书馆，对所收录图书馆的馆名、馆址、藏书册数、馆长姓名、馆员人数和成立时间等进行了统计。其中，安徽1所、察哈尔1所、福建1所、甘肃2所、广东3所、广西2所、贵州1所、河北5所、河南1所、湖北1所、湖南2所、吉林2所、江苏5所、江西3所、辽宁3所、青海1所、热河1所、山东3所、山西1所、陕西1所、四川2所、西康3所、云南1所、浙江2所、新疆1所、台湾4所，这些省市图书馆成立时间主要集中在20世纪20年代—30年代，少部分在20世纪40年代，其职员人数3—50人不等，主要集中在10—20人之间。

随着民国时期社会教育的发展、新式中小学的建立和图书馆学研究的深入，中小学图书馆得到建设与发展，针对中学图书馆存在的问题，图书馆界在"标准建设、人员训练、政府扶助、联合办馆"等方面进行了实践探索，也取得一些成效，诸如"确立最低标准书目；开展读书运动，指导学生读书；图书馆员训练"等[①]。但总体而言，受限于经费、战事等影响，中小学图书馆整体发展态势不是很好，据申报年鉴统计，1935年全国中小学共有图书馆2541所。

私立图书馆在民国时期也得到一定的发展，如1904年商务印书馆

---

① 任家乐、姚乐野：《民国时期中学图书馆研究与实践述略》，《国家图书馆学刊》2016年第1期。

编译所所长张元济筹建图书馆"涵芬楼"（1924年更名为东方图书馆）、1923年梁启超为纪念蔡锷而提议创建了松坡图书馆（1925年正式开放）等。

三 中国共产党领导的图书馆事业

在民国时期，中国共产党领导的图书馆事业发展和其他区域的图书馆发展有所不同，图书馆的发展目标、环境都具有一定的特殊性[①]。中共苏区、陕甘宁边区等图书馆的发展具有鲜明的人民性和明确的发展方向，所处的环境和条件十分艰苦，藏书少，馆舍和设备简陋，但中国共产党领导下的图书馆事业在抗日战争和解放战争，以及苏区、陕甘宁边区等地区文化教育和经济发展中贡献了重要力量，是民国时期图书馆事业的重要组成部分。

在中央苏区，1931年11月中华苏维埃共和国临时中央政府在江西瑞金成立，苏区政府非常重视群众文化的普及，重视图书馆在文化知识教育、党的方针政策宣传和马克思列宁主义传播中的作用发挥。以毛泽东、徐特立等为代表的共产党人负责和推动了苏区国家图书馆、公共图书馆、机关图书室、学校图书馆等不同类型图书馆的建设与发展。如1932年3月中华苏维埃中央图书馆（简称中央图书馆）建立，是中国共产党领导的第一个国家级图书馆和苏区最大的图书馆，主要任务是为中央苏区党政军机关服务并对外开放。中央图书馆成立后，通过采购、征集和捐赠等方式加强馆藏建设，并加强了图书馆的图书管理、图书借阅等方面的制度建设。此外，如中共中央局宣传部、中央博物馆、马克思主义研究会和苏维埃大学等中央苏区的中央机关团体、学校和部队，都建立了图书馆或图书室，在中央苏区和各根据地建设中，还出现了阅报处、俱乐部、列宁室、墙报编辑、政治课、识字班等基层文化中心和阅读识字活动，将图书馆事业的建设深入到基

---

① 李朝先、段克强：《中国图书馆史》，贵州教育出版社1992年版，第325页。

层和群众①。

在陕甘宁边区政府时期，成立教育厅和文化工作委员会等机构，直接推动了陕甘宁边区图书馆事业的建设与发展。经过建设与发展，陕甘宁边区出现了公共图书馆、学校图书馆、军队图书馆、儿童图书馆、农村图书馆、机关图书馆、医院图书馆及其他专门图书馆，出现了"流动图书馆"，总体发展趋势良好，1941年延安图书馆协会成立，其中影响力较大的图书馆如中山图书馆、鲁迅图书馆、延安大学图书馆等，为党的事业建设与发展提供了重要的保障和文化力量。

第三节　民国时期图书馆制度建设

民国时期是我国近代图书馆制度建设与形成的重要时期，形成了从国家层面到地方层面，从公立图书馆到私立图书馆，从公共图书馆到专门图书馆等系统的制度体系，对我国近代图书馆规范化建设与发展起到了重要指导和保障作用。近十余年来，关于民国时期图书馆法律法规相关的文献整理、理论研究也是图书馆学界的一个热点，代表性成果如滕静静、张珊珊主编的《民国时期图书馆学报刊资料分类汇编 法律法规卷》收录了1898—1949年间百余种报刊上有关图书馆法律法规的文章，共计700余篇，并按主题将其分为十八类，其代表性法令如下。

在一般法令方面，如《图书馆规程》《通俗图书馆规程》《图书馆条例》。

在国立图书馆法令方面，如《国立北平图书馆委员会组织大纲》《国立中央图书馆组织条例》《国立西北图书馆筹备委员会组织规程》。

在省立图书馆法令方面，如《安徽图书馆规程》《江西省立图书

---

① 申少春：《战争年代中国共产党领导的图书馆事业》，《河南图书馆学刊》2021年第8期。

馆规程》。

在市立图书馆法令方面，如《青岛市立图书馆组织规程》《广州市立中山图书馆组织章程》《天津特别市市立图书馆组织规程》。

在县立图书馆法令方面，如《山东各县公立图书馆暂定规程》《河南省各市县立新民图书馆组织规则》《广西各县设置县立图书馆办法》。

在区立图书馆法令方面，如《安徽省各行政专员区设立图书馆办法大纲》《南岳图书馆征求图书规程》。

在机关图书馆法令方面，如《中国科学社图书馆总章》《安徽省政府教育厅图书室简章》《广东教育厅图书馆借书规则》。

在民众教育图书馆法令方面，如《河北省各县通俗图书馆组织大纲》《河南民众图书馆阅览规则》《南陵县通俗图书馆阅览规则》。

在学校图书馆法令方面，如《京师大学堂藏书楼章程》《北京大学图书馆借书规则》《国立中山大学图书馆章程》。

在私立图书馆法令方面，如《北平私立木斋图书馆筹备处简章》《私立河北通信图书馆组织简章》《松坡图书馆简章》。

在巡回文库和阅报处法令方面，如《河北省各县巡回文库暂行办法》《河南省各县民众阅报所组织大纲》。

在日常管理运行法令方面，如《国立中央图书馆聘任人员遴聘规则》《四川省各县市图书馆采购图书标准》《图书馆辅导各地社会教育机关图书教育办法大纲》《民教馆图书馆延长开放时间令》。

从上述民国时期图书馆法令示例来看，民国时期各级各类法律法规已初步形成体系，既有宏观层面的图书馆组织规程、组织条例、章程等，也有微观层面的图书馆阅览办法、工作标准、职员聘任等。同时，法规制度的建立是为了规范和保障图书馆事业的发展，社会发展局势和图书馆实践变化又反作用于图书馆法律法规的不断完善与发展，从民国时期国家层面公布的图书馆法规可在一定程度上反映民国时期图书馆法规制度的发展轨迹和主要内容，其中民国时期教育部、大学院公布的 8 次规程、大纲和条例如下表。

表 1-1　民国时期《图书馆规程》《通俗图书馆规程》修订简表

年度	制度名称	条例数	简称
1915 年	《图书馆规程》（教育部公布）	11 条	民 4 规程
1915 年	《通俗图书馆规程》（教育部公布）	11 条	民 4 通俗
1927 年	《图书馆条例》（大学院公布）	15 条	民 16 条例
1930 年	《图书馆规程》（教育部公布）	14 条	民 19 规程
1939 年	《修正图书馆规程》（教育部公布）	33 条	民 28 规程
1939 年	《图书馆工作大纲》（教育部公布）	18 条	民 28 大纲
1944 年	《图书馆工作实施办法》（教育部公布）	11 条	民 33 办法
1947 年	《图书馆规程》（教育部公布）	34 条	民 36 规程

民国时期教育部、大学院公布的 8 次规程、大纲和条例一定程度上反映了民国时期图书馆制度的内容体系和演变过程，其内容体系可概括为图书馆设立之宗旨和类型、图书馆呈报备案、图书馆组织与部门设置、馆长选任及职员选任、图书馆管理与运行等。

一　图书馆设立宗旨和类型

对图书馆设立之宗旨和类型的认识是一个渐进的过程，1915 年教育部公布的民 4 规程第 1—3 条为：

第 1 条　各省各特别区域应设图书馆，储集各种图书，供公众之阅览。各县得视地方情形设置之。

第 2 条　公立私立学校、公共团体或私人，依本规程所规定，得设立图书馆。

第 3 条　各省及各特别区域及各县所设立之图书馆，称公共图书馆。公共团体及私立学校所设图书馆，称某团体某学校附设图书馆。

私人所设立者称私立图书馆。

同年教育部公布的民 4 通俗主要面向通俗图书馆，第 1 条为：

第 1 条　各省治县治应设通俗图书馆，储集各种通俗图书，供公众之阅览，各自治区得视地方情形设置之，私人或公共团体、公私学校及工场，得设立通俗图书馆。

1927 年大学院公布的民 16 条例和 1930 年教育部公布的民 19 规程，有关图书馆创设宗旨和类型的表述在基本延续民 4 规程的基础上有细微调整，可以看出这一阶段对于图书馆创设的宗旨和类型在探索和实践中，总体表述为储藏图书和面向公众阅览，类型主要包括公共图书馆、通俗图书馆、私立图书馆、附设图书馆等。

到了 1939 年公布的民 28 规程和 1947 年公布的民 36 规程，将原规程中的前 3 条修订为 2 条，具体条目如下：

第 1 条　图书馆遵照中华民国教育宗旨及其实施方针与社会教育目标，储集各种图书与地方文献，供众阅览，并得举办各种社会教育事业，以提高文化水准。

第 2 条　各省市（行政院直辖市，以下仿此）至少应各设置省市立图书馆一所；各县市（普通市，以下仿此）应于民众教育馆内附设图书室，其人口众多、经费充裕、地域辽阔者，得单独设置县市立图书馆。地方自治机关，私法人或私人，亦得设立图书馆。

从民 28 规程和民 36 规程的修订来看，国民政府对图书馆创办的宗旨和设置依据、储集图书和文献，以及公众阅览、举办社会教育和提高文化水准等，作了更为明确的表述，可以看出是图书馆事业发展的一大进步和实践的结果，政府和社会对图书馆的功能、地位与作用认识更为清晰和深入。

二　图书馆设立的呈报备案

在国民政府教育部和大学院先后公布的规程、大纲和条例中，对图书馆创办的备案事项作了明确规定，1915 年公布的民 4 规程第 4 条规定如下：

第4条 公立图书馆应于设置时，开具左列事项，由主管长官咨报教育部：1.名称；2.位置；3.经费；4.书籍卷数；5.建筑图式；6.章程规则；7.开馆时日。

私立图书馆应照前项所列各款禀请地方长官核明立案。附设之图书馆，由主管之团体学校，照前项具报于主管长官。

关于图书馆之废撤及第1项各款之变更时，应照本条之规定，分别具报。

从民4呈报备案规定来看，对备案的主管部门、图书馆废撤和变更的报备等进行了规定。同年公布的民4通俗图书馆规程，则未作呈报备案的具体规定。

到1927年大学院公布民16条例时，对图书馆备案作了进一步的细化规定和要求。如经费细分为临时费和经常费、增加馆长姓名及履历，对图书馆具体变更事项进行了列举，并要求呈报核准等（第4—5条）；并对私立图书馆的董事会设立和呈报备案要求进行了单独规定（第12—13条）。其中，第4—5条规定如下：

第4条 公立图书馆设置时，应由主管机关开具左列各款，呈报大学院：1.名称；2.地址；3.经费（分临时费与经常费2项，并须注明其来源）；4.现有书籍册数；5.建筑图式及其说明；6.章程及规则；7.开馆日期；8.馆长姓名及履历。

私立图书馆由董事会开具前项所列各款及经费管理人之姓名履历，呈请主管机关核明立案。图书馆之名称、地址、建筑、章程、馆长、经费保管人等事项如有变更时，应照本条例之规定分别呈报。

第5条 图书馆停办时，须经主管机关核准。

到1930年教育部公布民19规程时，在民4规程和民16条例的基础上，对图书馆设立备案事项又作了进一步的细化规定和要求。如根据图书馆类别细分呈报部门，对呈报事项中的馆长姓名及履历等进行了扩充，细分图书馆变更事项（第4—5条）；并对私立图书馆董事会和呈报备案要求单独规定（第11—12条）。其中，第4—5条规定如下：

第4条　省立或特别市立图书馆设置时，应由主管机关呈报教育部备案；市县立图书馆设置时，应由主管机关呈报教育厅备案，呈报时应开具左列各款：1. 名称；2. 地址；3. 经费（分临时费与经常费二项，并注明其来源）；4. 现有书籍册数；5. 建筑图式及其说明；6. 章程及规则；7. 开馆日期；8. 馆长及馆员学历、经历、职务、薪给等。

私立图书馆，由董事会开具前项所列各款及经费管理人之姓名、履历呈请主管机关核明立案，并由主管机关转呈上级教育行政机关备案。图书馆之名称、地址、经费、建筑、章程、馆长、保管人等，如有变更时，应照本条之规定，分别呈报。

第5条　公立图书馆停办时，须由主管机关，呈报上级教育行政机关备案。私立图书馆停办时，须经主管机关核准，并由主管机关转呈上级教育行政机关备案。

到1939年教育部公布民28规程时，在延续民19规程的基础上进行了精简（第3—4条），同样将私立图书馆有关规定和要求单独列为条目（第5—7条）。

其中，第3—4条规定如下：

第3条　图书馆由省市设立者，应由省市政府开具左列各事项，咨请教育部核准备案；由县市设立者，应由县市政府开具左列各事项，呈报教育厅核准，并转呈教育部备案；由地方自治机关设立者，应由地方自治机关开具左列各事项，呈报县市政府核准，并转呈教育厅备案。1. 名称；2. 地址；3. 经费（分开办经常两门并注明来源）；4. 藏书（详报现有书籍种数、册数）；5. 建筑（图式及其说明）；6. 章则；7. 职员（馆长馆员之学历、经历、职务、薪给等）。

第4条　图书馆之变更及停办，由省市设立者，应由省市政府咨请教育部核准备案；由县市设立者，应由县市政府呈报教育厅核准，并转呈教育部备案；由地方自治机关设立者，应由地方自治机关呈报县市政府核准，并转呈教育厅备案。

第5—7条单独针对私立图书馆，具体规定如下：

第5条 图书馆之由私法人或私人设立者，以董事会为其设立者之代表，负经营图书馆之全责，有处分财产、推选馆长、监督用人行政、议决预算决算之权。私立图书馆董事会之董事，第一任由创办人延聘，以后由该会自行推选。

第6条 私立图书馆董事会，应于成立时开具左列各事项，呈请当地主管教育行政机关核准，并转呈上级教育行政机关备案。1. 名称；2. 地址；3. 目的；4. 董事会之组织及职权之规定；5. 经费（详报基金数目及常年收入，支出方面分开办与经常两门）；6. 藏书（详报现有书籍种类及册数）；7. 建筑（图式及其说明）；8. 章则；9. 董事（姓名、籍贯、职业及住址）；10. 职员（馆长馆员之学历、经历、职务、薪给等）。

第7条 私立图书馆之变更及停办，应由私立图书馆董事会，呈报当地主管教育行政机关核准，并转呈上级教育行政机关备案。

到1947年教育部公布的民36规程，图书馆设立呈报备案规定与要求基本延续1939年教育部公布的民28规程。总的来看，图书馆创办呈报备案的规定在民国中期基本成型和有比较完善的规定，呈报备案的事项要求、备案流程，以及不同类型图书馆的呈报备案、变更事项规定在实践中不断细化和完善，呈报备案的规定有助于政府部门掌握图书馆的发展情况，也体现了政府对图书馆的管理和要求。

三 图书馆组织与部门设置

图书馆工作是一项多部门分工合作开展的实践活动，在民国时期图书馆事业的发展进程中，图书馆部门设置和分工在实践中不断演进和完善。从民国时期图书馆组织与部门设置整体大背景和趋势而言，民国时期图书馆组织机构的设置经历了从无到有，从笼统规定到部门设置细化,再到相对稳定的过程。

在1915年教育部公布的民4规程第5条规定"图书馆得设馆长一人馆员若干人",同年教育部发布的民4通俗第4条规定"通俗图书馆得设主任一人、馆员若干人",到1927年大学院公布的民16条例第8条规定"图书馆得设馆长一人,馆员若干人",1930年教育部公布的民19规程第8条同样规定"图书馆得设馆长一人馆员若干人"。

可以看出,从民国初期到1930年左右,国民政府教育部和大学院有关规程和条例中,均没有对图书馆具体的组织和部门设置进行规定与要求。

到1939年教育部公布的民28规程第8—9条开始作了明确规定:

第8条 省市立图书馆设置左列各部:

1. 总务部 文书、会计、庶务及其他不属于各部之事项属之。
2. 采编部 选购、征集、交换、登记、分类、编目等属之。
3. 阅览部 阅览、库藏、参考、互借等属之。
4. 特藏部 金石、舆图、善本、地方文献等属之。
5. 研究辅导部 调查、统计、研究、实验、视察、辅导、图书馆工作人员之进修与训练及各项推广事业等属之。

以上各部,得视地方情形,全部设立或合并设置,其工作大纲另订之。

第9条 县市立图书馆设置左列各组:

1. 总务组 文书、会计、庶务及其他不属于各组之事项属之。
2. 采编组 选购、征集、交换、登记、分类、编目等属之。
3. 阅览组 阅览、库藏、参考、互借等属之。
4. 推广组 演讲、播音、识字、展览、读书指导、补习学校以及普及图书教育事项属之。

以上各组,得视地方情形全部设立或合并设置,其工作大纲另定之。

到1947年的民36规程,同样是第8—9条对图书馆部门和组别设置进行了规定，规定基本延续了1939年民28规程的条例。从民28规程、民36规程的条例规定可知，从1939年教育部对图书馆的部门设置有了明确的指导意见和要求，对省市立图书馆要求设置部门包括"总务部、采编部、阅览部、特藏部、研究辅导部"、县市立图书馆要求设置部门包括"总务组、采编组、阅览组、推广组"，这种明确和细分的规定一是体现了民国图书馆到30年代发展已比较成熟和系统，二是体现了省市立和县市立不同级别图书馆的差异性，并强调各部门、组别设置需根据地方情形确定。

通过规程对图书馆的部门、组别设置进行规定的同时，国民政府教育部在1939年《图书馆工作大纲》（民28大纲）和1944年《图书馆工作实施办法》（民33办法）中，对图书馆各部门、组别的具体工作和职责范围进行了明确规定。

由上可知，民国时期的图书馆组织机构设置从民国初期的简要规定，到民国后期设置相对稳定的总务部、采编部、阅览部、特藏部、研究辅导部等组织机构，进一步推动图书馆组织机构的优化，并形成了相对稳定的组织结构和部门设置。

四 图书馆馆长及职员选任

随着民国时期图书馆事业的建设与发展，从图书馆馆长到部门主任、馆员和干事等的任用，都逐步形成了明确的选任条件与岗位要求。

（一）馆长遴选制度

馆长是图书馆运转之核心与灵魂，民国初期馆长遴选并无明确要求和条件，随着新文化运动、五四运动和20世纪20年代高等教育、民众教育等的发展，图书馆学教育和研究开始发展，社会民众对读书识字、看书阅报等需求日益增加，以及民国中期图书馆事业、图书馆教育和图书馆学研究的繁荣发展，图书馆馆长的遴选实践、任职研究等逐步深入化、规范化和专业化，图书馆馆长的遴选在图书馆规程、图书馆学术研究和图书馆馆长任免实践中都取得了长足的发展。

从民国时期图书馆规程、条例统计分析可知，馆长的遴选资格和任用大致经历了三个阶段的修订和完善，民国时期图书馆馆长遴选与任用条例摘录如下：

年度	制度名称	任职条例	备注
1915 年	《图书馆规程》（教育部公布）	第 5 条　图书馆得设馆长一人馆员若干人。图书馆馆长及馆员，均于任用时开具履历及任职日期，具报于主管公署，并转报教育部。 第 6 条　公立图书馆长及其他馆员，关于任职、服务、俸给等事项，准各公署所属教育职员之规定	无明确要求
1915 年	《通俗图书馆规程》（教育部公布）	第 4 条　通俗图书馆得设主任一人，馆员若干人。通俗图书馆主任馆员应照图书馆第 5 条之规定分别具报。 第 5 条　公立通俗图书馆主任馆员之任职、服务、俸给等事项，准各公署委任椽属之规定	无明确要求
1927 年	《图书馆条例》（大学院公布）	第 8 条　图书馆得设馆长一人，馆员若干人。馆长应具左（下）列资格之一：1. 国内外图书馆专业毕业者；2. 在图书馆服务三年以上而有成绩者；3. 对图书馆事务有相当学识及经验者。 第 9 条　公立图书馆长及其他馆员关于任职、服务、俸给等事项，准各教育机关职员之规定	有进一步要求
1930 年	《图书馆规程》（教育部公布）	第 8 条　同 1927 年《图书馆条例》（大学院公布）规定。 第 9 条　图书馆职员每年 3 月底，应将办理情形报告于主管机关	有进一步要求

续表

年度	制度名称	任职条例	备注
1939年	《修正图书馆规程》（教育部公布）	第11条 图书馆设馆长一人综理馆务。省立者由教育厅遴选合于本规程第十三条资格之人员，提请省政府会议决定后派充之；市（行政院直辖市）立者由市教育行政机关遴选合于本规程第十三条资格之人员，呈请市政府核准后派充之；均应呈报教育部备案。县市立者由县政府遴选合于本规程第十六条资格之人员，呈请教育厅核准后派充之，但教育厅于必要时，得直接遴选合格人员派充之。地方自治机关设立者，由设立之机关遴选合格人员，呈请县市政府核准后派充之；私法人或私人设立者，由私法人之代表或设立者兼任或聘任合格人员充任之；并呈报主管教育行政机关核准备案。 第13条 省市立图书馆馆长，须品格健全，才学优良，且具左（下）列资格之一者：1. 图书馆专科学校或图书馆专修科毕业，曾任图书馆职务一年以上，著有成绩者；2. 师范学院教育学院或教育科系毕业，曾任图书馆职务两年以上，著有成绩者；3. 大学或其他专科学校毕业，曾受图书馆专业训练，并曾任图书馆职务三年以上，著有成绩者；4. 在学术上确有特殊贡献，并对于图书馆学素有研究者。 第16条 县市立图书馆馆长，须品格健全，才学优良，且具左（下）列资格之一者：1. 图书馆专科学校或图书馆专修科毕业者；2. 师范学院教育学院或教育科系毕	有更明确的要求，将馆长分为省立、市立、县立不同类型予以规定

续表

年度	制度名称	任职条例	备注
1939 年	《修正图书馆规程》（教育部公布）	业者；3. 大学或其他专科学校毕业，曾受图书馆专业训练者；4. 在学术上确有贡献，并对于图书馆学素有研究者	
1947 年	《图书馆规程》（教育部公布）	第 13 条　同 1939 年《修正图书馆规程》（教育部公布）规定	有更明确的要求

从上述规程和条例来看，民国时期关于图书馆馆长遴选的条件大致经历了三个阶段的发展。第一阶段在民国初期，以 1915 年《图书馆规程》《通俗图书馆规程》为标志，提出设置图书馆馆长，但没有任职资格规定和要求。第二阶段在民国中期，以 1927 年《图书馆条例》和 1930 年《图书馆规程》为标志，对图书馆馆长的设置和任职资格有明确的要求和规定。第三阶段在民国后期，以 1939 年《修正图书馆规程》和 1947 年《图书馆规程》为标志，对图书馆馆长的设置、省市县等不同类型图书馆馆长的遴选条件进行了细化规定。

综合上面三个阶段代表性图书馆规程、条例的分析可知，民国时期图书馆馆长的遴选中，关于图书馆馆长的资格、任用经历一个不断探索和完善的过程，在馆长资格、任用方面，由初期的无明确规定，需报送与备案；到中期将图书馆专业背景、工作经验或图书馆事务学识等纳入馆长遴选的条件，明确任用的报送内容和对象；到后期进一步细化省市立、县市立及私人图书馆等不同类型图书馆馆长遴选中的图书馆专业背景、工作经验、学术研究等资格要求，并明确不同类型图书馆馆长任用的选任、报备规则。

（二）一般馆员选任制度

此处一般馆员特指除图书馆馆长以外的图书馆人员，包括图书馆各部主任、干事、助理干事、会计等类型的一般馆员。图书馆员是图书馆事业建设、运转与发展的能动要素，"优秀的馆员更可使图书馆业务顺利推广。同时，图书馆工作是专业工作，并非人人可以胜任，所以在选任人员时，其资格与能力是要实慎考虑的"①。在民国时期图书馆事业发展、图书馆员队伍不断壮大的过程中，图书馆员的选任标准、制度和程序也不断探索和完善。总体而言，民国时期的图书馆员选任制度大致经历了民国前期长时间无明确规定，到中期细化为若干资格条例、后期修订部分条例的多个阶段。

在民国初期，图书馆员选任规定处于起步阶段。以《图书馆规程》（1915年）、《通俗图书馆规程》（1915年）、《图书馆条例》（1927年）和《图书馆规程》（1930年）等为代表的图书馆规程，在图书馆员选任方面，均只作"馆员若干人""……馆员关于任职、服务、俸给等事项准各公署所属教育职员之规定"等宏观性规定，对于图书馆员的基本资格、不同岗位图书馆员的选任尚无明确规定和要求。

在民国中期，图书馆员选任规定进入细化阶段。以《修正图书馆规程》（1939年）为代表，对图书馆主任、干事等选任有了细化规定。如《修正图书馆规程》（1939年）第12条对图书馆馆员设置和遴选进行了总体规定，条目如下：

第12条　图书馆每部组设主任1人，干事若干人（由主管教育行政机关视各馆事务之繁简规定最高或最低员额），由馆长遴选合于本规程第14条、第15条及第17条资格之人员任用之，并呈报主管教育行政机关备案。

在第12条总体规定下，分具体条目对馆室主任、干事等的任用进行了细化规定，条目如下：

第14条　省市立图书馆各部主任，需品格健全，其所任职务为其所擅长，且具有左列资格之一者：（一）图书馆专科学校或图书馆专修科毕业者；（二）师范学院教育学院或教育科系毕业者；（三）大学

---

① 严文郁：《中国图书馆发展史　自清末至抗战胜利》，枫城出版社1983年版，第178页。

或其他专科学校毕业，曾受图书馆专业训练者；（四）中等学校毕业，曾任图书馆职务 3 年以上者。

第 15 条　省市立图书馆干事，需品格健全，且具有左列资格之一者：（一）具有前条各款资格之一者；（二）中等学校毕业，曾任教育职务 2 年以上者；（三）对于图书馆职务有相当学识及经验者。

第 17 条　县市立图书馆各组主任及干事，须品格健全，且具有左列资格之一者：（一）具有前项各款资格之一者；（二）中等学校毕业，曾任教育职务 1 年以上者；（三）对于图书馆职务有相当学术及经验者。

第 18 条　图书馆得酌用助理干事。

第 19 条　地方自治机关、私法人或私人设立之图书馆，其内部组织及职员资格，应比照县市图书馆规定。

从《修正图书馆规程》（1939 年）上述条例分析可知，相较于前一阶段，对图书馆员要求的资格已提高和具有明确要求，对省市立图书馆各部主任、省市立图书馆干事、县市立图书馆各组主任及干事的基本任职资格做了细化。首先，"品格健全"是各级图书馆主任、干事均需具备的条件；其次，是省市立图书馆各部主任、省市立图书馆干事和县市立图书馆各组主任及干事的具体资格要求，有不同层次的要求，越到上一级就职资格要求就更高，具体资格以学习经历和工作经历与图书馆工作相关性考察为主。

民国后期，图书馆员选任规定进一步完善和修订。《图书馆规程》（1947 年）对《修正图书馆规程》（1939 年）做了部分条例的修订，在第 19 条增加了会计人员设置的规定（原第 19 条变为第 20 条），具体内容如下：

第 19 条　省市立图书馆各设会计员 1 人，委任，依国民政府主计处设置各机关岁计会计统计人员条例之规定，掌理各该馆岁计会计事务，受各该馆馆长之指挥，并分别受各该馆上级机关主办会计人员之监督指挥。

总的来说，在民国时期图书馆制度的修订和完善中，对图书馆员的选任及资格在不断地完善，逐步体现了图书馆职业化的特征与进程。

五　图书馆管理与运行规定

通过民国时期国民政府教育部、大学院等公布的图书馆规程、大纲和条例可看到相关的管理与运行规定，其中有关会议、经费和工作时间等规定概况如下。

（一）图书馆会议规定

在1915年教育部公布的民4规程《图书馆规程》、民4通俗《通俗图书馆规程》，以及1927年大学院公布的《图书馆条例》和1930年教育部公布的《图书馆规程》，对图书馆的会议均未作规定。到1939年教育部公布的《修正图书馆规程》第20—21条明确和规定了会议事项，条目如下：

第20条　图书馆应举行左列会议：

1. 馆务会议：由馆长及各组主任组织之，以馆长为主席，讨论全馆一切兴革事项，每月开会1次。

2. 辅导或推广会议：由馆长各主任及各该地方内有关之教育行政机关代表组织之以馆长为主席，讨论图书馆办理辅导或推广事业之兴革事项，每半年开会1次。

第21条　图书馆应设置左列各会：

1. 小组讨论会：由各主任及干事分别组织之，以部或组主任为主席，负研究有关学术及讨论改进工作之责，每周开会1次。

2. 经费稽核委员会：由各主任及全体干事互推3人至5人为委员（总务主任、会计、庶务不得为委员）组织之，委员轮流充当主席，负责审核收支账目及单据之责，每月开会1次。

1947年教育部公布的《图书馆规程》延续1939年的上述规定和要求。

(二)图书馆经费管理

关于图书馆经费事项,先后公布的图书馆规程和条例作了相关规定和要求。

1915年教育部公布的《图书馆规程》第8条对图书馆经费预算进行了规定、第9条规定酌收阅览费,条目如下:

第8条 公立图书馆之经费,应于会计年度开始之前,由主管公署列入预算,具报于教育部。公立学校附设图书馆之经资,列入主管学校预算之内。

第9条 图书馆得酌收阅览费。

同年教育部公布的《通俗图书馆规程》第6条对图书馆经费预算同样规定、第7条规定不征收阅览费,条目如下:

第6条 公立通俗图书馆之经费预算,适用图书馆规程第8条之规定,公立学校工场附设通俗图书馆之经费,列入主管学校、工场预算之内。

第7条 通俗图书馆不征收阅览费。

上述两项规程对图书馆的经费预算、阅览费收取事项进行了规定,是比较宏观的规定。

到1927年大学院公布的《图书馆条例》第11条对经费预算及其比例进行了规定,条目如下:

第11条 公立图书馆之经费,应于会计年度开始之前,由主管机关列入预算,呈报大学院,但不得少于该地方教育经费总额百分之五。

到1930年教育部公布的《图书馆规程》则未列入经费预算规定和要求。

到1939年教育部公布的《修正图书馆规程》第24—26条则对经费预算的时间要求、报送要求和预算比例进行了细化规定,并对上一年度经费计算书、图书馆经费分配标准进行了规定,较前一阶段有更细化的规定,条目如下:

第24条 图书馆应于每年度开始前1个月内,造具下年度事业进行计划及经费预算书,呈报主管教育行政机关查核备案。

第25条　图书馆应于每年终了后1个月内，造具上年度工作报告及经费计算书，呈报主管教育行政机关查核备案。

前项事业进行计划及工作报告，县市立者应转报教育厅备查；省市立者应转报教育部备查。

第26条　图书馆经费分配之标准，薪工不得高于百分之五十，事业费及图书购置费不得低于百分之四十，办公费占百分之十。

1947年教育部公布的《图书馆规程》延续1939年的规定和要求。

（三）图书馆工作时间

在民国初期和中期的图书馆规程、大纲和条例中，并未对图书馆的工作时间、开放时间和休息时间等进行规定。到1939年《修正图书馆规程》第30—31条才对图书馆休假、工作时间作规定，条目如下：

第30条　图书馆休假，得采用例假之次日补行办法，或按事业之性质分职员为两组，于例假日及次日更番休假。寒暑假期，应比照当地学校假期，分职员为两组，更番休假，事业照常进行。

第31条　图书馆每日工作时间，以八小时为原则，并须酌量地方情形，于晚间开放。

到1947年《图书馆规程》第31—32条对休假和工作时间的规定延续了1939年的规程规定。

此外，图书馆规程、大纲和条例对图书馆各类委员会的组织、图书馆辅导教育工作、巡回推广等事项进行了规定。

第四节　民国时期图书馆学教育

随着民国时期图书馆的创建与发展，图书馆人员的培养与训练成为了图书馆事业发展的迫切需要。在民国图书馆事业发展的几十年里，图书馆学校教育、在职培训作为图书馆教育和培训的两种主要途径，取得了长足的进步与发展，产生了一批留学归国从事图书馆学教育和人才培养的有志之士，培养了大批图书馆专业人才，举办了多种类型的在职图书馆人员培训班，为民国时期图书馆事业的专业化、职业化发展提供了有力保障。目前有关民国时期图书馆学教育研究已有丰富成果，如《民国时期图书馆学教育研究》（任家乐，2018）、《中国图书馆学教育之父——沈祖荣评传》（程焕文，2013）、《文华图书馆学专科学校的创建和发展》（彭敏慧，2015）等对民国图书馆学教育进行了专题化的深入研究。此外，《中国图书馆发展史：自清末至抗战胜利》（严文郁，1983）、《中国图书馆学史》（吴仲强，1991）、《中国图书和图书馆史》（谢灼华，2005）等则有专门的章节对民国图书馆学教育进行论述。下面对民国时期图书馆学校教育、业余教育及留学教育进行简述。

一 学校教育

民国时期，图书馆学校教育是培养图书馆高级人才和专门人才的主要力量，学校教育主要包括大学、专科学校、中等学校（职业学校）等，培养方式包括单独设立图书馆学系（科）、开设图书馆学课程等。其中，独立设置图书馆学系（科）的学校教育概况如下。

（一）武昌文华图书馆学专科学校

1920年，武昌文华大学成立图书科，由韦棣华、沈祖荣和胡庆生等人创办。1925年，文华大学改组为华中大学，1927年武昌文华大学停办，文华图书科单独办学。1929年，文华图书科获准独立建校为私立武昌文华图书馆学专科学校（文华图专），成为我国第一所独立的图书馆学高等专门学校。1931年，韦棣华逝世，由沈祖荣任校长，经费来自中美庚款补助和公私赞助。抗日战争爆发后，1938年内迁至重庆曾家岩求精中学。1941年夏被炸毁，10月迁至江北唐家街廖家花园。抗战胜利后，1946年3月回迁武昌复校。文华图专自建校以来，为我国培养了大量图书馆人才。①

（二）国立社会教育学院图书博物馆学系

抗战期间，国民政府内迁重庆创办国立社会教育学院，学院的图

---

① 吴仲强等：《中国图书馆学史》，湖南出版社1991年版，第313页。

书博物馆学系首任系主任为汪长炳,图书博物馆学系培养了一批图书博物馆高级人才,学制四年,需修满132—148学分,毕业授予教育学士学位。图书馆学必修科目大致包括一般性课程(如图书馆通论、图书馆史)、技术性课程(如图书编目法、图书馆经营法)、学术性课程(如目录学、版本学)、辅导性课程(如检字索引法、问题研究法)。

(三)金陵大学文学院图书馆学系

金陵大学文学院图书馆学系于1927年成立,校址南京,首任系主任为李小缘。开设专业课程如"图书馆学大纲、目录学、编目法、图书选择之原理、分类法、特种图书馆"等,并面向全校学生将图书馆学课程列为选修课,以普及图书馆学知识。抗战爆发后,1940年内迁成都,设立图书馆学专修科,由曹祖彬担任科主任,培养了两届学生。

(四)上海国民大学图书馆学系

1925年上海国民大学设立图书馆学系,系主任为杜定友。开设必修课程如"图书馆学概论、图书编目法、目录学、古书校读法"等,修满160学分的授学士学位。1926年随着上海国民大学停办而终止。

(五)国立北京大学图书馆专修科

1947年在国立北京大学文学院设立图书馆专修科,由王重民担任科主任。开始的时候是"培训班、研究班"的性质,1948年正式改为专修科,同年秋季独立招生。1949年新中国成立后,图书馆学专修科从中文系独立。

此外,还有一些图书馆专门学校和大学开设图书馆学课程、中等学校开展图书馆学教育。如穆耀枢在四川创办的成都图书馆学校,江苏省立民众教育学院民众教育系图书馆组、广州大学教育系图书馆学科等先后开展过图书馆学教育。在中山大学、东南大学、暨南大学、天津河北女子师范学院等学校开设有图书馆学课程。[①] 在中等学校、

---

① 吴仲强等:《中国图书馆学史》,湖南出版社1991年版,第318页。

职业学校图书馆学教育方面,如上海创制中学图书馆科、上海图书学校图书科、广州市立第一职业学校图书管理科、四川省立成都女子职业学校图书管理科等开展图书馆教育。①

二　业余教育

民国时期正规教育总体来说体量不大,加之战事和社会发展等因素的影响,图书馆学校教育时断时续,专业教育培养的图书馆人才不能满足和适应图书馆快速发展的需求。

民国时期举办了一批图书馆讲习所、培训班,代表性讲习所和培训班如:1920 年的北京高等师范学校暑期图书馆学讲习会、1922 年的广东图书馆管理员养成所、1923 年的东南大学暑期图书馆讲习科、1924 年的上海圣约翰大学海氏图书馆讲习会和成都暑期图书馆演讲会、1927 年的湖北省教育厅暑期图书馆学讲习科、1931 年的武昌文华图书馆学专科学校讲习班(1931—1940 年连续举办五届)、1940 年的成都图书管理员讲习班、1943 年的广东省图书馆教育人员培训班等。②

民国时期还有部分学校开展了图书馆学函授教育,如 1937 年上海商务印书馆函授学校(设图书馆学科)、1939 年上海中华图书馆服务社函授学校、1947 年上海文化函授学校(设图书馆学系)等。

三　留学教育

出国留学学习图书馆学理论与知识也是民国时期图书馆学教育的重要途径,且发挥了重要的作用。沈祖荣、胡庆生、杜定友、刘国钧、戴志骞、李小缘、洪有丰、袁同礼、桂质柏、李燕亭、杨昭悊等著名图书馆学人均先后出国学习图书馆学知识,回国后在图书馆学教育和实践领域都起着中坚力量的作用。

---

①② 李明杰、李瑞龙:《民国图书馆学教育体系考述》,《图书情报研究》2018 年第 3 期。

第五节　民国时期图书馆学术活动

随着民国时期图书馆的建设、图书馆学教育的发展，民国时期图书馆学术活动进入活跃状态，出版了大量图书馆学著作、学术期刊和学术论文，建立了各级各类图书馆学会和协会，对图书馆事业的建设与发展起到了重要的促进作用。

一　著作出版

关于民国时期图书馆学著作出版情况，范凡在《民国时期图书馆学著作出版与学术传承》中对图书馆学著作出版情况进行了系统的统计、分析，共统计有943种民国时期图书馆学著作书目（其中，有年度可统计的著作790种，包括3种清末的著作）。从可统计年度的790种著作年度分布来看，图书馆学著作出版呈现了从萌芽到快速发展的态势，在1909—1924年间图书馆学著作的出版均处于零星和缓慢增长状态，在1925—1936年间图书馆学著作的出版则呈现为快速增长状态，在1937年—1949年间图书馆学著作的出版整体数量为快速下降和少量增长状态。图书馆学著作的这种年度分布趋势既是图书馆事业发展的一种表征和反应，同时也是社会局势发展的一种呈现。

上述790种著作年度分布如下图所示。

民国时期图书馆学著作内容涉及图书馆学通论、图书馆史、公共图书馆、学校图书馆、民众图书馆、儿童图书馆、专门图书馆、阅读指导、图书馆管理等多种主题，代表性著作如下：《仿杜威十类法》（沈祖荣、胡庆生，1917年）、《世界图书分类法》（杜定友，1922年）、《图书馆学》（杨昭悊，1923年）、《图书馆通论》（杜定友，1925年）、《图书馆组织与管理》（洪有丰，1926年）、《图书馆学概论》（杜定友，1927年）、《普通图书编目法》（黄星辉，1934年）、《图书馆建筑与设备》（赵福来，1936年）等。

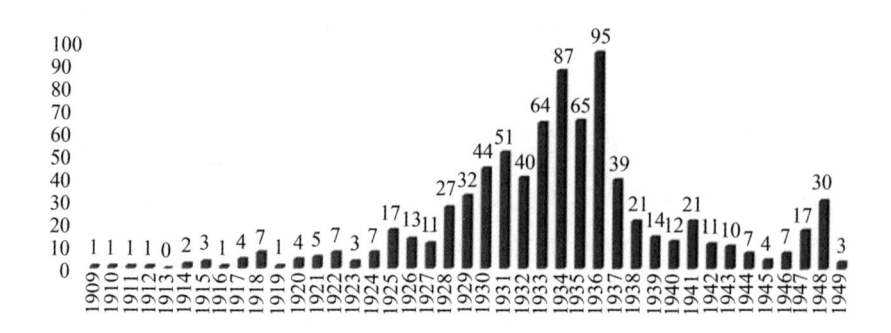

图1-4 民国时期图书馆学著作出版数量年度分布

（资料来源：《民国时期图书馆学著作出版与学术传承》①）

二 期刊出版

图书馆学期刊在民国时期图书馆学术活动中发挥重要的平台作用，1915年创刊的《浙江公立图书馆年刊》是我国最早的图书馆专业期刊。其他代表性图书馆学刊物如中华图书馆协会在1925年创刊《中华图书馆协会会报》和1926年创刊《图书馆学季刊》，北平图书馆协会在1924年创办的《北平图书馆协会会刊》、上海图书馆协会在1925年创办的《图书馆杂志》、江西省立图书馆在1926年创办的《图书馆》、武昌文华图书科在1929年创办的《武昌文华图书科季刊》等。据相关统计，民国时期出版的图书馆学刊物113种，其中91种在1915年到抗战爆发前创刊，抗战爆发到1949年间除去敌伪刊物全国不足20种创刊或复刊②。民国时期图书馆学期刊是图书馆界开展学术交流的主要阵地，与此同时，在教育、文化等领域的刊物上也有大量图书馆学术论文发表，据李钟履编的《图书馆学论文索引》，1911—1949年在图书馆学和非图书馆学刊物上发表的图书馆学论文共计5324篇，增进了图书馆学术交流和促进了民国时期图书馆事业的发展。

---

①② 范凡：《民国时期图书馆学著作出版与学术传承》，国家图书馆出版社2011年版，第42、241页。

三 图书馆协会

图书馆协会的成立是图书馆事业发展的客观要求和必然趋势，在民国时期图书馆学术活动、事业发展中扮演着重要的角色，发挥着重要的桥梁和纽带作用。既有全国性影响的中华图书馆协会，也有各地方性质的图书馆协会。民国时期代表性图书馆协会简况如下表。

表1-2　　　　　　民国时期代表性图书馆协会简况

序号	时间	名称	备注
1	1925年4月	中华图书馆协会	全国性图书馆协会
2	1924年3月	北京图书馆协会	由中华教育改进社发起，14所图书馆加入，1928年12月更名北平图书馆协会
3	1924年4月	杭州图书馆协会	1936年改组成立浙江图书馆协会
4	1924年5月	南阳图书馆协会	
5	1924年5月	开封图书馆协会	由河南省图书馆馆长何日章等人发起
6	1924年6月	天津图书馆协会	
7	1924年6月	南京图书馆协会	由洪有丰等发起
8	1924年6月	天津图书馆协会	
9	1924年6月	上海图书馆协会	由杜定友等倡导建立
10	1924年8月	江苏图书馆协会	由洪有丰等发起
11	1924年12月	济南图书馆协会	由桂质柏等发起
12	1925年4月	广州市图书馆协会	由广州大学（中山大学前身）图书馆发起
13	1925年8月	苏州图书馆协会	由彭清鹏等发起

续表

序号	时间	名称	备注
14	1926年8月	辽宁图书馆协会	
15	1927年12月	台湾图书馆协会	
16	1929年5月	太原图书馆协会	
17	1929年9月	福建图书馆协会	
18	1930年3月	山东图书馆协会	
19	1930年5月	浙江省第2学区图书馆协会	
20	1930年9月	瑞安图书馆协会	
21	1931年1月	吴茜图书馆协会	
22	1931年6月	安徽图书馆协会	
23	1932年1月	江西图书馆协会	
24	1932年5月	浙江省第1学区图书馆协会	
25	1934年3月	四川图书馆协会	
26	1936年4月	浙江图书馆协会	由浙江省图书馆协会（原浙江图书馆协会）、浙江省第2学区图书馆协会、浙江省第1学区图书馆协会，三个协会组成
27	1939年11月	满洲图书馆协会	
28	1941年7月	延安图书馆协会	
29	1945年4月	兰州市立图书馆协会	
30	1947年3月	广东省图书馆协会	
31	1947年10月	重庆图书馆协会	

（参考来源：黎飞《民国时期的图书馆协会及其活动编年》①、严文郁《中国图书馆发展史：自清末至抗战胜利》②，各地方图书馆协会按时间为序排列）

---

① 黎飞：《民国时期的图书馆协会及其活动编年》，《图书馆建设》2020年第2期。
② 严文郁：《中国图书馆发展史：自清末至抗战胜利》，枫城出版社1983年版，第211—229页。

从民国时期图书馆协会概况来看,主要成立时间在 1924 年—1936 年间,是图书馆创建与发展的高峰期,图书馆协会的成立在图书馆建设、学术活动、图书馆学教育和图书馆交流等方面发挥着重要的作用。

第二章

清末民国时期图书馆事业档案概述

　　清末民国时期中国传统官方藏书楼、书院藏书楼、私家藏书楼逐步向公共图书馆、学校图书馆、私立图书馆演变，我国近代图书馆事业萌芽、兴起，并不断发展起来。该时期涌现出众多为图书馆事业发展做出巨大贡献的学人志士；图书馆规章制度在各方面的努力下日趋完善；图书馆行政系统逐步建立；全国各地公共图书馆与学校图书馆如雨后春笋般迅速出现；专门图书馆学教育机构陆续创设；图书馆专业学术社团不断产生，中国图书馆事业的本土化发展道路逐渐形成。而伴随中国图书馆事业的发展，也产生了大量颇具价值的历史记录，我们将这些形成于1840—1949年间的，反映清末民国时期各类图书馆活动的历史记录统称为清末民国时期图书馆事业档案。

　　档案是人类社会活动最原始、最真实的记录，具有其他史料无可比拟的权威性，被誉为"没有掺过水的史料"，可"补史之缺、参史之错、详史之略、续史之无"。长期以来，图书馆学界和史学领域的一批学术团队和中青年研究骨干，利用清末民国时期的报刊、著作、论文以及一些公开出版的史料，在近代图书馆史、图书馆思想史、图书馆学人群体、图书馆馆长、图书馆学教育等领域取得了丰硕的成果，但鲜有系统化利用图书馆事业档案开展研究的成果。例如，严文郁著《中国图书馆发展史：自清末至抗战胜利》、谢灼华主编《中国图书史与中国图书馆史》、李朝先和段克强编著《中国图书馆史》的引注或参考文献主要是少量书报杂志等出版物，而仅有吴晞著《从藏书楼到图书馆》、来新夏等著《中国图书事业史》、沈小丁著《湖南近代图书馆史》的引注或参考文献中涉及公开出版的档案史料或未公开出版的原始档案。《从藏书楼到图书馆》一书使用的档案多为史料选编的出版物，如《中国近代教育史料》《近代中国教育史料》《中国近代出版史料》，原始档案仅涉及北京大学图书馆馆藏的《大学堂续订图书馆章程》、北京大学综合档案室藏的《京师大学堂档案》和方晓山先生收藏的《方大芝奏折》。《中国图书事业史》一书同样使用了部分史料出版物，例如《日寇侵华时期伪奉天省立图书馆史料》《中国古代藏书与近代图书馆史料》，使用的原始档案仅一份，为京师图书馆档案"京师图书馆造送书籍数目册"。《湖南近代图书馆史》一书，不仅使用了大量刊载于清末民国时期报刊《民众教育》《湖南教育杂志》《湘学报》《湖南官报》中的报刊资料，在研究湖南近代图书馆发展历程、管理体制和法规建设方面还使用了较多湖南省档案馆馆藏的相关原始档案。

笔者通过进一步对中国知网检索提取的与近代图书馆事业史研究相关的320篇论文的参考文献的统计与分析发现，大部分论文综合使用了不同形式的文献资料，有77.5%的论文使用了民国时期的期刊，60.3%的论文使用了图书著作，28.1%的论文使用了民国时期的报纸，使用档案汇编、馆务报告、地方志、年鉴的比例分别为17.1%、11.4%、11.4%、8.6%（详见表3）。总体上看，对原始档案的使用同样不多，所有使用档案的论文中共涉及135件（卷）档案，与档案目前巨大的存量相比，利用率非常低。被利用的档案来源也比较分散，各档案馆被利用档案数量如表3所示。所利用的档案主要集中于图书馆的运行方面，如新馆或分馆的设立，某图书馆的财产情况、人员聘用与奖惩、规章制度，高校档案馆被利用的档案主题集中于学生名册、成绩表册等内容。

表 2-1　近代图书馆史研究使用文献比例

类型	民国期刊	图书著作	报纸	档案汇编	馆务报告	地方志	年鉴	原始档案
篇数	248	193	90	55	36	36	27	33
占比	77.5%	60.3%	28.1%	17.1%	11.4%	11.4%	8.6%	10.2%

表 2-2　近代图书馆史研究中使用的档案文献来源档案馆分布

档案馆名称	件（卷）数
上海市档案馆	27
重庆市档案馆	27
福建省档案馆	24
山东省图书馆	14
上海音乐学院档案室	8
浙江省档案馆	7
江西省档案馆	5
辽宁省档案馆	4
北京市档案馆	3
广东省档案馆	3
第二历史档案馆	2
成都市档案馆	2
苏州市档案馆	2
清华大学档案馆	2
武汉大学档案馆	1
四川省档案馆	1
湖北省图书馆	1
镇江市档案馆	1
兰州大学档案馆	1
合计	135

当前，由于档案等一次文献的使用较为有限，清末民国时期图书馆事业中的一些重要领域和关键问题尚未得到系统深入研究。究其原因，一方面，清末民国时期图书馆事业档案的史料价值尚未引起研究者的充分重视；另一方面，这些档案分散保存在我国各级各类档案馆，未经系统整理、揭示和编研，对研究者来说，客观上存在查找发现和获取利用的困难。为了对清末民国时期图书馆事业档案有一个全面而系统的把握，发现并获取一些新材料、新内容，为学界提供相关数据、图表等的参考、共享和利用，进一步推进、深化和拓展图书馆事业史等相关领域的研究，本章将通过系统调查方法，了解清末民国时期图书馆事业档案的分布情况，并分析清末民国时期图书馆事业档案典型馆藏的史料价值。

第一节 清末民国时期图书馆事业档案的分布情况

一 档案调研情况

综合使用文献追溯、网站查询和实地调查三种方法来获取清末民国时期图书馆事业档案的分布情况。在文献追溯阶段，重点查阅了《全国民国档案通览》《民国档案研究》以及各级国家档案馆公开出版的档案馆指南等工具书，追溯清末民国时期图书馆事业档案的分布线索。其中，《全国民国档案通览》是一部全面、系统地介绍全国各地档案馆所藏民国档案内容和基本状况的大型工具书，是查寻、检索和利用民国档案的指南；《民国档案研究》则对分散保藏在中国大陆和台湾地区的民国档案概况进行了介绍，侧重说明各处所藏档案的特色，并从历史研究需求角度，对某一省份、某一地区、某一机构所藏民国档案的特点与优势重点进行了剖析；档案馆指南是全面介绍和报道档案馆所藏档案情况的工具书。进一步查阅了中国第二历史档案馆以及北京市、上海市、天津市、重庆市、福建省、甘肃省、广西壮族自治区、贵州省、河北省、河南省、黑龙江省、湖北省、湖南省、吉林省、江西省、辽宁省、青海省、山东省、山西省、陕西省、四川省、云南省、浙江省、本溪市、沧州市、常熟市、大连市、东莞市、广安市、广州市、邯郸市、贵阳市、黄石市、济南市、临安市、柳州市、南京市、秦皇岛市、青岛市、深圳市、沈阳市、十堰市、石家庄市、顺德市、太原市、乌鲁木齐市、武汉市、岳阳市、张家港市、长春市、中山市、漳平市、宜都市、东港市、苍南县、澄迈县、川沙县、临安县、斋水县、延庆县、宜昌县、鄱县、鄞县、浠水县、秭归县、清原满族自治县、白云区、西岗区、历城区、江津区、安次区、浦东新区、伍家岗区共75本不同级别档案馆编制的档案馆指南。

与此同时，为了解清末民国时期图书馆事业档案是否可以通过互联网查询或获取全文，并进一步发现未知的馆藏分布线索，以"藏书楼""图书馆""图书室"和"教育馆"等为检索词，对2个中央级档案馆、32个省（自治区、直辖市）级档案馆和284个地级市档案馆官方网站的开放档案目录进行了检索。并且于2015年11月15—21日前往北京市和天津市对部分档案馆进行了实地调研，包括北京市的中国第一历史档案馆、北京市档案馆和北京大学档案馆，天津市的天津市档案馆、南开大学档案馆和天津大学档案馆。2016年3月至2017年3月，课题组先后前往重庆、昆明、南京、上海、广州等地档案馆开展了调研工作，包括重庆市档案馆、中国第二历史档案馆、上海市档案馆、云南省档案馆及昆明市档案馆、贵州省档案馆及贵阳市档案馆以及广东省档案馆及广州市档案馆。另外，于2017年6月至2018年6月前往湖北省、湖南省对湖北省档案馆、武汉市档案馆、武汉大学档案馆、湖南省档案馆等机构进行了调研。此外，还多次前往四川省档案馆、成都市档案馆以及成都市双流区档案馆等档案馆进行调研。

二 清末民国时期图书馆事业档案的地区分布情况

通过系统调查，基本摸清了清末民国时期图书馆事业档案在我国的总体分布情况。总体上看，现存清末民国时期图书馆事业档案虽卷帙浩瀚，但也存在利用方面的困难，这既有历史变迁档案损坏的原因，也有档案未系统化整理、数字化，使得研究者查阅利用存在困难的问题。调研发现，清末民国时期图书馆事业档案主要分布在辽宁、吉林、北京、天津、河北、江苏、山东、上海、安徽、江西、福建、浙江、湖南、湖北、河南、广东、四川、重庆、云南、贵州、陕西、甘肃、宁夏、青海、新疆、台湾等26个省（直辖市、自治区），共有22个图书馆独立全宗，涉及209个拥有图书馆档案的全宗，档案数量超过16458卷（件）；38个民众教育馆独立全宗，涉及54个拥有民众教育馆档案的全宗，档案数量超过2896卷（件）。清末民国时期图书馆事业档案的地区分布情况如下：

东北地区拥有一定数量的清末民国时期图书馆事业档案，主要集中在辽宁省档案馆、吉林省档案馆和沈阳市档案馆3个机构。拥有2个图书馆独立全宗，分别是吉林省档案馆馆藏吉林省立图书馆全宗（203卷）、沈阳市档案馆馆藏沈阳市立图书馆全宗（27卷），共230卷，还有982卷（件）有关图书馆的档案分散在辽宁省档案馆的3个全宗；拥有1个民众教育馆独立全宗，即吉林省档案馆馆藏吉林省立民众教育馆全宗，共179卷，有35卷（件）有关民众教育馆的档案分散在辽宁省档案馆的3个全宗。

华北地区拥有较多清末民国时期图书馆事业档案，主要分布在中国第一历史档案馆、北京市档案馆、首都图书馆、天津市档案馆4个机构。拥有4个图书馆独立全宗，全部为首都图书馆馆藏，分别是京师图书分馆全宗、京师通俗图书馆全宗、京师第一普通图书馆全宗、中央公园图书馆全宗，共3287卷，还有772卷（件）有关图书馆的档案分散在第一历史档案馆、北京市档案馆、天津市档案馆的58个全宗；无民众教育馆独立全宗，有800卷（件）有关民众教育馆的档案分散在北京市档案馆和天津市档案馆的15个全宗。另外，北京大学档案馆拥有大量与图书馆相关的档案分散在国立北京大学、京师大学堂和燕京大学等案卷当中，具体数量无法统计。天津大学档案馆也有少量与图书馆相关的档案分散在多个全宗。河北省档案馆教育厅全宗也涉及少量民众教育馆档案。

华东地区拥有数量最多的清末民国时期图书馆事业档案，主要分布在中国第二历史档案馆、南京市档案馆、泰州市档案馆、南通市档案馆、山东省档案馆、青岛市档案馆、上海市档案馆、安徽省档案馆、江西省档案馆、福建省档案馆、厦门市档案馆、浙江省档案馆、宁波市档案馆13个机构。拥有6个图书馆独立全宗，分别是中国第二历史档案馆馆藏国立中央图书馆全宗（93卷）、南京市档案馆馆藏南京市民众图书馆全宗（16卷）、泰州市档案馆馆藏泰县民众教育馆图书馆全宗（13卷）、上海市档案馆馆藏中华业余图书馆全宗（16卷）、安徽省档案馆馆藏安徽省立图书馆全宗（66卷）、江西省档案馆馆藏江西省立图书馆全宗（308卷），共512卷，还有5494卷（件）分散在中国第二历史档案馆、南通市档案馆、山东省档案馆、青岛市档案馆、上海市档案馆、江西省档案馆、福建省档案馆、浙江省档案馆和宁波市档案馆的83个全宗；拥有2个民众教育馆独立全宗，分别是南京市档案馆馆藏南京市立第一民众教育馆全宗（51卷）、江西省档案馆馆藏江西省立实验民众教育馆全宗（97卷），共146卷，还有211卷（件）分散在青岛市档案馆、上海市档案馆、江西省档案馆、福建省档案馆和宁波市档案馆的27个全宗。另外，江苏省档案馆有少量与图书馆和民众教育馆相关的档案，台湾省"国史馆"藏民国时期教育部档案涉及北平图书馆、中央图书馆、各省市图书馆的档案。

华中地区拥有一定数量的清末民国时期图书馆事业档案，主要分布在湖南省档案馆、邵阳市第一档案馆、浏阳市档案馆、洪江市档案馆、湖北省档案馆、武汉市档案馆、黄冈市档案馆、天门市档案馆、咸宁市档案馆、宜昌市档案馆、恩施州档案馆、武汉大学档案馆12个机构。仅1个图书馆独立全宗，为邵阳市第一档案馆馆藏邵阳县图书馆教育馆全宗，共218卷，有1664卷（件）档案分散在湖南省档案馆、湖北省档案馆、武汉市档案馆、黄冈市档案馆、咸宁市档案馆和恩施州档案馆的50个全宗；有3个民众教育馆独立全宗，分别是浏阳市档案馆馆藏浏阳县民众教育馆全宗（15卷）、洪江市档案馆馆藏黔阳县民众教育馆全宗（17卷）、武汉市档案馆馆藏汉口市立民众教育馆全宗（132卷），共164卷，还有410卷（件）分散在湖北省档案馆、黄冈市档案馆、天门市档案馆、咸宁市档案馆、恩施州档案馆的5个全宗。此外，河南省教育厅全宗涉及少量图书馆相关档案，而武汉大学档案馆馆藏有大量文华图专档案及民国图书馆事业档案。

华南地区拥有数量较多的清末民国时期图书馆事业档案，主要分布在广东省档案馆、广州市档案馆和中山大学档案馆3个机构。拥有2个图书馆独立全宗，为广东省档案馆馆藏中山图书馆全宗，共765卷；中山大学档案馆馆藏中山大学图书馆全宗，共18卷（册）。还有2258卷（件）档案分散在广东省档案馆和广州市档案馆的8个全宗；拥有1个民众教育馆独立全宗，为广州市档案馆馆藏广州市立民众教育馆全宗，共7卷，还有51卷（件）档案分散在广东省档案馆的4个全宗。

西南地区拥有数量较多的清末民国时期图书馆事业档案，该地区与图书馆和民众教育馆相关的独立全宗数量最多。主要分布在四川省档案馆、成都市档案馆、都江堰市档案馆、新都县档案馆、绵阳市涪城区档案馆、三台县档案馆、长宁县档案馆、珙县档案馆、德阳市市中区档案馆、江油市档案馆、盐亭县档案馆、平武县档案馆、峨眉山市档案馆、犍为县档案馆、南充市档案馆、营山县档案馆、宜宾市档案馆、邻水县档案馆、资阳市档案馆、简阳市档案馆、乐至县档案馆、南江县档案馆、丹棱县档案馆、重庆市档案馆、重庆市万州区档案馆、重庆市璧山区档案馆、云南省档案馆、昆明市档案馆、巧家县档案馆、牟定县档案馆、贵州省档案馆31个机构。拥有7个图书馆独立全宗，分别是四川省档案馆馆藏四川省图书馆全宗（22卷）、重庆市档案馆馆藏国立罗斯福图书馆全宗（68卷）和重庆市立图书馆全宗（99

卷)、绵阳市涪城区档案馆馆藏彰明县民众教育馆图书馆全宗（8 卷）、三台县档案馆馆藏三台县图书馆全宗（4 卷）、长宁县档案馆馆藏长宁县立图书馆全宗（2 卷）、犍为县档案馆馆藏犍为县图书室全宗（3 卷），共 206 卷，还有 52 卷（件）分散在成都市档案馆、重庆市万州区档案馆、重庆市璧山区档案馆、贵州省档案馆的 6 个全宗；拥有 24 个民众教育馆独立全宗，分别是成都市档案馆馆藏成都市民众教育馆全宗（270 卷）、都江堰市档案馆馆藏灌县民众教育馆全宗（1 卷）、新都县档案馆馆藏新都县民众教育馆全宗（31 卷）和新繁县民众教育馆全宗（56 卷）、三台县档案馆馆藏三台县民众教育馆全宗（22 卷）、长宁县档案馆馆藏长宁县民众教育馆全宗（46 卷）、珙县档案馆馆藏珙县民众教育馆全宗（1 卷）、德阳市市中区档案馆馆藏德阳县民众教育馆全宗（72 卷）、盐亭县档案馆馆藏盐亭县民众教育馆全宗（13 卷）、平武县档案馆馆藏平武县民众教育馆全宗（23 卷）、峨眉山市档案馆馆藏峨眉县民众教育馆（16 卷）、犍为县档案馆馆藏犍为县民众教育馆全宗（28 卷）、南充市档案馆馆藏南充县民众教育馆全宗（8 卷）、营山县档案馆馆藏营山县民众教育馆全宗（1 卷）、宜宾市档案馆馆藏宜宾县民众教育馆全宗（77 卷）、邻水县档案馆馆藏邻水县民众教育馆全宗（12 卷）、资阳市档案馆馆藏资阳县民众教育馆全宗（1 卷）、简阳市档案馆馆藏简阳县民众教育馆全宗（19 卷）、乐至县档案馆馆藏乐至县民众教育馆全宗（87 卷）、丹棱县档案馆馆藏丹棱县民众教育馆全宗（3 卷）、南江县档案馆馆藏南江县民众教育馆全宗（13 卷）、昆明市档案馆馆藏昆华民众教育馆全宗（13 卷）、巧家县档案馆馆藏巧家县民众教育馆全宗（4 卷）、牟定县档案馆馆藏牟定县立民众教育馆全宗（9 卷），共 826 卷，还有 3 卷（件）分散在贵州省档案馆的 1 个全宗。另外，云南省档案馆的云南省教育厅全宗涉及少量图书馆档案，贵阳市档案馆有部分图书馆相关档案分散在多个全宗，因没有数字化，所以无法统计具体数量。

西北地区拥有清末民国时期图书馆事业档案较少，且主要为民众教育馆的档案，主要分布在扶风县档案馆、镇安县档案馆、甘肃省档案馆、定西市档案馆、甘南藏族自治州档案馆、临夏回族自治州档案馆6个机构，无图书馆相关档案全宗；拥有7个民众教育馆独立全宗，分别是扶风县档案馆馆藏扶风县民众教育馆全宗（3卷）、镇安县档案馆馆藏镇安县民众教育馆全宗（1卷）、甘肃省档案馆馆藏甘肃省科学教育馆全宗（79卷）、定西市档案馆馆藏定西县民众教育馆同乡会全宗（5卷）、甘南藏族自治州档案馆馆藏拉卜楞民众教育馆全宗（5卷）、临潭县民众教育馆全宗（22卷）、临夏回族自治州档案馆馆藏康乐县民众教育馆全宗（25卷），共140卷。另外，青海省档案馆的青海省教育厅全宗涉及部分图书馆事业档案，新疆维吾尔族自治区档案馆文教档案汇集涉及部分民众教育馆档案。

表2-3　　　清末民国时期图书馆事业档案地区分布情况

所在地区	馆藏机构数量	图书馆		民众教育馆	
		独立全宗数	相关全宗数	独立全宗数	相关全宗数
东北	3	2	3	1	3
华北	4	4	58	0	15
华东	13	6	83	2	27
华中	12	1	50	3	5
华南	3	2	8	1	4
西南	31	7	6	24	1
西北	6	0	0	7	0

第二节　清末民国时期图书馆事业档案的内容概要

遵循上述地区分布顺序，以下将进一步对各机构馆藏清末民国时期图书馆事业档案的内容进行介绍。

一 东北地区清末民国时期图书馆事业档案的内容概要

辽宁省档案馆网站开放查询的与清末民国图书馆事业相关的档案共涉及3个全宗（全宗号分别为JC010、JC011、JC019），共982卷（件）。其中清末图书馆事业档案103卷（件），形成于光绪三十三年（1907年）至宣统三年（1911年），责任者涉及奉天行省公署、奉天省度支司、奉天提学使司、奉天民政司、奉天都督赵尔巽、奉天省城图书馆等，主要内容包括关于新建图书馆、奉天省城图书馆等的建筑拨款、购书拨款、购置设备拨款等方面的呈报以及预算清册；图书馆各学堂收支经常临时费报告册；奉天行省公署为图书馆博物馆建筑费不合部章并拟办法等。民国图书馆事业档案855卷（件），形成时间主要集中在1912—1932年。责任者涉及辽宁省教育厅、辽宁省立图书馆、辽宁省政府秘书处、辽宁省政府图书室、广东省民政厅图书室和奉天教育厅等。内容上主要为图书馆与不同机构之间往来的文件，如呈报的经费报告、工程翻新、添置设备等；奉天省城图书馆各学校月份收支经常费报告册；奉天学务公所为请领图书馆各学校月份经常费款事的副领等；图书室关于管理员任免、建筑经费、征集图书等方面的函、训令等。另外，还有与民众教育馆相关的档案共涉及3个全宗，35卷（件），时间上集中于1921—1932年。责任者涉及辽宁省教育厅、辽宁省政府秘书处、江苏省立南京民众教育馆图书部等。主要内容包括辽宁省政府给江苏省立民众教育馆图书部的函；各县立民众教育馆办事细则；辽宁省民众教育委员会为辽宁省教育厅请审核的函；省立民众教育馆筹备计划等。

沈阳市档案馆与民国图书馆事业相关的档案主要集中于沈阳市立图书馆全宗（全宗号L23），共27卷，形成于1938—1948年。主要内容为该馆工作大纲、计划、报告；该馆组织章程及办事细则；修整图书馆规程及征集史料奖励办法；该馆接收清册；接收敌伪图书清册、移入移出物品清册、新置图书清册、藏书册数及书籍杂志、阅览情况调查表；有关书报购置费概算书、紧急购置修缮费概算书等。

吉林省档案馆与民国图书馆事业相关的档案主要集中于吉林省立图书馆全宗和吉林省立民众教育馆全宗。其中，吉林省立图书馆全宗（全宗号 J225），共 203 卷，形成于 1921—1931 年。主要内容包括：（1）机构人事有关于图书馆设置、启用关防、更换印信，任免官员、交接，公出公回、差事假、奖惩及在职官员履历册表。（2）图书管理有关于拟定图书借阅的章则及图书搜集借阅制度；出版发行教育公报；图书样本订购；求善藏书办法；出售书籍、编制藏书目录、图书统计、征集各种表册书。（3）经费有预决算、教育公报费、各种杂志费、慰劳金、差旅费、馆舍修缮费、办公用品费、铺垫器具款、追还书款及公债搭放、税收等。（4）庶务有节日庆典、祭礼；国语推行；提倡国货；赈灾；禁止乱穿军服、植树、防疫及查禁盗卖古籍古物等文件。吉林省立民众教育馆全宗（全宗号 J226），共 179 卷，形成于 1916—1931 年。主要内容包括：（1）机构设置有关于讲演所、通俗教育馆等组织机构成立、改组和启用印信；馆内官员的人事任免，各部职员、讲演员、事务员的聘用文件；馆、所拟订章则、组织条例和各部办事细则；修正教育月刊等文件。（2）讲演有讲演所、讲演稿范本、讲演宣传报告表；有关附设讲演传习所、补习学校、民众学校的办法及筹备国语传习所、传播国音国语方法等文件。（3）书报编审有关购置、订阅书刊、县志、报纸等讲演参考用书；历书样式、格言丛辑、函送各期民众教育讲演月刊及有关社会教育事项，征集社会教育刊物等。（4）戏曲有组织戏曲研究会；新编曲本；报送戏曲月刊、社会调查报告表等。（5）体育有举行教育品展览会、体育运动会的文件；体育部创设体育联合会及组织足、篮球类的比赛；举行各中等学校队球类赛会；购置体育用品、器械；体育部的报告表及教育馆开设滑冰场所需费用的呈文等材料。（6）庶务有关于教育的章则、条例；通俗馆各部办事细则；报告表；讲演所、馆每年度各月支付预算书、计算书；请款凭单；临时费支出计算书、讲演所房舍翻修等材料。

二 华北地区清末民国时期图书馆事业档案的内容概要

中国第一历史档案馆网站开放查询的与清末图书馆事业相关的档案共涉及军机处全宗（全宗号03）、宫中全宗（全宗号04）、内务府全宗（全宗号05）、宗人府全宗（全宗号06）、宪政编查馆全宗（全宗号09）、民政部全宗（全宗号21）6个全宗，共47卷（件）。在时间上主要集中于清末，从光绪十九年（1893年）到宣统二年（1910年）。在内容上主要涉及各地学政、巡抚、总督向清王朝奏请藏书楼或图书馆的各类事项，如奏报开办图书馆情形事、奏为勘定图书馆地址并修葺行宫遗址请立案事；京师图书馆章程、归化城图书馆章程；批为咨取各省官书局所刊书籍存储图书馆以供众览事、为资政院添设图书室编译员的奏等。

北京市档案馆网站开放查询的与民国时期图书馆事业相关的档案共涉及24个全宗，215卷（件），形成于1930—1948年。责任者包括北平市政府、北平市教育局、北平图书馆协会和中央图书馆、北平市公安局、北海公园图书室、河北第一监狱等。内容上主要包括政府各机构与图书馆之间关于拨款、捐赠、图书选购等的函、指令和训令；图书馆的年度报告、职员名册和业务概况；各类高校图书馆的章程、图书馆目录、业务往来的函等，如私立中法大学关于图书馆移交问题的会议纪要及移交目录、北平市市立师范学校图书馆章程；北平市警察局关于图书馆各类案件的呈；图书室规则、借阅规则、移交清册等；图书室关于新到图书目录、发起捐书运动、成立图书室的函、报告和训令等。另外，还有与民众教育馆相关的档案共涉及12个全宗，151卷（件），形成于1930—1949年。责任者涉及北平通俗教育馆、北平特别市教育局、北平市第一社会教育区民众教育馆等，其中北平市教育局全宗（全宗号J4）内有各民众教育馆、阅报处、识字班开办申请立案的呈文。

首都图书馆与民国时期图书馆事业相关的档案共涉及京师图书分馆（1913—1926年）、京师通俗图书馆（1913—1926年）、京师第一普通图书馆（1927—1948年）、中央公园图书馆（1917—1943年）四个全宗。主要内容为各馆图书购置、流通、读者统计等相关文件。

天津市档案馆网站开放查询的与民国时期图书馆事业相关的档案共涉及28个全宗，510卷（件），在时间上主要集中于1937—1948年。责任者涉及天津市各类图书馆、教育局、财务局、警察局和海关等各类政府机构，民生实业公司、中纺公司等企业，以及大学图书馆和小学图书馆活动办法建议等。内容上主要涉及图书馆关于修缮计划、购置图书、各校校长教职员图书馆馆员任免与教育局等来往的各类文件；图书馆的暂行规程、图书馆活动办法建议、天津图书馆概况等；关于图书馆的各类调查表、人员清册、图书馆公共体育场公务员考绩表、经费清单；关于胡佛图书馆征集史料的各类函；图书室的书目索引、管理计划大纲等；关于设立中山图书室、图书室经费、添置家具等方面的函、呈等。同时，天津市教育局全宗（全宗号J110）内包含了全市各民众教育馆为调整社教区域划分范围、更改名称函件；市第一民众教育馆拟具礼堂出借办法，市第五民众教育馆呈送设英语班等办法及放映电影经过报告书；各民众教育馆关于成立国民教育班呈文及工作大纲；第一图书馆呈报捐款及罚金办法；督学报告视察各社教机关情况文件。此外，还有独立的天津市各社教区民众教育馆全宗（全宗号J113），共722卷，形成于1935—1948年。主要内容包括：各民众教育馆概况、沿革、组织规程、工作计划书、工作报告及会议记录；各民众教育馆现状调查表，各区会员改选区会理监事材料；天津市社会教育促进会概况、理监事名册、入会申请书及会员名册；天津市社会教育执行委员会各社教区分会组织规程及委员名册；各民众教育馆员工考绩规则，职员甄审登记表及职员一览表，辞聘职员材料，公教人员人事调查表，各民众教育馆历任馆长交接清册等。

此外，河北省档案馆与民国图书馆事业相关的档案主要集中在河北省政府教育厅全宗（全宗号617），涉及各民众教育馆日常工作及工作计划、组织章程等。

三　华东地区清末民国时期图书馆事业档案的内容概要

中国第二历史档案馆馆藏民国时期图书馆事业档案有221卷，近2万页，主要分布于民国北京政府（北洋政府）档案和南京国民政府档案全宗当中，涉及经济部、教育部、社会部、中央研究院、私立金陵大学、私立金陵女子文理学院、国务院、汪伪政府行政院等机构，有1915年10月教育部拟定之图书馆规程，全国图书馆、通俗图书馆、公众阅书报所调查统计表（1916—1918），关于京师图书馆设立与管理方面的文件，国立中央图书馆概况（1947年5月），图书馆的工作计划、组织等方面的文件。此外，还拥有一个独立全宗，即国立中央图书馆全宗（全宗号624），共93卷，形成于1933—1949年。主要内容为该馆历史沿革及组织大纲；该馆及安徽、湖南、四川、广西等省图书馆职员录；该馆工作报告；该馆会议记录；中华图书馆协会组织大纲、会务报告及该会参加全国教育学术团体联合年会纪要；全国图书馆调查表；该馆图书编目规则、档案编目规则、书目分类表及该馆编制的各种目录；该馆有关书刊的收集、购进、赠送等问题与单位及个人联系的文件；该馆经费收支报表等。

南京市档案馆与民国时期图书馆事业相关的档案主要集中在南京市民众图书馆全宗和南京市立第一民众教育馆全宗中。其中，南京市民众图书馆全宗（全宗号1009），共16卷，形成于1945—1949年。主要内容为南京市社会局给该馆的训令；该馆概况及征集国史史料计划大纲；社会教育人员训练班实施办法；阅览一览表、图书分类清册、人员聘书等。南京市立第一民众教育馆全宗（全宗号1018），共51卷，形成于1945—1949年。主要内容为该馆组织规则及服务简章；有关该馆人员任免、升调、辞职的文件和人员名册；市教育局关于文化、教育的训令；有关采集抗日战争时期保持忠贞及殉难文教人士事迹的训令；该馆的工作计划、报告和工作总结；有关组织纪念和庆祝活动的文件；各类补习学校教职员工情况的文件及学生名册；该馆各项财产移交清册等。另外，还有部分档案分散在南京市政府教育局全宗（全宗号1003—7），包括筹备图书馆的往来文件，市立第一、二民众教育馆概况及举办各种补习班的办法和招生简则等，各民众教育馆职员任免、名册。

泰州市档案馆与民国时期图书馆事业相关的档案主要集中在泰县民众教育馆、图书馆全宗（全宗号154），共13卷，形成于1928—1949年。主要内容为有关两馆组织机构情况与人事管理的文件；有关书刊征集、古物保护的文件；泰县民众教育馆、图书馆经费预算分配表等。

南通市档案馆网站开放查询的与民国图书馆事业相关的档案共涉及7个全宗，42卷（件），形成于1940—1948年。其中涉及民国图书馆的档案较少，仅3卷（件），责任者涉及南通县临时参议会、南通沙田局和南通县政府。主要内容包括关于县立图书馆文件、图书馆馆长委任卷。涉及民众教育馆的档案共39件，主要责任者包括南通县政府、南通县临时参议会、南通县民政科等，内容涉及民众教育馆志愿一览表、职员俸薪表、职员补贴、教育调查表、审计办法、组织大纲、工作报告、任免规则、收支表等。

山东省档案馆网站开放查询的与民国图书馆事业相关的档案共2261卷（件），分散在山东大学、山东省教育厅等多个全宗。责任者涉及山东省省立图书馆、山东省政府、山东省政府教育厅、山东省政府民政厅、山东省教育厅图书室、铁道部图书室和天津大公报馆图书室等。内容主要涉及图书馆关于增加办公费、员工生补费、购买书籍等各类经费的呈文、训令和公函；普通书籍借阅暂行办法；山东省立图书馆与山东省政府教育厅关于接收文化协会服务社文物书籍、查报抗战损失等事务的文件；山东省立图书馆组织规程、会计报告、财产直接损失汇报表等；图书室人员调动；省府图书室书籍文物总册；私立齐鲁大学医学院图书室规则；迁移珍贵书籍文物在省府图书室临时保存办法；图书室关于设立、书籍文物迁回保存、寄送月刊等方面的呈文、指令。另外，还有涉及民众教育馆的档案共854卷（件），责任者包括山东省立民众教育馆、山东省政府教育厅、山东省立新民教育馆等，内容涉及经临各费交接清册、省立民众教育馆工作报告、民众教育馆规程、职员年终进级加俸标准表、考勤月报表以及民众教育馆关于推行体育教育、家庭教育实验区设施办法等方面的呈文、指令、训令。另外，山东省档案馆的山东省教育厅全宗（全宗号J101）还有教育厅关于民众教育馆、图书馆、科学馆及其他社教机关的机构设置、变更及人事、奖惩等方面的呈文、指令、训令。

  青岛市档案馆网站开放查询的与民国图书馆事业相关的档案共有45卷（件），形成于1923—1947年。其中涉及民国图书馆的档案共18卷（件），分散在青岛市教育局等全宗，主要责任者包括开封民众图书馆、青岛市商会、青岛市图书馆、公立通俗图书馆、青岛市政府秘书处等，主要内容涉及胶澳商埠公立通俗图书馆章程；青岛市图书馆教育用品同业公会会员名册；市教育工商团体及图书馆调查清册；图书馆关于图书馆馆址、图书馆馆长任免、图书馆更改阅览时间、购书捐款、图书馆正式开馆的各类公函、便函；铁道部图书室关于给青岛市商会寄送国有铁路一九三四年八月份统计月刊的函以及铁道部图书室送年鉴乙部希查收的便函；天津大公报馆图书室关于索取青岛市商会编印之刊物的函等。涉及民众教育馆的档案共27卷（件），责任者包括上海县农民教育馆、青岛市立民众教育馆、山东省立新民教育馆等。内容包括山东省立新民教育馆征集青岛市区物资表；青岛市民众教育馆图书借阅规则；民众教育馆关于举行乒乓球比赛、购买上海土布廉价出售、征集物资以备陈列、举行儿童健康比赛会请赐奖品的各类便函、公函和训令等。此外，青岛市档案馆的青岛市教育局全宗

（全宗号27）还有青岛市教育局及所属机关、学校、图书馆、博物馆、青岛特别市学生青少年团、童子军、中华全国体育协会青岛市分会等机构团体的组织章程。

上海市档案馆与民国图书馆事业相关的档案主要集中在中华业余图书馆全宗（全宗号Q103），共16卷，形成于1938—1949年。主要内容为该馆规章制度、图书馆工作方法；该馆董事及工作人员登记名册；读书会员及工作学习班会委员名册；《中图》（墙报）等。另外，在上海市档案馆网站开放查询的档案中，与民国图书馆事业相关的档案还涉及53个全宗，833卷（件），时间上集中于1930—1949年。内容上涉及上海法租界各部门对图书馆进行管理的各类文件、调查表等，如上海法租界公董局关于鸿英图书馆补助金事宜的文件等，以及上海各类图书馆自身发展形成的各类档案。除此之外，其馆藏还包含了部分国立北平图书馆的档案，如国立北平图书馆职员录、伪国立北平图书馆馆员一览表等；市政府图书室采购图书文书；上海市立工业专科学校图书室移交交通大学图书馆移交清册等。与民众教育馆相关的档案共涉及19个全宗，69卷（件），时间上集中于1930—1949年。责任者涉及南汇县民众教育馆、国立中央大学通俗教育馆、上海市立民众教育馆、日伪上海特别市政府、宝山民众教育馆等。

安徽省档案馆与民国图书馆事业相关的档案主要集中在安徽省立图书馆全宗（全宗号5L），共66卷，形成于1912—1949年。主要内容为有关该馆机构成立、启用印信的文件及其组织规程；有关主管人员任免的文件；该馆行政计划、工作报告；有关馆际业务交流与出版书刊的文件；该馆与各学术团体、机关、学校互赠书刊资料的文件；有关义务劳动、发行公债、纪念活动的文件；有关馆舍修建、扩充、迁移的文件；该馆经费开支文件及预决算等。

江西省档案馆与民国图书馆事业相关的档案主要集中在江西省立图书馆全宗和江西省立实验民众教育馆全宗。江西省立图书馆全宗（全宗号J053），共308卷，形成于1921—1949年。主要内容为该图书馆规程、办事细则；有关该馆疏散与迁回的文件；有关该馆聘用职员与裁减人员的文件及职员名册；该馆馆务会议记录；该馆工作报告及计划；该馆业务汇刊；该馆建筑新馆的设计及工程验收的文件；有关交换书刊及各省市图书馆、学校、教育机关联系文件；有关征集官府镌本和私家著述的指令及训令；有关组织庐山图书管理委员会的文件；该馆编印图书目录的有关文件；有关增设阅览所、开放夜馆等业务的文件；有关该馆经常费、临时费的文件及预算等。江西省立实验民众教育馆全宗（全宗号 J052），共 97 卷，形成于 1942—1949 年。主要内容为该馆简史及概况表；该馆章程及办事细则；有关该馆职员聘用、考绩的文件及人员名册；该馆馆务会议及工作检讨会议记录；有关举办敬老大会及三村郊游的会议记录；该馆工作计划及报告；该馆组织西山工作队、西山香期工作团及各种民众自卫队训练的文件；有关兴办省地方戏剧人员训练班的文件；该馆财会经费开支及单据表等。此外，江西省档案馆网站开放查询的档案中，与民国图书馆事业相关的档案涉及民国图书馆的档案分散在多个全宗，超过 1840 卷（件），主要内容包括江西省教育厅等机构对各类图书馆的指令、训令，如图书馆馆长任免、预算单以及书目章程等，江西省公立图书馆向上级呈报的各项事务文件，如江西省公立图书馆关于各省公立图书馆编印目录费的呈等；图书室关于设立、赠送图书、出版物目录、寄送月刊等方面的函等。另外，涉及民众教育馆的档案同样分散在多个全宗，超过 74 卷（件），主要责任者涉及江苏省立汤山农民教育馆、湖南省立通俗教育馆、中山文化教育馆、山西省立民众教育馆等。

福建省档案馆网站开放查询的档案中，与民国图书馆事业相关的档案共分散在福建省教育厅等 2 个全宗，150 卷（件），形成于 1935—1948 年，责任者涉及福建省政府、福建省教育厅、福建省省立图书馆和国立中央大学等。其中涉及民国图书馆的档案共 223 卷（件），主要内容涉及福建省立图书馆暂行章程；人员任免情况；图书馆调查表；书籍清册；图书馆关于请拨图书、图书馆迁址、请拨经费等事务的训令、函和指令；将兵役法规录编、福建省统计年表和福建省行政各机关职员录等送至图书室的笺函。涉及民众教育馆的档案共27卷（件），主要内容涉及省立民众教育馆章程；各级民众教育馆工作细则；民众教育馆职员名册和裁减员役名册；福清县立民众教育馆视导报告；民众教育馆关于省教育馆馆长任免、调整员额、编选预算、设立儿童教育馆等的呈、训令、指令和代电。

厦门市档案馆网站开放查询的档案中，与民国图书馆事业相关的共12卷（件），形成于1936—1949年，责任者包括厦门市教育局、厦门市教育局附属民众教育馆、厦门市政府、厦门市国立第一侨民师范学校等。主要内容为厦门市国立第一侨民师范学校关于图书馆图书移交清册；第一、第二图书馆关于人员生活补助费、伙食费等的报销清册；私立鼓浪屿中山图书馆关于决定复员请交还馆舍、图书馆器材等财务的呈文、训令；厦门市立图书馆关于借书规程的呈文、代电；市立第一、第二图书馆整理图书、修改图书馆规程、成立市立图书馆实施概况等签呈、代电。另外，还有与民众教育馆相关的档案共涉及2卷（件），责任者涉及厦门市教育局和厦门市教育局附属民众教育馆。

浙江省档案馆网站开放查询的档案中，与民国图书馆事业相关的档案主要分散在浙江省教育厅全宗、浙江大学全宗等全宗当中，共涉及39卷（件），形成于1928—1949年。浙江大学相关的档案内容涵盖了图书馆的修建、仪器设备的选购以及经费划拨等；浙江省教育厅档案则包括了省立图书馆设施、图书馆移交清单、各县图书馆馆长履历、教育厅图书室管理人员任免、图书室章程等。另外，还有与民众教育馆相关的档案共涉及12卷（件），形成于1912—1949年，责任者则包括了浙江省教育厅、两浙盐务管理局、浙江省通志馆、浙江省政府，内容主要包括各民众教育馆年度交代、文献征集办法、礼俗教育、盐民教育馆、第三区渔民小学及教育馆、民众教育馆设施总卷和各县民众教育馆沿革调查表等。

宁波市档案馆网站开放查询的档案中，与民国图书馆事业相关的档案共涉及 3 个全宗，7 卷（件），形成于 1946—1948 年。其中涉及民国图书馆的档案共 5 卷（件），主要内容涉及图书馆职员名册、修理图书馆及纪念碑、经费决算表等内容。涉及民众教育馆的档案共 2 件，主要内容为鄞县县立民众教育馆的职员证章名单。

四　华中地区清末民国时期图书馆事业档案的内容概要

湖南省档案馆与民国图书馆事业相关的档案主要分布在湖南省教育厅全宗（全宗号 59）、湖南省财政厅全宗（全宗号 42）和湖南省合作事业机构档案汇集（全宗号 40），共 64 卷（件），形成于 1931—1949 年。其中，湖南省教育厅全宗数量最多，主要内容有湖南省及各县市社会教育概况；教育部关于各省、市图书馆调查表；各县市图书馆调查表；各县社会教育机关、图书馆、民众教育馆统计报告表；甄审县立民众教育馆长办法及民众教育馆长自传材料；社会教育各种办法、章程及方案等；中等以上学校办理社会教育工作汇报表；各县市民众教育馆、图书馆、家庭教育委员会、健康教育委员会、国民体育委员会、科学化运动等社教单位职员名册、履历表及章程、细则、计划等材料；省立长沙、邵阳、沅陵等各级民众教育馆的工作报告、教育概况等；省立长沙民众教育图书馆图书目录。

湖南省教育厅全宗内容也包括省立中山图书馆、省立南岳图书馆、衡阳图书馆有关章程、机构变化、工作报告、人事任免、移交接收等文件；关于普及全国图书教育办法等文件；省立中山图书馆关于房屋馆址目录等文件；省立中山图书馆会计、经常费移交清册；省教育厅关于省立中山图书馆办理立案手续、房屋迁让晒书等文件；中山图书馆仪器、保管、计划、房地产登记等文件；省立中山图书馆会计、经费移交等文件；省立中山图书馆迁移辰谿搬运损失等情况；省立中山图书馆任免馆长及移交；省立中山图书馆藏书清册；省立中山图书馆报告、钤记等文件；省立中山图书馆器具移交清册；省立中山图书馆疏散迁移费；省立中山图书馆战区损失；省立中山图书馆关于公粮、修建、阅览日期等文件；省立中山图书馆战时损失清册；省立中山图书馆复员修购费；省立中山图书馆关于建儿童阅览室、工作报告及人员动态等文件。

湖南省教育厅全宗内容还涉及省立南岳图书馆关于成立耒阳阅览处及迁回南岳和其他有关文件；省立南岳图书馆建筑房屋工程估价表；南岳图书馆目录；省立南岳图书馆购粮名册、工作计划、房屋迁让等文件；省立南岳图书馆永久馆舍建筑费及财产目录；南岳图书馆停办、房屋建筑等文件；省立南岳图书馆战区损失；省立南岳图书馆复员经费和补助费；南岳图书馆购买图书修建房屋等文件；南岳图书馆工作总结报告、计划等文件；南岳中正图书馆募建委员会文件；南岳中正图书馆各项规章、图书目录等文件；私立青年图书馆、中国学术训练所材料；国立十一中图书分类总表和图书登记清册。

湖南省财政厅全宗和湖南省合作事业机构全宗汇集，仅有少量档案涉及图书馆，例如，省立科学教育图书等馆及度量衡水文总站员工消费社社员名册，兰山、资兴、耒阳、浏阳、南县、城步、祁阳、泸溪、龙山、汉寿县联社加入省联社志愿书库章程概况表及证明书，图书用品供给社接收彭家井土地的函件，关于修建中山图书馆中山公园中正堂屠宰场天祐院新兵营房和搭建亭屋及株州机厂征收地价问题的文件。

邵阳市第一档案馆与民国图书馆事业相关的档案主要集中在邵阳县图书馆、教育馆全宗（全宗号7），共有档案218卷，形成于1924—1949年。主要内容为有关该县松坡图书馆人员任免文件及常务委员名册；该馆会议记录；有关征购图书的文件；该馆财务清册等。有关该县民众教育馆、省立第二民众教育馆、省立农民教育馆机构、人事的文件、会议记录及工作要点、总结、财务的文件、报表等。

浏阳市档案馆的浏阳县民众教育馆全宗（全宗号2—7），共有档案15卷，形成于1928—1949年。主要内容为该教育馆章程与员工名册；俱乐部简则与周会规约；民教事业计划；工作月历日志；教育普及规程；有关失学情况的调查等。

洪江市档案馆的黔阳县民众教育馆全宗（全宗号9），共有档案17卷，形成于1933—1949年。主要内容为民众教育规程；该馆工作计划；员丁名册；有关征集资料、查禁书刊的文件；有关文物和民间艺术管理的来往文书；该馆薪俸清册等。

湖北省档案馆开放查询的档案中，与民国图书馆事业相关的档案共涉及中国人民革命军事委员会、武汉市军事管制委员会全宗（全宗号GM5）、中原临时人民政府教育部（全宗号GM7）、湖北省政府全宗（全宗号LS1）、湖北省立农学院全宗（全宗号LS13）、湖北省立武昌高级商业职业学校全宗（全宗号LS14）、湖北省武昌实验中学全宗（全宗号LS15）、湖北科学馆全宗（全宗号LS16）、湖北省公产经理处全宗（全宗号LS20）、审计部湖北省审计处全宗（全宗号LS23）、江汉关税务司全宗（全宗号LS25）、湖北省建设厅全宗（全宗号LS31）、湖北省农业改进所全宗（全宗号LS32）、湖北省邮政管理局全宗（全宗号LS43）、湖北民生实业股份有限公司全宗（全宗号LS45）、中国农民银行汉口分行全宗（全宗号LS61）、汉冶萍煤铁厂矿有限公司全宗（全宗号LS66）、湖北省政府人事处全宗（全宗号LS67）等34个全宗，共444卷（件），形成于1920—1949年。

其中涉及民国图书馆的档案共434卷（件），例如：汉冶萍公司关于建会场、图书馆、陈列馆等事捐助经费的函；湖北省教育厅请拨借张关三巷智民茶社房屋作图书馆址；湖北省立图书馆工作概况；私立武昌文华图书馆学专科学校学生名册；湖北省立图书馆概况；湖北省立图书馆工作报告、函；湖北省立图书馆阅书人数册数及其他事项统计表；长岳关监督公署、湖南省中山图书馆关于免征图书堤工码头捐的函；湖北省立图书馆工作报告、函；私立武昌文华图书馆学专科学校胡延钧等四人补交证书；私立武昌文华图书馆学专科学校陈季杰补毕业的函；湖北省图书馆民国二十三年十一、十二月经费支出计算书；湖北省政府、湖北省平价物品供应处（董事会）等关于营造厂承建湖北省立图书馆房屋、防空洞和添建厨房、厕所等工程的公函及相关材料；新建湖北省立图书馆装置钢书架合同。

434卷（件）档案当中也包括湖北省立第八中学呈请购置教学设备、图书馆设备费；湖北省银行购买旧图书馆房地；武昌水电厂关于湖北省立图书馆、湖北省会卫生事务所等单位请优待电费、装设电灯等问题的公函；湖北省图书馆建筑委员会未完务会商办理情形；汉口图书馆筹委会呈请补助建筑费的函；新建湖北省立图书馆书库设计要点及新书迁移的函；湖北省审委会、省第六区行署、阳新等县政府、省图书馆关于"委任资格审查汇刊"发行的公函、呈文；汉口市政府查询黄孝河空地能否拨建图书馆址；江汉师营区筹备处请拨旧图书馆作处址；汉口市政府、汉镇既济水电公司、市警察第七分局关于市立学校图书馆水电安装、水电费收交及借用校址的指令、函、呈；文华图书馆学专科学校季刊；行政院、湖北省政府、国民党中央图书馆组织条例及湖北省政府图书馆管理规则的训令、公函、报告、呈文；湖北省民教馆、图书馆等会计人员履历表；教育部令颁图书馆辅导各地社教机关图书教育办法；国立中央图书馆组织条例；湖北省政府关于行政院令颁国立中央图书馆组织条例的训令；湖北省各县设立图书馆暂行办法；湖北省立图书馆新旧任账各项交接清册；湖北省立图书馆及省立实验民教馆各项章则；审计部湖北省审计处、湖北省教育厅关于派员监视湖北省立图书馆等单位修建馆舍、校舍等工程的公函；审计部湖北省审计处、湖北省地方行政干训物品损毁稽查单及湖北省立图书馆图书减损报告表；湖北省政府有关本省图书馆馆长进退案令；湖北省政府教育厅（社会处、人事处、民政厅、图书馆、会计处、三区财政厅）等年节费证明册及各种清册。

434卷（件）档案当中也包括湖北省立图书馆、湖北省立实验小学、湖北省立工学院等各机关教职员、校工、工役1943年度、1944年度年节费清册、证明册；湖北省立图书馆馆长林振声被控案；湖北省立图书馆职员资历审查表；湖北省图书馆书刊借阅规定；鄂北行署办理随县等县县长贪污被控案及均县筹备图书馆事宜；湖北省教育厅、湖北省政府、湖北省立图书馆关于武汉教育紧急措施办法、装设书架及修理工程的函、呈、令；湖北省政府、省审计处关于拨交省立恩施图书馆图书清册的公函、代电；湖北省政府（秘书处）、省教育厅、恩施图书馆筹备处关于移交图书及医药器械的公函、代电、签呈；湖北省政府图书室移交省立恩施图书馆图书清册（一）；湖北省政府筹设省立恩施图书馆并抄发绥靖时期各部队政治工作计划纲要；美国胡佛图书馆征集有关中国革命和抗战史料及中央图书杂志社审委会函送查禁图书一览表；湖北省立图书馆民国三十四年度书籍购置预算书；湖北省立武昌图书馆民国三十四年度各临时费收支表；湖北省立恩施图书馆组织规程设置计划及经费预算书；湖北省建设厅移交恩施图书馆图书清册。

434 卷（件）档案当中也包括湖北省立科学馆、图书馆实验民馆、科教巡回教学团电话教育巡回工作队国民体育场等机关组织规程；汉口市立科学馆、图书馆实验民馆、科教巡回教学团电话教育巡回工作队国民体育场等机关组织规程；湖北省图书馆修缮设备费的报告、函；湖北省立武昌图书馆馆地产权纠纷案；湖北省立恩施图书馆接收各机关图书的函；湖北省教育厅湖北省审计处等关于迁建新楼和中正路旧图书馆运动器材物品被盗和保管人员引咎辞职；武昌私立文华图书馆学专科学校迁回武汉复校情形；湖北省政府关于民众教育馆图书馆和中小学校人员任免的训令履历表及学生证件；湖北省文化教育体育机构组织规程及武昌图书馆图书借出规则及湖北省政府、省教育厅的训令、呈文；湖北省财政厅财产移交清册及赠送省立恩施图书馆图书、报章、杂志目录。

434 卷（件）档案当中也包括审计部湖北省审计处、湖北江陵县地方法院关于国立湖北师范学院图书馆及教员宿舍工程的公函、电；湖北省教育厅关于湖北省立图书馆安装铁书架及修缮钢窗门扇工程的公函及审计部湖北省审计处的报告；善后救济总署湖北分署、国立中央图书馆出版品国际交换处、湖北省政府关于赐寄、索赠各种书籍、刊物及图表等的公函、代电等；湖北省政府、湖北省企业基金管理委员会关于新湖北图书馆租借及交还第二监狱裁纸机、湖北日报社鄂西分社接收印机等件的训令、代电；国民中央图书馆办理出版品国际交换事项办法；教育部令颁修正图书馆规程；湖北省立恩施图书馆请增拨事业临时费的报告、函；湖北省教育厅湖北省武昌图书馆关于借拨打字机的函；湖北省政府（秘书处）关于设置、拨捐湖北省教育、乡村建设研究会、北海松坡图书馆基金章程、预算；湖北省图书馆书刊借阅规定；湖北省立武昌图书馆民国三十六年十、十二月份员役生活补助费清单；湖北省图书馆组织规程员额编制；武昌图书馆民国三十六年度预算；审计部湖北省审计处、湖北省教育厅关于湖北省立图书馆拨交湖北省立恩施图书馆接收清册的公函；汉川县城图书馆设计图及汉川县政府设计图；湖北省政府教育厅、湖北省立恩施图书馆、中国国民党湖北省执行委员会等关于国民党员特别捐捐款收据捐册的代电、呈文及中国国民党党员特别捐收据存根；湖北省教育厅恩施图书馆关于出版图书及查禁书刊等训令和人事统计表；湖北省立科学馆、省通志馆及图书馆概况及职员名册；图书馆等单位教育问题意见；湖北省立图书馆职员名册；湖北省立图书馆职员资历审查表。

434 卷（件）档案当中也包括私立武昌复初中学借拨省图书馆崇文书局房屋为校舍报告、函；私立武昌文华图书馆学专科学校呈请补助修建设备；武昌图书馆学专科学校请拨昭忠祠为校舍；武昌文华图书馆学专科学校请拨武昌粮道街昭忠祠为校舍的函；武昌文华图书馆学专科学校请将敌伪时间废档移交本校以为学生实习用；中国国际图书馆概要及湖北省建设厅函送编印中国法人年鉴资料表；关于接管花园、公园、戏院、电影院、舞台、民教馆、图书馆的材料；私立武昌文华图书馆学专科学校各学科教学情况调查表、学生意见调查表；湖北省立武昌图书馆工作动态。

434 卷（件）档案当中也包括湖北省立实验民众教育馆财产交接

的来往函件；湖北省立武昌实验民教馆民众会堂租金收支预算表；湖北省立武昌实验民教馆呈请谦让房屋以资应用的函；湖北省立武昌实验民众教育馆馆长王嗣因病请假的函；湖北省黄安县各校馆所教职员名册；教育部咨送普及全国图书教育暂行办法；教育部令发普及全国图书教育法民教馆工作实施办法及各级学校办理社教办法；湖北省图书杂志审查委员会报告；湖北省立图书馆建筑委员会呈送建筑图书馆合同；武昌文华图书馆学专科学校呈请免除军训的函。涉及民众教育馆的档案共10卷（件），责任者涉及中山文化教育馆、湖北省建设厅、湖北省立实验民众教育馆、汉口市立民众教育馆等，内容涉及民众教育馆关于请赐赠湖北省各县特产物资种类资料、筹备成立、举行违警罚法漫画预展、举办礼俗改良展览会、安装电话、馆长任免等的训令、代电和函。

武汉市档案馆与民国图书馆事业相关的档案分散在汉口（武汉）市政府全宗（全宗号9）、汉口市警察局全宗（全宗号40）、汉口市政府教育科全宗（全宗号69）等10多个全宗，超过3362卷（件）。其中涉及民国图书馆的档案1118卷（件），形成于1930—1949年。主要责任者包括汉口市立图书馆、审计部湖北省审计处、汉口市政府财粮科、汉口市政府等。内容涵盖了私立武昌文华图书馆学专科学校学生名册；汉口市立图书馆馆务会议记录；汉口市立图书馆接收图书目录移交清册；汉口市立图书馆图书目录；汉口市立图书馆施政报告；图书馆关于设立图书馆、请予各类经费、创设儿童图书馆、馆长任免等方面的呈、训令和指令。例如，汉口市一般教育及图书馆各种学会之成立与举办；筹设汉口图书馆计划；汉口市图书馆组织规程；汉口市图书馆成立；黄询等呈请组设询都书厅；徐鼎九呈请开设胜利书场及组织办法；刘敦镛等捐献刘园房地为市里图书馆馆址；汉口各图书馆地址；市图书馆工作统计年报表；汉口市图书馆第一分馆（中山公园图书馆）；汉口市立图书馆工作报告（建馆情况）；扩充市立图书馆业务；汉口市立图书馆简介；汉口"雨农"图书馆开幕；雨农图书馆交市图书馆接收，保持原名以志纪年；湖北省立图书馆之沿革及概况；湖北省立武昌图书馆简介；美国韦女士创设文华公书林三十年拟建物馆赠送廿四史一部；辖区内图书团体调查表；铸魂学社呈请筹设中国图书流动社；中山公园图书室移交图书清册、临时人员编制表、移来数目表；图书室关于朽毁破漏请拨款修理、拆迁、职工宿舍修建、仪器交接、筹设民众沙龙等方面的指令、函等。涉及民众教育馆的档案主要集中在汉口市立民众教育馆全宗（全宗号80），共有档案132卷，形成于1939—1949年。主要内容为有关该馆组织机构设置和人员任免、调配、辞聘的文件及人员简历表册、薪金册；该馆规程、工作计划、年度工作报告与馆务会记录；该馆有关社会教育和社会服务的呈文、简章、规则及统计表；该馆年度预算、经费收支、会计报告清册及财产目录；接收产业概况表等。从武汉市档案馆网站可以检索到2275卷（件），责任者除了汉口市立民众教育馆，还包括湖北省立实验民众教育馆、中原民众教育馆等。

黄冈市档案馆网站开放查询的档案中，与民国图书馆事业相关的档案共涉及1个全宗，形成于1946—1948年。其中涉及民国图书馆的档案2卷（件），主要责任者为汉口市政府，内容包括职员证件办理、基金申请、文物征集等内容。涉及民国教育馆的档案共3卷（件），责任者主要为汉口市立民众教育馆，内容为汉口市立民众教育馆馆员叶玉琪的证件册及其遗失任市立民众教育馆馆员所有证件的证明书。

天门市档案馆网站开放查询的档案中，与民国图书馆事业相关的档案共涉及1个全宗，7卷（件），形成于1946—1947年。主要责任者为天门县民众教育馆，主要内容为毕业同学录与通讯录、学生一览表、证明书等。

咸宁市档案馆网站开放查询的档案中，与民国图书馆事业相关的档案共涉及1个全宗，时间跨度为1940—1948年。其中涉及民国图书馆的档案共9卷（件），责任者涉及崇阳县图书馆、省教育厅、湖北省政府等。内容主要涉及修正图书馆规程；图书馆工作大纲；图书馆辅导各地社教机关办法大纲；图书馆工作实施办法；图书室补行审查、县府图书室举行公职候选人会议的通知。涉及民众教育馆的档案共 87 卷（件），主要责任者为县民众教育馆、崇阳县政府、省教育厅等，主要内容为教育馆组织办法、社会教育办法、工作日常往来文件、职员名册与补贴文件、书籍与报纸订购文件、预算决算文件等。

宜昌市档案馆网站开放查询的档案中，与民国图书馆事业相关的档案共涉及 6 个全宗，时间跨度为 1932—1948 年。其中涉及民国图书馆的档案共 20 卷（件），责任者涉及国民政府教育部、湖北省立图书馆、湖北省政府等，内容主要涉及国民政府教育部图书馆工作实施办法；湖北省教育厅在战时被敌破坏之小学民教馆、图书馆的数目、地址及价款等项上报的函；湖北宜昌县民众教育馆关于宜昌民教馆、图书馆及城区民教馆邮件投交的函等。涉及民众教育馆的档案共 237 卷（件），主要责任者为湖北省政府、远安县政府、宜昌民众教育馆、宜昌县商会、宜昌县政府、湖北省秭归县政府、湖北省秭归县立民众教育馆等，主要内容包括民众教育馆设立及日常管理文件、工作报告、发粮证明册、职员名册及薪俸表、社会捐助文件、人员任免与管理文件等。

恩施土家族苗族自治州档案馆网站开放查询的档案中，与民国图书馆事业相关的档案共涉及 1 个全宗，时间跨度为 1929—1946 年。其中涉及民国图书馆的档案共 19 卷（件），责任者涉及省立恩施图书馆、国立中央图书馆、中央设计局图书馆等，主要内容涉及图书馆关于馆址搬迁、搜集县志舆图金石拓片、馆长任免等方面的训令；图书馆工作实施办法；图书馆室调查表等。涉及民国教育馆的档案共 66 卷（件），主要责任者为湖北省政府教育厅、省七区专署兼保安司令、宣恩县政府、宣恩县立民众教育馆、县政府教育科等，主要内容包括民众教育馆及图书馆设立文件、人员任免及日常管理文件、社会教育实施办法、馆务工作报告、忠烈纪念堂设立文件、职员名册及薪金支付清单、学生名册及日常管理文件等。

此外，河南省档案馆与民国图书馆事业相关的档案主要集中在河南省教育厅全宗（全宗号 M15），内容包括河南省各县民众教育馆馆长一览表。

此外，武汉大学档案馆还有很多涉及文华图专的档案，分散在多个全宗，且时间跨度大，例如：1922 年的"图本一至十七学生学籍"；1942 年的"各届毕业生名册"；1952 年的"文华图专董事会章程、经费、请款书"；1953 年的"文华图专教职工名册"；1973 年的"武汉大学 1973 年文华图专调查材料"等。

五　华南地区清末民国时期图书馆事业档案的内容概要

广东省档案馆与民国图书馆事业相关的档案主要集中在中山图书馆全宗（全宗号 83），共有档案 765 卷，形成于 1911—1949 年。主要内容为有关该馆组织情况和人事管理的文件；广东省教育厅的训令；该馆工作计划、工作报告；馆藏图书与经费的统计表、清册等。另外，广东省档案馆开放查询的档案中，与民国图书馆事业相关的档案共涉及 4 个全宗，2087 卷（件），形成于 1912—1948 年。其中涉及民国图书馆的档案 2041 卷（件），主要责任者包括国立中山大学图书馆、国立中央图书馆筹备处、广州大学图书馆、私立岭南大学图书馆等，其中，与国立中山大学图书馆相关的档案涉及国立中山大学图书馆实况；图书馆暂行规程、组织规程、借书规则；文学院图书馆书库管理暂行规则、借阅规则；图书馆集会一览表和收发文件一览表；不同语种图书分类表；各阅览室借阅分类统计表；员工履历表；阅览室藏书平面图；日本退回之国立中山大学图书清单；国立中山大学图书馆购书手续摘要；各种经费表；分馆通则；馆员须知；中山大学图书馆人事机构调整办法（杜定友为责任者）。与国立中央图书馆筹备处相关的档案涉及全国图书馆制度以广文教提案；确定图书馆经费在教育经费中的比例提案；请在西北地区较安全地区筹设大规模科学馆及图书馆案；与私立岭南大学图书馆相关的档案涉及私立岭南大学图书馆组织章程；

1933年、1936年私立岭南图书馆概况；图书馆近况；职员表、图书杂志名单；各种呈、文、函等；图书馆馆务报告；私立岭南大学图书馆类文件的发文目录；广东省建设厅合作事业管理处图书室图书借阅简则、管理规则、各机关设有图书室者应广搜党义书籍等。涉及民众教育馆的档案51卷（件），责任者涉及广东省民众教育馆、各县市民众教育馆等，主要内容涉及广东省立民众教育馆普通经费存款核对表；民众教育馆状况报告表；民众教育馆设施纲要；民众教育馆工作实施办法；民众教育馆关于举行耆老会请题词、配售汽油、请拨设备费等方面的训令、函和代电。

广州市档案馆与民国图书馆事业相关的档案约有224卷（件），形成于1912—1949年。其中与图书馆相关的档案有217卷（件），主要分布在广州市政府、广州市教育局等4个全宗，与广州市立中山图书馆相关的档案涉及1929年第十次行政会议通过建筑市立中山图书馆案；组织市图书馆筹备委员会；图书馆组织法规；省府内米芾石刻准移置图书馆保全由；图书馆接管情形连同移交清册；月份支计书、工饷、补助、电费、购置费、临时费、移存藏书费、服装费等清单；图书清册；组织章程大纲；非常时期组织防护工作；拨用广雅书局教育厅旧址为市立中山图书馆；开办市立第三通俗图书馆相关文件。与广东省图书馆协会相关的档案涉及协会章程及会员调查卡，与仲元图书馆相关的档案涉及筹备处、募集捐款、工程费、经费等。与民众教育馆相关的档案主要分布在广州市立民众教育馆全宗（全宗号119），共有档案7卷，形成于1946—1949年。其内容为广州市教育局的指令；有关该馆人员任免的文件；该馆职员名册及培训班学员名册；该馆工作月报等。

中山大学档案馆与民国图书馆事业相关的档案主要涉及国立中山大学图书馆的相关档案，并且已分类整理，有影印本（89册—107册，共18册），形成于1926—1949年，内容涉及：图书馆扩充计划（1926）、图书馆概览（1935）、1927年后数年的年度工作报告（杜定友报告、文书股存。年度工作报告内容详细、完整，尤其是抗战时期，该馆的图书转移、转移路线、转移到各处后的工作情况等都有）、工作简报、工作总结、购书办法、《棠棣集》（纪念杜定友先生的文章集）、图书目录、各种表格，等等。此外，有师范学院分馆档案一册。岭南大学图书馆档案较少。

六 西南地区清末民国时期图书馆事业档案的内容概要

四川省档案馆与民国图书馆事业相关的档案主要集中在四川省图书馆全宗（全宗号民109），共有档案22卷，形成于1941—1949年。主要内容为有关该馆机构编制、部室设置的文件；有关职雇员聘用、考勤、奖惩、抚恤的文件与职雇员调查表、资历表，现任职雇员名册、薪俸表；四川省政府、省教育厅、财政厅等颁发的公务员铨叙办法、统计查报章程、人事调动、职工待遇调整的训令、指令、通知；有关请省会警察局派员守卫以保安全的文件等。另外，四川省教育厅全宗（全宗号民109）也涉及部分图书馆事业档案，有各县民众教育馆人事任免、教育计划和报告、经费收支报告、学员名册；市县图书馆申请立案、人事任免、经费收支等。

成都市档案馆与民国图书馆事业相关的档案主要集中在成都市民众教育馆全宗（全宗号33），共有档案270卷，形成于1933—1949年。主要内容为有关该馆组织、机构沿革的文件；有关该馆馆长、主任委任的文件及人员履历表、职员工役名单、工资表、保证书；该馆各年度工作重点、总结与大会记录；有关举办展览、纪念活动文件；该馆财会预决算书、财务收支帐目经费开支流水帐和分类帐、展览收入登记簿；该会财产移交清册等。另外，成都市档案馆网站开放查询的档案中，与民国图书馆事业相关的档案共涉及2个全宗，18卷（件），责任者有成都市义务劳动服务团、成都市民众教育馆、私立重华学院等，内容主要关于重华学院图书馆关于夜间开放阅读、举行欢送参军典礼、开学生会小组联合会议、举行师生员工座谈会商讨会议等方面的通报、布告；成都市民众教育馆关于疏淘府南河的公函、呈。

都江堰市档案馆与民国图书馆事业相关的档案还集中在灌县民众教育馆全宗（全宗号105·5），仅有档案1卷，形成于1945—1948年。内容为有关该馆组织机构、馆务、政务的文件；有关公债、公粮的文件等。

新都县档案馆与民国图书馆事业相关的档案主要集中在新都县民众教育馆全宗（全宗号44），共有档案31卷，形成于1934年—1949年。主要内容为有关该馆人员委任的文件；有关征集陈列品的信函；该馆图书清册；该馆经费预算等。

新都县档案馆与民国图书馆事业相关的档案主要集中在新繁县民众教育馆全宗（全宗号45），共有档案56卷，形成于1926—1949年。主要内容为该馆办事条例；该馆工作计划；有关工作成绩考察的文件；该馆与有关单位的来往文件；该馆经费收支预算等。

绵阳市涪城区档案馆与民国图书馆事业相关的档案主要集中在彰明县民众教育馆、彰明县图书馆全宗（全宗号192），共有档案8卷，形成于1938—1945年。其内容为有关民众教育馆成立教育会的文件及该会组织简章、办公细则；有关选举的文件；有关图书捐赠的文件等。

三台县档案馆与民国图书馆事业相关的档案主要集中在三台县图书馆全宗和三台县民众教育馆全宗。其中，三台县图书馆全宗（全宗号42），共有档案4卷，形成于1941—1949年。其内容为有关该馆人员委派及就职日期的文件；有关该县参议会成立与银行开业的文件；有关该县庙宇情况及体育比赛的文件等。三台县民众教育馆全宗（全宗号41），共有档案22卷，形成于1937—1948年。主要内容为该馆教职员名册及雇员领米册；该馆工作日报、会议记录；有关民治协进会的文件；有关防空、公园管理的文件；有关该馆职员生活补助、经费报销的文件等。

长宁县档案馆与民国图书馆事业相关的档案主要集中在长宁县立图书馆全宗和长宁县民众教育馆全宗。其中，长宁县立图书馆全宗（全宗号24），共有档案2卷，形成于1936—1937年。其内容为长宁县政府有关该馆征订图书的训令及该馆呈文；有关该馆经费开支的报告等。长宁县民众教育馆全宗（全宗号26），共有档案46卷，形成于1936—1949年。主要内容为该馆简章、工作计划大纲；有关该馆职员聘请、待遇的文件；该馆职员名册；该馆宣传工作要点、报告；三青团四届筹备会记录；有关该馆经费收支、维修经费及查核经费情况的文件；省政府、教育厅及该县政府的训令、指令、通告等。

珙县档案馆与民国图书馆事业相关的档案主要集中在珙县民众教育馆全宗（全宗号8），仅有档案1卷，形成于1947—1949年。内容为该馆人员名册等。

德阳市市中区档案馆与民国图书馆事业相关的档案主要集中在德阳县民众教育馆全宗（全宗号临15），共有档案72卷，形成于1932—1949年。主要内容为该馆工作细则；该馆职工一览表、名册、简历、调查表；民众教育实施要点；有关该馆工作情况的文件；该馆经费预决算等。

江油市档案馆与民国图书馆事业相关的档案主要集中在江油县救济院、川北盐务管理局中坝分局、江油县民众教育馆全宗（全宗号174），共有档案5卷，形成于1930—1938年。其内容为有关启用关防的文件；人员领米名册；有关军盐供给的文件；股东股额名册；有关锅厂经费收支的文件等。

盐亭县档案馆与民国图书馆事业相关的档案主要集中在盐亭县民众教育馆全宗（全宗号16），共有档案13卷，形成于1936—1948年。主要内容为有关推行识字教育、优待青年军的文件；有关征订书报的文件；有关民众学校人员委任的文件及证书；学生毕业证、成绩单；有关该县旅潼、渝、蓉同学会的文件、信件；学校、工厂等职员调查表；新生活促进会的通知、聘书等。

平武县档案馆与民国图书馆事业相关的档案主要集中在平武县民

众教育馆全宗（全宗号140），共有档案23卷，形成于1930—1949年。主要内容为有关该馆工作的文件；有关推行识字教育、征集抗战史料和宣传报道的文件；有关国民学校奖惩与勤俭建国的文件；有关教育基金的文件等。

峨眉山市档案馆与民国图书馆事业相关的档案主要集中在峨眉县民众教育馆全宗（全宗号12），共有档案16卷，主要内容为民众教育馆标准工作实施办法；教育大纲；有关该馆考察民众教育工作的文件；有关该馆补助费的文件等。

犍为县档案馆与民国图书馆事业相关的档案主要集中在犍为县民众教育馆全宗（全宗号犍临41），共有档案28卷，形成于1935—1949年。主要内容为有关该馆人员任职、薪水的文件；该馆人员名册、毕业证；有关补习教育及其书刊的文件；该馆经费预算等。

南充市档案馆与民国图书馆事业相关的档案主要集中在南充县民众教育馆全宗（全宗号M19），共有档案8卷，形成于1935—1949年。主要内容为有关该馆概况、启用印信的文件；该馆工作计划；有关地方教材与普及识字教育、普及图书馆教育的文件；有关图书馆业务的文件；四川省社教法辑要及有关养老抚恤金的文件等。

营山县档案馆与民国图书馆事业相关的档案主要集中在营山县民众教育馆全宗（全宗号M12），仅有档案1卷，形成于1948—1949年。内容为有关该馆人员任用的文件；该馆业务工作文件等。

宜宾市档案馆与民国图书馆事业相关的档案主要集中在宜宾县民众教育馆全宗（全宗号14），共有档案77卷，形成于1934—1949年。主要内容为有关调查该馆概况的文件；该馆简章；该馆工作计划；职业补习班教学计划及招生简章；四·四儿童节纪念大会记录；有关儿童健康比赛结果的文件；该馆经费预算等。

邻水县档案馆与民国图书馆事业相关的档案主要集中在邻水县民众教育馆全宗（全宗号7），共有档案12卷，形成于1935—1943年。主要内容为有关人员职务委任的文件；县立小学、民众夜课师生名册、履历；党政军联席会议记录及人员名册；有关新生活运动、防空常识宣传、创办民众周报与学术团体管理的文件；借书规则、图书编目；民众学校规程及儿童军实施大纲等。

资阳市档案馆与民国图书馆事业相关的档案主要集中在资阳县民众教育馆全宗（全宗号Ⅵ29/139），仅有档案1卷，形成于1940年。内容为该馆人员名册；民众千字课；该馆经费收支表等。

简阳市档案馆与民国图书馆事业相关的档案主要集中在简阳县民众教育馆全宗（全宗号37），共有档案19卷，形成于1935—1949年。主要内容为有关该馆职员工薪的文件；该馆工作报告；有关该馆进行国术训练、普及民众教育、举办展览的文件等。

乐至县档案馆与民国图书馆事业相关的档案主要集中在乐至县民众教育馆全宗（全宗号Ⅲ204），共有档案87卷，形成于1924—1949年。主要内容为有关该馆地址、设备及施教办法的文件；有关该县城区民众识字运动的文件；有关该馆调查社会历史现状的文件；该馆汇集该县农谚、农田水利"三字谚"、山歌、儿歌；图书馆阅览规约等。

南江县档案馆与民国图书馆事业相关的档案主要集中在南江县民众教育馆全宗（全宗号历5），共有档案13卷，形成于1940—1949年。主要内容为省教育厅、该县政府、该馆有关职员待遇的文件；有关民众教育与文化教育的文件；该馆会议记录；有关该馆财务工作的文件与公物移交清册等。

丹棱县档案馆与民国图书馆事业相关的档案主要集中在丹棱县民众教育馆全宗（全宗号11），共有档案3卷，形成于1937—1949年。主要内容为有关该馆机构设置的文件；该馆职员名册；上级颁发的训令等。

重庆市档案馆拥有大量内迁学校图书馆、市立图书馆、国立罗斯福图书馆相关档案，数量较多。内容涉及重庆市立图书馆、国立罗斯福图书馆、学校图书馆、文华图书馆学专科学校、民众教育馆、北碚图书馆、中央图书馆、北泉图书馆、杨沧白图书馆、马相伯图书馆、巴县图书馆等机构，档案文件3770件，约12000页。主要集中在国立罗斯福图书馆全宗和重庆市立图书馆全宗，其中国立罗斯福图书馆全宗（全宗号115），共68卷，形成于1946—1949年。主要内容包括：该馆创设旨趣、筹备计划、纲要，该馆组织条例、筹备委员会概况及工作报告，重庆图书馆协会章程、理监事名册，中央图书馆移交房屋、家具等清册，馆藏图书统计、中文编目工作统计表，购置书籍日报表、阅览服务工作报告，该馆图书目录、善本书目、线装书目及外文档案一览。重庆市立图书馆全宗（全宗号116），共99卷，形成于1934—1949年。主要内容包括：该馆组织规程、工作报告、工作计划、馆务会议记录、概况沿革，教育机关工作人员待遇规程、人事动态表、遣散人员履历表、人员调动、提升、任免、奖惩、辞职、考核等信函，经费概算、会计报告、空袭损失报告、移交清册等。图书馆借书办法、借书登记规则、阅览场所管理办法、图书流通管理协议书、图书数量统计、图书借阅统计、阅览人数统计，重庆市立图书馆协议会简章草案、图书馆协会会员大会记录等。此外，重庆省教育厅全宗（全宗号65），也涉及部分图书馆档案，如重庆市立图书馆工作计划等。

此外，重庆市万州区档案馆也分布2个全宗，11卷，关于万县公立通俗图书馆、万县民众教育馆，重庆市璧山区档案馆，也拥有1个全宗，2卷，关于璧山县政府图书馆。

云南省档案馆与民国时期图书馆事业相关的档案主要分布在云南省教育厅全宗（全宗号1012），主要内容包括：云南省立图书馆、拓东体育场的兴建，各县图书馆设立的材料，音乐研究会、明伦学社、围棋社、诗与散文社、云南歌咏协会、昆潮文艺社、战歌社、世界语者协会等向教育厅申请补助及其组织情况，各学校图书馆建设图画照片及史略汇集、省立图书馆辑刊《云南丛书》《滇南书画集》以保存国粹，中央图书杂志审查委员会抄发奖励图书杂志戏剧电影办法，改办省立美术学校办法，图书馆工作实施办法，著作权法，征集文物办法，令发省立大学教育系增设图书馆学课程，云南陆地测量局函送全省新舆图、昆明市街图，奉颁《万有书库》分发各地图书馆巡回借阅，调查本省书店、印刷所及作家，搜印先贤遗著、搜集抗战史料、军事史料等材料。

昆明市档案馆与民国图书馆事业相关的档案主要集中在昆华民众教育馆全宗（全宗号32—13），共有档案13卷，形成于1930—1949年。主要内容为该馆职业介绍所调查失业人员的文件；求职、介绍职业登记表；云南省教育厅有关防范进步活动的密令；昆明县政府有关祭祀孔子诞辰的来往公文及人员名册等。

巧家县档案馆与民国图书馆事业相关的档案主要集中在巧家县民众教育馆全宗（全宗号1—14），共有档案4卷，形成于1927—1948年。其内容为有关委派该馆馆长的文件；该馆规程、工作计划；有关招收学生的文书等。

牟定县档案馆与民国图书馆事业相关的档案主要集中在牟定县立民众教育馆全宗（全宗号126），共有档案9卷，形成于1940—1949年。其内容为有关改组民众教育馆与社教、经费预算的文件；有关该馆员役薪津、请粮、工作考核的季报；该馆员工清册；器物、图书、巡回文库与中学生文库移交清册；有关该馆征集文献等。

贵州省档案馆与民国图书馆事业相关的档案主要集中在贵州省政府教育厅全宗（全宗号M102），涉及各县民众教育馆及部分学校工作报告。地方志网站开放查询的档案中，与民国图书馆事业相关的档案共涉及1个全宗，时间跨度为1943—1948年。其中涉及民国图书馆的档案共22卷（件），主要责任者是交通部公路总局西南公路工务局、交通部公路总局西南公路运输局曲靖区办事处等。内容涉及图书馆设立的交接事项、仪器运送、送检职员录等内容；贵州省县行政人员训练所图书室移交图书清册、杂志移交清册；贵州省县行政人员训练所图书室学员遗失书籍赔偿书价清册；图书室关于制定借书规则、归还图书、开放时间等方面的通知、笺函等。涉及民众教育馆的档案共3卷（件），责任者涉及交通部公路总局汽车配件总库贵阳材料库、交通部公路总局第十运输处和贵州省第四区行政督察专员兼保安司令公署。

七　西北地区清末民国时期图书馆事业档案的内容概要

扶风县档案馆与民国图书馆事业相关的档案主要集中在扶风县民众教育馆全宗（全宗号民18），共有档案3卷，形成于1939—1947年。其内容为该馆工作报告表；该馆概况调查表；有关工作人员退休、抚恤的办法和训令；有关宣传、教育、文化的文件；该馆岁出预算分配表和经费预算标准表等。

镇安县档案馆与民国图书馆事业相关的档案主要集中在镇安县民众教育馆全宗（全宗号11），仅有档案1卷，形成于1944年。内容为该馆员工领米代金清册。

甘肃省档案馆与民国图书馆事业相关的档案还集中在甘肃省科学教育馆全宗（全宗号35），共有档案79卷，形成于1939—1948年。主要内容为该馆职员任用审查表、职工眷属测查表；战时戡乱宣传提纲与危害国家紧急治罪条例；爱国拥军方案；该馆与教育部、甘肃省教育厅的来往公函、代电等。

定西市档案馆与民国图书馆事业相关的档案主要集中在定西县民众教育馆、同乡会全宗（全宗号192），共有档案5卷，形成于1948年。其内容为有关民众教育馆迁移、社教人员鉴定的文件；该馆裁撤接办清册；有关办理民校的文件；捐赠图书与图书管理、补修、陈列预算书；有关公益机构及优秀生奖金的文件、名册；有关同乡会改选的文件；民众教育馆和同乡会的呈文等。

甘南藏族自治州档案馆与民国图书馆事业相关的档案主要集中在拉卜楞民众教育馆全宗（全宗号一1），共有档案5卷，形成于1939—1948年。其内容为有关夏河图书馆归并该馆及下设民众教育巡导队以及经费的文件；该馆书报阅览、借阅规则；民众问事登记、请款书凭单；该馆简报、壁报、传单等。

甘南藏族自治州档案馆与民国图书馆事业相关的档案主要集中在临潭县民众教育馆全宗（全宗号—2），共有档案22卷，形成于1943—1949年。主要内容为该馆办事细则、工作计划和总结；有关人员待遇的文件；有关职业学校创设情况及学生卫生、健康的文件、表册；各学校概况调查；学龄儿童入学和失学调查；有关教育涉讼的调查；省县政府有关民众教育的训令、代电等。

临夏回族自治州档案馆与民国图书馆事业相关的档案主要集中在康乐县民众教育馆全宗（全宗号16），共有档案25卷，形成于1938—1948年。主要内容为有关该馆启用印信的文件；有关该馆人员任免的文件和职员名册；该馆馆务工作的文件；民众教育组织大纲及民众宣传文件、报表；有关教育经费筹集的文件；财产、设备清册等。

此外，青海省档案馆与民国图书馆事业相关的档案主要集中在青海省教育厅全宗（全宗号43），涉及图书馆调查。

第三节 清末民国时期图书馆事业档案的史料价值

清史研究专家戴逸先生十分重视档案的利用，他认为"无论是中国过去的史学家，还是当代的史学家都把档案看作史学研究中的最重要史料，看作历史学科得以生存和发展的根本条件。可以说，离开了档案，就不可能进行严肃的、深入的历史研究"[①]。对于图书馆史研究而言，档案资料同样极为重要。这是由于档案材料是原始的，未经创

---

① 戴逸：《加强联系与合作 共同繁荣史学事业与档案事业——在第十三届国际档案大会闭幕式上的演讲》，载国家档案局、中央档案馆《第十三届国际档案大会文件报告集》，中国档案出版社1997年版，第16页。

作的第一手材料，研究者不易受到前人思维惯性的影响，往往会有新的发现。而图书馆本身又是与政府联系非常紧密的行业，因此档案材料对于这方面的研究价值是不言而喻的①。可见，清末民国时期图书馆事业档案作为该时期图书馆史最为真实可靠的一手资料，对于更为深入系统地揭示和书写该时期图书馆史具有重要的参考价值与支撑作用。

一 清末民国时期图书馆事业档案的总体价值剖析

图书馆事业史的研究与书写是一个非常宏大的话题，不仅需要对不同级别不同类型的个体图书馆史作全面研究，也需要对不同系统不同区域的图书馆事业史进行纵向和横向的研究。当然，更需要对图书馆事业发展所涉及的管理、教育、职业、社会互动等各个方面的问题展开专题研究。清末民国时期图书馆事业档案涉及图书馆与政府机关的互动、图书馆内部管理运行、图书馆与社会的互动，包括有关机构创设、馆舍修建、部门设置、管理计划、年度报告、人事管理、经费管理、规章制度、图书采购、读者统计、调查统计、馆际交流、社会互动、馆务会议、重大活动等各个方面的历史记录。这些档案对于近代各类图书馆的发展史、图书馆学教育史以及图书馆管理与运行、图书馆与社会互动关系、图书馆职业发展、图书馆学教育等专题的研究均具有重要价值。

（一）真实反映清末民国时期我国各类型图书馆管理与运行状况

对清末民国时期公共图书馆、私人图书馆、学校附设图书馆、机关附设图书馆等各类型图书馆的创建、管理与运行状况的把握是我国近代图书馆事业史研究不可或缺的内容。当前，学界对于清末民国时期图书馆的管理与运行状况的把握大多基于公开出版发行的著作、期

---

① 姚乐野、刘春玉、任家乐：《图书馆史书写中的"大历史"和"小历史"——以清末民国时期图书馆事业档案为视角》，《中国图书馆学报》2018年第2期。

刊等，原始档案的整理与利用明显不足。而大量散存各地、各机构的图书馆事业档案真实反映了清末民国时期各类型图书馆管理与运行状况，蕴含的信息对于图书馆史、图书馆事业史研究极具价值。例如，四川省档案馆馆藏四川省图书馆全宗档案不仅可用于书写四川省立图书馆馆史，还可用于民国西部地区省立图书馆经费问题、馆员素质、机构设置、藏书编目、读者服务、馆刊创办、图书馆学教育、公务往来等方面的专题研究①。

又如，重庆市档案馆所藏完整的国立罗斯福图书馆档案，使我们能够深入了解当时国立图书馆的运作情况，对其"筹而不立"背后所涉及的复杂纠葛有新的发现。重庆市档案馆所藏国立罗斯福图书馆档案里面包含着这样一些文件：严文郁与友人蒋复璁、汪长炳等关于国民政府迟迟不正式设立罗斯福图书馆的焦虑及安慰的内容，严文郁的许多校友走马灯式地赴任而后又匆匆辞职的记录，罗斯福图书馆筹备委员会与自来水公司、电话公司因为水费问题、电话架设问题争执不休的数十封信件，罗斯福图书馆筹备委员会工作人员因为要出公差开具的通行证，罗斯福图书馆筹备委员会与警察局关于添设警察保卫的争执，罗斯福图书馆筹备委员会被盗的处理，罗斯福图书馆筹备委员会关于社会人员在外冒名撞骗的说明，外界请托来馆任事的函件，为应对物价飞涨罗斯福图书馆筹备委员会采取的相应措施，政府机构经常下发的与图书馆工作毫无关系的学习文件，工作人员履历，等等。从社会史的角度来说，这些材料提供了很多我们看不到的东西。我们发现了多达近百页的有关罗斯福图书馆筹备委员会和重庆市自来水公司、重庆市公用局、重庆市政府之间关于水价的往来公文、函件，内容涉及罗斯福图书馆筹备委员会希望援用机关学校特价用水前例，享受优待水价。从现存的档案看，

---

① 周杭：《四川省立图书馆研究（1940—1949）》，硕士学位论文，四川省社会科学院，2021年，第1页。

这些公文、函件时间跨度较长，从 1946 年 12 月 26 日筹委会致函重庆市政府嘱援照机关学校特价用水用电收费①起，至 1948 年 9 月 11 日重庆市政府以市府市秘二字第〈2364〉号训令②同意罗斯福图书馆筹备委员会以 1/3 水价计费止，接近两年的时间。罗斯福图书馆筹备委员会以机关学校特价用水用电先例为由，申请享受优待水价，而自来水公司以"优待条例所定优待范围并未包括文化社教团体在内，该会既为教部所设立，但其性质仍为一文化事业团体而非政府机关，当然不在优待之列"为由予以拒绝③；罗斯福图书馆筹备委员会继而提出"前国立中央图书馆与现重庆市立图书馆亦均荣贵公司惠允优待"④ 为由再请优待。从往来公文、函件之多，历时之长，到市公用局、市政府的介入，可以合理地推测出当时重庆市政府的社会控制力是很薄弱的。从另一个角度看，国民政府在制定公共政策时，并未将包括图书馆在内的社教团体与学校、机关并列，图书馆始终游离于主流教育领域之外，也反映出国民政府对图书馆的一种漠视态度。罗斯福图书馆筹备委员会屡次函请享受优待水价，一方面固然是因为有先例的存在，还有一个原因是 20 世纪 40 年代中后期国民党统治区物价飞涨，通货膨胀严重，是为维持图书馆运行的不得已之举。1947 年 8 月 19 日，罗斯福图书馆筹备委员会在给自来水公司的函件中提到自来水已停流三日⑤。1948 年 8 月，罗斯福图书馆筹备委员会在给重庆市政府的函件中提道"惟近月来以国库支绌，对于本会经常费并未依照物价

---

① 《罗斯福图书馆筹委会致函重庆市政府嘱援照机关学校特价用水用电收费》，1946 年，重庆市档案馆藏，档号：00670011000910000002 - 02。
② 《重庆市政府市府市秘二字第〈2364〉号训令》，1948 年，重庆市档案馆藏，档号：02240001005640000061000 - 19。
③ 《为自来水公司呈复罗斯福图书馆用水予以优待碍难遵办函请查照由》，1948 年，重庆市档案馆藏，档号：01150001000260000088000 - 02。
④ 《呈请自来水公司予以水费优待由》，1948 年，重庆市档案馆藏，档号：011500010002 60000081000 - 06、07。
⑤ 《罗斯福图书馆筹备委员会致自来水公司函件》，1947 年，重庆市档案馆藏，档号：005 30019020610000099000 - 01、02。

之增长而加多，本月份全部经常费已不够缴付水费，其他应支费用更了无着落"。从这些档案记录可以看出当时维持图书馆事业的艰辛。

在查阅档案的过程中，时常惊讶于档案所展示信息的重要价值，例如双流区档案馆所藏民国时期双流县图书馆档案，就展示了一个基层图书馆工作的鲜活例子。梳理民国时期基层图书馆的历史，对于中国图书馆史的研究具有重要意义[1]，而学界关于基层图书馆的系统研究基本还是空白。与此同时，对于民国时期基层图书馆史的研究而言，正史中留下的资料很少，学者普遍使用的资料为图书专著文献和期刊论文文献，图书馆事业档案作为重要的一手资料使用相对较少。在了解和整理图书馆事业档案后，也发现了以往研究中所没有使用的史料，例如利用重庆市档案馆馆藏档案研究民国时期地方基层图书馆北碚图书馆人员选聘与管理，北碚图书馆在馆员选聘上看重的是个人品性和服务意愿，即应聘者人品要好，这是必备条件；同时应聘者有在图书馆服务中接受教育的意愿，使图书馆教化功能得以发挥。对于单位推荐的应聘者，北碚图书馆则更看重应聘者是否受过图书馆学专门训练或者是否有图书馆工作经历[2]。1938年澄江小学校长唐愉向实验区区长去函，推荐该校教员甘示武之妻刘明淑到北碚图书馆学习，信函指出：

> 刘明淑，璧山县六塘场人，在职校高级第六班毕业，该生忠厚诚朴、勤于学习、勇于治事。该生口称愿自费到北碚民众图书馆学习管理图书。查该生头脑清晰、志趣高尚，久仰钧署热心训练青年，是以据实备文呈请，恳予准学生刘明淑自费到北碚民众

---

[1] 吴澍时：《民国时期基层图书馆史料概述》，《图书馆理论与实践》2017年第8期。
[2] 刘小娟：《民国时期北碚图书馆人员选聘与管理探析》，《中华文化论坛》2021年第6期。

图书馆学习以期有助于事业矣①。

此外，随着清末民国时期图书馆的大规模涌现，图书馆的管理制度也在历史长河中日臻完善。图书馆事业档案的挖掘以及对图书馆史的研究，是在总结图书馆事业在发展过程中的经验与教训，对当代图书馆的建设、管理、运行具有借鉴性意义。例如研究民国时期阅读推广活动，有助于了解阅读推广的发展脉络和阅读推广精神的传承。通过整理分析民国时期与阅读推广活动有关的章程类文献，可以归纳出阅读推广活动的缘起与宗旨②。如《上海市市立民众教育馆儿童读书会简章》第一条：

> 本会是上海市市立民众教育馆办理的，名称叫做上海市市立民众教育馆儿童读书会，以鼓励儿童读书兴趣为宗旨③。

总之，清末民国图书馆事业档案从内容上看，大多体现为图书馆馆务活动的记载，诸如向政府部门呈请开办图书馆的函件、政府部门的批示、图书馆的月度、年度工作报告、薪资收入、人员简历、教育培训等内容，都具有明显的公务性质，这些信息在正式出版物中很少看见。因此，档案记录多以馆务活动为线索，其历史书写多采用客观、中性的记述，相当大的篇幅反映了下属群体的"在场"，是一种承认性的历史书写，对于当前加强基层图书馆、普通图书馆员群体的研究，采用社会史、微观史研究的方法大有裨益。

（二）客观呈现图书馆与社会变迁之间的互动图景与潜在关系

散存各地、各机构的图书馆事业档案包含了大量的工作计划、总

---

① 《澄江小学校长唐愉推荐教员甘示武之妻刘明淑到北碚图书馆学习的函件》，时间不详，重庆市档案馆藏，档号：00810003005990000122000。
② 唐艳：《民国时期阅读推广史料分析》，《国家图书馆学刊》2018年第3期。
③ 《上海市市立民众教育馆儿童读书会简章》，《上海民众（上海1936）》1937年第4期。

结报告、管理制度、组织条例、书籍清单及阅览数字统计，全面清晰地反映了图书馆的基本状况，为全面了解近代图书馆的发展历程提供了较为充实的一手史料。同时，图书馆与政府部门、社会团体和社会人士之间的大量的文件往来，也为学者审视社会变迁提供了图书馆的视角，考察社会环境、时代发展如何影响图书馆发展，而图书馆发展又是如何应对社会环境、服务时代发展的①。

首先是呈现了图书馆与政府部门之间的互动，现存的图书馆事业档案中包含大量图书馆与政府部门往来的公文，中国第一历史档案馆中保存了光绪到宣统年间各地学政、巡抚、总督向清王朝奏请藏书楼或图书馆的各类事项，奏报开办图书馆情形事、奏为勘定图书馆地址等，如大清宣统政纪（附录）卷之八记载：

> 山东巡抚袁树勋奏，东省创设图书馆。储藏四库善本。兼收列国宝书。并附设金石保存所。凡本省新出土之品。与旧拓精本。一律收存。下部知之。

民国政府中以教育部与图书馆往来最多，作为上级部门审批图书馆的各项事宜，如图书馆向教育部汇报请示的工作报告、申领经费、人事变动等内容，教育部对图书馆下达政策性和原则性的指导与管理等。如国立罗斯福图书馆馆址设于重庆，教育部发文给罗斯福图书馆筹委会，令遵照执行。

教育部训令　发文社字 21087 号　中华民国卅五年九月廿一日
令国立罗斯福图书馆筹备委员会
案奉 国民政府本年九月五日府交牯字第五九〇号代电开："罗斯

---

① 耿达：《从"事业史"到"社会史"：中国图书馆史研究范式探讨》，《图书馆》2019 年第 6 期。

福图书馆馆址决设重庆希由部妥速筹办为要”第因，奉此合行令仰该会知照，此令

部长　朱家骅①

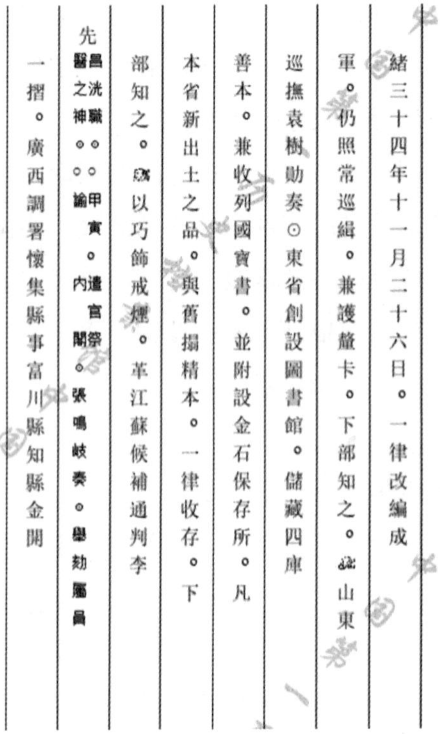
緒三十四年十一月二十六日。一律改編成
軍。仍照常巡緝。兼護釐卡。下部知之。山東
巡撫袁樹勛奏⊙東省創設圖書館。儲藏四庫
善本。兼收列國寶書。並附設金石保存所。凡
本省新出土之品。與舊搨精本。一律收存。下
部知之。以巧飾戒煙。革江蘇候補通判李
昌洮職。。甲寅。遣官祭先醫之神。。諭內閣。張鳴岐奏。舉劾屬員
一摺。廣西調署懷集縣事富川縣知縣金開

图 2-1　清末图书馆档案中记载奏设图书馆事项

图书馆事业档案客观呈现了图书馆与政府部门之间的互动图景，为理顺政府部门与图书馆的关系，从社会全景去考察不同发文部门的机构职能和履职情况，以及清末民国时期公文的文件特征提供了真实全面的史料。

其次是呈现了图书馆与社会团体的互动，这些社会团体不属于图书馆却和图书馆的管理活动和发展历程紧密相关，其中以中华图书馆

① 《国立罗斯福图书馆组织条例》，1947 年，重庆市档案馆藏，档号：0115-1-1。

协会和各地图书馆协会为代表，其存在不仅促进了图书馆事业的发展，也促使图书馆在社会发展中发挥其力量。自 1918 年 12 月北京图书馆协会在北京大学召开成立大会起，众多历史名人曾在图书馆协会担任要职，如李大钊为北京图书馆协会的中文书记，杜定友为上海图书馆协会委员长，蔡元培、梁启超、胡适等为中华图书馆协会的董事。图书馆与图书馆协会等社会团体相互合作，共同助力图书馆事业的发展，同时也是当时先进思想传播之地，图书馆在民国社会大变动时期发挥了思想阵地的作用。

最后是呈现了图书馆与社会人士的互动，如外国传教士、社会知识精英、图书馆学专业学者、士绅及社会贤达等，利用其社会地位、先进经验和财力优势，积极投身于图书馆事业的建设中。例如重庆市档案馆馆藏国立罗斯福图书馆档案中包含了大量严文郁同美国、法国、英国、日本等国家和地区有关国立罗斯福图书馆建设、图书期刊购置、图书捐赠等外文档案等，这些是目前尚未系统化开发利用的一手资料，对于当时国立罗斯福图书馆对外合作交流的研究具有重要的史料价值。再如李大钊作为北京大学图书馆馆长，把新文化思想和图书馆的发展结合起来，把图书馆划分为"社会图书馆"和"学校图书馆"两大类，呼吁"劳工聚集的地方，必须有适当的图书馆、书报社，专供工人休息时间的阅览"[①]。尽管民国时期政局不稳、战乱频仍、民生凋敝，但社会各界人士仍积极参与到图书馆管理工作以及图书馆研究工作中，利用其在社会公众中的号召力，扩大图书馆事业的影响。

通过国家权力、社会力量和民众参与，图书馆逐渐从公共文化空间演化为一种社会文化政治空间，社会变迁影响图书馆事业的发展，图书馆事业亦反作用于社会变迁的进展[②]。清末民国档案中所呈现的图书馆与政府、社会和民众等不同镜像的互动图景，也以更加细致入

---

① 李大钊：《劳动教育问题》，《每周评论》1919 年第 4 期。
② 耿达：《从"事业史"到"社会史"：中国图书馆史研究范式探讨》，《图书馆》2019 年第 6 期。

微的方式呈现出近代中国社会变迁立体多元的图景。

（三）全面揭示清末民国时期图书馆职业状况与馆员群体特征

清末民国图书馆事业档案包括了大量图书馆人事管理的内容，如馆员任免月报、人员登记、任免送审办法规定；职员离职、职员考绩任用；职员名册等，这些档案记录了图书馆工作人员的基本情况、职务职责和职位变动，为全面揭示清末民国时期图书馆馆职业状况与馆员群体特征提供了一手材料。例如这些档案揭示了中国图书馆职业化进程中的女性参与情况，为研究女性图书馆馆员的群体特征、构成、代表性人物、角色与地位、重要贡献等提供了宝贵的数据和素材。

随着妇女解放运动及女学教育的兴起，清末民国时期女性逐渐投身到图书馆工作中。韦棣华女士于1910年在武昌创办文华公书林，她是近代第一个女性图书馆员。各教会大学图书馆最初多为西方女性担任图书馆员。以华西协会大学图书馆为例，在1930年以前有沈克莹夫人（Simkin M. L.）、客士伦夫人（Carscallen C. R.）、林则夫人（Lindsay A. T.）、苏继贤夫人（Small Lottie）在图书馆任职[①]，30年代以后则渐为中国女性图书馆员所替代。民国时期女性在图书馆界的活动主要集中在20年代末以后，虽无法与男性相比，但其贡献仍可圈可点。除努力服务于图书馆工作外，女性图书馆员在为图书馆事业发展献计献策、开展学术研究、普及图书馆学教育等方面都有重要贡献。但总的来说，由于当时女性解放运动及女学教育开展时间还较短暂，传统思想仍严重影响着女性的阅读、教育及就业活动，同时早期的图书馆学还处于萌芽阶段，社会对其专业性、职业化的认识还较模糊，因此家长不愿将孩子送来读书[②]。1941年11月，成都女子职业学校校

[①]《华西协会大学图书馆中外教职员表》，载任家乐、李禾《民国时期图书馆业概况》，四川大学出版社2013年版，第87页。

[②] 任家乐、姚乐野：《民国时期图书馆职业女性形象的塑造——以图书馆学教育与职业活动考察为据》，《图书馆建设》2016年第2期。

长罗家蕙在呈报教育厅公文中谈到这一问题：

> 此次本班（图管科第二班）新生图管科，原经遵照名额收录，但开学以后，已经录取之学生，复多不到校者，以故同等学历生，比率不免较多，兹因该科开班仅及一年，社会人士，多未明了宗旨所在，幸逾额之同等学历生，成绩尚无大差，拟请钧厅从宽核定学籍，以示倡导。①

除此之外，清末民国图书馆事业档案中所包含的关于图书馆馆长的任免、调动和工作总结等文件，也有助于学者利用档案考证历任馆长任免的准确时间，如考证 1910—1915 年间分别是刘靖夫先生、Henke 博士、恒谟先生和克乃文先生等四位人士相继担任金陵大学图书馆馆长②。或进一步挖掘图书馆馆长的任职资格、任职年龄、调动或离职原因等，从而揭示清末民国时期图书馆馆长的群体特征。如图书馆馆长的任职资格的规定，1904 年 1 月，清政府颁行了《奏定学堂章程》，其中对于大、中、小学堂图书馆的行政、职员等提出比较具体的规定，如《大学堂章程》中规定：

图书馆经营官，以各分科大学中正教员或副教员兼任，掌大学堂附属图书馆事务，秉承于总监督③。

职业产生于社会分工与变化，职业特点伴生于不同的历史阶段，透过清末民国图书馆事业档案，不仅可以审视图书馆的管理，而且可以考察对人的管理，揭示在当时的历史背景和社会环境下，图书馆职业状况与馆员群体特征。

---

① 《省立成都女子职业学校图书科一二班学生学籍、成绩册：为赍呈高级图书管理科第二班新生一览表及证件，请予从宽核定学籍由》，时间不详，四川省档案馆藏，档号：民 107 - 02 - 2412。

② 朱茗：《1910—1915 年金陵大学图书馆历任馆长考略》，《河南科技学院学报》2018 年第 5 期。

③ 谢灼华：《中国图书和图书馆史》，武汉大学出版社 2005 年版，第 305、412 页。

（四）完整记录清末民国图书馆学教育兴起与发展的各项活动

清末民国图书馆学教育档案是清末民国图书馆事业档案的重要组成部分。这些档案一方面完整地记录了清末民国图书馆学教育的兴起与发展，文华图书馆学专科学校是中国近代图书馆学的开端，文华图专在长期办学的过程中形成了大量的珍贵档案资料，集中分布在中国第二历史档案馆、武汉大学档案馆和重庆市档案馆，这些珍贵的档案补充了现存图书馆史研究史料之不足。

如从第二历史档案馆查到的有关1947年中美援引《佛尔伯莱法案》合作开展图书馆学教育的框架协议，文华图专内迁时期教职人员职称评定的重要文件，金陵大学申请开设图书馆学专修科，以及教育部的批文等珍贵信息，也是公开文献所未见的。从教学模式来看，内迁前文华图书馆学专科学校（简称文华图专）以精英教育为主。根据采访毛坤之子毛相骞先生的笔录，文华图专内迁前是培养图书馆馆长级别人才的学校，是一种精英式的教育。内迁前文华图专毕业生大多任职国内著名高校及重要图书馆馆长、主任，在业界拥有良好的声誉。内迁到重庆以后，精英教育开始向大众教育发展，不仅招生门槛降低，招生人数大为扩张，从丁道凡先生整理的《文华图专各届毕业同学录》（初稿）以及武汉大学档案馆所藏该校档案可见，该校至内迁及复员以后学生数量有明显的增长。从学科和课程设置来看，学科上新增档案学专业，并尝试涉足的其他领域还包括文秘学、出版学、博物馆学、考古学等文科项目。课程上，档案课程增加为档案经营法、档案编目、档案分类、档案行政学、档案实习、中国档案论、西洋档案论、档案专题研究8门，档案学成为与图书馆学并重的教育领域。图书馆学课程进一步拆分，比如中西编目法拆分为中文编目法、西文编目法、编目专题研究、特种目录编制法4门课程。并新开设诸如书评、公文研究、公务管理、公文程式、政府组织概要、特种博物馆学、考古学、簿记与会计、社会科学概论、自然科学概论、出版调查与研究、儿童读物研究、成人读物研究、文哲概论、史地概论、学术讲演、社教工作、伦理学等二十余种新课程。1942年文华图专呈送给教育部备案的文件中就清楚地反映了这种变化。

> 教务之部，二、增设新课程：本学期拟添设史地概论、史料整理法、博物馆学通论等课目。史地概论一课全体学生必修。史料整理法、博物馆学通论二课档案科学生必修，图书科学生选修。关于呈送本校民国二十九年学年度校务行政计划与工作进度对照报告表及民国三十年校务行政计划及制度表的报（1942年3月5日）（武汉大学档案馆馆藏，档号7-1942-10）

以档案为基础的图书馆史研究论文有助于更好的解决和填补一些公开文献无法阐述的问题。同时，档案材料的挖掘丰富了图书馆学人的研究成果。图书馆学教育的发展培养出一批批优秀的图书馆人，他们或从事图书馆管理工作，或继续开展图书馆学研究，为图书馆事业的发展贡献出专业的力量。近年来，由于档案资料的挖掘以及海外资料的获取，民国图书馆学学人的生平事迹得到了严谨的考证，学界纠正了不少关于学人姓名、出生年月、出生地点、毕业院校、任职经历等方面的讹误[1]。通过挖掘清末民国图书馆事业档案中图书馆学人的手稿、笔记、书信、照片、日记、家谱、文档记录等，近年来，研究者补充了学人的生平经历、考察学人所处的环境，探寻学人的性格特征[2]。如二十世纪三四十年代严文郁写给胡适的两封信在《胡适遗稿及秘藏书信》一书中正式出版[3]，书信内容涉及抗战初期北京大学图书馆南迁前后及西南联合大学图书馆艰苦创业的史实，同时也披露了由于经济困难、人事复杂、馆务不能自主等原因，严文郁辞去西南联大图书馆主任之职[4]。

---

[1][2] 黄雪婷：《民国图书馆学学人研究回顾与展望》，《新世纪图书馆》2020年第2期。
[3] 《严文郁信二通》，载耿云志《胡适遗稿及秘藏书信（第41册）》，黄山书社1994年版。
[4] 杨朝芳、刘金双：《严文郁与西南联大图书馆》，《学术探索》2016年第6期。

二 清末民国时期典型图书馆事业档案的内容简析与价值举要

（一）重庆市档案馆馆藏国立罗斯福图书馆档案内容简析及价值举要

1840—1949年间，中国政府先后建立及筹备建立的国立图书馆有国立北平图书馆、国立中央图书馆、国立西北图书馆、国立罗斯福图书馆和国立西安图书馆。这些国立图书馆中，国立罗斯福图书馆有着特别之处。国立罗斯福图书馆并不仅仅是国民政府显示与美国政治联盟的形象工程，同时作为罗斯福总统的纪念性图书馆，国立罗斯福图书馆具有鲜明的国际色彩。在《国立罗斯福图书馆发展计划》中，国立罗斯福图书馆注重收集罗斯福总统著作言论及与罗斯福总统有关文献，中美邦交文献以及研究两次世界大战、世界和平文献。另外，国立罗斯福图书馆筹备委员会曾提议筹设四川文献特藏中心，表现出立足于西南文化建设的特色。因此国立罗斯福图书馆从创设目标来看是一个立足地方文献和特殊文献收藏的特色图书馆，与国立北平图书馆、国立中央图书馆兼容并蓄的办馆风格有着明显的区别，这就决定了国立罗斯福图书馆的与众不同。然而，至今人们对国立罗斯福图书馆知之甚少。这里面有多种因素的影响，但不可否认的是资料的严重不足是造成相关研究较少、研究难以深入的主要原因。重庆市档案馆馆藏的国立罗斯福图书馆档案为我们全面、系统研究国立罗斯福图书馆提供了条件。

1. 国立罗斯福图书馆档案的主要内容

国立罗斯福图书馆档案形成于1946年4月至1949年11月。这批档案现藏于重庆市档案馆，有一个全宗，共68卷。国立罗斯福图书馆档案的内容丰富，包括以下9个方面：

（1）图书馆概况，内容涉及职员请假、宿舍分配、请购、离职、会客、办公室、调卷、领物规则；国立罗斯福图书馆创设旨趣、筹备计划、纲要，国立罗斯福图书馆组织条例草案、筹备委员会概况及工作报告；国立罗斯福图书馆办事细则、馆务会议规则、职员到职规则；人员履历表、职员一览表、员役编制表、现有职员表、中央驻渝各机关员工调查表；国立罗斯福图书馆筹备委员会会议记录；西文编目股、征集股工作报告等。

（2）图书馆人事，内容涉及馆员任免月报、人员登记、任免送审办法规定；职员离职、职员考绩任用等。

（3）图书馆对外活动，内容涉及国立罗斯福图书馆书籍购运费、办公时间异动、扩大社教运动等；国立西安图书馆筹备委员会函索图书馆法律法规；人员名册及调派警卫；购买、借阅、搜集书籍等，国立罗斯福图书馆修缮购置等；接待国内外教育文化界人士参观、考察研究办法；教育部、中正大学等单位迁移办公地址及更换人员；重庆女子师范学院等单位介绍学生来馆实习；进出口贸易及敌伪产业、劫物处理等；捐税、邮电、房屋租借、水电等；书籍运费；修建国立罗斯福图书馆工程合同；中央图书馆移交房屋、家具等移交清册；西方语言协会考试题及来往信件等。

（4）图书馆业务，内容涉及：图书采访、编目，包括：接收敌伪图书清册、日文书籍目录；京沪两地封存书籍目录表、无主图书的分配；国立罗斯福图书馆赠送图书来往函件、国立罗斯福图书馆筹备委员会征求信件及征得书籍统计表、重庆市教育局请国立罗斯福图书馆购买傅沅叔藏书的信函；国立罗斯福图书馆中文编目工作统计报告、图书统计表、购置书籍日报表、阅览股工作报告，1948 度中文编目逐月工作统计表、中文编目图书分类统计表、中文编目特藏书籍分类统计表、西文编目分类统计表，图书书目、善本书目、线装书目等。

读者服务，包括：国立罗斯福图书馆借阅图书规章制度及来往文书；1948 年各阅览室逐月阅览人数统计表、1949 年每月借书人数统计表、读者意见、国立罗斯福图书馆 1947 年 4 月 28 日至 30 日善本展览分类统计表、1947 年至 1948 年展览会统计表；国立罗斯福图书馆巡回书箱出借简则；暑期儿童故事讲座、儿童节讲演比赛、学术讲座记录等。

（5）图书馆经费，内容涉及特别办公费、公出费、临时费、学术研究费等经费开支，会计报告、经费收支对照表、财产增减表，经费领拨、预算开支等；1947年度开办费支付预算书、开办费预算、月支经常费概算表；国立罗斯福图书馆筹备委员会1948年下半年度经费预算清单、国立罗斯福图书馆筹备委员会1947年7至12月追加经常费分配预算、国立罗斯福图书馆筹备委员会1948年上半年度建筑扩充改良费支付预算书等。

（6）图书馆馆员福利，内容涉及公务人员薪饷待遇办法，调整生活指数的办法规定、员工福利会议规则、员工资遣解决办法、俸给施行细则，1948年度生活补助费节余提充员工福利金办法，文职公教人员生活补助费支给标准、待遇标准等；教育部外调罗斯福图书馆筹备委会员人员三月份薪津表、教育部直属机关主管人员及部份主管人员特别办公费支给标准、国立罗斯福图书馆筹备委员会拟支公费人员名册；国立罗斯福图书馆员工福利委员会会议记录、配发中央机关公教人员食米办法、公教人员退休抚恤；职员医药问题等。

（7）重庆市图书馆协会，内容涉及准予筹备重庆市图书馆协会的通知；重庆市图书馆协会章程；重庆市图书馆协会理监事候选名单、理监事名册、成立大会签名册、职员表、重庆市图书馆协会会员名册履历表、重庆市图书馆协会章程发起人履历、重庆市图书馆协会团体会员、普通团体登记表、重庆市图书馆协会工作概要；重庆市图书馆协会理监事联席会议记录、重庆图书馆协会检送国际广播电台对外联系的英文函件及讲题文件、举办学术讲演等。

（8）严文郁访美征书活动，内容涉及严文郁与美国图书馆协会有关人员商讨其赴美行程、活动安排的信件；严文郁为争取罗斯福家族支持与罗斯福夫人、小弗兰克林·罗斯福、罗斯福纪念图书馆馆长、罗斯福基金主席的往来信件；严文郁为募集西文书籍与美国图书馆协会、美国图书中心、美国各大图书馆、出版界、新闻界的往来信件；严文郁为争取资金与卡耐基基金会、IBM基金会的往来信件。

(9) 其他相关档案，内容涉及公文格式及电报密码；新闻、信函底稿；兵役、义务劳动法施行细则；人员名册及调派警卫；调整著作审查费、教科书、标本、仪器审查规则等图书法规；编行馆刊、相辉文法大学图书馆概况、新社会教育系统草案；重庆市立图书馆职员领薪、食米、代金名册；国立四校馆座谈会及文华图书馆学专科学校毕业生分配工作、校友聚餐问题等。

2. 国立罗斯福图书馆档案的价值简析

(1) 为全面、系统研究国立罗斯福图书馆提供了大量原始资料

国立罗斯福图书馆档案共 68 卷，涉及国立罗斯福图书馆概况、人事、社会交往活动、图书业务活动、经费、馆员福利、重庆市图书馆协会、严文郁访美征书活动等内容，这些档案全面、真实地记录了国立罗斯福图书馆的情况。如，档案中记录了国立罗斯福图书馆读者服务的情况，包括图书阅览、展览；图书外借、巡回；儿童服务等。1946 年 9 月，国立罗斯福图书馆筹备委员会成立。有文称"自去冬接收以来，即就可用者开放阅览。后以典工暂停，拟自五月一日起再行开放，并为便利不能来馆之读者使用起见，拟试办馆外借阅，倘成绩良好则可扩大借书范围"[①]。这份文件形成于 1947 年，说明国立罗斯福图书馆已于 1946 年冬开放阅览。国立罗斯福图书馆开馆之初设普通、期刊、日报三个阅览室及参考室。1947 年 7 月 1 日罗斯福图书馆又开辟儿童阅览室，收集儿童读物千余种。图书馆员另将一部分儿童读物在市区上清寺、石板坡、两路口等区中心学校提供巡回服务。国立罗斯福图书馆举办展览，以满足重庆市民的需要。1947 年 4 月 28 日至 30 日，展览善本图书共计 357 种 357 册[②]。据统计，1947 年至 1948 年，国立罗斯福图书馆共举办展览会 4 次[③]。为了满足不能来馆阅读

[①] 《国立罗斯福图书馆筹备委员会概况、各种制度、会议记录》，1947 年，重庆档案馆藏，档号：0115-0001-00003。

[②][③] 《国立罗斯福图书馆馆筹委会一九四七至一九四八年度工作报告》，1948 年，重庆市档案馆藏，档号：0115-0001-00005。

的读者，国立罗斯福图书馆实行图书外借制度。1947年订立《国立罗斯福图书馆馆外借书暂行规则》，开展图书外借服务。同年9月开始试办图书巡回服务，到12月申请加入巡回站的机构有13个。同时订立《国立罗斯福图书馆巡回书箱出借简则》，规范巡回书箱出借时间、数量和手续。同时，国立罗斯福图书馆实施儿童教育。在国立罗斯福图书馆《暑期儿童故事讲座记录》中分别记录了1949年7月8日至30日、8月1日至25日两次举办暑期儿童故事讲座，听讲人数达592人①。此外，国立罗斯福图书馆还与重庆广播电台、重庆万国广播电台合作，通过广播媒体实施儿童教育。其他内容在档案中均有详细的记录，由于篇幅问题，这里不再赘述。

学界关于国立罗斯福图书馆的研究成果屈指可数，这与国立罗斯福图书馆档案的丰富性、多样性形成鲜明的对比。究其原因，很大程度上是因为资料缺乏。重庆市档案馆馆藏国立罗斯福图书馆档案为我们全面、深入研究国立罗斯福图书馆提供了详实、可靠的原始资料。

(2) 有助于深化对民国晚期地方性图书馆协会的认识

1947年10月重庆市图书馆协会成立，1949年5月该会解散，前后存在近两年时间。重庆市图书馆协会是民国晚期最后成立的地方性的图书馆协会。抗战时期，重庆地区的图书馆事业发展繁荣。但是，没有一个地区性的图书馆协会。抗战胜利后，筹设重庆图书馆协会逐渐提上议程。重庆图书馆协会是严文郁筹备国立罗斯福图书馆时期倡议建设、领导的地区性图书馆组织。1947年5月5日，严文郁上呈重庆市社会局请求准予设立重庆市图书馆协会②。收到呈文后，重庆市社会局请示国民党重庆执行委员会派员调查，并同意设立。9月23

---

① 《暑期儿童故事讲座记录》，1949年，重庆市档案馆藏，档号：0115-0001-00056。
② 《关于报送图书馆协会发起人履历表上重庆市社会局的呈》，1947年，重庆市档案馆藏，档号：0115-0001-00008。

日，重庆市社会局局长赵冠光批复准予筹备[1]。10月18日，重庆市图书馆协会在罗斯福图书馆召开成立大会，以10月30日为成立日期。[2] 重庆市图书馆协会"以研讨图书馆学术，加强会员间之联谊，从而促进辅导重庆市图书馆事业之发展为宗旨"[3]。该会成立以后，开展了一系列的活动。如，学术演讲。重庆市图书馆协会自1948年2月21日起共举行学术演讲7次，历次演讲内容涉及《战后美国图书馆界》《东方文化运动与罗斯福哲人政治》《报纸与读者》《币制改革与经济改进》《从欣赏到创作》《从近五百年看世界趋势》《物价管制问题》《北极圈内之重庆电波》等题目[4]。1949年2月5日严文郁邀请中央工业职业学校校长魏元光到重庆市图书馆协会作题为《漫谈四川工业建设》的讲演[5]。重庆市图书馆协会还从事联合期刊目录编制工作。1948年3月25日，重庆市图书馆协会称"本会正计划编一种期刊联合目录，办法是请本市公共圕和学校圕将馆藏期刊列表（附表式）送到本会，再由本会综合汇编起来，印成专册，分送各圕"[6]。由于经费紧张，时局动荡，这些活动大打折扣。1949年5月严文郁离会赴港后，重庆市图书馆协会无形解散。从重庆市图书馆协会的发展历程可以看出：重庆市图书馆协会与国立罗斯福图书馆的命运紧密相连。民国晚期由于局势的动荡、经费的短缺，国立罗斯福图书馆已是危机四伏，重庆市图书馆协会也是同病相怜，最终因严文郁的离会而解散。重庆市档案馆馆藏国立罗斯福图书馆档案为认识重庆市图书馆协会提

---

[1]《关于准予筹备重庆市图书馆协会给严文郁的通知》，1947年，重庆市档案馆藏，档号：0115-0001-00006。

[2]《重庆图书馆协会草案，发起人履历表及工作概要》，1947年，重庆市档案馆藏，档号：0115-0001-00006。

[3]《重庆市图书馆协会章程》，1947年，重庆市档案馆藏，档号：0115-0001-00006。

[4]《重庆市图书馆协会一年来工作概要》，1948年，重庆市档案馆藏，档号：0115-0001-00006。

[5]《学术讲座记录》，1949年，重庆市档案馆藏，档号：0115-0001-00057。

[6]《重庆市图书馆协会征集期刊目录》，1948年，重庆市档案馆藏，档号：0115-0001-00006。

供了大量的原始资料,有助于我们准确地认识民国晚期地方性图书馆协会的生存与发展的状况。

(3) 有助于进一步丰富和完善对近代中美图书馆界交流的研究

近代中美图书馆界的交往活动始于清末,止于 1949 年,历时半个世纪。从 1902 年韦棣华女士在武昌文华书院为该校师生提供图书服务开始,中美图书馆界的交流也随之展开。民国初年,伴随着新图书馆运动,一批图书馆学人赴美深造。抗战时期,美国图书馆界对中国图书馆事业施以援助。抗战胜利后,中美图书馆界交流一如既往。纵观近代中国图书馆事业发展的历程,美国图书馆界在中美图书馆事业的交流中扮演着重要的角色。学界早已注意到了这一点,关于中美图书馆界交流的研究成果较多。通过统计,我们发现关于中美图书馆界交流的研究多集中在清末到抗战胜利这一时期。有关抗战胜利后中美图书馆界交流的研究很少受到图书馆学者的关注,相对比较薄弱。在整理国立罗斯福图书馆档案的过程中,我们发现这些档案中有 5 个卷宗、1000 余页英文档案文献,这批档案是民国晚期中美图书馆界交流的真实记录,有助于加强并丰富近代中美图书馆界交流的研究。

以严文郁访美征书一事为例,目前学界对这一活动知之甚少,还没有公开文献论及此事。但据该批档案显示,严文郁于 1947 年 5 月至 1948 年 1 月应美国政府及美国图书馆协会的邀请赴美考察图书馆学。其实,早在 1946 年严文郁便开始了访美考察图书馆的准备。1946 年 4 月 30 日,美国图书馆协会国际关系办公室马里昂·A·米尔谢夫斯基 (Marion A. Milczewski) 写给严文郁的信中对严文郁访美的费用、期限、行程等给了建议①。8 月 8 日,美国图书馆协会远东及东南太平洋委员会主席布朗 (Charles H. Brown) 写信给严文郁称:"美国大使馆的费正清夫人和胡适博士都建议授予您助学金,该助学金于 11 月生

---

① 《美国图书馆协会米尔谢夫斯基写给严文郁的信》,1946 年,重庆市档案馆藏,档号:0115 - 0001 - 00063。

效。我得知国务院已经同意支付您从中国往返美国的费用，生效日期同前"①。访美的行程得以确定后，严文郁随即上呈教育部，得到批准。1947年5月20日，严文郁从上海乘Marine Lynx号前往旧金山，于6月6日抵达。随后，严文郁便于美国图书馆界开始了交往活动，并积极争取罗斯福家族、罗斯福纪念图书馆馆长、罗斯福基金会主席的支持。在努力未果的情况下，严文郁为募集西书转向与美国图书馆协会、美国图书中心、美国各大图书馆、出版界、新闻界展开了一系列的交往活动。最终，严文郁于1948年1月22日返回上海，结束访美。从严文郁访美征书的结果来看，收效并不理想。但是，这是民国晚期中美图书馆界交流的重要记录，对于认识中美图书馆界交流、进一步深化中美图书馆界交流研究具有重要价值。

（4）有助于深入开展民国时期图书馆与社会各界的互动关系研究

图书馆事业属于社会文化事业的一部分，必然与社会各界有着广泛的联系。社会状况的好坏直接关系着图书馆事业发展的快慢。国立罗斯福图书馆是民国晚期成立的一个国立性质的图书馆，该馆从开始筹设到退出历史舞台都与社会各界有着广泛的关系。从重庆市档案馆馆藏的国立罗斯福图书馆档案来看，这些档案记录了国立罗斯福图书馆与社会各界因业务或公务有着往来活动。包括：（1）国立罗斯福图书馆与国家行政机关的互动。如，国立罗斯福图书馆筹备的过程中关于经费问题上呈教育部，教育部批复，并作出相关指示②。关于国立罗斯福图书馆选址问题，1946年9月21日教育部下达训令指出"罗斯福图书馆馆址决设重庆希由部妥速筹办为要"③。在国立罗斯福图书馆接收国立中央图书馆在重庆馆舍的过程中，重庆市

---

① 《布朗写给严文郁的信》，1946年，重庆市档案馆藏，档号：0115-0001-00063。
② 《据呈送该会组织条例开办费及经常费概算书件指复知照由》，1946年，重庆市档案馆藏，档号：0115-0001-00001。
③ 《国立罗斯福图书馆组织条例》，1946年，重庆市档案馆藏，档号：0115-0001-00001。

政府、重庆市警备司令部等勒令青年军出版社迁出所占罗斯福图书馆房屋①。(2) 国立罗斯福图书馆与文教机关的互动。如，私立重华学院关于借阅、续借图书致函国立罗斯福图书馆②。重庆市私立启明小学、私立求精小学、重庆市属国民学校等均有因检送参加儿童节讲演比赛致函国立罗斯福图书馆③。国立罗斯福图书馆实行电化教育，与重庆市广播电台和重庆万国广播电台有合作。两电台关于播放图书馆介绍和儿童节目的时间致函国立罗斯福图书馆。(3) 国立罗斯福图书馆与社会团体组织的互动，如重庆市图书馆协会由国立罗斯福图书馆的主持人严文郁呈请设立，与国立罗斯福图书馆有着业务往来关系。重庆市图书馆协会请图书馆从业人员参加图书馆协会致函国立罗斯福图书馆；重庆市中华基督教青年会赠送图书目录废卡致函国立罗斯福图书馆。(4) 国立罗斯福图书馆与企业的互动。如，国立罗斯福图书馆因水费优惠、用水问题同重庆自来水股份有限公司有着函件往来，也同多个建筑公司因修缮问题有着合同或保证书。

这些档案从多个方面真实地反映了国立罗斯福图书馆与当时社会各界的互动关系。充分挖掘这批档案的史料价值，有助于深入开展民国时期图书馆与社会各界互动关系研究，从而有助于进一步深化对近代图书馆发展和社会演进的认知。

(二) 中国第二历史档案馆馆藏文华图专档案内容简析及价值举要

文华图专对中国图书馆事业、档案事业的发展和中国文化的传播做出了巨大的贡献，有关文华图专的研究受到了学界的高度关注。目前，学界关于文华图专的研究成果较为丰硕。既有专门性的研究

---

① 《关于勒令青年军出版社迁出所占罗斯福图书馆房屋致国立罗斯福图书馆的公函、代电》，1947年，重庆市档案馆藏，档号：0115-0001-00026。
② 《关于借阅图书馆的规章制度及往来文件》，1948年，重庆市档案馆藏，档号：0115-0001-0002。
③ 《各学校参加儿童节讲演比赛学生名单》，1948年，重庆市档案馆藏，档号：0115-0001-00045。

著作，如马费成的《世代相传的智慧与服务精神 文华图专八十周年纪念文集》、陈传夫、董有明的《求实奋进 共谱新篇 从文华图专到武汉大学信息管理学院（1920—2010）》、周洪宇的《不朽的文华 从文华公书林到文华图书馆学专科学校》、彭敏惠的《文华图书馆学专科学校的创建和发展》等，也有大量的学术论文。这些研究涉及文华图专的各个方面，内容丰富。其中，一些论著尝试利用文华图专的档案资料进行研究，使得相关的研究更为深入，更能体现历史的在场感。

文华图专在长期办学的过程中形成了大量的珍贵档案资料，集中分布在中国第二历史档案馆、武汉大学档案馆和重庆市档案馆，文华图专档案是民国时期图书馆教育事业档案的重要组成部分，对于深化文华图专相关研究具有重要史料价值，以下将对中国第二历史档案馆馆藏文华图专档案的内容和价值进行简要分析。

1. 中国第二历史档案馆馆藏文华图专档案的主要内容

中国第二历史档案馆所藏的文华图专档案有 1300 多页，从档案的形成、分布看，这批档案主要来自于中国第二历史档案馆所藏国民政府教育部（全宗号 5）和中央研究院（全宗号 393）档案全宗中有关文华图专数十卷内容的档案，分别为文华图专概况（档号：5 - 12031、5 - 02150 - 002）、文华图专各项经费（档号：5 - 05227）、文华图专学生膳代费（档号：5 - 05228 - 002、5 - 05229 - 001、5 - 05229 - 002）、文华图专等四院校补助费（档号：5 - 05230）、文华图专行政计划与进度表（档号：5 - 05615）、文华图专索取学生实习文卷及补助费（档号：5 - 05815）、文华图专招生简章入学试题（档号：5 - 06039）、文华图专学生成绩表退学休学表（档号：5 - 06550）、文华图专档案训练班（档号：5 - 10310、5 - 10311 - 001、5 - 10311 - 002）和文华图专其他文件（档号：5 - 02904、5 - 05456、393 - 1705）等，来源相对比较集中。从档案内容看，涉及文华图专概况、文华图专档案训练班情况、文华图专各项经费、文华图专各项统计、文华图专学生实习、文华图专校务计划、文华图专招生和文华图专其他等八个方面，内容较为丰富。具体如下：

(1) 文华图专概况，内容涉及文华图专1941年度下学期概况。如经费的来源和支配；校舍及校具；教务；教职员人数待遇及变更；各级学生现有人数；导师制、训导方式等训育内容；毕业生服务状况；将来计划等；私立武昌文华图书馆学专科学校概况，如学校概况、行政组织、学科院系、教职员人数、学生人数、经费、图书设备、研究工作、已出版与未出版图书名单等。

(2) 文华图专档案训练班情况，内容涉及各类经费文件，如关于办理档案管理科短期职业训练班1941年度第一、二期的经费收支表及收据名册、经费分配表及预算、学生伙食费、经费会计报告、催收经费拨款等方面的呈、指令、代电和函等。还包括教学讲义文件、教职员清册；档案管理科短期职业训练班第三至四期修业期满学生名册、新生名册、入学成绩表；招生简章等。

(3) 文华图专各项经费，内容涉及各类关于辅助费的文件，如文华图专关于添置设备、辅助费设施计划、辅助费收支报告、校舍及图书器物被炸损失清单及祈发款救济、救济款使用计划及用途、辅助费支配表、受奖助教员名册、礼堂建筑费等方面的呈、代电、指令、训令和函等。以及涉及各类学生膳贷费的文件，如关于发还学生膳贷费、审定战区生贷金名册及申请书、学生贷金审查委员会名单、1943年度拟援照国立大学规定公费额办理等方面的呈、代电；文华图专调查食粮市价日计报告表；文华图专购入食粮价格表；公费生请领膳费人数异动清册等。

(4) 文华图专各项统计，内容主要涉及文华图专1940年度专科应届毕业学生一览表、工警人数统计表、教室和宿舍容量表、教员研究及著作专题一览表、教职工名册、专任及兼任教员人数统计表、课目表、人数统计表、学生各种组织之名称及概况、1948年度第一学期各级肄业生成绩表、1948年度第二学期教职工名册、学生退学名单和休学学生名册。

（5）文华图专学生实习，内容涉及文华图专关于派学生到部实习有关事项、假期实习名册及统计表、将待销毁或次要文卷交该校以为学生实习之用、实习旅费及膳宿费等方面的呈、代电；军事委员会训部关于该会案卷均系为军事性者未便转赠致教育部的函；政治部检赠五百卷公文给文华图专等。

（6）文华图专校务计划，内容涉及 1938 年度下学期、1939 年度及 1940 年度校务行政计划与工作进度对照报告表；1939 年度、1940 年度及 1941 年度校务行政计划进度表；1940 年度工作报告等。

（7）文华图专招生，内容主要涉及招生简章，如文华图专关于检送该校 1937 至 1948 年度招生简章请予备查上教育部的呈以及教育部准予的指令；文华图专入学试题，如常识试题、公民试题、国文试题、史地题、数理化试题以及英语试题；报名单及招生人数，如 1943 年度春季招生报名单各科成绩册、1946 年度文华图专招生报名单、新生录取人数统计表等。

（8）其他，内容涉及中央研究院派员赴文华图专学习及派员出席中央人事行政会议的文件；关于为该校运送重要典籍及教育用品发放免税护照上教育部的呈；该校迁渝地址及开课日期；教职工任免；教育部关于提示视察报告要点给文华图专的训令等。

2. 中国第二历史档案馆馆藏文华图专档案的价值简析

中国第二历史档案馆馆藏文华图专档案时间跨度为 20 年（1929—1948 年），是研究民国时期文华图专独立办学这段历史的不可或缺的史料。

（1）为全面、系统研究私立文华图书馆学专科学校提供了大量一手资料

私立文华图书馆学专科学校的档案共 15 卷，涉及文华图专的概况、人事变动、社会交往活动、招生、经费、校务计划、统计名册等内容，这些档案全面、真实地记录了文华图专的情况。1927 年文华图

书科积极向国民政府立案,实现了从华中大学的分离,开始独立建校。独立后的文华图专得到国民政府的经费支持,在档案中记载了大量文华图专关于经费上教育部的呈,以及教育部回复的各项指令,如1943年9月23日,文华图专校长沈祖荣关于检送该校1943年年度附设档案管理科短期职业训练班办理计划及经费分配表上教育部的呈,以及1943年11月5日教育部关于检送档案管理科短期职业训练班计划并拨款给文华图专的指令,可见文华图专虽名为"私立",但其经费主要来源于国民政府教育部,且经费的获取与支出都需要获得教育部同意方可。同时档案中还记录了大量文华图专的概况及招生情况,如文华图专1941学年下学期概况,包括文华图专的经费支出与分配、校舍的范围和校具的数量、招生情况、课程设置、教材选择、训导方式以及研究主题和产出,让学界可以对文华图专的教学工作开展以及计划、办学规模和学校实景进行初步的了解。最后,档案中还真实记录了文华图专在抗战时期的艰难办学历程,如1938年6月文华图专迁到重庆,在石马岗川东师范学校大礼堂内的国立中央图书馆筹备处所借的房屋办公,同时借用重庆曾家岩求精中学的校舍办学,并遭受多次轰炸,损失惨重。文华图专对中国图书馆事业的发展和中华文化的传播做出了巨大的贡献,有关文华图专的研究也受到了学界的高度关注。目前,学界关于文华图专的研究成果较为丰硕,但利用文华图专档案资料进行研究能使得相关研究更为深入,更能体现历史的在场感。

(2) 有助于深入研究民国档案学教育的创设及发展历程

文华图专不仅是中国第一所图书馆学正规教育机构,也是中国最早开始从事档案学教育的机构,开创了中国档案学教育的先河。文华图专自1934年起,开设了中西档案管理课程。1940年春、秋两季分别招收了档案管理训练班。1940年9月26日,文华图专向教育部呈文,申请设立档案管理专科,得到批准。从档案记载看,文华图专共招收了6届档案管理专科,为中国档案事业的发展培养了一批档案学人才。档案管理专科的毕业生、结业生和学习档案管理课程的学生至少有582人。直到1945年9月15日，文华图专校长沈祖荣关于延缓一年续办档案短期训练班上教育部的呈一文中提道："唯自第七期起，难结业学生二十余人，适各机关裁员简政中，有少数学生还未能介绍其适合工作。兹值抗战胜利，复员在即，机关人员变动更受限制，该训练班拟可从缓招训。"从教学工作来看，文华图专档案短期训练班注重理论与实践结合，如教育部指办1941年度档案管理短期职业训练班第三期实施概况中提道："设有档案经营法等十五课目，每日上午讲授，下午则侧重实习，最后数周并派员率往与渝市中央机关及公私社团参观其管档实际工作若干次，籍资观摩。"从生源来说，部分系由机关保送，事先具有相当经验，部分则通过考试进入，需要具备高级中学毕业或具有同等学历者，考试科目包括公民、国文、史地、常识以及口语。比较有名的授课者有程长源、周连宽、梁建洲、胡佑身、毛英贤、石安福等，这些档案学专家成为中国档案事业发展中的重要力量。从工作去向来看，文华图专的毕业生或返回原机关继续服务，或由学校介绍各机关服务，在第六期实施概况中提道："且成供不应求"。第二历史档案馆所藏私有文华图书馆学专科学校档案为认识文华图专档案训练班提供了大量原始资料，有助于我们准确地认识民国晚期档案学教育的生存与发展状况。

（3）有助于进一步丰富和完善对近代高等教育发展的研究

文华图专在创办时的名称是文华大学文华图书科，1920年3月诞生，由美国学者韦棣华女士（Mary Elizabeth Wood，1861—1931）带领中国近代图书馆学先驱沈祖荣、胡庆生先生创办。文华图书科仿照美国纽约公共图书馆学校制度，从文华大学本科二年级以上的学生中招收学生兼修图书馆学课程，本科毕业除授予文学学士外另发图书馆学专科证书[①]。在韦棣华和沈祖荣、胡庆生等人的努力下，文华图书科逐渐走向正规化和制度化。1927年，政局突变，华中大学（原文华大

---

① 彭斐章：《文华图专和中国图书馆学教育的发展》，《图书馆》2001年第2期。

学）大部分教职工离校，学校就此停办，但得到庚款的文华图书科仍单独照常办学，并于1929年经国民政府教育部批准立案，正式更名为私立武昌文华图书馆学专科学校，成为中国第一所独立的高等图书馆专门学校①。到1937年7月全面抗战爆发前，文华图专除了招收图书馆学本科外，还共举办过三次图书馆学讲习班，分别为：第一届图书馆学讲习班（1930.9—1931.6）、第二届图书馆学讲习班（1933.9—1934.6）、第三届图书馆学讲习班（1936.9.9—1937.6）②，培养了许多图书馆学专门人才。在全面抗战爆发后，文华图专迁到重庆继续办学，并在艰苦的条件下积极扩大办学规模。于1940年增设了档案管理专业，办班方式也不断增加，由迁渝的两类办班方式（本科班、讲习班）扩大到四类办班方式（本科班、专科班、讲习班、短训班）③，还增设了新的课程。抗战胜利后，文华图专迁回武汉。1949年初，国民党在大陆的统治败局已定，南京国民政府曾计划将文华图专迁到台湾，但遭到沈祖荣的拒绝。1951年8月16日，人民政府接管了文华图专，改为公立性质的学校。1953年8月，文华图专正式并入武汉大学，成为武汉大学信息管理学院的前身。至此，存在了33年的文华图专完成了其历史使命。文华图专33年的历史虽短暂，但不仅是研究图书馆学和档案学教育的重要历史，也是民国时期高等教育的缩影，为进一步丰富和完善近代高等教育发展提供了丰富的史料。

（4）有助于深入开展民国时期文华图专与社会各界的互动关系研究

文华图专属于社会文化教育事业的一部分，与社会之间保持着招收学生与人才输出的紧密联系。文华图专从原来的文华图书科到专科

---

① 陈传夫、董有明：《求实奋进 共谱新篇 从文华图专到武汉大学信息管理学院（1920—2010）》，武汉大学出版社2010年版，第2页。

② 《武汉大学信息管理学院校友名录（1920级—2020级）》（http: sim100.whu.edu.cn/yyml/qrzbksjy_whtzsqzkyyml/tsgxqrzbks_zqzksmd.htm）。

③ 任家乐：《民国时期图书馆学教育研究》，国家图书馆出版社2018年版，第95页。

学校的33年里，始终与国民政府和社会各界有着广泛的关系。从第二历史档案馆馆藏的文华图专档案来看，这些档案记录了文华图专与社会各界因业务或公务有着往来活动。包括：

文华图专与国民政府教育部的互动。文华图专的大部分问题都需要上呈教育部，教育部批复，并作出相关指示。如文华图专档案训练班筹备；各项辅助费和学生膳贷费的拨款、分配和计划；各类学生名册、员工名册和成绩统计表；招生简章、报名单和录取人数；校务计划；派员视察等方方面面。

文华图专与其他国家行政机关的互动。由于文华图专的部分招生来源和毕业生去向都与机关有关，因此文华图专也与部分国家行政机关有较多的联系，但需要注意的是这些国家行政机关与文华图专的互动几乎都是间接的，需要教育部作为中介。如财务部国库署关于拨发本年度文华图专辅助费给教育部总务司的通知书、行政院水利委员会关于将本会不需要纸文卷酌送文华图专致教育部的公函、中央研究院派员赴文华图专学习及派员出席中央人事行政会议的文件、防空学校关于准予报送该校文书股员黄凯连到贵部指办第六期档案管理训练班受训给教育部的公函等。

文华图专与社会组织和企业的互动。如，文华图专在《大公报》和《新民报》上刊载招生信息而产的广告费收据；文华图专与亚康印书馆、合计永立生印刷社等之间的货款收据。这些档案从多个方面真实地反映了文华图专与当时社会各界的互动关系。充分挖掘这批档案的史料价值，有助于深入开展民国时期文华图专与社会各界的互动关系研究，从而有助于进一步深化对文华图专历史和发展演进的认知。

第二篇

图书馆管理与运行的分类研究

本篇利用民国时期图书馆事业档案对国立图书馆、基层图书馆和儿童图书馆等不同类型和不同层次图书馆的管理与运行进行研究。首先，选取作为一种特殊形式和具有特殊时代价值的国立罗斯福图书馆，开展民国时期国立图书馆的管理与运行研究。其次，针对对基层图书馆尚缺乏系统研究的现状，选取四川地区作为代表，开展民国时期基层图书馆的管理与运行研究。再次，聚焦民国时期儿童图书馆这一新生事物和特殊类型的图书馆，开展儿童图书馆的管理与运行研究。最后，聚焦全面抗战时期，重庆作为抗战大后方和国民政府陪都，在抗战时期具有特殊的地位，选取全面抗战时期重庆图书馆为代表，呈现民国时期图书馆事业的一个特殊时期和区域发展情况。

第 三 章

民国时期国立罗斯福图书馆研究

有学者认为，"国立图书馆在旧中国的图书馆事业发展中占有相当重要的地位，在特定的历史环境里，国立图书馆在领导全国图书馆事业发展方面发挥过重要的作用。作为一种比较特殊的图书馆类型，国立图书馆的社会地位、社会职能以及社会作用等问题，都值得我们很好地加以研究"[①]。现有的研究并不充分，学界对国立北平图书馆研究较多，其次为国立中央图书馆，不过也是相对而言，对于国立兰州图书馆、国立罗斯福图书馆、国立西安图书馆的研究寥寥无几，说明学界目前对国立图书馆不论是整体研究还是个体研究都尚欠深入，造成这种情况的部分原因即为资料的缺乏。

国立罗斯福图书馆是民国晚期筹备的一所国立图书馆，与其他国立图书馆不同的是：它是一所纪念性质的图书馆；另一特殊之处在于它的设立是由政治力量，而非图书馆界的呼吁推动产生的。但是罗斯福图书馆筹备处的实际运作，又是由一位职业图书馆人——严文郁全面负责推进运行的。因此，罗斯福图书馆筹建工作及结果实际是政治需要与专业工作两种力量互相作用的结果。

一般而言，学界习惯将政治因素作为图书馆工作的背景而非讨论的内容。本研究的分析中，我们将发现政治需要怎样地影响了罗斯福

---

① 杨玉麟：《民国时期"国立图书馆"问题研究》，《四川图书馆学报》2000 年第 4 期。

图书馆的筹设,并最终决定了它的结局。另一方面,本研究也分析了为实现其专业梦想,作为图书馆学家的严文郁如何在有限的范围内实际推进了罗斯福图书馆的筹备工作。由于国民政府兴趣消退,以及内战形势的变化,国民政府失去了兑现"正式成立"承诺的可能,政治化与专业化两大因素共同形塑了罗斯福图书馆的发展与结局。本研究对此作三个层次的讨论:一是政治层面,分析了上海、南京、西安、武汉等城市为争取设立罗斯福图书馆所展开的博弈;严文郁、蒋复璁、朱家骅等人为争取罗斯福图书馆正式成立所做的努力;国民党政权与美国政府关系变化对罗斯福图书馆工作的影响;二是社会交往层面,分析了罗斯福图书馆与政府机构、银行、社会团体的业务往来,以及图书馆经费与馆员经济生活情况;三是馆务工作层面,涉及罗斯福图书馆接收汪伪敌产、人员任命及频繁更迭的情况、严文郁访美募集图书的活动、迁移新址及建立分馆的申请,以及组建重庆市图书馆协会的活动、建立巡回文库,等等。

本章依托重庆市档案馆所藏国立罗斯福图书馆档案对一些重要史实进行了挖掘整理,使得全面研究国立罗斯福图书馆成为可能,并加深对民国时期图书馆事业的认识。需要说明的是:"民国时期国立罗斯福图书馆档案概况"已在第二章"清末民国时期图书馆事业档案概述"中作为典型案例进行了分析,本章不再赘述。

第一节 国立罗斯福图书馆政治层面的几个问题

一 国立罗斯福图书馆设立缘起

1945年4月12日"二战"胜利前夕,美国总统罗斯福突然去世。罗斯福总统是第二次世界大战同盟国取得胜利的关键领袖,这一消息在世界各国引起极大反响。蒋介石立即致电美国参谋总长马歇尔及罗斯福总统夫人,为表达哀悼之情,国民政府通令全国4月14日至16

日下半旗三日致哀。国民政府如此隆重地纪念一位外国总统，与罗斯福总统领导下的美国对中国的帮助有密切关系。

罗斯福总统支持中国的复兴，希望在亚洲形成以中国为主导地位的国际秩序。基于战后美、英、苏、中四国组成"四警察"的维护战后国际秩序的设想，美国希望中国在战后的世界舞台上扮演大国的角色。在罗斯福总统的支持下，国民政府与美、英政府达成了废除各种不平等条约的协议，结束了美、英在中国治外法权的历史，对于中国维护国家独立及提升国际形象有重大意义。美国的支持坚定了蒋介石领导的国民政府抗战必胜的信心，蒋介石对此感激涕零，多次表示要成为美国坚定的盟友。

罗斯福去世以后，美国盟国纷纷举行悼念仪式，例如澳大利亚打算在图书馆设特别收藏的形式纪念罗斯福总统，"澳内阁宣布，澳州将为故总统罗斯福设立纪念设施，由下列各种建议择定……在关于美国文学的国立图书馆设一个特别部门"①。蒋介石出于个人情感的考虑，未来加强与美国同盟关系的需要，以及向世界表明中国政府态度等等需要，也许是筹设国立罗斯福图书馆的主要原因。

罗斯福图书馆的筹设无疑是出于政治因素的考虑；另一方面在重庆筹设一所国立图书馆也符合国民政府社会教育政策需要。抗战胜利后，国民政府有意提高西部地区的文化教育事业，图书馆可以在社会教育方面发挥积极作用。同时图书馆界一直以来有在全国东南西北均衡布置国立图书馆的思想，恢复西北图书馆，筹设罗斯福图书馆、西安图书馆，再加上原有的北平图书馆、中央图书馆，从而形成了这样的均衡布局。

二 清末民国时期国立图书馆建设思想的发展

国立图书馆的历史始于清末新政，19世纪末20世纪初作为西方

---

① 《为纪念罗斯福澳拟在国立图书馆特设部门》，《中华图书馆协会会报》1945年第1—3期（合刊）。

文明象征之一的图书馆受到知识界的热切关注,以政府官员及社会精英为主要力量掀起了所谓公共图书馆运动。罗振玉认为,"保固有之国粹,而进以世界之知识,一举而二善备者,莫如设图书馆。方今欧、美、日本各邦,图书馆之增设,与文明之进步相追逐,而中国则尚阒然无闻焉。鄙意此事亟应由学部倡率,先规划京师之图书馆,而推之各省会"①。最早成立的京师图书馆就是国立图书馆的源头。

1928 年,李小缘在《全国图书馆计划书》一文中认为,"国立图书馆重保存、发挥、创造,其事业上之重要工作,如:收回流落东西洋之敦煌遗书、永乐大典;禁止古版书出洋;设版权注册局;搜集中国旧本书与西洋之极重要书籍,及西洋关于中国著作;编辑中国图书总志;设图书馆学校;规定图书馆法令;编制图书馆学书籍;设国际图书交换局;设博物馆种种;皆宜勉力进行者也"②。李小缘的观点代表了知识界的认识,即国立图书馆在全国图书馆事业中具有统摄全局的作用,是各地图书馆工作的模范,具有制定标准、指导、监督等多种功能。国立图书馆因其地位的重要性一般又设于首都。

清末以降,直至 1949 年国民党结束在大陆的统治期间,先后正式建立及筹备建立的国立图书馆有 5 个,按时间先后分别是国立北平图书馆、国立中央图书馆、国立西北图书馆(国立兰州图书馆)、国立罗斯福图书馆、国立西安图书馆。除国立北平图书馆继承于清末建立的京师图书馆外,其余 4 个国立图书馆均正式成立或筹建于 20 世纪 40 年代,表明这一时期出现了国立图书馆的建设热潮③。国立图书馆建设从全国政治中心北京、南京,扩展到地区政治中心重庆、西安、兰州,国立罗斯福图书馆、国立西北图书馆、国立西安图书馆均位于中

---

① 李希泌、张椒华:《中国古代藏书与近代图书馆史料(春秋至五四前后)》,中华书局 1982 年版,第 123—124 页。
② 李小缘:《全国图书馆计划书》,《图书馆学季刊》1928 年第 2 期。
③ 注:国立中央图书馆正式成立于 1940 年,1928 年全国教育会议上决议筹设国立中央图书馆,1933 年开始国立中央图书馆的筹备工作,1936 年国立中央图书馆筹备处在南京开放阅览,1940 年正式成立于重庆。

国西部，具有东西南北均衡布局的设想。国民政府的这一构想与图书馆学人的呼吁可能存在一定联系，1925年中华教育改进社图书馆教育委员会就曾提议将庚款的三分之一用于在全国各要地建立八所模范图书馆[①]。1928年李小缘又提出成立国立中山图书馆作为国立图书馆，以南京、北京、武昌、广州、成都5地作为分馆所在地，各分馆又作为地区图书馆的中心[②]。

中华图书馆协会也曾向教育部建议，希望国立图书馆建设能够布局均衡，"我国国立图书馆，现仅北平与中央两所，本会以图书馆之建立对于专门学术研究与一般社会教育均有莫大帮助，而惟有国立图书馆始可具较大规模，收较大成效，故又呈请教育部于西北、东北、西南、东南，及华中各区分别增设国立图书馆，以促进学术研究，提高教育水准"[③]。全面抗战爆发以后，国民党政府在美国的支持下稳住了阵脚，对社会教育的关注也较以往更为重视。西南、西北地区是抗战大后方，国民政府偏重于这一地区的国立图书馆建设，有为战后图书馆事业的发展提前布局的意味。

国民政府筹建的国立罗斯福图书馆与同期筹备的国立西安图书馆、国立兰州图书馆，加上之前成立的国立北平图书馆和国立中央图书馆，反映出国民政府对国家图书馆建设有全国东南西北布局之意，且为改善西部地区落后的文化发展状况，有加强西部地区社会教育的通盘考虑。筹设国立罗斯福图书馆并不仅仅是国民政府显示与美国政治联盟的形象工程，而现有文章多持这一看法，这是不全面的。

三 设立国立罗斯福图书馆的动议及初期筹备会议

1945年5月18日，中国国民党第六次全国代表大会第十七次会

---

① 《中华教育改进社图书馆教育委员会提关于美国退还庚款三分之一建设图书馆之提议》，《中华图书馆协会会报》1925年第1期。
② 李小缘：《全国图书馆计划书》，《图书馆学季刊》1928年第2期。
③ 《本会呈请教部恢复西北圕并增设国立圕》，《中华图书馆协会会报》1945年第4—6期（合刊）。

议召开，会上主席团提议：为纪念美国罗斯福总统，拟请设置罗斯福图书馆案，吴铁城秘书作了报告，获大会一致通过①。这次会议尚未就实施方案展开讨论。1945 年 8 月 15 日，日本投降，国民政府接收沦陷区城市，还都复员事务异常繁忙，筹设国立罗斯福图书馆（以下简称"罗馆"）一事暂告停顿。直到 1946 年 7 月，罗馆筹委会奉令筹备，9 月罗馆筹委会成立，隶属于教育部。

  令国立罗斯福图书馆筹备委员会七月十二日及十四日签呈共二件，呈送本会组织规程及开办费、经常费概算书，恳祈鉴核存转，并请垫借筹备费贰千万元，颁发钤记各等由。

  两呈及附件钧悉，兹分别核示于后：1. 该会组织规程已修正并连同开办费、经常费、概算书一并呈院核示，俟奉核定后再行饬知。2. 准由部垫发该会筹备费贰仟万元，应即派员持据来部具领。3. 准颁发该会钤记一方，应即派员来本部总务司洽领。

  以上各点仰即知照，存此令。

部长 朱家骅②

"罗馆筹委会由朱家骅部长兼主任委员，综理一切筹备事务，严文郁先生兼秘书，秉承主任委员之意实际处理会务"③。《罗斯福图书馆筹备计划》规定了该馆的筹备组成，馆址，图书征集，筹备期限等内容。

罗斯福图书馆筹备计划

  一、组会筹备：聘定专家及有关人士九人至十一人组织罗斯

---

① 中央执行委员会秘书处编印：《中国国民党第六次全国代表大会纪录（党内刊物）》，1945 年 5 月，第 193 页。

② 《据呈送该会组织条例开办费及经常费概算书各件指复知照由》，1946 年，重庆市档案馆藏，档号：0115-1-1。

③ 《国立罗斯福图书馆筹备委员会概况，各种制度，会议记录》，1948 年，重庆市档案馆藏，档号：0115-1-3。

福图书馆筹备委员会负责筹备罗斯福图书馆之一切事宜。

二、决定馆址：罗斯福图书馆馆址设在首都。

三、图书征集：罗斯福图书馆侧重搜购罗斯福总统生平事迹之各国文字之书籍及照片，国际问题之图书杂志，以及世界各国提倡和平思想之书籍，并得接受各国之捐赠，及注意于研究工作。

四、筹备期限：自筹备委员会成立之日起两年内筹备完竣。

五、筹备及开办经费：拟专案呈请。①

1946年7月6日，罗馆筹委会在南京国民政府教育部会议室召开了第一次会议。朱家骅在会上报告了罗馆筹委会成立经过。决定讨论五件事项：（一）拟请决定委员会组织规程案；（二）应如何决定馆址所在地案；（三）工作计划如何拟订案；（四）应否加聘美国委员或顾问案；（五）经费应如何拟定案②。但会议仅对其中两项形成决议，对于组织规程案，会议决议：（1）加聘秘书一人，承主任委员之命负责筹办事务。（2）添设建筑与购书二委员会，条文交教育部社会教育司重行拟订，下次提会审查；对于经费应如何拟定案，会议决议：推蒋复璁委员同严文郁秘书拟订具体方案，下次提交会议讨论③。会后，严文郁草拟了《国立罗斯福图书馆筹备委员会组织规程》14条。委员们对馆址的选择争执不下，先后发言者有翁文灏、吴有训，蒋复璁及王世杰之代表程希孟等，但未能达成共同意见④。

罗馆筹委会原计划由执行秘书严文郁领导总务、图书二组实际办理筹备工作，基于扩大社会影响的需要以及办事便利的考虑，认为有必要增添学界、商界、政界的著名人士，以利筹备事宜的进行。一位未具名的委员草拟的《谨拟罗斯福图书馆筹备纲要》提出了具体方

---

① 《罗斯福图书馆筹备计划》，1946年，重庆市档案馆藏，档号：0115-1-4。
②③④ 《国立罗斯福图书馆筹备委员会概况，各种制度，会议记录》，1948年，重庆市档案馆藏，档号：0115-1-3。

案,"一、部长兼任筹备委员会委员及主任委员以昭郑重。二、聘请美国驻华大使担任副主任委员或委员,以便采纳美国官方之意见。三、聘请罗斯福夫人,美国驻华大使为顾问,藉以尊敬罗故总统家属之意见。四、聘请国内朝野有声望者,尤注意与美国有关系者,如蒋夫人及胡适之先生等为委员,庶此委员会发生重大效力,此馆得早日观成。五、聘请美国朝野有关人士,如国会图书馆馆长及美国各著名大学校长为委员或顾问,俾与美国学术界联系。筹备委员会内应设少数常务委员专限在渝者处理事务"①。根据第一次会议议案,严文郁计划设立一个顾问委员会辅助馆务,委员会名额为十五人至十七人,严文郁拟定的《罗斯福图书馆计划并意见书》建议"由教育部敦约罗斯福夫人,并遴聘中美文化界知名之士担任之,顾问委员会分设财政、建筑、图书等组"②。这个方案体现了国立罗斯福图书馆浓厚的国际化和政治化色彩。

根据扩大罗馆筹委会的需要,教育部先后邀请著名人士担任筹委会委员,第一批筹委会委员有张群、朱家骅、翁文灏、王世杰、陈立夫、蒋梦麟、蒋廷黻、胡适、傅斯年、吴有训、袁同礼、蒋复璁等人,皆为当时著名学者、图书馆学家、政治家、商人。馆址决定设于重庆后,1946年10月又增聘张笃伦、朱叔痴、朱必谦、向传义、龙文治、胡子昂、张洪沅、卢作孚、晏阳初、严文郁等在川人士为委员,执行秘书严文郁同时兼罗馆筹委会委员。重庆市市长张笃伦调任湖北以后,严文郁又申请新任重庆市市长杨森担任罗馆筹委会委员。1946年10月,教育部又同意罗馆筹委会在上海开设办事处。

增设名人担任筹委会委员体现国民政府一定的重视态度,并非仅是装饰门面的需要,因为国民政府的中央指令在地方往往并不能得到有效的执行,而不少馆内事务必须有赖地方实力派的支持。不

---

① 《谨拟罗斯福图书馆筹备纲要》,重庆市档案馆藏,1948年,档号:0115-1-4。
② 严文郁:《罗斯福图书馆筹备计划并意见书》,重庆市档案馆藏,1948年,档号:0115-1-4。

少委员实际积极参与了国立罗斯福图书馆的筹备，如朱家骅、翁文灏、胡适、傅斯年、吴有训、蒋复璁、朱叔痴、张笃伦、胡子昂等人都对筹备工作做了很多贡献。例如胡适向美国图书馆协会布朗推荐严文郁访美，胡子昂、张笃伦积极为国立罗斯福图书馆新馆的建设争取地皮，蒋复璁在国立中央图书馆在重庆馆址、人员、藏书等方面帮助严文郁等等。

1947年1月31日下午，国立罗斯福图书馆筹备委员会在重庆委员又召开了一次筹备会议，会议由朱叔痴主持，出席人有：张笃伦（程冠珊代）、胡子昂、张洪沅、卢作孚（刘常武代）、朱叔痴、朱必谦、张群（周君亮代）、严文郁。

严文郁报告了罗馆筹委会当前的筹备情况。蒋介石确定馆址设于重庆原国立中央图书馆以后，严文郁即呈报教育部将国立中央图书馆在渝馆舍，以及不需要之家俱书报一并移赠，国立中央图书馆也派员到重庆协助办理移交工作。只是国立中央图书馆一三开间楼房一幢被青年军出版社所占用，虽经多次交涉请其迁让但毫无结果，使罗馆筹委会工作大受影响。接着严文郁报告了罗馆筹委会接收国立中央图书馆藏书，教育部拨交所接收的无主书籍的情况，以及京沪两地工作人员办理书刊征购事宜的情况。罗馆筹委会已在南京成贤街四十八号及上海长宁路三十七号B各设有办事处①。

委员们讨论并通过了六个事项：（一）如何扩充本馆馆舍案；会议决议临时馆址仍设复兴路中央图书馆旧址，青年军出版社所占住房屋请求重庆市政府交涉收回。至于永久馆址设于何处，俟严文郁秘书拟定具体计划后提交讨论，再请市政当局拨地修建。（二）请教育部转呈行政院速拨本馆筹备经费十亿元。（三）请教育部增加本年度每月经常费案。（四）如何请地方人士捐赠书籍案，决议由罗馆筹委会分别致函各省市以及当地各机关发起捐书运动，并登报征求以期普及。

---

① 镜宇：《罗斯福图书馆筹备概况》，《国立中央图书馆馆刊》1946年复刊第一号。

（五）本馆应于何时成立案。决议定 1947 年 4 月 12 日罗斯福总统忌辰为本馆成立日期。（六）如何拟定本馆组织条例案。决议照拟定组织条例草案通过。

会上提出临时议案一条，即中央研究院移交本会保管之国府路三三七号房屋现已满期如何续借案。会议决议：（一）请重庆市地政局查明产权系中央水利实验局所有，抑系潘理事长昌猷所有？（二）如属中央水利实验局则向市府公产保管处查明该局已否复员，产业是否由市府接收。（三）如为潘昌猷先生所有即请朱叔痴委员与潘昌猷接洽，捐赠、购买或续租①。罗馆筹委会召开的专门会议仅两次，南京、重庆各召集一次，这两次会议决定了罗馆筹委会未来的工作规划。

在罗馆紧张筹备之时，中美关系正悄然地发生变化。杜鲁门上台以后，中美关系由之前的亲密无间向渐生嫌隙转变，早在 1944 年中美关系的裂痕在美国副总统华莱士访华期间已有所展露，美国政府希望调停中苏关系和国共关系，派遣美军观察组前往中共控制区域，协调国共两党共同抗日，令蒋介石大为不快。罗斯福去世以后，杜鲁门政府制定了"不支持中国中央政府进行自相残杀的战争"的基本原则②。有意向蒋介石政权施压，希望国民党能与共产党达成妥协，组建联合政府。杜鲁门的援助是有限的，而且很注意不让美国陷入中国内战的泥潭。杜鲁门的态度与蒋介石希望消灭共产党，实行一党专制的想法相分歧，在这一敏感时期聘请美国政界、教育界、图书馆界重要人士担任罗馆筹委会委员时机并不成熟，而美方有关人士也可能有所顾虑。可能是因为这个原因，罗馆筹委会聘任美方要人担任顾问的想法未能

---

① 《国立罗斯福图书馆筹备委员会在渝委员第一次会议记录》，1947 年，重庆市档案馆藏，档号：0053-1-209。

② The Joint Chiefs of Staff to the Commanding General, United States Forces, China Theater (Wedemeyer) [G] //FRUS: 1945, Volume VII. Washington: United States Government Printing Office, 1969.

实现。甚至笔者怀疑，罗馆筹委会根本就未开展这项工作，至少从目前的档案来看是支持这一看法的。

四 选址之争

中国国民党第六次全国代表大会虽批准设立罗斯福图书馆，但并未确定馆址所在地，按惯例国立图书馆一般设于首都，如前身是清政府京师图书馆的国立北平图书馆，以及设于南京的国民政府国立中央图书馆。因此，国立罗斯福图书馆最初拟设南京，《罗斯福图书馆筹备计划》明确提出"决定馆址：罗斯福图书馆馆址设在首都"①。但不久这种意见就被否定了，因为这样就会在南京存在两个国立图书馆，服务区域彼此重叠，造成不必要的浪费。

从20世纪40年代开始，国立图书馆的选址已不再局限在首都。由于抗战的需要，国民政府有意加强西部地区的文化建设，国立西北图书馆、国立西安图书馆的设置打破了以往国立图书馆选址的惯例。由此，当国立罗斯福图书馆开始筹建以后，中部、西部、东部省会大城市，如武汉、西安、重庆、上海均加入了竞争行列，竞争最激烈的城市是重庆和上海。

上海是国立罗斯福图书馆设馆呼声最高的城市。严文郁主张国立罗斯福图书馆设在上海，他在《罗斯福图书馆计划并筹备意见书》中详述了四点理由。之后严文郁还写了一个名为《为避免重复计拟请设在上海因》的文件，再提相似的意见。

> 馆址 本馆原应设于首都，惟因首都已有"中央图书馆"，文化广播集于一个区域，他区即不免向隅，效用未能宏大，故拟设上海，有下列数项理由：

---

① 《国立罗斯福图书馆筹备委员会概况，各种制度，会议记录》，1948年，重庆市档案馆藏，档号：0115-1-3。

（1）上海之为全国文化导源及国际贸易中心，事实上已有数十年相当地位。国际人士亦多荟萃此埠。故于此设馆，庶使嘉宾一入国门即可来馆观光。我国政府及人民一致崇敬罗氏伟大精神，企向世界大同之热望，得以晓喻于世界各国，具有益于国际观感，当非浅鲜。

（2）上海至欧美交通便捷，书刊转递与供应较为容易。

（3）上海与国内各地，交通亦素称灵便，京沪密迩，供应政府机关参考，亦甚适宜。

（4）上海市区，大规模之图书馆尚付阙如。加以兵燹劫火之余，公私藏书，多半化为灰烬，收拾焚残，保存文献，亦实步趋罗氏复兴计划之精神，可能实现之机会。①

在 1946 年 7 月 6 日召开的罗馆筹委会第一次会议上，朱家骅作主席报告，认为"该馆应设何地，意见纷纭，有主张设于陪都重庆，以纪念抗战者，有主张设于西安者，还有人以为如若设在首都意义更为重大，但又有人谓首都已有中央图书馆，而罗馆与国际间接触频繁，似应设在交通方便之处，上海为吾国现代文化导源，国际人士荟萃之区，人口数百万，大规模之图书馆，尚付阙如，应有设立图书馆之需要。总之馆址何在，尚须从长计议，以期能达到其目的，完成其使命"②。可以看出朱家骅也是倾向设于上海。委员翁文灏虽没有明确地点是上海，但提到"至于地点以交通方便，收效最广之区为宜"③ 也是倾向此意。因为朱家骅身为教育部长，又是罗馆筹委会主任，他的报告具有总结性和引导性。多年以后，严文郁也承认"35 年 7 月 6 日筹备委员会在南京开会，曾提出将该馆设于上海的建议。其后各地纷

---

① 严文郁：《罗斯福图书馆筹备计划并意见书》，1948 年，重庆市档案馆藏，档号：0115 - 1 - 4。
②③ 《国立罗斯福图书馆筹备委员会概况，各种制度，会议记录》，1948 年，重庆市档案馆藏，档号：0115 - 1 - 3。

纷去电，请求设馆"①。

上海经济文化发达、交通便利、人口众多、与国际交往极为便利。上海还是中国图书馆事业最早发展的地区之一，1925年4月25日中华图书馆协会就在上海召开的成立大会，这里著名图书馆很多，又有闻名的商务印书馆、中华书局、世界书局等出版业巨头，非常有利于国立罗斯福图书馆的发展，从客观条件来说上海应当是最理想的馆址所在地。

上海一家报纸言之凿凿报导国立罗斯福图书馆已设于上海，"中国为纪念美故总统罗斯福氏的伟大，特建立罗斯福图书馆一所，地点已决定在上海，有一时期曾宣传设在南京，但此议已成为过去了。因为罗氏为一国际伟人，上海又为一国际都市，设立在上海很合于国际方面的条件，此所以终于决定设立在上海也"②。从罗馆筹委会与教育部的来往公函看，其筹办机构也是设于上海乍浦路，"案奉钧部九月十八日人字第二OO六六号训令，饬将整理国外赠书工作迁入上海乍浦路四三九号房屋办公等因，奉此，迁往办公。敬祈签核"③。说明严文郁已经以上海为设馆目的地开始工作了。

从历史意义、筹设成本等因素考虑，一些委员建议馆址设在重庆。罗馆筹委会一位未具名的委员写了篇《谨拟罗斯福图书馆筹备纲要》一文，提出了重庆、上海、武汉三个馆址方案，认为重庆方案所耗费财力最少，又是抗战时期国民政府陪都，见证了美国对华援助，取得抗战胜利的历史时刻，具有纪念价值，选址于此最为可行。

> 此馆既为纪念罗故总统而设，关系两国文化之沟通，国际观瞻所系，规模似不可过于狭小。然在胜利稍有期待之今日，欲迅

---

① 严文郁：《中国图书馆发展史 自清末至抗战胜利》，枫城出版社1983年版，第151页。
② 大风：《上海罗斯福图书馆闹屋荒》，《快活林》1946年第30期。
③ 《为遵令指派工作人员迁往乍浦路办公原系中央研究院房屋仍拟继续使用由》，1946年，重庆市档案馆藏，档号：0115-1-1。

速付之实现实为财力上一大负担，且以目前建筑材料之缺乏，即欲营建宏伟之馆厦，亦有事实上之困难。窃以谓国立中央图书馆既需永久设立于首都，则抗战胜利结束后中央图书馆自随政府凯旋，其所留在渝城之馆址遵照中央过去之指示，改为分馆，永留陪都，以纪念政府之抗战，且以便西南人士之参考阅览，此意义实与纪念罗故总统相同。罗故总统于抗战期中所予吾国诚挚隆厚之友谊，实使吾人有一永久不可磨灭之印象，在永为抗战纪念之陪都设立图书馆，崇念助国家抗战最力之罗故总统，岂非最为理想。此项拟议倘获采纳，则中央图书馆迁回首都后，所有渝馆全部馆舍以及部分图书器具可以完全赠予罗斯福图书馆应用，其所节财力何止亿万。否则除南京、北平两地已有国立图书馆避免重复外，如予上海、武汉两地择一兴建，一为经济重镇，一为南北枢纽，兴建巨厦，亦甚适宜也。而上海之市立图书馆建筑尚佳，如不毁弃，则战后发展甚易，且上海与首都密迩，参考材料并不困难，武汉或较上海更为适宜，以湖南在战后必成工业重镇，将来交通必更便利，所需材料参考必更殷切者也。①

这份文件标有"送请傅孟真②先生审查。骆，八、五"的字样，说明傅斯年在国立罗斯福图书馆的选址抉择上有相当的影响力。由于国立图书馆还是一个地区图书馆的中心，对各地基层图书馆起到管理指导的作用，如果国立罗斯福图书馆设于上海，则国立罗斯福图书馆和国立中央图书馆距离太近，管辖区域仍有重叠。西安可能性最小，因为当时已有国立西安图书馆的筹备计划，国立罗斯福图书馆设于西安与设于南京一样，也有一地两馆之嫌。设于交通要冲的武汉也是较好的选择，但考虑到国立罗斯福图书馆又为一纪念性质的国立图书馆，

---

① 《谨拟罗斯福图书馆筹备纲要》，1946年，重庆市档案馆藏，档号：0115-1-4。
② 傅孟真即傅斯年，字孟真，山东聊城人，著名历史学家、教育家。

武汉抗战时期为沦陷区，并且罗斯福总统与武汉并无直接联系，因此设于武汉也不适合。

罗馆筹委会第一次会议未就馆址问题达成一致，委员们对选址问题久执不下，最后将意见报蒋介石决定。1946年9月蒋介石最后决定国立罗斯福图书馆馆址设于重庆，教育部发文给罗馆筹委会，令遵照执行。

  教育部训令　发文社字21087号　中华民国卅五年九月廿一日
  令国立罗斯福图书馆筹备委员会
  案奉　国民政府本年九月五日府交钴字第五九〇号代电开："罗斯福图书馆馆址决设重庆，希由部妥速筹办为要"等因，奉此合行令仰该会知照，此令
                部长　朱家骅①

国立罗斯福图书馆选址重庆有几方面的原因。首先，对于蒋介石来说，重庆是他领导下的国民政府取得抗战胜利的福地，蒋介石坐镇重庆时，中国军队遏制住了日军的西侵，重庆是民族精神不屈不挠的象征地。《还都令》称"四川古称天府，尤为国力之根源；重庆襟带双江，控驭南北，占战略之形势，故能安度艰危，获致胜利。其对国家贡献之伟大，自将永光史册，弈叶不磨灭。当兹还都伊始，钟陵在望，缅维南京收复之艰难，更觉巴蜀关系之重要。政府前于二十九年九月明令定重庆为陪都，近更以四川为全国建设实验区，应即采其体制，崇其名实，着由行政院督同各省市政府妥为规划，积极进行，使全川永为国家之重心，而树全国建设之楷模，有厚望焉"。该文一方面说明了重庆乃至四川对于国家的重大意义，另一方面也说明了国民

---

① 《国立罗斯福图书馆组织条例》，1948年，重庆市档案馆藏，档号：0115-1-1。

政府将四川作为全国战略大后方的规划。抗战时期,全国大量教育文化、工商业机构迁居四川,不少机构抗战复员以后选择留在四川,因此四川已经具有了一定的经济、文化基础,那么这样重要的区域理应有一所国立图书馆。

其二,重庆是中美邦交的重要见证地,罗斯福总统及美国政府与重庆关系密切。1940年底,听闻罗斯福获第三次总统连任的消息后,国民政府将国立中央大学教授张书旂的画作《百鸽图》作为国礼送给美国政府,陈列于美国白宫。在重庆遭受轰炸之际,罗斯福总统原计划来重庆访问,后由美国副总统华莱士代替他访华。华莱士来重庆携带了罗斯福提写的卷轴,内书"我谨以美国人民的名义,向重庆市赠送这一书卷,以表达我们对英勇的重庆市男女老幼的赞美之情。在空袭的恐怖中,甚至在这种恐怖尚未为全世界所知悉的日子里,重庆市及其人民一直表现出沉着和不可征服的气概。你们的这种表现,自豪地证明了恐怖手段决不能摧折决心为自由战斗的人民的意志。你们对自由事业的忠贞不渝,必将激起未来一代又一代人的勇气"[①]。抗战胜利后,重庆建造了一座"抗战胜利纪功碑",罗斯福总统的卷轴译文被铭刻在碑体的"胜利走廊"上,供民众参观。除此之外,罗斯福总统就读哈佛大学时的一位同窗唐建章也是重庆人,与之关系甚好,罗斯福总统曾向蒋介石询问他的下落,这些往事给予蒋介石很深的印象,促使他选址重庆。

其三是建设成本的考虑,国立中央图书馆迁返南京以后,原重庆馆址就成为其分馆,管理上存在不便。将其作为国立罗斯福图书馆馆址一方面无需建筑新馆,物力、财力节约不少。对国立中央图书馆来说可将部分在渝人员及资产托付国立罗斯福图书馆,亦免除了开设分馆之累。《谨拟罗斯福图书馆筹备纲要》就认为"此馆既为纪念罗故总统而设,关系两国文化之沟通,国际观瞻所系,规模似不可过于狭

---

① 《罗斯福致重庆市民书》,《重庆与世界》2000年第4期。

小。然在胜利稍有期待之今日，欲迅速付之实现实为财力上一大负担，且以目前建筑材料之缺乏，即欲营建宏伟之馆厦，亦有事实上之困难。窃以谓国立中央图书馆既需永久设立于首都，则抗战胜利结束后中央图书馆自随政府凯旋，其所留在渝城之馆址遵照中央过去之指示，改为分馆，永留陪都，以纪念政府之抗战，且以便西南人士之参考阅览。此意义实与纪念罗故总统相同。……此项拟议倘获采纳，则中央图书馆迁回首都后，所有渝馆全部馆舍以及部分图书器具可以完全赠予罗斯福图书馆应用，其所节财力何止亿万"①。

经蒋介石最后决定，馆址之争终告结束。该项命令于 1946 年 9 月 21 日由教育部转饬筹委会。教育部朱家骅于 1946 年 10 月 11 日社字第 23604 号向重庆市政府发布"国立罗斯福图书馆奉命设于重庆函请惠予协助由"，称"准成立该馆馆址设于重庆两浮支路国立中央图书馆重庆办事处原址，相应函请查照惠予协助为荷"②。严文郁随即前往重庆展开筹备工作。

五 正式建馆的尝试

罗馆筹委会成立以后，国立罗斯福图书馆有过多次正式成立的传闻。按照《罗斯福图书馆筹备计划》的规划，"筹备期限：自筹备委员会成立之日起两年内筹备完成"③。罗馆筹委会成立于 1946 年 9 月，按此推算，国立罗斯福图书馆应在 1948 年 9 月以前成立，然而最终功败垂成。

（一）1947 年初的正式建馆申请

第一次正式建馆申请始于 1947 年初的罗馆筹委会重庆会议提案。

---

① 《谨拟罗斯福图书馆筹备纲要》，重庆市档案馆藏，1948 年，档号：0115-1-4。
② 《国立罗斯福图书馆奉命设于重庆函请惠予协助由》，重庆市档案馆藏，档号：0065-3-526。
③ 《国立罗斯福图书馆筹备委员会概况，各种制度，会议记录》，1948 年，重庆市档案馆藏，档号：0115-1-3。

1947年1月31日下午，罗馆筹委会在渝委员召开了筹备会议，委员们讨论并通过了六个事项，其中之一即为本馆应于何时成立案，会议决议于1947年4月12日罗斯福总统忌辰为国立罗斯福图书馆成立日期。严文郁在1947年2月27日给美国图书馆协会执行秘书米兰的信中称："如果条件允许，（罗斯福图书馆的）正式成立仪式将于1947年4月12日，故总统去世两周年之际举行。每个人都在为此努力工作。向您致以最美好的祝愿！①"

在1947年3月，严文郁到南京面见朱家骅，报告筹备经过，请求准予在四月正式成立，开放阅览。"朱先生面谕成立须由立法院通过，非短期所能实现，不如先行开放，同时办理成立手续。我四月回到重庆，月底举行善本图书展览会，招待记者，向国内国外发表新闻。五月一日正式开放，同时办理馆外借阅"②。教育部社会教育司1947年4月4日复函《为筹备工作未完成以前不宜草率成立由》以筹备工作尚未结束，时机暂不成熟为由，拒绝了严文郁的提案申请。称"台函暨在渝委员第一次会议纪录组织条例草案等件，查会议纪录（五）'定本年四月十二日罗故总统忌辰为本馆成立日期'一事奉批：'筹备工作未完成以前不宜即草率成立'等因，除关于募集国外书刊办法及关于增加本年度经常费等事由部另案饬知外，相应检还原草案一份函达查照为荷。此致严文郁先生"③。

严文郁认为正式成立一事最终还是由蒋介石决定，而蒋介石有可能因事务繁忙忘记此事，因此又向教育部呈文，称"南京教育部部长朱均鉴，查罗馆筹办情形业经历次陈明在案，兹以馆内建筑物修葺行将告竣，电请均座饬请主席赐额（一市尺见方）'国立罗斯福图书馆'横额颁发下会，以便早日恭建为祷"④。严文郁认为，如果蒋介石对

---

① 《严文郁留美事》，1947—1948年，重庆市档案馆藏，档号：0115-1-63。
② 严文郁：《国立罗斯福图书馆筹备纪实》，《传记文学》1970年第4期。
③ 《国立罗斯福图书馆组织条例草案》，1946—1947年，重庆市档案馆藏，档号：0115-1-1。
④ 《电请饬请主席题额以便早日恭建由》，1947年，重庆市档案馆藏，档号：0115-1-3。

此置之不理，那么可以判断蒋介石已经对国立罗斯福图书馆建设失去兴趣。如果蒋介石积极处理此事，则仍可对国立罗斯福图书馆的正式建立抱有希望。不久以后，教育部通知严文郁蒋介石已经题写了馆额。1947年5月2日，教育部代电社字第27766号称，"国立罗斯福图书馆筹备委员会渝筹丑删代电悉，兹颁发主席赐题该馆横额一件，电仰查收，教育部印，题字随发"①。蒋介石虽然题写了馆额，然而对该馆正式成立迟迟不做决定。6月，受美国图书馆协会及美国国务院的邀请，严文郁开始访美征书活动，申请正式建馆活动暂告段落。

（二）1948年初的正式建馆传闻

严文郁访美期间，按照美方的安排，严文郁访美截止时间是1948年2月份。《纪实》称1947年11月国立中央图书馆馆长蒋复璁催促严文郁提前回国，进行国立罗斯福图书馆正式成立的筹备工作。在早些时候，教育部于1947年10月已通知严文郁在1948年3月15日或更早时间返回中国，那么国立罗斯福图书馆的正式建馆时间有可能在1948年4月12日罗斯福总统忌辰三周年，这个有纪念意义的时间正式开馆。1947年11月22日，严文郁给华盛顿美国国务院国际人事交流司行政官员约翰·F·德彭布罗克先生的信中确认了这一消息。

> 我突然收到中国教育部的来信，为罗斯福图书馆正式成立事宜敦促我在年底前回中国。我本不欲提前回国，但我必须回去。不知您能否为我预订十二月起航的船只？我和罗斯福图书馆都将非常的感谢您。我正要给美国图书馆协会的布朗博士写信告知此事，我相信他会理解。希望能尽早收到您的回信。②

---

① 《颁发主席赐题馆额由》，1047年，重庆市档案馆藏，档号：0115-1-3。
② 《严文郁写给美国国务院国际人事交流司约翰·F·德彭布罗克先生的信》，1947年，重庆市档案馆藏，档号：0115-1-64。

严文郁在《纪实》里详述了第二次申请正式建馆的经过,"行装甫卸,即去京晋谒朱部长报告出国经过,请求办理成立。朱部长曾下手令:'罗斯福图书馆着即成立,筹备委员会撤销。'条子送参事室酌夺,有人颇持异议,故搁置起来。二月五日我返回重庆,销假办公。五月十五日我乘便轮由重庆东下,因政府行宪,行政院即将改组,罗馆命运如何,有去京探听之必要。幸好新阁成立,朱部长蝉联,罗馆成立事有部长兼主任委员的骝先(注:即朱家骅,字骝先)监督进行。五月二十五日据行政院第八科告我,组织条例由院务会议通过……五月二十六日我去总统府谒许局长(静芝),他派一江科长出见。据江君说组织条例须由行政院咨立法院,请其完成立法手续。但可否由总统府迳送立法院,尚未决定,不日可见分晓。……六月十九日我收到总统府江科长的信,谓罗馆组织条例业于六月四日退回行政院,请其径咨立法院。六月二十三日又收到行政院第八科宁君的信,谓条例已于六月九日咨立法院矣。我们在重庆天天等候佳音,望眼欲穿,终于在十月二十五日收到罗馆驻京联络员的报告,谓组织条例在立法院未获通过,已由教育部社教司派科长取回。理由是什么未予说明,教育部也无正式公事复我。这件大事就此告一段落,成立问题于焉搁浅"①。严文郁对这次正式建馆信心很大,未曾想功败垂成。

之后国立罗斯福图书馆正式成立风声已明显不对时,严文郁曾转托湖北同乡,时任浙江省政府委员兼秘书长的雷法章帮助。雷法章回函"贵馆办理成立手续嘱转托政立两院友人从中协助,本当遵办。惟目前国大开会已多日,新立法委员亦即将召集开会,遵嘱一节即恐为时已晚不及商托矣"②。

1948年的努力虽未成功,严文郁仍寄希望在1949年能正式成立。1948年12月3日,他在给多萝西·坎菲尔德·费希尔女士(Dorothy

---

① 严文郁:《国立罗斯福图书馆筹备纪实》,《传记文学》1970年第4期。
② 《严文郁托雷法章转托政立两院友人协助罗馆成立,雷法章回函》,1946—1949年,重庆市档案馆藏,档号:0115-1-58。

Canfield Fisher)的信中提到纽约时报（*New York Times*）曾刊登罗斯福图书馆的故事。还提到罗馆会在下年的某个时候正式成立，并请求费希尔女士将其不会永久保存之书籍捐赠给罗馆①。随着国民党军队在战场上屡遭惨败，经济形势日益恶劣，罗馆正式成立最终化为泡影。

第二节 国立罗斯福图书馆的社会交往

由于罗斯福图书馆从未正式成立，正式名称应为国立罗斯福图书馆筹备委员会。但是在对外联系中经常混用"国立罗斯福图书馆"和"国立罗斯福图书馆筹备委员会"的名称，因此本节为简约起见，统称为"罗馆"。罗馆与政府机关、社会团体的公务交往可概括为"上请""下达""平行"三种关系。教育部是罗馆的上级机关，"上请"关系主要指罗馆向教育部的汇报请示工作，包括工作报告、申领经费、人事变动等内容。与之相对应，教育部对罗馆负有指导和管理职能，"下达"工作多为政策性、原则性、指导性质，教育部很少插手罗馆具体馆务，一般是对罗馆请示函件的相关批复。罗馆还与重庆市政府、教育局、警察局、交通局、电信局等政府机关，重庆市立图书馆、基督教蟾秋图书馆、联合国驻沪办事处等社会团体有一定的工作联系，罗馆与这些政府机构、社会团体互不隶属，表现为"平行"公务交往。

一 "上请"工作

罗馆成立以后，经常就人员、经费、工作事项、工作报告等项向教育部呈文。这些呈文分为几类：

第一类是罗馆有提议权而无决定权，须由教育部批准的事项。一

---

① 《严文郁致函费希尔女士//国立罗斯福图书馆捐赠书籍事》，时间不详，重庆市档案馆藏，档号：0115-1-66。

般为罗馆规章制度审批、人事调动、人员编制等等问题。既有"拟定罗斯福图书馆组织条例草案呈核并请令准该馆正式成立由"等重要事项，也有"电为具报蔡炎何时调沪及驻沪职员人数由"等具体事务等等。

第二类是罗馆提交备案，属于工作程序的一般程序，无须上级机关决定的事项。如"国立罗斯福图书馆筹备委员会工作报告（三十五、三十六年度）""国立罗斯福图书馆筹备委员会工作报告（三十七年度）"，向审计部重庆市审计局呈"准函检送员额编制表暨职员一览表准予备查由"等等，向上级机关报备，完成工作流程。

第三类是因临时重要事项，须专门向上级机关申请办理的公文。诸如收购重要典籍，建设分馆申请临时经费，出国考察申领护照，公务旅行申请通行证等事项，均要专门呈文。例如教育部会计处派靳午阳到馆工作，罗馆因此向教育部申请增加人员编制，"奉钧部会计处委派会计佐理员靳午阳到馆拟请自本月起增加员额一名以符编制由"，教育部批复"电知员额勿庸增加会计佐理员靳午阳月薪二百元自原职离职日起支薪由"。1948年以后经济极度恶化，罗馆与教育部之间往来多为经济方面的公函，例如因为教育部经费拖欠严重，罗馆电请紧急拨发以供维持的函"电请迅予拨发元月份经费济急由"，以及向财政部国库署的呈请"电催即拨自十一月份起调整待遇各款并见复由"等，本属职责应办之事，亦须专函催促办理。

从"上请"工作的内容看，罗馆没有用人自主权，也无重要财政事项使用权，对于重大事项更没有决定权。很多临时性的事务也没有决定权。教育部对罗馆工作管束太多，其经费之拮据又使之严重依赖教育部、行政院、立法院等中央机关的扶持，而这些机关对该馆的好恶态度及关心程度将很大程度地影响罗馆的工作。

二 "下达"指令

教育部下达公文覆盖范围很广，数量最多，内容大到国家法令、法规的颁布执行，小到一本书的推荐，可以说事无巨细，"下达"指令是教育部指导管理工作的主要形式，可分以下几类：

第一类是国民政府要求各地机关不分性质一律执行的法律、法规，这类公务多由教育部以代电或转饬的形式令罗馆遵照执行。以公务程式及通信规定的要求为例，教育部下发了一系列相关指令。1947年国民政府针对各机关办事人员人浮于事、工作效率低下的状况，要求各机关团体切实整改。蒋介石在1947年9月发起了"励行守时运动"，要求各党政军机关人员严格遵守工作纪律，提高工作效率。其要点为"工作时间应按照规定严格遵守，不得迟到早退，主管人员尤应首先实践以资表率""开会次数应力求减少""开会通知及有关资料至少应予开会前一日送达，并予通知书上注明'准时开会'字样"①。为提高工作效率，降低能源消耗，国民政府要求各级机关推行夏令时时间。这一类规定与罗斯福图书馆本职工作没有多少联系，属于国民政府各机关整齐划一的统一要求，然而又是收到最多的一类文书。

第二类属于教育部职责范围内的工作，这些公务活动多为适应社会教育形势需要的活动。对此，教育部一般规定大致方针，要求下级机关领会精神，组织实施。如全国教育运动展览会、扩大科学化运动、扫盲教育、禁烟教育、儿童教育，等等。例如1948年7月教育部令罗馆积极开展"扩大科学化运动"。

> 令国立罗斯福图书馆，兹检附国庆日各级学校及各种社会教育机关扩大科学化运动工作要项一份，仰即查收并斟酌目前情形详订办法，届时分别举行具报为要，教育部 印②

联合国驻沪办事处也请求罗馆开展"联合国日"纪念活动，

---

① 《抄发厉行守时运动实施办法令仰知照由》，1948年，重庆市档案馆藏，档号：0115-1-23。
② 《电饬于国庆日推行科学运动由》，1948年，重庆市档案馆藏，档号：0115-1-36。

并将详细活动情况分别报教育部及联合国驻沪办事处。国民政府为提高中文在联合国官方语言中的声望，要求各地公教文化机构积极向联合国秘书处索取中文资料。罗馆为接受联合国文献的固定机关，与美国联系密切，因此教育部转饬外交部公函，要求其切实办理。

第三类为教育部就各地国立图书馆、国立图书馆筹备处下达具体批示，要求罗馆遵照办理。例如1947年7月15日，教育部令购《王船山先生集》①，1947年8月13日，教育部请购正中版《社会教育行政》一书②。1947年9月18日，教育部部长朱家骅令购法律书籍。总体而言，教育部公文与社会教育工作有一定关联的指令并不多，如"仰将各机关学校所赠或购置出版品刊物公报公文书等妥为保管陈列由""抄发教科图书标本仪器审查规则一份令仰遵照由""令仰搜印先贤遗著由""令知调整著作审查费由""抄发公务员学术文考课题奖励办法令仰知照由""捐资兴学褒奖条例"等等。纵观教育部的各类指令，会发现不少指令相互矛盾，比如教育部一方面要求罗斯福图书馆扩大对先贤遗著的收集工作，当严文郁呈文请求划拨临时费，用以购买傅增湘藏书时又拒绝同意；罗馆因为与美国关系密切，增加西文藏书实有必要，当严文郁访美请求教育部拨款两万美金用于购买西文书籍时，教育部又批示"此事宜暂缓进行"；一方面教育部赞同严文郁提出聘请专业人员掌理馆务工作的要求，另一方面又不断安插完全没有专业背景的教育部人员来馆工作，均反映出罗馆活动不断受到行政干预的特征，尽管可以用经费支绌，不得不如此从事解释，但也从深层次反映出国民政府行政机关的轻视态度，即罗馆只是一个因政治需要而存在的机构。

---

① 《教育部社教司函请购王船山先生集由//罗斯福图书馆有关书籍购运费的函件》，1947年，重庆市档案馆藏，档号：0115-1-32。
② 《教育部社教司函请购正中版〈社会教育行政〉一书由//有关书籍购运费的函件》，1947年，重庆市档案馆藏，档号：0115-1-32。

三 "平行"社会活动

罗馆与重庆市政府、教育局、警察局、重庆市立图书馆等机构没有隶属关系，其公务往来可归入"平行"的公务活动，即以日常工作需要，互惠互利为目的的公务交流，可分为三类。

第一类为罗馆向其他政府机关、社会团体的求助事务。例如因维护名誉及保卫工作的需要，罗馆向重庆市政府、警察局的求助事务。比如罗馆因为与美国关系密切，图书馆员居然成为个别读者仿冒的对象，实为图书馆史上罕有其闻的例子。1947年罗馆给重庆市警察局去信反映读者"田纳西"冒充图书馆员，招摇撞骗一事。重庆市警察局承诺对该读者招摇撞骗的行为加以制止，并进行教育。

> 迳启者：查民生路一九四号居民田纳西，数月来常到本馆看书，乃近月内竟冒充本馆职员，在外招摇撞骗，且于上月底捏词妄函张长官，作种种无理之要求，除由本馆向长官公署陈明并请饬令制止外，相应函请贵局饬属严查，并纠正该民荒谬举动，以正社会观瞻，而维本馆信誉，无任企感！此致重庆市警察第四分局
>
> 会戳启①

敬复者：

本月十日，大函暨附件奉悉，敝馆长严文郁先生业已赴美，来示所指田纳西君并非敝馆职员，仅系读者身份，兼在研究室参阅图书，不料竟假冒敝馆名义妄事干谒，且田函所称美总领事与新闻处长允其留学美国一事，经敝馆向美领馆查询，全属子虚。该田纳西所用名片上列两衔为："马恩列学院政治室委员"，及

---

① 《田纳西冒充罗馆职员//国立罗斯福图书馆档案读者意见》，1947年，重庆市档案馆藏，档号：0115-1-41。

"索利士冶金工程部秘书",地址则印有敝馆及民生路一九四号。由此呈见田君种种行径不惟淆乱社会听闻,而又损害敝馆名誉,其荒谬情形,近乎神经患者。除先行予以警告外,拟请钧署令饬地方当局严加制止,俾正视听而杜轩狂,无任公感!附上敝馆研究室规则一份,以见田纳西藉研究席冒充敝馆职员之妄。并祈 查照赐办为荷!

此致　冯秘书若飞

会戳启①

第二类为其他机构向罗馆求助的活动。蟾秋图书馆为重庆市基督教青年会的下属组织,也是重庆市图书馆协会的会员。因业务需要,基督教蟾秋图书馆向罗馆求助目录卡片一批。

敬启者敝会蟾秋图书馆刻因有一部分图书亟需分类编目,惟以苦无目录卡应用,特为函请贵馆赐赠是项废卡一批,藉资利用,至为感荷,如蒙惠允即希赐复以便派人走取为祷,此致　罗斯福图书馆

重庆市中华基督教青年会谨启

卅八年七月廿八日②

罗馆回复如下:

敬复者:贵会本月廿八日笺函备悉,查本馆因经费支绌,图书卡片均尽量利用旧物,除非破烂不予更换,以资撙节,现无废

---

① 《田纳西冒充罗馆职员//国立罗斯福图书馆档案读者意见》,1947年,重庆市档案馆藏,档号:0115-1-41。
② 《罗馆筹委会与蟾秋图书馆往来信函//罗斯福图书馆关于修缮购置等问题的杂卷》,1949年,重庆市档案馆藏,档号:0115-1-35。

卡留存，故于贵会所嘱歉难应命，尚希鉴原为荷！

此致 重庆基督教青年会①

第三类为罗馆与其他机构互利互惠的合作关系。如与社会部重庆服务处合办业余补习夜校，罗馆馆员借此挣得一笔收入补充家用，社会部重庆服务处也可完成工作任务。

国立罗斯福图书馆、社会部重庆服务处合办业余补习夜校办法

一、本班定名为国立罗斯福图书馆社会服务部重庆社会服务处合办补习夜校（以下简称馆方、处方）

二、本夜校以辅导失学青年，利用业余时间充实职业技能为宗旨。

三、本夜校由合办机关主管人共同主持，校务下设总务、教育两组，总务组由处方负责，教务组由馆方负责，各组设组长一人、干事一人至二人，由双方调派人员担任，均系义务职务。

四、本夜校暂设英文暨会计两班，英文分初级中级高级三班，会计班在试办期间，先设簿记一班，各班暂定学生三十名，开班视招生情形增减班次。

五、授课时间定于每晚六时至八时，每周授课两次，每次两小时。（课程表另订之）

六、本夜校设重庆两路口社会服务处二楼。

七、本夜校经费以自给自足为原则，由双方共管之，所收学费除补助一部分水电费外，其余悉数作为教师酬劳金及本班杂支。（其办法另订之）

---

① 《罗馆筹委会与蟾秋图书馆往来信函//罗斯福图书馆关于修缮购置等问题的杂卷》，1949年，重庆市档案馆藏，档号：0115-1-35。

八、本夜校开办后,每月召开校务会议一次,以资检讨而求改进。

九、本夜校所授功课以两个月为一学期,期满时予以学程考核发给成绩单,成绩优异者并发给奖品以资鼓励。

十、本办法适用一学期,期满时如双方仍愿继续举办时,再会商继续办理之。

十一、本办法经双方主管签署后实施。

十二、本办法如有未尽事宜经双方共同修正。

中华民国三十七年①

由于经济每况愈下,各政府机关、社会团体在"平行"公务活动中无不为各自利益谋划,这本无可厚非,然而其间所表现出的锱铢必较显得很突出。由于政府拨款严重不足,罗斯福图书馆不得不花尽心思为自身谋取利益,如此牵扯大量精力,也严重影响到其开展正常工作。

四 与国立西安图书馆筹备委员会的交往

国立西安图书馆是与罗馆同一时期筹建的国立图书馆,但受重视程度远低于罗馆。国立西安图书馆筹备委员会(以下简称西安筹委会)与罗馆联系稍多。西安筹委会筹备主任原为刘季洪,1948年3月刘季洪辞职,改为杜元载接任。1948年3月2日西安筹委会来函。

为奉部令遵于三月壹日到会接钤视事函请查照由
案奉
教育部本年二月十六日人字第〇九一一一号代电内开:"该

---

① 《随函检附合办业余补习夜校办法两份希查酌见复由//关于扩大社教运动的文件》,1948年,重庆市档案馆藏,档号:0115-1-36。

会主任委员刘季洪请辞职已勉予照准，并聘杜元载暂行兼代该会主任委员除分令外仰即知照"等因，奉此遵于三月一日到会接铃视事，除呈报并分函外，相应函请查照为荷，此致 罗斯福图书馆

主任　杜元载①

杜元载任上欲有所作为，西安图书馆曾来函查询罗馆是否存有沈钦韩编著之《水经注疏证》第卅六卷至四十卷残本之事。

1948年3月7日，西安筹委会来函。为函请是否存有沈钦韩编著《水经注疏证》即希见复由。

案准　贵会本月七日图字第0173号函嘱请查有无沈钦韩编著之《水经注疏证》（缮本）第卅六卷至四十卷等由，现经查明本会所藏书籍并无该项残本，相应函复即希查照为荷。②

不过罗馆并无此书收藏。之后西安筹委会又函索关于图书馆应有各种规程章则以供参考的函件。

1948年3月30日，函请检寄关于图现行应有各种规章俾资参考由

敬启者 本会关于图书馆应有各种规程章则拟广为搜集借作鉴镜，用特函请贵馆将现行应有各种规章检寄一份，无任感荷。此致 国立罗斯福图书馆

主任委员　杜元载③

---

① 《国立西安图书馆筹备委员会公函//教育部、中正大学等单位迁移办公地址及更换人员的函件》，1949年，重庆市档案馆藏，档号：0115-1-12。
② 《为函复本会为此书籍由//关于借阅图书的规章制度及来往文书》，1948年，重庆市档案馆藏，档号：0115-1-2。
③ 《国立西安图书馆筹备委员会函索有关图书馆法律法规的函//关于借阅图书的规章制度及来往文书》，1948年，重庆市档案馆藏，档号：0115-1-2。

罗馆作了相应的回复。由于国立西安图书馆仅有虚衔并无财政资助，杜元载随后辞职，改由西北大学校长杨钟健兼任。

> 1948年10月20日，西安筹委会来函。
> 案奉
> 教育部三十七年九月十六日人字第五〇六五四号训令略开："本部兹派杨钟健兼任国立西安图书馆筹备委员会主任委员，除分令外合行令仰知照"等因。奉此钟健遵于十月十八日到会接铃视事，除呈报并分函外，相应函请查照为荷。
> 此致　国立罗斯福图书馆
> 　　　　　　　　　　　　　　主任　杨钟健①

然而杨钟健心不在此，1949年初连西北大学校长职务一并辞去。因此在1949年初，西安筹委会自动解散。西安筹委会的解散当然有国民党军队节节败退所致的原因，也是国民政府社会教育收缩的一个标志，也是罗馆社会教育服务工作逐渐退步的开始。

五　重庆图书馆协会的建立及工作

重庆图书馆协会是严文郁筹备期间倡议建设的地区性图书馆组织。严文郁的目的是想在重庆市图书馆界形成以罗馆为中心的职业、学术交流平台，凝聚图书馆人的力量，向政府寻求支持，同时突出国立罗斯福图书馆的领导地位。

抗战期间，美国图书馆界与中国图书馆界一直保持着交往关系。美国图书馆学家怀特原定于1944年11月来重庆访问，美军在华总部以时局紧张，对于与战事无关之访问谢绝发给登陆护照，不得不取消

---

① 《国立西安图书馆筹备委员会公函//教育部、中正大学等单位迁移办公地址及更换人员的函件》，1949年，重庆市档案馆藏，档号：0115-1-12。

了原定访华计划。1945年3月又有美国图书馆学家诺伦堡博士来重庆访问，中华图书馆协会在渝成员蒋复璁、陈训慈、严文郁、毛坤等人参加了会见。1947年又传闻美国图书馆学家访华，上述访问促成了重庆图书馆协会的创建。1947年严文郁以重庆图书馆协会筹备委员会的名义向全市各图书馆发出邀请信。

  查中华图书馆协会会所业已迁京，政府并拟于本年秋间聘请美国图书馆专家一人来华考察，兹为与全国协会取得联络及准备欢迎招待来渝外宾起见，特发起组织重庆图书馆协会，定于本月十九日（星期六）下午三时在复兴路五十六号国立罗斯福图书馆筹备处开会讨论一切事宜，敬希贵馆届时派员出席并将可能加入之会员名单携会登记为荷。
  此致　勉仁中学圕
重庆图书馆协会筹备委员会启
四月十二日①

1947年5月5日，严文郁又呈重庆市社会局公函（图字第一〇一号）一件，请求准予设立重庆图书馆协会。9月23日重庆市社会局批复"查该员等前呈组织重庆市图书馆协会一案，准予先行筹备，仰即知照"②。接到通知以后，严文郁等人即筹商在1947年10月18日召开正式成立大会。

  1947年10月18日，重庆市图书馆协会在罗斯福图书馆召开成立大会，重庆各图书馆与会代表40余人，重庆市社会局蔡付逸代表重庆市政府列席会议。会议修正通过了重庆图书馆协会章程草案；选举严

---

① 《璧山县政府、私立勉仁中学、私立大雄中学等关于订购缅甸地图、惠赠儿童节活动周锦旗、成立缝纫科的训令、函//私立勉仁中学》，1941—1949年，重庆市档案馆藏，档号：0156-1-17。

② 《重庆市社会局对筹备重庆市图书馆协会的批复//重庆市社会局、中国国民党重庆市执行委员会等关于组织重庆市图书馆协会并报送章程及发起人、理、监事、会员简历表册等的呈、指令、函》，1947—1949年，重庆市档案馆藏，档号：0060-11-64。

文郁、杜钢百等十五人为理事,刘希武等十五人为监事;会议决议由理、监事会聘请名誉理事长及名誉理事等①。以1947年10月30日为成立日期②。罗馆人员占有重要比例,该会员表囊括了重庆市重要图书馆的负责人,具有一定的代表性。重庆市图书馆协会原理事长为严文郁,不久后变更为杜钢百,杜钢百身份最初为草堂国专校长,后担任东方人文学院院长③。

成立大会通过了《重庆市图书馆协会章程草案》,明确了重庆图书馆协会的工作有六条。一为编辑刊物发行会报;二为举办学术演讲;三为协助各图书馆办理交换事宜;四为促进会员间之联谊;五为辅导重庆各图书馆事项;六为其他有关事项④。又规定本会会员大会每年举行一次,必要时得举行临时会。理事会监事会每三个月开会一次,常务理事会每月开会一次,必要时均得举行临时会⑤。协会会员分团体会员与个人会员二种,团体会员为"凡重庆市内公私立图书馆及机关学校社团等附设之图书馆等均为本会团体会员,团体会员以各团体之主管人为代表"。个人会员为"凡本市图书馆从业人员或研究图书馆学术而赞同本会宗旨者,经会员二人以上之介绍,本会理事会之通过,得为本会个人会员"。会员经费包括入会费及常年费两种,入会费团体会员十万元,个人会员一万元。常年费团体会员每年二万元,个人会员每年二千元⑥。

---

①⑤ 《重庆市社会局、中国国民党重庆市执行委员会等关于组织重庆市图书馆协会并报送章程及发起人、理、监事、会员简历表册等的呈、指令、函》,1947—1949年,重庆市档案馆藏,档号:0060-11-64。

② 《重庆市图书馆协会三十六年度工作概要//重庆图书馆协会草案,发起人履历表及工作概要》,时间不详,重庆市档案馆藏,档号:0115-1-6。

③ 《为填送登记表册及呈验登记证书祈核示由//重庆市社会局、中国国民党重庆市执行委员会等关于组织重庆市图书馆协会并报送章程及发起人、理、监事、会员简历表册等的呈、指令、函》,1947—1949年,重庆市档案馆藏,档号:0060-11-64。

④ 《指导人民团体组织总报告表//原市图书馆协会会员名册履历表》,1948年,重庆市档案馆藏,档号:0115-1-15。

⑥ 《重庆市图书馆协会章程//国立罗斯福图书馆重庆图书馆协会章程发起人履历及工作概要》,1947年,重庆市档案馆藏,档号:0115-1-6。

重庆市图书馆协会正式立案日期为 1947 年 11 月 2 日，立案证书号社二团字第一四八号①。1947 年 12 月 12 日，重庆市社会局指令（36）社二（3）字第 2752 号文准予发给立案证书。实际到 1949 年 1 月重庆市图书馆协会才最终予以登记。

重庆市图书馆协会的成立是民国时期地方图书馆协会史上一件大事，中国地方图书馆协会成立的高潮是二十世纪二十年代至三十年代初期，之后成立之地方图书馆协会寥寥无几。在民国晚期图书馆界全国性组织中华图书馆协会的活动都几乎停止的情况下，重庆市图书馆协会是少有的值得关注的地方图书馆协会活动。

重庆市图书馆协会成立以后，开展了一些图书馆活动。重庆市图书馆协会学术演讲自 1948 年 2 月 21 日起至 1949 年初共举行七次，各次讲题及主讲人略列如下：

表 3–1　　重庆市图书馆协会历次讲演题目及讲演人②

战后美国图书馆界	罗斯福图书馆严文郁馆长
东方文化运动与罗斯福哲人政治	草堂图专杜钢百校长
报纸与读者	大公报王文彬经理
币制改革与经济改进	重庆大学商学院陈豹隐院长
从欣赏到创作	和平日报副刊主编王平陵先生　文学家
从近五百年看世界趋势	重庆大学陈剑恒教授
物价管制问题	重庆大学法学院罗志如院长

严文郁希望重庆市各图书馆能够联合起来，编制各馆期刊联合目录，实现各图书馆之间的互借共享服务，减少各图书馆之间重复订阅，

---

① 《指导人民团体组织总报告表//原市图书馆协会会员名册履历表》，1948 年，重庆市档案馆藏，档号：0115 – 1 – 15。

② 《重庆市图书馆协会一年来工作概要//国立罗斯福图书馆重庆图书馆协会章程发起人履历及工作概要》，时间不详，重庆市档案馆藏，档号：0115 – 1 – 6。

以节省资金；加强馆际流通，提高读者服务水平。1948年，严文郁以重庆市图书馆协会的名义，向各团体成员发出邀请，对各自图书馆馆藏期刊登记，打算编印成册，发放各成员单位。

在1948年的工作报告里，重庆市图书馆协会宣称"本会为征求会员圕期刊目录共计发出通知十五件，业已收到期刊目录八份，已俟全部汇齐，即可着手整编付印，分送各会员圕参考"①。可能是由于经费紧张，或者期刊目录征集难度较大，各会员图书馆响应不够，这一设想最后不了了之，并未见该联合期刊目录编印成册。

还有一种原因，严文郁这一设想只存在理论上的可能性，实际要实现馆际互借并不现实。仅就罗斯福图书馆规定来说，期刊、报纸一律馆内阅览，禁止外借，就连关系友好的固定巡回机构均不允许外借，更不能说其他团体会员。同时当时各图书馆订阅之期刊，基本没有副本，借给其他机构则本馆读者不能阅览。阅览频率较高的期刊如数个会员图书馆均提出外借请求，以致该刊长期不在馆内，这对于当时经济窘迫的重庆图书馆界来说没有实现的可能。事实上，重庆图书馆协会一些团体会员，例如重庆市立图书馆，连团体会员年费缴纳都成问题，经济困难已到人人自危的程度，这种基于公益性质的互惠工作自难达成本意。

除演讲及编制联合期刊目录以外，罗馆还以重庆市图书馆协会的名义做了以下四项工作：一、在《世界日报》刊登《图书副刊》半月刊，"图书副刊半月刊自三十七年五月一日起共出版九期，每逢月之一日及十五日在《世界日报》教育版刊出"②。二、协会团体会员购书享有优惠，"经与本市各大书业接洽结果，大东、正中二书局对于本会团体会员购书可特别给予优待折扣，前已分别通知各团体会员知照

---

① 《重庆市图书馆协会一年来工作概要//国立罗斯福图书馆重庆图书馆协会章程发起人履历及工作概要》，时间不详，重庆市档案馆藏，档号：0115-1-6。

② 《国立罗斯福图书馆重庆图书馆协会章程发起人履历及工作概要》，时间不详，重庆市档案馆藏，档号：0115-1-6。

矣"。这一工作没有实际的价值,民国晚期百业凋敝,图书馆业陷于困顿,出版业同样如此。抗战结束复员时期,很多内迁文化机关大量抛售书籍,1947年以后亦有不少藏书家抛售藏书换钱度日。从档案来看,各大书局向罗斯福图书馆发送广告,给予低价折扣的信函相当多。尽管如此,各图书馆连满足订阅期刊报纸的资金都很困难,馆藏建设多依赖社会捐赠,已很少有购买新书的能力。三、指导各图书馆工作,罗馆以重庆图书馆协会中心馆的地位受到图书馆界的瞩目,一些地方图书馆纷纷来函请求工作指导,而罗馆对此也都一一给予回复。择取一例,荣昌毗卢场凤鸣图书馆请求罗斯福图书馆各类规则的函件。

  私立凤鸣图书馆 代电 发文馆字第〇〇一二六号 馆址:泸县毗卢场中大街

  民国卅七年七月一日发

  事由:为请抄示图书馆各项法规由

  重庆市立罗斯福图书馆严馆长道鉴,本馆所在毗卢乡场民风纯良,爱读书报,承乏馆务,不学无术,仰望台端,如瞻泰斗,关于指导读书方法,识字教材,巡回文库,管理方案,图书馆刊各项规章予以抄示,俾敝馆同仁有所摹拟。闻日报有七十种之多,是否一一均由自费订购,或系捐赠。报纸名称及募捐方式并请列单见示,以便洽请惠赐,充实内容为祷。

  荣昌毗卢场(泸属)私立凤鸣图书馆名誉董事长屈义林、刘王文思 馆长王槐茂午东董叩①

---

① 《私立凤鸣图书馆给罗馆筹委会的函//关于借阅图书的规章制度及来往文书》,1948年,重庆市档案馆藏,档号:0115-1-2。

迳覆者接准

贵馆卅七年七月一日馆字一二六号代电嘱抄寄本馆各项规划等情，查本馆草创伊始，诸项工作均在研究实验之中，收来成立根据实验结果再订定规章，目前阅览工作首重对于来馆读者之服务与指导，不能经常来馆之读者则设法予以便利，订有馆外借书办法。至于机关及郊区学校则由本馆配装巡回书籍经常巡回各处，本馆报纸除少数系订购外，其余泰半系由各报社捐赠。用特检送本馆暂行各项规则，相应函复，即请查照为荷。

此致　私立凤鸣图书馆　谨启

计附：

1. 本馆之外借书规则
2. 巡回书箱规则
3. 报纸名称一览表
4. 各种征求函件格式
5. 图书订购单格式

国立罗斯福图书馆筹备委员会[①]

重庆市图书馆协会的成立及工作，象征意义大于实际价值。它所从事的具体工作没有给各个人会员或团体会员带来什么实际的好处，只是起到昭示其存在的意义。

罗馆的公务往来一定程度体现了民国时期国民政府对于社会教育的认识和态度。其一，国民政府虽提倡社会教育工作，经常要求罗斯福图书馆开展一些社会教育工作，然而并没有统一的规划。国民政府对地方社会教育机关所开展的社会教育能够达到的效果既没有衡量的方法，也缺少足够的信心。其二，国民政府给予地方社会教育机关的

[①] 《罗馆筹委会复私立凤鸣图书馆的函//关于借阅图书的规章制度及来往文书》，1948年，重庆市档案馆藏，档号：0115-1-2。

管理自主权不多，罗馆的社会教育工作多是因令而行。其三，罗斯福图书馆与教育部的公务交往，所涉及的公文大多与图书馆本职工作是没有联系的，图书馆员为公牍所累，其重心也不在专职工作上面。罗馆与其他政府机关、社会团体的交往活动，本着互惠互利的原则。由于当时社会动荡不安，经济极度困窘，这些活动受到很大的限制。

第三节　国立罗斯福图书馆的馆务工作

一　组织结构

罗馆的架构为"本会……由主任委员综理筹备事务，本会设秘书一人，由本会主任委员提请本会聘任之，承主任委员之命办理筹备事务"。下设总务、图书二组。每组设组主任一人，由主任委员提请本会聘任。组下又设股，图书组设采访股、阅览股、中文编目股、西文编目股、特藏股，总务组设文书股、人事股、出纳股、事务股[①]。此外还设有一个会计室。罗馆筹委会原订任务为：关于章则之拟订事项；关于进行计划之拟订事项；关于图书及资料之征集事项；关于预算决算之编制事项。罗馆正式成立以后，该《规程》自动失效。因此，罗馆筹委会是过渡性质的组织。

另制定有《国立罗斯福图书馆组织条例草案》（以下简称《草案》），《草案》是国立罗斯福图书馆筹备工作的重心之一。罗馆筹委会事实上也沿用该条草案所规划的组织结构。

第1条　为纪念美国故大总统罗斯福于战时首都重庆设立国立罗斯福图书馆。

第2条　国立罗斯福图书馆隶属于教育部，掌管关于图书搜集、编藏、考订、展览，以及西南各省图书文化事业之辅导事宜。

[①] 《国立罗斯福图书馆筹备委员会概况，各种制度、会议记录》，1947—1949年，重庆市档案馆藏，档号：0115-1-3。

第 3 条　国立罗斯福图书馆置左列各组：一、采访组；二、编目组；三、阅览组；四、参考组；五、推广辅导组；六、总务组。

第 4 条　国立罗斯福图书馆设馆长一人，简任。秘书一人，组主任六人，编纂八人（4 人），编辑十四人至二十人（6 人至 8 人）均聘任，干事二十人至三十人（11 人至 13 人）委任。

第 5 条　馆长综理馆务，秘书、各组主任、编纂、编辑承馆长之命分掌文书及各组事务，干事承各组主任、编纂、编辑之命办理所任事务。

第 6 条　国立罗斯福图书馆依主计法规之规定设会计室，置会计主任一人，佐理员二人，办理岁计、会计事宜。

第 7 条　国立罗斯福图书馆置人事管理员一人，委任依人事管理条例之规定，办理人事管理事务。

第 8 条　国立罗斯福图书馆依事务之需要得酌用二十五至三十五人（10 人至 12 人）。

第 9 条　国立罗斯福图书馆得聘请中外图书馆学及目录学专家为顾问或通讯员。前项顾问及通讯员为无给职。

第 10 条　国立罗斯福图书馆每届年度终了应将全年工作概况及下年度工作计划分别造具报告书及计划书呈教育部备案。

第 11 条　国立罗斯福图书馆办事细则由馆拟定呈请教育部核定之。

第 12 条　本条例自公布之日起施行。[①]

《草案》规定，罗馆设采访组、编目组、阅览组、参考组、推广辅导组、总务组六组，较《规程》有很大不同。采访组掌理图书之调查、征集、购置、交换、登记、统计等事项；编目组掌理图书之分类、编目及书目之印行等事项；阅览组掌理图书之典藏、出纳、流通、展览等事项；参考组掌理善本图书、金石拓本、文献特藏之征购、编目、

[①]《国立罗斯福图书馆组织条例》，1947 年，重庆市档案馆藏，档号：0115-1-3。

考订、展览,以及参考咨询等事项;推广辅导组掌理图书馆学术之研究及图书文化事业之推广辅导等事项;总务组掌理印信,文书之收发、保管,公款之出纳,公物之购置与保管,以及不属于其他各组之事项。本馆会计室依会计法令之规定办理岁计、会计、统计事务①。罗馆主要以《草案》所规定之任务进行实践及管理。

罗馆设馆长一人、秘书一人、组主任六人、编纂八人、编辑十四人至二十人、干事二十人至三十人,由馆长综理馆务,秘书、各组主任、编纂、编辑受馆长之命分掌文书及各组事务,干事承各组主任、编纂、编辑之命办理所任事务。设会计主任一人、佐理员二人、人事管理员一人。另根据工作需要,聘任临时雇员二十五至三十五人,以上各组及人员分配构成了罗馆的组织结构。《草案》还规定,罗馆可以聘请中外图书馆学及目录学专家为顾问或通讯员,前项顾问及通讯员无薪俸。由于罗馆未能成立,因此未聘请中外图书馆学及目录学专家为顾问或通讯员,仅作为筹委会委员聘请过袁同礼、蒋复璁等人②。

按《草案》设计,国立罗斯福图书馆人员编制为50人至80人之间,加上临时雇员25人至35人,人员总数在75人至115人之间。然而罗馆筹委会成立以后,国民政府给予编制仅35人,远低于规划要求,因此严文郁屡次向教育部呈文,请求增加编制。

> 南京教育部部长朱均鉴,职会编额原定为三十五员,筹备期间兼办阅览与推广,人数不敷。又分别接收京沪书刊约十万册,亟付整编供览,故编目、阅览二部门即须增加人员五员,始可相助整理。并请添派工友四名,以资支用,以推进工作。电请钧座鉴核,赐予相应增加数,盼电示为祷。

---

① 《国立罗斯福图书馆办事细则//国立罗斯福图书馆筹备委员会概况,各种制度、会议记录》,1947—1949年,重庆市档案馆藏,档号:0115-1-3。

② 《国立罗斯福图书馆组织条例草案//国立罗斯福图书馆》,1946—1947年,重庆市档案馆藏,档号:0115-1-1。

国立罗斯福图书馆筹备委员会兼秘书严①

教育部部长朱家骅根据严文郁屡次所请，增加编制两人至 37 人。

教育部代电 发文人字 31100 号　　日期不详

　　国立罗斯福图书馆筹备委员会卅六年渝筹字第一二一号辰代电悉，该会自本年一月份起准于原有员额卅五人外再予增加职员二人，其所需生活补助费业已另案转请拨发。至增添工友一节应毋庸议，并仰知照。教育部　辰印②

　　罗馆筹委会最终编制共计 37 人，南京、上海办事处各 1 人，在渝馆员 35 人，另有相当于临时雇员性质的工役 22 人，人员总数共计 59 人，离严文郁所期望的最低限度员工人数差距较远，编制过少也限制了馆务活动的正常开展。

　　该会日常安排通过每月馆务会议决定，该会在每月第一个星期二举行，必要时也可由馆长召集临时会议。出席会议人员为馆长、秘书、各组组主任、编纂一人、会计主任及人事管理员。主要讨论：（一）本馆工作方针及工作计划；（二）本馆预算；（三）本馆重要法规；（四）本馆各单位提议事项；（五）临时发生重要事项③。馆务会议议决事项经馆长核定后各主管组室即遵照执行。

　　立法院批复把秘书、组主任、编纂、编辑等职由聘任改为了荐任。严文郁为此致函教育部，请求援北平、中央国立图书馆例要求以上人员仍改聘任，俾便罗致人才。朱家骅回复认为"悉查本部呈院原草案叙有秘书、组主任、编纂、编辑等职均为聘任，其间有些经院（注：

---

①② 《国立罗斯福图书馆组织条例草案//国立罗斯福图书馆》，1946—1947 年，重庆市档案馆藏，档号：0115 - 1 - 1。

③ 《国立罗斯福图书馆办事细则//国立罗斯福图书馆筹备委员会概况，各种制度、会议记录》，1947—1949 年，重庆市档案馆藏，档号：0115 - 1 - 3。

行政院）修改，抑系该报误载。容俟立法院审查此案，本部派员列席时予以注意，仰即知照"①。

罗馆筹委会人员分三个地区，除重庆罗馆筹委会职员外，京沪区尚有工作人员，分别处理接收日伪藏书及美方赠送书籍事务，由于民国晚期汇兑手续繁琐，罗馆筹委会须有专人留京（南京）办理与教育部、行政院等机关的金融业务。罗馆筹委会在上海办事处有留驻人员编纂徐徐行、蔡炎，南京办事处有留驻人员李宛文。

二　工作任务

《草案》规定罗馆任务为"掌理关于图书之搜集、编藏、考订、展览以及西南各省图书馆事业之辅导事宜"②。其任务可分为两部分：一部分为馆内工作，主要为图书文献的搜集、编藏、考订、阅览、展览工作；另一部分为馆外工作，罗馆定位为西南各省图书馆事业的中心图书馆，对区域内其他图书馆负有指导、监督的任务，还开展图书外借、阅读指导与巡回文库等服务。受限于客观条件，罗馆还做不到指导西南各省图书馆的任务。严文郁希望能形成重庆图书馆界的联合与协作，辅助重庆市各类学校与社会团体教育这一实际目标。罗斯福图书馆为此做了以下工作：（1）促进全市图书馆间图书互借；（2）举办巡回文库——已在各小学设置巡回文库八所，每月由罗馆巡回更换读物100至150册；（3）举办中等学校特约借书——参加者有七校，各该校学生得凭各校注册证向罗馆借书，在馆外阅读；（4）指导读书；（5）剪贴日报，并加以分类整编，备供读者参考；（6）协助机关社团搜集专题参考资料；（7）与重庆市图书馆协会合作，编辑刊物，

---

① 《国立罗斯福图书馆组织条例》，1948年，重庆市档案馆藏，档号：0115-1-3。
② 《国立罗斯福图书馆组织条例草案//国立罗斯福图书馆组织条例、筹备会概况各种规则等》，1945年，重庆市档案馆藏，档号：0115-1-68。

举办学术讲演及编制联合书目等事①。

第四节 严文郁访美活动

一 严文郁访美

1947年5月至1948年1月间,严文郁应美国政府及美国图书馆协会的邀请赴美考察,由于当时国立罗斯福图书馆正处于筹备阶段,而这个图书馆又是与美国关系密切的一项政治工程,因此严文郁访美是一次带有政府背景色彩的公务旅行,对于认识二战后美国政府及图书馆界对华政策具有重要的研究价值。

在抗战时期,日本全面封锁中国之际,美国及西方盟国就积极从事对华文献援助计划,保障战时中国的高等教育能够维持在一定水平。1943年,身为重庆美国大使馆大使特别助理,并同时担任美国政府外国出版物收集部国际委员会中国区主任和美国国会图书馆远东代表的费正清(John K. Fairbank)和袁同礼向美国图书馆协会国际关系董事会及其东方和南太平洋委员会提交了一份联合备忘录。在这份备忘录中,他们提出了进一步发展中美文化关系的建议,包括由美国图书馆协会为更多的中国图书馆购置资料,通过美国国会图书馆为美国图书馆购置中文出版物,和两国之间图书馆学学生与教师的交换计划等内容②。这些文件显示出中美文化交流框架下两国政府日渐活跃的身影。有学者认为,从1938年起至1949年,图书与图书馆逐渐成了美国开展文化外交的重要媒介,逐渐发生了"从专业交往向文化外交"的整体转变,这是民国时期中美图书馆交流史的核心线索③。换言之,中

---

① 《国立罗斯福图书馆筹备委员会概况,各种制度、会议记录》,1947—1949年,重庆市档案馆藏,档号:0115-1-3。
② 程焕文:《中国图书馆学教育之父——沈祖荣评传》,台湾学生书局1997年版,第117页。
③ 肖鹏:《民国时期中美图书馆交流史序说:研究综述、理论基础与历史分期》,《中国图书馆学报》2018年第3期。

美图书馆界的交往经历了由早期民间学术交往模式到以政府政策为主导的文化交往模式的转变。

"二战"结束后,在美国积极输出"软实力"的政策背景下,美国图书馆协会远东及东南太平洋委员会主席布朗有意从亚洲图书馆界挑选若干学者赴美访问,严文郁因为抗战时期的申请记录,良好的资历以及实际主持国立罗馆工作受到美方的高度重视,被视为未来中国图书馆界的领袖人物。

1946 年 8 月 8 日,布朗请国立中央图书馆代转的信中称:"美国大使馆的费正清夫人和胡适博士都建议授予您助学金,该助学金于 11 月生效。我得知国务院已经同意支付您从中国往返美国的费用,生效日期同前。请允许我祝贺您担任国立罗斯福图书馆的馆长,中国显然非常需要图书馆员,希望您能发挥急需的领导作用"①。米兰热情邀请严文郁参加即将在旧金山举行的美国图书馆协会年会。严文郁随即向教育部呈文,获教育部批准。

严文郁赴美前的准备工作有:他于 1947 年 1 月 11 日给卡尔·米兰写信,寄去了一个名为《国立罗斯福图书馆的宗旨与目标》的小册子,内容是有关国民政府设立国立罗斯福图书馆的意义和价值、发展方向等内容,印刷了有 1800 册。这份小册子的内容与严文郁在 1946 年 12 月 28 日写给美国《学校与社会》杂志社的信函内容大体一致。严文郁广泛致函国际各界宣传罗馆,寻求捐赠西文读物,为美国之行造势。

1947 年 5 月 20 日,严文郁从上海前往旧金山,于 6 月 6 日抵达。严文郁的美国西部之行主要目的是参加 6 月 29 日至 7 月 5 日美国图书馆协会在旧金山召开的年会。在年会上严文郁见到了许多美国图书馆界的名人,例如圣路易斯公共图书馆的查尔斯·H·康普顿、发行商

---

① 《布朗写给严文郁的信//严文郁留美事》,1946 年,重庆市档案馆藏,档号:0115-1-63。

H·W·威尔森、加州斯坦福大学图书馆的霍巴特·杨等人。这些人为他的征书活动提供了便利，美国西海岸的许多公共图书馆和大学图书馆、出版社、学术研究机构积极为国立罗斯福图书馆捐赠书籍，有些图书馆还欢迎严文郁到他们的复本书库里去亲自挑选，反映出美方对国立罗斯福图书馆的重视。不过这些捐赠大多数是一次性的，并非严文郁所希望的长期、稳定的捐赠关系。

旧金山年会结束后，严文郁到达华盛顿特区，以纽约市为中心，在美国东海岸地区活动了很长的时间。严文郁在美国国会图书馆及美国政府附属各图书馆考察，这些图书馆热诚地接待了严文郁，并捐赠了书籍。严文郁不少信件是以设在美国国会图书馆内美国图书馆协会办公室为临时地址发出的，也足见美方对严文郁的热情。美国政府同样如此，政府部门下设的图书馆均给予严文郁积极的支持。

基于与美国政府部门及美国图书馆协会的友好关系，严文郁对从美国图书中心收到的捐赠书籍中再次挑选一事仍抱有信心，他与附设于美国国会图书馆的美国图书中心的劳伦斯·J·基普（Laurence J. Kipp）商谈了此事，后者没有同意严文郁的想法，并写信给卡尔·萨奥尔解释，语言微有抱怨，此封信抄送给了严文郁。虽然严文郁从美国各大图书馆收获颇丰，但未能通过与美国政府官员及图书馆协会的良好关系从美国图书中心获得额外的利益。之后严文郁在与美国图书中心有关的书信中措词生硬，他建议美国各地图书馆捐赠的书刊尽量不通过美国图书中心邮寄到中国，而是通过关系友好的史密森学会（Smithsonian Institution）来完成。

拜访罗斯福家族，获取他们的支持是严文郁访美的重点工作之一。严文郁设计了一个有关国立罗斯福图书馆（准确的说是罗斯福图书馆纪念室）的方案。

罗斯福图书馆计划书
从罗斯福家族得到一些故总统的遗物和纪念物，带回中国展出于罗斯福纪念室（将寻求罗斯福夫人及其子女的帮助）。

获取故总统所著书籍和关于罗斯福总统的一切书籍，包括罗斯福新政和田纳西流域管理局的资料，语言不限。

对于故总统的文件和票据中之允许公开者制作影印件和缩微胶片。

获得罗斯福总统的录音资料，如与命运有约，以及罗斯福的故事的电影拷贝。

获得罗斯福任纽约州州长期间的重要文件，以及罗斯福任总统时期的联邦政府文件。

为建立有关国际关系、第二次世界大战、联合国，以及关于介绍美国的书籍等主题的特藏（联合国已经将本馆作为接收其出版物的馆藏地之一）。

安装有助于图书馆实施民众以及成人教育计划的设备，如电影书籍、缩微胶片记录仪、有声电影放映机、（盲人用）书籍录音带播放器、照相机、移动书车等。

通过写信给机构和个人，寻求其捐赠未使用之各种书籍，这些信件由罗斯福之朋友担任签署人。建立一个名为"美国国立罗斯福图书馆之友"的组织，设有执行委员会、主席及书记。①

在造访海德公园之前，严文郁还写信给华盛顿特区美国国家档案馆项目顾问奥利弗·W·福尔摩斯，请求美国国家档案馆将罗斯福图书馆列入邮寄名单，定期寄送出版物。他认为"既然海德公园的罗斯福图书馆附属于您所在机构，我们就有些关系了。我谨希望贵馆送给海德公园罗斯福图书馆的资料，也送一份给重庆罗斯福图

---

① 《罗斯福图书馆计划书//国立罗斯福图书馆有关用美汇、交际、谢函及捐赠书籍事（外文档案）》，时间不详，重庆市档案馆藏，档号：0115 - 1 - 64。

书馆"①。在赴美前，严文郁致信美国罗斯福图书馆，希望与埃莉诺·罗斯福夫人会晤。罗斯福夫人很快回信同意。

1947年9月7、8日严文郁两次参观了海德公园的罗斯福图书馆，8日会晤了罗斯福夫人。严文郁在给美国国务院远东地区编辑吉诺·卡斯特先生（Geno Karst）的信中称访问之事非常成功。

然而，事实并没有严文郁描述的那么成功，罗斯福家族只不过礼节性的通过纽约图像学会送给国立罗斯福图书馆一幅罗斯福总统的画像，仅此而已。回国以后，严文郁又多次写信给美国罗斯福图书馆馆长佛瑞德·沃尔多·希普曼先生、代理馆长埃德加·B·尼克松博士等人。1948年4月，严文郁在给希普曼的信中已经流露出寻求美国资金援助的想法，由于国民党在战场上的失败，通货膨胀严重，国民政府给国立罗馆的拨款实际购买力大大缩水，严文郁不得不改变初衷，积极向美方寻求资金援助。

严文郁还拟定了名为《国立罗斯福图书馆计划书：1948—1949》的计划，项目和预算如下：

（1）罗斯福纪念厅　　100000美元

可容纳500观众席的礼堂，有展柜的纪念室，100个座位的阅览室，供50000册藏书使用的书架。

（2）编辑和翻译罗斯福总统所著及有关他的著作。4000美元

（3）罗斯福总统所著书籍以及有关他、国际关系事务及战争的书籍。14000美元

（4）扩建图书馆设施、视听设备和材料

1. 巡回书车一辆及运输费用　　　　　　5000美元
2. 有声电影放音机及运输费用　　　　　800美元

---

① 《严文郁写给美国国家档案馆项目顾问奥利弗·W·福尔摩斯的信//国立罗斯福图书馆有关动用美汇、交际、谢函及捐赠书籍事（外文档案）》，1947年，重庆市档案馆藏，档号：0115-1-64。

  3. 缩微胶片阅读器及运输费用　　　　　　700 美元
  4. 纽约时报缩微胶卷　　　　　　　　　　3500 美元
  5. 伦敦泰晤士报缩微胶卷　　　　　　　　3500 美元
  6. 教育和教学胶片（包括 March of the Time 和大英百科全书）6000 美元
  总计　　　　137,000 美元①

  《国立罗斯福图书馆 1948—1949 年计划》是之前《罗斯福图书馆计划》的补充，内容已经由国立罗斯福图书馆的一个纪念室发展为单独的建筑：罗斯福纪念厅，从规模上已是一所专门图书馆的独立设计。严文郁应当是考虑将其作为国立罗斯福图书馆的一所分馆，其设想较之从前要扩充了很多，也具体了很多。由于经济状况迅速恶化，严文郁希望所有的费用均由美国方面承担，不过罗斯福纪念基金再无回复。

二　成为联合国文献收藏馆及宣传等活动

  基于国立罗斯福图书馆的办馆特色，严文郁希望该馆成为联合国文献的收藏图书馆之一。在赴美前，严文郁曾写信给联合国文献销售部表达了这个意思。联合国回信称：

> 您 1947 年 2 月 25 日的来信已经收到。我很抱歉，您所提到的将您的图书馆列入联合国出版品邮件名单的请求不能满足。然而我可以提供我们在中国的销售代表机构，上海湖南路 211 号的商务印书馆供您参考，那里所有的联合国出版品都可以获得。随函附上截止 1946 年 12 月 31 日联合国出版品的价

---

① 《严文郁写给罗斯福总统纪念基金主席小亨利·莫根索的信//国立罗斯福图书馆有关动用美汇、交际、谢函及捐赠书籍事（外文档案）》，1948 年，重庆市档案馆藏，档号：0115-1-64。

目表。①

严文郁继续写信给联合国文件销售处副主任瓦尔多·钱伯林及拉斯穆森博士等人,钱伯林等人称他们需要几周的时间考虑,"当对寄存图书馆作出决定时,我们将通过中国大使馆通知您"②。严文郁访美期间,拜访了成功湖的联合国组织,与拉斯穆森等人建立了友谊。联合国文件销售处经充分考虑,同意将罗馆作为联合国文献寄存馆。结合档案推断,这一决定的时间应形成于1947年8月至9月初。这一成果可以说是严文郁访美的最大收获之一。

严文郁与美国新闻界及出版界也保持着密切的往来,希望利用新闻界给予更多的宣传。这些机构包括新闻周刊杂志的欧内斯特·K·林德利(Ernest K. Lindley)、时代周刊公司的亨利·R·卢斯(Henry R. Luce)、维京出版社的弗朗西丝·珀金斯小姐(Frances Perkins)、罗素·塞奇基金会的胡林先生(Mr. Hurlin)等等。他与《时代周刊》卢斯的通信比较有代表性。

> 作为美国数个著名刊物的拥有者,以及曾几次受中国政府邀请(访问)的客人。我相信您一定听说过中国国立罗斯福图书馆的设立,所附小册阐述了它的宗旨和目的供您参考。
>
> 中国政府尽力帮助我们。但是我们图书馆是世界教育和学习机构的新手,我们期待您的帮助,特别是对于宣传工作,您可以很容易地帮我们的忙。我们确信除非美国的各类组织知道并关注这个在中国的图书馆的存在,我们是不可能等到帮助的。就资金而言,中国教育部给了我们相当多的经费。但是我们急缺美国的

---

① 《联合国 C·T·陈给严文郁的信//国立罗斯福图书馆外文档案》,1947年,重庆市档案馆藏,档号:0115 - 1 - 67。

② 《伊索贝尔·华勒斯写给严文郁的信//国立罗斯福图书馆外文档案》,1947年,重庆市档案馆藏,档号:0115 - 1 - 67。

期刊和书籍,我们手头的书籍差不多都是中文或日文的。相信您会对我们的请求给予关注,向您表示我们的深切感谢。①

1947年10月23日在写给卢斯的第二封信中称:"我们感谢你的鼓励和同情……国立罗斯福图书馆是一个政府机构,因此我们并不寻求国外的经济援助。但是由于缺少购书外汇,我们希望开展一个征募图书及设备的活动,这些您都可以提供帮助。本馆的名字可能并不受一些美国人的喜欢。但是它是一个文化和教育设施,而不是政治机构。那些对中国感兴趣以及致力于国际事务的人们会毫不犹豫的对本馆施以援手。您能在贵刊上对我们的工作做一些宣传吗?或者您觉得我可以联系哪些报社或杂志部寻求帮助呢。你的建议对我们是很有用的"②。

此外,严文郁向很多出版机构、政府机关、研究学会发出募捐函,这些机构既有美国华盛顿卡耐基、女童子军期刊公司等专业出版机构,也包括一些研究机构,如史密森学会、美国武装力量研究所、西点军校、美国华盛顿特区教育办公室、皇家国际事务研究所、世界和平基金会、美国俄罗斯研究所、国家小儿麻痹症基金会等等。这些机构大多都给予积极回应。他给卡耐基机构出版发行部去信,表达谢意。

严文郁就一些重要的,然而不易募得的图书和期刊向巴恩斯与诺贝尔公司、贝克与泰勒公司、H.W.威尔森公司、R.R.博克公司、F.W.法克森公司等出版机构订购,由设于纽约华尔街的中国银行支行国立罗斯福图书馆账户支付。以期刊为例,订阅有《基督教箴言报》《纽约时报》《纽约先驱论坛报》《哈珀杂志》《世界事务》《大西洋月刊》《科学美国人》《国民》等等。严文郁希望利用出版公司之间

---

①② 《严文郁写给时代公司亨利·卢斯的信//国立罗斯福图书馆有关动用美汇、交际、谢函及捐赠书籍事(外文档案)》,1947年,重庆市档案馆藏,档号:0115-1-64。

的商业竞争获得利益,他在给巴恩斯与诺贝尔公司的信中称"贝克和泰勒公司也为国立罗斯福图书馆提供同样的服务,并给予我们最优折扣。假如你方为我们提供良好快捷的服务,我们希望在未来把订单全部放在贵公司。我知道很多中国大学通过你们购书,并预先支付货款。因为我们在中国银行纽约支行有信用证,所以我们不能预先付款,银行在货物没有装运前不允许支付"①。

按照美方的安排,严文郁访美截止时间是1948年2月份。《纪实》说1947年11月国立中央图书馆馆长蒋复璁催促严文郁提前回国,进行国立罗斯福图书馆的正式筹备工作。其实更早时间,教育部于1947年10月已通知严文郁在1948年3月15日或更早时间返回中国,之后教育部应该又催促了一次。

美国图书馆协会获悉严文郁提前回国的申请后表示同意,美国国务院为严文郁预订了1947年12月27日由旧金山出发的克利夫兰总统号(S. S. President Cleveland)的舱位,严文郁于1948年1月22日回到上海,结束访美行程,历时八个月。

严文郁赴美宣传征书活动是民国晚期中美图书馆界一次重要的交流活动,带有浓厚的政治意味,但对于同时期中美外交大势而言,又是一次并不合拍的公务旅行。严文郁虽勤勉任事,努力为国立罗斯福图书馆争取利益,然而由于中美政府意见的分歧,美国政府及图书馆界均对这项政治工程失去兴趣,自然谈不上多少支持,而中国图书馆界除严文郁本人对此事极为热心外,图书馆界也并未形成一个整体性的态度。国民政府的态度消极,未进行大张旗鼓的对外宣传,也显示出国立罗斯福图书馆价值的降低。严文郁的勤奋工作虽取得了相当的成就,然而与中美政府整体交往趋势相违逆,其收效很有局限。

仅从事件史单纯地讨论这一问题是远远不够的,而笼统地以所谓

---

① 《严文郁写给巴恩斯与诺贝尔公司的信//国立罗斯福图书馆有关动用美汇、交际、谢函及捐赠书籍事(外文档案)》,1947年,重庆市档案馆藏,档号:0115-1-64。

"背景"来阐述这一事件的前因后果也存在诸多问题,比如会大大伸缩所讨论的范围,背景很少成为讨论重点等等。所以,我们引用年鉴学派的历史分析方法来讨论这一事件背后隐藏因素的内容,以及对这一事件所产生的影响。

年鉴学派有关"结构""局势""事件"相对应的长时段、中时段、短时段诸要素,学者们趋向于通过多个层次的观察面来探寻一个事件背后的隐藏原因,这些层面同等重要,而不是仅作为背景一笔带过。由于年鉴学派较为轻视"事件"的作用,认为"不要考虑短时段,不要相信最吵闹的演员才是最可靠的——还存在着其他的比较安静的演员"①。那么对于严文郁访美征书事这样一个"事件"分析来说,也具有矫正的价值。

年鉴学派所认为的"结构",是指长时间形成的,较为稳定不变的要素。例如地理环境、人种、语言、社会制度、意识形态等等。美国近代外交政策是建立在以贸易自由和商业双赢而不是以战争为目的的"汉密尔顿主义",以推销自由民主制度为目的的"威尔逊主义",以尽量保持克制、避免卷入海外纷争的"杰斐逊主义"等等思想原则为"结构"层面的基础,这是美国外交政策的基石。

而"局势"是指一些周期性的趋势,如经济发展、政治格局等等。"二战"结束以后,美国一枝独秀,苏联也在迅速崛起。美国全球外交战略发生改变,其核心是遏制苏联的扩张和共产主义在全球的蔓延,相应美国对华战略目标为:支持一个国民政府领导的,有中国共产党及国内主要党派参加的联合政府,这个联合政府要保持与美国的友好关系,排除共产主义思想在中国的领导地位,使中国成为遏制苏联扩张的一道屏障。美国的文化政策以及图书馆政策当然也服务于这一目的。

---

① [法]费尔南·布罗代尔著,刘北成、周立红译:《论历史》,北京大学出版社2009年版,第41页。

美国外交政策的重点在欧洲，在亚洲则尽量避免与苏联发生直接冲突。为了防止共产主义的蔓延，美国既对蒋介石国民政府加以扶持，但又不希望国共两党内战，避免被迫卷入与苏联的直接对抗。而蒋介石在接收美援以后，自信心膨胀，其领导的国民政府又拒绝美国提出的建立联合政府、容纳共产党的建议，必欲消灭之。蒋介石领导的国民政府在政治局势的变化上与美国二战后政治局势的变化相冲突，并与美国"结构"层面的美国外交政策相违逆，已不符合美国的外交利益，双方关系虽未公开破裂，然而已呈貌合神离之态。

从"事件"层面来看，二战期间，美国给予中国巨大援助，罗斯福总统不顾苏联和英国的反对邀请蒋介石参加开罗会议，给予中国与实力不符的大国地位，与美英苏三国并列，蒋介石感激涕零，多次表示要成为美国的忠实朋友。1945年4月，罗斯福总统突然辞世，蒋介石出于情感及政治联盟的考虑决定筹设国立罗斯福图书馆，因此这是一个政治需要的产物。

但是，国立罗斯福图书馆的筹设生不逢时，正处于中美政府从亲密无间的"蜜月期"到渐生嫌隙的"冷淡期"的转变过程。国立罗斯福图书馆筹设以后很快就变成了"鸡肋"工程，已经不符合中美关系的大势发展，国民政府既不好撤销它，也不愿继续推进其建设，其久筹而未立很能说明问题①。此次访美征书活动，国民政府对此并不热心，除严文郁自行联系的新闻报道外，几乎未见任何官方层面的宣传活动。与1940年底为庆祝罗斯福第三次连任美国总统，国民政府外交部长王宠惠专门请名家张书旂绘制《百鸽图》，并召开盛大欢送仪式，由专机飞剪号在罗斯福宣誓就职前送往美国白宫之事件形成鲜明对比。

1948年国民党政权在战场上的大溃败使美国政府对于蒋介石政权的腐败无能彻底丧失信心，从"扶蒋反共"提供军事财政支持到急欲

---

① 注：严文郁在信中提到国立罗斯福图书馆成立的第一次日期是在1947年4月12日，也就是罗斯福总统去世两周年的时间，以后在档案中又曾数次提到新的日期。

从中国抽身，听任蒋介石政权的自生自灭，严文郁赴美征书事件正好发生在美国对华政策的"局势"转变的调整期。大洋彼岸的美国政府及图书馆界虽然对严文郁的访问热情有加，但支持是有限度的，并未全力投入。如果说一个久筹不立的国立图书馆代表了中国政府对此事的态度，那么有政府背景的美国罗斯福图书馆的消极敷衍也间接地代表了美国政府的态度。从1948年起，美国对华文化项目均出现中止或结束的情况，如中美政府拟定的庞大的图书馆员教育项目《拟援美国福布莱特法案请求资助在中国组织图书馆研究会或讲习会建议书》仅停留在纸面阶段①，福布莱特所提供的中美学者交流在1949年中止等等，均与中美外交的政治背景相关联。

第五节　国立罗斯福图书馆的历史评价

国立罗斯福图书馆是20世纪40年代国民政府为纪念美国故总统罗斯福建设的一个国立图书馆，具有浓厚的政治色彩，因此政治需要遽尔耀眼，也因此政治变动而逐渐暗淡。罗斯福图书馆多次申请成立均未获通过，朱家骅曾欲手令罗斯福图书馆成立，因遭遇阻力而放弃。严文郁还为此转托友人从政立两院促成成立，未有结果。面对一个早有成立之实的图书馆，国民政府却迟迟不准予成立，一方面固然是因为国民政府在战场上节节败退已无心于国内文化教育事业；另一方面，中美关系转冷，作为中美关系形象工程的罗斯福图书馆必然面临尴尬的境地，久筹未立便是其中之一。1947年严文郁赴美征书，在美期间曾拜访罗斯福夫人，并寻求罗斯福家族的支持，然而除得到罗斯福总统的肖像外并没有更多的收获；之后严文郁向美国基金会申请款项筹

---

① 《拟援美国福布莱法案请求资助在中国组织图书馆研究会或讲习会建议书》，1947或1948，中国第二历史档案馆藏，档案号：1342。此为国民政府教育部档案，文中未明确日期，但所用稿纸左下角有1947.11.20000. 瑞，稿纸中缝印有教育部字样，很有可能说明该稿纸批量印刷于1947年11月，因此该文应形成于1947年年底或1948年。

建罗斯福纪念厅的努力也无果而终。美国图书馆界倒是给予罗斯福图书馆以帮助，最终募得西书五千余册。尽管罗斯福图书馆在国内外当局遇冷，然而相较于同时期筹建的国立西安图书馆，罗斯福图书馆所得到的资金、物资、馆舍方面的支持要远优于国立西安图书馆。（国立西安图书馆）由于经费问题迟迟不能解决，筹委会成立后长达10个多月无所事事，直到1947年的12月，才"租定民房数间"为临时馆舍①。对于筹建西安图书馆，国民党中央教育部原先拟拨10亿法币修建费。后筹委会因物价飞涨，电告教育部申请50亿法币的修建、设备费，但未见答复，甚至连答应的10亿也未能拨陕。筹委会及陕西省教育厅多次去电或去人，到底未能使教育部践诺②。到1949年初国立西安图书馆筹备委员会就自动解散了。国立罗斯福图书馆虽然面临经费紧张问题，国民政府仍愿意勉强维持，说明国民政府仍在一定程度地予以重视。

然而作为民国时期五所国立图书馆之一，抛开政治因素，罗斯福图书馆的筹建反映了国民政府对社会教育的重视程度，也符合图书馆界的呼吁。1945年中华图书馆协会就向教育部呈请恢复西北图书馆并增设国立图书馆，"我国国立图书馆，现仅北平与中央两所，本会以图书馆之建设对于专门学术研究与一般社会教育均有莫大帮助，而惟有国立图书馆始可具较大规模，收较大成效，故有呈请教育部于西北、东北、西南、东南、及华中各区分别增设国立图书馆，以促进学术研究，提高教育水准"③。罗斯福图书馆选址重庆也满足图书馆界对于国立图书馆均衡布局的思想。国民政府在同时期恢复西北图书馆、筹建西安图书馆反应了国民政府重视图书馆在社会教育上的作用，设置三所国立图书馆以提升西南、西北地区文化教育状况。

---

①② 杨玉麟：《"国立西安图书馆"筹建始末初考》，《西北大学学报（哲学社会科学版）》1994年第3期。

③ 《本会呈请教部恢复西北圕并增设国立圕》，《中华图书馆协会会报》1945年第4—6期（合刊）。

罗斯福图书馆最初定位为纪念性质的图书馆，兼具普通国立图书馆的其他职能。之后由于政治变化，以及国民政府日益困窘的财政状况，罗斯福图书馆并未能实现最初设定的馆藏方向，其馆藏建设也就失去了特色，与一般国立图书馆并无二致。从罗斯福图书馆馆务工作，可见国民政府对于民众教育的指导方针，所采取的措施。从抗战时期开始，国民政府就颇为注重民众教育的问题，认为民众教育的好坏是中国未来发展的关键，而社会教育又是民众教育的重要形式。这个教育形式是需要依托图书馆、民众教育馆来实现的。罗斯福图书馆在贯彻教育部政策的过程中，也颇为注重民众教育工作的进展。因此，国立罗斯福图书馆又可以说是民国晚期国民政府开展民众教育活动的一个重要范例。

第四章

民国时期四川地区基层图书馆研究

民国时期是我国近代图书馆事业发展的重要时期，省一市一县一乡镇共同构成的公共图书馆体系初步形成，县市及以下的基层图书馆是公共图书馆的构成主体。基层图书馆作为社会教育机构，在启迪民智、发扬文化、塑造新民的过程中，发挥了重要作用。民国时期，四川地区[①]县市及以下的基层图书馆获得了极大的发展，特别是抗战时期，四川地区基层图书馆成了全国基层图书馆的中坚力量。民国时期四川作为抗战大后方的特殊地位，使四川地区基层图书馆既有全国基层图书馆发展的共性，又具有自己独特的个性。因此，本章选取民国

---

① 这里所指的"四川地区"包括今天的四川省和重庆市所辖区域，共计149个县和自贡市、嘉陵江三峡乡村建设实验区（北碚管理局）151个单位。具体名称如下：温江、成都、华阳、灌县、新都、崇庆、新津、郫县、双流、彭县、新繁、崇宁、资中、资阳、内江、荣县、仁寿、简阳、威远、井研、永川、巴县、江津、江北、合川、荣昌、綦江、大足、璧山、铜梁、眉山、蒲江、邛崃、大邑、彭山、洪雅、夹江、青神、丹棱、乐山、屏山、马边、峨边、雷波、犍为、峨眉、宜宾、南溪、庆符、江安、兴文、珙县、高县、筠连、长宁、泸县、隆昌、富顺、叙永、合江、纳溪、古蔺、古宋、酉阳、涪陵、鄂都、南川、彭水、黔江、秀山、石柱、万县、奉节、开县、忠县、巫山、巫溪、云阳、城口、大竹、渠县、广安、邻水、梁山、垫江、长寿、南充、岳池、蓬安、营山、南部、武胜、西充、仪陇、遂宁、安岳、中江、三台、潼南、蓬溪、乐至、射洪、盐亭、绵阳、绵竹、广汉、安县、德阳、什邡、金堂、梓潼、罗江、剑阁、苍溪、广元、江油、阆中、昭化、彰明、北川、平武、达县、巴中、开江、宣汉、万源、通江、南江、茂县、理县、懋功、松潘、汶川、靖化、雅安、名山、芦山、宝兴、天全、荥经、汉源、西昌、会理、盐源、越巂、冕宁、昭觉、宁南、盐边、自贡市、嘉陵江三峡乡村建设实验区（北碚管理局）。

时期四川地区基层图书馆进行分析。这里所指的基层图书馆主要是县市及以下的公共图书馆，包括县级图书馆、乡镇图书馆、民众教育馆中的图书室（部），其中县级图书馆（含民众教育馆中的图书室）是基层图书馆的主体，通常它们都具有免费向公众开放、一般由县（市）教育局统辖、经费多由县（市）财政列支、馆址通常设在县城内、服务范围主要在县城城区及附近乡镇等几个特点。

第一节 民国时期四川地区基层图书馆档案概况

有关民国时期基层图书馆的档案是我们深入研究当时基层图书馆的第一手资料，通过查阅《全国民国档案通览》、四川省档案馆和四川大学西南文献中心馆藏档案、重庆市档案馆馆藏档案，整理出民国时期四川地区基层图书馆的档案概况如下：

一 民国时期四川基层图书馆档案的形成和分布

关于民国时期四川地区基层图书馆的档案资料，以抗战时期的档案居多。这一方面是因为抗战时期国民政府迁都重庆以及大量文化机构内迁，使四川地区基层图书馆获得了极大的发展，另一方面也因为四川地区受战火的直接侵袭相对较少，使大量的档案资料得以较为完整地保存下来。从档案的"地域"分布来看，目前收集到的关于民国时期四川地区基层图书馆的档案，主要保存在重庆市档案馆、重庆市万州区档案馆、重庆市璧山区档案馆、四川省档案馆、四川省江油市档案馆、三台县档案馆、长宁县档案馆以及四川大学西南文献中心。

从档案的"全宗"分布来看，四川省档案馆中没有民国时期四川基层图书馆的档案全宗，其馆藏档案中关于民国时期四川基层图书馆的档案分散在"四川省政府秘书处（全宗号：民041）、四川省人事处

（全宗号：民 042）、四川省财政厅（全宗号：民 059）和四川省教育厅（全宗号：民 107）"等全宗下。重庆市档案馆所藏的关于北碚图书馆等四川基层图书馆的档案也主要分布在"北碚管理局（全宗号：0081）"全宗下。重庆市万州区档案馆有 1 个"万县公立通俗图书馆（全宗号：0150）"全宗，共有档案 10 卷。重庆市璧山区档案馆有 1 个"璧山县政府图书馆（全宗号：0006）"全宗，共有档案 2 卷。

总体而言，关于民国时期四川地区基层图书馆的档案资料地域分布较为集中，主要保存在现在的四川和重庆。全宗分布则较为分散，有图书馆全宗的较少，大多分散在教育、文化、人事等全宗。

二 民国时期四川基层图书馆档案的主要内容

虽然关于民国时期四川基层图书馆的档案全宗分布较为零散，但它涉及的内容却较为丰富，包括中央和地方政府颁布的关于基层图书馆建设的法律法规、基层图书馆自行制定的规章制度以及基层图书馆的组织机构、馆藏建设、人事管理、经费收支等内部管理及运行情况等。如四川省档案馆藏"四川省人事处（全宗号：民 042）"收录了四川省教育厅呈请委任双流县、江安县、万县、犍为县、丰都县、广汉县、垫江县、璧山县、郫县、威远县、崇庆县等县立图书馆馆长的签呈正本。

重庆市万州区档案馆藏"万县公立通俗图书馆（全宗号：0150）"收录了万县公立通俗图书馆开馆和迁址的文件，图书馆组织大纲、细则，职员履历概略，馆藏书室、阅览室规则及标语，有关图书馆购书、经费预算的文件等。重庆市档案馆藏"北碚管理局（全宗号：0081）"收录了北碚图书馆概况、北碚图书馆理事会、北碚图书馆联合会、北碚图书馆借阅规则、北碚图书馆购书及馆藏情况、北碚图书馆人员聘用考核及薪金情况、北碚图书馆经费收支情况、北碚图书馆读书会及巡回文库情况、北碚图书馆与其他图书馆的馆际互借交换情况等文件。

四川大学西南文献中心藏"璧山县图书馆档案馆"全宗，收录璧山县立图书馆的筹备情况，璧山县立图书馆章程、借书规则，璧山县立图书馆的业务范围，巡回文库设置情况，璧山县图书馆的经费开支，璧山县图书馆员工食谷及眷属米津的相关规定等文件。

抗战时期，不少基层图书馆与民众教育馆合并成为民教馆中的图书室（部），因此民教馆的档案中也能反映出图书馆的建设情况。如：四川大学西南文献中心藏"邻水县民众教育馆"全宗，涉及的内容有邻水县民众教育馆的图书杂志购置情况及馆藏书目、图书损失情况等。

三 民国时期四川基层图书馆档案的价值

基层图书馆是我国近代图书馆事业必不可少的组成部分，是反映近代图书馆事业全貌的重要元素，但目前学术界对基层图书馆特别是四川等内陆地区基层图书馆的研究较为薄弱，对基层图书馆的管理与运行、县级图书馆与其他图书馆及文化机构的关系、县级图书馆社会功能的发挥等问题较少涉及。目前学术界关于民国时期图书馆事业的研究，在资料收集与利用方面，主要依赖于报刊、图书、论文、文集和纪念册等公开出版的文献资料，对档案资料关注收集不够，利用较少，因此较难对基层图书馆进行深入的研究。目前收集到的关于民国时期四川地区基层图书馆的这些档案，既扩充了史料来源，又丰富了基层图书馆的研究内容，为我们还原民国时期四川地区基层图书馆的真实状况、深化对基层图书馆的研究奠定了基础。

民国时期是中国现代化进程中的重要历史阶段，这一阶段各种关于现代化的理论不断涌现，关于现代化的实践也在不停进行，直到今天，中国仍然走在实现现代化的路上。现代化的核心是"人"，图书馆现代化的过程正是不断完善和培养"人"的过程，是推动"人"的现代化的过程。图书馆作为社会的产物，它的发展与支撑它的文化组织结构和价值体系密切联系。支撑公共图书馆发展的价值体系正是

"民主"思想。以公共图书馆体系中的基层图书馆为切入点,利用收集到的关于四川地区基层图书馆的档案资料,可以较为清晰地看到民国时期四川基层图书馆的馆务活动及其参与地方事务的情况,展示四川基层图书馆与其他图书馆、文化机构的关系,从而分析基层图书馆在民国时期地方自治中扮演了怎样的角色,在实施社会教育、提高公民素质等方面发挥了怎样的作用,在协调、处理、吸纳世界文化与保存地方文化方面做了哪些努力,揭示基层图书馆与地方社会现代化改造的关系,从一个侧面展现中国的现代化发展历程,进而深化对中国近现代史的研究。

第二节　民国时期四川地区基层图书馆兴起的原因

民国时期,四川地区基层图书馆经历了从无到有、从萌芽到兴盛再到衰落的发展过程。四川地区基层图书馆的兴起和发展既受当时整个中国政治、社会及图书馆事业发展水平等大环境的影响,又受当时四川地区政治格局、社会治理、思想文化风气等地域因素的制约。

一　清末"救亡图存"系列运动,成为近代西方图书馆观念传入中国的有效载体

1840年鸦片战争,西方国家用坚船利炮打开了清政府的大门。清政府为"救亡图存"实行了"洋务运动"。洋务运动虽然以学习和引进西方先进的科学技术、创办新式工业、编练建设新式海军及陆军等为中心,但客观上为中国的士大夫接触国外的图书馆和图书馆观念提供了机会。1895年甲午中日战争以清政府惨败告终,宣告了洋务运动的破产,使当时的有识之士认识到只有变法图强才能救中国。以康有为、梁启超为代表的知识分子发起了维新变法运动,主张从振兴教育、

作育人材、开通民智入手变法，将发展公共图书馆作为强国利民的重要举措。1895 年康有为上书清帝"请大开便殿，广陈图书"①。

1899 年，梁启超在《清议报》17 期上摘译刊载《论图书馆为开进文化一大机关》一文，指出图书馆有"八利"，即"使学校青年得辅助知识，使不受学校教育之青年得知识，储藏宏富得备参考之利，使阅览者随意研究事物，有供人顷刻间查数事物，使人皆得用贵重图书，可使阅览者得速知地球各国近况，以及有不知不觉养成人才"②，再一次强调了图书馆辅助教育的作用。

甲午中日战争战败后，清政府开始推行改革，实施清末新政。新政中一个重要内容是实行新的学制，新学制中对图书馆建设有明确的规定。1902 年（光绪 28 年），清政府颁布《钦定学堂章程》，提出了新的学制，首次用到"图书馆"一词。1903 年（光绪 29 年），清政府颁布《奏定学堂章程》，对各类学堂设立图书馆及图书馆的职责等都有较为具体的规定。如《大学堂章程》"屋场图书器具章"中规定，"大学堂当附设图书馆一所，广罗中外古今各种图书，以资考证。《高等学堂章程》规定，各种学堂应设图书室，设掌书官，掌一切图书仪器等项"③。

1905 年，清政府为了"预备立宪"，派出以载泽、端方、戴鸿慈为首的"五大臣"出洋"考察政治"。虽然他们的使命主要是考察宪政，但他们对西方的教育也用心考察研究。考察后他们认为图书馆是西方导民的良方，向清政府上折，提倡举办图书馆，指出"图书馆、博物馆、万牲园、公园四端，皆关乎民众智力与情趣的陶冶"④。

1906 年（光绪 32 年），学部拟定官制职守，学部下设总务司、专

---

①④　赖德霖：《一种公民建筑的产生：晚清和民国早期中国图书馆话语与实践》，《中央研究院近代史研究所集刊》2014 年第 6 期。

②　《论图书馆为开进文化一大机关》（译自太阳报第 9 号），《清议报》1899 年第 17 期。

③　程焕文：《晚清图书馆学术思想史》，北京图书馆出版社 2004 年版，第 218—219 页。

门司等五司，图书馆相关事务归专门司下的专门庶务科办理。同时，学部又拟定了《各省学务详细官制及办事权限章程》，改学务处为学务公所。学务公所负责管理图书馆、博物馆等事务，从而明确了图书馆的管理机构。

1906年，清政府宣布预备立宪。预备立宪的筹备事宜中有"颁布图书馆章程、京师开办图书馆、行各省一律开办图书馆的计划"①。1909年，清政府颁布《京师及各省图书馆通行章程》，对图书馆的宗旨、经费筹拨、人员设置、藏书管理、阅览等方面进行了规定，以规范全国的图书馆管理。

1911年，清政府被推翻，清朝救亡图存的幻想破灭，但清政府采取的系列改革措施，成为西方近代图书馆观念在中国传播的有效途径，有力地推动了西方近代图书馆观念被政府和社会精英所接受。

二　民国时期，培养"新民"的需要，推动了近代图书馆的发展

1912年1月1日，孙中山宣誓就职中华民国临时大总统，中华民国正式成立。1928年，"东北易帜"，北伐战争结束，中国实现了形式上的统一。国民政府从"军政"进入"训政"时期。"训政"是孙中山政治现代化三步曲中的重要一步②，是南京国民政府建设现代化国家的政治基础。"训政"时期的主要任务是"其人民皆受四权使用之训练，而完毕其国民之义务，誓行革命之主义"，同时发展经济并进行社会建设。要完成"训政"的任务，"需要动员民众支持政府的政治目标，进而对基层社会进行现代化改造，以建立新的社会秩序"③。如何训练民众，塑造民众，使之养成现代观念和习惯，使之合乎现代文明国家的要求，当时的知识分子和国民政府都认为社会教育是一种

---

①　程焕文：《晚清图书馆学术思想史》，北京图书馆出版社2004年版，第220页。
②　郭海龙：《训政的演化及其当代价值》，《华侨大学学报》（哲学社会科学版）2014年第1期。
③　朱煜：《民众教育馆与基层社会现代改造（1928—1937）——以江苏为中心》，社会科学文献出版社2012年版，第31页。

有效的手段。图书馆作为社会教育的一个重要载体和场所,越来越受到知识分子和国民政府的重视,进而获得极大的发展。

1918年沈祖荣指出:"学校外之教育机关甚多,其性质属于根本的,其效果属于永远的,莫如图书馆。图书馆之性质,不在培养一二学者,而在教育千万国民,不在考求精深之学理,而在普及国民教育"①。1924年杜定友在《图书馆通论》一书中,从德育、智育、体育、美育和合群五个方面详细论述了图书馆在培育现代国民中的作用。杜定友指出,"凡足以辅助人生,提高生活之方法,均可谓之教育。此最近教育之定义也"②。

图书馆对读者的影响不仅在于以馆藏育人,还在于以建筑、环境和服务来培养读者的公民意识和共和精神。杜定友指出,"处今共和政治之下,国民尤贵有共和心理,尽去其阶级思想。观乎图书馆之招待阅者也,无贵贱、无老幼、无男女、无主仆之别,而皆一视同仁。对于书籍之收贮也,亦无中外、无古今之别,惟择其善者而藏之,此种精神,实为共和之真谛。阅者于馆中感受此种共和精神,则其思想学识,日为图书所涵养,而日趋于高尚,养成共和国民之资格"③。

1928年5月,"第一次全国教育会议决议通过《实施民众教育及社会教育案》,决定实行民众教育"④。南京国民政府对民众教育地位的充分肯定,使图书馆、民众教育馆等社会教育机构迅速发展起来。

三 近代西方思想文化在四川基层社会的广泛传播,为四川地区基层图书馆的兴起奠定了思想文化基础

1901年清政府宣布实施"新政",提出"废科举、兴学校",近

---

① 沈祖荣:《中国全国图书馆调查表》,载丁道凡《中国图书馆界先驱沈祖荣先生文集》,杭州大学出版社1991年版,第1页。
②③ 杜定友:《图书馆通论》,商务印书馆1925年版,第2—3、23页。
④ 朱煜:《民众教育馆与基层社会现代改造(1928—1937)——以江苏为中心》,社会科学文献出版社2012年版,第32页。

代新式学堂在四川逐步建立起来。1901—1911年10年间,四川各级兴办新式学堂形成了高潮。先后开办了"尊经书院、川南泸州师范学堂、巴县丰盛小学堂等。据统计,1907年四川有各类学堂7775所,居全国第二位;有学生44.2万人,居全国之首"①。新式学堂除传授传统的旧学内容外,普遍都增设了物理、化学、农业等西方自然科学类课程及外语等人文学科的教学课程,传播了西方的一些社会政治知识,促进了西方近代思想文化在四川地区的传播。

同时,清末民初随着石印、铅印等西方先进印刷技术在四川地区得到使用与推广,四川先后创办了成都图书局、泸州开智书局、开县文伦书局等新型印刷出版机构。民国时期,"石印发展到四川多数县,较大的县城已经有铅印"②。四川各县都出现了一些著名的印刷厂,如泸县印刷机关、顺庆(今南充)嘉陵印刷公司、万县石琴印刷公司、叙府(今宜宾)大同印刷公司、潼川(今三台)新民印刷公司、资州(今资中)昌明印刷公司、遂宁边防军印刷厂、绥定(今达县)合记铅石印公司、合州(今合川)民福印刷公司、广安新宾铅石印公司、嘉定(今乐山)三五书店、渠县平民教养工厂印刷部、岳池中兴铅石印社、云阳怡云书馆、绵州(今绵阳)大陆印刷馆、康定西康印刷局等③。新型印刷机构的发展,大幅提升了四川出版业的生产能力,增加了四川地区各类出版物的种类和数量,出版内容也从传统的经、史、子、集扩展到对西方各种科学文化知识的介绍。四川地区出版业的繁荣发展,扩大了西方近代思想文化的传播范围,使民族独立、民主自由等西方近代思想为更多四川人接受,为基层图书馆的兴起奠定了思想文化基础,同时也为基层图书馆的建立提供了丰富的藏书资源。

---

① 王治国、《当代四川》丛书编辑部编:《新编四川概览》,四川科学技术出版社1999年版,第18页。

② 颜菊思:《四川近现代图书出版史研究(1840—1949)》,硕士学位论文,西南交通大学,2012年版,第77页。

③ 四川省地方志编撰委员会:《四川省志·出版志》,四川人民出版社2001年版,第465页。

四　图书馆相关法律制度的完善，为四川地区基层图书馆的发展提供了制度保障

1909 年，清政府颁布了《京师及各省图书馆通行章程》，这是我国第一部图书馆专门法，该章程对京师及各省图书馆的设置、名称、地址、藏书、开放时间、经费筹措等都进行了规定，为我国近代图书馆事业发展提供了制度保障，此后我国图书馆事业开始不断发展壮大。民国时期，政府先后颁布了《通俗图书馆规程》《图书馆规程》《图书馆条例》《修正图书馆规程》《图书馆工作大纲》《图书馆辅导各地社会教育机关图书教育办法大纲》《各级学校及各机关团体设置图书馆室供应民众阅览办法》《县、市立图书馆设置巡回文库办法》《图书馆工作实施办法》《普及全国图书教育办法》等十余部关于图书馆的专门法律法规，这些法规对"县市及以下图书馆的设置、职责、管理、组织机构、业务范围、标准规范等内容进行了规定"①，为基层图书馆的建立和发展提供了法律依据。同时，四川地方政府积极落实国家关于县市图书馆的法律法规。1941 年 2 月教育部颁布《普及全国图书馆教育暂行办法》后，四川省政府令"各县市自 31 年度（1942）起，在地方预算内，增列图书馆经费科目，予以单独设立图书馆"②，进一步促进了四川地区基层图书馆的发展。

五　地方自治，为四川地区基层图书馆的发展提供了官方支持

南京国民政府成立之初，便声称谨遵总理"唤起民众"遗嘱，宣布"训政"时期开始，并确定了地方自治为训政时期的"要政"。南京国民政府为推行地方自治颁布了一系列自治法规，如 1928 年 9 月公布的《县组织法》《乡镇自治施行法》《区自治施行法》等，试图构

---

① 吴澍时：《民国时期县市图书馆政策法规研究》，《图书馆》2017 年第 8 期。
② 任家乐：《清末民国四川图书馆事业研究》，博士学位论文，四川大学，2013 年，第 61 页。

建完备的地方自治制度，南京国民政府甚至对地方自治的施行时间和具体事务都进行了详细规划。1929年制定的《训政时期完成县自治实施方案分年进行程序表》，指出地方自治以6年为期，涉及内容十分广泛，除军政、外交、司法等方面外，凡是地方上的事务几乎都包括在内。然而国民政府推行的地方自治并没能在各地得到充分贯彻实施。1930年11月，国民党三届四中全会的政治报告指出，"除河北、河南、宁夏等十省未有报告外，其他各省的地方自治推行因财政困窘、地方纷乱等原因，致自治事务，同时停顿"[1]。

四川地处西部偏远地区，中央政府对四川地区的管控一直较为松散。清朝被推翻后，地方军阀兴起，大小军阀各霸一方，各自为政，四川进入军阀混战时期。北伐胜利时，四川军阀为保住自己在四川的地位，口头上拥护国民党，形式上接受国民党的部队编制，实际上却各自为政。四川各军阀间经过多次战争最终形成了川东地区由刘湘、杨森军队把持，川西由邓锡侯军队控制，川南和川西北分别由刘文辉、田颂尧的军队掌控的局面，他们各自占据相邻的几个县，并把这些县连成一片，构成"防区"，对四川进行分治。刘湘、刘文辉、杨森、邓锡侯、田颂尧5人在各自防区内拥有至高无上的权力，对于中央政府下达的命令往往置若罔闻。他们为了维护自身的统治、彰显自己的功绩，纷纷采取了一系列措施加强经济、社会、文化教育事业的建设。1929年3月，四川正式成立省政府，但仍实行防区制，县政改组由各驻军负责实施。在国民政府"地方自治"旗号下，四川逐步被纳入中央的管控范围，中央权力通过县政改组开始艰难地向传统地方主义势力强大的四川地区渗透。川内各县政府的改组工作，大多完成于1930年7月—12月间。四川各县政府成立后，因行政权力有限，其施政范围主要在教育、实业、市政、交通及社会文化事业，施政收获主要体

---

[1] 徐振岐：《国家权力重构视角下的南京国民政府地方自治》，《北方论丛》2016年第4期。

现在公路兴建与市镇建设、教育事业的改进等方面，出现了"开办地方杂志、编纂地方史志及倡修公园、图书馆、体育场之新气象"①。

防区制的实行和县政改革为四川地区基层图书馆的发展提供了相对稳定的社会环境，同时也使四川地区基层图书馆的建设得到了官方力量的支持，极大地促进了四川地区基层图书馆的发展。

六 地方知识精英积极参与图书馆建设，推动了四川地区基层图书馆事业的发展

清末民初兴起的"地方自治"运动，试图通过地方"参与政治"，来改造中国传统的政治组织，重新构建国家与地方社会权力之间的关系。但由于历史条件和政治基础的限制，这场运动没有获得成功，以士绅为主体的地方精英仍然掌握着广大农村社会控制权②。

南京国民政府时期，希望通过实施县制改革来推进地方自治，通过推进地方自治来加强对基层社会的控制，国家权力进一步向基层渗透，削弱了以士绅为主体的地方精英的权力，接受了西方民主共和思想洗礼、受过现代教育训练的知识精英开始成为地方建设的引领者。

知识精英热心地方公益事业、支持地方自治，主张通过民众教育培养民主、自觉、自律的公民意识，完成对社会的改造，希望建立一个不同于庙宇、茶馆等传统公共空间的新的公共空间。新的公共空间突破了原有的家庭及阶层的限制③，着眼于培养民主、自觉、自律的公民意识。图书馆因其自身具有的免费、开放、平等的特点，符合现代社会价值观念的需要，自然成为地方知识精英选择的对民众进行社会教育的重要机构，积极参与基层图书馆建设。

---

① 王春英：《民国时期的县级行政权力与地方社会控制：以1928—1949年川康地区县政整改为例》，博士学位论文，四川大学，2004年，第47页。
② 王春英：《民国时期的县级行政权力与地方社会控制：以1928—1949年川康地区县政整改为例》，博士学位论文，四川大学，2004年，第120、133页。
③ 许欢：《我国公共阅读空间的建立与现代图书馆发展研究》，《图书馆建设》2010年第1期。

对民国时期四川乡村建设做出重要贡献的卢作孚先生，他作为既受过中国传统私塾教育又受过近代西方教育的知识分子，参与了四川多所基层图书馆的建设。1921年，时任永宁道教育科长的卢作孚倡导，募捐3000余元购置图书，拆修白塔街治平寺下殿建了泸县图书馆。1924年，卢作孚在杨森的支持下在成都开办了通俗教育馆，并在通俗教育馆中建起了图书馆。卢作孚对基层图书馆建设的最大贡献当属他创办和经营的北碚图书馆。他在北碚进行乡村建设实践时就是把图书馆作为养成"新的社会生活"的良好场所，在创办和经营北碚图书馆的过程中深受其主张的"新的集团生活"思想的影响，认为图书馆是养成这种"新的社会生活"的良好场所[①]。

第三节 民国时期四川地区基层图书馆发展概况

民国时期，四川地区基层图书馆的发展跟随着全国图书馆事业发展变化大局和四川地区图书馆事业发展进程而发展变化，经历了从萌芽到兴盛再到衰落的过程，同时由于基层各地的经济、社会、文化等发展水平的不同而呈现出差异性。

按照中国历史进程中重大历史事件和对四川地区政治格局演变产生巨大影响的重要时间点，对民国时期四川地区县级图书馆的发展阶段进行划分，可将其分为三个阶段：一是兴起阶段，以1912年四川地区第一个县级图书馆石柱县图书馆成立为起点，至1925年北伐战争前夕结束；二是发展壮大阶段，从1926年北伐战争开始至1945年抗日战争胜利为止；三是萎缩衰落阶段，1946年国民政府迁回南京至1949年中华人民共和国成立止。

---

① 任家乐：《清末民国四川图书馆事业研究》，博士学位论文，四川大学，2013年，第163页。

一 兴起阶段（1912年—1925年）

1912年成立的石柱县图书馆是四川地区第一个成立的县级图书馆，标志着四川地区县级图书馆的诞生，在四川地区基层图书馆发展史上具有标志性意义。据记载，"民国初年，陈沛斋在（石柱县）县城线子市创建县图书馆，馆内藏书有《二十四史》《四部丛书》等图书共2702册。馆内无阅览设施，可凭据借阅"①。1912年至1921年，近10年间四川地区基层图书馆的发展几乎处于停滞状态，没有建立一个独立建制的县级图书馆，只有1919年成立了1个江油县通俗教育馆阅览室。任家乐认为，"1912年至1920年期间，四川地区不论学校图书馆还是公共图书馆的建立都显得相当萧条，是因为当1912年清帝退位，清朝统治结束后，中国近代第一次建馆高潮因为失去政府的积极参与而进入相对低谷"②。1912至1925年期间，四川地区由于军阀混战，影响了地区政治经济的稳定发展，因此基层图书馆的建立呈零星之势，仅建立了石柱县图书馆（1912年）、江油县通俗教育馆阅览室（1919年）、南充县图书馆（1921年）、泸县图书馆（又名白塔寺图书馆）（1921年）、绵阳图书馆（1922年）、璧山县公立通俗图书馆（1922年）、富顺县图书馆（1922年）、铜梁县立图书馆（1924年）、巴中县通俗图书馆（1924年）、彰明县图书馆（1925年）、大竹县立图书馆（1925年）等11个基层图书馆。

二 发展壮大阶段（1926年—1945年）

1926年北伐战争开始，四川军阀为求自保，纷纷表示承认国民政府，同意军队易帜改编，从此四川在形式上归属于国民政府统辖。蒋介石以国民革命军总司令的名义，先后任命刘湘、杨森、邓锡侯、刘

---

① 石柱县志编纂委员会：《石柱县志》，四川辞书出版社1994年版，第533页。
② 任家乐：《清末民国四川图书馆事业研究》，博士学位论文，四川大学，2013年，第48页。

文辉、田颂尧等为国民革命军的军长,仍统率原部。各防区间虽然"互相敌视,有如异国",但在各自的防区内为了维护自身的统治、彰显自己的功绩,纷纷采取了一系列措施加强经济、社会、文化教育事业的建设。同时,国民政府以推进地方自治的名义,大力实施县政改革。四川地区的县政改革虽然是由各防区驻军主导实施,但各县政府的改组工作大多都在1930年至1931年间完成。各县政府成立后,因权力有限,其施政范围主要侧重于教育、市政、社会文化建设等方面。防区制的实行和县政改革为基层图书馆的发展提供了相对稳定的社会环境,也使图书馆的建设得到官方力量的支持,因此1926年至1931年,四川地区的基层图书馆进入快速发展时期,这一时期每年至少成立8个以上的基层图书馆。

1926—1931年期间,成立了万县公立图书馆（1926年）、温江县图书馆（1926年）、资中县图书馆（1926年）、渠县图书馆（1926年）、武胜县通俗图书馆（1926年）、营山晋康图书馆（1926年）、岳池县图书馆（1926年）、邛崃县通俗图书馆（1926年）、蓬安县图书馆（1926年）、简阳县图书馆（1927年）、仁寿县立图书馆（1927年）、遂宁图书馆（1927年）、灌县县立图书馆（1927年）、内江县立图书馆（1927年）、大足县通俗图书馆（1927年）、安县图书馆（1927年）、达县公立图书馆（1927年）、筠连县通俗图书馆（1928年）、西昌县图书馆（1928年）、隆昌县公立图书馆（1928年）、梁山县立图书馆（1928年）、崇庆县立图书馆（1928年）、双流县立图书馆（1928年）、乐山县立图书馆（1928年）、涪陵县公立图书馆（1928年）、南部县图书馆（1928年）、峡区图书馆（即北碚图书馆的前身）（1928年）、眉山县通俗图书馆（1929年）、屏山县通俗图书馆（1929年）、雷波县图书馆（1929年）、叙永县图书馆（1929年）、崇宁县图书馆（1929年）、大邑县图书馆（1929年）、峨眉县图书馆（1929年）、名山县立通俗图书馆（1929年）、新都县立图书馆（1930年）、郫县通俗图书馆（1930年）、资阳县公立图书馆（1930年）、秀山县立图书馆（1930年）、开县县立图书馆（1930年）、垫江县立图书馆（1930年）、仪陇县图书馆（1930年）、三台县立图书馆（1930年）、万源县立图书馆（1930年）、安岳县简易图书馆（1930年）、长宁县立图书馆（1930年）、纳西县图书馆（1930年）、古蔺县立图书馆（1930年）、彭县县立图书馆（1931年）、新津县图书馆（1931年）、井研县图书馆（1931年）、彭山县立图书馆（1931年）、青神县通俗图书馆（1931年）、南溪县立图书馆（1931年）、云阳县县立图书馆（1931年）、广安县图书馆（1931年）、什邡县通俗图书馆（1931年）、会理县图书馆（1931年）、江北县图书馆（1931年）等59个基层图书馆，其中1930年、1931年成立的数量最多。

1932年四川爆发最大规模的军阀大战，即刘湘与刘文辉的"二刘大战"，四川地区政局再次陷入混乱。1935年，刘湘任四川省政府主席，撤销"防区制"，统一了四川省，军阀混战才结束。政局动荡严重影响了四川地区基层图书馆的发展，加之这一时期国民政府从中央到地方都越来越重视民众教育馆，特别是1933年教育部明确指出了民众教育馆为社会教育的中心机关，是实施社会教育事业的综合机关，民众教育馆成为各地方最低限度的社会教育事业机构之一，民众教育馆获得突飞猛进的发展，基层图书馆的建设从快速发展态势转入低速发展状态。1932年至1936年平均每年建立3个以上基层图书馆，共建立忠县县立图书馆（1932年）、长寿县立图书馆（1932年）、中江县图书馆（1932年）、茂县县立图书馆（1933年）、汉源县公立图书馆（1933年）、高县通俗图书馆（1933年）、酉阳县民教馆阅览室（1933年）、射洪县民教馆阅览室（1933年）、江津县民众图书馆（1934年）、丰都县图书馆（1934年）、蒲江县立通俗图书馆（1935年）、犍为县立图书馆（1935年）、奉节县通俗图书室（1935年）、乐至县立图书馆（1936年）、北川县第一书报室（1936年）、剑阁县图书馆（1936年）、荣昌县民教馆图书室（1936年）、洪雅县民教馆图书室（1936年）等18个基层图书馆。

1937年，抗日战争全面爆发，中国时局发生重大变化，抗战成为国家的中心工作，全国政治、经济、社会文化教育事业都不同程度地受到战争的影响。特别是随着日军侵略的深入，全国大部分地区图书馆业受到严重破坏。据史料统计，"抗战第一年，我国毁于日军战火的图书馆就达1242所。抗战时期沦陷区和战区共损失图书馆2118所"①。四川作为全国抗战大后方，受战火直接摧残相对较小，图书馆遭受的损失较沦陷区而言相对较少。随着南京国民政府迁都重庆，全国大批文化机构迁入四川，国内众多图书馆学名家大师汇聚于此，促进了四川地区图书馆事业的发展。同时国民政府进入四川后，一方面为了满足民众了解抗战形势的需求，另一方面为了向民众进行抗战宣传、激发民众的爱国热情，1939年颁布了《修正图书馆规程》，规定"各省市至少应各设置省市立图书馆一所；各县市应于民众教育馆内附设图书室，其人口众多、经费充裕、地域辽阔者，得单独设置县市立图书馆"②。这一规定客观上推动了四川地区基层图书馆事业的发展。因此，在抗战期间四川地区基层图书馆一直处于缓慢发展状态而没有中断。1937年至1945年期间，每年至少有2个以上基层图书馆建立，共建立了广汉县图书馆（1937年）、广元民众图书馆（1937年）、平武南坝甫澄图书室（1937年）、巫山县公立图书馆（1938年）、成都县立图书馆（1937年）、宁南县大众阅览室（1937年）、彭水县立图书馆（1939年）、巫溪县立图书馆（1939年）、蓬溪县民众图书馆（1939年）、夹江县民教馆图书室（1939年）、马边县民教馆图书室（1939年）、荥经县民教馆图书室（1939年）、芦山县民教馆阅览室（1939年）、邻水县公立图书馆（1940年）、西充县图书馆（1940年）、自贡市立图书馆（1941年）、阆中县民教馆图书阅览室（1941年）、汶川县民教馆阅览室（1941年）、懋功县民教馆阅览室（1941

---

① 冯志：《抗战时期我国的图书及图书馆事业》，《四川图书馆学报》2006年第2期。
② "国立中央图书馆"编印：《中华民国图书馆年鉴》，（台北）"国立中央图书馆"1981年版，第409页。

年)、荣县图书馆（1942年）、綦江县图书馆（1942年）、威远县图书馆（1943年）、西康省立雅安图书馆（1943年）、江安县图书馆（1943年）、宜宾县立图书馆（1944年）、盐亭县图书馆（1944年）、金堂县立图书馆（1944年）、永川县立图书馆（1944年）、合江县立图书馆（1944年）、巴县县立图书馆（1944年）、合川县立图书馆（1945年）、盐边县民教馆阅览室（1945年）等32个基层图书馆。

三　萎缩衰落阶段（1946年—1949年）

1946年，国民政府还都南京，四川地区的重要性大为降低，同时抗战期间内迁四川的众多学校、工厂、文化机构纷纷回迁，使四川地区的图书馆事业急剧衰落。1946年内战爆发，全国各级地方财政吃紧，众多基层图书馆因没有经费维持运转而关闭，四川地区原有的县级图书馆纷纷停办，或并入当地民教馆，或自行倒闭。1946年至1949年，仅新成立了2个基层图书馆，分别是绵竹县立图书馆（1947年）和通江县立图书馆（1949年）。

第四节　民国时期四川地区基层图书馆馆务活动专题研究

民国时期，四川地区基层图书馆虽然普遍规模较小、馆舍简陋、业务简单、人员及经费有限，但它作为近代公共图书馆体系中的一个重要组成部分，仍然具备了近代图书馆必备的免费、开放、流通等基本特征，开展了图书收藏、借阅等必备的馆务活动，可谓"麻雀虽小五脏俱全"。本节将分管理与运行、建筑与设施、馆藏资源建设、读者服务工作四个专题对民国时期四川地区基层图书馆的馆务活动进行研究。

一 管理与运行

民国时期,四川地区基层图书馆跟国家图书馆、省立图书馆相比,其发展水平虽然低下,但它的内部管理及运行已开始按近代公共图书馆管理模式进行。

（一）机构设置及职能

基层图书馆的组织结构虽然较为简单,但它已具备近代公共图书馆业务管理所需的组织结构。1939年,《修正图书馆规程》颁布前,各图书馆内部组织名称各异,各级图书馆部门设置区别较大。四川各地图书馆因规模不同,内部组织结构各不相同。省立图书馆或著名高校图书馆馆内组织机构常称为"部"或"股",是图书馆的一级部门。"部"以下又设"组","组"是"部"中的内设部门。基层图书馆的馆内机构只有一个层级,常被称为"组",有少数图书馆将"组"称为"科"或"部"。如1921年建立的泸县图书馆,馆内设"总务、采编、阅览、推广4个组"[1]。1935年成立的犍为县立图书馆,馆内组织略仿浙江省图书馆,分为"总务、征集、编纂、阅览、编目五组,分掌馆务"[2]。1926年成立的营山县晋康图书馆,其组织分"藏书科、出纳科、报纸室、儿童阅览室"[3]。1926年成立的万县公立图书馆,其章程中规定,"馆内设图书部、庶务部、文书部"[4]。整体而言,这一阶段基层图书馆的机构设置较为简单。

1939年国民政府颁布《修正图书馆规程》对县市立图书馆的组织机构进行了规定,指出"县市立图书馆应设置总务组、采编组、阅览组、推广组……以上各组,得视地方情形,全部设立或合并设置"[5]。

---

[1] 四川省泸县县志办公室：《泸县志》,四川科学技术出版社1993年版,第558页。
[2] 《犍为县立图书馆概况》,《四川月报》1936年第2期。
[3] 任家乐、李禾：《民国时期四川图书馆业概况》,四川大学出版社2013年版,第31页。
[4] 万县公立图书馆：《万县公立图书馆概要·规章》,万县公立图书馆1930年版,第6页。
[5] "国立中央图书馆"编印：《中华民国图书馆年鉴》,（台北）"国立中央图书馆"1981年版,第410页。

此后四川地区基层图书馆的机构设置逐步增加和规范，1932年建立的中江县图书馆，当时"馆内下设采编、借阅两组。1946年时馆内已设采购、编目、阅览、事务四组"①。1938年成立的成都县立图书馆，馆内设"总务组、采编组、阅览组、推广组"②。1940年建成的西充县图书馆，"下设总务、阅览、采编三组"③。1942年眉山县立图书馆分设"采编、阅览、总务三组"④。1942年设立的璧山县立图书馆章程中规定，"设置总务组、采编组、阅览组、推广组"⑤。

跟省级图书馆相比，基层图书馆的机构设置以需求为导向，结构较为简单，但采编、阅览、推广三组为必设部门，这是由于基层图书馆的主要作用在于启迪民智、服务民众需求、进行社会教育，因此没有特藏部和研究辅导部所承担的金石、舆图、善本、调查、统计研究、实验等职责，而新设了推广组，负责读书指导、普及图书教育等职责。

除北碚图书馆这类著名的县级图书馆具备完整的图书采访、编目、文献收集、推广、流通、阅览等现代图书馆应具备的业务职能外，大多数基层图书馆规模较小、机构设置简单、工作内容以流通和阅览为主，但仍兼有保存地方文献、为学术研究或学习知识提供参考资料的职能。附设于民众教育馆的图书室或阅览室，其工作更加强调普及推广，更加注重实用性。如邻水县立图书馆在并入邻水县民众教育馆后，其职能由阅览组承担。在邻水县立民众教育馆1938年度工作计划大纲中，明确提到阅览方面的工作有四项："一、增购图书。本馆现存图书有限，对于最近新出读物尤其关于国难者应尽力多购，供众阅览。

---

① 中国人民政治协商会议四川省中江县委员会文史资料研究委员会：《中江文史资料选辑（第5辑）》，1987年版，第36—37页。
② 成都市金牛区文化志编纂委员会：《金牛区文化志》，1990年版，第70—71页。
③ 吴应学、谌洪润主编；南充地区文化局编：《南充地区文化艺术志》，四川人民出版社1992年版，第63页。
④ 四川省眉山县志编纂委员会编纂：《眉山县志》，1992年版，第889页。
⑤ 《璧山县立图书馆章程//璧山县档案图书馆全宗》，时间不详，四川大学西南文献中心藏，档号：4-1-1-15至20。

二、巡回文库。仍采日前办法加以改良继续办理。三、编印图书目录。将本馆现有图书分类编目印订成册，散发各机关团体学校，籍使明瞭所藏图书以便借阅。四、搜集陈列品。如各种农作物工艺品及各级学校之美术作品，设法汇集分类陈列以资展览"①。

(二) 人事管理

图书馆的人事管理目的在于选择合适的馆员，调动图书馆员的工作积极性、主动性，激发其潜能，推动图书馆事业的发展。

1. 人员构成

民国时期图书馆的人员通常由馆长和馆员两部分构成。1915年颁布的《图书馆规程》中明确规定，"图书馆得设馆长1人，馆员若干人"②。1939年颁布的《修正图书馆规程》中规定，"图书馆设馆长1人综理馆务，每部组设主任1人，干事若干人"③。四川地区基层图书馆的人员通常由1名馆长、2—3名馆员组成。少数发展较好的县级图书馆在馆长下面还设有各部（组）主任，馆员之外还雇有工役。如郫县通俗图书馆设有"馆长1人，下设采编、推广2个组，各设主任1人，全馆设干事2人，工役2人，总共编制7人"④。万县公立图书馆设"馆长1人，文书部主任1人，庶务部主任1人，图书部主任1人，图书管理员1人，馆员3人，会计1人"⑤。眉山县立图书馆设"馆长1人，职员1至2人，后增至6人"⑥。广汉县立图书馆成立时有"馆长1人，馆员2人，工友1人；1940年有馆员3人，工友1人；1943年馆员增至9人，工友增至4人"⑦。1943年，璧山县立图书馆，设

---

① 《邻水县立民众教育馆27年度工作计划大纲》，时间不详，四川大学西南文献中心藏，档号：2-7-1903（1）-62。

②③ "国立中央图书馆"编印：《中华民国图书馆年鉴》，（台北）"国立中央图书馆"1981年版，第404、410页。

④ 四川省郫县文化教育局：《郫县文化志》，1982年版，第17页。

⑤ 万县公立图书馆：《万县公立图书馆概要·图表》，万县公立图书馆1930年版，第2页。

⑥ 四川省眉山县志编纂委员会编纂：《眉山县志》，1992年版，第889页。

⑦ 政协广汉市文史资料委员会编：《广汉文史资料选辑（第十三辑）》，1994年，第67—68页。

"馆长1人，主任2人，干事1人，工友2人"①。

馆长总管图书馆的全部事务，是图书馆的总负责人；主任是图书馆内部各部门的负责人，属于图书馆的中层管理人员；干事是图书馆普通的工作人员；主任和干事都属于馆员范畴，而在图书馆从事一些勤杂工作的人员，如门丁、杂役、馆役等则不属于馆员范畴。馆长—主任—干事—馆役共同构成了图书馆人员管理的基本框架。

2. 任职条件

图书馆馆员是一个对个人素养和专业知识、技能程度要求都比较高的职业，图书馆人员要"品格优良"并拥有一定的学历资格和受过图书馆学专门教育或者在社会教育机关工作的经历。

1927年颁布的《图书馆条例》从法律法规上对馆长和馆员的任职资格进行了规定，但这一规定是泛指所有图书馆，对于基层图书馆而言针对性不够强。民国时期随着图书馆数量的增加和图书馆学教育的不断发展，图书馆工作的复杂性和专业性逐渐被重视，对图书馆从业人员具有的专业学识和素养要求也逐渐增加。虽然基层图书馆办馆规模和馆员数量有限，但对馆长和馆员仍然有任职条件的要求。

1939年颁布的《修正图书馆规程》从国民政府层面对省、市、县图书馆馆长和馆员的任职资格作了统一、明确的规定。规程第十六条规定，"县市立图书馆馆长，须品格健全，才学优良，且具有图书馆专科学校或图书馆专修科毕业者；或师范学院、教育学院或教育科系毕业者；或大学或其他专科学校毕业，曾受图书馆专业训练者；或在学术上确有贡献并对于图书馆学素有研究者"②。第十七条对县市立图书馆馆员进行了规定，"县市立图书馆各组主任及干事，须品格健

---

① 《璧山县立图书馆章程//璧山县档案图书馆全宗》，时间不详，四川大学西南文献中心藏，档号：4-1-2-150。

② "国立中央图书馆"编印：《中华民国图书馆年鉴》，（台北）"国立中央图书馆"1981年版，第411页。

全",同时在学历上除了跟馆长相同的要求外,增加了"具有中等学校毕业,曾任教育职务一年以上,或者对于图书馆职务有相当学识及经验者"① 这两种选择。从上述规定可见,不论馆长还是馆员,其首要条件是人品要好,这是必备条件。其次要受过图书馆学专门训练或者有图书馆工作经验。对馆长的要求不仅要有学历、有图书馆学科专业知识、有一定的从业经验,还要在学术上有所建树。

《修正图书馆规程》颁布前,四川地区县级图书馆的馆长并没有严格按照学历水平和受过专业图书馆学训练或有图书馆工作经验这些条件进行选拔,而多由社会贤达或知名人士担任。如泸县图书馆第一任馆长李绍基是当地知名人士,第二任金丽秋是老同盟会会员,早年留学日本,第三任周伯奋,早年毕业于南京中山大学,也是知名人士,他们都没有受过图书馆学专业训练。万县公立图书馆第一届馆长李寰为北京大学毕业,未受过图书馆学专业训练。

《修正图书馆规程》颁布后,四川省教育厅在对县级图书馆馆长的任职考察时严格按照规程要求进行考察,不仅注重学历更强调是否受过专业的图书馆学训练。1943年,四川省教育厅委任张质芳为江安县县立图书馆馆长时,人事室的意见为"查其资历证件尚属相符拟请准予委任"②;鉴于当时各县很难觅得受过图书馆学专门训练的人才,四川省教育厅也采取了用图书馆工作经历来代替图书馆学专业训练的折中办法。在委任陈嘉凯为犍为县立图书馆馆长、熊骏为双流县立图书馆馆长时,指出"该员资历虽与部颁修正图书馆规程第十六条之规定略嫌不符,惟欲求受图书馆学专业训练之人才实甚困难,拟请权委代理"③。委任罗云枢(前四川高等学堂正科毕业,国民党党员,曾任垫江、丰都、大竹等县立中学教员,垫江县视学暨教育局长)为垫江

---

① "国立中央图书馆"编印:《中华民国图书馆年鉴》,(台北)"国立中央图书馆"1981年版,第411页。
②③ 《四川省教育厅请委任(双流、江安、犍为等县)图书馆馆长签呈正本》,时间不详,四川省档案馆藏,档号:民042-02-2014。

县立图书馆馆长时，指出"该员资历虽与部颁修正图书馆规程第十六条之规定略嫌不符，惟该县附称该员在派代期中颇著成绩，实堪充任馆长职务，拟请权委代理"①。委任王建成（四川通省师范学堂分类科第二类毕业，国民党党员，曾任广汉县图书馆馆长三年）为广汉县立图书馆馆长时，指出"该员资历虽与部颁修正图书馆规程第十六条之规定不符，但曾任该县图书馆长三年尚具经验，拟请权委代理"②。

同时，《修正图书馆规程》颁布后，四川地区县级图书馆对馆员的学历也更为重视，要求至少具有中学学历。璧山县立图书馆填写的《三十年度人才缺乏状况调查表》中，璧山县立图书馆现有人员中最高学历为大学、最低学历为初级中学，大多数人为中学学历。同时它要求新增加的人员要具有中学学历。

在图书馆馆长任免方面，《修正图书馆规程》中规定，"县市立图书馆馆长由县政府遴选资历合格的人员呈请教育厅核准后派充之"③。但有不少县级图书馆并未严格执行馆长由省教育厅核查委派的要求，1943年四川省教育厅下发的文件中指出"兹查本省各县市立民众教育馆、图书馆馆长呈由本府核委者固多而从未报请核委者亦复不少，甚至有经本府委核之馆长因故辞职，并不转请核示而迳行照准擅自委充，实属不合之极，兹为尊重功令起见，凡未经呈请核委之馆长，限于文到之日迅即遴选合格人员检具资历表证呈候核委，至已经本府委派之馆长未经呈准不得检行更换"④。可见不少县级图书馆馆长的任职没有经过四川省教育厅的核准，经过教育厅核准委派的馆长也有擅自离职，出现"馆长任意去留先换后报或竟然不报"的情况。以至于1946年四川省教育厅专门下令，要求"各该县市局教育科长暨县市局立中等

---

①② 《四川省教育厅请委各县县立图书馆馆长签呈正本》，时间不详，四川省档案馆藏，档号：民042-02-2016。

③ "国立中央图书馆"编印：《中华民国图书馆年鉴》，（台北）"国立中央图书馆"1981年版，第410页。

④ 《各县市立民教馆图书馆馆长应由本府核委表报应切实填注表查》，时间不详，重庆市档案馆藏，档号：00810004022750000011000。

学校校长以及民教馆长、图书馆长果不称职，如须调换或因故请假或再行辞职，应即据情转报，遴保继任人员连同资历证件，呈候查核。在继任未经核定以前，所有科长、校长、馆长职务应由各该市县局督学暨各该校馆主要职员分别代理以利进行"①。

可见，民国时期四川地区部分县级图书馆馆长任免没有严格按照国家相关法律规定进行，国家和地方政府关于图书馆的法律法规在基层图书馆组织中没有得到很好的实施，一定程度上反映出当时地方政府对基层社会组织的监督管控乏力，地方政府的权力在基层社会不能很好地行使。

3. 收入与福利

杜定友曾提出，"图书馆员的待遇，如薪俸地位养恤等等，在学校应和教员或高等职员一样。在公立图书馆，应与省县署科长科员一样待遇。每年薪俸要有相当的增加，以维持生活。每数年应有例假，以资休养"②。1915 年，颁布的《图书馆规程》中规定，"公立图书馆馆长及其他馆员，关于任职服务俸给等项，准各公署所属教育职员之规定"③。图书馆馆长及馆员的薪俸水平应与各公署教育职员的薪俸水平相当，但四川地区县级公立图书馆馆员工资普遍低于其他机关公务员工资。1932 年国民政府规定"公务员维持生活费数，每月最高 240 元，至低不得少于 35 元"④。图书馆馆员的实际工资远远没有达到最低标准。1933 年隆昌县公立图书馆"馆员月薪为十五元"⑤，1932 年简阳县图书馆"馆员月薪只十六元"⑥。图书馆馆员工资也低于警察等

---

① 《各市县局教育科长暨市县局立中等学校校长民教馆长图书馆长委任未定前应由暂定及主要教职员分别代理》，时间不详，重庆市档案馆藏，档号：0081000405172000020000。

② 杜定友：《图书馆通论》，商务印书馆 1925 年版，第 26 页。

③ "国立中央图书馆"编订：《中华民国图书馆年鉴》，（台北）"国立中央图书馆"1981 年版，第 405 页。

④ 《国民政府关于公务员维持生活费的规定》，《四川省教育厅公报》1933 年第 23 期，第 57 页。

⑤ 杨家骆：《图书年鉴》，南京中国辞典馆 1933 年版，第 188—189 页。

⑥ 梁建洲、廖洛纲、梁鳣如编：《毛坤图书馆学档案学文选》，四川大学出版社 2000 年版，第 192 页。

行业的从业人员工资。"1934年,警察中最低等级的警士为20—29元"①。杨家骆在《图书年鉴》(1933年)隆昌县公立图书馆简介中写到,隆昌县公立图书馆"馆员月薪十五元,司书十元,服务生五元,指导员五元,较县中任何机关为低"②。

虽然基层图书馆馆长和馆员的薪俸待遇较低,但总算是有制度保障收入,以维持生计。同时图书馆人员还享有固定工作时长、休假等福利待遇。《修正图书馆规程》第三十条、三十一条中对图书馆休假和每日工作时间进行了明确规定。璧山县立图书馆简章中明确规定,"本馆每天的工作时间原则上为8小时,也可以根据地方实际情况考虑晚间开放。休假采用例假之次日补行办法。或按事业之性质分职员为两组,于例假日及次日更番休假。寒暑假期应比照当地学校假期分职员为两组更番休,使事业照常进行"。"本馆每日工作时间以八小时为原则,或酌量地方情形于晚间开放"③。万县公立图书馆规定,其阅览室"定期休息日为:每星期月曜日;岁首一月一日至三日;国庆日及春夏秋冬节日;年终十二月三十一日"④。相对稳定的薪金收入加上固定工作时长、休假等福利待遇,保障了图书馆人员队伍的稳定性,有利于提高图书馆工作人员的工作积极性和工作效率,也有利于维护图书馆工作的稳定性、规律性和可持续发展,也是图书馆人本管理的一个重要体现。

民国时期四川地区基层图书馆面临着人员紧缺、馆舍狭小、藏书有限、经费拮据等严峻形势,仍然获得了较大的发展,在启迪民智、服务社会方面发挥了重要作用,这与图书馆员积极进行宣传推广、主动到民众中进行服务密不可分,表明当时的图书馆人事管理制度起到

---

① 成都市地方志编纂委员会:《成都市志·公安》,四川人民出版社1999年版,第459页。
② 杨家骆:《图书年鉴》,南京中国辞典馆1933年版,第188—189页。
③ 璧山县立图书馆简章//璧山县档案图书馆全宗,时间不详,四川大学西南文献中心藏,档号:4-1-1-15至20。
④ 万县公立图书馆:《万县公立图书馆概要·规章》,万县公立图书馆1930年版,第3页。

了稳定队伍、调动图书馆员工作热情和主动性的作用。

（三）经费管理

图书馆的开办和经营与经费密切相关，经费多少不仅关系到图书馆办馆质量的好坏，甚至直接关系到图书馆的存亡。民国时期，四川地区不少基层图书馆正是因为经费问题而并入民众教育馆甚至闭馆。大足县图书馆"全年经费仅300圆"①。1935年，灌县图书馆"不再设副长，以节经费"②。彭山县图书馆"原藏图书颇富，因历届之遗失，加以地方财力拮据，不能负担该项经费，竟告闭馆"③。

1. 经费来源及金额

基层图书馆的经费包括创办费和经常费两类。创办费主要是图书馆筹办时陆续投入的经费，它的多少可根据各县实际情况，按图书馆建设事项的轻重缓急分先后拨付，没有固定额度。经常费即图书馆的维持费，是一个长期投入的过程，需要一个相对固定的数额。从安县、巴县、长寿、涪陵、富顺、灌县、犍为、剑阁、江北、巫溪、隆昌、泸县、绵阳、绵竹、蒲江、渠县、三台、温江、营山、彰明、彭水、万县等22个县级图书馆关于经费的资料看，这些图书馆的经费来源大部分是县政府拨款，多由县政府从肉税支出。如犍为县图书馆"每猪一只征洋五仙一款，作图书馆经费"④。万县公立图书馆经费"由肉税附加项下每只额征划拨银八仙作为公立图书馆经常费，年可收银四千元上下"⑤。资中县图书馆（初名通俗图书社，旋改为馆）。"通俗图书社，该社创于民十二年，教育局呈准教厅，就全县肉税，每只猪附加一百文，计共五千文"⑥。渠县图书馆"经费是在小学经费及附加肉税

---

① 《民国二十四年度下学期各县教育状况视察报告》，《四川教育》1937年创刊号。
② 《灌县府派员整顿县图书馆》，《中华图书馆协会会报》1936年第6期。
③ 任家乐、李禾：《民国时期四川图书馆业概况》，四川大学出版社2013年版，第27页。
④ 《犍为县立图书馆成立纪要》，《中华图书馆协会会报》1935年第6期。
⑤ 万县公立图书馆：《万县公立图书馆概要·公牍》，万县公立图书馆1930年版，第60页。
⑥ 《四川日报》1932年3月21日。

项下酌量拨助"①。

除由县政府划拨外，捐赠特别是军阀捐赠也是图书馆经费的重要来源。灌县图书馆"在文庙之侧，即旧有学署改建，邓国章司令捐洋三千元创办"②。剑阁县图书馆，"1939年，十四区专员林维干集资4000元，于东门外双剑公园内新建馆舍一堂，七月迁入新馆"③。绵阳县立图书馆，"县府拨700元，图书馆旧有1100元，建馆经费缺三分之二。29军副军长孙震捐大洋1000元，29军军长田颂尧捐300元，川西北屯殖军第一路司令董宋珩捐500元，第二路司令王之中捐200元，第五路司令王弗堂捐100元，其余官绅均有捐助，较短时间募得大洋3200余元。1931年10月，耗资5000大洋的新馆舍竣工落成"④。三台县立图书馆，由"驻三台的国民革命军29军军长田颂尧捐大洋1000元作为倡导，在较短时间募集大洋2350元"⑤。大邑县图书馆建馆时"国民革命军21军军长刘湘、24军军长刘文辉各捐银圆五千元，四川永宁道道尹冷融、川军第12师师长冷寅东、24军特科团长牟遂芳、大邑劝学所所长陈文炜、曾留学日本的张旭初等也积极捐资"⑥。

在经费额度方面，国民政府出台了专门法规，规范各级图书馆经常费的额度。1941年教育部颁布《普及全国图书馆教育暂行办法》，第十二条明确规定，"省市立图书馆经常费，每年不得少于三万元，县市立图书馆经常费，每年不得少于三万元，乡（镇）书报阅览室图书馆经常费，每年不得少于五百元"⑦。1941年《普及全国

---

① 《渠县文化志》编纂领导小组：《渠县文化志（征求意见稿）》，1988年版，第151—153页。
② 《灌县府派员整顿县图书馆》，《中华图书馆协会会报》1936年第6期。
③ 中国人民政治协商会议四川省剑阁县委员会文史资料研究委员会编：《剑阁文史资料选辑（第16辑）》，1991年版，第151—152页。
④⑤ 绵阳市文化局编纂：《绵阳市文化艺术志》，四川科学技术出版社2000年版，第168—169、170页。
⑥ 冯克力：《老照片（第70辑）》，山东画报出版社2010年版，第175—177页。
⑦ 《普及全国图书馆教育暂行办法》，《中华图书馆协会会报》1941年第3—4期（合刊）。

图书馆教育暂行办法》颁布,对四川地区县级图书馆的发展有很大的推动作用。该办法颁布后,四川省政府随即要求"各县市自31年度(1942年)起,在地方预算内,增列图书馆经费科目,予以单独设立图书馆"①。

政府法规虽然明确规定了县市立图书馆经常费的额度,实际上由于民国时期四川地区各县财政经费紧张,县级图书馆的经费很难达到规定的水平。隆昌公立图书馆"经费每月开支约需百元,杂志费二百元,均在县教育费项下拨支。每月购书费一千元,系在财务局拨支"②。长寿县立图书馆"馆内经费30年度(1941年)为7200元,31年度(1942年)增为一万余元"③。这两所县级图书馆经费已算相对充裕了。通常各县图书馆创办费一般在3000元左右,经常费从数百元至一两千元不等。如巴县县立图书馆,"经费每年二千元"④。富顺县图书馆"每年经费自数百元至一两千元不等"⑤;剑阁县图书馆"经费岁入600元"⑥;江北县图书馆的经费"在县教育局资金中拨发,每年约为1200元"⑦。巫溪县立图书馆"年活动经费法币160元"⑧;蒲江县立通俗图书馆"民国25年(1936),四川省府核定下拨县图书馆全年经费共1380元,包括人员工资和事业活动费"⑨。

---

① 四川省图书馆事业编纂委员会:《四川省图书馆事业志》,四川大学出版社1993年版,第9页。
② 杨家骆:《图书年鉴》,南京中国辞典馆1933年版,第188—189页。
③ 卢起勋等修、刘君锡等纂:《长寿县志》第七卷,成文出版社有限公司1944年版。
④ 侯鸿鉴:《漫道南国真如铁:西南漫游记》,辽宁教育出版社2013年版,第104页。
⑤ 《富顺县立圖近况》,《中华图书馆协会会报》1935年第6期。
⑥ 中国人民政治协商会议四川省剑阁县委员会、文史资料研究委员会编:《剑阁文史资料选辑(第16辑)》,1991年版,第151—152页。
⑦ 重庆市江北区政协文史资料研究委员会:《江北区文史资料选辑(第5辑)》,1991年版,第90—92页。
⑧ 巫溪县志编撰委员会:《巫溪县志》,四川辞书出版社1993年版,第602页。
⑨ 中国人民政治协商会议蒲江县委员会文史资料研究委员会编:《蒲江文史资料选辑(第一辑)》,1989年版,第36—37页。

2. 经费支出

民国时期基层图书馆作为社会教育机构，承担着推动普通民众阅读的责任和使命，因此政府在其经费支出中对图书购置费有相应的比例要求。但基层图书馆往往因经费收入有限而无法按照政府规定的比例进行支出。《修正图书馆规程》第二十六条规定，"图书馆经常费分配之标准，薪工不得高于百分之五十，事业费及图书馆购置费不得低于百分之四十，办公费占百分之十"[①]。实际上，四川地区县级图书馆因经费拮据，大部分经费都用于薪工，图书购置费所占比例较少，甚至连续几个月都没有图书购置费支出。

从邻水县民众教育馆经费支出一览表可见，1937 年邻水县民众教育馆经费支出预算中杂志费为 100 元、报章费为 130 元、图书费为 300 元。对比该馆 1939 年的经费支出预算，其杂志费、报章费、图书费均维持原状没有变化。但在实际支出中只有 1937 年 2 月支出杂志费 50 元、报章费 65 元，3 月支出图书费 150 元。1938 年 9 月支出图书费 120 元，其余月份都没有购置图书的费用支出，特别是到 1940 年该馆事业费除了极少的报章费支出外，没有任何经费支出，可见其经费困难程度。

表 4-1　邻水县民众教育馆经费支出一览表（1937—1940 年）

单位：元

时间	第一项阅览组							第二项教导组	第三项健康组
	图书	杂志	报章	民众周报	民众阅报处	营缮	合计		
1937 年 2 月		50[①]	65[②]	43.8			158.8		

---

① "国立中央图书馆"编印：《中华民国图书馆年鉴》，（台北）"国立中央图书馆" 1981 年版，第 411 页。

续表

时间	第一项阅览组							第二项教导组	第三项健康组
	图书	杂志	报章	民众周报	民众阅报处	营缮	合计		
1937 年 3 月	150③			56.3			206.3	239	
1938 年 9 月	120			56.3			176.3	271	
1938 年 11 月				56.3					50
1938 年 12 月				56.3					30
1939 年 2 月					33.5				
1939 年 3 月			12.7			4.6			
1939 年 4 月		16.1				5			
1939 年 10 月		13.9					13.89	98	
1939 年 11 月								84	40
1939 年 12 月								84	
1940 年 1 月			11.3				11.3	119	
1940 年 2 月			11.3				11.3		
1940 年 3 月			11.3				11.3		
备注	从 1939 年 11 月起,民众周报的费用列入教导组项下								

注:①该项费用全年预算一百元,于七、二两月份到。现值国难严重时期,本月份拟订阅全面大声抗敌、大众等周刊,以备民众浏览之用。②该项费用全年预算一百三十元,于八、二两月分列。惟因领款关系多未按照预定期限订足,有已先订、有待续订,故计数如上数。③该项费用全年预算三百元,分列于十、三两月份,十月份未动用。本月份因各方民众纷纷要求购买关于抗战时期读物,故预算如上数以便购买。惟此类读物系零星小册又系托人选购,目录俟购定后始能造册呈报,特此声明。

本表根据邻水县民教档案整理,四川大学西南文献研究中心藏档号:2-7-1884-81、2-7-1884-45、2-7-1884(2)-21、2-7-1884(2)-26、2-7-1884(2)-86、2-7-1884(2)-77、2-7-1903(1)-15、2-7-1903(1)-16、2-7-1903(2)-15 至 17、2-7-1903(2)-43、2-7-1906-48 至 49、2-7-1964(1)-163、2-7-1964(1)-154

在经费支出水平方面，民国时期四川地区基层图书馆作为社会教育机构，其经费支出少于小学、幼稚园等教育机构。如新都县，1932年图书馆的支出为1290.000元，幼稚园的支出为2469.000元，县立小学中经费支出最少的第三、第五、第七小学，经费支出均为1804.000元。1933年，部分县立小学和图书馆的支出虽然都在减少，但图书馆的支出仍然是教育机构中最少的（详见新都县图书馆及其他教育机构1932—1933年支出比较表）。

表4-2　新都县图书馆及其他教育机构1932—1933年支出比较表

机构名称	1932年度	1933年度	变化	
			增加	减少
县立第一小学	6345.600	6835.600	490.000	
县立第二小学	3439.300	3536.000	96.700	
县立第三小学	1804.000	2134.400	330.400	
县立第四小学	2870.000	2755.200		114.800
县立第五小学	1804.000	1729.200		74.800
县立第六小学	1975.600	1926.800		48.800
县立第七小学	1804.000	1729.200		74.800
县立女小校	5462.300	5909.400	447.100	
县立幼稚园	2469.000	2411.000		58.000
图书馆	1290.000	1077.600		212.400

注：本表根据"教育局及所属各机关二十一年度与二十二年度支出比较表"载新都县县政府编辑处：《新都县县政简报》（1934年3月），制成。

二　建筑与设施

图书馆作为搜集、整理、保藏、传播和利用文献资料的专门场所，对其建筑有一些特殊的要求，其保存书籍和提供阅览服务功能的发挥，更离不开图书馆建筑。民国时期随着我国近代图书馆事业的发展，图书馆建筑理念也随之发生变化，图书馆建筑开始注重选址、通风、采光等因素，根据近代建筑思想设计产生的新式图书馆不断涌现。民国时期四川地区的基层图书馆虽然大部分是利用旧有公产改建而成，但其仍然满足近代图书馆建筑在选址、空间分布、内部设置等方面应该具备的基本要求，同时也不乏有少数基层图书馆是按照近代新式图书馆的标准新修建而成。

(一) 馆址、馆舍

基层图书馆为实现供民众阅览这一最基本的宗旨，其选址通常会考虑"人口稠密、环境适宜、地势空旷、地质条件良好等因素，公共图书馆建设时力求符合坚固耐用、实用美观、朝向合理等要求"①。民国时期，时人关于县级图书馆的建设中也提出，"就一般而论，馆舍建筑的原则，第一是适用、第二是坚固、第三是美观。适用的标准，在卫生方面须空气流通、光线适度、地面干燥、湿度适当；在实用方面，部位的距离、面积的大小及日后的伸缩性，都要妥为计划。坚固的标准是建筑材料的耐久，以及施工的真实。图书馆的位置，无论其为新建或改造，均须以接近民众、便利民众为第一要义。因此，应设在交通便利、地位适中的地区（总馆设县城分馆设于乡镇中的市集附近）"②。

从目前收集到的民国时期四川地区各基层图书馆馆址和馆舍情况的相关资料看，公园内人员众多、流动性强，将图书馆设在公园内使其更接近民众，便于民众阅览。因此有18所县级图书馆馆址选在公园内，如安县政府修建安县公园时，在公园修建了图书馆③；峨眉县图书馆是借用城北绥山公园的房舍建成④；丰都县在平都公园内建县图

---

① 徐少文：《民国时期公共图书馆建筑思想研究》，硕士学位论文，江西师范大学，2016年，第5页。
② 林辉煌：《建设县图书馆》，《新赣南》1943年第7期。
③ 绵阳市文化局：《绵阳市文化艺术志》，四川科学技术出版社2000年版，第171页。
④ 峨眉县志编委会：《峨眉县志》，四川人民出版社1991年版，第557页。

书馆①；高县通俗图书馆馆址在教育局楼下，后迁至柳湖公园内②；会理县图书馆，以瀛洲公园的金镜阁为馆址③；简阳图书馆在北门外公园内，公园临河新建，极为优美秀丽，图书馆为其中巨大建筑之一④；江北县图书馆以江北城公园内崇圣祠为馆址⑤；绵竹县立图书馆，馆址设公园内大礼堂⑥；南部县图书馆，馆址在县城中山公园内⑦；遂宁图书馆初建时馆址在遂州公园，后修建新馆舍于船山公园⑧。有7所县级图书馆的馆舍由文庙旧址改建而成，如璧山县立图书馆，馆址在城内文庙左侧，书库设在城东乡（今璧泉）向家湾和徐家砖房内⑨。中江县在大南街文庙大成殿下东庑建中江县图书馆⑩；涪陵县公立图书馆以文庙大成殿外两廊及戟门一带为馆址⑪；灌县县立图书馆在文庙之侧，即旧有学署改建⑫；江津县民众图书馆馆址设城关文庙，次年迁万寿亭，募资兴建馆舍13间⑬。

同时基层图书馆在馆址选择和馆舍建筑时也充分考虑了图书馆建馆原则中环境适宜、地势空旷、坚固耐用等因素。如"资阳县图书馆

---

① 四川省丰都县地方志编纂委员会：《丰都县志》，四川科学技术出版社1991年版，第533页。

② 高县志编纂委员会：《高县志》，方志出版社1998年版，第622页。

③ 会理县地方志编纂委员会：《会理县志》，四川辞书出版社1994年版，第699页。

④ 梁建洲、廖洛纲、梁鳣如编：《毛坤图书馆学档案学文选》，四川大学出版社2000年版，第192页。

⑤ 重庆市江北区政协文史资料研究委员会：《江北区文史资料选辑（第5辑）》，1991年版，第90—92页。

⑥ 中国人民政治协商会议四川省绵竹县委员会：《绵竹文史资料选辑（第4辑）》，1985年版，第61—62页。

⑦ 吴应学、谌洪润主编；南充地区文化局编：《南充地区文化艺术志》，四川人民出版社1992年版，第61页。

⑧ 四川省遂宁市地方志编纂委员会：《遂宁县志》，巴蜀书社1993年版，第765页。

⑨ 四川省璧山县志编纂委员会编纂：《璧山县志》，四川人民出版社1996年版，第359页。

⑩ 德阳市地方志编纂委员会编纂：《德阳市志（下册）》，四川人民出版社2003年版，第1554页。

⑪ 涪陵市地方志编纂委员会编：《涪陵市志》，四川人民出版社1995年版，第1355页。

⑫ 任家乐、李禾：《民国时期四川图书馆业概况》，四川大学出版社2013年版，第25页。

⑬ 王洪华、郭汝魁主编；重庆市文化局编，《重庆文化艺术志》，西南师范大学出版社2001年版，第76页。

在县文庙内，文庙本甚宽敞，地址又复清静，修理布置，亦颇得宜"①。万县公立图书馆在筹设时，馆长李寰给县知事张瑶的函中提到，"协商包工建馆划拨馆舍事宜，并请托工程专家妥为计议，谓书库一项可就奎星阁后火药局遗址，高敞坚固较为适宜；其阅览室等不如函商教育局请其将县立第一初级小学校现占作教室之奎星阁斋宿所两处划作本馆范围，改为阅览室既可少耗公币又复联贯适用"②。

基层图书馆的馆舍因受限于经费、规模等因素都以精简实用为标准，书库（藏书室）和阅览室为必备设施。如安县图书馆为"西式两层砖木结构楼房1栋，占地面积666.5平方米，建筑面积200平方米，有房舍8间，楼下为出纳部、阅览室，楼上为办公室、书库、职员宿舍"③。剑阁县图书馆"有旧房三间作阅览室，一间作收音室，一间作寝室，后几经变迁。1939年于东门外双剑公园内新建馆舍一堂，七月迁入新馆。新馆舍一楼一底，全柏木穿斗结构，称转角楼。书库设在楼上，面积为30平方米，阅览室另设一处"④。渠县图书馆连地窖及楼共有二层。第一层为普通阅览室，可容纳80人同时阅览。其东为儿童阅书指导室。其西为陈列室并新辟阅览室。第二层中为办公室，西为书籍储藏室，最西为贮藏未编目之书室，东为杂志新闻保管处⑤。

不过基层图书馆中也有少数知名图书馆，其馆舍颇为宏伟壮观。如大邑县图书馆。1927年，修建大邑县图书馆。时任大邑县教育局局长的廖家兆，用教育局学田换取了县城东濠沟南段的菜地数亩作为图

---

① 梁建洲、廖洛纲、梁鳣如编：《毛坤图书馆学档案学文选》，四川大学出版社2000年版，第192页。

② 万县公立图书馆：《万县公立图书馆概要·公牍》，万县公立图书馆1930年版，第29页。

③ 绵阳市文化局编纂：《绵阳市文化艺术志》，四川科学技术出版社2000年版，第171页。

④ 中国人民政治协商会议四川省剑阁县委员会文史资料研究委员会编：《剑阁文史资料选辑（第16辑）》，1991年版，第151—152页。

⑤ 任家乐、李禾：《民国时期四川图书馆业概况》，四川大学出版社2013年版，第30页。

书馆馆址,由牟遂芳主持、冷融监修……。图书馆坐西朝东,主楼为一楼一底,底楼为阅览室,二楼为藏书楼,面积约180平方米,两侧平房供员工住宿和接待客人之用。主楼前后建有亭台楼阁,周围遍植花草树木。图书馆大门为中西合璧,墙壁题有"图书馆"三个大字,由前清翰林、书法家赵熙题写①。

图4-1 民国时期大邑图书馆

营山晋康图书馆 1926年,邓锡侯(字晋康,营山县人,当时任国民革命军28军军长)捐资在县城正东街修建图书馆,命名为"晋康图书馆"。该馆主楼一幢,砖木结构,三楼一底,附属建筑10余间,建筑面积约500平方米。主楼底层为阅览室,二楼为图书室,三楼为藏书室,上附设钟楼,呈亭形,悬巨型铜钟一口,声闻数里,作全城报时之用②。

泸县图书馆,选址在"古治平寺"即俗称的白塔寺,新修了砖木结构的三层楼房一幢,庄严堂皇,高耸白塔寺内,面街砖壁上大书

---

① 冯克力:《老照片(第70辑)》,山东画报出版社2010年版,第175—177页。
② 营山县县志编纂委员会编:《营山县志》,四川辞书出版社1989年版,第665—666页。

"泸县图书馆"五个大字，炫耀夺目。楼房第一层中间是过道，右边是报章杂志阅览室，左边是图书阅览室，后边是取书登记处。第二层一部分是一间大教室，作为名人学术讲座之用。另一部分是藏书室。第三层是办公室及职工宿舍等①。

(二) 内部设施

民国时期四川地区基层图书馆的内部布置，遵循尽量为阅览者提供便利，同时注意方便各部门间工作开展的原则进行布局。民国时期，图书馆学家在各室安排方面，始终坚持这样一个原则，即"以最短的路程、最少的时间、最少的工作量，使书架上的书，得以达到阅读者或馆员"②。图书馆馆内布置一方面注重提高工作人员的效率，另一方面为读者提供一个便捷的借阅和阅读环境。如大竹县立图书馆，下层洞开窗户，便于取阅图书，上辟通楼作藏书之所，庶务室后一间作为管理员室，由该室下图书馆只扶梯数级，由该室上藏书楼亦只扶梯数级，就此居间管理对于馆门启闭图书收发均正适当③。同时在条件允许的情况下，尽量按功能进行室内划分。如广汉县图书馆"有书库两间，另有阅览室、阅报室、目录卡片室、会客室及办公室各一间，还有研究室三间"④。

万县公立图书馆的馆内有书库、阅览室、办公室及其他各室，各室之间按照书库靠近阅览室、出纳台靠近书库和阅览室的原则进行布局，既方便馆员开展工作又方便读者进行借阅。其馆内布局为：

书库一座：计三层，二楼三楼系书库，楼下为农工商学兵阅览室。二楼左右为编目装订二室，三楼左右为二展览室；

---

① 中国人民政治协商会议泸州市市中区委员会文史资料工作委员会：《江阳文史资料（第1辑）》，1986年版，第127—128页。
② 徐少文：《民国时期公共图书馆建筑思想研究》，硕士学位论文，江西师范大学，2016年，第19页。
③ 郑国翰、曾瀛藻主修，陈步武、江三乘总纂：《（民国）大竹县志（第五卷）》，1928年版。
④ 政协广汉市文史资料委员会编：《广汉文史资料选辑（第十三辑）》，1994年版，第67—68页。

新文化书报阅览室一座：计三层，楼下附设杂志阅览室，二楼为休息室，三楼为纪念楼；

儿童、妇女阅览室二间：内一间为藏书室，外一间为阅览室；

报章阅览室一间；

游艺室二间；

体育场全部：内水榭一荷花池一亭；

碑林一区，在馆园后段；

办公室一间；

馆长室一间：在办公室右楼上，其下为食堂；

庶务室一间：在办公室左，其下为主任室；

馆员室二间；

馆警传达室一间；

挂号处一间；

厨房一间；

馆役室一间；

厕所二间。

三 馆藏资源建设

图书是图书馆最主要的资源，馆藏资源建设一直是图书馆工作中最为核心的工作之一，是图书馆得以发展壮大、开展读者服务的基础和前提。民国时期四川地区的基层图书馆有不少就是因书而建，如万县公立图书馆的成立就源于"民国政府让商务印书馆影印《四库全书》并售卖，万县政府及士绅筹款准备购买，为存放《四库全书》政府决定成立图书馆"[1]。涪陵县公立图书馆，也是因为"民国15年，县设志书局编纂《涪陵县续修涪州志》，须查考大量古籍文献资料，

---

[1] 万县公立图书馆：《万县公立图书馆概要·图书馆记》，万县公立图书馆1930年版，第1—5页。

即有设立图书馆之议"①。

民国时期,不少基层图书馆的图书来源是接收旧有藏书楼的书籍,因此在成立初期其馆藏建设注重对孤本、珍本的收藏,如万县公立图书馆,其书库规则中规定,"坊间旧本、新刊本馆应随时酌采储藏;凡私人著作未经印行或各处图书馆及私家藏本有著述价值者,本馆得商请抄录储藏"②。随着图书馆事业的发展,基层图书馆作为对民众进行社会教育的基层单位的定位越来越清晰,其馆藏建设开始考虑民众的实际情况和特殊需求,藏书注重时事性、实用性、通俗性。如抗战时期,图书馆收集文献时,"对于提高民族意识,培养抗战精神,以及有关于战事知识的图书、期刊,广为罗致;报纸为传达消息的利器,积极订购;关于抗战期中的各项文献,有供研究价值而为日后所难以搜罗者,虽片纸只字,应及时搜集保存"③。30年代以后,政府开始重视县级图书馆的宣传教育作用,因此教育部颁布的《普及全国图书教育办法》中对县级图书馆的选书原则进行了明确规定,县市立图书馆及乡镇书报阅览室选购书报应遵守的原则:一是宣传党义,即宣扬三民主义;二是服务国家需要、宣传抗战,"适应抗战建国的需要";三是有利于提高普通民众的文化水平和修养,即"有关一般民众职业之生活""有益于一般民众个人修养及社会风俗文化之提高增进";四是书籍的文字要通俗易懂、"内容要充实,印刷清楚"④。

(一) 藏书来源

从目前收集到的资料看,民国时期四川地区基层图书馆的藏书来源有四种:一是接收,即接收当地旧有藏书楼等机构所存书籍,这主

---

① 涪陵市地方志编纂委员会编:《涪陵市志》,四川人民出版社1995年版,第1355页。
② 万县公立图书馆:《万县公立图书馆概要·规章》,万县公立图书馆1930年版,第15—16页。
③ 陈训慈:《战时图书馆事业》,《社教通讯(杭州)》1939年第3期。
④ "国立中央图书馆"编印:《中华民国图书馆年鉴》,(台北)"国立中央图书馆"1981年版,第415页。

要是在基层图书馆刚开始成立时期。如德阳县通俗教育馆就是接收了宏道阁藏书[1]；中江县图书馆建立时接收了存放在县商会的图书一千七百余册[2]；郫县通俗图书馆开办之初接收了原岷阳书院的图书3000余册[3]；彰明县图书馆接收了青莲书院藏书[4]；二是捐赠；三是购买；四是搜集和征集。捐赠和购买是基层图书馆图书来源的主要渠道。

1. 捐赠

捐赠书籍是当时四川地区不少基层图书馆成立时馆藏图书的重要组成部分，同时在图书馆日常运作中捐赠图书也是其馆藏的重要来源。如泸县图书馆成立时老同盟会会员蒋达轨捐赠了他所珍藏的全套《二十四史》，教师张昭武捐书1000余册[5]。丰都县图书馆成立时图书来源除购置价值738.5银元的书籍外，高镇绅士秦子京捐赠《万有文库》《二十四史》各一部[6]。万源县图书馆成立时廖震捐《二十四史》一套[7]。基层图书馆为了吸引社会各界捐赠，对于收到的捐赠图书往往会登报致谢，甚至直接将捐赠者的姓名题写在书库的书架上。如简阳县图书馆各项书籍多由各名人分类赠送（先由馆中人选定一类，例如文学或史地之书若干，约需钱若干元，然后持以向名人商取同意），而题其名于该架之上。如其书库内有'积之'库，则存刘存厚所捐赠之书也。有'晋康'库，则邓锡侯所捐赠之书也[8]。北碚峡区图书馆在《嘉陵江日报》上刊登致谢捐赠者并详细列出捐赠书目。

---

[1] 德阳市地方志编纂委员会编纂：《德阳市志（下册）》，四川人民出版社2003年版，第1554页。

[2] 中国人民政治协商会议四川省中江县委员会文史资料研究委员会：《中江文史资料选辑（第5辑）》，1987年版，第36—37页。

[3] 四川省郫县文化教育局编：《郫县文化志》，郫县印刷厂1982年版，第17页。

[4] 绵阳市文化局编纂：《绵阳市文化艺术志》，四川科学技术出版社2000年版，第178页。

[5] 李朝先、段克强：《中国图书馆史》，贵州教育出版社1992年版，第340—341页。

[6] 四川省丰都县地方志编纂委员会：《丰都县志》，四川科学技术出版社1991年版，第533页。

[7] 四川省万源县志编纂委员会编纂：《万源县志》，四川人民出版社1996年版，第819页。

[8] 梁建洲、廖洛纲、梁鳣如编：《毛坤图书馆学档案学文选》，四川大学出版社2000年版，第192页。

除登报致谢外，基层图书馆为了鼓励个人和团体捐赠，专门制定了捐赠图书规则，明确规定将捐赠者姓名悬挂于馆内表扬、对捐赠者给予免费到馆阅览、视捐赠金额多少呈请褒奖等优待。如，三台县立图书馆在创建时曾制发《三台县立图书馆募捐图书款资规程》，规定对捐赠者将登报致谢，竖碑纪念；对于捐款满十元以上的都将在纪念馆内悬挂捐赠者照片；对于特别捐赠者该馆还会为他作传记并刊印表彰。万县公立图书馆成立时也专门制定了捐赠规则，表示对捐赠者给予免费到馆阅览等优待。

三台县立图书馆募捐图书款资规程①

第一条，本馆为提倡文化起见，创建崇宏雅洁之馆楼，搜藏古今中外之图书，本集腋成裘之意，劝募款资，征求图书用符"善于人同"之旨。

第二条，本馆全部建成经费，以六千元为限量，除已收捐款及应筹公款外，拟定续募三千元完成建筑，至收藏图书，多多益善，不定限量。

第三条，本馆制备募捐册，送请各机关各绅耆代为劝募，无论捐书捐款之多寡，除填发收条外，并登报致谢，竖碑纪念。

第四条，本馆特修纪念馆一座，捐书捐款满十元以上者，请应募人送四寸像片一张，悬挂纪念馆内；满百元以上者请送六寸像片一张，悬挂纪念馆内，其中有特别捐赠者，本馆将其照片放大悬挂，敬谨表彰。

第五条，私家珍藏图书不愿捐赠而愿借供众览者，请寄存本馆给与执据，随时可以执据收回，如有损失，本馆负责赔偿。

第六条，本馆自正式开馆后，每年编印图书馆汇报一次，除将收藏图书目录、阅览统计及其他应行记载事项分门编辑外，并

---

① 绵阳市文化局编纂：《绵阳市文化艺术志》，四川科学技术出版社2000年版，第454页。

将捐赠款资、图书人姓名及所赠捐种类、数目,分别记载,以致谢忱。其有特别捐赠者,本馆代作传记,刊印表彰。

万县公立图书馆捐赠图书规则①

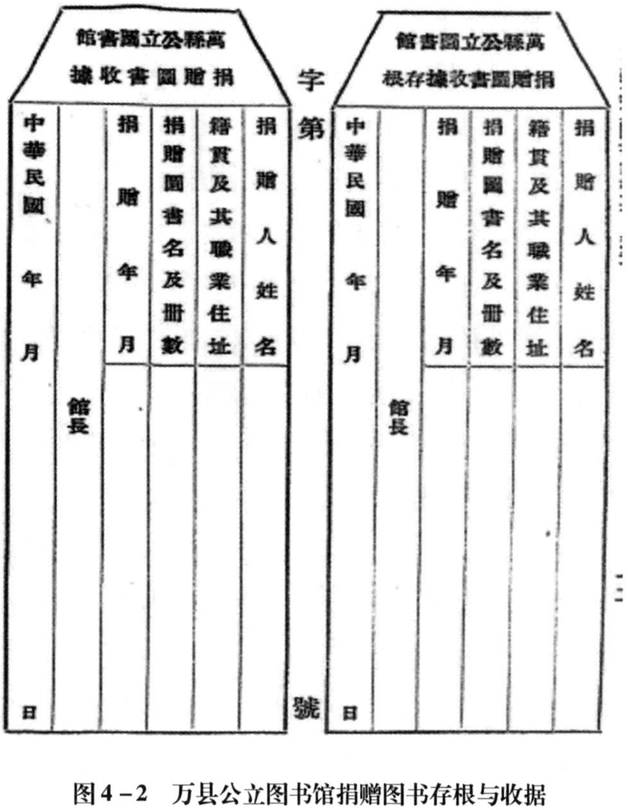

图 4-2　万县公立图书馆捐赠图书存根与收据

一、凡私人或团体有以图书捐赠本馆者除发给收证(如上图所示)外得予左列各种优待。

甲、标识捐赠者之姓名及捐助年月于捐赠图书目录内。

乙、给与本馆优待证来馆阅览图书不另取费。

---

① 万县公立图书馆:《万县公立图书馆概要·规章》,万县公立图书馆1930年版,第11—12页。

丙、以捐赠者之姓名、籍贯、职业、住址制成一览表，悬挂本馆并刊登报章表扬之。

丁、捐赠图书值在百元以上者除受甲乙丙各款优待外并遵照捐资兴学褒奖条例呈请褒奖。

二、图书捐赠本馆后其储藏及陈列方法由本馆主持，但捐赠者得陈述意见以被采择。

三、本规则自呈奉核准日施行。

吸引和鼓励个人向图书馆捐赠是一种方式，同时图书馆还主动出击向社会机关去函，希望它们能捐赠出版物。如富顺县图书馆给国民革命军第二十九军军政治训练部《政治旬刊》去函，"敝馆设立已届两年，曾征求捐赠图书一次，……兹为第二次之征求，素仰贵部热心图书馆之扶助，或以私人著述，或以家藏图书，或以近处刊物，（如杂志报纸及各种宣传刊物等）捐赠敝馆极为欢迎。贵部政治旬刊，及其他出版物，敬请惠赠按期邮赐……其有应须敝馆奉上邮费者，请示知以便邮寄"①。隆昌县图书馆也向国民革命军第二十九军军政治训练部去函，希望该部"惠赠《政治旬刊》及其他书籍，同时希望《政治旬刊》能刊登该馆征集书籍的启示"②。

寄存与捐赠类似，本节将此种行为归为捐赠形式的一种。寄存主要是私人将其藏书寄放在图书馆供人阅览，它与捐赠不同之处在于寄放一定时间后寄放人可以将寄存书籍收回。寄存者可以跟捐赠者一样享受免费到馆阅览的优待。

万县公立图书馆寄存图书规则③

一、凡私人或团体愿以图书寄存本馆供人阅览者，须将书名、

---

①② 《来函》，《政治旬刊》1928年第32期。
③ 万县公立图书馆：《万县公立图书馆概要·规章》，万县公立图书馆1930年版，第13页。

册数及出版年月、处所开清送交本馆点收后给予收证，取还时即将收证缴回（收证式附后）。

二、寄存书籍除意外危险外本馆当妥为储藏负保管之责。

三、寄存书籍另编寄存书目，依照门类专架收藏。

四、寄存书籍其储藏及陈列方法由本馆主持，但捐赠者得陈述意见以被采择。

五、寄存者来馆阅览本馆给予优待证不另收费。

六、本规则自呈奉核准日施行。

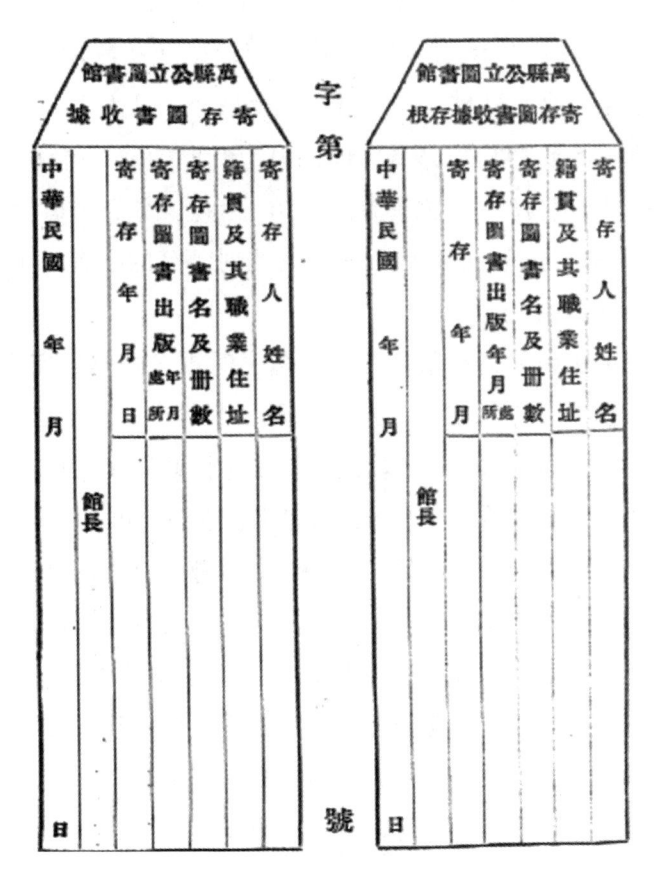

图4-3 万县公立图书馆寄存图书存根与收据

2. 购买

购买是基层图书馆馆藏图书的另一个来源。图书馆学家杜定友认为，图书馆内的书籍，一方面要适应阅者的需求，一方面以提高阅者的学术，放大阅者的眼光为目的，并列出了图书选择的十二条标准。

图书购买具有较强的专业性，不是任何人都能胜任，既要具备好的人品又要具备一定的专业知识和学术水平。万县公立图书馆在筹备时选派专人去上海采购图书，县政府"妥善查有该员材识优长，殷实、公正堪以充任图书馆筹备处赴沪采买图书员一职"专门下发委任令，委任张玑为万县公立图书馆筹备处赴沪采买图书委员[①]。北碚图书馆将拟购图书分为16类：1. 地质供应；2. 生植物动物；3. 农业；4. 工业化学工业、机械工业、土木工程；5. 卫生医疗；6. 物理；7. 电气；8. 交通、航业；9. 化理；10. 电讯；11. 冶金；12. 铁造；13. 公路；14. 贸易；15. 货币金融；16. 会计。每类聘请专门人员作为顾问帮图书馆选书，这些顾问中不乏当时著名的学者，如货币金融方面的顾问马寅初[②]。

基层图书馆因财力有限，在购买图书时更多的是以实用为原则，"择实用者选购"，与杜定友提出的"无多购善本、古本之无实用者"相一致。同时，通过购买的书籍间接实现国民政府关于培养现代公民和进行抗战动员的宣传教育。下面以邻水县立图书馆1940年8月和10月新购图书清单为例进行分析。8月和10月邻水县立图书馆共新购图书151本。所购图书涉及哲学、政治、经济、历史、教育、文学等多个领域，涉及的内容主要包括基层建设、基层学校教育、县政建设、抗日形势、抗战动员等，其中有关公民素质训练、地方自治建设、抗战动员等书籍是本次所购图书的主体，具有以下几个特点：一是响应国民政府提倡的塑造现代公民的主张，购买了《青年应当怎样修养》

---

① 万县公立图书馆：《万县公立图书馆概要·公牍》，万县公立图书馆1930年版，第3页。
② 《北碚图书馆理事会章程》，时间不详，重庆市档案馆藏，档号：00810018000030000128000。

《总理的人生观》等书籍，以培养公民国家观念和提高个人修养方面的教育。二是配合国民政府推行地方自治对民众进行民主观念和地方自治理念的教育，购买了《地方自治与国民革命》《怎样实施民国政治训练》《新县制与训政实施》等书籍。三是配合抗战，积极对民众进行抗战宣传和动员。8月和10月购买了大量关于抗日形势和抗战动员方面的书籍，如《两年来的中日战争》《世界大战》《我们的抗战领袖》《抗战与国际形势》等以满足普通民众对时事了解的需要。四是服务于国民政府当局的意识形态宣传工作。这可以从购买的《总裁思想》《国民精神总动员纲领及实施办法》等书籍中反映出来。

（二）馆藏情况

藏书量是馆藏情况的重要反映，是衡量一个图书馆规模大小的指标之一，藏书越多越能为读者提供丰富的阅读体验。从目前收集到的关于民国时期四川地区基层图书馆的资料看，四川各基层图书馆藏书量参差不齐、差异很大。藏书最少的县级图书馆只有几百册，如1929年的雷波县图书馆其藏书只有424册①。北碚图书馆的前身峡区图书馆，刚成立时藏书亦仅四百余册，后来经过合并中国西部科学院图书馆、北碚民众图书馆，以及各方热心人士不断捐赠和该馆随时采购，截至1947年12月底，北碚图书馆总计全馆所藏中西文书刊共有197070册②，其藏书量不可谓不巨大。但像北碚图书馆这样拥有巨大馆藏的县级图书馆毕竟是少数，大多数县级图书馆的藏书量在近万册。

民国时期四川地区各基层图书馆的藏书情况具有如下特点：一是馆藏文献类型丰富，图书、期刊、报纸、图表等类型的文献各基层图书馆都有所收藏。如安县图书馆1941年有古籍10354册、杂志1859册、报纸6种、图表13种③。荣昌县民教馆图书室藏书5000余册，杂

---

① 四川省《雷波县志》编纂委员会编：《雷波县志》，四川民族出版社1997年版，第674页。
② 《北碚图书馆概况》，时间不详，重庆市档案馆藏，档号：00810004055550000039000。
③ 绵阳市文化局编纂：《绵阳市文化艺术志》，四川科学技术出版社2000年版，第178页。

志 10 余种，报刊 20 余份。图书期刊有中文，也有英文。如北碚图书馆截止 1947 年底有中文书 126032 册、西文书 2724 册、中文期刊 56102 册、西文期刊 10447 册；简阳图书馆 1945 年有中文书 12000 册，外文书 4280 册；当时重要的报纸如《中央日报》和四川地区著名的报纸如《新新新闻》等各县图书馆都有订阅。如蒲江县立通俗图书馆 1936 年订有《中央日报》《国民公报》《上海时报》《新新新闻》《成都快报》等报刊 7 种；绵竹县立图书馆订购的报纸有《新新新闻》《工商导报》《中央日报》约六七种。二是古籍、地方志、线装书等是基层图书馆重要的馆藏构成，甚至是有些基层图书馆最主要的馆藏资源。同时大多数基层图书馆都拥有《四库丛刊》《二十四史》等古籍和《万有文库》丛书。如万源县立图书馆藏有廖震捐《二十四史》一套，从上海购回《万有文库》丛书；石柱县图书馆馆内藏书有《二十四史》《四部丛刊》，1931 年成立县通俗图书馆后新购《万有文库》丛书；江津县民众图书馆内有《四库珍本初集》《四部备要》《万有文库》等大型丛书和工具书。三是图书种类齐全。哲学、社会科学、自然科学、儿童读物等各类书籍都有所收藏。如隆昌县公立图书馆有自然科学、社会科学、党义史地等书籍约在两千册以上。岳池县图书馆 1940 年从民众教育馆分出复设，陆续增购文学、史学、哲学、政治学、经济学、医学等图书，藏书最多时近万册。富顺县图书馆有哲学、社会科学、自然科学、文学、艺技等共 4555 册，儿童读物 2000 册。

在四川地区内将县级图书馆与同期的四川省图书馆的藏书情况进行比较，截止 1944 年 11 月底，四川省图书馆藏书共计有 49990 余册。其中，中文线装书 39216 册，中文平装书 9897 册，西文书 877 册，图表 112 张，杂志 89 种，中英文报纸 8 种[1]。1945 年，简阳县图书馆有藏书 16400 余册。其中，中文书 12000 册，外文书 4280 册[2]。丰都县图书馆

---

[1] 任家乐、李禾：《民国时期四川图书馆业概况》，四川大学出版社 2013 年版，第 4 页。
[2] 四川省简阳县志编纂委员会编纂：《简阳县志》，巴蜀书社 1996 年版，第 624—625 页。

至1944年馆藏图书7000余册①；资中县图书馆1944年有图书1.4万册②。1944年四川省立图书馆的藏书量近5万册，而同期县级图书馆的藏书量才近万册，可见县级图书馆与省立图书馆藏书量差距极大。

对于分类编目方法，当时并无统一规定。各基层图书馆根据自身实际进行分类编目。如广安县图书馆1939年，按总类之一、总类之二、社会科学类、哲学类、文学类、历史类、地理类、儿童图书类、《万有文库》类等十三类分类编目上架③。简阳县图书馆依《杜定友法》分类。但大多数基层图书馆（室）都采用王云五的中外统一图书分类法进行分类编目。下面将万县公立图书馆、新都县立图书馆、邻水县民众教育馆图书室的情况列出，以供参考。

图4-4 万县公立图书馆藏书分类比较④

---

① 四川省丰都县地方志编撰委员会：《丰都县志》，四川科学技术出版社1991年版，第533页。
② 四川省资中县志编纂委员会编纂：《资中县志》，巴蜀书社1997年版，第625页。
③ 四川省广安县志编纂委员会编纂：《广安县志》，四川人民出版社1994年版，第689页。
④ 万县公立图书馆：《万县公立图书馆概要·图表》，万县公立图书馆1930年版，第8页。

从万县公立图书馆藏书分类比较图可以直观地看出,其藏书中应用技术和社会科学占比较大,自然科学和美术占比较少。从1934年新都县立图书馆各类图书册数统计表可以看出,1934年新都县立图书馆采用王云五中外图书统一分类法,将藏书分为总类、哲学、宗教、社会科学、语文学、自然科学、应用技术、美术、文学和史地十类,其中总类、文学、史地三类图书收藏最多,占比分别是总类占比30.49%、文学占比28.34%、史地占比25.21%。

表4-3　　1934年新都县立图书馆各类图书册数统计表[①]

(说明:本馆现藏书22578册,悉依王云五统一分类法制成,此表惟杂志日报另行编)

分类号	类名	数量(册)	占比
000	总类	6885	30.49%
100	哲学	482	2.13%
200	宗教	11	0.05%
300	社会科学	1525	6.75%
400	语文学	362	1.60%
500	自然科学	219	0.97%
600	应用技术	815	3.61%
700	美术	189	0.84%
800	文学	6399	28.34%
900	史地	5691	25.21%
合计		22578	

邻水县立民众教育馆在图书分类编目上虽然采用王云五的统一分类法,但根据实际情况略为进行了调整。将统一分类法中200宗教类改为了抗战读物类。邻水县立民众教育馆1942年图书目录中,明确注明"本馆图书分类编目前虽依照王云五《中外图书统一分类法》编制,但以种种关

---

① 新都年鉴编纂委员会编纂:《新都年鉴1934》,1935年版。

系事实上仍未实行，结果泛无头绪。本目录编制较简，使借阅者便于检查，管理者亦便于经营。本馆图书无宗教书籍，现将此类改为抗战读物，凡关于抗战读物即编入此类，以后如有宗教书籍时，可并入哲学类。本目录图书仍分为十大类，其类号及名称分列如左：1. 000 总类；2. 100 哲学；3. 200 抗战读物；4. 300 社会科学（310 社会、320 政治、330 经济、340 法律、350 教育）；5. 400 字典辞典；6. 500 自然科学；7. 600 应用技术；8. 700 艺术；9. 800 语文学（810 文学、820 应用文学、830 诗词、840 戏剧、850 小说）；10. 900 史地（910 历史、920 地理)"①。

从邻水县立民众教育馆 1940 年馆藏书目清单，可见其收藏量最多的是总类，占比高达 50.09%；第二是文艺，占比为 15.76%；第三是社会科学，占比为 13.92%；第四是史地类，占比为 5.96%；抗战读物占比 5.91%，跟史地类并驾齐驱。对比新都县立图书馆和邻水县立民众教育馆的藏书统计，可以得到以下几点认识：一、两个馆藏书最多的都是"总类"，这是因为总类中包括了各种丛书和类书。"文学（文艺）"是馆藏图书中排名第二的，"史地"排名第三。从中可以推测，当时四川地区的县级图书馆和民众教育馆藏书以"总类"中丛书、类书为主，文艺类和史地类图书次之。二、邻水县立民众教育馆专门设有抗战读物类别，这是它的一个特色，反映出民教馆积极履行其对民众进行抗战宣传、动员的职责。三、邻水县立民众教育馆中儿童读物 796 册，是单类中藏书最多的；哲学 36 册，藏书最少。这反映出因当时民众文化水平有限，所以浅显、通俗的图书比较受欢迎，县级民教馆、县级图书馆以满足民众需求为中心进行馆藏建设，馆藏图书注重普及性、通俗性。四、新都县立图书馆馆藏种类齐全，王云五统一分类法中列的十大类都有收藏，可见县图书馆的综合性。它既有针对普通民众中不识字的需要而藏有图识类图书，又有通俗性读物，还收藏有富有理论深度和思想的书籍以供学术研究。

---

① 资料来源：《邻水县民众教育馆档案》，四川大学西南文献中心，档号 2-7-1985。

表4-4　邻水县立民众教育馆馆藏书目清单（1940年10月）

分类号	类名		数量（册）	占比
000	总类		2127	50.09%
		万有文库	565	
		小学生文库	475	
		国民说部	100	
		正中少年故事集	49	
		民众基本丛书	72	
		儿童读物	796	
		其他	70	
100	哲学		36	0.85%
200	抗战读物		251	5.91%
300	社会科学		591	13.92%
		社会学	91	
		政治学	160	
		经济学	105	
		法律	73	
		教育	162	
400	字典、辞典		56	1.32%
500	自然科学		59	1.39%
600	应用技术		108	2.54%
700	艺术		96	2.26%
800	文艺		669	15.76%
		文学	250	
		应用文学	62	
		诗词	66	
		小说	291	
900	史地		253	5.96%
		历史	195	
		地理	58	
合计			4246	

四 读者服务工作

读者服务工作是基层图书馆最为重要的任务和职责。基层图书馆一方面通过不断丰富和完善馆藏资源来提高图书馆进行读者服务的硬件能力,另一方面积极创新服务内容和方式,提高读者服务的软实力。民国时期基层图书馆虽然受经费、馆藏、人员等诸多条件的限制,但为了实现其"进行文化传递、启迪民智、提高民众素质、倡导良好生活方式"等职能,积极想办法做好读者服务工作,逐步完成了以书为中心到以读者为中心的转变。

(一) 图书阅览

图书阅览,主要是指读者到图书馆进行的阅览,是馆内读者服务的一部分。20世纪,"以提高民众对新式图书馆的利用率,提高国民教育素质为目标的新图书馆运动蓬勃发展起来,随着新图书馆运动的深入开展,以倡导平等、自由、免费服务为核心原则的公共图书馆精神"[1],被图书馆界和普通民众广泛接受,这一时期基层图书馆组织不仅数量增加显著,而且在阅览制度设计中也开始注重对读者阅读权利的维护和对自身行为的规范。

对比1925年万县公立图书馆筹备处和1926年万县公立图书馆关于阅览的规则,可以发现如下一些变化:一是阅览时间明显增加。筹备处阅览所规章中规定,该所阅览时间为"每日午前八钟至十二钟,午后一钟至四钟半开馆阅览"[2]。万县公立图书馆阅览室的开放时间为"四月至九月每日自午前八钟起午后六钟止,十月至三月每日自午前九时起至午后五时止"[3]。每日阅览时间增加了两个半小时。同时全年的阅览时间也有所增加。筹备处阅览所规章中规定"星期一图

---

[1] 凌美秀、曹春晖:《中国图书馆两次新图书馆运动之比较》,《图书馆》2007年第2期。
[2][3] 万县公立图书馆:《万县公立图书馆概要·规章》,万县公立图书馆1930年版,第3、7页。

书停止阅览"①，图书馆阅览规则中已没有这一规定，同时休假的节假日天数也有所减少。阅览时间的延长和增加，反映了图书馆便利读者、提高图书利用率的理念。二是图书馆教育功能的强化。筹备处规定读者在阅览室不得喧哗诵读、吸烟饮茶及食用其他食品，万县公立图书馆在此基础上还增加了阅览室内不得侧卧、涕唾，可见图书馆对读者行为规范越来越细致，更加注重对读者公民素质的培养。三是基层图书馆作为公共空间的意识增强。王笛认为"公共空间"即城市中对所有人开放的地方。公共图书馆其设立的初衷就是对所有社会公众开放，是一个公共空间。公共空间不止具有开放性，它也需要秩序、需要规则与伦理。在阅览室这一公共空间内，为了维持秩序、保障每个进入者的权利而对阅览者的行为进行了规范。同时，为了公共空间的安全与舒适，图书馆对哪些不能入内进行了规定。万县公立图书馆阅览室规则中"不得携有危险及笨重物品、癫癎酒醉及有传染病者禁止入览"的规定，正是图书馆为了维护公共空间安全的一种体现。

为提高读者服务质量，图书馆进行了各种统计，以便通过对读者的分析来改进馆务。万县公立图书馆对设立筹备处以来到其首任馆长李寰卸任时的阅览人数进行了统计，详细列出了这段时间内各月的阅览人数和各阅览室的阅览人数。从表中看出：一是到馆阅读人数受季节和人们空余时间多少的影响。1927年7月的到馆阅览人数为1042人，为该年统计表中人数最多的月份。1926年7月到馆人数为1009人、8月为1112人，是该年统计表中人数较多的两个月份（1926年4月人数是该年人数最多的月份，是因为4月筹备处刚成立，人们对时事了解的需求和对新事物的好奇心使不少人到筹备处阅读报纸）。7、8月份都属于夏季，可见夏季是到馆阅读人数最多的季节。这一方面是因为夏季图书馆的开馆时间延长和开馆天数增加，另一方面是由于

---

① 万县公立图书馆：《万县公立图书馆概要·规章》，万县公立图书馆1930年版，第3页。

夏季人们相对空闲时间更多一些。1927年到馆阅览人数最少的两个月为1月和2月，一方面由于天气寒冷，另一方面因春节这一传统节日，在这期间，人们忙于准备春节的相关事务，空余时间减少，因此到馆阅读人数减少。二是读者的阅读兴趣更多地集中在新闻等与时事相关的内容。万县公立图书馆将报纸和图书分开设立阅览室，新闻阅览室内陈列有各种报纸。表中的数据反映出，新闻阅览室的人数明显多于图书阅览室的人数，可见人们对时事新闻的需求大于对知识的学习，更倾向于阅读通俗、浅显易懂的文献。

表4-5　　　　　　　　　万县公立图书馆阅览人数统计表①

年别	月别	图书阅览		新闻阅览		合计		开馆日数
		人数	每日平均	人数	每日平均	人数	总平均	
1926年	4月	322	13	833	33	1155	46	25
	5月	261	10	664	25	925	35	26
	6月	292	11	516	20	808	31	25
	7月	606	23	403	15	1009	38	26
	8月	319	12	793	30	1112	42	26
	9月	145	10	487	34	632	44	14
	10月	300	12	472	18	772	30	25
	11月	167	6	324	13	491	19	24
	12月	190	7	409	16	599	23	25
1927年	1月	77	3	416	16	493	19	25
	2月	93	4	312	15	405	19	20
	3月	191	7	498	19	689	26	26
	4月	381	15	493	19	874	34	25

① 万县公立图书馆：《万县公立图书馆概要·图表》，万县公立图书馆1930年版，第3—4页。

续表

年别	月别	图书阅览		新闻阅览		合计		开馆日数
		人数	每日平均	人数	每日平均	人数	总平均	
1927年	5月	291	1	721	26	1012	27	27
	6月	260	3	730	18	990	21	24
	7月	225	8	817	31	1042	39	26
	8月	32	2	296	19	328	21	15
合计		4152		9184				
备注		本表中1927年8月的截止日期为8月17日止						

(二) 图书借阅

民国时期四川地区基层图书馆开展的借阅活动,分为个人和为单位、机关团体提供服务两种。为单位、机关团体提供的借阅服务以交换和互借为主。图书馆用于交换的图书主要有本馆出版物,如月报、年报等,以及本馆重复的书刊杂志等。如:犍为县图书馆馆长张近凡,为扩大馆务,充实内容,拟将全川各县志书,征求齐全,以供各界浏览。"特备本县志书一百余部,愿与各县交换,已于去年十一月发出通启,函致各县县府或图书馆述明交换之意,广事征集。惟求各县以最近重修之志书见寄,如有其他名著相赠,亦可为之交换云"[①]。

为个人提供的借阅服务,在借阅手续方面,基层图书馆一般都要求借阅人缴纳一定的押金或有人进行担保,在此基础上填写借书信条交由图书馆管理人员进行检取借阅。押金的数额一般为书价的数倍至数十倍不等。如,邻水县立民教馆图书室规定"借阅书籍须照书价三(倍)缴纳押金后,始得借出馆外"[②]。璧山县立图书馆则规定,"向馆

---

① 《图书馆界——国内》,《中华图书馆协会会报》1939年第5期。
② 邻水县民教档案,四川力学西南文献中心,档号:2-7-1985-04。

借阅图书，请缴所借图书原价肆拾倍之押金，于还书时如数退还"①。同时，基层图书馆还考虑到不愿缴纳押金这一特殊情况，如邻水县立民众教育馆图书馆规定，"借书人如系公务人员或学生等不愿缴纳押金时，必须持有其服务机关或学校之正式证明文件，先向本馆交涉后，再行遵规借阅"②。

为简化借阅手续，基层图书馆也采用办理图书证的办法来取代缴纳押金。如，璧山县立图书馆借阅规程补充规定，指出"本馆备有借书证，凡经办理认定手续者，即可免纳保证金。借书证手续有二种，一种是取得城内铺保，经本馆认可者。另一种是有特殊介绍，经本馆认可者"③。从基层图书馆借阅规则看，基层图书馆对于学生和公务员借书有一定的优惠政策。同时其保证金或保证人的规定又使一部分无法缴纳保证金或办理图书证的民众不能进行图书借阅，这一定程度上限制了它的服务范围和受益人群，这既反映了当时基层图书馆馆藏图书缺乏的现实，又表明基层图书馆在以读者为中心进行服务中对"读者"界定的局限性。

在借阅数量上，因书籍有限，基层图书馆为使更多的人能借到书，同时提高图书的利用率，其规定的书籍借阅册数一般较少，通常为二册；借书期限一般较短，通常为两周，到期后完善续借手续可再续借一至两周。如，璧山县立图书馆规定，"借书人每次以贰册为限。借书人每次借书，请预注几日以内能阅毕送还，不得超过一周。借书人续借图书，务请亲自来馆，办理续借手续，送还时间不得（超）逾一周，以便转给久待之借阅读者"④。邻水县立民众教育馆规定，"图书借出，除线装书籍及有特别情形外，每人每次不得超过二册。借书期

---

①④　璧山县立图书馆借阅规则（1942年7月），璧山县档案图书馆全宗，四川大学西南文献中心，档号：4-1-1-9至10。

②　邻水县民教档案，四川大学西南文献中心，档号：2-7-1985-04。

③　璧山县立图书馆借书规则（1942年9月），璧山县档案图书馆全宗，四川大学西南文献中心，4-1-1-2。

间,至长不得过两周。如限期已到而书未阅毕时,借书人须来馆或用函声明后,得续借一星期"①。《(北碚)民众图书馆改订战时外借简则》规定,"借书证借书每次以二册为限,于两周归还,如欲续借,须得经本馆同意,俾得可续借至两周"②。高校图书馆跟县级图书馆相比,因馆藏资源相对丰富,在借阅册数和期限上更为宽松。如,四川大学图书馆,其一般学生借书期限加上续借可达一个月,教师借书期限加上续借可达八个星期。一般学生借阅册数为四册,教师借阅册数可达 30 册③。

在开展个人借阅服务方面,因当时四川省民众受教育水平较低,据 1940 年《四川省实施国民教育计划纲要》统计,全省人口 35.5% 为文盲④,基层图书馆的图书外借人数有限,借阅主体跟到馆阅览主体一致,以公务员群体和学校教员等有一定文化水平和阅读能力的人为主。外借书籍多以适合休闲阅读的书为主,用于学术研究或有较高理论知识的书籍借阅较少。邻水县民众教育馆 1939 年的工作报告表中指出,"本馆图书逐年增加,有 3000 余种。本期将儿童读物及抗战教育等书编成小学及教育视导区两种巡回文库外,其余由民众来馆借出阅读。本月借书民众有 184 人,以借小说者为最多"⑤。

基层图书馆跟其他公共图书馆一样,也面临着外借图书逾期不还和无法收回的情况。面对这种情况,各基层图书馆一方面按照借阅规则中规定的没收押金以用之购买新书;另一方面向借阅人或其所在单位发出催还函,甚至直接请县政府派警察进行追讨。

---

① 邻水县民教档案,四川大学西南文献中心,档号:2-7-1985-04。
② 《民众图书馆改订战时外借简则》,时间不详,重庆市档案馆藏,档号:00810004006940000012000。
③ 李秉严:《四川高校图书馆 100 年》,四川科学技术出版社 1999 年版,第 6、16、17、175 页。
④ 《四川省实施国民教育计划纲要》载《四川省实施国民教育办法要览》,1940 年,第 6—7 页。
⑤ 《四川省邻水县民众教育馆工作报告表(28 年 11 月)》,1939 年,四川大学西南文献中心藏,档号:2-7-1884-64。

在催还和追讨无果的情况下，呈请县政府将该书予以核销。1940年5月，邻水县立民众教育馆向县政府呈文，"查前任馆员周煜三经手借出有着书籍除已代为收回51本外，尚有184本限期逾时已久，迭经图书室备催之迄延未送还，值此本馆交代之际，理合具文连同该馆员经手借出有着书籍清册一份及借书信条一册、押金法币8.05元正，一并呈报钧府鉴核，饬警追收直交图书馆陈列备阅，以重公物而清手续"①。邻水县政府要求该县警察局火速按名册追收周煜三借出的图书，然而借出图书并没有收缴回来。直到1942年12月，邻水县立民众教育馆再次向县政府呈文，"前面多次提到请县府将借出无着落无法追回图书进行赔偿一事，处理进展：一、借书人确系照当日实价市值加倍赔偿。二、没收押金照当时书价，确能购得相等价值之书，但系因抗战关系实无法购得。三、无从追还者何以借书时又未遵照规定索取押金，因多系机关负责人员，当时虽索取押金，因一时不便情面关系未予认真"②。最终县政府决定，"失书及未取押金，原因既已声明，故准一并核销"③。此事才得以解决。

除逾期不还外，基层图书馆的藏书在阅览和流通过程中也会受到一定的损失。除去战争因素外，四川地区基层图书馆的图书损失主要源于图书馆自身管理存在的漏洞和当地驻军的破坏。县级图书馆往往因为人手不够，部分陈列在馆内的图书杂志没有专人管理，以致杂志书籍被阅览者私自带走。如1940年5月，邻水县立民众教育馆改组为县立图书馆时，向县政府造报其损失杂志79册的原因为"查其差欠79册原因确为本馆既订有杂志多份，而实事上又不能不陈列阅览室内以供浏览。惟因本馆职员人数过少，无专人负责管理，以致一经陈列

---

①②③ 《邻水县立民众教育馆呈文：本馆前任馆员周煜三经手借出有着书籍恳请鉴核饬警追收直交图书馆陈列备阅（民国29年5月）》，1940年，四川大学西南文献中心藏，档号：2-7-1964（1）-139、141；《邻水县立民教馆呈：未追回图书请予注销（民国31年12月10日）》，1942年，四川大学西南文献中心藏，档号：2-7-1985（2）-25、26。

即时有被阅者私行带走之虞，此种损失实无法避免"①。对于基层图书馆外借给各机关学校或者陈列于茶园等公共场所的书籍，其损失主要在于驻军的破坏。如邻水县立民众教育馆借给邻水县地方行政干部训练所的108本书籍，就因为"不意被驻军（十四军）移驻本所时，未经允许擅将已锁之文柜搬弄损坏，以致所有士兵私将书籍翻看乱挑，以致损失书籍共伍拾贰本"②。邻水县立民众教育馆为便利民众阅读，"将图书陈列巡回书车放在衙门口、协昌茶社等地供众阅览，籍资便利。但放在这些地方的图书因受过道军队驻扎而发生较大损失。

第五节 民国时期四川地区基层图书馆的特点及历史地位

一 民国时期四川地区基层图书馆发展的主要特征

民国时期我国图书馆事业的发展经历了曲折动荡的发展历程。四川地区基层图书馆作为该时期我国图书馆事业的重要组成部分，其发展深深地打上了时代的烙印。同时，它又充分体现了民国时期四川地区政治、经济、文化教育等方面的特征。

（一）民国时期，四川地区基层图书馆的发展受四川军阀势力的影响较大

1935年前四川实行"防区制"，各防区内军阀为了发展防区内的地方建设事业、改善民生、维护其统治，纷纷支持建立图书馆。不少基层图书馆的筹建和建设就得益于军阀的捐款或捐书。如绵阳县立图书馆的筹建就源于驻绵阳的川军第三师师长邓锡侯为"恢张宏智"，筹建过程中29军军长、副军长等人纷纷捐款。三台县立图书馆的建立

---

① 《邻水县立民教馆呈文：漏交杂志79册仰祈鉴核注销（民国29年5月）》，1940年，四川大学西南文献中心藏，档号：2-7-1964（1）-42。

② 《邻水县地方行政干部训练所造具借用书籍损失清册》，时间不详，四川大学西南文献中心藏，档号：2-7-1894-9至12。

也源于驻三台的国民革命军29军军长田颂尧捐大洋1000元作为倡导；大邑县图书馆修建中，国民革命军21军军长刘湘、24军军长刘文辉各捐银圆五千元。营山晋康图书馆不仅由邓锡侯个人捐资建成，其临时费也多由邓锡侯出资解决。晋康图书馆的馆长在1933年之前均由穆耀枢向邓锡侯推荐，由邓锡侯任命。杨森捐助扶持了泸州白塔寺图书馆、万县公立图书馆；范绍增捐建了渠县图书馆等。但各地驻军对图书馆的破坏也屡见不鲜。如，1928年，大竹县立图书馆被驻防部队（陈兰亭部）强令撤毁，迁至南街园梯子。

（二）地理环境优越、交通便利地区的基层图书馆发展较好

"教育地理学认为地理因素是影响教育的重要原因之一"①，图书馆作为社会教育机构在民国时期受地理环境和交通因素的影响十分明显。袁从秀在其博士论文《民国时期四川教育地理研究》中将四川的地貌分成："四川盆地（包括川西平原、盆中方山丘陵和盆缘山地三个地貌）、川西南山地区、川西北高原地区3种。"② 根据这种划分，川西平原及四川盆地中部地区等地理环境相对优越地区、公路交通枢纽及主干线地区以及长江、岷江、沱江等水域交通便利地区其基层图书馆发展较好。如民国时期四川地区建立的第一个县级图书馆石柱县图书馆，正是因为石柱县发达的水路交通，使石柱县成为了商业中心，促进了教育文化机构的发展。据石柱县志记载，"石柱县位于四川东南部长江南岸，长江沿西北过境27公里，境内流域面积在15平方公里以上的溪河52条，其中流域面积50平方公里以上的河流有23条。（石柱县）清初已水陆贸易烟火繁盛，俨然一郡邑，民国时期是方圆百里的商业中心"③。川西高原和山区以及盆地山区和丘陵地区等地理环境相对恶劣的地区，其社会教育功能主要由民众教育馆来实施，基层图书馆的发展严重滞后。

---

①② 袁从秀：《民国时期四川教育地理研究》，博士学位论文，西南大学，2014年，第159—161页。

③ 石柱县志编纂委员会编：《石柱县志》，四川辞书出版社1992年版，第3页。

（三）教育文化基础良好地区，基层图书馆起步较早

图书馆作为社会教育机构其发展必然受到当地教育水平和教育文化基础的影响。教育水平较高、教育文化基础较好的地区其基层图书馆的发展起步较早、发展较好。袁从秀以民国时期四川地区中等教育情况为标准对四川地区的教育进行了教育中心区、教育次中心区、教育边缘区的划分。1912年至1945年，四川地区的教育中心区有37个①，这37个教育中心区全部设有独立建制的县级图书馆。

教育文化事业具有传承性，教育文化基础对图书馆的发展有一定的影响。以泸县为例，"宋代泸州地区已有泸州儒学、合江县儒学、江安县儒学，并有穆青书院、鹤山书院、五峰书院，还有进士40人，泸州开始跻身于四川教育的一般区。明代时期，泸州有进士68人，成为四川教育发达区之一。清代，泸州的进士有25人，留日学生27人，学堂119堂，学生4357人"②，泸州教育中心区地位得以巩固。民国时期，由于川南地区经济的发展和交通地位的重要，泸县继续保持着教育中心区的地位。因此1921年成立的泸县图书馆成为民国时期四川地区成立较早且影响较大的县级图书馆。

二 民国时期四川地区基层图书馆的历史地位和作用

民国时期，四川地区的基层图书馆是四川图书馆事业的重要组成部分，在启迪民智、发扬文化、塑造新民的过程中发挥了重要作用。同时，四川地区的基层图书馆也是全国基层图书馆队伍的中坚力量。

（一）民国时期四川地区基层图书馆的数量居于全国前列

以基层图书馆中县级图书馆为例，1904年浙江嘉兴和海宁建立了

---

① 37个教育中心区分别是成都、重庆、巴县、江津、资中、宜宾、泸县、荣昌、万县、南充、遂宁、资阳、铜梁、邛崃、犍为、西昌、彭县、内江、荣县、乐山、隆昌、富顺、安岳、绵阳、涪陵、璧山、合川、三台、华阳、威远、永川、江北、眉山、奉节、大竹、中江、达县。

② 袁从秀：《民国时期四川教育地理研究》，博士学位论文，西南大学，2014年，第188页。

我国最早的县图书馆。"海宁县公立图书馆，是我国最早以'图书馆'命名的县（市）级公共图书馆"①。1912年四川石柱县图书馆成立，这是四川最早成立的县级图书馆，它比海宁县公立图书馆晚了8年。虽然四川地区县级图书馆萌芽晚于浙江等沿海发达地区，但四川县级图书馆发展迅速，在抗战前四川地区县级图书馆的数量已经与浙江、江苏、湖南、山东等县级图书馆业发达地区相差不大，居于全国前10位。抗战期间，浙江、江苏、河南等地公共图书馆损失惨重，四川地区县级图书馆则因时局相对稳定和大量文化机构的内迁一直处于缓慢发展状态，成为抗战期间全国县级图书馆最重要的组成部分。

通过对《第一次中国教育年鉴》中列出的各县县立公共图书馆信息进行整理，统计出1930年全国各省县立图书馆的数量如下："江苏（42）、浙江（8）、安徽（13）、江西（20）、湖北（39）、湖南（54）、四川（42）、福建（19）、云南（48，此数据含民众书报阅览室）、贵州（17）、广东（54）、广西（30）、陕西（51）、山西（75）、河南（79，此数据含民教馆阅览室）、河北（46）、山东（5，原有各县图书馆多分别归并入民教馆内）、甘肃（25）、宁夏（0）、青海（5）、新疆（0）、辽宁（35）、吉林（14）、黑龙江（6）、绥远（5）、热河（1）、察哈尔（3）"②。从中可见四川省有县立图书馆42所，在全国27个省中排在第8位。河南省县立图书馆的数量最多，但它将民教馆阅览室计算在内，其余各省均未计入，因此它的数量仅可作为参考。四川县立图书馆的数量在全国各省中居于前列，与河北、广东、湖南等排名靠前的省差距不大。

据1936年的统计数据，全国共有公私县级图书馆约1000个，其分布为："江苏（78）、浙江（39）、安徽（17）、江西（21）、湖北（44）、湖南（57）、四川（52）、福建（33）云南（57）、贵州（19）、

---

① 李旎：《民国时期的县立图书馆》，《图书情报工作》2012年第S1期。
② 以上数据来源：《第一次中国教育年鉴》丙编，开明书店1934年版，第798—799页。

广东（142）、广西（32）、陕西（53）、山西（77）、河南（81）、河北（84）、山东（6）、甘肃（27）、青海（5）、辽宁（35）、吉林（15）、黑龙江（6）、绥远（5）、热河（7）、察哈尔（3）"①。广东省县级图书馆数量最多142个，河北、河南次之。四川省县级图书馆的数量为52个，排名第9位，与《第一次中国教育年鉴》中在全国县立图书馆的排名只相差1位，仍然居于全国县级图书馆的前列。

（二）民国时期四川基层图书馆是四川省图书馆事业的构成主体

《第一次中国教育年鉴》中，全国各省图书馆统计数据显示，四川省共有图书馆72所，四川省县立图书馆共有42所，占四川省图书馆总数的58.33%，是四川公共图书馆体系中的主体。1936年四川各地公共图书馆有157个，其中基层图书馆有52个，占公共图书馆总数的33.12%。基层图书馆不仅在数量上处于四川图书馆事业的优势地位，在质量上也不乏有一些著名的图书馆。如北碚图书馆，在抗战期间曾组织前来北碚的各机关、学校共同协作，组成"联合图书馆"，互相交换利用藏书，编辑出版《联合目录》，成为当时北碚地区的中心图书馆。1949年1月，北碚图书馆全馆职工已达41人，从人员数量来说已算全川最大的公共图书馆之一②。

（三）民国时期四川各基层图书馆是四川唤醒民众、抗日救国的重要宣传阵地

1937年全面抗战爆发后，四川逐渐成为拯救民族危亡、实行持久抗战的大后方。如何激励四川民众的民族意识和爱国热情，动员他们为抗战服务，担负起抗战大后方的责任和使命，成为四川抗战宣传的紧要任务。四川各基层图书馆为唤醒民众抗日意识、让民众明了时局，都订阅了各种报纸或编写板报、壁报、民众周刊等公布时事新闻，购置大批与抗战有关的时事类书籍供民众阅览；部分基层图书馆还专门

---

① 李朝先、段克强：《中国图书馆史》，贵州教育出版社1992年版，第297页。
② 任家乐：《清末民国四川图书馆事业研究》，博士学位论文，四川大学，2013年，第153页。

设置了参考室、研究室为民众提供了解、学习、讨论时事的场所，举办新闻照片展览、演讲会等活动，灌输抗战常识，激励民众爱国、爱县的观念和精诚团结、发奋图强的决心，成为四川唤醒民众、抗日救国的重要宣传阵地。

（四）民国时期四川各基层图书馆对地方文化的保存和传播发挥了重要作用

基层图书馆其建设之初已意识到自身肩负的文化责任和使命。如璧山县立图书馆在筹备时已将"保存文化、弘扬文化、调和文化、使一地方之文化可以散及各处，一时代之文化永留世间"① 作为自己的使命之一。县级图书馆成立后，一方面注意搜藏中外图书、注重对古籍的搜藏，其中保存有不少珍本和善本。另一方面注意搜集本地人士的著述、金石等文物，以保存地方文化。不少县级图书馆为帮助该县编写县志而向各地广为征集资料，有些图书馆的藏书来源就是编写县志过程中搜集到的文献。这对于地方文化的保存和传播具有重要作用。同时，县级图书馆的藏书既有浅显通俗的民众读物，又有学术性、专业性的书籍，既能满足普通民众的阅读需求，又能为阅览者进行学术研究提供参考资料。图书馆开展的读书会、展览会等宣传推广活动，既有利于提高当地民众的文化知识水平，也是当地文化教育事业的活动之一。

（五）民国时期四川各地建立的近代公共图书馆，为新中国四川各县级图书馆的建立奠定了基础

民国时期四川地区的基层图书馆是西方图书馆理论与中国传统文化碰撞的产物，但四川地区的基层图书馆从一开始建立就较少受到当地古代藏书楼的影响，而是受西方近代图书馆思想的影响。1912年四川最早的县级图书馆——石柱县图书馆成立时就"可凭据借阅"，已

---

① 《图书馆之重要//璧山县档案图书馆全宗》，四川大学西南文献中心藏，档号：4-1-1-11。

体现了近代公共图书馆开放的思想。民国时期四川各县图书馆的馆内设施布局、组织机构设置都是按照近代图书馆的样式和标准进行，各县图书馆开展的图书借阅、阅读推广等馆务活动又加深了民众对免费、平等、开放这一公共图书馆精神核心原则的理解和认同，使公共图书馆精神深入人心。民国时期各县级图书馆已开始注意收藏涉及各类科学的图书，其保存的藏书，新中国成立后被当地政府所接管，成为新中国各县级图书馆重要馆藏之一。新中国成立后，四川各县陆续建立了县级图书馆，其中不少县级图书馆是由民国时期该县的图书馆或民众教育馆改建而成。

（六）以读者为中心的读者服务工作为当今县级图书馆建设提供了借鉴和参考

民国时期，四川各基层图书馆为提高民众的读书兴趣、养成民众的读书习惯、培养民众良好的休闲嗜好、塑造民众的国家、民族观念和现代公民意识及行为准则，基层图书馆遵循免费、开放、平等的公共图书馆精神，以读者为中心进行馆藏建设和开展读者服务活动。特别是在民国时期基层图书馆经费困难、人员有限的情况下，基层图书馆为便利读者阅读，采取了巡回文库、总分馆模式等方式主动为读者送书上门，这些做法对于解决当今县级图书馆存在的图书馆利用率低、服务内容单一等问题提供了参考和借鉴。民国时期基层图书馆的读者服务活动所体现出的图书馆人以社会教育为己任，勇于担当、甘于奉献、主动服务的精神在今天仍然值得我们学习和发扬光大。

第 五 章

民国时期儿童图书馆研究

我国儿童图书馆从孕育至今已走过了百年历程，虽然相比欧美儿童教育先进国家起步较晚，但仍为我国图书馆事业史添加了浓墨重彩的一笔。民国时期是我国儿童图书馆发展史上的初创期，也是第一个繁荣期。在这一时期，儿童图书馆作为一项新兴事业，完成了从胚胎到成熟的成长过程。这一时期的儿童图书馆在理论与实践上取得的诸多成就，对我国儿童图书馆事业发展产生了深远影响，在民国时期儿童教育与儿童文化权益保障上发挥了积极的作用。

民国以前，大多数人对儿童没有一个正确的认识。他们不是把儿童当作成人的缩小版，就是把他们看作什么都不懂的小孩而不去关注。因此，在近代图书馆的发展过程中，没有考虑到儿童的特殊性，导致其未能在儿童教育功能上发挥作用。教育救国论的提倡使人们对儿童的认识有了根本改变，明白了儿童在心理和生理上，虽然和成人有所不同，但也是一个独立的个人。因此，儿童图书馆的建立，是我国图书馆事业发展的有效补充，也是儿童教育功能的进一步延伸①。

儿童图书馆作为图书馆大家庭中的一份子，除了具有与成人图书馆的共性外，还具有其自身的个性。正如杜定友在《儿童图书馆问

---

① 康兆庆：《民国时期儿童图书馆研究述评》，《图书馆工作与研究》2014年第6期。

题》开篇处写到的,"数年以来,我对于图书馆学,虽然略有著述;而对于儿童图书馆,却未尝敢立一说、著一文"①。可见,儿童图书馆因服务对象是儿童,所以服务设施与服务方法也与众不同,与其他类型图书馆不能一概而论。

我国儿童图书馆在建设初期,无论是馆舍建设还是馆务管理,都无任何既往经验可以借鉴。在蔡文森等有识之士多次译介、宣传国外儿童图书馆先进经验的基础上,业内人士结合本国实际,努力探索我国儿童图书馆的发展之路,并最终实现了由移植—吸收—本土化的过程。

第一节 民国时期儿童图书馆档案概况

一 民国时期儿童图书馆档案的分布

通过查阅《全国民国档案通览》《民国档案研究》《中国近代教育史资料汇编·教育行政机构及教育团体》《宣统三年至民国十五年历届教育会议议决案汇编》《第一次中国教育年鉴》《第二次中国教育年鉴》,浏览中央、省与地市级各档案馆官方网站的开放档案,实地档案调研,基本上掌握了民国时期儿童图书馆、儿童阅览室及儿童阅览服务的档案分布情况。

从档案分布方面看,目前可查的关于民国时期儿童图书馆、儿童阅览室及儿童阅览服务的档案主要分布在南京、北京、上海、天津、重庆、山东、福建、湖南、湖北、四川、甘肃、辽宁、江西、河南、广东、云南等地;档案收藏机构包括中央级档案馆、省市级档案馆、高校档案馆等。

从档案全宗分布来看,暂没发现设有独立儿童图书馆档案的全宗,相关档案分散在不同的档案全宗里。如南京第二历史档案馆所藏儿童

---

① 杜定友:《儿童图书馆问题》,《教育杂志》1926年第4期。

图书馆档案分布在教育部（全宗号：5）、私立金陵大学（全宗号：649）全宗；北京市档案馆所藏儿童图书馆档案分布在北京市教育局（全宗号：J4）、北京市商会（全宗号：J71）全宗；上海市档案馆所藏儿童图书馆档案分布在上海市教育局（全宗号：Q235）与全宗号为U1的全宗；天津市档案馆所藏儿童图书馆档案分布在天津市各民众教育馆（全宗号：J113）、天津市教育局（全宗号：J110）全宗；重庆市档案馆所藏儿童图书馆档案分布在国立罗斯福图书馆（全宗号：0115）全宗；（山东省）青岛市档案馆所藏儿童图书馆档案分布在青岛市政府教育局（全宗号：临字27）全宗；福建省档案馆所藏儿童图书馆档案分布在福建省教育厅（全宗号：2）全宗；湖南省档案馆所藏儿童图书馆档案分布在湖南省教育厅（全宗号：59）全宗；（湖北省）武汉市档案馆所藏儿童图书馆档案分布在湖北省立科学馆（全宗号：LS16）、湖北省训练团（全宗号：LS9）、既济水电股份有限公司（全宗号：LS80）全宗；（湖北省）宣恩县档案馆所藏儿童图书馆档案分布在汉口市三民区公所（全宗号：1）全宗；（湖北省）武汉大学档案馆所藏儿童图书馆档案分布在私立武昌文华图专档卷（全宗号：7）全宗；（四川省）宜宾市档案馆所藏儿童图书馆档案分布在宜宾县民众教育馆（全宗号：14）全宗；（四川省）四川大学西南文献中心所藏儿童图书馆档案分布在邻水县民众教育馆全宗；（甘肃省）甘南藏族自治州所藏儿童图书馆档案分布在临潭县民众教育馆（全宗号：—2）全宗；甘肃省档案馆所藏儿童图书馆档案分布在兰州市政府（全宗号：59）全宗；辽宁省档案馆所藏儿童图书馆档案分布在奉天省长公署（全宗号：JC10）、奉天省教育厅（全宗号：JC19）全宗；江西省档案馆所藏儿童图书馆档案分布在江西省立图书馆（全宗号：J053）全宗；河南省档案馆所藏儿童图书馆档案分布在河南省政府（全宗号：M8）全宗；河南省水利局（全宗号：M29）、交通银行许昌办事处（全宗号：M48）、中央银行许昌分行（全宗号：M58）全宗；云南省档案馆所藏儿童图书馆档案分布在云南省经济委员会纺织厂

（全宗号：47）、云南省新闻记者公会（全宗号：96）、云南省图书杂志审查处（全宗号：13）全宗。

二　民国时期儿童图书馆档案的主要内容

笔者根据档案收藏机构类型按国家级档案馆、直辖市档案馆、省级档案馆、县市级档案馆、高校档案馆，对各档案馆所藏民国时期儿童图书馆相关档案的内容进行介绍。

1. 国家级档案馆

南京第二历史档案馆收藏的儿童图书馆档案内容包括：文华图专"儿童图书馆"课程外籍任课教师学历、职业背景，开课时间与学分；金陵大学文学院图书馆学专修科课程中"中小学图书馆""儿童用书研究"的设置情况等。

2. 直辖市档案馆

北京市档案馆收藏的儿童图书馆档案内容包括："四四"儿童节庆祝办法要点（创办儿童图书馆等儿童福利新设施；请各商会于儿童节日减价出售儿童读物、玩具、用品；举行儿童书画、写作、木刻、玩具以及抗战儿童史料，历代伟人儿童时代轶事或世界大科学家、大发明家童年故事等材料展览；举办儿童讲演比赛；印发关于儿童教育及卫生等有色画片）；京师劝学办公处改组儿童图书馆办法；两年来之师大一小儿童图书馆等。

上海市档案馆收藏的儿童图书馆档案内容包括：设立儿童图书馆办法；私立流动儿童图书馆、清华儿童图书馆呈请立案；儿童图书馆补助费事宜等。

天津市档案馆收藏的儿童图书馆档案内容包括：儿童图书馆筹备；儿童图书馆行政；修改儿童图书馆管理处组织规则；儿童图书馆附设妇女补习班；合并儿童图书馆；儿童阅览室恢复阅览等。

重庆市档案馆收藏的儿童图书馆档案内容包括：暑期儿童故事讲座；请各学校选派代表参加儿童讲演比赛；各学校参加儿童节讲演比

赛学生名单；通过广播实施儿童教育等。

3. 省级档案馆

福建省档案馆收藏的儿童图书馆档案内容包括：设立儿童教育馆等的呈、训令、指令和代电，儿童读物移交等。

湖南省档案馆收藏的儿童图书馆档案内容包括：省立中山图书馆关于建儿童阅览室、工作报告及人员动态等。

甘肃省档案馆收藏的儿童图书馆档案内容包括：增添儿童读物，教育刊物等的训令、指令、批复、办法、章程、公函等。

辽宁省档案馆收藏的儿童图书馆档案内容包括：创办儿童图书馆的呈、指令；添设儿童图书馆案事；与外省小学儿童图书馆申请、寄赠本省出版刊物的往来函等。

江西省档案馆收藏的儿童图书馆档案内容包括：添设儿童阅览室；发放儿童阅览室添建工科与设备费；验收新建儿童阅览室；改充儿童阅览室业架桌椅等设备的呈、批文、指令；小学校儿童图书馆请求检赠书刊的函；外省儿童图书馆请赠送馆务汇刊的函；请求拨款、设立儿童阅览室及报送征集与奖励书、文献办法等的呈、函；添设儿童阅览室，征集奖励办法及确定馆址等问题的训令、指令、函；建筑儿童阅览室挖土填平地基的函；汇报计划改造儿童阅览室，讨论职员请假规则等会议记录等。

河南省档案馆收藏的儿童图书馆档案内容包括：发教学图书及儿童读物的训令；请向儿童图书馆惠助儿童读物等的函；请银行惠赐锦标及儿童读物或用品的函；筹集儿童图书馆读物、图书及代金的公函等。

广东省档案馆收藏的儿童图书馆档案内容包括：设儿童图书馆并规定各图书馆附设儿童阅览室；令发全国儿童读物展览会办法；令迅行选送儿童读物图表统计等送全国儿童实施会展览等。

云南省档案馆收藏的儿童图书馆档案内容包括：举办儿童讲演竞赛的函；中国儿童周报社敦请本报赞助人的函；庆祝儿童节儿童演讲比赛

的函；儿童周报社申请登记给证的呈及训令；中国儿童报审查表等。

4. 县市级档案馆

（山东省）青岛市档案馆收藏的儿童图书馆档案内容包括：举行儿童健康比赛会请赐奖品的各类便函、公函和训令等。

（湖北省）武汉市档案馆收藏的儿童图书馆档案内容包括：请求资助创设儿童图书馆的公函、签呈；函复寄赠儿童读物请查收的便函；送儿童读物给汉口市立民众教育馆的函；儿童阅览室阅览人数统计表及各阅览室开放时间；创设儿童图书馆等。

（湖北省）宣恩县档案馆收藏的儿童图书馆档案内容包括：奖励编著儿童读物办法等。

（四川省）宜宾市档案馆收藏的儿童图书馆档案内容包括：四·四儿童节纪念大会记录；儿童健康比赛结果等。

（甘肃省）甘南藏族自治州收藏的儿童图书馆档案内容包括：学龄儿童入学和失学调查等。

5. 高校档案馆

武汉大学档案馆收藏的儿童图书馆档案内容包括：儿童图书馆、儿童图书馆学、儿童读物研究等课程设置情况等。

四川大学西南文献中心收藏的儿童图书馆档案内容包括：儿童读物数量；儿童读物巡回文库等。

第二节　民国时期儿童图书馆产生的背景

一　社会变迁与西学东渐的影响

有学者指出，"一定的教育宗旨，从属于一定的政治。政治上的革命与改良、前进与倒退、激进与保守，总要在教育宗旨的变更中反映出来"①。

鸦片战争的惨败使中国从独立的封建国家沦为半殖民地半封建之国。丧权辱国条约的签订,使西方列强开始"名正言顺"地向东方侵略,西学东渐之风也由此拉开帷幕。随着西洋思想的侵入,国人中少数有识之士逐渐从"天朝上国"的旧梦中苏醒,加之有感清廷昏庸、政治腐败,欲从西洋新思潮中求取新知,倡导从现实出发寻找救亡图存的"经世致用"之学。林则徐组织编译整理的《四洲志》《各国律例》、魏源的百卷巨著《海国图志》,都是国人睁眼看世界的代表之作。

然而,由于统治阶层中许多顽固派的阻挠,魏源提出的"师夷长技以制夷"的政治主张没有得到很好的实施,直至第二次鸦片战争失败,朝野上下才受到触动,有识之士认识到,要想抵制西方的侵略,首先要自强、自救。鉴于此,洋务派于清末发起洋务运动,提出"中学为体、西学为用"的口号,从而使西学东渐之风更加深入华夏,掀起了改良主义教育思潮。洋务派兴办洋务学堂,派遣出洋留学,改革封建旧教育、倡导资本主义新教育。但这一时期,"西学东渐的规模和影响主要限于军事工业与民用工业领域"②,教育内容主要是为军事与经济服务的"西文(即:外国语文)""西艺(浅薄的科学与军事技术知识)",还没有深化到教育制度改革层面。

随后,以中日甲午战争的失利为契机,康有为、梁启超为首的维新派人士发起"戊戌变法"运动。梁启超认为,"变法之本,在育人才;人才之兴,在开学校;学校之立,在变科举;而一切要其大成,在变官制"③。变法提倡学习西方先进的政治、文化、教育制度,实施资产阶级改良运动。于教育方面,主张吸收西方文明,提倡广设学堂,改各地大小书院为相应的高、中、小学堂,奖励中西兼习的新式学堂;

---

① 李华兴:《民国教育史》,上海教育出版社1997年版,第450页。
② 栗洪武:《西学东渐与中国近代教育思潮》,高等教育出版社2002年版,第85页。
③ 丁守和:《中国近代启蒙思潮(上册)》,社会科学文献出版社1999年版,第202页。

积极派人出国学习，培养了解西方的新型人才；废除八股取士制，改革科举制度；同时，也开展启蒙教育，主张男女平等教育与义务教育等①。

辛亥革命的胜利，结束了中国自秦以来两千多年的皇朝统治，迎来了由中国民族资产阶级领导的、以"三民主义"为理论基础的资产阶级民主革命时期。西学也由之前的被动接受改为主动、深入地学习与宣传。以严复为首，翻译西方近代著名思想家的代表作品，介绍唯心主义、实用主义思想学说，使国人对西方的社会科学和民主主义思想有了更深的了解。这一时期教育的重心在民主与科学上，而科学也由自然科学转向社会科学，提倡做具有"自主人格"与"理性精神"的新国民②。因此，围绕这一主旨，南京临时政府成立后，随即颁布了教育改革令，制定新的教育方针与各类学校管理办法，其中对初等教育的改革效果最为显著，民国初年的小学人数已多于1909年统计的全国大中小学校学生人数总和③。

鸦片战争的失利、洋务运动的兴起、戊戌变法的实施到辛亥革命的胜利，每一次社会制度变革都衍生出教育思潮的更迭，并且都会在前一种思潮的基础上得到提升。从对传统教育的批判与继承，到对西方教育的排斥与移植，再到民国时期对教育的自我尝试与调整，中西教育相斥相融。一直以来依附于成人教育的传统的儿童教育观念得到了根本的改变，无论从学制还是教学法上都迈出了崭新的一步，为儿童图书馆的产生埋下了伏笔。

二　初等教育教学法的改革

钱亚新认为，"儿童图书馆的兴起，一方面是因为儿童教育思潮勃兴，另一方面也是当时我国正规儿童教育薄弱的国情使然"④。与大

---

①②③　栗洪武：《西学东渐与中国近代教育思潮》，高等教育出版社2002年版，第99—121页。

④　谢欢：《钱亚新儿童图书馆思想研究》，《河南科技学院学报》2017年第1期。

学的思想改革，中学的体制改革不同，初等教育把重心放在了教学法的改革上。

（一）"注入式"教育教学法的弊端

中国古代，儿童教育注重伦理纲常，教育方法保守陈旧，传授内容侧重智育、德育。中国在旧教育体制下，一直沿用"注入式"教学法，"以灌输知识于生徒为唯一之方针，事事以教师为主，以生徒为客，一切活动悉为教师所夺；其视教室一如教师活动之舞台，非生徒所能登也"①。这种教学模式以教师为中心，即：教师讲什么，学生听什么；教师写什么，学生抄什么；教师提问题，学生做回答，将成人的思考模式强加于学生，拘泥形式，缺乏灵活性，限制了学生的自主思维与智力发展。

同时，学生读古书、识古字、记古代琐事②。光绪初年后，偶有外国传教士翻译的西洋科学与史地类的小册子流行于坊间，但当时教育界以"儿童读此项课本，所获利益极少"为由，没有广泛推广，影响也较小。加之当时的儿童读物"限于木刻及石印之说部旧型通俗演义，《西厢记》《红楼梦》《老残游记》等，现在流行之儿童读物，尚未产生也"③。这意味着，儿童课余饭后，如想通过阅读进行消遣、丰富课外知识，只有诵读循规蹈矩的教科书或翻阅不太适宜的课外读物，不利于启发儿童思想、牵动儿童情感和调动儿童阅读兴趣。

（二）"启发式"教育教学法的应用

戊戌政变后，废科举、广开新式学堂，一时之间蔚然成风。清末《钦定学堂章程》与《奏定学堂章程》（史称：壬寅—癸卯学制）的制定，更是以国家法规的形式颁布新学制之嚆矢，自此开启新式教育

---

① 邢定云：《教学法之新研究》，《教育杂志》1920年第10期。
② 高平叔编：《蔡元培全集（第三卷）》，中华书局1984年版，第58页。
③ 王柏年：《中国儿童图书馆事业发达史》，载王余光主编、范凡等选辑《清末民国图书馆史料汇编（第4册）》，国家图书馆出版社2014年版，第246页。

的篇章。

癸卯学制注重初等教育教学法的改革，规定"各教科详细节目，讲授之时不可紊其次序、误其指挥，尤贵使互相贯通印证，以为补益"。"凡教授儿童，须尽其循循善诱之法，不宜操切以伤其身体，尤须晓以知耻之义；夏楚只可示威，不可轻施，尤以不用为最善"。"凡教授之法，以讲解为最要，讲解明则领悟易。所诵经书本应成诵，万一有记性过钝实不能背诵者，宜于试验时择紧要处令其讲解。常有记性甚略而悟性尚可者，长大后或能领会，亦自有益。若强则背诵，必伤脑力，不可不慎"①。癸卯学制改变了长期沿用的体罚与背诵等传统教学法，主张根据学生的心理特点，循序渐进、循循善诱，教授时要耐心讲解，便于学生领悟。

有识之士也意识到儿童是民族的未来，提出"人生百年立于幼学"②的口号。在此形势下，初等教育教学法逐渐由"注入式"转为"启发式"，教育模式由"成人教育儿童"趋向"成人受教于儿童"。"启发式"教育教学法主张因人而异，因材施教，反对千篇一律。民国首任教育总长蔡元培大力提倡"启发式"教学法。他认为此法是在深知儿童心身发达、心理发育程度的情况下，选择各种适当的方法来助他一臂之力。并形象地比喻为，如同农学家对待植物，干而浇水，湿则静置；畏寒就放在温室，需食则施与肥料③。"启发式"教学法致力于对儿童能力的点拨，培养学习热情，让儿童养成独立思考的习惯，使其在遇到同类问题时能触类旁通、举一反三。然而，由于此种新式教学法为初步尝试，在实际教学中仍存在不尽如人意之处，特别是教师在"儿童自己活动方面，似少注意"，儿童"能自己研究，有疑难而问者，未之见也"④。

---

① 舒新城：《中国近代教育史资料（第二卷）》，人民教育出版社1981年版，第412页。
② 梁启超：《梁启超论教育》，商务印书馆2017年版，第44页。
③ 高平叔编：《蔡元培全集（第三卷）》，中华书局1984年版，第173—174页。
④ 顾树森：《京津小学校参观记》，《中华教育界》1915年第6期。

（三）"自学主义辅导法"的实践

鉴于上述"启发式"教育教学法存在的弊端，许多小学校于1914年开始在教学中试行"自学主义"辅导法。其与"启发式"教学法的主要区别在于融入了儿童自学部分，形成了"学生自习＋教师辅导"的模式。其主旨在于奖励儿童自动学习的能力，引起儿童自学的兴趣，以便使儿童在日后养成良好的学习习惯。江苏省立第五师范附小在教学中尝试了此种方法，江都陈达氏将实践成果于民国八年编纂成《自习主义教学法》一书，学者任诚在为此书做序时，对"自学主义辅导法"有精辟见解。任氏认为，教育教学中，如果以教师为中心，儿童依赖于教师只是机械地学习，则不能实现真正的教育目的。教师应为儿童把握方向，在其能力不足时给与一臂之力。但自学也并非易事。自学要有目的，找到核心内容，并且要有一定的能力，这样才能遵循一个目标沿着中心思想自由发展。任氏既反对教师包办一切、学生被动接受的传统教育教学方式；也不提倡完全以儿童为中心、教师袖手旁观的方法。他主张在教学中教师与学生要合作互动，将儿童视为学习的主动者，教师通过辅导以促进学生自学，从而养成儿童自动为主的学习习惯，培养儿童自主研究的习性，从而实现自学与辅导相结合带来的效果①。

当时，也有学者认为自学辅导的基础在于教学动机，而动机则源于教师对儿童思想意志、兴趣爱好、需要程度、存在问题的掌握。教师所用之教材要具备让儿童支配价值、满足需要、充实兴趣、解决问题的功能②。

然而，若让学生自习，则离不开参考书。"欲此多量之书籍，收发有序，管理得法，则非有图书馆之组织不为功。故任何小学校不采用新教学法则矣，如欲采用新教学法，则设图书馆为先决之问题，盖

---

① 陈达：《自习主义教学法》，商务印书馆1919年版，第1页。
② 俞子夷：《教授法上之动机：自学辅导法之基础》，《教育研究》1914年第18期。

其为教学上之良好工具也"①。正如王柏年所说,"我国自初等教育界采取新教学法以后,对于此项设备(儿童图书馆),需要日亟,盖欲启荐儿童'自动研究'的思想则对于儿童运用参考之工具,读书之习惯,必须藉儿童图书馆之设施而养成,语云:'工欲善其事,必先利其器',儿童图书馆实为儿童自学辅导之利器也"②。

此种教学法实为"注入式"教学法与五四运动前后杜威的实用主义之"自动的"教学法的折中体,为之后以儿童为中心的"实用主义"教学法的全面铺开奠定了基础。

三 东西洋图书馆的影响

我国图书馆的产生与发展经历了"日本—欧美—中国化"的变迁③,而"中国早期儿童图书馆事业发展与学术研究则是经历了'美国—日本'的转变"④。"凡被外国思想所影响者,莫不自日本及欧美"。欧美以文明优雅闻于世界,日本人善于模仿他人长处,总结其精华,且日本与我国相邻、接触较多,因此外国思想多经日本传入我国。因此,"儿童图书馆事业除自身之需要外,直接受彼(欧美和日本)两者影响者,实非忘论也"⑤。

(一)欧美诸国儿童图书馆事业的影响

西学之风传入我国后,平日关注儿童图书馆事业的,在留学国外期间都会对其设施进行考察,以便为国内初等教育界提供借鉴。因为传统图书馆管理法已不足为"新教育事业前锋之儿童图书馆参考也"⑥。欧美以文明之邦著称,对图书馆事业更是兢兢业业,唯恐落人之后,而

---

① 李文裿:《小学校与图书馆》,《中华图书馆协会会报》1930年第2期。
②⑤⑥ 王柏年:《中国儿童图书馆事业发达史》,载王余光主编、范凡等选辑《清末民国图书馆史料汇编(第4册)》,国家图书馆出版社2014年版,第241、250、250页。
③ 程焕文:《百年沧桑世纪华章——20世纪中国图书馆事业回顾与展望(续)》,《图书馆建设》2005年第1期。
④ 傅桂玉:《清末儿童图书馆观念萌芽期相关问题辨析》,《图书馆工作与研究》2016年第7期。

且各种设施力求新颖、科学，当时，在欧美从事研究教育的，都关注到了这一点。"所以直接能影响及我国初等教育界注意儿童图书馆事业也"①。

1903年，《大陆报》刊发了《少年图书馆》一文。文中称，美国各地都设置了少年图书馆，并聘请教育学家主持馆务。馆内除书籍、报纸、杂志外，也备有诸多地图与彩色图画。馆舍宽阔，即使严寒暴风的天气，馆内也座无虚席。如遇不知书名的读者，馆员会根据读者的描述帮助其查找，读者无不满意而归②。

通过此文，国人可知美国已有专为非成人设立的图书馆，并对馆长资质、馆内藏书、馆舍阅览服务等有了初步了解。此文是所见国内最早宣传少年儿童图书馆的文章。

1909年，《教育杂志》创刊之初，曾刊载《藏书楼与学堂之联络》③一文。该文主要介绍西洋图书馆与儿童教育设施联手后，儿童书籍阅览量迅猛上升，而且年幼与年长儿童喜欢借阅的种类也大不相同，"对于儿童图书馆创办者与管理者来说颇有启发意义"④。同年，无锡名流孙毓修在《教育杂志》上发表《图书馆》一文，其中也提及："欧美多有儿童图书馆，兹事甚盛，吾国图书馆事业草创伊始，对于儿童部分，尚难别设……"⑤。

翌年，蔡文森在《教育杂志》上发表译文《欧美图书馆之制度》。文中分别对德意志、美国、英国小学及公图书馆儿童阅览室（或儿童部）的借阅方法、阅览年龄、政府补助情况等做了详细介绍⑥。美英

---

① 王柏年：《中国儿童图书馆事业发达史》，载王余光主编、范凡等选辑《清末民国图书馆史料汇编（第4册）》，国家图书馆出版社2014年版，第251页。
② 《少年图书馆》，《大陆报》1903年第7期。
③ 《教育界之竹头木屑：藏书楼与学堂之联络》，《教育杂志》1909年第1期。
④ 傅桂玉：《清末儿童图书馆观念萌芽期相关问题辨析》，《图书馆工作与研究》2016年第7期。
⑤ 孙毓修：《图书馆》，《教育杂志》1909年第12期。
⑥ ［日］服部教一，蔡文森译：《调查：欧美图书馆之制度》，《教育杂志》1910年第5期。

两国无论在儿童阅览室设置、儿童读物配置、儿童阅览年龄规定上都宽松于其他国家，且书籍在学校选购之前，都需经过政府的检定。由此可见，我国在宣传儿童图书馆观念之时，欧美诸国儿童图书馆事业已步入正规化轨道，确实是当时中国所望尘莫及的。此文的发表，以当时《教育杂志》在初等教育界的认知度而言，"颇可直接影响小学校之注意图书设备"①，并可从中得到借鉴。

（二）日本儿童图书馆事业的影响

甲午战争后，中国朝野上下均意识到要兴国并非只靠坚船利炮，还要广设学堂，普及教育。戊戌变法虽然以失败告终，但经过此次变法，上到国家、下至民众，都认识到要救亡图存，必须要求取新知。正如康有为在《请开学校折》中指出："近者日本胜我，亦非其将相兵士能胜我也，其国遍设各学。才艺足用，实能胜我也"②。随后，国内各项事业为力求革新，多汲取各国先进经验。而日本自明治维新开始，积极学习欧美先进文化技术，各项事业突飞猛进，因此，"有心于新事业者，莫不留学彼邦考察各种设施，尤以教育为最"③。其中师范科留学生不乏对日本初等教育的关注，而儿童图书馆作为初等教育的辅助设施，自然也位列于学习、考察的对象。这部分留日学生归国后，或在政府担任要职，或服务于教育机构，在我国初等教育政策法规的制定、近代初等教育理念的传播、初等教育教学法的改革，特别是在引入"自学辅导法"，让儿童图书馆成为辅助学校教育的必要设施上贡献了第一桶金④。

范并思认为20世纪以后，我国在图书馆的实际建设中，主要借鉴日本模式，日本图书馆的影响超过西方图书馆⑤。这与当时留日学生

---

①③ 王柏年：《中国儿童图书馆事业发达史》，载王余光主编、范凡等选辑《清末民国图书馆史料汇编（第4册）》，国家图书馆出版社2014年版，第251、254页。

② 舒新城：《中国近代教育史资料（上册）》，人民教育出版社1961年版，第152页。

④ 栗洪武：《西学东渐与中国近代教育思潮》，高等教育出版社2002年版，第175页。

⑤ 范并思：《20世纪西方与中国的图书馆学：基于德尔斐法测评的理论史纲》，北京图书馆出版社2004年版，第166—170页。

归国后从事教育，投身图书馆创建密不可分。

鲁迅留学日本回国后应蔡元培之邀，到中华民国政府教育部任职，主管社会教育机构。在此期间，他主持京师图书馆馆务，并参与筹办分馆①。京师图书馆于开馆两年后的1914年设立儿童阅览室，开创我国公共图书馆附设儿童阅览室之先河，这与鲁迅的阅历应不无关系。

中国在进行教育改制、实行教学法改革中，"一切课程设施，学生服装，差不多趋于日本化，初等教育受其影响最大，故儿童图书馆事业，受其直接影响良多"②。给当时中国前往日本学习、考察外务等方面的人士留下了较深刻的印象，其中开展图书馆事业的人士更是十分注意日本图书馆的发展运作与管理，为日后模仿借鉴打下了伏笔。平日关注儿童图书馆事业的，在留学国外期间都会对其设施进行考察，以便为国内初等教育界提供借鉴。因为传统图书馆管理法已不足为"新教育事业前锋之儿童图书馆参考也"③。因此，"中国之儿童图书馆事业，受日本图书馆事业之影响，既直接复便利"④。日本图书馆事业与儿童图书馆的理论与实践，随赴日留学、访学者一同归国，并逐渐被初等教育界所认识、接纳、效仿。

中国儿童图书馆从无到有，多借鉴国外的理论研究成果与实践经验。而日本作为中国与西洋国家的媒介，以其地理、语言、文化等优势以及明治维新后在教育上的飞速发展，备受国人青睐。图书馆事业作为日本普及国民教育、提升智识的一部分亦引发了国人的关注。据统计，日本1908年的教育经费为55,633,579日元，较1907年增加10,778,011日元，其中图书馆经费为219,096日元，较上年增加

---

① 石烈娟：《近代中国留日学生对图书馆事业的影响述论——以考察20世纪初留日学生主要活动为中心》，《图书馆》2014年第5期。

②④ 王柏年：《中国儿童图书馆事业发达史》，载王余光主编、范凡等选辑《清末民国图书馆史料汇编（第4册）》，国家图书馆出版社2014年版，第254页。

③ 王柏年：《中国儿童图书馆事业发达史》，载王余光主编、范凡等选辑《清末民国图书馆史料汇编（第4册）》，国家图书馆出版社2014年版，第250页。

132,788 日元，占教育经费中比例最多①。由此可见，日本在我国清末时期在教育上已有较多经费投入，而图书馆经费的多占比，说明图书馆在日本教育体系中的作用甚至高于其他教育机构。

同时，国内的有识之士主张学习西方的自然和社会科学成果，想通过教育手段达到启迪民智的目的。他们认为，"今之学者，以为科学之进步，与国民文化水准高下有联系，诚值得注意。盖国家之积弱，与国民的文化程度，岂无关系？"并且，主张教育应从孩童时期抓起，倡议设立儿童图书馆，将儿童图书馆事业视为弘扬基础文化的核心力量②，应加倍关注和重视。

1908 年，东京日比谷图书馆设立了儿童室。1909 年 3 月竹贯直人在《太阳》杂志上发表了《児童図書館の仕組に就て》③（《儿童图书馆的组织》）一文。文中介绍了他对儿童图书馆馆舍布置、图书典藏、阅览规则、开放时间、采购经费等方面的独到见解。此文在随后的半年内两次被国人翻译并发表在报刊上。

首先，1909 年 4 月，何械在《预备立宪公会报》上刊载《日本竹贯直人建置儿童图书馆议》，并在文末提出自己的观点：认为日本竹贯直人提出的设立儿童图书馆的建议也同样适用于中国。因为在我国二十二省市中，能出资二百元的不乏其人。不妨仿效东京日比谷图书馆儿童室的做法，轻而易举地便可造就无数良好的国民。国人只想建理想的儿童图书馆而忽视了目前容易实现的方法，正如只看到薪柴而看不到一根羽毛一样④。

9 月，蔡文森在《教育杂志》上亦据上述日文文章发表了《设立儿童图书馆办法》一文，文中先阐述了我国当时尚无真正意义的图书

---

①② 王柏年：《中国儿童图书馆事业发达史》，载王余光主编、范凡等选辑《清末民国图书馆史料汇编（第4册）》，国家图书馆出版社 2014 年版，第 257—258、242 页。

③ ［日］神保町系：《竹貫少年図書館を開館した竹貫佳水と日比谷図書館児童室》（http://d.hatena.ne.jp/jyunku/20221010/p1）。

④ 何械：《日本竹贯直人建置儿童图书馆议》，《预备立宪公会报》1909 年第 5 期。

馆，影响了人民知识的进步；儿童要在课外获取知识，则需开办儿童图书馆。虽介绍了欧美各国"凡万家之市，十室之邑，无不有儿童图书馆"，但仅此一笔带过，并无详细介绍。随后，谈及开馆时日尚浅的东京日比谷图书馆儿童阅览室，称其为"日本设儿童图书馆之嚆矢"①。值得一提的是，蔡氏结合当时中国实情，认为不一定要建专门的儿童图书馆，可因地制宜，多建简易图书馆，以便让大众受益。此想法应是考虑到如若新建儿童图书馆，涉及选址、经费、人员、审批等诸多环节，耗时久且易中途夭折，设立简易儿童图书馆，有胜于无。

同年，孟森亦在《教育杂志》上就地方自治与教育发表评论，其中第六部分为图书馆。他认为，我国虽已着手创办图书馆，但国家尚无相关法令可依。要建儿童图书馆，主张仿效日本。"吾曾屡入日本之图书馆，其美备着非吾城镇乡力之所及……，其尤妙者，孩童所阅之教育图书，亦宜多备，另设一所，收最廉之价，如每童出一铜元，即可来馆坐阅。此等书在日本谓之'御咖嘛'，即吾国商务印书馆所出之童话及儿童教育画之类。日本于星期学堂放假之日，儿童恒结队入图书馆，多阅'御咖嘛'以为乐，此于文学及普通知识，大有裨益，吾父老兄弟，将来有意办图书馆时，可参以此意也"②。文中字里行间表露了孟氏提倡儿童图书馆事业的热诚以及对日本图书馆界重视儿童阅读的肯定。

此外，《教育杂志》在创刊之初连续两期在"教授管理"栏目中介绍了日本横滨市寻常寿小学，其中重点提及该校儿童图书馆。文中称该校设立儿童图书馆的理念是为"引起儿童读书之趣味，养成自修的习惯，防遏不应读之书籍，而广读佳书，以为学校教育之辅助"③，阐述了儿童图书馆对儿童成长的意义及于教育上的价值，随后对儿童图书馆的管理规则、阅览指导方法、教员职责，儿童图书馆开办以来

---

① 蔡文森：《设立儿童图书馆办法》，《教育杂志》1909 年第 8 期。
② 孟森：《地方自治与教育》，《教育杂志》1909 年第 4 期。
③ 《小学校之模范（日本横滨市寻常寿小学校施设状况）》，《教育杂志》1909 年第 12 期。

的成效等分条列举。由此可见,当时教育界十分关注日本教育设施,意识到小学中的儿童图书馆在辅助学校教育中的作用,并留心到儿童图书馆运营中的各项细则。

无锡名流孙毓修也主张效法日本设立儿童图书馆,并在《图书馆》一文中写到:"欧美多有儿童图书馆,兹事甚盛,吾国图书事业草创伊始,尚难别设;似可仿日本之法,于寻常图书馆中,附设一处,为儿童观书之所"①。孙氏之意为,欧美文化技术虽先进发达,但碍于国情、语言、习惯等因素,不适合我国直接模仿。不如仿效日本,在公共图书馆中辟一处,用来给儿童阅读书籍。此文应对我国公共图书馆设立儿童阅览室有较大影响。

翌年,《教育杂志》在"杂纂"栏目刊载了佚名作者撰写的《儿童图书馆》一文。该文详细罗列了东京日比谷图书馆儿童图书馆中的八类藏书,并称书籍有开架与闭架之分。文中特别说明,儿童图书馆在日本创办伊始,也并非一帆风顺,社会上对儿童读物内容,儿童阅读习惯及身体发育方面的影响产生了质疑。对于此,东京日比谷图书馆馆长渡边又次郎逐一进行了铿锵有力的驳斥②。作者在介绍日本儿童图书馆积极发展的同时,也将儿童图书馆在发展中面临的问题介绍给中国民众,有利于社会各界正确认识儿童图书馆的作用,从而促进了我国儿童图书馆事业的发展。

这些译介日本儿童图书馆的文章,多刊登于《教育杂志》上。究其原因有三:其一、当时我国尚无图书馆专门刊物,鉴于图书馆与教育的密切关系,遂将图书馆类报道、倡议发表在教育类报刊上;其二、"商务印书馆创办的《教育杂志》是我国近代教育史上最具影响力的一本杂志"③。将文章刊载到《教育杂志》上,可以引起初等教育界的

---

① 孙毓修:《图书馆》,《教育杂志》1909 年第 12 期。
② 《儿童图书馆》,《教育杂志》1910 年第 2 期。
③ 谢欢:《〈教育杂志〉与中国近代早期图书馆事业》,《大学图书馆学报》2016 年第 6 期。

关注,为日后各类型儿童图书馆的创办奠定了良好的社会舆论基础。

四 儿童课外读物的出版发行

儿童读物古来有之。上可追溯到战国时期的童谣,如《春秋左传正义》中"有鹳鹆来巢,书所无也。师已曰:异哉!吾闻文武之世,童谣有之"①;下有宋元明清时期的《三字经》《百家姓》《弟子规》等,皆为我们耳熟能详的古代儿童读物。然而,这些儿童读物均是古代儿童孩童时期必须诵读的启蒙性课本,类型比较单一,内容"虽涉及各门类的知识,且具有一定的系统性、可读性,但其均贯穿着'以蒙养正'的封建教育思想"②。其他坊间流传的词曲、谚歌、通俗演义等,主要是一般民众业余消遣之用,也不能称为儿童课外读物③。

清末民初,随着封建制度的瓦解,读书务博之风盛行,加之新文化运动的冲击,儿童读物缺失的问题引起了教育界、出版界的关注。当时,上海的商务印书馆最先洞察到这一讯息,推出了"中国有史以来的第一批儿童少年刊物《儿童教育画》《童话》丛书与《少年丛书》"④。随着以儿童为对象的儿童期刊、儿童文学作品相继问世,致使收集儿童课外读物的场所、儿童阅书场地的创设迫在眉睫,为儿童图书馆的诞生注入了强力催产剂。

西洋文明传入我国后,教会及传教士利用报刊杂志传布教会信息、介绍西洋先进的科学技术。因此,"数十年来之出版物中,以杂志报章资格较老。儿童课外读物方面,亦犹如此"⑤。

《小孩月报》是我国儿童期刊的"开山鼻祖"。该刊创建于光绪元年(1875年),出版者为纽约长老会,主编为范约翰。内容包括,诗

---

① (晋)杜预注、(唐)孔颖达疏:《春秋左传正义(60卷)》,爱如生中国基本古籍库,清嘉庆二十年南昌府学重刊宋本十三经注疏本,第1123页。
② 孟绂、沈岩:《儿童图书馆学》,国家图书馆出版社2013年版,第136页。
③⑤ 王柏年:《中国儿童图书馆事业发达史》,载王余光主编、范凡等选辑《清末民国图书馆史料汇编(第4册)》,国家图书馆出版社2014年版,第258、259页。
④ 王泉根:《中国现代儿童文学文论选》,广西人民出版社1989年版,第717页。

歌、故事、名人传记、博物、科学等,文字浅显易懂,插图精美[①]。

1902年,北京前门外五道庙启蒙画报馆发行《启蒙画报》,主编为彭翼仲,报章内容分为9类,包括伦理实说、本国地理、算数比例、教育精神、新物理、课蒙喻言、妖怪志、动物情状、各国新闻,内容丰富,但售价昂贵[②]。

1908年上海商务印书馆创办《儿童教育画》,翌年《教育杂志》便于创刊号的"绍介批评"专栏对该画报用于弥补家庭教育不足,寓教于乐的特点,适宜年龄,激励方法及定价问题进行了评述[③]。在当时儿童图书中,除古书以外,此刊所占比例很大,并且在编辑上比《启蒙画报》进步很多[④]。

清末民初,国人编印的儿童杂志中,《启蒙画报》与《儿童教育画》,"实为儿童读物界之开路先锋"[⑤]。

"儿童课外读物,专指单行本之儿童课外阅读书籍而言,此项图书为儿童图书馆收藏之最重要的资料,与儿童杂志报章,同为儿童图书馆供儿童阅读之唯一资料,儿童图书馆若没有这许多书报,就不成为儿童图书馆了"[⑥]。相比儿童杂志,单行本的发行时间略晚,最早的单行本为1908年孙毓修编纂的儿童文学作品——《童话》。孙毓修一生的主要成就即在"儿童文学编译和版本学领域",茅盾称他为"中国有童话的开山祖师"[⑦]。由于清末儿童课本仍为古文,学生国语水平普遍较高,而此书为文言文体裁,流畅易读,"极合当时儿童之口味"[⑧],因此很受儿童欢迎。

《童话》刊行当年,《东方杂志》便登载了一篇孙毓修本人写的《〈童话〉序》,文中对旧教育体制的弊端、儿童审美心理与需求、儿童课外读物与教科书性质上的差别、欧美儿童小说的编写宗旨进行了

[①②④⑤⑥⑧] 王柏年:《中国儿童图书馆事业发达史》,载王余光主编、范凡等选辑《清末民国图书馆史料汇编(第4册)》,国家图书馆出版社2014年版,第260—265页。

[③] 《儿童教育画》,《教育杂志》1909年第1期。

[⑦] 蒋永福:《图书馆学基础简明教程》,知识产权出版社2012年版,第36页。

详细论述，同时阐述了自己在编书过程中"并加图画，以益其趣。每成一编，辄质诸长乐高子，高子持归，召诸儿而语之。诸儿听之皆乐，则复使之自读之。其事之不为儿童所喜，或句调之晦涩者，则更改之"。以求儿童"甘之如寝食，秘之为鸿宝"①。

与《童话》同年发行的还有传记类儿童读物《少年丛书》，作者为林万里。虽然我国古来不缺传记著作，但都不是围绕儿童编写的，此书为儿童传记读物之嚆矢②。书中内容皆为"圣贤豪杰之事迹"。文体仍为文言文，但"文笔平易、犀利。描写事实既惟妙惟肖，不啻亲炙其人，又复间以批评，可以助观感而正趋向。今日之少年，未必不为异日之伟人"。《教育杂志》记者在肯定此读物的同时，也提出了两点意见：一是，鉴于儿童对本国圣贤豪杰的感情胜于外国人杰，应多采用本国人物；二是，应考虑到小学生的理解能力有限，书中尽量少引用典故③。

上述儿童作品在创作之初便已明确阅读对象群体，如"《儿童教育画》为七八岁儿童而作，《童话》为十岁左右儿童而作，《少年丛书》则为十余岁儿童，且粗通文理者而作"④。因此，在创作之时皆努力迎合各年龄段儿童心理，在写作文笔、内容筛选上均以尊重儿童、服务儿童为宗旨。儿童读物的陆续出版"打定儿童图书馆之基础，今儿童图书馆有此贡献，读物之产生，不无补助也"⑤。

第三节 民国时期儿童图书馆的发展概况

一 初创期的儿童图书馆（1912—1920）

1912 年，中华民国诞生，"政治变革的成功，促进了教育改革的

---

① 孙毓修：《〈童话〉序》，《东方杂志》1908 年第 12 期。
②⑤ 王柏年：《中国儿童图书馆事业发达史》，载王余光主编、范凡等选辑《清末民国图书馆史料汇编（第 4 册）》，国家图书馆出版社 2014 年版，第 267—268 页。
③④ 《少年丛书》，《教育杂志》1909 年第 1 期。

步伐"①。蔡元培出任第一任教育总长后即对传统教育进行了一系列重大改革,《壬子学制》《小学校令》等相关政策法规的颁布促成了创办新式教育的高潮。据统计,1912 年全国各类学校总数达到了 87272 所,其中初级学校有 86318 所②,占总数的 98% 以上。随着学校的兴办,儿童图书馆(室)作为辅助学校教育、补给儿童适当书籍的设施成为新教育的重要举措。

(一)儿童教育理念得到升华

新旧教育的更迭,使儿童教育理念也得到升华。蔡元培在民国初年的全国临时教育会议上指出新旧教育的特点之一是"成人不敢自存成见,立于儿童之地位而体验之,以定教育之方法"③。强调"应从受教育者本体上着想"④,提倡"发展个性,崇尚自然",推崇"启发式教学法",依"儿童心身发达之程序,而择种种适当之方法以助之"⑤,不把成人意愿强加于儿童,目的为激发儿童的主动性与创造性。

从 1915 年新文化运动到南京国民政府成立的十年间,军阀混战,对文化教育界无暇顾及,使这一时期反而成为我国文化界氛围最宽松、人民思想最开放、教育改革最为活跃的阶段之一。文化启蒙运动的兴起,西方先进教育思想的传入以及民间教育团体的出现,对民国时期的学校教育与社会教育都产生了巨大影响⑥。在小学教育中,一律废止读经科⑦。社会教育的形式也多种多样:有以提高人民素质、增强人民民主意识为重点的平民教育,以传授简单知识和技能,使其适应社会生活的民众教育以及以扫盲为目的的通俗教育⑧。但无论在哪种

---

① 秦孝仪:《国父思想学说精义录(第二编)》,台北正中书局 1976 年版,第 429 页。
② 舒新城:《中国近代教育史资料(上册)》,人民教育出版社 1981 年版,第 367—368 页。
③ 高平叔:《蔡元培教育论著选》,人民教育出版社 2017 年版,第 17 页。
④⑤ 高平叔:《蔡元培全集(第二卷)》,中华书局 1984 年版,第 262、173—174 页。
⑥ 栗洪武:《西学东渐与中国近代教育思潮》,高等教育出版社 2002 年版,第 9 页。
⑦ 宋恩荣、章咸:《中华民国教育法规选编(1912—1949)》,江苏教育出版社 1990 年版,第 194—195 页。
⑧ 吴晓伟:《民国时期社会教育的发展嬗变及特征》,硕士学位论文,东北师范大学,2006 年,第 12—13、25—26 页。

教育形式中，其教育对象都包括了儿童，使儿童教育走出学校步入了大众视野。

随着留美学生陆续归国及1919年杜威等美国教育家来华讲学，使"儿童中心主义"教育思想迅速普及。杜威在讲演中对儿童本能进行了深刻剖析，指出不应该把成人觉得好的硬灌输给儿童，提倡要逐渐发展他的本能，直到他能够自我教育为止①。杜威的这一理念也颠覆了当时国人对儿童教育的认识，从政府到民众均以遵循"儿童本位"为准绳。受此影响，初等教育界摒弃"注入式教学法"而改用杜威的"自动教学法"。升华后的儿童教育理念正好与当时儿童图书馆的办馆宗旨相契合，为学校儿童图书馆及公共图书馆儿童阅览室的建立营造了利好的氛围。

（二）儿童图书馆体系初步形成

随着儿童教育理念的不断升华与社会教育的提倡，鼓励儿童阅读，设立儿童阅读场所的呼声日益高涨。一些较早接受西方先进思想，文化教育氛围浓厚的地区率先探索和实践了儿童图书馆。初等教育界首当其冲在小学中设立儿童图书馆，随后公共图书馆附设儿童阅览室、独立儿童图书馆也相继出现，我国儿童图书馆体系初步形成。

1. 小学图书馆的设立

1911年，"上海工部局立华童公学图书馆"成立。这是"我国第一所教育系统的儿童图书馆，亦是我国最早开办的小学图书馆"②，虽然称为儿童图书馆，"但它毕竟是附属于学校的教育场所，各方面尚不能独立，非纯粹的儿童图书馆"，且它只为校内师生提供服务。尽管如此，"它标志着我国儿童图书馆的实践活动正式开始"。

初等教育界逐步认识到学校图书馆的设立为开展教育教学、启迪学生思维发挥了良好的作用。于是，继"华童公学图书馆"之

---

① ［美］杜威、胡适口译：《杜威五大讲演》，安徽教育出版社2005年版，第95页。
② 孟绂、沈岩：《儿童图书馆学》，国家图书馆出版社2013年版，第27页。

后,"较有历史之小学校,大都于民国元年(1912年)前后成立儿童图书馆"①,如上海万竹小学儿童图书馆(1911年)、国立北平师范大学第一第二附小儿童图书馆(1914年)、潮惠小学图书馆(1914年)、国立东南大学附属小学儿童图书馆(1916年)、国立中央大学附属实验学校儿童图书馆(1916年)、北平孔德小学儿童图书馆(1917年)、无锡县立中心小学儿童图书馆(1917年)、济南市立第一小学儿童图书馆等相继成立。其中北平师范大学附属第一小学在1918年2月扩建学校原有的儿童图书馆之际,还在校内增加了一个周日儿童图书馆,供校外儿童阅读②,"利惠及附近民众也"③。

2. 公共图书馆儿童阅览室的设置

公共图书馆儿童阅览室的成立,标志着儿童读者服务已进入公共图书馆领域,成为公共图书馆不可分割的一部分。

民国初年,政府以全体国民为教育对象,大力推行通俗教育。在此风之下,1912年京师通俗图书馆成立,随后于1914年开设了"我国最早的公共系统儿童阅览室",以"方便家长带孩子来读书"④。

庄俞在其《参观北京图书馆纪略》中对京师通俗图书馆儿童阅览室的位置、儿童读物种类、藏书分类及游艺设施进行了详细介绍。儿童阅览室被设在院中的左厢房,儿童可免费入室阅览。阅览室为儿童准备了图书目录,放于阅览室门口的方桌上便于儿童查阅。同时,还在走廊上悬挂儿童图书目录,一目了然。儿童阅览室内的儿童用书分四部:"(子)教科书(丑)童话(寅)图画(卯)小说杂志"。正门之内设有公众体育场,"每日到馆阅览图书领用运动器械者,可平均三十人左右,而儿童居多数。馆中办事员,系教育部部员轮派兼充,

---

①③ 王柏年:《中国儿童图书馆事业发达史》,载王余光主编、范凡等选辑《清末民国图书馆史料汇编(第4册)》,国家图书馆出版社2014年版,第272—273页。

② 邓菊英、李诚:《北京近代小学教育史料(下册)》,北京教育出版社1995年版,第1434页。

④ 叶瑞昕:《清末民初北京国民道德建设的社会文化史考察》,光明日报出版社2014年版,第124页。

皆为名誉职。馆役凡四人"①。1917年，京师通俗图书馆将儿童用书分类法由之前的四部改为用天干字排序的十部。儿童读者以读图画、写真画、童话类为最多，其次为少年丛书、西洋儿童习画贴，再次为小学教科书等②。儿童对这些图书的喜爱程度，可通过1916—1918三年间的图书借阅次数窥探一二（见下表）。

表5-1　京师通俗图书馆1916—1918年图书阅览券数统计表③

年份	儿童阅览券数（张）	成人阅览券数（张）
1916	140938	71297
1917	113398	72154
1918	102155	57981

由此可见，儿童图书的阅览量在当时已相当可观，而且远远超过成人图书阅览量，可见受儿童欢迎之程度，图书利用之频繁。同年开设儿童阅览室的还有北平市立第一普通图书馆④。

继前两所公共图书馆开办儿童阅览室后，中央公园图书阅览所也创办了儿童图书室，但效果不甚理想。据该馆对1918年全年阅览券数的统计，当年该馆总阅览券数为320张，其中儿童阅览券数174张，占全馆的一半以上⑤。此外，这一年的图书阅览总数由于中央公园时

---

① 庄俞：《特别记事：参观北京师范附属小学校记略（附表）》，《教育杂志》1914年第4期。

② 叶瑞昕：《清末民初北京国民道德建设的社会文化史考察》，光明日报出版社2014年版，第126页。

③ 本表资料来源：《指令京师通俗图书馆该馆五年分阅书统计表已悉此后仍应力图进行期臻完善文》，《教育公报》1917年第4期；《指令京师通俗图书馆据呈报该馆六年分经过情形并阅览券数统计表已悉文》，《教育公报》1918年第5期；《京师通俗图书馆七年份办理概况报告书》，《教育公报》1919年第3期。

④ 王柏年：《中国儿童图书馆事业发达史》，载王余光主编、范凡等选辑《清末民国图书馆史料汇编（第4册）》，国家图书馆出版社2014年版，第283页。

⑤ 《中央公园图书阅览所民国七年终报告》，《教育公报》1919年第4期。

常举办游艺大会，已较 1917 年增长了 2.3 倍，但仍与京师通俗图书馆有天壤之别。说明到中央公园的游客多以游玩为主，少有关注或利用图书馆。

3. 独立儿童图书馆的诞生

天津教育学家林墨青鉴于"'教育之发展赖有图书馆以辅助进行，而儿童图书馆则于幼年以养成好学之习惯，并搜集各国教育玩具唤起兴味，并谋各小学校蒙养园之联络，以及为书业玩具商之指导'。遂于 1917 年 10 月 12 日，在社会教育办事处内成立了全国第一所儿童图书馆，这是第一次以儿童图书馆名义向教育局申请备案并获批的"[①]，也是第一所既不附属于学校，也不附属于成人图书馆的独立的儿童图书馆，是为儿童图书馆设立之表率。

林墨青对儿童图书馆价值的深刻认识，"在当时天津儿童图书馆设置理念上可谓独树一帜，充分反映出林氏受新式教育思想影响之深。儿童图书馆的服务内容，除了提供书籍借阅，还组织了各式各样的阅读推广活动，对儿童阅读起到了一定的激励效应。此外，专门制定儿童图书馆使用规则，使儿童读者服务上升到一个新台阶"[②]。

在天津社会办事处呈请天津县公署的公文中，除阐明该馆成立的宗旨，还一并详细介绍了儿童图书馆规则与阅览规程。公文最后，以试办结果为依据认为"组织尚属完善，有益于儿童，甚非浅鲜。可为小学教育之助"，因此"通令各县查照仿办"[③]。此后，上海、杭州、长沙等省市也相继创建了独立儿童图书馆[④]，我国儿童图书馆事业从此全面发展起来[⑤]。天津社会教育办事处创办儿童图书馆之时，正处于图书馆事业从古代藏书楼到近代图书馆的大发展时期，使得儿童图

[①②] 华礼娴、姚乐野：《1898—1937 年儿童社会教育与儿童图书馆的互动》，《图书馆建设》2017 年第 3 期。

[③] 《咨直隶省长天津社会教育办事处儿童图书馆规则尚属妥协应准备案请转饬知文》，《教育公报》1917 年第 3 期。

[④] 黄洁、张峰：《民国时期儿童图书馆研究综述》，《图书馆工作与研究》2014 年第 1 期。

[⑤] 孟绂、沈岩：《儿童图书馆学》，国家图书馆出版社 2013 年版，第 72 页。

书馆建设自然融入到图书馆事业的发展潮流之中，引起了社会各界的关注，对儿童图书馆的发展起到了一定的促进作用①。

（三）儿童图书馆服务管理规范、宗旨明确

我国儿童图书馆在创办初期，无任何既往经验可以借鉴，只得引入国外儿童图书馆的实践经验为我所用。但也正是因此，使得我国儿童图书馆从开始就走上了一条正规化道路。

在办馆宗旨上，京师通俗图书馆以"搜集通俗图书供给公众阅览及贷借以增长国民智识"为设置目的。庄俞在参观后，也曾指出该馆的设立可"诱起社会之常识，儿童之智能"②。天津社会教育办事处儿童图书馆则以"窃维教育之发展赖有图书馆以辅助进行，而儿童图书馆则于幼年以养成好学之习惯"为设立动机，明确了儿童图书馆不仅可以育智，还可以培养儿童从小养成好学的习惯。

在规章制度上，京师通俗图书馆有《京师通俗图书馆暂行规则》八条、《京师通俗图书馆阅览规则》十三条、《京师通俗图书馆贷出图书规则》十五条以及《京师通俗图书馆附设公众体育场简则》。尽管其中明确提及儿童的只有阅书前需领取"儿童阅览券"，但其他如对行为习惯、借阅手续、开闭馆时间等的规定也同样适用于儿童。天津社会教育办事处儿童图书馆在成立之初就制定了详细的儿童图书馆规则与阅览规程。其中包括阅览年龄、阅览时间、活动内容、阅览手续、借阅册数、仪表仪态、奖惩办法等。同时，阅览规程中还特别规定儿童领阅书券"须自书姓名年岁于券面，其住所学校或自书或由司书者代书之"③。

在书籍的分类编目上，京师通俗图书馆将儿童读物用天干字分为十类④，为方便小读者查找图书，还编制分类书目置于门外方桌上，

---

① 李梅军：《图书馆印记》，燕山出版社2017年版，第69页。
② 庄俞：《特别记事：参观北京师范附属小学校记略（附表）》，《教育杂志》1914年第4期。
③ 《咨直隶省长天津社会教育办事处儿童图书馆规则尚属妥协应准备案请转饬知文》，《教育公报》1917年第3期。
④ 《京师通俗图书馆呈报民国五年度工作概况》，《教育公报》1917年第4期。

同时也在门内长廊壁上悬挂儿童用书目录。中央公园图书阅览所在开办时仅编制了"纸片目录"与"儿童书目"①两种。目录上"详著每种书名、撰人、板（版）本、册数"，让阅览者一目了然。儿童书目则选择"童话、少年丛书及浅近教科等书专供儿童之用"。

在寓教于乐方面，有些儿童图书馆考虑到儿童的特殊性，在为儿童提供阅览场所之余，还另辟儿童游艺室或运动场，供儿童嬉戏玩耍。京师通俗图书馆正门内设有公众体育场，到馆阅书者中领用运动器械的日均30余人，其中儿童居多②。中央公园图书阅览所曾在1918年年终报告中对为何要配置儿童玩具作了如下解释。报告中称，商务印书馆和中华书局生产了大量教育用品和玩具，如各种积木、游戏玩具和动物模型等。这类物品既可以锻炼大脑又可以增长知识，可寓教于游戏之中，对诱导儿童而言，这是必不可少的。阅览所有鉴于此，已收集玩具多种，并准备了两套木质书架、分为五层，根据物品的形状，分类陈列，放置在阅览室的东侧，周围用木条围成，以免损坏③。

天津社会教育办事处儿童图书馆于"本馆陈列儿童玩具多种"，由管理员在每日儿童到馆阅览时"酌为试演一二种"；儿童每月"谈话游戏以外并得使用玩具"。

上述一系列的举措，说明尽管儿童图书馆在创办初期各方面服务还不够成熟，但也已充分关注到了儿童这一服务对象的特殊性。

（四）儿童图书馆理论研究仍以借鉴日本为主

儿童图书馆初创期，以儿童图书馆为主题发表的相关文章仅有5篇（其中译文4篇，公文1篇）（见表5-2），分别刊载于教育类、图书馆类与妇女类杂志上，内容涉及设立独立儿童图书馆备案公文，儿童家庭阅读及注意事项，学校内外设立儿童图书馆的意义以及小学儿

---

① 《中央公园图书阅览所民国七年终报告》，《教育公报》1919年第4期。
② 庄俞：《特别记事：参观北京师范附属小学校记略（附表）》，《教育杂志》1914年第4期。
③ 《中央公园图书阅览所民国七年终报告》，《教育公报》1919年第4期。

童图书馆藏书如何整理、分类、摆放等，介绍详尽，有些还配有图片，让人一目了然。

4篇译文中有3篇译自日本学者所著文章、1篇译自日本家庭杂志，另外一篇公文虽为国人自著，然而天津社会教育办事处儿童图书馆的创办者林墨青曾于1909年赴日考察新式教育，才有了归国后成立天津社会教育办事处，附设儿童阅览室及1917年创办独立儿童图书馆之事。因此，可以说，这一时期是效仿日本的高潮期，无论文章作者亦或文章内容均与日本相关。此外，通过译文可以看出日本在这一时期虽然还没有正规的图书馆学教育机构，但从《儿童文库整理法》的原作者所属单位（日本福冈师范学校）来看，当时日本师范类院校已经对小学儿童图书馆及儿童图书管理有一定关注与研究。此后，赴美学习图书馆学的学者陆续归国，仿效日本逐步向仿效美国转变。

表5-2　　　　1912—1920年儿童图书馆相关论文发表统计①

序号	文章	作者	刊物名	年份	备注
1	美国之儿童图书馆	[美]达普留哈巴脱，太玄译	教育杂志	1915	译文
2	咨直隶省长天津社会教育办事处儿童图书馆规则尚属妥协应准备案请转饬知文		教育公报	1917	公文
3	儿童读书之选择法	卢效彭译	妇女杂志	1918	译文（译自日本家庭杂志）

---

① 本表资料来源：太玄：《美国之儿童图书馆》，《教育杂志》1915年第7期；《咨直隶省长天津社会教育办事处儿童图书馆规则尚属妥协应准备案请转饬知文》，《教育公报》1917年第3期；卢效彭：《儿童读书之选择法》，《妇女杂志（上海）》1918年第7期；[日]今泽慈海著、李明澈译：《学校文库及简易图书馆经营法》，《浙江公立图书馆年报》1919年第4期；黄梅、李明澈译：《儿童文库整理法》，《通俗教育丛刊》1920年第7期。

续表

序号	文章	作者	刊物名	年份	备注
4	学校文库及简易图书馆经营法	[日]今泽慈海著，李明澈译	浙江公立图书馆第四期年报	1919	译文
5	儿童文库整理法	[日]吉村金左卫门著，黄梅、李明澈译	通俗教育丛刊	1920	译文

二 推广期的儿童图书馆（1921—1930）

这一时期，领导儿童图书馆的全国性教育与图书馆行业组织相继成立，儿童图书馆议案陆续颁布，使儿童图书馆在儿童教育上的价值得到社会认可。为了满足业界对儿童图书馆专业管理人才与业务人员的需求，儿童图书馆专业教育与短期职业培训应运而生，儿童图书馆的理论与实践研究也有了实质性的进展。

（一）教育与图书馆行业组织相继成立

1. 中华教育改进社——第一个领导儿童图书馆的全国性教育组织

我国儿童图书馆事业进入推广时期，全国各地已陆续成立了不少儿童图书馆，且经营尚可，"惜国家无一种法律之规定，各馆皆人字为法，漫无标准，疏于图书馆事业前途诸多滞碍"[1]。同时，"因当时图书馆间，尚无协会之组织，各地缺乏联络之机关，对外并无法定的代表团体，同时事业之推进上，又缺乏领导及鞭策的法团"[2]，迫切需要一个全国性的图书馆组织来统一领导。

在此背景下，1921 年 12 月，第一个领导儿童图书馆的全国性教

---

[1] 黄少明：《我国早期公共图书馆的少儿读者工作》，《中小学图书情报世界》2006 年第 9 期。

[2] 王柏年：《中国儿童图书馆事业发达史》，载王余光主编、范凡等选辑《清末民国图书馆史料汇编（第 4 册）》，国家图书馆出版社 2014 年版，第 275 页。

育组织——中华教育改进社成立，同时下设图书馆教育组，成员均为当时各地图书馆界专家。1922—1925 年间，该社共召开过四次年会。各界年会大多围绕当时图书馆事业发展过程中存在的实际问题提出的，非常务实，针对性很强①。图书馆教育组对学校图书馆与儿童图书馆的建设十分关注，在第一、二、四次年会中，共有六项相关议案提交讨论。提案人中亦包括戴志骞、沈祖荣、洪有丰等图书馆界名流，"大大增强了儿童图书馆的社会影响力"②。议案内容涉及儿童图书馆设立、编制图书目录、儿童读物审查等。该社第一次（1922）与第四次（1925）年会中均有建议通俗图书馆设立儿童部的提案，第一次的议案因无附议者没有被采纳，第四次的则全会通过。另外四项议案中两项涉及学校、两项涉及儿童读物，均与初等教育界有关，分别被图书馆教育组与初等教育组讨论通过。由此可见，在中华教育改进社存续的四年间，儿童图书馆是以辅助学校教育的身份存在的。

此外，中华教育改进社及其前身组织还曾邀请杜威、鲍士伟等美国教育家访华，担任名誉董事，同时创办《新教育》刊载杜定友的《学校图书馆管理法》。凡此种种对推动儿童图书馆建设、儿童阅览，宣传儿童本位主义思想，开展儿童图书馆研究等方面发挥了积极作用，对我国儿童图书馆事业的发展影响深远。

在中华图书馆协会未产生以前，除各大埠有图书馆协会组织作督促图书馆事业并负推进责任外，"中国（应为"中华"）教育改进社图书馆教育组，实任此巨艰"③。中华教育改进社存续的四年之间，该会图书馆教育组对儿童图书馆的各类提案接二连三，盛极一时，当时社会需要儿童图书馆之迫切，由此可见。

---

① 黄少明：《中华教育改进社年会有关图书馆议决案对中国图书馆事业的影响》，《国家图书馆学刊》2009 年第 3 期。

② 黄洁、张峰：《民国时期儿童图书馆研究综述》，《图书馆工作与研究》2014 年第 1 期。

③ 王柏年：《中国儿童图书馆事业发达史》，载王余光主编、范凡等选辑《清末民国图书馆史料汇编（第 4 册）》，国家图书馆出版社 2014 年版，第 273 页。

2. 中华图书馆协会——推动儿童图书馆向专业化发展的学术团体

1925年，中国第一个以图书馆为研究对象的学术性团体——中华图书馆协会成立，这也是中国历史上第一个国家图书馆协会。1925—1949年间，中国图书馆协会共举办八届年会，创办《中国图书馆协会学报》和《图书馆学季刊》两种机关刊物，极大地促进了当时图书馆事业和学术研究的发展。

中华图书馆协会的成立，让儿童图书馆从此有了名正言顺的归属地，正式并入图书馆行列。协会的第一代理事和会员大多是我国第一代图书馆学家，他们在译介外国图书馆学思想时也关注到了图书馆界的新成员——儿童图书馆。苏耀祖、胡叔异、杜定友、杨鼎鸿等协会主要成员，纷纷撰文立说，宣传儿童图书馆对儿童教育的作用，介绍儿童图书馆各组成要素的特点，这些文章为后续儿童图书馆的创办提供了专业的理论指导，促进了儿童图书馆的发展，儿童图书馆数量也有了明显提升（见下表）。

表5-3　　　　1925—1929年儿童图书馆数量一览表[①]

时间	儿童图书馆数量	独立儿童图书馆数量
1925年	9所	3所
1928年	12所	2所
1929年	40所	5所

在1929—1936年间的三届年会中，6项儿童图书馆提案被议决通过。提案人有万国鼎、余超、陈长伟、王柏年、谈锡恩、黄警顽及李文裿，这些人中既有图书馆学家也有儿童图书馆实践者。提案内容均从实际角度出发，涉及儿童图书馆（室）的创设、聘请专家指导儿童

---

① 本表资料来源：《全国图书馆调查表》，《中华图书馆协会会报》1925年第3期、《中华图书馆协会会报》1928年第2期、《中华图书馆协会会报》1930年第5期、《中华图书馆协会会报》1931年第3期。

图书馆工作、设立儿童图书馆事业咨询委员会以及统一儿童图书分类法等。为了使议案得到推广,中华图书馆协会还通函各图书馆及教育厅遵照办理。

与此同时,中华图书馆协会还借助《中华图书馆协会会报》与《图书馆学季刊》两种官方刊物,介绍国内外儿童图书馆的理论研究成果与实践经验。据笔者统计,两种刊物共刊载儿童图书馆相关文章90篇,占民国时期儿童图书馆研究成果的25%之多,对当时儿童图书馆事业发展与学术研究起到了极大的促进与推动作用。

中华图书馆协会的设立使"推进整个(图书馆)事业负责有人,儿童图书馆事业,已追随整个图书馆事业而进步"①。

(二)儿童图书馆的教育职能得到认可

美国教育学家范励士认为"近代的新教育,不单是教科书的记忆,应包含各方面知识的收集、批评与组织,以发展学生阅读欣赏的习惯,供给他们最新最完全的知识"②。虽然成人图书馆藏书丰富,但它主要是为成人服务的,不能完全符合儿童的"口味"。儿童图书馆就是搜集适合儿童的书籍,采用适合儿童的设备,用最简单的方式引导儿童阅读,从而激发儿童自己阅读的兴趣③。儿童图书馆在新式教育中可以丰富儿童的知识,使其养成善于利用课余时间的习惯。

民国时期,教育领域的许多专家以儿童本位主义思想为指导,不仅尊重儿童的身心发展,而且充分重视儿童的兴趣。多数教育者没有坚持固有的教学方式,而是选择采用学生自主、自动的教学方法。这一做法,不仅符合"以儿童为本"的教育理念,也促进了国内儿童教育的长远发展。儿童图书馆正是这样一个既符合儿童自主、自动学习

---

① 王柏年:《中国儿童图书馆事业发达史》,载王余光主编、范凡等选辑《清末民国图书馆史料汇编(第4册)》,国家图书馆出版社2014年版,第274—275页。
② 邱鹤:《师范学校之图书设备》,《浙江教育行政周刊》1933年第14—15期(合刊)。
③ 余少文:《在这提倡儿童事业声浪中各市县应注重创办儿童图书馆》,《厦门图书馆声》1934年第10期。

模式又满足当时新教学法的社会教育机构。

当时国内图书馆界诸多学者也认识到儿童图书馆于儿童的意义，随即便投身宣传、推广儿童图书馆的行列之中。

苏耀祖认为，儿童图书馆是儿童可以自由阅览的地方，若是所读的图书能引起儿童的兴趣，他们则更乐于前往。这样久而久之，读书习惯自然就养成了。何况儿童图书馆的图书，可以根据儿童意愿自由选择，与在学校内必须阅读规定的课本不同，这才是儿童所乐意且符合他们活泼天性的[①]。

杨鼎鸿指出，要想让儿童接收新智识，就要多看新出版的书籍与杂志。儿童图书馆就是这样一个既可以提供新书籍，又可以满足儿童求新知的场所。但杨氏发现，当时儿童图书馆的设立极为有限，并推测这一现象可能与儿童图书馆在教育上的价值没有被认知有关。鉴于此，他将儿童图书馆在教育上的意义，归纳为六点：即发挥儿童本性、养成自学读书习惯、锻炼办事能力、陶冶优美性情、补助学校教育以及为实施自学辅导法提供保障[②]。

针对儿童图书馆是否可以辅助学校教育，有小学专门进行了实验。如江苏省第一至第四师范，1921年以后组织教学部，其中特组织儿童图书馆一所，并聘请专人做实验指导。该馆创设之目的为：（1）儿童图书馆事业在小学教育上有无实际的需要。（2）有无推广此运动的必要。实验以1925年1月至12月一年为期。"结果以成绩良好，促进南部各小学对于儿童图书馆事业之注意，此种运动工作超尚实际，较一般言论为进步也。又该部之组织儿童图书馆，非特注意行政上之进步状况，对于儿童年龄与设备，性别与儿童读物选择等，亦多所注意研究，是以研究结果，极为学者所注意"[③]。

[①] 苏耀祖：《儿童图书馆的研究（一）》，《京师学务公报》1925年第7期。
[②] 杨鼎鸿：《儿童图书馆在教育上之价值》，《教育杂志》1926年第3期。
[③] 王柏年：《中国儿童图书馆事业发达史》，载王余光主编、范凡等选辑《清末民国图书馆史料汇编（第4册）》，国家图书馆出版社2014年版，第305页。

(三）儿童图书馆专业教育与短期职业培训的开展

王柏年指出，要提高儿童图书馆行政效率，"一曰训练管理人员，一曰推广图书馆教育"①。

民国时期，随着儿童图书馆纷纷创立，儿童图书馆专业人才的需求也愈发迫切。金陵大学图书馆学系虽曾开设儿童图书馆课程，但只是昙花一现，不久即停办了。文华图专自1929年独立建校以来，先后在课程中开设儿童图书馆或儿童图书馆学相关课程，并特请美国纽约州立图书馆儿童阅览部主任郝路德（Miss Ruth A. Hill）女士来华讲学。授课中，除讲授儿童图书馆学专业知识外，还安排了校内外实习。1928—1947年间，文华师生结合理论与实践结果，译介、发表了20篇儿童图书馆相关论文。在介绍外国儿童图书馆经验的同时，也致力于本土化研究，内容涉及儿童图书馆总论、儿童阅读兴趣、馆员职业与文化素养、我国儿童图书馆学教育情况及儿童图书分类法等各个方面，观点与时俱进，为当时儿童图书馆界提供了许多专业、实用的参考。

与此同时，各初等教育界也注意到儿童图书馆馆员缺乏制约了儿童图书馆的发展。为解燃眉之急，教育界、图书馆界等行业组织，与小学、师范院校纷纷联手，多次举办暑期讲习会，开办讲习班，邀请图书馆学专家授课讲学。经多方努力，儿童图书馆从行政效率、建筑设备、儿童读物分类编目及儿童阅览指导上均有一定程度的改进。如在1925年北平市暑期小学教员讲习会与1929年江苏省四区地方教育研究会暑期讲习会中，都开设了儿童图书馆学与管理法课程。1929年，江苏全省小学教师暑期讲习会，特聘图书馆专家，设儿童图书馆管理法一科，以求儿童图书馆管理常识得以普及②。

对于通过暑期讲习会训练小学教员担任儿童图书馆馆员一事，王柏年从实际角度谈论了自己的看法。他通过当时的情形，推测儿童图书馆

---

①② 王柏年：《中国儿童图书馆事业发达史》，载王余光主编、范凡等选辑《清末民国图书馆史料汇编（第4册）》，国家图书馆出版社2014年版，第361、316—317页。

在将来有普遍设立的可能,届时自然也需要相当数量的专门人才。对此,他指出"每一个小小的儿童图书馆或类似的组织,都要请一位专门人才去负责,事实上那是绝对不可能的,所以儿童图书馆的管理人才是训练现任的小学教员和正在训练中的未来的师资,再合适也没有了"。同时,王氏认为,"现任小学教员的集中训练和暑期集中进修的风气,很有普遍的可能,而这种集团训练,正是实施儿童图书馆教育的最好机会"①。

(四) 儿童图书馆研究兼顾理论与实践

1921年,中华书局特于中华教育界刊发"儿童用书研究专号",发表儿童用书研究会各会员的作品,对于整个儿童读物的编辑、出版、应用等各方面予以讨论。儿童用书研究会成立于1920年,会所设于南京高等师范(即中央大学前身)学校,有会员六十余人,大多为当时高等师范学校教授及出版界著名编辑,促使1921年专题论文猛增。

据笔者统计,这一时期有6部(见下表)儿童图书馆著作问世,其中包括2部译著。同时,研究论文数量也有显著增长,达到62篇。内容涉及儿童图书馆总论、儿童图书分类编目、儿童读物选择方法、儿童阅览指导及阅读能力测验者以及整理儿童读物等,说明学者已逐渐从儿童图书馆理论研究转向实践探索。

表5-4　　　　推广期儿童图书馆相关著作一览表②

序号	著作名称	作者	出版机构	出版年	著作类型
1	儿童图书馆之研究	今泽慈海、竹贯直人著,陈逸译	上海商务印书馆	1924年	指导型
2	国立北京师范大学附属小学校儿童图书馆的概况		国立北京师范大学附属小学校儿童图书馆	1925年	实践型

---

① 王柏年:《中国儿童图书馆事业发达史》,载王余光主编、范凡等选辑《清末民国图书馆史料汇编(第4册)》,国家图书馆出版社2014年版,第363页。

② 本表资料来源:李钟履:《图书馆学论文目录索引》,商务印书馆1959年版;卓连营、李晓娟:《中国图书馆学著作书目提要1909—2009》,国家图书馆出版社2012年版。

续表

序号	著作名称	作者	出版机构	出版年	著作类型
3	可爱的小图书馆	张九如、周蘧青	上海中华书局	1928 年	实践型
4	儿童图书馆	美国图书馆协会编，王京生译	上海商务印书馆代售	1929 年	/
5	小学图书馆实施法	蒋镜寰编	江苏省立苏州图书馆	1929 年	指导型
6	广州特别市立第三小学校儿童图书馆六周年纪念特刊	吴谨心编	广州特别市立第三小学校儿童图书馆	1930 年	实践型

上述 6 部著作中，除王京生所译"儿童图书馆"不知何故未能出版外，另外几部可分为理论指导与实践两类。指导类著作中尤以陈逸所译《儿童图书馆之研究》影响最大。此书本为日本今泽慈海与竹贯宜人所著，1918 年由日本博文馆出版。时隔 6 年，又由国人陈逸译成中文本发行。此著分前后两编，前编对"公共图书馆与儿童、儿童阅览室、室内之备品、儿童讲演、讲演之时间、朗读与朗读会、小学校图书馆与家庭文库"进行了介绍说明；后编针对"儿童所用图书之要素、儿童图书馆之图书选择、最良之图书、图书之搜集、分类之方法、目录坐成、图书之保存、图书馆教课、儿童图书馆经营者"进行了阐述①。由于此书对儿童图书馆的介绍颇为系统，因此被后续著作广泛参考借鉴，如卢震京所著"小学图书馆概论"就多方参照了此部著作。

实践类著作中，撰写者主要来自当时儿童图书馆起步较早的沿海城市或政治中心。凭借地理、经济、文化、信息、科技等优势，不断探索和完善儿童图书馆的内在与外在，丰富儿童的阅读生活。如《可爱的小图书馆》即为"苏皖浙省师范附小联合会儿童课余服务丛书"的第 3 种，其中介绍了为何要办理儿童图书馆、如何经营儿童图书馆、

---

① ［日］今泽慈海、竹贯直人著，陈逸译：《儿童图书馆之研究》，商务印书馆 1924 年版。

怎样管理儿童图书馆、儿童图书怎样分类、怎样编目、怎样指导儿童阅读，同时还著有《编辑儿童课余服务丛书旨趣》[①]。国立北京师范大学附属小学校儿童图书馆，在王柏年的经营管理下，在当时可谓小学儿童图书馆中的领军者。特别是在"儿童读物兴趣调查表"的制定及"星期日儿童阅览"的开展与统计上别出心裁[②]，曾被多种杂志竞相报道。

三 蓬勃发展期的儿童图书馆（1931—1936）

（一）"儿童节"与"儿童年"的提倡

继教育界、图书馆界之后，国民政府对儿童福利事业也逐步重视，首先于1931年确定儿童节，随后又规定1935—1936年为儿童年，并将儿童图书馆事业列入儿童事业幸福委员会宣言中。这一系列举措令"当时各教育家、出版界，对于儿童文化之提倡，骤然注意"[③]。在政治形势对儿童利好的情形下，善于捕捉社会热点的书局与报刊杂志社分别推出了各种儿童课外读物与儿童图书馆专刊、专号，对提倡儿童文化，宣传、推广儿童图书馆收效显著。

（二）各类型儿童图书馆的增加与扩充

1936年，教育部出版的全国公私立图书馆调查报告显示，当时中小学儿童图书馆有1963所之多，创历史最高纪录[④]。

1. 独立儿童图书馆的增加

1934年，上海儿童幸福委员会分别于蓬莱路近泮坊、新闸路北成都路和安小学设立上海第一、第二儿童图书馆。该馆与儿童晨报社联合，为儿童提供阅览图书250册[⑤]。自成立以来，读者阅览踊跃，1935

[①] 张九如、周蓉青：《可爱的小图书馆》，中华书局1928年版。
[②] 《国立北京师范大学附属小学校儿童图书馆的概况》，国立北京师范大学附属小学儿童图书馆1925年编印版。
[③] 王柏年：《中国儿童图书馆事业发达史》，载王余光主编、范凡等选辑《清末民国图书馆史料汇编（第4册）》，国家图书馆出版社2014年版，第277页。
[④] 王酉梅：《中国图书馆发展史》，吉林教育出版社1991年版，第313页。
[⑤] 《上海市儿童幸福委员会概况》，《申报》1935年4月4日。

年阅览人数合计25637人①。同时，第二儿童图书馆并用流动书车，每日在南市"巡回借阅，尤著成效"；第一儿童图书馆流动书车也已准备就绪，准备在"租界内巡回"②。

1935年，全国欢庆儿童年之际，四川内江县儿童图书馆宣告成立。该馆纯以私人力量，多方募捐，又得前县守罗公甫先生倾力相助，方才实现。办馆宗旨为"培修国民基础，养成干底人才"，此举，"开中川幼稚教育之先声"③。此外，儿童图书馆五六位工作人员均为义务服务，体现了他们致力于儿童图书馆事业的高尚情怀。

同年，天津通俗图书馆鉴于百分之九十的小人书内容都是荒唐古怪之事，适合儿童阅读的仅不足百分之十④，故筹设儿童图书馆3所，"其合作办法至为良善"⑤。同时，通俗图书馆也制定了较为详尽的计划大纲。"大纲从引言、定名、宗旨、组织、经费、书籍的供给、阅览规则、地点分配8个方面详细阐述，且专门对筹备管理处及儿童图书馆的细则进行了说明"⑥。虽然此次设立的儿童图书馆仍由通俗图书馆统一管理，但首次实现了馆舍的独立。"儿童管理处的设置，在天津各图书馆中是史无前例的"⑦。

2. 小学儿童图书馆的扩充

全国各地的著名小学多在儿童图书馆提倡之初便已设立。然而，由于学生"需要之殷切，事实不能后人故也"⑧。为此，学者多方呼吁，以便引起教育当局与小学校方的注意。加之，这一时期，政局稳定，教育经费较为充足，各小学亦有余力扩充及创办儿童图书馆，业

---

①⑤⑧　王柏年：《中国儿童图书馆事业发达史》，载王余光主编、范凡等选辑《清末民国图书馆史料汇编（第4册）》，国家图书馆出版社2014年版，第279、288页。
②　《上海第一儿童图书馆添流动书车》，《中华图书馆协会会报》1934年第3期。
③　《内江儿童图书馆》，《中华图书馆协会会报》1936年第3期。
④　燕东：《天津市市立通俗圖附属儿童圖成立始末记》，《天津市市立通俗图书馆月刊》1936年第5期。
⑥⑦　华礼娴、姚乐野：《1898—1937年儿童社会教育与儿童图书馆的互动》，《图书馆建设》2017年第3期。

务发展上也取得了长足进步。现从公、私立小学中,各选取几所有代表性的进行说明。

(1) 公立小学儿童图书馆

国立中央大学附属实验学校儿童图书馆,位于首都,是全国模范学校之一。该馆成立于1916年,至1920年,馆舍扩大三倍,购书费增至每月24元。1933年,洪有丰出任国立中央大学图书馆主任,采用与中央大学图书馆同一分类法编印儿童读物目录。馆藏低、中、高年级读物分别为380册、2700册、4080册①。

同在北京的国立北平师范大学附属第一小学儿童图书馆,自1912年开馆以来,办理得有声有色。其后,又分别于1918、1933年逐渐扩充馆舍,"除注重教育外,复积极扩充儿童图书馆设备,供师范大学师生教育实验之"。该馆在王柏年任职期间曾组织"星期儿童图书馆,引校外儿童妇女来馆阅读"。同时,为切合儿童心理及生理需要,还聘请专家指导儿童图书馆实务,管理科学。在当时有"中国最新型之儿童图书馆"之称②。该馆有低、中、高各年级儿童读物6000余册,儿童杂志30余种。

除国立小学外,各省市县立小学扩充儿童图书馆的也不在少数。如:江苏省立南京中学实验小学儿童图书馆成立于1912年。1931年后,藏书数量大增,"其最著之事业,为采定新式分类方法"③;山东省立一少儿图书馆,藏书甚多,主要着眼于儿童阅读指导的实际研究。此外,还有河北省立第二模范小学儿童图书馆、广州市立第三小学儿童图书馆、上海万竹小学儿童图书馆、无锡县立中心小学儿童图书馆等,分别在扩大儿童图书馆规模、制定儿童图书分类法、增加儿童图书购买量等方面取得了显著进展。

---

① 龚启昌:《儿童图书馆的研究》,《教育季刊》1930年第3期。
②③ 王柏年:《中国儿童图书馆事业发达史》,载王余光主编、范凡等选辑《清末民国图书馆史料汇编(第4册)》,国家图书馆出版社2014年版,第289、291页。

(2) 私立小学儿童图书馆的扩充

各私立小学此前由于经费关系，有时力不从心，从而间接影响了儿童图书馆事业的发展。然而 1931 年以后，私立小学间儿童图书馆事业也呈竞相发展之势。

位于北京市的孔德小学儿童图书馆，由中法教育文化基金董事会蔡李二氏主办。1926 年曾一度扩充，随后因需求量大增，于 1935 年再次扩充，并增添图书，设立专室。另有育英小学儿童图书馆，成立于 1931 年，馆址为新建小型洋房。馆舍虽小，但其建筑及设备，多顾及儿童心理及生理特点。初办之时，曾将儿童玩具部与图书馆混在一起，后因感不便，而将玩具部单独设立。该馆内一切设施，"均采新式，颇注意儿童阅读心理和卫生，为私立学校儿童图书馆之佼佼者"①。

3. 公共图书馆儿童阅览室的增设

公共图书馆儿童阅览室的设立比小学儿童图书馆稍晚。由于各公共图书馆所处地域经济文化发展悬殊，以致各公共图书馆附设儿童阅览室的情况也参差不齐。

省立图书馆中儿童阅览室发展较好的如：江苏省立苏州图书馆，此馆 1927 年即设有儿童阅览部，1934 年建立儿童阅览室，1936 年还出版儿童读物目录。安徽省立图书馆于 1930 年馆舍翻新后，开辟出一间儿童阅览室，可容纳 80 余人；至 1936 年止，有儿童读物 4 千余册。江西省立图书馆，1930 年新馆落成之际，能同时容纳 80 人的儿童高低级阅览室也宣告完成。1936 年该馆于儿童节举行儿童阅读比赛，参加儿童 300 人之多。截至同年年末，馆藏儿童读物 4 千余册。浙江省立图书馆新民分馆，设有儿童阅览室能同时容纳百余人，并购置儿童读物 8 千余册②。

市立图书馆儿童阅览部的发展，近年来也有显著进步。如：南京

---

①② 王柏年：《中国儿童图书馆事业发达史》，载王余光主编、范凡等选辑《清末民国图书馆史料汇编（第 4 册）》，国家图书馆出版社 2014 年版，第 292、282 页。

市立图书馆 1930 年迁入贡院津宫后，辟有儿童阅览室，并特制多张长方桌，以便儿童阅览。该儿童阅览室可容纳儿童 50 名，藏有儿童读物 800 余种，2000 余册，占该馆藏书总数 16.3%。1931 年以后，又设分所 20 余处，均有儿童阅览设备。北平市立第一普通图书馆，虽然在 1914 年建馆之初便辟有儿童阅览室，然因各种原因，发展欠佳。1934 年以后，该馆负责人大力推行儿童服务，并组织儿童读书会活动等，颇有成效。该馆儿童阅览室，能同时容纳儿童 60 人，有儿童读物 4500 册，"为市立图书馆附设儿童部之办理完善者"。天津市立图书馆儿童阅览室，于 1931 年落成，设座位 40 个，环境清幽，适合读书。馆藏儿童读物 3000 余册。除此之外，广州市立中山图书馆、上海市立图书馆等也附设有儿童部。"此种情形，非但利惠各市民众，实为图书馆界重视儿童之一种现象也"①。

县立图书馆及各地民教馆中，因各县人文发展水平高低不同，而图书馆事业大都随此而转移，所以比较注意发展儿童阅览事业的主要有如下图书馆：无锡县立图书馆，该馆于 1929 年成立，馆长陈献可上任后，首即扩充儿童阅览部，设座位 60，收藏儿童读物 1000 余种 3000 余册。同时，为提倡儿童读书风气，组织儿童读书会，深受儿童欢迎。江苏铜山县立图书馆，1930 年成立。开辟平房四间作为儿童阅览部，"收藏读物极多"②。此外，浙江常山县立民教馆、杭县县立南塘民众教育馆均附设儿童阅览部，前者也曾组织儿童读书会。

（三）儿童读物大量出版

自中华慈幼协会提出"儿童节"，教育部规定"儿童年"后，社会各界，特别是文化界深感儿童读物数量的不足，认为必须努力提倡，是以响应政府号召。"当时（文化界）大声疾呼，提倡之热烈，精神殊可佩服，并为实行实力援助起见，文化界后有儿童书局之产生，在

---

①② 王柏年：《中国儿童图书馆事业发达史》，载王余光主编、范凡等选辑《清末民国图书馆史料汇编（第 4 册）》，国家图书馆出版社 2014 年版，第 283—284 页。

此潮流之中，世界书局有变相之进步书局的组织；北新书局有所谓小朋友，书局之产行，对于儿童读物，出版殊多。当时各大书局，如商务、中华、开明、正中等，对于儿童读物，亦大量出产，除发行单行本以外，复出版丛书以求儿童读物之整批推销"①。

这一时期以出版大型丛书为主，满足于不同年龄层次儿童的阅览需求，其中商务印书馆出版发行数量最多。如1933年出版《小学生文库》第一集，该文库以"人类全部知识的雏形为范围"②，共500册，定价70元，适合小学中高年级儿童阅读。次年，出版《幼童文库》，"全部以图画为主，辅以简单文字的说明，彩色精印，纸张坚厚"③，全书200册，定价25元，面向小学低年级儿童。1935年，发行《小学生分年补充读本》，共计600册，定价60元，内含《幼童文库》与《小学生文库》的一部分。此外，还有上海新中国书局1935年出版的《儿童图书》第一集、150册、中华书局1935—1936年间出版的《小朋友文库》低、中、高三级、450册。另外，儿童书局、大众书局、世界书局等，除发行大量单行本儿童读物外，也有百册左右的整套书发售④。

综观我国儿童读物的出版发行，自1931年中华慈幼协会执行委员会举行会议以来，数量大增，各书局对于儿童丛书的刊行，从1932年起盛行，到1934年最盛，"为亘古所未有"⑤。

（四）儿童图书馆理论研究成果丰硕

由于注重儿童图书馆教育的结果，儿童图书馆学专门人才，产生极多。在此之前不为人所关注的儿童图书馆学开始有人提倡，图书馆学家耻于研究儿童图书馆学的习气也由此打破。甚至于，这一时期，"研究儿童图书馆学术的，人数大增，而专门学术论著之出版，更风起潮涌，蔚为大观"⑥。据黄洁统计，此时期儿童图书馆相关著作有26

---

①④⑤⑥ 王柏年：《中国儿童图书馆事业发达史》，载王余光主编、范凡等选辑《清末民国图书馆史料汇编（第4册）》，国家图书馆出版社2014年版，第293、277、293—294、306页。

②③ 卢震京：《小学图书馆概论》，国家图书馆出版社2013年版，第123、130页。

部①，其中10部只见存目。内容上涵盖儿童图书馆概况、儿童阅读、学校图书馆的理论与实践、儿童读物、儿童图书馆史、儿童图书馆学概论、儿童阅览指导、教材、儿童图书馆管理、儿童读物分类及其他等方面。

关于儿童图书馆事业的专题论文，自1909年起开始出现。而后随着初等教育界与图书馆界对此项事业关注度的逐渐提高，专题论文发表逐渐增多。从清末至1949年，这一时期的儿童图书馆相关论文所占比重最大，约有244篇②，占比72%。这一结果应是"儿童节"与"儿童年"的影响所致。同时，文章中多有关注儿童图书馆实际业务的，并非只空谈理论。

发表论文内容以研究儿童读物者居多，其次为阅览指导，而后是行政、管理以及总论，且从1931—1937年，每年都呈上升趋势。1935年政府规定"儿童年"后，发文盛况再起，有关儿童图书馆事业的专门论文有58篇。其内容也由宣传理论转向到儿童图书馆管理与行政上的实际，以及研究阅览指导的问题。同年，中华图书馆协会于《图书馆学季刊》上出版儿童图书馆专号，刊载专门论文8篇，开历来未有之先例。《图书馆学季刊》在当时是我国图书馆界唯一的专门刊物，平时少有出专刊之例，于此可见其对于儿童图书馆事业的高度关注。

此外，1933年，浙江杭州私立流通图书馆在其出版的《中国出版月刊》上推出全国儿童图书专号。1934年，开封教育实验区，于《开封实验教育》第一卷第3至4期合刊上出版儿童读物审查专号，共审查低、中、高年级儿童读物共计989种，为研究儿童读物专门报告之一。此外，教育部还发行了儿童读物目录，内容主要为这一时期出版的儿童读物名单。

综上所述，儿童图书馆专题论文的增加情形，确实盛极一时，且

---

① 黄洁、张峰：《民国时期儿童图书馆研究综述》，《图书馆工作与研究》2014年第1期。
② 王柏年：《中国儿童图书馆事业发达史》，载王余光主编、范凡等选辑《清末民国图书馆史料汇编（第4册）》，国家图书馆出版社2014年版，第307页。

各种论文已较以往文章趋向实际,不若昔日空洞,说明儿童图书馆研究已从借鉴外国模式向本土化方向发展。而发表论文的作者中,以教育界人数居多,说明儿童图书馆在教育界比在图书馆界更受关注。

四 艰苦求存期的儿童图书馆(1937—1949)

抗日战争时期,我国的民族文化事业遭到日军的惨烈破坏,国统区的文物图书被洗劫,出版业被迫停顿。为了躲避战火的侵扰,图书馆或关闭停业,或转移迁徙,一度蓬勃的图书馆事业陷入停滞不前的境地。在这种环境下,尚处于襁褓中的儿童图书馆自然难逃劫难。然而,在同一时期的解放区,儿童图书馆却迎来了又一个春天。共产党重视文教事业的发展,特别关注对儿童的培养与教育。他们通过设立保育院、普及小学教育、开展识字活动、开辟儿童阅读场所,编辑出版进步健康的报刊读物等途径,解除了前线抗敌战士子女无人照顾的后顾之忧,提高了青少年一代的革命觉悟和文化水平,促进了中国革命事业的成功,培养了一批具有共产主义思想的接班人。

(一) 国统区儿童图书馆事业的衰落

1937—1949年间,全面抗日战争与解放战争相继爆发,使原本蓬勃发展的经济、文化、教育产业受到前所未有的破坏与冲击。随着文化教育事业的停滞,图书馆事业也因此陷入了困窘之地,儿童图书馆身在其中也未能幸免。尽管如此,仍然有社会各界与图书馆人一起为战时儿童图书馆的发展与延续努力贡献着自己的力量。

1938年,上海教养院年度总支出1615361元①,其中购买"书籍文具"支出"48679"元,在年度17项开支项目中位列第5位,占比3%,在各支出项目中属于较高金额②。

"图书馆界在保存祖国珍贵图书和促进社会教育方面,发挥了积

---

① 《中华慈幼协会二十七年度报告》,1938年,上海档案馆藏,档号:133-158。
② 《上海法租界公董局关于中华慈幼协会的文件》,时间不详,上海档案馆藏,档号:38-1-167。

极的作用"①。为了躲避战乱,国立中央图书馆于 1938 年迁入重庆,次年又迁到江津县白沙镇。在 1939 年设立的白沙镇民众阅览室中,还专辟儿童阅览室,提供儿童书籍 1500 余册。此外,为了让儿童增长知识、拓宽眼界,白沙镇民众阅览室与国立中央图书馆重庆分馆先后举办了儿童读物与儿童图书展②。

1939 年,教育部社会教育司编印了《图书馆重要法规》,其中在《图书馆工作大纲》中提及"举办儿童阅览室,儿童读书竞赛会,儿童故事会等"③。

同年,浙江鄞县县党部社会服务处,为"灌输儿童智识,增强儿童抗战情绪"④,在服务处内增设儿童图书馆一所,供儿童使用。为满足从初级到高级儿童的不同阅读需要,该处特别从各地购置大批儿童书籍,包括战事常识、史地游记、童话故事、漫画、技艺等,一应俱全。儿童图书馆自开放后,前往阅读儿童颇为踊跃。

1940 年国际儿童节,通过应永玉等人倡议,在中华慈幼协会上海办事处等 12 家机关团体的赞助下,上海儿童图书馆筹备委员会成立。经各方呼吁努力,儿童图书馆于 1941 年 7 月 12 日正式成立。该馆有儿童读物一万多册,并进行了分类编目,分为高、中、低级三种,以颜色识别、排列,实行免费开放,还备有巡回图书车,到马路上巡回供儿童阅览。为便于路远儿童借阅图书,还设立流通站多处,为辅导儿童阅读,培养阅读兴趣,也开展了一些活动。如"小学各科阅读指导演讲""儿童读书报告比赛""儿童识字比赛""儿童科学作品展览"⑤ 等,做出了一定的成绩,积累了一些经验,影响颇大。

---

①② 赖伯年主编:《陕甘宁边区的图书馆事业》,西安出版社 1998 年版,第 309—311 页。

③ 《图书馆工作大纲》,载教育部社会教育司编印《图书馆重要法规》,1939 年版,第 17 页。

④ 《鄞县社会服务处增设儿童图书馆》,《中华图书馆协会会报》1939 年第 2—3 期(合刊)。

⑤ 郑莉莉、罗友松、王渡江:《少年儿童图书馆学概论》,国家图书馆出版社 2013 年版,第 11 页。

1947年4月,上海儿童图书馆第一阅览室面向儿童开放。宋庆龄亲自出席剪彩,并请社会各界名流参加。郭沫若曾即席写新诗一首表示祝贺①。这所图书馆除了阅览室、借书处外,还有写作室,使孩子们读书后有一个写心得体会的安静场所②。

(二) 解放区儿童图书馆事业的发展

1. 陕甘宁边区儿童保育事业的发展

陕甘宁边区作为抗战时期的大后方,财政拮据、物资匮乏,但边区政府十分重视儿童的文化教育事业。自1937年成立后,先后建立了30多个保育组织③。特别是1938年7月邓颖超、蔡畅、康克清等在延安成立"中国战时儿童保育总会陕甘宁边区分会"后,边区的儿童保育事业迅速发展起来。其中与革命战争紧密相连的当属1938年10月率先在延安柳林村成立的延安第一保育院,毛泽东为其题辞"儿童万岁"。1941年8月成立的八路军抗属子弟学校(简称"抗小"),其设立目的是为解前线战士后顾之忧。1945年6月成立的延安第二保育院。它是在抗日战争总反攻前夕,为安置抗战干部子女和抚养教育烈士遗孤而设立的④。儿童们在这里学习知识,接触革命思想、民族大义,养成了追求真理、热爱劳动、遵章守纪的优秀品德。"正是在这具有特殊意义的'革命摇篮'里,开创了中国共产党领导下的最早的儿童图书馆事业"⑤。

2. 陕甘宁边区儿童图书馆(室)的设置

在政治局势相对稳定的陕甘宁边区,包括儿童图书馆在内的文教事业也获得了发展的机会。1936年,陕西宜川驻军王旅长到宜川后,热心公益事业。鉴于"宜川教育之不振,公民学校之困难",令属部

---

① 盛巽昌:《宋庆龄和儿童图书馆——解放战争时期在上海》,《青海图书馆》1983年第3期。

② 郑莉莉、罗友松、王渡江:《少年儿童图书馆学概论》,国家图书馆出版社2013年版,第11页。

③④⑤ 赖伯年主编:《陕甘宁边区的图书馆事业》,西安出版社1998年版,第166—167页。

官兵上山伐树用于公民小学修理图书馆①。1938年，赤水救亡小学、边区儿童保育院、绥德西北抗敌书店先后分别设置了儿童图书馆；1941年，延安少年团儿童图书馆成立；1942年，延安中山图书馆增设"少年图书部，积极地为少年儿童读者服务"。延安市青联为加强对孩子们进行社会教育，"成立少年团、儿童之友社，并出版了供少年儿童阅读与指导少年儿童工作的《少年》半月刊"。为配合学校教育，"还筹建了儿童图书馆和儿童俱乐部"。充分"体现了党对下一代的关怀"②。此外，延安干部子弟学校、八路军抗属子弟学校与第一保育小学也分别于1944年、1945年、1946年创办了儿童图书馆③，让儿童在战争中仍可以得到知识雨露的滋润。

　　为了儿童主人翁精神的培养，以抗小为首，率先在边区成立了学生会组织，让孩子们在这个群体中，逐渐建立良好的学习和生活习惯。学生会让学生们自己动手，从事图书馆建设与图书管理。从图书馆馆长、黑板报编辑，到日常的服务馆员，他们分工明确，各司其职，尽心尽责。他们自己修补破旧书刊、修缮书架，在窑洞中布置桌椅板凳，在墙壁上贴地图和宣传抗日的标语，并制定了实际有效的图书借阅规则。

　　值得一提的是，为了丰富馆藏图书，图书馆的小管理员们还经常自己动手"造书"。他们把《解放日报》《新华日报》等报刊上的科学文化常识、政治时事知识，儿童喜爱的诗歌、故事、图画等剪切下来，分门别类装订成小册子，既节约了成本又丰富了馆藏，深受小读者们的喜爱。这些诞生于逆境中的小图书管理员，通过对图书馆的管理与服务，提升了自身的革命教养、锻炼了工作能力，成为合格的共产主义接班人。

---

① 《宜川公民小学修建图书馆》，《中华图书馆协会会报》1936年第1期。
② 郑莉莉、罗友松、王渡江：《少年儿童图书馆学概论》，国家图书馆出版社2013年版，第11—12页。
③ 赖伯年主编：《陕甘宁边区的图书馆事业》，西安出版社1998年版，第166—175页。

第四节 民国时期儿童图书馆个案研究

一 我国第一所独立儿童图书馆——天津社会教育办事处儿童图书馆

民国时期的天津是北方最大的通商口岸，又地处京畿要塞，经济与地理位置的优势为天津新式教育和社会教育的发展提供了更多的机会和条件，对天津儿童图书馆事业起着启蒙和刺激作用。"从社会形态上看，图书馆本身是现代社会的一种标记，无论中西方皆如此。中国第一批图书馆是在通商口岸建立的"[①]。

天津儿童图书馆是比较有代表性的，具有起步早、发展快的特点。其在创办、经营中的许多观点都是开创性的，有些时至今日仍可借鉴。

（一）天津社会教育办事处儿童图书馆的创设背景

1. 城市经济的发展

近代天津是北方最大的通商口岸，是中西方文化交汇的前沿。交通上的便利与设施、资金、技术、人才的完备，使天津成为仅次于上海的全国第二大工业城市。工业的发展增强了天津城市的经济实力，使天津逐渐成为一个以商业、金融为主，交通通讯设施先进的多功能经济中心[②]。然而要推动城市经济的可持续发展，只靠一代人是不行的，还要培养更多的佳子、佳孙。因此就必须重视文化建设，注重发展儿童教育；要多方筹措教育经费，广开办学资金渠道；充分发挥新式学堂与社会教育机构的作用。天津在当时中国经济、文化区域中心占据重要一席之地，为儿童图书馆的发展提供了有力的环境和文化背景。

---

① 李刚：《20 世纪中国图书馆学的现代性与学科建制》，《中国图书馆学报》2002 年第 4 期。

② 何一民：《试析近代中国大城市崛起的主要条件》，《西南民族学院学报》（哲学社会科学版）1998 年第 6 期。

2. 先进思想的传入

开埠后,许多外国人士入住天津,也带来许多先进的思想,为后来天津成为最先响应维新运动的城市埋下伏笔。维新派有感美日各国通过设立儿童图书馆带动了儿童教育的发展,使国家日趋强盛,因此提倡在我国也兴办儿童图书馆,以辅助学校教育,打好国民基础。谢灼华也曾指出,维新变法的学者在其著作或游记、日记中介绍西方的图书馆事业,重点介绍了外国图书馆对外开放的明治举措①。在这种背景下,创办新式图书馆的呼声日益高涨,为天津儿童图书馆的创立提供了思路。

3. 社会教育热潮的掀起

天津要发展建立儿童图书馆,固然与新式教育观念与城市经济发展有较大关系,但要付诸于实施,仅依靠社会呼吁是远远不够的,最终还是要依赖当局政府去倡导和实施才能实现。

天津近代社会教育始于清末,发展于民国,对天津地区民众文化素养的提升做出了重大贡献②。

涉及儿童的社会教育,内容丰富、形式多样。民国初期,为救助失学的贫寒子弟,成立了简易学堂、半日学堂和半夜学堂;天津社会教育办事处成立后,社教机构中出现了露天学校和贫民半日学校;天津教育局成立后,为解决学龄儿童入学率低的问题,因地制宜地创办了众多儿童补习学校,为他们提供了识字、读书的机会。可观的读者群对儿童图书馆产生了迫切的需求。同时,儿童图书馆作为一种社会教育机构,是应该与教育的普及齐头并进的③。

4. 相关政策法规的影响

天津毗邻京师,对教育部颁布的各项章程、图书馆协会的相关提案都极为关注。教育部于1915年颁布了《图书馆章程》《通俗图书馆规程》,其目的之一即为,"诱启社会之常识,儿童之智能"。

---

① 谢灼华:《中国图书和图书馆史》,武汉大学出版社1987年版,第219—220页。

②③ 王慧:《近代天津社会教育的发展历程、特点及其历史经验》,《社会科学论坛》2015年第12期。

5. 家庭教育的缺失

图书馆作为社会教育机关，旨在向民众普及知识，以达到"教育兴国"的目的，而从儿童教育入手则尤为可贵。但现实的情况是，贫苦人家的儿童吃不饱、穿不暖，不能受教育自不必说；即便是条件好的家庭的孩子，也未必能获得适宜的教育。母亲忙着打牌、应酬，父亲忙着赚钱，孩子则交给老妈子或家庭教师照看，"这是大都会的通病"。"既然儿童教育重要，则儿童图书馆尤其更重要"。从小引导儿童正当的读书途径，可以陶冶儿童性情，培养儿童修正自身的习惯。而除了学校图书馆，小学生及社会上的儿童并没有合适的阅书场所，又缺乏正当指导，因此，放学后他们多在庭院外玩耍。长此以往，儿童恐怕很难进步，甚至会累及终生。家庭教育缺失，使天津儿童图书馆的建立成为当务之急。

随着教育界、图书馆界对儿童图书馆认识的不断深入，观念上也发生了改变。不再将儿童图书馆作为辅助学校教育的场所，而是当作一个独立的，且对儿童教育负有直接责任的社会教育机构来看待。同时，得出了完善的儿童图书馆是国民教育不可缺少的利器这一结论①。

（二）天津社会教育办事处儿童图书馆的创立

1. 林墨青与儿童启蒙教育

天津教育学家林墨青（1862—1933年），曾于1908年赴日本考察教育，归国后致力于新式小学教育②。尽管取得了很多成果，但他却不为满足。他逐渐认识到要想改变人民愚昧的状态，仅靠数量不多的新式学校是远远不够的，学校教育只有与社会教育相结合，才能更好地取得相辅相成的效果③。随后，在直隶行政长官朱家宝的倡议和林

---

① 刘国钧：《儿童图书馆和儿童文学》，《中华教育界》1922年第6期。
② 《天津人物：林墨青》，时间不详，天津档案馆藏（https：//www.tjdag.gov.cn/zh_tjdag/jytj/jgsl/jgfq/details/1594032555403.html）。
③ 《林墨青》，时间不详，天津档案馆藏（https：//www.tjdag.gov.cn/zh_tjdag/jytj/jgsl/jgfq/details/1594032548433.html）。

墨青的实际操办下，1915 年 7 月 1 日，"天津社会教育办事处成立，林兆翰主持，宗旨为改革风俗、改良戏曲及有关社会教育"①，办事处设在"天津西北城角文昌宫东口"②，林墨青出任总董。它的建立标志着天津社会教育的确立并成为社会教育的基地。

天津社会教育办事处从设立之初，就设立了儿童阅览室③。室内备有桌椅，墙壁上挂着介绍自然科学与史地的图片，桌上摆放着儿童读物，同时也陈列着标本、模型及儿童玩具。下午开馆时，附近散学学生即可前往阅读④。为了更好地推广社会教育，林墨青还参与创办了宣讲所，并附设阅报所。他组织的半日小学，专收贫困子弟，免费授课还代备书籍，课程内容侧重写算，以培养学生尽快掌握谋生的能力⑤。

2. 天津社会教育办事处儿童图书馆成立

林墨青在办理儿童阅览室两年有余的经验中总结出："教育之发展赖有图书馆以辅助进行，而儿童图书馆则于幼年以养成好学之习惯，并搜集各国教育玩具唤起兴味，并谋各小学校蒙养园之联络，以及为书业玩具商之指导"⑥。1917 年 10 月 12 日，全国最早的一所儿童图书馆——天津社会教育办事处儿童图书馆成立。它区别于以往附设于公共图书馆或民众教育馆的儿童阅览室，第一次以儿童图书馆的名义向教育局申请备案，并于同年 12 月 24 日被批准，说明其儿童图书馆的身份得到了政府的认可⑦。该馆以 8 至 12 岁儿童为服务对象。馆内除

---

① 《天津社会教育办事处成立，林兆翰主持，宗旨为改革风俗、改良戏曲及有关社会教育》，天津档案馆藏（https://www.tjdag.gov.cn/zh_tjdag/jytj/lssdjt/details/1600322892926.html）。

②③⑤ 《林墨青》，时间不详，天津档案馆藏（https://www.tjdag.gov.cn/zh_tjdag/jytj/jgsl/jgfq/details/1594032548433.html）。

④ 张绍春：《清末与民国前期天津社会教育研究（1905—1937）》，硕士学位论文，天津师范大学，2011 年，第 12 页。

⑥ 《咨直隶省长天津社会教育办事处儿童图书馆规则尚属妥协应准备案请转饬知文》，《教育公报》1917 年第 3 期。

⑦ 民国教育部：《直隶省天津社会教育办事处总董林兆翰呈报组成儿童图书馆文》，《教育公报》1918 年第 3 期。

备有儿童读物、玩具外，还通过定期举办儿童会、讲演会及展览会等进行事业推广。同时，为进行科学化管理，还制定了儿童图书馆规则和阅览规则，其中对阅览时间、借阅手续等做了详细的规定。

其中，阅览年龄要求"儿童不分男女唯年龄限十二岁以下八岁以上且能自书姓名者"。阅览时间规定为，4月1日至9月30日，下午1点至6点；10月1日至3月31日，下午1点至5点；每周日上午9点至下午5点开馆。此外，除为儿童提供书籍、玩具外，还每月开一次儿童会，每年开演讲会、展览会各1—2次。阅览规程方面包括领取阅览券，本人或管理员填写姓名及住址，填写书号交由管理员取书，图书需在座位上阅览，每次领书不超过2册、限领5次，出馆交还阅览券等。在直隶省批准该馆备案公文最后，以其试办结果为依据，认为"组织尚属完善，有益于儿童甚非浅鲜，可为小学教育之助"，因此"通令各县查照仿办"①。

（三）天津社会教育办事处儿童图书馆的业务开展

1. 儿童图书馆阅览情况分析

1923年7月、10月《益世报》对天津社会教育办事处4—9月儿童图书馆的阅书情况进行了报道（见下表）。

表5-5　天津社会教育办事处儿童图书馆4—9月阅书情况统计②

	1923年每月接待儿童读者数量				1923年每月接待儿童读者数量		
	男生（人）	女生（人）	阅书（册数）		男生（人）	女生（人）	阅书（册数）
4月	204	7	813	7月	151	8	752
5月	285	10	810	8月	191	2	852
6月	290	7	1269	9月	206	1	825

---

① 《咨直隶省长天津社会教育办事处儿童图书馆规则尚属妥协应准备案请转饬知文》，《教育公报》1917年第3期。

② 《儿童图书馆报告统计》，《益世报》1923年10月15日。

跟据上述儿童图书馆阅书统计可知，社会教育办事处儿童图书馆6个月以来每月接待儿童读者数量，最多时男女生共有297人，最少为159人，且男女比例极为悬殊。从时间上看，5、6月份读者最多，阅书量也最大。想必是临近期末，学生会较频繁地到图书馆查阅资料，为考试做准备；而7、8月份到馆儿童人数则偏少，7月份尤为突出，陡然降到了6月份的一半左右，同时阅书量也大幅下降。这或许因为此时儿童刚刚结束考试，学校也已进入放假模式，学生们不必再为学业所迫到馆阅书所致。也就是说，该儿童图书馆基本与学校是同步的：临近考试则阅书儿童多，放假则少。

2. 举办展览会

儿童图书馆每年举行展览会一次，并事先将征集展览品的通知刊登于《益世报》上广而告之。然而，好事多磨，第一次举办飞艇展览会，就不得不因为征集到的作品数量太少而延期举办①。

在林墨青等人的努力下，飞艇展览在两日后的3月9日如约开展，持续展出一周，到3月15日结束。会场设在文昌宫东社会教育办事处院内楼上，展览时间为每日上午9点至下午5点。此外，该馆还为此次展览会"购得飞机模型一架，开会日即可由东洋运到，诚巨观也"②。

1922年，该馆再次组织展览会，与1917年的展览会内容进行比较（见下表），发现有如下特点：

其一、该展览会是给儿童提供一个自我展示的平台，而非主办方提供展品；其二、征集对象均为在校学生，并非面向全社会儿童；其三、征集物品不拘一格但均要求为原创；其四、儿童年龄在8—12岁之间，有一定的表达及动手能力；其五、对优秀出品者给与奖励或发榜登报，以资鼓励。虽然展览会带来一定的激励效应，但其目

---

① 《社会教育办事处儿童图书馆飞艇展览会改期》，《大公报》1918年3月7日。
② 《飞艇展览会》，《大公报》1918年3月9日。

的主要为辅助学校教育，没有起到缩短社会儿童与同龄学生距离的作用。

表5-6　社会教育办事处儿童图书馆1917与1922年征集展览会展品及相关条件①

时间	1917	1922
征集对象	各学校学生	小学学生
征集物品	飞艇	趣语（即笑话）
出品条件	自己手画、照片、手工制作	长短不限、有图为佳；文言文、白话文或字母均可，草书不可
出品儿童年龄	8—12岁	10岁左右且能说能解
奖励办法	出品最多或最佳者奖励儿童图书或玩具	发榜公示，并登星期报；优秀作品给与奖励

（四）社会教育办事处儿童图书馆特点分析

总董林墨青在设立儿童图书馆目的中，除说明主要目的外，还附带提到要搜集各国教育玩具，联络各小学蒙养园以及为书业玩具商提供指导，此种观点在当时天津儿童图书馆设置理念上可谓独树一帜。在肯定展览会带来激励效应的同时，笔者认为有一点不甚妥当。作为社会教育机构的儿童图书馆，除辅助学校教育外，应将大部分精力放在社会儿童的培养上，尽力创造他们与同龄儿童参与活动的机会，缩短他们与在校生之间的距离，而非将他们排斥在外。儿童阅览情况的变化，也间接体现了儿童图书馆偏重辅助学校教育的特点。

继1917年天津社会教育办事处创办儿童图书馆之后，"上海、杭州、长沙等地也都创办了独立的儿童图书馆"②，是为儿童图书馆设立

---

① 本表资料来源：《儿童图书馆征集物品》，《益世报》1917年12月30日；《儿童图书馆将开展览会》，《益世报》1922年10月20日。

② 黄洁、张峰：《民国时期儿童图书馆研究综述》，《图书馆工作与研究》2014年第1期。

之表率。陶善耕在《民国时期河南的儿童图书馆掠影》① 一文中指出，河南南阳县立第一图书馆创办人张嘉谋，1917 年曾向省参议会提出《陈请扩充图书馆案》，强调"应参照"重视儿童阅览的"京津章程"。该馆效仿此章程，在河南首家同时设置了普通阅览室和儿童阅览室。

1929 年，社会教育办事处裁撤，由天津市教育局领导社会教育工作，儿童图书馆也随之关闭。这个馆在当时"虽为草创，不够完善，却是我国首次创建的少年儿童图书馆，应载入少儿图书馆发展史"②。

二 初等教育界儿童图书馆之翘楚——国立北平师范大学附属第一小学儿童图书馆

国立北平师范大学附属第一小学③（以下简称"师大一小"），是北平师范大学在校生"实验初等教育之所，因而为全国之中心小学，其各种设备，非力求充实，不足以为各地之模范"，因此，儿童图书馆作为辅助小学教育的重要设施"亦犹如此"。当时，有些学校认为儿童图书馆于教育上"无足轻重"，对此，师大一小则"为人之先，于儿童图书馆一项力求充实完美，为儿童图书馆事业上放一灿烂之光彩"④，以实际行动诠释了儿童图书馆对学校教育的意义与价值。

（一）师大一小儿童图书馆的创办

清末民初，倡导设立儿童图书馆，普及新式教育之风盛行，历史悠久的小学大多于民国元年（1912 年）前后设立了儿童图书馆⑤，师

---

① 陶善耕：《民国时期河南的儿童图书馆掠影》，《河南图书馆学刊》2011 年第 6 期。
② 郑莉莉、罗友松、王渡江：《少年儿童图书馆学概论》，国家图书馆出版社 2013 年版，第 10 页。
③ 国立北平师范大学附属第一小学又名国立北京师范大学附属小学、北京高等师范附属小学。
④ 王柏年：《两年来之师大一小儿童图书馆 1911—1949》，时间不详，北京市档案馆藏，档号：4-1-501。
⑤ 王柏年：《中国儿童图书馆事业发达史》，载王余光主编、范凡等选辑《清末民国图书馆史料汇编（第 4 册）》，国家图书馆出版社 2014 年版，第 32 页。

大一小便是先行者其中之一。师大一小儿童图书馆成立于民国六年（1917年）夏季①，其雏形为民国五年（1916年）暑期前的图书课，该课先后由教员赵伯陶、刘肇荣先生担任。虽然刘先生继任后将书籍进行了分类，并放置于校内便于取阅的地方，但书籍均为教师参考用书，不适合儿童阅读。郑际唐先生继任主任后，"为启迪儿童知识，兼谋学校书籍利用"，开始扩充规模，购置儿童读物一百余种，才有了"儿童星期日图书馆"②。

1917至1925年的八年间，儿童图书馆在引起儿童阅书兴趣，养成儿童阅书习惯上已有一定进步。但因学校地处闹市、地方狭小，儿童图书馆东移西转一直没有合适的馆址，加之经费及儿童读物缺乏，儿童图书馆的发展仍差强人意。这期间幸而得到袁同礼与冯陈祖怡两位专家的指导，"以为待图书馆将来适宜发展，不如目前暂为小济延续已成规步"③，继而在有限的条件下因陋就简，以期逐步完善。

1933年秋，北平师范大学聘请孙蕴璞先生担任师大一小主任。孙先生是一位有新式思想的教育家，他认为教育不能单靠课本，还要注重儿童图书馆的建设。因为"儿童图书馆是儿童探求知识的宝库，可以养成儿童读书之习惯。在教育上既有重大的价值，在学校设备上当占最重要的地位"④。1934年秋，迟受义先生来师大一小任教。迟先生对儿童读物与儿童阅读指导颇为关注，提议扩大儿童图书馆并充实内容，得到孙蕴璞先生的大力支持，而后重新选定馆址，添置设备、图书，于1934年11月开幕。然而，设

---

① 《弁言》，载国立北京师范大学附属小学校儿童图书馆编《国立北京师范大学附属小学校儿童图书馆的概况》，国立北京师范大学附属小学校儿童图书馆1925年版，第2页。

②③ 《儿童图书馆的经过》，载国立北京师范大学附属小学校儿童图书馆编《国立北京师范大学附属小学校儿童图书馆的概况》，国立北京师范大学附属小学校儿童图书馆1925年版，第1、4页。

④ 王柏年：《两年来之师大一小儿童图书馆1911—1949》，时间不详，北京市档案馆藏，档号：4-1-501。

施虽较之前完善,但"限于人力,一年以来,未能十分就绪"①。1935年秋,师大一小聘请王柏年先生专职管理儿童图书馆,师大一小儿童图书馆自此结束了图书主任皆由教员兼任,无专职人员管理的模式。

(二)师大一小儿童图书馆的发展

1. 阅览手续由繁入简,阅览时间逐渐延长

师大一小儿童图书馆开办之初为闭架制,设司书值生两人,负责登记姓名,发放阅书券,取还图书。起初,儿童借书踊跃,但由于儿童凭书目借书,只知书名不知书中内容,借还频繁,即便增加司书值生也"不胜取递之苦"。此后,便以"值生徒劳,阅者无益,加以退换不过三次之限制,儿童阅书兴趣根本未生又遭打击,遂涣散不振,而手续繁难之拘束至于以破产"②。

1920年,师大一小儿童图书馆汲取前车之鉴,"力矫前弊,免去一切繁杂手续,取纯粹开放主义"③。此办法令儿童阅书兴趣逐渐增长,图书馆的开放时间也随即调整,由每周日开放改为每日下午3点至5点开放。随后,因初高级学生下课时间不同,原定开放时间不能满足阅书需求,又将半日改为整日,即早晨入学时,吃中饭时,下午课后,凡无课时间都可入室阅览④。

2. 馆室设备与布置日趋合理

师大一小儿童图书馆开馆之初,将书籍存放于风雨操场东端,分为八架,按类编号。同时,在西面面向操场开窗,如设柜台,便于阅书儿童取递;在操场南北两壁临时配置长桌短凳,作为阅书之处,并

---

① 《弁言》,载国立北京师范大学附属小学校儿童图书馆编《国立北京师范大学附属小学校儿童图书馆的概况》,国立北京师范大学附属小学校儿童图书馆1925年版,第1页。

②③④ 《儿童图书馆的经过》,载国立北京师范大学附属小学校儿童图书馆编《国立北京师范大学附属小学校儿童图书馆的概况》,国立北京师范大学附属小学校儿童图书馆1925年版,第2—3页。

将书目放置于两旁适中地点①。由此可知，此时儿童为露天阅书，无固定室内阅览场地。

1920年，师大一小在中院偏西处建造了三间平房，屋内设置书桌、板凳若干，四周摆满书架，每架五层。搁书板与墙壁成45度倾斜，图书斜放于书架上可让儿童一目了然，便于取阅。然而，此时儿童图书馆已改为全天开放，特别是放学后由于时间较长前来阅书儿童最多，以至"馆小难容"，不得不在院中设置临时书桌。如此一来，因取还图书、整理登记手续较多，司书值生常因此上课迟到，权宜之计，便在各级教室内放置少量书籍供学生随时阅览。临时书桌则作为天热儿童图书馆人多时使用②。此后，师大一小安排儿童图书馆与学校接待室位置互换，虽然地处僻静适合读书，但屋子小，光线也不够充足，并且因为在学校最里面，不便于社会儿童阅书。

此后的十几年中，儿童图书馆东移西迁，一直没有适宜的馆址。1934年，迟受义任师大一小教员后，倡议扩大儿童图书馆范围，得到校方认可，后在学校中区选定新式房屋作为馆址，开支400余元置办书架桌椅，添购书籍、杂志及报章③。王柏年到任后，鉴于儿童图书馆的特殊情形，认为儿童图书馆无论添置任何器具和用品，都要参考四项标准，即是否适合儿童应用、学校环境、经济能力及便于管理，并据此对书架、杂志架、阅览桌椅的用料、尺寸等做出了适宜的规定。如鉴于儿童身材矮小，为使儿童取书便利同时考虑经济情况，书架选用榆木为材料，高度以儿童伸手可以够到为准；又如同一班级中，虽然年龄相仿，但身高参差不齐，因此阅览桌椅高度分设中级用与高级

---

①② 《儿童图书馆的经过》，载国立北京师范大学附属小学校儿童图书馆编《国立北京师范大学附属小学校儿童图书馆的概况》，国立北京师范大学附属小学校儿童图书馆1925年版，第1—3页。

③ 王柏年：《两年来之师大一小儿童图书馆1911—1949》，时间不详，北京市档案馆藏，档号：4-1-501。

用两种。在馆舍布置上，为吸引儿童来馆，养成乐于读书的爱好，师大一小儿童图书馆在尊重儿童心理且环境条件允许的情况下，力求美丽、便利、整齐清洁、合于卫生。如桌上摆放鲜花，光线由左侧射入，电灯用磨砂灯等①②。

3. 藏书增加，注重儿童读物采选

1917年开馆初期，师大一小在原有教师用书的基础上，购置了100余种儿童读物，形成了最初的300余种馆藏。1920年后，教师参考书与儿童读物分开放置。同时，因儿童阅书事务繁忙，参考用书也另归其他部门管理③。至1925年，馆藏文献已有小说类179种221册，故事类191种615册，丛书类113种289册，文学类131种371册，报章类40种，总计654种1496册。报章类中有11种为订阅，19种为赠阅，另10种为《京报》附送④。

师大一小儿童图书馆于1934年扩充时，剔除了已失时效的书籍，所剩仅有教育类一部分及史地类参考书。自1935年秋季起，儿童图书馆开始偏重选购儿童读物，尽管受当时时局环境影响，也需要购买一些带有政治色彩的参考书，幸而学校为采购儿童读物划出特别购置费，因此儿童读物的添置未受影响。据师大一小儿童图书馆统计，到1936年第一学期止，该馆藏有儿童读物2317种4841册，其中以文学、史地二种最多；教师参考书2206种2441册，其中社会科学类占比最大。此藏书规模以当时儿童读物出版情形而言，已十分齐全，因为若在为数不多的优良儿童出版物中选购一两千册尚且容易，选购三千册以上

---

① 王柏年：《两年来之师大一小儿童图书馆1911—1949》，时间不详，北京市档案馆藏，档号：4-1-501。

② 迟受义：《第一附小儿童图书馆计划大纲》，《师大月刊》1934年第13期。

③ 《儿童图书馆的经过》，载国立北京师范大学附属小学校儿童图书馆编《国立北京师范大学附属小学校儿童图书馆的概况》，国立北京师范大学附属小学校儿童图书馆1925年版，第1—2页。

④ 《儿童图书目录》，载国立北京师范大学附属小学校儿童图书馆编《国立北京师范大学附属小学校儿童图书馆的概况》，国立北京师范大学附属小学校儿童图书馆1925年版，第2—3页。

则稍微困难,若要选购四千册"购置已极费力"[①]。由此可见,儿童图书馆经营者在选购儿童读物上已是竭尽全力了。

师大一小儿童图书馆在选择儿童读物上的良苦用心,从其选择儿童读物的方法与标准上也有充分体现。在选购儿童读物前,儿童图书馆会向各大书局索要图书目录,参看专门学者编辑的专刊、专号,教育部选定儿童读物的目录及各出版处与报刊杂志上的各类书评,同时儿童图书馆经营者也会亲自阅读各类儿童读物[②]。因为儿童知识与见闻有限,在选择儿童读物好坏上缺乏判断能力,因此师大一小儿童图书馆在选择儿童读物时会综合考量图书是否合于儿童学级,内容是否积极向上,外表装帧形式是否适用等。此外,还会关注图书的价格、材料、卫生等诸多方面。为了调动师大一小师生的阅读积极性,避免儿童受不良读物影响,师大一小儿童图书馆每学期会向教师派发"介绍图书单",请教师推荐总价不超过5元的图书;儿童则是在其到图书馆阅书时,每人发一张"儿童读物内容调查表",回家填写后交还管理员。值得一提的是,师大一小儿童图书馆在选购新闻报纸之际,并非只选购儿童用杂志,而是同时订阅南京、上海、天津、北平各大埠报纸,以便让学生了解、熟悉国际情势、国家新闻及各地情形[③]。

4. 重视儿童阅书兴趣调查

师大一小儿童图书馆对儿童阅读兴趣的调查是以东南大学教育科向该馆征集儿童感兴趣图书名单为契机开始的。根据师大一小儿童图书馆与东南大学教育科之间的往来函件可知,东南大学教育科为"利用假期增益学生精神上修养且补充其智识起见,拟作假期中读物举例一种,以资各校学生之参考,唯仅持主观或有未合用,拟调查国内各校学生最喜阅之书籍",以各校的实际经验作为选择的依据。鉴于师

[①③] 王柏年:《两年来之师大一小儿童图书馆1911—1949》,时间不详,北京市档案馆藏,档号:4-1-501。

[②] 迟受义:《第一附小儿童图书馆计划大纲》,《师大月刊》1934年第13期。

大一小儿童图书馆,"办理完善,汇罗精富而诱掖青年"①,故而随函附调查表一份,希望得到该馆的回复。此时,正值师大一小儿童图书馆成立近五年之际,各项工作已步入轨道,对东南大学教育科的调查也颇为支持,在回函中对商务印书馆及中华书局出品的儿童读物分别列出"儿童最爱看的书""儿童亦爱阅""儿童亦常阅"三项,各书店出品的则只列出"儿童最爱阅的书"一项。同时,另将如何进行调查的三种方法详细附于函中,即通过儿童看书时的观察,儿童口头报告以及书籍的污损程度来判断。

师大一小儿童图书馆为调查儿童阅书兴趣,特别制作了"儿童读物兴趣的调查表",表中包括书名、卷数、出版机构、年级、各级的人数与阅书总数。这样做的目的并非为了调查阅书人数的多少,而是"专为调查某书为某年级儿童欢迎,某书取材合于某级儿童心理,某书程度与某级儿童程度相当,按表求之,虽不十分近似,当亦不甚相远"②。由此可见,当时师大一小儿童图书馆已开始关注到儿童阅读心理及分级阅读的意义,为之后儿童图书馆的发展奠定了良好、规范的基础。

5. 分类力求统一,编目注重便利

钱亚新在其《类分图书的要诀》中指出"一个满意的分类法是一件事,一个满意的分类者又是一件事"③。正如儿童图书馆不同于成人图书馆一样,儿童图书的分类也要本着方便儿童查找的原则来制定。师大一小儿童图书馆在儿童图书分类问题上也经过了漫长的摸索与实践。1925 年前后,师大一小儿童图书馆将儿童图书按小说、故事、丛

---

① 《儿童图书馆的函件》,载国立北京师范大学附属小学校儿童图书馆编《国立北京师范大学附属小学校儿童图书馆的概况》,国立北京师范大学附属小学校儿童图书馆 1925 年版,第 1 页。

② 《儿童读物兴趣的调查表》,载国立北京师范大学附属小学校儿童图书馆编《国立北京师范大学附属小学校儿童图书馆的概况》,国立北京师范大学附属小学校儿童图书馆 1925 年版,第 8 页。

③ 钱亚新:《类分图书的要诀》,《中华图书馆协会会报》1933 年第 3 期。

书、文学、报章分为了五类。随后，又自创 ABCD 等二十几个数目，到 1934 年扩充馆舍时，"感到这种分类法类目既不多，并且方法也成了过去"，因此开始采用杜定友先生的《世界图书分类法》，同时辅以北平师大图书馆何日章、袁涌进两位先生合编的《中国图书十进分类法》进行分类。然而，由于此种分类法"内容既互相紊乱"①，分类时反而无从依据。

王柏年先生有感儿童读物分类法于实际中的重要，特别是对师大一小学生而言，多数人小学毕业后会升入北平师大附中与师范大学，"故于图书分类法上，若有统一之必要，而后不枉费训练学生之工作"②。于是根据何袁两先生合编的《中国图书十进分类法》，同时参照儿童活动分课情形以及当时中国儿童读物概况与未来发展趋向，拟定了一套完善的儿童图书分类表。该分类表大部份类目与刘国钧的《中文图书分类法》接近，同时删去不需要的类目，增加儿童图书应用类目，并将附录的小类表改成简明实用的。总表分为 10 类，分类总表次序为 0 总类（儿童丛书经籍归于此）1 哲学 2 宗教 3 社会科学 4 语言文字学 5 自然科学 6 应用科学 7 艺术 8 文学（儿童文学归于此）9 史地（传记古物归于此）。这样编制的优点在于：1. 分类次序与儿童分课情形相同；2. 富有伸缩性，小规模的儿童图书馆用简表，大规模的用详表；而小图书馆扩大时，只须加上详细子目号码，原来分类编目手续继续有效；3. 类目详细而号码简短明晰，便利儿童记忆。此项分类表，在师大一小实践后"尚称合适"③，并由中国儿童读物研究会极力提倡拟在全国儿童读物审查时采用④。

"编目是一种引导阅者阅读这书的方法"⑤，是儿童图书馆工作中

---

① ② ③ 王柏年：《两年来之师大一小儿童图书馆 1911—1949》，时间不详，北京市档案馆藏，档号：4-1-501。

④ 王柏年：《中国儿童图书馆事业发达史》，载王余光主编、范凡等选辑《清末民国图书馆史料汇编（第 4 册）》，国家图书馆出版社 2014 年版，第 101 页。

⑤ 龚启昌：《儿童图书馆的研究》，《教育季刊》1930 年第 3 期。

的重要环节。为方便儿童使用,师大一小儿童图书馆全部采用卡片制,每种书有书名与分类两种卡片。此外,馆内还备有参照、互见与分析卡片,让儿童可以据此了解图书的别称,各书中相关联类目以及丛书中的子目。值得一提的是,师大一小儿童图书馆在举行书籍展览会或教员、儿童研究会时,会将所用参考书籍汇总到一起并编印书本目录以供参加者参考①。排架时,先后以分类号、著者号、册数的次序排列,每架图书用分类号及类名标出。由于儿童记忆力有限,图书常出现乱架。鉴于此,师大一小儿童图书馆别出心裁,"特置木牌百数十方,正面漆白色油漆,以显明之颜色漆书写各种用途较繁之号码及小类目名称,分别排列于各该类之首,使儿童取书有所标的,还书时做他们记忆中的根据"②。使用此办法后,书籍管理收效良好,同时亦对图书有保护作用。

6. 指导校内儿童服务社会

师大一小儿童图书馆创立之初,便以"休课时间增进儿童知识,求学校与社会联络,指导校内儿童服务社会"为宗旨③。因此,在校内学生阅书兴趣渐浓,儿童读物较完备的情况下,开始指导儿童进行社会服务,同时也使书籍得到最大限度的利用。为让活动顺利开展,师大一小儿童图书馆制定了《星期日校外儿童阅书的规则》及《星期日值生训练要则》。在《星期日校外儿童阅书的规则》中,除规定了开放时间、阅览手续、借阅规则、阅览秩序等条款外,也对阅书儿童年龄、识字情况做出了规定。如"凡在八岁以上十五岁以下的儿童均可入览""不识字之儿童不得入馆""非阅书年龄儿童恕不接待"④等。年龄与识字的门槛固然可以保证阅书儿童水平的统一,但具备这

---

①② 王柏年:《两年来之师大一小儿童图书馆1911—1949》,时间不详,北京市档案馆藏,档号:4-1-501。

③④ 《儿童图书馆的办法》,载国立北京师范大学附属小学校儿童图书馆编《国立北京师范大学附属小学校儿童图书馆的概况》,国立北京师范大学附属小学校儿童图书馆1925年版,第1、6—7页。

样条件的儿童基本为在校学生，无法惠及没有条件上学或社会上的失学儿童。在《星期日值生训练要则》中，除规定了服务时间与基本服务内容外，另对服务幼小儿童及服务态度做出了要求，如"幼小儿童须征其阅书志愿，代为取书""对阅书儿童要十分和气"①。

每逢周日，图书组学生会轮流担任值生，开放临街西门，接待校外儿童阅览。据师大一小儿童图书馆的统计，在开展社会服务的一年半期间，周日阅书儿童数量校内、校外分别为1162人与619人，单日阅书儿童为28.34与15.09人②。虽然校外阅书儿童不如校内学生踊跃，但师大一小儿童图书馆认为，图书馆不同于娱乐场所，教育事业也不能与做生意一般"炫奇立意"只图一时人气。此举的目的主要是为"抚慰值生勤劳，奖励阅者振奋"③，并希望可以持之以恒。

（三）师大一小儿童图书馆的事业推广

儿童图书馆事业推广活动是在有事实需要的前提下开展起来的。其目的：一是方便读者；二是能让儿童对儿童图书馆产生好感，觉得有必要对儿童图书馆内的书籍一探究竟。师大一小儿童图书馆除举办读书会、展览会等常规活动外，还推陈出新，以新颖的活动方式吸引儿童，激发儿童的读书兴趣，丰富儿童智识，让儿童学以致用。

1. 举办展览会与儿童读物测验

师大一小儿童图书馆为"引起儿童阅读课外读物的兴趣""因儿童的需要而为之谋便利"④，于每学期举办8种展览会，包括新书展、

---

① 《儿童图书馆的办法》，载国立北京师范大学附属小学校儿童图书馆编《国立北京师范大学附属小学校儿童图书馆的概况》，国立北京师范大学附属小学校儿童图书馆1925年版，第10页。

② 《星期日儿童阅览统计表》，载国立北京师范大学附属小学校儿童图书馆编《国立北京师范大学附属小学校儿童图书馆的概况》，国立北京师范大学附属小学校儿童图书馆1925年版，第1—4页。

③ 《儿童图书馆的经过》，载国立北京师范大学附属小学校儿童图书馆编《国立北京师范大学附属小学校儿童图书馆的概况》，国立北京师范大学附属小学校儿童图书馆1925年版，第4页。

④ 王柏年：《两年来之师大一小儿童图书馆1911—1949》，时间不详，北京市档案馆藏，档号：4-1-501。

演说资料展、民族英雄传记展、剧本展、卫生读物展、音乐读物展、算术参考资料展与科学读物展。新书展每学期大规模举办一次，小规模每周皆有。师大一小中高级部设有周会，内容皆有比赛性质，包括演说会、游戏技能比赛、卫生表演、算术比赛、唱歌比赛、历代名人轶事讲述与民族英雄表演。参与项目多需要参考资料，儿童图书馆为方便学生查找，会将相关图书找出进行集中展览。

师大一小儿童图书馆在鼓励儿童阅读的同时，也通过"拉杂测验"与"儿童读物测验"[①]了解儿童的阅读兴趣及对某种事物的认识程度。"拉杂测验"即为综合知识测验；"儿童读物测验"要求学生回答最喜欢的书名，喜欢的理由，精彩段落以及对此书不满意的地方，这些测验结果经过整理后会形成一份"儿童理想中的儿童读物目录"，为儿童图书馆扩充儿童读物提供参考。

2. 夏令营儿童图书馆教育

夏令营儿童图书馆教育又名师大第一附小夏令儿童健康营（以下简称"夏令营"）。该营由国立北平师范大学附属第一小学主任孙蕴璞，为规律儿童假期生活、避免浪费宝贵时间，特借鉴上海市主办的"夏令儿童健康营"的办法，开展的暑期儿童阅读教育活动。

夏令营选址在北平西郊香山之麓，环境清雅、景色宜人。虽然北平是当时中国的文化重镇，"但于夏令营组织，尚付阙如；有之，亦唯青年会主办者。故本营实开小学界夏令营之先河"[②]。

尽管此次夏令营参加学生男女共计只有十余人，但在组织及职责分配上仍然十分周全。夏令营设正营长一人，由师大一小主任孙蕴璞担任，副营长两人。营长以下分为教育、卫生、文书三股，分别担任训育、卫生、事务工作，每周每股各派干事二人前往营地协助工作。师大校长李蒸博士为此次活动的主要赞助者。

[①] 王柏年：《两年来之师大一小儿童图书馆 1911—1949》，时间不详，北京市档案馆藏，档号：4-1-501。

[②] 王柏年：《夏令营儿童图书馆教育实施经过》，《教与学月刊》1936 年第 6 期。

师大一小儿童图书馆主任王柏年作为教育股干事,参与了此次夏令营活动,并在阅读指导、讲故事、笔记摘录等方面进行了诸多实践,学生收获良多。具体可从五个方面看出指导者于儿童阅读指导上的专精及对待工作的用心程度。

一是选书用心。此次夏令营为学生准备了三种读物,量少却质高。如卫生类读物适合平日身体不佳的儿童。因为,在营地清幽的环境中阅此读物,可滋养儿童身心,身体逐渐康健。史地类读物由于平日没有文学类受欢迎,因此趁夏令营的机会,采用儿童喜欢的讲故事形式,提高儿童阅读兴趣,弥补这类知识的不足。

二是因地制宜,发挥环境优势。指导者在早中晚分别选择适合阅读的处所,让儿童在自由舒适的环境中读书。阅书之余还安排每周四次出外游览附近名胜,感受先贤读书的氛围,从而给儿童营造出一种读书即享受的意念。与此同时,选择香山作为营地,儿童身处山中,无其他干扰、心无旁骛,可以把更多的时间精力放在读书上。

三是增加实践机会。比起享受环境,夏令营的主要目的是指导儿童阅读。指导者鉴于在营期间较平日上课时间充裕,在细致讲解阅读方法的同时,让儿童充分实践,报告阅读内容,以达到训练口才、学以致用的目的。

四是顺应儿童心理。儿童只身在外,定会关心自己家所在地的变化。指导者利用儿童这一心理,让他们知道新闻报纸的重要,引导他们养成通过读报来了解时事的习惯。儿童天生喜听故事。指导者借此机会,在儿童听完故事后请他复讲或阅读后复述,从而引起儿童极大兴趣,提高了阅书速度。

五是及时补救阅读缺陷。好的阅书习惯可以让儿童受益终生,正确的读书方法可以让阅读事半功倍。指导者通过让小朋友做摘录和笔记的方法,让小朋友可以牢记读过的书,看过的事。同时鉴于儿童平日读书不看书名作者等情况,专门拟定他们不注意的项目,让儿童在做笔记的时候填入,以便引起他们的重视,养成完整阅读的习惯。

3. 星期日儿童读书会

星期日儿童读书会，由师大一小儿童图书馆主任王柏年发起创立。"办理方法，会员组织均有相当的研究，实为中国儿童图书馆事业上的新设施"①。纵览该活动成立动机、组织实施办法、活动情形及施教后的感想，可概括出以下几个特点。

一是宗旨明确。该馆鉴于（一）星期日学生在家，非但乏进修机会，且都市儿童，极易染社会上不良习惯；（二）即使家中有儿童读物，因量少、范围窄，且一二人读书，未必能引起儿童兴趣；（三）儿童在春秋佳日，旅行最有益处，该馆使学生得免费之优待，至公园阅读。

二是组织严谨。该馆为便于管理与指导，会员以五六年级为限，定额30名。读书会设有会长一人，副会长、事务秘书各一人；会长以下分为六组，每组设正副组长各一人，全部由儿童自己担任。同时设导师一人，由王柏年担任。

三是规则严厉。在读书会"实施办法"中，多次用到"不许""不准""必须"等命令性词语，同时还规定缺席活动两次要开除会籍；除规定携带的物品外，其他一律没收等。此番种种应是该馆带儿童外出谨慎行事的表现。

四是时间紧凑。该馆将读书会时间安排在每周日上午十点至下午两点，分为四节课，每节课分配时间精准到1分且没有午餐时间；阅书之处随早晨、中午、下午而变换，均选择中南海公园各时间段环境最佳之所。

五是意义深远。通过举办星期日儿童读书会，可在养成儿童读书习惯的同时纠正不良娱乐之风；从儿童时期训练阅读速率及图书馆利用法，将来可以最经济的方法、时间阅读大量的读物；增加室外活动的机会，让儿童在幽静的环境下放松身心，有带着书本去旅行的意境；

---

① 王柏年：《中国儿童图书馆事业发达史》，载王余光主编、范凡等选辑《清末民国图书馆史料汇编（第4册）》，国家图书馆出版社2014年版，第108页。

增强团体意识与社交能力，养成遵守公共道德的习惯。

当时《华北日报》教育记者赵幻云先生在读书会即将开始的前几日，专门撰写《师大第一附小的读书运动星期日里在中南海举行》一文，在介绍读书会成立的动机、组织方法及实施阅读教育等情形后，谈了自己的看法。他写到，"利用星期休息的时间，养成儿童读书的习惯，同时，还能顾到一般儿童的求知欲予以满足。这无论站在哪一方面讲，都该算是一件很有意义的事吧！"① 明显表达出对该读书会提倡的热忱与殷切期望。

4. 制造飞机运动

师大一小儿童图书馆开展此项运动旨在让学生"小时做玩具，长大造飞机"②。鼓励儿童阅读的同时，实行"劳作教育"，让儿童了解儿童军事知识，引导儿童研究机械。从儿童图书馆给儿童提供的23种42册参考书名单中，可看出活动组织者在资料汇集时颇为用心。参考书内容既包括飞机模型制作方法、科学玩具与科普知识、航空杂谈、儿童手工、各类儿童玩具，也涵盖木工、金工、藤工等各种工种。此活动参与者为本校中高年级儿童，每人制作一架，大小不限，可采用木工、金工、竹工、纸工、缝工等中任意一种，期限一个月，成品陈列在儿童图书馆公开展览。与此同时，儿童图书馆邀请本校教员对展品进行评奖，在三至六年级中各选出前三名赠给奖品，内容为10元以下图书。

鉴于师大一小儿童图书馆的经营业绩，前来参观者"一周之中，必有数起"③。其中既有各地师范院校师生、初等教育界同仁、各文化界团体，也不乏日本、美国等教育团体或儿童图书馆专家。日本教育团体来校参观之余，"对于儿童图书馆事业，颇多垂询，或摄影写其

---

① 幻云：《师大第一附小的读书运动星期日里在中南海举行》，《华北日报》1937年5月5日。

②③ 王柏年：《两年来之师大一小儿童图书馆1911—1949》，时间不详，北京市档案馆藏，档号：4-1-501。

情况，或录其设施概况于手册，以为参考"①。1937年，文华图专外国教习郝路德女士代表美国图书馆协会调查中国儿童图书馆教育情况，参观了上海、汉口及北平的著名儿童图书馆，认为师大一小儿童图书馆的经营者了解儿童爱好，重视设备设施；儿童图书馆对儿童入馆年龄的规定以及儿童喜欢阅读的图书类型与美国大多数儿童图书室相同②，可见当时师大一小儿童图书馆的发展已与国际接轨。

三　僻处腹地，办法良善——江西省立图书馆儿童阅览室

民国时期，公共图书馆附设儿童阅览室比小学儿童图书馆稍晚，且由于各公共图书馆所处地域经济文化发展悬殊，以致各公共馆附设儿童阅览室的发展也参差不齐。加之，"各馆对于此种附设事业，或为兴趣关系，或为经费所限，或为环境所不许，于是因陋就简，未能充分显其效用"③。江西自古以来，人文蔚起、书院众多，江西省立图书馆虽然僻处腹地、消息闭塞，却也为当时省级公共图书馆中"其名较著，办法良善者"之一。该馆附设儿童阅览室与总馆同时起步，建筑设计合理，管理科学，走在了省级公共图书馆儿童阅览室发展前列。

（一）儿童阅览室的创建与发展

1920年，江西省教育厅厅长许寿裳鉴于'该省无公开图书馆，不足以收罗群籍'，提议设立公立图书馆，并于1920年冬成立筹备处。经王经畬、蔡漱芳等人两年多的筹备，1922年11月，江西省立图书馆租三通桥谌家巷天主教堂一幢两层民房正式成立，以"储集图书、保管文献，以供公开阅览，推进社会教育，提高文化"为办馆宗旨④，王经畬出任首任馆长。为践行办馆宗旨，全面推进社会教育的发展，除各类成人阅览室外，该馆也下设儿童阅览室，免费提供阅览，并制

---

①③ 王柏年：《中国儿童图书馆事业发达史》，载王余光主编、范凡等选辑《清末民国图书馆史料汇编（第4册）》，国家图书馆出版社2014年版，第3、41页。

② 郝路德、齐宣译：《中国儿童图书馆教育》，《教育学报》1939年第4期。

④ 曾炳亮：《民国时期江西省立图书馆研究》，硕士学位论文，江西师范大学，2012年，第9页。

定了较详细的儿童阅书室规则。

1927年，教育厅委派欧阳祖经出任江西省立图书馆主任，馆舍搬迁至南昌百花洲张、江、沈三公祠，并用向省教育厅申领的临时修缮费1100元，将破烂不堪的部分房屋等修缮一新①，于1928年1月6日开放阅览，内设图书、新闻、儿童三个阅览室。该馆为设立儿童阅览室，几经函请，如呈准南昌市政委员会在东湖内挖取泥土填平地基②，呈请省教育厅及南昌市政府工务局拨款、追加经费③，呈报添设特阅览室的理由④等，庆幸的是均得到了相关部门的认可批复。

1929年，为扩充组织，着手在百花洲建设新馆。1930年8月，江西省立图书馆新馆竣工，占地3300多平方米。沈祖荣在《江西省立图书馆调查的报告》中评价新建馆舍：地点适中、环境优美，是弘扬文化、涵养品性的好地方。三层楼的新式建筑宽敞明亮。主楼两旁各有二层建筑一座，其一为儿童阅览室⑤。王咨臣在《欧阳祖经与江西省图书馆》一文中提到："……（中楼）共分五层：……室外辟一空地，可作儿童运动场"⑥。可见，江西省立图书馆在设计新馆时，已将儿童阅览室列入其中，兼顾儿童身心健康，这在当时是具有前瞻性的，为日后该馆开展儿童服务，进行儿童社会教育奠定了良好基础。

然而，1930年11月刚建成的新馆确因"蒋总司令莅赣剿匪，假

---

① 《江西省立图书馆民国十六年度修缮百花洲馆宇情形及收支概况报告表》，《江西省立图书馆馆务汇刊》1929年7月刊。

② 《南昌市政委员会关于建筑儿童阅览室在东湖内挖取泥土填平地基的函1921—1949》，时间不详，江西省档案馆藏，档号：J053-1-00080-0020。

③ 《江西省图书馆关于请求拨款、设立图书馆研究室、儿童阅览室及报送征集与奖励书、文献办法等的呈、函》，1928年，江西省档案馆藏，档号：J053-1-00007；《江西省教育厅、南昌市政府工务局关于批复追加经费、添设儿童阅览室、征集奖励办法及确定馆址等问题的训令、指令、函1921—1949》，时间不详，江西省档案馆藏，档号：J053-1-00008；《江西省政府教育厅关于省立图书馆为添设儿童阅览室办法的批》，1928年，江西省档案馆藏，档号：J053-1-00008-0062。

④ 《呈报添设儿童阅览室鉴核备案由》，1928年，江西省档案馆，档号：J053-1-00007-0089。

⑤ 沈祖荣：《调查江西省立圕报告书》，《武昌文华图书科季刊》1930年第3—4期（合刊）。

⑥ 王咨臣：《欧阳祖经与江西省图书馆》，载江西省文史资料研究委员会《江西文史资料选辑（第二十辑）》，江西人民出版社1986年版，第87页。

该馆新馆为行营,内部工作暂时停顿"①。"该馆只得迁往环湖路 34 号和 29 号(南昌市教育会内)勉强开放"②。尽管当时社会形势严峻,图书馆工作开展举步维艰,但在全馆同仁的共同努力下,该馆业务也取得了一定的进展。如"今冬为谋公众阅览起见,另租系马椿十二号民房恢复普通及儿童阅览并编制临时目录备用"③,"南昌市教育会内,设立临时阅览所,暂行开放阅览"④。为方便民众阅览,该馆不但在有限的条件下积极向省教育厅请款,改造、添建儿童阅览室⑤,还于 1934 年编印了包括儿童图书在内的临时阅览处所藏各类图书目录,1935 年又在此基础上做了些许变更后出版了修订版⑥。

1935 年 10 月,国民党驻赣绥靖公署奉命结束,江西省立图书馆搬回百花洲馆舍,同时继续开放此前设置的临时阅览处与临时儿童阅览室⑦。此后两年,由于社会形势较为稳定,加之儿童节与儿童年规定的影响,到 1936 年儿童节,馆藏儿童图书 4641 册⑧;1935 年 7 月至 1936 年 6 月,儿童阅览人数总计 22431 人⑨,都创造了历史最佳纪录。

全面抗战爆发后不久,日军便不断向内陆地区实施轰炸,南昌作为军事重镇,自然未能幸免,昔日繁华的南昌城景象一片萧条,江西省立图书馆也门庭冷落。考虑到阅览安全、避免不必要的损失,该馆决定转移善本,停止开放晚馆与儿童阅览室,同时"为救济儿童阅览室起见,

---

① ③ 《江西省立图书馆之近况》,《中华图书馆协会会报》1931 年第 3 期。

② 江西省文化艺术志编纂委员会编:《江西省文化艺术志》,新华出版社 1999 年版,第 377 页。

④ 文化部图书馆事业管理局科教处、北京图书馆图书馆学研究部编:《全国公共图书馆概况(内部发行)》,图书馆服务社 1982 年版,第 77 页。

⑤ 《据呈建筑儿童阅览室准予在该馆基金项下拨发二千四百元至改造版片储藏室应另行估计呈核由》,1934 年,江西省档案馆藏,档号:J053 - 1 - 00078 - 0014;《呈请简单建筑儿童阅览室谨呈建筑厂估价单乞核准施行由》,1934 年,江西省档案馆藏,档号:J053 - 1 - 00170 - 0047。

⑥ 《江西省立圕图书目录》,《中华图书馆协会会报》1935 年第 2 期。

⑦ 《据报载本馆百花洲总馆全部即将发还特拟就收回后设施计划除再总馆间放一阅览处一儿童阅览室外仍将市教育会内之阅览处及去年新建三儿童阅览室继续开放借述情由敬请核准施行由 1921—1949》,时间不详,江西省档案馆藏,档号:J053 - 1 - 00097 - 0107;《据呈拟于百花洲总馆发还后仍将市教育会内之阅览室及去年新建之儿童阅览室继续开放等情令仰遵照》,1935 年,江西省档案馆藏,档号:J053 - 1 - 00099 - 0204。

⑧ ⑨ 程时烺:《江西省立图书馆概况》,1936 年版,第 17、30 页。

拟租赁民房继续开放"①。儿童阅览室迁移后不到 1 个月便恢复阅览②。

1938 年春天，战事逐渐趋于稳定，江西省立图书馆于 3 月中旬起恢复阅览，照常开放③。据该馆统计，1938 年 5 月儿童阅书 5178 册④；6 月，儿童阅览人数 1268 人、1851 册⑤。1938 年 7 月，随着战争形势的再次恶化，江西省立图书馆被迫南下撤退，由于种种原因而分迁至泰和、永新、遂川、安福四处。屡次的迁移不仅给图书馆带来巨大损失，图书馆业务也无法正常开展。尽管困难重重，全馆职员在抗日救亡运动的鼓舞下，工作依然充满热情，全身心投入到抗日救国的宣传中。该馆在永新、遂川、泰和的许多小学内设立图书流通处和巡回文库，虽然不是专为儿童而设，但在校学生也会深受其益。为了庆祝儿童节，商讨举办活动内容，该馆专门成立了"泰和各界庆祝儿童节筹备会"，在儿童节期间"举办了儿童演讲比赛、健康比赛，开展了慰问难童工作"⑥。

1945 年，日本投降后不久，江西省立图书馆迁回南昌百花洲。1947 年 6 月，改名为江西省立中正图书馆，正式对外开放⑦。

（二）儿童阅览室建筑设计

江西省立图书馆建设新馆之际，采取招商投标的方式进行竞价，最后确定欧阳诚为设计师，欧阳朴民为建筑工程师，李禽如任工程指导员⑧，在百花洲原址上改建新馆，共设计绘图 12 张 21 图⑨，后修正为 11 图，

---

① 《遵令迁移善本图书及停止开放晚馆暨儿童阅览室为救济儿童阅览室起见拟租赁民房继续开放以策安全而便阅览乞核示抵遵由》，1937 年，江西省档案藏，档号：J053-1-00119-0116。
② 《呈报迁移儿童阅览室恢复阅览并拟建阅览室地下室乞核示祗遵由》，时间不详，江西省档案馆藏，档号：J053-1-00119-0144。
③ 《江西省立图书馆恢复阅览》，《中华图书馆协会会报》1938 年第 1 期。
④ 《二十七年五月份江西省立图书馆藏书册数分类统计》，《江西统计月刊》1938 年第 6 期。
⑤ 《二十七年六月份江西省立图书馆藏书册数分类统计》，《江西统计月刊》1938 年第 7 期。
⑥ 李泉新、陈为民：《八年抗战中的江西省图书馆》，《赣图通讯》1986 年第 3 期。
⑦ 曾炳亮：《民国时期江西省立图书馆研究》，硕士学位论文，江西师范大学，2012 年，第 74—75 页。
⑧ 《江西省图书馆关于请领建筑费、要求拨款补助即参加会议、寄送条例等问题的呈、函》，1928 年，江西省档案馆藏，档号：J053-1-00019。
⑨ 《江西省关于聘用职员、新馆设计、规程等的呈、函》，1928 年，江西省档案馆藏，档号：J053-1-00012。

其中第1、2、8、9图均与儿童阅览室相关。

建筑设计上的专业问题笔者无从评论，仅就从儿童使用角度来看，儿童阅览室面朝东湖而建，视野开阔、采光好；独立一幢房屋与成人分开，在户外开辟游戏场，采用不同形状阅览桌，说明尊重儿童天性，注重儿童身心健康，通过接近自然让儿童保持心情舒畅，同时与成人互无干扰；在窗户外均安装纱窗，起到防蚊虫的作用，让儿童在室内可专心读书。

该馆本着集思广益、精益求精的精神，对已有设计方案广泛向各方征求意见。图书馆学家李小缘先生就提出，此前设计的"儿童阅览室似觉太小，又馆西餐室厨房之侧留一通路，以便与公园联络"①。后经建筑委员会决议，"将儿童阅览室与餐室两项建筑之构造东西易位"，方才呈现现在所见的设计方案。中华图书馆协会也给与了援助与指导，修改意见中未见与儿童阅览室相关内容。

（三）儿童阅览室的设置与儿童服务的开展

1. 儿童阅览室的设置与管理

江西省立图书馆儿童阅览室的设置及管理情况如下表所示。

表5-7　　江西省立图书馆儿童阅览室设置及开展儿童服务一览表②

年份	阅览室或股	职员	备注
1920—1922	特别阅览室、普通阅览室、妇女阅览室、儿童阅览室、报纸阅览室	馆长1人，馆员若干人	有特别、普通、妇女、儿童、新闻5种阅览证，妇女儿童阅览证免费；制定了儿童阅书室规则

---

①《江西省立图书馆建筑新馆改正图样说明书》，《江西省立图书馆馆务汇刊》1929年第7期。

② 本表资料来源：《儿童阅书室规则》，《浙江公立图书馆年报》1923年第8期；《调查：江西省立通俗图书馆、江西公立图书馆》，《江西教育周刊》1927年第4期；程时煃：《江西省立图书馆概况》，1936年版，第9—11页；《江西省立图书馆现任职员一览表（二十三年度上半年）》，《江西省立图书馆馆刊》1934（创刊号）；《江西省立图书馆暂行规程（二十一年十月公布）》，《江西省立图书馆馆刊》1934年（创刊号）；《江西省立图书馆办事细则》，《江西省立图书馆馆刊》1934（创刊号）；曾炳亮：《民国时期江西省立图书馆研究》，硕士学位论文，江西师范大学，2012年，第48页；李泉新、陈为民：《八年抗战中的江西省图书馆》，《赣图通讯》1986年第3期。

续表

年份	阅览室或股	职员	备注
1923	日报阅览室、普通阅览室、妇女儿童阅览室	/	中文书部、西文书部、东文书部、日报杂志部
1926	编纂股、文牍股、掌书股、庶务兼会计股；报纸阅览室、图书阅览室、妇女儿童阅览室	馆长1人，馆员4人，事务员2人	/
1928	编纂股、庶务股、登记股；图书阅览室、报纸阅览室、儿童阅览室	/	/
1929	总务部、文书股、会计股、购置股、推广股、图书部、出纳股、儿童股、文献部、印行股、征存股	馆长1人，每部各设主任1人，事务员1人、书记员1人，各部馆员共8人	
1932	总务股、编目股、典藏股、阅览兼推广股	馆长1人，每股各设主任1人，股员4人，事务员4人，书记2人	阅览兼推广股工作事项中有指导儿童
1933	/	/	筹设乡村图书流通部10个，其中8个设置在小学

续表

年份	阅览室或股	职员	备注
1934	总务股、编目股、典藏股、阅览兼推广股	馆长1人，每股各设主任1人，股员4人，事务员4人，书记2人	馆员中王瑞芝担任儿童阅览室出纳员；蔡全簾担任统计兼（儿童阅读）推广员，二人均为1932.1入职
1936	总务股、编目股、典藏股、阅览兼推广股	馆长1人，每股各设主任1人，股员6人，事务员4人，书记3人	阅览兼推广股工作事项中包括指导儿童与民众
1937—1945	抗战爆发后，在南昌租赁民房作为儿童阅览室；奉令南迁后，泰和、永新、遂川三地阅览所推广流通及巡回服务，在各地多所小学内设立服务点；泰和在儿童节举办了儿童演讲比赛		

儿童阅览室创设之初，由于该馆组织结构较为简单，儿童阅览室直接由馆长领导。为鼓励儿童前来阅览，该馆发放免费的儿童阅览证，同时还制定了儿童阅书室规则，使儿童阅览室从开始就步入正规化管理，培养儿童养成良好阅书习惯。1928年，馆长下设三股，股下设有儿童阅览室。1929年，馆内分设三部，儿童股由图书部管理，说明此时期该馆应注重儿童读物的收集、整理。1932—1937年，该馆部门设置中已没有"儿童阅览室"或"儿童股"，而是将指导儿童、开展儿童读书会等工作纳入"阅览兼推广股"中。如此设置，可见该馆已由之前侧重收集儿童读物向儿童阅览指导上转变。这一点从1932年入职该馆，负责儿童阅览事务的2名馆员的学历背景及职别上也有所体现。蔡全簾毕业于国立武昌师范大学，负责统计兼（儿童阅览）推广工

作；另一位王瑞芝为省立甲种女子职业学校毕业，在馆担任儿童阅览室出纳员①。

2. 儿童阅览服务

1927年，欧阳祖经出任江西省立图书馆主任，修缮了百花洲馆宇，使之前破烂不堪的祠宇焕然一新。为科学管理图书，他制定了新式登记簿，添购及征集图书至1693册，每日平均入馆阅览人数274人，其中儿童59人②。

1930年，江西省立图书馆新馆落成，儿童阅览室一幢独占一偶，有上下两层，可容纳约80名儿童③。儿童阅览按高低级分为两个阅览室，高年级在二楼，低年级在一楼，阅览室配有女职员进行指导。为科学管理儿童阅览室，规范儿童阅览行为，江西省立图书馆制定了儿童阅览室规则十条。一、室内各种儿童读物专供来室者阅览皆不外借；二、十六岁以下儿童均可入室阅书；三、楼下低年级图书可自由取阅，阅毕须归架；四、阅览楼上高年级图书，须先签名并告知管理员种类，由管理员取出后阅览，阅毕交还管理员；五、不得携书出儿童阅览室；六、要爱护图书，有遗失损坏须照价赔偿；七、不能携带物品入室，禁止喧哗谈笑随地吐痰；八、阅览结束要马上离开阅览室；九、阅览时间每日上午7—11点，下午1—6点，每周一及纪念日除外；十、铃响停止阅览④。该馆1922年在旧馆时已设有儿童阅览室，制定了"儿童阅览室规则"。与1936年的比较后发现，1936年版的"儿童阅览室规则"增加了入馆儿童年龄、高低年级图书位置及索取方法、图书不外借、损坏赔偿及延长阅览时间等内容；减少了入馆时领取儿童阅览证填写个人信息及书名，不会书写的由馆员代填，单次借阅册数，阅

---

① 《江西省立图书馆现任职员一览表（二十三年度上半年）》，《江西省立图书馆馆刊》1934（创刊号）。

② 《江西省图书馆关于请领建筑费、要求拨款补助即参加会议、寄送条例等问题的呈、函》，1928年，江西省档案馆藏，档号：J053-1-00019。

③④ 程时煃：《江西省立图书馆概况》，1936年版，第2—8、23—39页。

览中有不明事项请馆员指导，不定期在阅览室内开讲演谈话会等内容①。

杨立诚任馆长后，实行开架阅览，取得了一定的进步。然而由于"剿匪"行营一直设在其中，办公区域狭小②，直到1935年南昌行营结束才有所改善。"南昌为新运策源地，且教育厅长程时煃对社会学业尤极热心"③，儿童社会教育在此环境下也得到快速发展。此外，政府对儿童节与儿童年的规定，对儿童读物的出版及儿童阅读的提倡起到了积极的推动作用。根据该馆对儿童阅览室1935—1936年间儿童阅览人数统计中即可窥见一二（见下表）。

表5-8　　1935.7—1936.6儿童阅览室阅览人数统计表④

时间	人数	时间	人数
1935.7	1547	1936.1	2476
1935.8	1272	1936.2	1514
1935.9	1868	1936.3	2310
1935.10	2289	1936.4	1573
1935.11	1770	1936.5	3116
1935.12	92	1936.6	2604
1935年合计	8838	1936年合计	13593

1936年，江西省立图书馆设有阅览兼推广股，负责图书出纳、阅览指导、图书流通等工作。其中阅览指导的工作职责有五项："指导阅览者使用本馆各种目录及参考书""解答阅览者各项问题""领导参观者""对于阅览儿童除普通指导外须随时举行各种能引起儿童读书兴趣之谈话或讲演""关于阅览上之设备须随时留心作种种改造计划

---

① 《儿童阅书室规则》，《浙江公立图书馆年报》1923年第8期。
② 《江西省立图近讯》，《中华图书馆协会会报》1933年第3期。
③ 《赣省立图最近阅览状况》，《中华图书馆协会会报》1934年第1期。
④ 程时煃：《江西省立图书馆概况》，1936年版，第30页。

商请馆长核办"①。据曾炳亮硕士论文中记载，1932 年 1 月入职该馆的蔡全篪就负责图书部出纳与儿童股工作②。请蔡氏负责儿童指导工作，想必是考虑到他毕业于国立武昌师范大学③，了解儿童指导方法，可以有效地开展儿童读书活动。

全面抗战爆发后，为保证儿童阅览安全，该馆租借民房开办儿童阅览室。1938 年春天，战事趋于稳定，江西省立图书馆 3 月中旬起恢复阅览。据统计，该馆同年 5、6 月份儿童阅书数量分别为 5178 册④、1851 册⑤。

3. 聘请图书馆专家参与儿童读物分类编目

1927 年，欧阳祖经出任江西省立图书馆馆长，开始聘请"有相当之资格与经验"⑥者来馆任职。

沈祖荣在其发表的《调查江西省立圕报告书》中对江西省立图书馆当时的职员情况作有介绍，"馆员有留美伊利诺大学（实为伊利诺斯）圕专科毕业者二人，余均系各专门学校毕业，颇有办理图书馆之志趣与经验，故其服务上下一心十分努力，该馆事业之关于登记编目制卡一切均用最新科学方法处理"⑦。

笔者对"留美伊利诺大学圕专科毕业者二人"的身份颇为好奇，于是进行了考证。据 1929 年 6 月《中华图书馆协会会报》刊载的《江西省立图书馆之新政》中，有"现十七年度内，该馆已延聘美国伊里诺意思大学图书馆学士杨昭悊为图书整理指导员"⑧。同时，文中

---

① 《江西省立图书馆办事细则》，《江西图书馆馆刊》1934 年（创刊号）。
② 曾炳亮：《民国时期江西省立图书馆研究》，硕士学位论文，江西师范大学，2012 年，第 56 页。
③ 《江西省立图书馆现任职员一览表（二十三年度上半年）》，《江西省立图书馆馆刊》1934 年（创刊号）。
④ 《二十七年五月份江西省立图书馆藏书册数分类统计》，《江西统计月刊》1938 年第 6 期。
⑤ 《二十七年六月份江西省立图书馆藏书册数分类统计》，《江西统计月刊》1938 年第 7 期。
⑥ 《呈请扩充预算案》，《江西省立图书馆馆务汇刊》1929 年第 7 期。
⑦ 沈祖荣：《调查江西省立圕报告书》，《武昌文华图书科季刊》1930 年第 3—4 期（合刊）。
⑧ 《江西省立图书馆之新政》，《中华图书馆协会会报》1929 年第 6 期。

也说明了该馆有意今后持续聘请图书馆学专家,按等级提高工作人员待遇,从而让职员可以专心于工作的计划。在 1930 年 12 月由《文华图书馆学专科学校季刊》出版的《江西省立图书馆鸟瞰》一文中,则提到江西省立图书馆于"民国十七年始着手分类编目,杨昭悊君担任图书部主任"①。再者,在该馆列出的新馆设计增减工程项目中,对书库楼层有所修改,这正是"采用本馆馆员杨昭悊君之意力求空间经济,将原定四层楼改为五层,而每层高度略为减少"②。由此可知,"留美二人"中的一人为我国第一代留美图书馆学家杨昭悊。随后再通过查阅《江西省立图书馆现任职员一览表(二十三年度上半年)》发现,编目股员王京生的学历介绍中也提及到"意利诺大学图书馆学科毕业",入馆时间为 1929 年 9 月③。

　　综上考证,可以确定沈祖荣文章中提到的两位留美职员分别是 1928 年入职的杨昭悊与 1929 年入职的杨昭悊夫人王京生。杨昭悊担任图书部主任,王京生从事图书编目。同时也说明了为何该馆"图书分类整理排列乃至指导阅览等事均采用最新式之科学方法"④。

　　杨昭悊在其所著《图书馆学》一书中,特别强调了图书馆的社会教育功能。他认为教育可分为家庭教育、学校教育和社会教育三种,且缺一不可。而"只有图书馆才能取得满意的效果"⑤。在他看来:在家庭教育上,为了培养孩子的阅读习惯,需要在家庭内部设立家庭图书馆,而这种家庭图书馆与图书馆息息相关;在学校教育上,学校教育的年限是有限的,图书馆可以成为国民终生学习的场所。图书馆教

---

① 丁之炳:《江西省立图书馆鸟瞰》,《文华图书馆学专科学校季刊》1930 年第 3—4 期(合刊)。
② 《江西省立图书馆建筑新馆改正图样说明书》,《江西省立图书馆馆务汇刊》1929 年第 7 期。
③ 《江西省立图书馆现任职员一览表(二十三年度上半年)》,《江西省立图书馆馆刊》1934 年(创刊号)。
④ 《呈请扩充预算案》,《江西省立图书馆馆务汇刊》1929 年第 7 期。
⑤ 韩永进:《中国图书馆史·附录卷》,国家图书馆出版社 2017 年版,第 311 页。

育是一门具有广泛活动的独立教育。它不仅可以进行普及教育，还可以成为学习先进知识的场所和学术中心。

王京生于1929年翻译出版《儿童图书馆》一书，同年《中华图书馆协会会报》第5卷第3期对此书介绍："儿童图书馆，王京生译，十八年排印本，商务印书馆代售。是书原为美国图书馆协会所出版，内容分述登记，接近图书，同较大儿童的工作，馆员为儿童亲身工作，和学校的工作，凡五章。我图书馆界之从事于儿童工作者，诚可式为圭臬。闻译者为会员杨昭悊先生之尊夫人云"[①]。

综上可知，杨王夫妇对儿童图书馆的教育价值以及儿童图书馆的业务内容都十分了解，二人到江西省立图书馆后又一直担任负责指导图书分类整理和编目工作，期间对儿童读物的分类编目也定会给与关注。

1934年，虽然馆址被蒋介石占为临时行营，"各项工作陷于停顿，得以抽出人力、物力，对馆藏进行了一次全面清理，并编印了《江西省立图书馆藏书目录》"[②]，分为"《临时阅览处中日文图书目录》《临时阅览处西文图书目录》《临时阅览处儿童图书目录》《临时阅览处流通图书目录》《临时阅览处杂志目录》"5册。

1935年5月，该馆已有藏书9万余册，根据图书排列与性质不同，又修订出版了《江西省立图书馆图书目录》，包括《百花洲总馆图书目录》《临时阅览处中日文图书目录》《临时阅览处西文图书目录》《临时阅览处儿童阅览室图书目录》《临时阅览处图书流通部图书目录》及《临时阅览处新闻杂志目录》6种8册，"而各种目录之分类方法，仍延从前编目旧例，不予变更，并各附例言，说明内容概略"[③]，同时对此次出版的各书目与之前的不同之处进行了说明。如

---

① 《新书介绍：儿童图书馆》，《中华图书馆协会会报》1929年第3期。
② 曾炳亮：《民国时期江西省立图书馆研究》，硕士学位论文，江西师范大学，2012年，第18页。
③ 《江西省立圕图书目录》，《中华图书馆协会会报》1935年第2期。

《儿童阅览室图书目录》（163 页 16 开）①"亦依杜定友图书分类法分类，略加增删，对于神话童话等书，概以（FL）符号代表之，而武侠神怪之类，冠以（S）号，以示区别"②。

4. 儿童图书馆事业推广

（1）举办儿童阅读比赛

儿童读书会是民国时期较为盛行的一种事业推广模式，当时推行此项事务最热烈者，在公共图书馆，有北京市立第一普通图书馆、江西省立图书馆、安徽省立图书馆、无锡县立图书馆等各儿童部办理极有成绩，会员数量从数十人到数百人不等，对当时儿童图书馆事业推广产生了积极影响③。

1936 年，江西省立图书馆在儿童节之际为增高儿童读书兴趣，举行了一场"儿童阅读比赛会"，参加儿童 300 余名，比赛后进行了评选与颁奖。

全面抗战时期，江西省立图书馆依然不忘举办儿童读书活动。泰和总馆为了庆祝儿童节，专门成立了"泰和各界庆祝儿童节筹备会"，商讨举办活动内容。在儿童节期间"举办了儿童演讲比赛、健康比赛，开展了慰问难童工作"④，兑现了其之前所说"每年儿童节或其他纪念日举行儿童阅读比赛"⑤ 的承诺。

（2）广设图书流通处

江西省立图书馆为便于民众阅览，于南昌附近交通便利的重要乡镇的公共场所内设立图书流通处 10 处。此项事业于该馆为初创，"既无成法，复乏实例"，只有"抱试验之精神，希望在失败中得到成功，

---

① 曾炳亮：《民国时期江西省立图书馆研究》，硕士学位论文，江西师范大学，2012 年，第 33 页。
② 《江西省立圕图书目录》，《中华图书馆协会会报》1935 年第 2 期。
③ 王柏年：《中国儿童图书馆事业发达史》，载王余光主编、范凡等选辑《清末民国图书馆史料汇编（第 4 册）》，国家图书馆出版社 2014 年版，第 107 页。
④ 李泉新、陈为民：《八年抗战中的江西省立图书馆》，《赣图通讯》1986 年第 3 期。
⑤ 程时煃：《江西省立图书馆概况》，1936 年版，第 48 页。

以为全国倡"①。该馆经试办后，收效良好，"各地请求设立者尚多，拟设法扩充以应需要"。由于人手不够，该馆只有委托设置图书流通处的机构代为管理，在10处流通处中，有7处都设在小学内。各处阅览人数与附设机构名称如下表所示。

表5-9　　图书流通处1934.8—1935.4各处阅览人数统计表②

流通处名称	阅览人数	附设处所
第三图书流通处	2850	南昌县立莲塘小学
第四图书流通处	2720	永修县立涂埠小学
第五图书流通处	2484	建声心传小学
第六图书流通处	2078	镇立贫儿学校
第八图书流通处	2355	新建县立樵舍小学
第九图书流通处	3471	由南昌县立市议小学
第十图书流通处	1244	牛行小学

抗战时期，为宣传抗日救国思想，该馆延续在南昌的做法，也在永新、遂川、泰和的许多小学内设立图书流通处和巡回文库，虽然不是专为儿童而设，但在校学生也会深受其益。

位于华东地区的江西省三面环山，各方面的发展也相对滞后。然而在江西省教育厅、南昌市政府、江西省立图书馆历任热衷图书馆事业的馆长及馆员的共同努力下，儿童阅览室从开始便走上了一条正规化道路，可谓同一时期省级图书馆儿童阅览服务的典范。

---

① 程时烺：《江西省立图书馆概况》，1936年版，第41页。
② 本表资料来源：程时烺：《江西省立图书馆概况》，1936年版，第42—43页；《本馆二十三年十二月至二十四年四月儿童阅览室阅览人数比较表》，《江西省立图书馆馆刊》1935年第2期。

第五节　民国时期儿童图书馆的历史评价

一　儿童图书馆在儿童教育与儿童文化权益保障中占有重要地位、发挥了积极的作用

儿童图书馆是儿童的"甘蜜之露，光明之灯"，是儿童的"乐园"与"良伴"，也是"新生命的发源地"[①]。儿童图书馆不仅可以育智，还可以育人。

中国儿童图书馆始建于民国时期，自诞生之日起就肩负着教育儿童的使命。随着儿童教育和图书馆的发展，它逐渐演变为一个独立的教育机构，成为儿童社会教育的利器[②]。无论在与儿童相关的学校教育、社会教育、家庭教育还是儿童福利事业中，随处可见儿童图书馆的身影，其在儿童教育与儿童文化权益保障中占有重要地位、发挥了积极的作用。

(一) 辅助学校教育，助力儿童个性发展

卢震京认为儿童图书馆是小学的重要组成部分，"不仅是补助课室教学的不足，而且还能解决行政及教学上的一切疑难的问题"。如果学校缺少儿童图书馆，就不能称其为完整的学校。自从实行义务教育以来，社会各界已清楚地认识到小学是一切教育的基础，因此，"要为完成小学教育的使命计，要使小学教师及儿童获得充分学识计，要为一国教育的基础计"[③]，小学图书馆的设立自然是亟不可待。

李文裿曾应邀在华北教育会开办的暑期学校中面向小学教师发表了主题为"小学与图书馆"的演讲，道出在小学设立图书馆的必要。

[①] 杨鼎鸿：《儿童图书馆在教育上之价值》，《教育杂志》1926 年第 3 期。

[②] 华礼娴、姚乐野：《1898—1937 年儿童社会教育与儿童图书馆的互动》，《图书馆建设》2017 年第 3 期。

[③] 卢震京：《小学图书馆概论》，国家图书馆出版社 2013 年版，第 1 页。

他指出，随着初等教育界教育教学法的改革，"注入式之教授法，早已成为过去，以其不能自动而乏个性发展之机；至于采用设计式及道尔顿制者，在教师方面，虽有诱导学生令其自行作业之机能，而乏相当参考备检之图书，决难期其效能之实现"①。

美国教育学家范励士认为"近代的新教育，不单是教科书的记忆，应包含各方面知识的收集、批评与组织，以发展学生阅读欣赏的习惯，供给他们最新最完全的知识"②。虽然成人图书馆藏书丰富，但它主要是为成人服务的，不能满足我们儿童的水平。儿童图书馆就是搜集适合儿童的书籍，采用适合儿童的设备，用最简单的方式引导儿童阅读，从而激发儿童自己阅读的兴趣③。

儿童图书馆在设立之初，主要是供教师参考之用，鲜有为儿童服务。因此，儿童图书馆除增进儿童智识，还兼顾为教师提供教学参考的作用。正如余少文所言，图书馆作为"终身的学校，是代用的教师，图书馆教育，是教育中很重要的一件事，在学生方面，可以自动参考，补助功课，养成共同生活、读书习惯和美感的情操；在教师方面，可利用个别指导，研究教法"④。

正所谓好教师带出好学生。如果教师可以与时俱进，自然可以影响带动他的学生不断获取新知。教师若想进步，就需要"教学相长"，即"一方面求教学上的进步，一方面求自己学识的增进"⑤。因此，如果小学内有儿童图书馆，教师就可以近水楼台，得到许多浏览参考书的机会。民国时期小学教育注重新教育教学法的改进，侧重儿童自学辅导，"注入式"教学法逐渐被取代。然而，"现代设计教学法，以及道尔顿制，都是使教师要多方参考，多方研究，而来辅导儿童获得身

---

① 李文祎：《儿童图书馆经营与实际》，《图书馆学季刊》1936年第1期。
② 邱鹤：《师范学校之图书设备》，《浙江教育行政周刊》1933年第14—15期（合刊）。
③④ 余少文：《在这提倡儿童事业声浪中各市县应注重创办儿童图书馆》，《厦门图书馆声》1934年第10期。
⑤ 卢震京：《小学图书馆概论》，国家图书出版社2013年版，第3页。

心的进步"。因此,"图书馆供给多量参考,自非需有完善组织和管理不为功"。"任何小学不采用新教学法则已,如要改进教学法,图书馆的设立是个先决的问题,这实在因为他是教学上最良好的工具"①。

小学教师不仅要教授儿童知识,还要对儿童进行训育与训导。因为小学生所学知识尚浅,言语常有不当之处,学校方面对此,"比其他各级学校教育,要来得繁重"②。同时,我国自古政教就有密切关系,"人生者三,事之如一",中国数千年的民族思想,由"日常的生活,推移到智德的教化"。如果小学校设置儿童图书馆,"正可利用圣贤明哲的学识思想","昭示儿童,广为宣扬,使儿童在为人方面,得到最优的理想,最高的标准"③。从而,在陶冶学生性情的同时,又可以减少在训育和管理方面的诸多困难,增进训育的效果。

除补充学校教育外,儿童还可以通过使用儿童图书馆得到个性发展。

李文裿指出,同班上课的学生因教材相同、理解能力不同,"故无由发展其个性"。如果"有图书馆则可受教师之指导,得于课外自由阅读,不受学程教材之限,而可以尽量发展其个性也"④。

卢震京与李文裿所持观点相似。他认为,儿童在上课时从教师那里得到的知识是有限的。并且即便是同一年级的儿童,水平实则也参差不齐。在课堂上,教师使用相同的方法教授相同的知识。理解能力强的孩子是供不应求的,能力弱的则还是一知半解。即便老师殷切教诲,也不是一朝一夕能学会的,最后也很难掌握。有了儿童图书馆,陈列的书籍很多,孩子们可以根据自己的能力阅读,获得"无限止而活动的知识"⑤。

在儿童本位教育与读书务博之风的推动下,儿童图书馆成为辅助学校教育、发展儿童个性的不二法宝。如果将学校的教科书比喻为主

---

①②⑤ 卢震京:《小学图书馆概论》,国家图书馆出版社2013年版,第1—3页。
③ 陆德麟:《儿童图书馆在小学校中之地位》,《图书馆学季刊》1936年第1期。
④ 李文裿:《儿童图书馆经营与实际》,《图书馆学季刊》1936年第1期。

食，那么儿童图书馆的图书就好比各种佐餐小菜，种类丰富、味道可口，往往深受儿童喜爱。因此，学校儿童图书馆在选择儿童读物时，可根据教学内容，选择课本的延伸读物，既保证了儿童读物的质量也对教育教学起到有益补充。

（二）满足儿童的求知欲、培养儿童的阅读习惯

龚启昌曾指出，"广博智识的获得，尤赖于自由的阅读。图书馆有吸引儿童的设备，故有养成阅读习惯的功能"[①]。卢震京也认为利用儿童图书馆，可以养成儿童自主读书的习惯。因为儿童在学校里，陪伴他们的多是几本一成不变的教科书，久而久之自然厌倦。如若教师再强迫他们去诵读，定会遭到儿童的抵触。此外，儿童放学后，也常常无所事事，容易沾染不良习气。这是因为他们"因为没有经过读书的训练，不知道读书的兴味的原故"。然而，要会读书，读喜欢的书，就要多接触多阅读才行。小学设置儿童图书馆，"儿童既可以自由选定他们爱阅的书籍，如笑话、剧本、小说种种，行之既久，读书兴味提出，读书的习惯自然养成"[②]。

李文裿认为，"儿童教育为人生之基础教育，所领受之一切知识与习惯，对于将来更属切要。故儿童图书馆亦为养成其将来读书习惯之重要设施"[③]，不容忽视。儿童图书馆的真正功用，在于"能培养儿童乐于看书的习惯""能指导怎样用最经济的方法看书"。这类习惯的有无，直接影响儿童的未来，"有时比在课室里的功课之影响和效用还大"[④]。

曾宪文也曾在文章中指出要从儿童时期养成良好图书馆习惯的意义。他说："图书馆是求学中最好的工具；历来所闻所见的大学问家，发明家，莫不得力于图书馆。儿童时代，虽不能在图书馆内实地研究

---

① 龚启昌：《儿童图书馆的研究》，《教育季刊》1930年第3期。
② 卢震京：《小学图书馆概论》，国家图书馆出版社2013年版，第2页。
③ 李文裿：《儿童图书馆经营与实际》，《图书馆学季刊》1936年第1期。
④ 卜荣轩：《儿童图书馆的检讨》，《民众教育学报》1936年第1期。

什么高深的学问,然而将来之需用图书馆的地方很多,当趁儿童时代训练出来,逐渐的养成利用图书馆的习惯"①。

杜定友同样认为小学图书馆可以养成儿童的读书习惯与图书馆习惯。他认为文学的欣赏,学问的趣味,是要在家养成的。而现实中,"一大部份人则全靠在学校和图书馆"来实现。然而,当时国内的儿童"毕业于小学而绝学的,不可胜数"。这些学生大多因生活所迫,不得不出外谋生。如果在小学期间"没有求学的基础,没有读书的习惯,没有问学的兴趣,那出校之后,不免永远抛离书籍,置学问于脑后,以致终身沦落,无以自拔"。因此,在学校方面,除了教授学生知识外,还要让他们利用图书馆养成读书的习惯。再者,"儿童在校的时候,就要养成他们的图书馆习惯。使他们知道图书馆是智识的贮藏所。他们有什么难题,都可以向图书馆搜寻材料解答一切"。即便"不幸早年失学,还有良师(图书馆)在旁,可以随时请益。儿童有了这种习惯,有这种'自育'能力,前途方才有望。不然,故步自封,那里有进步呢"②。

许多人成年之后没有读书习惯主要原因是儿童时期没养成良好的阅读习惯,遇到问题不知道如何查询参考资料则是没有图书馆习惯。兴趣是最好的老师。儿童时期的好奇心与求知欲就是培养阅读习惯最好的导火索。因为当他们遇到感兴趣的事物时,总想一探究竟。而儿童图书馆正是供给他们应读应看书的地方,也是他们求取新知的场所。如果馆员能正确加以引导,注意儿童早期阅读能力的培养,不仅可以使儿童智力得到发展,还可以提高他们的理解力,增强自学能力,最终达到自主阅读与学习的能力。这种能力对儿童的成长可谓事半功倍,会惠及其一生。

(三)调剂儿童课余生活、陶冶优美性情、培养儿童的公德心

董明道认为,"在人类生活中,最难解决的问题,莫过于休闲时

---

① 曾宪文:《儿童图书馆之研究》,《武昌文华图书科季刊》1929 年第 1 期。
② 杜定友:《儿童图书馆问题》,《教育杂志》1926 年第 4 期。

间之利用；尤其是在儿童时代，这种休闲时间之利用，已成为教育上莫大的问题"。儿童在放学之余或留恋街头巷尾的书摊或做不正当游戏，主要是为了打发时间，并非有特别的目的。儿童图书馆的设立可以调剂他们的课余生活，馆中的各种图书"如名人图书画，故事，童话，名人传记等类，无所不备"，儿童可以在这些书中"寻求快乐"[①]。

儿童天性活泼，无拘无束，多以自己的意志为转移。然而，社会是个大家庭，个人不能脱离社会独自生存，而要融入社会就需要自我约束与控制，也就是要遵守公共道德。"家庭固然为社会生活的基础所在，然而它的范围究竟有限，扩大儿童的眼界，广泛儿童的接触，灌注儿童的新知，公德心的涵养，勤奋想学的兴趣，诸如此类，较之家庭来的广博，那就非仰赖儿童圕不可了"[②]。

所谓"三岁看大、七岁看老"。"人类行为的基础，几至完全建树在幼年时期"。品性在儿童成长过程中是"最易发生动摇的"。儿童图书馆能用其"适当的方法，不惮烦琐地注意儿童的行为，在优美的环境中，循循善诱"。如，取放儿童读物要轻拿轻放、不能损坏；阅览之时不能谈笑；在阅览室内不能随意饮食、随地吐痰等，"使（儿童）明知其理，知过而不敢再为，身心皆有裨益"，其力量"远胜其他如威胁，训诲"[③] 等。

正如古语所说"江山易改、本性难移"。好性情、好习惯会伴随人的一生，也会影响人的一生。而品行和习惯的养成不是一朝一夕可以实现的，需要从年幼时期开始潜移默化逐渐熏陶。相比父母的说教、学校的训育，儿童更适合在轻松愉悦的环境中通过自己的体验自我形成。那么，什么样的地方可以提供这样的环境呢？是儿童图书馆。对儿童而言，图书馆就是陶冶品性、培养公德心的好地方。无论是精心筛选的儿童读物、管理员的合理控制，还是简明阅览规则，实则都起

[①] 董明道：《儿童图书馆在教育上之价值》，《安徽教育行政周刊》1929 年第 25 期。
[②③] 陆德麟：《儿童图书馆在小学校中之地位》，《图书馆学季刊》1936 年第 1 期。

到了暗示儿童要爱惜物品、遵守秩序和公共卫生的目的，使儿童身心均可获益。

（四）启迪民智、普及社会教育

蔡元培指出："教育并不专在学校，学校以外，还有许多机关，第一是图书馆"[①]。祝其乐也认为图书馆在社会教育方面充当重要角色。他说，"图书馆是社会教育当中很重要的一部分。他对于个人生活的智识、感情意志及社会价值的判断，好尚支配各方面都有积极的贡献"。因此，对现有儿童图书馆要逐渐扩充改进、在没开设的地区要继续宣传提倡，不能因为"其没有直接显著的效果遂轻视他"[②]。推行社会教育是为了"教化全民的知能与生活向上"，从而"达成改进社会为理想"[③]。

我国早期公共图书馆中并没有儿童阅览服务。对此祝其乐从儿童生理与心理的特殊性指出，"儿童并不是成人的缩影"，他们的生理构造与心理趋向都与成人不同。二者的"需要和好尚"存在根本差异。如果将他们安排在一起读书，"都要索然无味，显出不愿意的现象"[④]。因此，祝氏建议另设儿童图书馆（室），这样儿童可以根据兴趣选择读物，从而达到满足其需要的目的。

钱亚新曾指出，中国儿童图书馆的兴起，一是由于儿童教育思潮的蓬勃发展，二是由于当时中国正规儿童教育尚未普及的国情所致[⑤]。据教育部的数据统计当时社会上失学儿童有七千万人[⑥]，城中小学人满为患，想读书或有能力读书的儿童也得不到受教育的机会，"这是一件十分惨痛的现象"。如果能设立儿童图书馆，那么"失学或非失

---

① 蔡元培：《蔡先生湖南第一次讲演》，《北京大学日刊》1921年2月14日。
②④ 祝其乐：《图书馆和教育》，《浙江省立图书馆年报》1921年第6期。
③ 杨志仁：《成都市社会教育的设施》，载何一民、姚乐野主编《民国时期社会调查丛编·三编（中）》，福建教育出版社2014年版，第693页。
⑤ 谢欢：《钱亚新儿童图书馆思想研究》，《河南科技学院学报》2017年第1期。
⑥ 陶行知：《教育现实问题：大众教育与民族解放运动》，《大众教育》1936年第1期。

学的儿童,均能受其惠泽"①。

与此同时,大多数下层阶级的孩子,除了少数能接受教育,在还是儿童的时候就必须出外谋生。他们要么作为童工进入工厂,要么在街上卖报纸。更重要的是,这些流浪街头的儿童,没有任何依靠,他们可能会成为乞丐或从事犯罪活动②。儿童图书馆的设置,可以给这些可怜的儿童提供继续学习的场所,让他们与书为伴,学习新知、净化心灵。

1934年,北平教育界的顾彦生鉴于"学校教育甚为发达,社会教育均欠提倡"③,号召筹建儿童图书馆。天津市立第一图书馆"为补儿童教育之不足,及提倡练习作文,鼓励读书起见""举办儿童征文,及读书比赛"④,比赛后分别公布了高年级组、低年级组及读书考勤及格者名单,并举行颁奖典礼,影响甚好。天津第七通俗图书馆由于地处居住密集且学校林立之所,所以来馆阅览儿童数量颇多。特别是"星期日及寒暑假期间,益形增多,日以百数计,亦盛况也"⑤。第一通俗图书馆自开室以来,每日来馆儿童约1、2百人,除部分为小学生外,多数是附近居民区的儿童。阅览手续采取开架式,儿童可自由取阅。对取书方法不明了或不识字儿童,该馆女指导员会耐心解释,或根据儿童所需提供图书。"如是以善诱教导方法,则儿童莫不喜形于色,视图书馆为乐园,每当课余之暇,即徘徊于图书馆门前,以待开馆时间"⑥。

此外,出于补救社教经费以及力求学校教育的社会化考虑,有学者认为在教育方法上具有"比较有一贯性的,有永久性的,教学范围能大能小,有弹性的"机关非图书馆莫属。徐旭认为"民众教育各方

---

① 陆德麟:《儿童图书馆在小学校中之地位》,《图书馆学季刊》1936年第1期。
② 忻平:《历史记忆与近代城市社会生活》,上海大学出版社2012年版,第366—367页。
③ 《北平教育界筹设儿童图书馆》,《中华图书馆协会会报》1934年第6期。
④ 《市立第一图书馆儿童征文》,《益世报》1936年4月8日。
⑤ 《市立第七通俗圕儿童阅览概况》,《天津市市立通俗图书馆月刊》1936年第5期。
⑥ 林凤春:《天津市市立第一通俗圕二年来之儿童阅览室》,《天津市市立通俗图书馆月刊》1936年第5期。

面的事业,以图书馆为出发,为进行,为轨迹,乃是一条康庄的大道"。因此向社会开放学校图书馆,首先是为了使社会教育与学校教育合作,并且是学校兼办民众教育最简易的途径,并且此举可以弥补社会上民众图书馆供不应求的缺陷;其次,从学校图书馆自身来说,其向社会公开也可实现学校社会化,给社会民众认识学校图书馆的机会,进而对学校图书馆加以改良;对于学校的学生来说,通过图书馆开放也可以促使学生努力求学,求切实的学问,并且通过学生管理图书馆来使其得到丰富的社会经验与图书馆管理经验,养成服务社会的精神;对于社会民众来说,图书馆向其开放,可以提高其求知兴趣,养成清洁、沉静与和平的习惯。

(五) 协助家庭教育

我国自古虽重视家庭教育,但由于家长观念不强和家庭中设备不完善,致使其流入腐化之途。

《家庭教育与家庭图书》一文中记录了当时母亲于家庭教育的认识,真实反映了当时儿童家庭教育的缺失。"母亲们,常常是忽视儿童的家庭教育的。就是有钱的人家,她们以为孩子们长到四五岁的时候,便是入学的时期,于是就送到学校里去。这样的一直使孩子们入小学,中学,以至于大学。便算他们尽了责任,完成孩子们的教育了。没有钱孩子们的教育就放任不问了。其实一个人的善恶,全赖童年教育的培养,童年教育,所能印象最深的,便是家庭教育。譬如有很多的母亲们,她愿意拿多量的金钱用在打牌上、马场上。但是她没有想到用一毛钱买一本儿童书报给她的小孩子们看,因为根本她就没有想到家庭教育是如何的重要"。"贫穷人家的子弟,无法入学,父母固然不代子弟另谋方法,求点知识"。所以,无论家庭贫富与否,"家庭教育总是普遍的忽略放任"[①]。

杨西候从当时天津各类图书馆利用率低的问题,引申出父母对儿

---

① 琤:《家庭教育与家庭图书》,《天津市市立通俗图书馆月刊》1934 年第 2 期。

童家庭教育的疏忽是导致儿童成年后没有利用图书馆习惯的主要原因。他说，中国大部分儿童是很不幸的。家庭贫苦的、吃不饱穿不暖；家庭富有的也未必能得到适宜的教育。母亲忙于打牌看电影应酬，父亲忙于在外挣钱，多把子女交给家中老妈子照管，条件优渥的会请一位家庭教师，而父母则不闻不问，这是当时大都会普遍存在的现象。在这样的家庭教育背景下，要想提升儿童教育，养成图书馆习惯，就要充分利用儿童图书馆①。天津市立七所通俗图书馆鉴于此种情况，曾在儿童年之际呼吁父母可多从图书馆借些儿童读物给子女看，同时还购入大量可供学校参考及儿童家庭阅读的图书以扩充各馆已有的巡回文库，在一定程度上缓解了不便到馆或家庭儿童读物匮乏给儿童阅读带来的影响。

此外，为配合新社会、新家庭建设，设立家庭儿童图书馆、开展儿童家庭教育被诸多学者所倡导。家庭的优劣直接影响社会的优劣。亚生认为，家庭是社会的雏形，建新社会首先要先建新家庭。而一个新家庭的建设或改革都不应该把设立儿童图书室这个问题忽略掉。因为教育是以儿童整个生活为范围的，学校生活只占其中一部分，教师的责任也只能尽一部分，剩下的责任就要家庭来负担。"所以儿童除了学校以外，理该受相当的家庭教育，家庭当中也应当准备着儿童阅读书的场所，使儿童在家庭当中也有读书的可能"②。

王柏年也指出，"从前，学校的确掌着儿童教育的大旗的，差不多整个儿童的教育，学校负十分之七，家庭中仅负十分之三的教育责任。现在，家庭教育和学校教育的责任，渐渐地平衡起来了"③。此外，儿童在入学前的五六年时间都是在家中度过的，如果在这期间家长没有实施良好的家庭教育，儿童很可能会以不良嗜好消磨时光而流

---

① 杨西侯：《从社会不景气说到儿童图书馆的重要》，《天津市市立通俗图书馆月刊》1934年第3期。
② 亚生：《新家庭建设与儿童阅书室的创立》，《方舟月刊》1937年第32期。
③ 王柏年：《儿童图书馆和家庭教育》，《方舟月刊》1937年第38期。

入顽童一列。而家庭设备中，含有教育意味且能增长儿童知识的，"儿童图书馆确乎是顶重要的一种"①。如果家庭中备有儿童感兴趣的书籍、图画，不但能使儿童增长知识、明白道理，还可节省主妇的管教时间，也会省去很多唇舌。

儿童图书馆于家庭教育既可以增长知识、规范行为，同时还可以减少家长选书的困扰、减轻家庭经济负担。特别是在当今儿童课外读物极大丰富的时代，内容、品质也良莠不齐。想从中选出适合家中儿童的读物，家长可谓要煞费苦心。同时，靠家庭一己之力置办众多课外读物也颇为不易。加之有些读物，儿童看过一遍就不想再翻阅，很是浪费。儿童图书馆的读物是根据儿童各方面特点优选而来，儿童可凭兴趣自由阅览，增长知识的同时也为家庭节省了经济开支，省去了选书的烦恼。

二　儿童图书馆与图书馆事业及学术研究关系密切

（一）儿童图书馆是图书馆事业的有效补充

儿童图书馆的产生与发展，在中国图书馆事业史上占有重要地位。这是因为，在近代图书馆的发展过程中，没有考虑到儿童的特殊性，在实现其教育功能的过程中忽视了儿童。而儿童图书馆的建立是图书馆发展的有效补充，同时也是其教育功能的进一步延伸②。

民国时期，儿童图书馆作为图书馆事业的一部分，其身影在公共图书馆、民众教育馆、图书馆协会、图书馆教育，甚至抗战时期的图书馆工作中频繁出现。这说明继教育界提倡设立儿童图书馆之后，图书馆界也意识到儿童教育是一切教育的基础，而随时随地能供给儿童所需知识的地方，莫有比图书馆更合适的了③。

然而，要为儿童提供服务，只具备对成人图书馆的认识是不够的，还要了解儿童图书馆的特殊性。"其重要之点却为图书之入藏予以审

---

① 王柏年：《儿童图书馆和家庭教育》，《方舟月刊》1937年第38期。
② 康兆庆：《民国时期儿童图书馆研究述评》，《图书馆工作与研究》2014年第6期。
③ 卢震京：《小学图书馆概论》，国家图书馆出版社2013年版，第1—2页。

慎选择，不独适合于各年级儿童之程度，且须随时满足其需要，引起其自动读书之趣味，养成欢喜阅读之习惯，而馆中一切设备，复能在生理上心理上相投合，馆中职员随时予以适当之指导……"①。由于为儿童提供服务的图书馆，在育智的同时还要肩负育人的责任，因此还会经常举办故事会、读书会、时事测验、征文比赛等活动，并通过制定一些奖励办法调动儿童积极性、激发儿童阅读兴趣，以实现教育效果。而这些都是成人图书馆之前不曾涉足的领域。

（二）儿童图书馆的发展引起了图书馆界专家的关注

民国时期，儿童图书馆以辅助学校教育的形式诞生。但由于"今日的儿童就是未来图书馆的读者"，自然引起当时图书馆学家的关注。因为从儿童时期养成良好阅读习惯和使用图书馆习惯正是成年后主动利用图书馆的前提。

据笔者统计，民国时期，出版发行的22部儿童图书馆理论与实践著作中，图书馆界人士执笔的有12部；194位发表儿童图书馆研究论文作者中，发文数量4篇以上且排名前3位的有6人，其中三分之二为图书馆学家，包括杜定友6篇，曾宪文、陈独醒、吕绍虞各4篇。论文数量虽然不能完全说明问题，但至少可以间接反映他们对儿童图书馆的关注程度。如杜定友的研究中对儿童图书馆的关注是较为全面的：大到儿童图书馆的独特性、儿童图书馆学的理论、儿童图书馆学思想，小到儿童图书馆日常事务、经费预算等，事无巨细娓娓道来。此外，他还利用河南小学教员暑期讲习会、广州学术演讲会之际讲授《小学图书馆管理法》《儿童参考书研究》。这些活动以杜定友在图书馆界的地位和广泛的号召力，对引导人们认识儿童图书馆起到了积极的作用②。曾宪文的研究不仅有详细的理论阐述，而且还深入、系统地探讨了儿童图书馆的设施、阅览室的管理、图书的采选与分类，兼

---

① 李文裿：《儿童图书馆经营与实际》，《图书馆学季刊》1936年第1期。
② 黄洁、张峰：《民国时期儿童图书馆研究综述》，《图书馆工作与研究》2014年第1期。

顾了理论深度和实际可操作性①。而曾氏最为关注的当属儿童图书的分类与编目。他曾在综合比较杜威、开特、布鲁克林三种分类法后，认为都不完全适用于中国，并提出自己的改进观点。

（三）儿童图书馆得到中华图书馆协会的重视

从中华图书馆协会的前身、中华教育改进社图书馆教育组开始，已对儿童图书馆于儿童教育上的作用予以较高的重视，认为儿童图书馆于儿童"实匪浅鲜"②。在中华教育改进社四次年会中，共有儿童图书馆相关提案6件，其中1件被否决，2件移交初等教育组，另外3件议决通过。通过议案的内容包括建议小学设立学校图书馆、小学校内设立巡回图书馆及请公立、通俗图书馆设立儿童部。因此，中华图书馆协会成立后，在一至三届年会中都有对儿童图书馆问题的讨论，并议决通过了6项提案。为了使议案得到推广，中华图书馆协会还通函全国各图书馆、各省教育厅，称儿童图书馆在协助学校教育、培养儿童阅读习惯、促进义务教育的实施等方面，具有重要意义③，请各图书馆及教育厅遵照办理。

这些提案在中华图书馆协会各次年会报告上发表后，得到全国各地各级图书馆的积极响应，陆续在广东、天津、河南等地方图书馆期刊杂志上进行转载、宣传。受此影响，全国各市、县图书馆纷纷建立或扩建儿童图书馆，并制定儿童阅读手册和儿童图书馆使用规则，开展儿童阅读兴趣调查，举办儿童故事演讲赛与儿童读书会，推行儿童巡回图书馆等，收效显著、反响良好。

与此同时，中华图书馆协会还借助《中华图书馆协会会报》与《图书馆学季刊》两种官方刊物，介绍国内外儿童图书馆的理论研究成果与实践经验。据笔者统计，两种刊物共刊载儿童图书馆相关文章

---

① 江山：《曾宪文儿童图书馆研究述略》，《晋图学刊》2015年第1期。
② 《中华教育改进社第四次年会图书馆教育组议决案》，《中华图书馆协会会报》1925年第3期。
③ 《儿童图书馆》，《中华图书馆协会会报》1933年第3期。

90篇，占民国时期儿童图书馆研究成果的25%之多，对当时儿童图书馆事业发展与学术研究起到极大的促进与推动作用。

（四）儿童图书馆在图书馆学教育中占有一席之地

民国时期，随着各类儿童图书馆的纷纷设立，对儿童图书馆专业人才的需求也迫在眉睫。有鉴于此，上海国民大学、金陵大学及文华图专都在教学大纲中设置了儿童图书馆相关课程。1925年，杜定友在上海国民大学图书馆学系创设之初即制定了一个前瞻性的发展规划，把设立儿童图书馆学系与研究儿童图书馆学理作为中后期的目标之一。金陵大学在1933年与1940年的图书馆学课程中均开设了儿童图书馆课程，其地位也在两次课程设置中发生了转变。从作为"特种图书馆"内容的一部分变身为"中小学图书馆"与"儿童用书研究"两门独立的课程。然而，令人遗憾的是除文华图专外，这两所大学的儿童图书馆教育都只是昙花一现，不久即停办了。

文华图专为满足社会职业需求，在多个学年的教学中，都开设了儿童图书馆相关课程。从作为"各种图书馆之研究"的授课内容之一，到将"儿童图书馆学"作为独立的课程，在授课时长、开设目的、授课内容及参考书配置上不断完善。即使在内迁重庆后，"儿童图书馆学"仍然与"大学图书馆学""中学图书馆学""公共图书馆学"并驾齐驱。不仅如此，专为研究儿童读物的"儿童读物研究"一课也首次亮相，作为单独的课程类型出现在图书馆学教育中。文华图专的课程内容中，除对儿童图书馆学理论研究的规定外，还明确指出了实习内容。即安排学生到文华公书林的儿童阅览室实习，内容包括儿童故事讲述与儿童夜校讲演，实现了儿童图书馆学教育理论与实践的完整结合。

（五）丰富了图书馆学研究的内容

儿童图书馆在创办之初，没有任何理论与实践可以参考，而我国固有的图书馆学研究成果也都不能满足其需要。鉴于此，有识之士通过翻译借鉴国外的儿童图书馆经验为我国儿童图书馆的创办提供了理论依据。随着我国儿童图书馆事业的发展，业内人士不断在实践过程中进行总结、改良，并围绕儿童图书馆的各个方面展开了积极的探讨。

据笔者统计，民国时期发表的儿童图书馆相关论文多达 358 篇，出版儿童图书馆论著 22 部，内容涉及儿童图书馆的理论研究和实践探索的各个方面。理论研究内容，包括儿童图书馆在儿童教育中的价值和意义、儿童图书馆的组织和管理、图书馆建筑和设备、儿童图书馆员的选择、儿童图书的选择、分类和编目、儿童阅读指导等，其中尤以对儿童教育的认可及儿童阅读指导方法的内容居多；实践探索方面同样丰富多彩，包括基本业务实践，如讲故事、制定儿童阅读奖励、举办儿童读物展览会、儿童读书会、儿童流动书车、儿童征文比赛等；业务拓展与创新方面，如组织夏令营活动以及为推进儿童图书馆事业与儿童教育发展而开展的儿童时事测验、儿童考试等。

以上研究内容均以儿童为研究对象，涉及范围广泛，内容研究深邃，为图书馆学研究开拓了更宽广的研究领域。

三　民国时期儿童图书馆发展受限的原因

民国时期，儿童图书馆作为一个新事物从产生到发展取得了较大的成功。但同时，其也在政局不稳、战乱频发的社会环境中，始终面临认识不足、行事敷衍、教育界与图书馆界缺乏联络、经费短缺、藏书规模小、人才缺乏、分布不均等问题。

（一）学校对儿童图书馆的重要性认识不足

民国时期，我国各省市中除江浙、北平、天津、上海、广东等地外，教育发展普遍滞后，虽然新教学法被大力推广，但多数学校仍然采用旧式"注入式"教学法，所以无需配备参考书籍供教学之用。学生课后，各自散去，校方对学生的休闲内容漠不关心，也就不会想到为儿童购置课外读物了。教员授课后，或任职他处、或自由消遣，绝少对教学训练做专门研究，所以也就不需要专门的教师参考书了。图书馆是收集图书文献的场所，如果各种图书都不需要，图书馆也就可有可无了。

（二）因陋就简、行事敷衍

儿童图书馆在当时小学校内虽多有设置，但多因校舍狭小，不能单独设立藏书室与阅览室，只能把图书放到木橱或图书纸箱里。这样既不能引起儿童阅读的兴趣、提供儿童接触图书的机会，也不能了解儿童所需，从而失去利用图书馆的主动性。也有学校在教室里摆几个书架或书柜，放几本童话、小说、儿歌等，供儿童阅览。但往往人多书少，不够分配，最终导致儿童厌烦①。此外，有小学虽然还未设置图书馆，但因教师教学需要参考书，因此随意购置几种来应急。对于购置来的书籍或设管理员保存，或放在架上任取，缺乏严密的组织管理②。王柏年曾对三十年代公立图书馆附设儿童阅览室的情况进行了评价，他说"各馆对于此种附设事业，或为兴趣关系，或为经费所限，或为环境所不许，于是因陋就简，未能充分显其效用"③。儿童与教师切身的不良体验，使儿童图书馆在教育上的意义不能得到充分体现，从而影响了儿童图书馆的设置与发展。

（三）图书馆界与教育界缺乏联络

民国以来，随着义务教育的普及，儿童图书馆在教育上的功用逐渐凸显。为了更好地辅助教学，教育机构开始注意到图书馆的行政与管理等问题，以求改良。然而，"仅以一间普通的屋子做儿童图书馆的馆址，买几本书就算儿童图书馆的资产，搬几张桌椅算做儿童图书馆的设备，决不能得到良好的效果"④。因为儿童图书馆的读者与成人图书馆不同，"各方面均需专人指导引诱，管理和设计方面，均需要专家多方计划"，才能收到相得益彰的效果。尽管当时如山西省立第三师范附属小学、苏四师小等发表了本校儿童图书馆的运营报告，但

---

① 李振枚：《对于儿童图书馆的我见》，《教育杂志》1925年第3期。
② 陈培光：《小学图书馆之重要及其实施》，载《福建建瓯县公立图书馆十周年纪念刊》，建瓯县公立图书馆1930年版，第20—22页。
③④ 王柏年：《中国儿童图书馆事业发达史》，载王余光主编、范凡等选辑《清末民国图书馆史料汇编（第4册）》，国家图书馆出版社2014年版，第280、360页。

因为文章均出自教育界人士之手,"对于图书馆专门技术,毫不了解,是以难免抱推测态度,甚至牵强附会,实犯欲速则不达之弊病"①。李文祎也指出儿童图书馆在教育界被忽视的原因是由于"儿童图书馆一端,虽经列举,仍为人所忽视。调查所知,殊少增益。此则从事图书馆事业者更应肆力倡导之"②。

反观图书馆界,虽有诸多学者如杜定友、徐家璧、查介眉等致力于儿童图书馆分类编目、建筑设备等的研究,但"杜(定友)氏接近儿童机会较少,与初等教育界缺乏联络,不无隔阂之弊;徐(家璧)君所著,亦不出此种范围,唯参考书籍较新,颇得一助;查(介眉)君之作,译自外文,甚少切实研究"③,总体呈理想化模式,难以对儿童图书馆实际发挥作用。

此外,在统一儿童读物分类上,由于研究儿童教育的人没有目录学常识,图书馆学家缺乏儿童教育经验,研究儿童读物的人又缺乏儿童教育与目录学常识,使得儿童读物分类法始终不能形成系统。

由于图书馆与教育界缺乏联系,导致了儿童图书馆的理论与现实脱节。儿童图书馆的发展不能发挥实际作用,自然又制约了儿童图书馆的发展。

(四)经费短缺

俗话说"巧妇难为无米之炊"。经费是创办儿童图书馆首先要解决的问题。

由于长期社会动荡,不断消耗国家财政经济,民国政府拨给文化教育以及图书馆事业的资金并不充裕,可用于儿童图书馆的也越来越有限④。

---

①③ 王柏年:《中国儿童图书馆事业发达史》,载王余光主编、范凡等选辑《清末民国图书馆史料汇编(第4册)》,国家图书馆出版社2014年版,第361、325页。

② 李文祎:《儿童图书馆经营与实际》,《图书馆学季刊》1936年第1期。

④ 李然:《民国时期儿童图书馆发展状况述略》,《图书馆》2013年第5期。

如师大一小儿童图书馆预算创办费 50 元，经常费每月 50 元①；河北省立第一图书馆每月儿童图书采购预算 15 元②。

苏四师小学校图书费每月规定 5—10 元，但因"学校经费支拙"，不得不另收儿童阅书费每学期大洋 5 角，"以谋福利于儿童"③；山西省立第三师范附属小学的购书经费原由学校划出部分经费用来支付，但"校内限于经费，所购无几"，另由儿童组织一购书合作社，"高年级每人极多 5 角钱"④；吉林省儿童图书馆规定，有儿童阅览室或设有儿童图书馆的小学，如果没有多余的资金购买图书，可以在学校有足够资金之前，每年招生时收取购书费，但不能超过每年学费的五分之一；还有学者建议，没有条件的小学可"由师生共同出钱再由学校酌量补助一点"⑤用于添置基本设备，搭建阅览室雏形。

由上述图书馆的经费来源可以看出，民国时期儿童图书馆的经费多从各方筹措，但仍然入不敷出、捉襟见肘。另有如上海儿童图书馆、灵杰山小学儿童图书馆、内江儿童图书馆则完全通过自筹经费来创办。当然，也有因政府经费短缺、不幸被停办的儿童图书馆，即便如京师儿童图书馆也未能幸免⑥。

（五）藏书规模有限

经费与馆舍决定了藏书的规模。1928 年，天津市特别市成立，随后设立社会教育科，提升了社会教育经费在总教育经费中的比例，金额在全国居第四位⑦。因此，由教育科提供经费的图书馆在儿童读物的置办上也处于全国领先水平。

---

① 迟受义：《第一附小儿童图书馆计划大纲》，《师大月刊》1934 年第 13 期。
② 《河北省立第一图书估算概况》，载王余光主编、范凡等选辑：《清末民国图书馆史料汇编（第 9 册）》，国家图书馆出版社 2014 年版，第 94 页。
③ 王述之：《苏四师小协动教学部儿童图书馆概况报告》，《中华教育界》1926 年第 5 期。
④ 刘杰：《山西省立第三师范附属小学校近况撮要》，《中华教育界》1926 年第 9 期。
⑤ 祝其乐：《图书馆和教育》，《浙江省立图书馆年报》1921 年第 6 期。
⑥ 《北京两个图书馆停办》，《中华图书馆协会会报》1927 年第 2 期。
⑦ 华礼娴、姚乐野：《1898—1937 年儿童社会教育与儿童图书馆的互动》，《图书馆建设》2017 年第 3 期。

天津市市立第一通俗图书馆"在设立两年之际，已购有图书7000余册，以儿童文学为主；此外，另备有杂志15种、报纸七八种"[①]。天津市市立第七通俗图书馆备有儿童图书920种、儿童杂志7种[②]；天津市立图书馆儿童阅览室截至1935年底，"购入儿童图书821种、3115册，数量在全类图书中位居第二"[③]。

独立建制的儿童图书馆中，儿童读物馆藏最多的是上海儿童图书馆，"搜集之儿童读物，近万余册"[④]。据李然统计，另有上海的少年宣讲团图书馆、第二儿童图书馆以及四川三台儿童阅览室，当时藏书量都在5000册以上[⑤]。小学图书馆中，广州中山大学附属小学图书馆藏书15000册[⑥]；师大附小截至1935年，藏书总计8389册[⑦]；北高师附属小学图书馆存书1496册[⑧]。而一些偏远省市，如吉林省立图书馆，1930年仅拥有儿童读物350册[⑨]。

抗战爆发后，时局动荡、战火纷飞，儿童图书馆的图书收藏则更为堪忧。如柳江战时儿童保育院设立儿童室之际，"为读物甚感缺乏，前经函请各书店尽量捐送"[⑩]，随后四家书局捐赠图书共计100余册，可谓杯水车薪。这无疑对儿童图书馆的发展带来重创。

（六）人才缺乏、管理人员不专业

据中华图书馆协会的统计，1925年全国有图书馆502所，至1936

[①] 林凤春：《天津市市立第一通俗圕二年来之儿童阅览室》，《天津市市立通俗图书馆月刊》1936年第5期。

[②③] 华礼娴、姚乐野：《1898—1937年儿童社会教育与儿童图书馆的互动》，《图书馆建设》2017年第3期。

[④] 《上海儿童图书馆正式开幕》，《中华图书馆协会会报》1941年第6期。

[⑤] 李然：《民国时期儿童图书馆发展状况述略》，《图书馆》2013年第5期。

[⑥] 温仲良：《二十年来广东省图书馆事业办理概况与其计划》，《广州大学图书馆季刊》1934年第4期。

[⑦] 孙廷莹：《师大附小儿童图书馆概况》，《中华图书馆协会会报》1935年3期。

[⑧] 《目录统计表》，载国立北京师范大学附属小学校儿童图书馆编《国立北京师范大学附属小学校儿童图书馆的概况》，国立北京师范大学附属小学校儿童图书馆1925年版，第2—3页。

[⑨] 赖伯年主编：《陕甘宁边区的图书馆事业》，西安出版社1998年版，第166—175页。

[⑩] 《柳江战时儿童保育院设置图书室》，《中华图书馆协会会报》1939年第6期。

年数量上升为1925年的10倍①。随着各类型图书馆的纷纷设立，图书馆专业人才需求也大幅上升。然而，当时海外留学归国的图书馆学家凤毛麟角，以文华图专为代表的图书馆学高等教育机构1925—1936年间共培养图书馆学本科班、图书馆学讲习班毕业生仅有155人②，完全不能满足各图书馆对专业人才的渴求。

儿童图书馆作为专为儿童提供服务的阅读场所，其组织结构、设施设备及日常事务均与成人图书馆不同，因此对从业人员的要求也更为专精。然而，当时的实际情形是"管理事务讲说故事的图书馆人才也不可多得"③，学校图书馆的管理者多为教师和学生，往往由于工作复杂、薪酬少、财政困难、设备不足，加之本身对儿童图书馆不甚了解，以致敷衍了事。

尽管在中国图书馆协会的几次年度会议上，都有人提议邀请图书馆专家指导中小学图书馆工作，或者建议图书馆协会成立儿童图书馆工作咨询委员会，图书馆界与教育界也会不定期举行图书馆学暑期讲习会，然而图书馆专家多集中于各大都市，只有临近的儿童图书馆可以近水楼台、请求指导，多数仍是远水救不了近火；短期培训因时间短暂，只能了解儿童图书馆的梗概，距理想儿童图书馆管理员的要求相差甚远。然而，图书馆要想得到发展，并非一蹴而就，"必先培养图书馆管理人才，研究专门学识，庶几办理得法，有条不紊"④。

（七）地域上分布不均

民国时期，各地儿童图书馆的设置与当地经济、文化、教育的发达情况密切相关。受新教育思潮影响较大的开埠城市或华北、华中等

---

① 陈颂：《图书馆之任务与其在中国之地位》，《文华图书科季刊》1929年第1期。
② 彭敏惠：《文华图书馆学专科学校的创建与发展》，武汉大学出版社2015年版，第186—187页。
③ 祝其乐：《图书馆和教育》，《浙江省立图书馆年报》1921年第6期。
④ 沈祖荣：《民国十年之图书馆》，《新教育》1922年第4期。

大中城市儿童图书馆设立较多,其他省份则相对较少,特别是内陆地区,因交通不便,文化晚开,儿童图书馆事业也迟迟未能起步。据中华图书馆协会的统计,1934年小学图书馆共有114所,其中华北地区64所、华中地区22所、华南地区27所、东北地区仅有1所[1],青海省到1934年尚无一所儿童图书馆[2]。

  独立的儿童图书馆或公共图书馆儿童阅览室,则主要集中在京津沪杭几大城市中。如天津社会教育办事处1917年即成立了全国第一所独立儿童图书馆[3];1929—1930年间,天津市教育局陆续设立通俗图书馆7所,并同时附设儿童阅览室;1935年7所通俗图书馆又创立了3所独立儿童图书馆。同为开埠城市的上海在1922—1947年间创办的各类儿童图书馆也有10所之多[4]。

---

[1] 中华图书馆协会编:《全国图书馆及民众教育馆调查表》,载王余光主编、范凡等选辑:《清末民国图书馆史料汇编(第3册)》,国家图书馆出版社2014年版,第471页。

[2] 《儿童图书馆刍议》,《到民间来》1941年第24期。

[3] 华礼娴、姚乐野:《1898—1937年儿童社会教育与儿童图书馆的互动》,《图书馆建设》2017年第3期。

[4] 李然:《民国时期儿童图书馆发展状况述略》,《图书馆》2013年第5期。

第 六 章

全面抗战时期重庆地区图书馆研究(1937—1945)

重庆①是我国西南地区的一个内陆城市,有着悠久的历史。鸦片战争以降,我国沿海、沿江一些城市被迫开放。1891年3月1日,重庆海关的建立开启了重庆近代历史。1895年《马关条约》签订后,重庆开放为商埠,加上民族资本主义工业的建立,城市发展较快,1929年正式建市。此后,重庆城市地位也不断提升。全面抗战爆发后不久,重庆因国民政府和东部沿海企业、工厂、文教机构、社会团体的迁入成为战时中国的政治、经济、文化、教育中心,实现了"从区域性中心城市到全国性中心城市""登上了城市近代化的高峰"②。由于中国的抗日战争是第二次世界大战的重要组成部分,所以重庆不仅成为中国抗日战争的"司令台",也是第二次世界大战东方主战场的指挥中心,为抗日战争和第二次世界大战的胜利做出了重要贡献。因此,学界十分重视对重庆抗战史的研究,一大批研究成果相继面世,建构了重庆抗战史的多重图景。尽管如此,重庆抗战史的研究仍有一定的空

---

① 不同时期,重庆的地理范围、行政区划有所不同。若没有特别的说明,本文中的重庆则指的是当今重庆市区,包括沙坪坝区、渝中区、九龙坡区、南岸区、巴南区、江北区、渝北区、北碚区、大渡口区等九个区,重庆市属各县区不包括在内。

② 隗瀛涛:《近代重庆城市史研究》,载苏智良:《都市史学》,上海人民出版社2014年版,第286页。

间，值得学界深入研究。

　　作为文化事业重要组成部分的图书馆是社会政治、经济、文化发展到一定阶段的产物，其发展历程见证了近代中国社会的转型，成为我们考察社会变迁的一个重要窗口。研究发现，中国近代意义上的图书馆产生与发展都离不开一个重要的背景，即中华民族的复兴。近代中国的图书馆事业正是在"民族复兴"的语境下产生、发展起来的，并且两者之间存在着密切的互动。

　　鸦片战争后，中华民族危机不断加深。在饱受屈辱的同时，一批有识之士如林则徐、王韬、郑观应、康有为、李端棻、梁启超等人担起民族复兴的重任，学习西方的器物与制度。康梁等人认为与欧美等西方国家相比，清朝国弱是因为"民智未开"，深层次的原因则是公共藏书的缺失。因此，他们"提出了新式藏书思想，以图培养人才"[①]的主张。由于维新派的大力提倡与实践，藏书公开思想逐渐得到认可，并在清末时期发展成为一场全国范围内的"公共图书馆运动"，近代意义上的图书馆得以产生。可见，中国近代意义图书馆的建立是中华民族复兴的产物之一。

　　中华民国成立后，我国图书馆事业的发展以实施社会教育、提升民智、发扬中国文化为目标，在抗日战争时期表现尤为明显。全面抗战爆发后，虽然我国东部沿海地区的图书馆遭受日军严重破坏，但西部大后方的图书馆事业在国民政府、文教机关、人口西迁的带动下得到迅速发展。当时各类型图书馆的建立和发展以有利于抗战建国为目标，中国图书馆界秉持"文化救国"理念，积极投入到抵抗日军侵略的斗争中，成为"文化抗战"的重要力量。全面抗战时期，重庆作为中国图书馆事业的中心，领导着全国图书馆事业在战时艰难的环境中发展，在服务抗战、推动中国图书馆事业的发展和中国文化的保护等

---

① 刘驰：《中国藏书史近代转向的内在理路——以"书藏"为线索》，《大学图书馆学报》2021年第1期。

方面做出了重要的贡献。

鉴于全面抗战时期重庆图书馆事业的重要地位和深远影响，学界对战时重庆图书馆事业有了一定的研究，理清了战时重庆图书馆事业的一些基本史实。但目前的研究显然与战时重庆图书馆事业的地位并不相称，专门性研究成果较少。并且现有的研究还有许多的问题很少提及，缺乏系统性的研究，不能全面展现抗战时期重庆图书馆事业的面貌。因而，本章内容建立在广泛搜集史料的基础上，以全面抗战时期重庆图书馆事业档案为主要史料，通过考察战时重庆地区图书馆的发展背景、发展阶段、个案研究和发展评价等内容，以期系统反映战时重庆图书馆事业的历史面貌，并揭示出全面抗战时期图书馆发展与国家命运、时代大局的紧密关系。

第一节 全面抗战时期重庆图书馆档案概况

一 战时重庆图书馆事业档案的形成与分布

（一）抗战时期重庆图书馆事业档案的形成

全面抗战时期的重庆图书馆事业档案主要形成于1937年至1945年，是以这一时期重庆地区各类型图书馆、图书馆学教育机构、图书馆社团、图书馆学人的活动为基础形成的一系列的文件，因而这些档案文件的形成与这一时期重庆地区各图书馆、图书馆学教育机构和图书馆社团有着直接的关系。

据相关史料显示，全面抗战时期，重庆图书馆事业由战前原有图书馆（重庆市立图书馆、重庆大学图书馆、民生公司图书馆、北碚民众图书馆、四川省立教育学院图书馆等）、战时新建图书馆（国立女子师范学院图书馆、私立北泉图书馆等）、战时迁入的图书馆（国立中央图书馆、国立中央大学图书馆、教育部图书馆等）、图书馆学教育机构（武昌文华图书馆学专科学校，简称文华图专）和图书馆社团

（中华图书馆协会、中国图书馆学社、北碚图书馆联合委员会）构成。全面抗战时期的重庆图书馆事业档案正是这些图书馆、图书馆学教育机构和图书馆社团开展业务以及与社会各界交往的过程中形成的文件，生动地记录了重庆图书馆事业的真实景象，是我们研究全面抗战时期重庆图书馆事业的宝贵史料。

（二）抗战时期重庆图书馆事业档案的分布

通过翻阅《全国民国档案通览》《重庆市档案馆简明指南》《重庆市档案馆馆藏民国档案全宗一览表》，并到重庆市档案馆、四川省档案馆、璧山区档案馆、四川大学西南文献中心查阅有关全面抗战时期重庆图书馆事业档案后，基本上掌握了全面抗战时期重庆地区图书馆事业档案的分布及数量情况。如下表所示：

表6-1　　全面抗战时期重庆图书馆事业档案大致分布情况

馆藏机关	档案全宗名称	卷数	形成时间	备注
中国第二历史档案馆	国立中央图书馆	93	1933—1949	历史沿革、工作报告、图书编目规则
中国第二历史档案馆	教育部	不详	1937—1945	文华图专档案，约1000余页
武汉大学档案馆	文华图专	不详	——	约有50000余页
四川省档案馆	四川省教育厅等	31	1939—1945	关于各民众图书馆、县立图书馆档案
重庆市档案馆	重庆市图书馆	99	1935—1949	其他图书馆档案分散于各全宗
璧山区档案馆	璧山县政府图书馆	2	1942	约300余页
西南文献中心	璧山县立图书馆	2	1941—1943	与璧山区档案馆档案相同

从档案"地域"分布方面看，目前可查阅的全面抗战时期重庆图书馆事业的档案主要分布在四川、重庆、南京、武汉等地。此外，在台湾亦散存有全面抗战时期重庆图书馆事业相关的档案。如"国立中央图书馆"的部分档案主要藏于台湾"中央研究院近代史研究所档案馆"（经济部门全宗，20-08-102-01 民国二十九年至三十三年抄发国立中央图书馆组织条例，1940-1944/25-02-104-07 中央图书馆皮藏：清册、目录，1940—1944；朱家骅全宗，301-01-09-054 中央图书馆档案，1940—1948）；文华图专的部分档案也保存在台湾"中央研究院近代史研究所档案馆"（经济部门全宗，20-02163-06 三十至三十二年文华图专档案，1943—1946；经济部门全宗，20-03-139-07 文华图专毕业生请录用登记）。台北"国史馆"也藏有少量国立中央图书馆档案。可见，全面抗战时期重庆图书馆事业档案分散保存各地，要想全面利用，难度较大。

从档案"全宗"分布情况来看，设有独立的图书馆事业档案全宗较少。如重庆市档案馆馆藏有图书馆事业档案很多，这些档案中只有重庆市立图书馆一个全宗，共 99 卷。四川省档案馆只有"四川省立档案馆"（全宗号：民 109）一个独立全宗，大量的图书馆事业档案分散在不同的全宗。如四川省教育厅（全宗号：民 107）、四川省参议会（全宗号：民 049）、四川省农改所（全宗号：民 148）、四川省公路局（全宗号：民 130）、四川省人事处（全宗号：042）等全宗；重庆市档案馆所藏图书馆事业档案也主要分布在重庆市政府（全宗号：0053）、重庆市参议会（全宗号：0054）、重庆市教育局（全宗号：0065）、北碚管理局（全宗号：0081）、重庆市社会局（全宗号：0060）等全宗。南京中国第二历史档案馆所藏文华图专档案主要分布在教育部（全宗号：5）全宗。

以上内容表明，全面抗战时期的重庆图书馆事业档案存在着地域和内容分布的分散性，这就加大了利用的难度。不过，这批档案内容丰富，涉及图书馆事业的诸多方面，学术价值大，且多数藏于重庆市档案馆和四川省档案馆，对于研究全面抗战时期的图书馆事业具有重要的参考价值。

二 战时重庆图书馆事业档案的主要内容

国内各级档案馆现存全面抗战时期重庆图书馆事业档案内容丰富，涉及图书馆事业的诸多方面，有助于我们了解战时重庆图书馆事业的真实情况。根据主题不同，可将全面抗战时期重庆图书馆事业档案分为以下六类。

（一）图书馆法规、规章制度

自清末以来，不同时期的主政者比较重视图书馆的立法工作，以保证图书馆的合法地位和有序发展。全面抗战时期，国民政府为了支持图书馆事业的发展，制定了一系列规章制度。主要包括图书馆法规、图书馆章程、图书馆组织条例、阅读规则和办事细则等，如教育部制定的《普及全国图书教育暂行办法》《各级学校及各级机关团体附设图书馆（室）供应民众阅览办法》《补助各省市县民教馆设备办法》等。同时，各图书馆、图书馆学教育机构，在发展过程中制定了图书馆章程、阅览规则等文件。如《民生公司图书馆阅览规则》《茶社设置书报流通处办法》《私立北泉图书馆馆章》《影片图书阅览规则》《国立中央图书馆办理出版品国际交换事项办法》《国立中央图书馆西文参考阅览室暂行规则》《国立中央图书馆阅览规则》《重庆市立图书馆工作实施办法》《璧山县立图书馆章程》《璧山县立图书馆借阅规则》以及四川省政府教育厅制定的《四川省县市立图书馆（民教馆）举办巡回文库注意要点》《四川省县市立图书馆（民教馆）巡回文库设置须知》等。此外，还包括一些图书馆学教育机构的招生简章，如《私立武昌文华图书馆学专科学校招生简章》《私立武昌文华图书馆学专科学校附设档案管理短期职业训练班招生简章》和《国立中央图书馆补习学校招生简章》等。

(二) 图书馆内部业务情况

重庆市档案馆、四川省档案馆所藏图书馆事业档案记录了一些图书馆的工作内容，包括图书馆的概况、工作计划、经费开支、会议记录、阅览统计等。如《川东联立师范学校典夔图书馆概况》《重庆大学图书馆概况》《重庆市立图书馆概况》《重庆市立图书馆馆务会议记录》《重庆市立图书馆三十二年度九至十二月份工作计划书》《重庆市立图书馆会计报告》《重庆市立图书馆推广与辅导事业调查表》《重庆市立图书馆借阅人数统计》《私立北泉图书馆工作简报》《万县县立图书馆三十一年计划书》《北碚民众图书馆工作年报》《国立中央图书馆重庆分馆建筑委员会会议记录》以及重庆市立图书馆，江北、巴县、北碚、璧山等县的县立图书馆或民众图书馆的经费收支记录等，是我们观察这些图书馆历史沿革、发展情况的重要史料。

(三) 图书馆或图书馆社团的活动

图书馆的设立，以服务读者为中心，以提升民众文化水平、发扬中国文化为目标。全面抗战时期，重庆地区各图书馆在发展的过程中开展了多项工作，包括设立影片图书馆站、书报流通处、出版书籍、出售书籍、开展读书会、举办展览等。如1942年12月29日，国立中央大学图书馆为"承国际文化史料供应委员会之托，设立影片图书站，专供大学生及沙磁一带文化教育事业机关人员阅览"①。重庆市市立图书馆为了服务基层民众，在小龙坎、沙坪坝、磁器口、南温泉等地设立图书阅览场②。此外，私立北泉图书馆出版珍贵典籍、出售图书，并撰成了《北泉图书馆丛书第一次出售目录》，供重庆地区各文化机构购买。民生公司图书馆通过开展读书会，以提高公司职员的知识水平等。

图书馆社团是图书馆事业发展到一定阶段的产物，也是图书馆事

---

① 《关于成立国立中央大学图书馆影片图书馆站致国立中央工业专科职业学校的函（附规则）》，1942年，重庆市档案馆藏，档号：0126－2－213。

② 《关于教育部拨款助重庆市图书馆的呈、令》，1942年，重庆市档案馆藏，档号：0053－14－133。

业发展的领导者。全面抗战时期,中华图书馆协会是唯一长期存在的图书馆社团。该会积极开展各项工作,如组织各项调查工作、召开年会,从事书籍出版工作。1940 年,中华图书馆协会协助天一阁出版藏书①。1943 年 10 月 19 日,中华图书馆协会关于编写怀特博士(Dr. White)工作概况致函国立女子师范学院。1943 年 12 月 8 日,中华图书馆协会理事会议决五项事宜,包括筹备第六次年会、战后中国图书馆复员和人才培养等。也有部分档案记录了北碚图书馆联合会的筹备过程、成立经过及召开的数次执行委员会,展现了战时地方图书馆社团的情况。

(四)新设图书馆情况

全面抗战时期,重庆人口迅速增加,图书馆舍和馆藏资源不足的问题日益凸显。为了满足广大民众的阅读要求,重庆地区新设立了一批图书馆,如私立北泉图书馆、杨沧白图书馆、之万图书馆和高校图书馆、中学图书馆、企业机关附设图书室、巡回文库等。相关档案主要记录了这些图书馆的设立目的或设立情况。如私立北泉图书馆创办是由"骆(杨家骆——引者注)于民国二十七年捆载修撰于园中,遂共议出北泉历年购藏之图书五万卷,古器风物美术品万余件,设立敞馆。……以倡导学术之研究,辅助社教之推行"②。嘉陵江三峡乡村建设实验区署"为增进教师教学知能,提高教育效率起见,凡区内各乡镇中心学校,由该馆按照附表各组配合文库交由各中心学校参考"③,由北碚民众图书馆设立巡回文库。此外,杨沧白图书馆、之万图书馆的设立主要是为了纪念对社会做出重要贡献的著名历史人物。一些企业、工厂也建立了图书室,如天府煤矿曾成立图书室,供职工阅读、学习。

(五)图书馆学教育

全面抗战时期,重庆地区实施图书馆学教育的机构有文华图专、

---

① 《关于协助出版天一阁藏书的函》,1940 年,重庆市档案馆藏,档号:0122-1-200。
② 《私立北泉图书馆缘起》,1942 年,重庆市档案馆藏,档号:0244-2-191。
③ 《关于编配嘉陵江三峡乡村建设实验区巡回文库的训令》,1941 年,重庆市档案馆藏,档号:0081-4-672。

国立社会教育学院图书博物馆学系、国立中央图书馆等。目前所藏相关档案中包括文华图专、国立中央图书馆在重庆从事图书馆学教育活动的情况。如1940年文华图专设立档案专业，1942年上呈教育部"拟添设史地概论、史料整理法、博物馆学通论等课目"①。文华图专入学学生的军训由四川省军区国民军训处负责，"每周教授私立武昌文华图书馆学专科学校军训学术科二小时"②。档案记载，该校毕业生的任职情况主要有两种：一是图书馆学专业的学生任职，包括图书馆专门技术工作、档案管理、史料管理、人事登记；二是档案管理技术专业的学生从事档案管理、图书馆及史料室助理、人事登记助理、文书工作③。此外，档案中还有文华图专的招生简章、毕业推荐表、档案训练班、教职员的生活补贴、学生的补助、学校损失情况等内容。这些内容真实地反映了文华图专办学的情况，是我们研究全面抗战时期图书馆学教育的重要史料。与文华图专不同的是，国立中央图书馆从事图书馆学短期教育。国立中央图书馆奉教育部的命令，从1942年7月15日开始，举办了为期10周的图书馆学补习学校，招生50人④。

（六）图书馆员人事与福利

图书馆职员是图书馆事业发展的重要力量，是开展图书馆工作的一线人员。重庆图书馆事业档案中也有关于图书馆职员的一些信息，包括重庆市立图书馆人员任免、调动、考核、福利等。如《有关任免、调动、辞职、介绍服务绩效奖惩等问题的函件》《重要负责人员

---

① 《关于呈送本校民国二十九年学年度校务行政计划与工作进度对照报告表及民国三十年校务行政计划及进度表的报告》，1942年，武汉大学档案馆藏，档号：7-1942-10。
② 《关于派马玉琬兼任私立武昌文华图书馆学专科学校军训学术科教官给该员的训令》，1939年，重庆市档案馆藏，档号：0141-1-105。
③ 《私立武昌文华图书馆学专科学校三十一年度暑期毕业学生说明表》，1942年，重庆市档案馆藏，档号：0053-32-99。
④ 《国立中央图书馆关于检送补习学校招生简章之东川邮政管理局的函》，1942年，重庆市档案馆藏，档号：0340-20-384。

清册及人员调动、提升、请假、考核等有关函件》《重庆市立图书馆裁撤人员姓名清册》《重庆市立图书馆留职人员姓名清册》《重庆市教育局转发有关人事规定的函件》《人员名册、公粮代金、生活补助》《有关职工生活补助费的函件名册》《国立中央图书馆筹备处工友薪俸清册、工饷清册、生活补助费清册》《国立中央图书馆筹备处二十九年一月份非常时期生活补助费清册》等。这些档案反映了全面抗战时期重庆地区图书馆人员的经济收入和生活状况，是考察图书馆学人经济生活的原始资料。

三 战时重庆图书馆事业档案的价值

（一）展现了重庆图书馆事业的真实面貌

全面抗战时期，重庆图书馆事业主要包括各类图书馆，也涉及图书馆学教育、图书馆社团等。这一时期，重庆地区各图书馆面临着经费紧缺问题。如战时重庆市立图书馆曾多次呈请教育部和重庆市教育局拨款，以保证馆务的开展。据档案记载，当周转资金短缺时，重庆市立图书馆向重庆市教育局呈请"拨借周转金六千元"。随着通货膨胀的恶化，图书馆经费严重不足，裁员在所难免。1943 年 8 月，重庆市立图书馆裁员 5 人，留职 8 人[①]。裁员率高达 38.5%，经费问题可见一斑。重庆地区各县立图书馆也是如此。如璧山县立图书馆在筹办的过程中因为经费不足而向县政府借支经费 2000 元，"以利进行"[②]。万县、云阳、涪陵、垫江、北碚等县县立或民众图书馆或多或少都有经费入不敷出的情况。有些县立图书馆的经费问题十分严重，以至于馆务难以开展，甚至停顿。这说明了抗战时期图书馆经费缺乏是一个非常普遍的现象。

---

① 《重庆市立图书馆1943 年至1944 年概况表》，1944 年，重庆市档案馆藏，档号：0065 - 1 - 72。

② 《璧山县立图书馆呈为尊令筹办本馆请借支经费两千元以利进行由》，1942 年，四川大学西南文献中心藏，档号：4 - 1 - 2。

虽然经费不足的问题时有出现，但各图书馆在困境中努力谋求发展。因经费困难，重庆市立图书馆多次向上级部门申请经费。如1942年6月5日，该馆向教育部呈请拨款5万元，以帮助其设置书报流通处并与青年团合作设立图书阅览场，协助中心学校以上各校设置阅览室①。全面抗战时期，图书馆人才缺乏。文华图专迁到重庆后虽然遭受日机数次轰炸，但该校在战火中坚持扩大办学规模，相继公布《私立武昌文华图书馆学专科学校招生简章》《私立武昌文华图书馆学专科学校附设档案管理短期职业训练班招生简章》，培养图书馆学和档案管理人才。国立中央图书馆颁布《国立中央图书馆补习学校招生简章》，开办图书馆学补习学校。图书馆学专业教育和业余教育活动在重庆有序开展，培养了一大批图书馆人才。中华图书馆协会也在艰难的局面中坚持发挥指导作用，积极筹备数次年会、出版书目、构思战后图书馆复原计划和人才培养。这些内容均在档案中有详细记录，从多个角度真实展现了全面抗战时期重庆图书馆事业的发展情况。

（二）反映了重庆图书馆界与社会各界的往来

图书馆事业属于社会文化事业的一部分，与社会有着广泛的联系。全面抗战时期，重庆图书馆事业与社会之间有着频繁的往来。主要表现在：

第一，图书馆社团与社会各界的密切联系。中华图书馆协会是近代中国存在时间最长、影响最大的全国性图书馆社团，为中国图书馆事业的发展做出了重要的贡献。全面抗战时期，中华图书馆协会坚持运转，积极加强与教育界的联系。如1938年1月，中华图书馆协会决定加入中国教育学术团体联合办事处。同年11月20日，中华图书馆协会函称"本会第四次年会定于十一月二十七日起在重庆川东师范学

---

① 《关于教育部拨款助重庆市图书馆的呈、令．附茶社设置书报流通处的办法》，1943年，重庆市档案馆藏，档号：0053 - 14 - 133。

校大礼堂与中国教育学术团体联合举行,讨论中心为抗战建国之图书馆教育实施问题"①。战时中国图书馆事业经费普遍短缺,中华图书馆协会与中国教育学术团体联合办事处举办年会不仅可以节约人力、物力,而且有利于图书馆界与教育界的交流。此后,中华图书馆协会在重庆召开的两次年会均与中国教育学术团体联合会共同召开。另外,1940年11月17日成立的北碚图书馆联合会作为一个地方性的图书馆社团,曾得到了妇女组织、三民主义青年团、国民党支部、地方军队、地方政府、图书馆界等社会各界的支持②。这些情况反映了全面抗战时期,重庆地区的图书馆社团与社会各界联系十分紧密。

第二,各图书馆与行政机构的关系。重庆市档案馆所藏档案中有很多图书馆与教育部、重庆市教育局、重庆市政府、重庆市社会局、重庆市财政局、各学校之间关于业务的往来函件,反映了各图书馆寻求政府、社会的支持以及开展的交往活动。如国立中央图书馆修建重庆分馆的过程中,曾上呈相关部门办理土地租用手续。重庆市政府、重庆市社会局则"以该空基系市中将来建筑高中校址,未便先予以价购,改为定期租用,现该处函复同意,租期要求十年,函嘱办理租用手续"③。重庆市立图书馆因经费问题多次上呈教育部、重庆市教育局,结果大多得到准许。川东师范学校为举办书画展览,函请租用国立中央图书馆房屋。国立中央图书馆则复函"极愿照办,拟腾借楼下一间,藉供陈列"④。此外,还有档案记载了战时重庆地区的企业、公司、个人捐赠图书馆,或创办图书馆的情况。这从多个方面说明了重庆地区各图书馆与社会的往来关系。

---

① 《关于准时参加中华图书馆协会参加联合年会筹备会第四次年会的函》,1938年,重庆市档案馆藏,档号:0133-1-23。
② 《北碚图书馆联合会成立大会》,1940年,重庆市档案馆藏,档号:0112-1-1。
③ 《关于中央图书馆租用两浮支路旁空地的呈、指令》,1940年,重庆市档案馆藏,档号:0053-22-147。
④ 《关于借用国立中央图书馆房屋展览书画致四川省立川东师范学校的公函》,1942年,重庆市档案馆藏,档号:0129-1-112。

第三，图书馆学教育与社会的互动。目前搜集的有关战时图书馆学教育档案主要是关于全面抗战时期文华图专在重庆的办学情况。如文华图专迁到重庆后，得到政府的大力支持。国民政府教育部不仅拨款以保证该校办学的正常进行，而且也在文华图专创办档案管理专科和档案培训班的过程中予以大力支持。可以说，战时文华图专档案教育是在教育部的支持下开展起来的。从1942年起，"教育部指定本校（文华图专——笔者注）办理是班（档案管理短期职业训练班——笔者注），意在养成档案管理之中级人才，以适应各机关之需要"①，并且由教育部提供经费。文华图专也为社会培养了大量的图书馆学、档案学专门人才，他们大多成为西南地区各图书馆的工作人员，为战时及战后中国图书馆事业的发展做出了不可磨灭的贡献，反映了战时图书馆学教育与社会的互动。

（三）深化近代中国图书馆事业的研究

目前，学界关于近代中国图书馆事业的研究已取得丰硕的成果，出版了一系列的学术著作、资料汇编，发表了大量学术论文，但目前的研究也有一定的局限。通过分析发现，学界对近代图书馆事业的研究多集中在清末、民国初年到抗战爆发这一时间段，而全面抗战时期图书馆事业缺乏全面、系统的研究。清末时期是近代中国图书馆事业的产生时期，全面抗战爆发前是近代中国图书馆事业的繁荣时期，所以得到了学界的更多关注。与这一时期图书馆事业的史料比较分散有很大关系，给研究带来了很大的不便。但我们也应该看到，全面抗战时期是近代中国图书馆界支持抗战建国，发挥"文化救国"的重要时期。这一时期，中国图书馆界积极响应国民政府的号召，实行"文化抗战"，各图书馆在艰难的环境中不屈不挠，致力于实现民族复兴的伟大目标。如重庆市立图书馆"于敌机损毁之后，能以不屈不挠之精

---

① 《关于检送私立武昌文华图书馆学专科学校档案管理短期职业训练班招生简章的函、通知.附：简章》，1942年，重庆市档案馆藏，档号：0083-1-204。

神为再接再厉之奋斗,一面维持馆务不坠,一面准备为复兴之策毅力宏献"①。私立"七七"图书馆也在抗战中做出了贡献,海商业储蓄银行重庆分行发来两张荣誉券,并说到"深以贵馆热心社教而于抗战工作尤复利赖"②。就这一点而言,这一时期的图书馆事业的研究应受到重视。并且重庆市档案馆馆藏大量图书馆事业档案,为我们研究全面抗战时期重庆图书馆事业提供了条件。这样可以弥补全面抗战时期图书馆事业研究的不足,完善近代中国图书馆事业的研究。

(四)拓展重庆抗战史的研究

中国的抗战不仅仅是军事、政治和经济抗战,也是文化抗战。全面抗战时期,重庆作为战时中国的政治、经济和文化中心,为抗战的胜利做出了重要贡献。因此,重庆抗战史如蒋介石所言被后人"大书特书"。从目前的研究来看,学界对重庆抗战史的研究集中在军事、政治和经济等方面。同时对文化抗战也有不少研究,主要针对战时重庆教育、艺术、文学等方面,而对图书馆事业的研究很少涉及。实际上,图书馆作为保存文化、实施教育的重要机构,在文化传承和社会教育中具有重要作用,是文化事业的重要组成部分。全面抗战时期,重庆成为抗战时期中国图书馆事业的中心。各图书馆以提高民众知识,促进学术发展,推动社会教育为目标,发挥了重要作用。如璧山县立图书馆"以中华民国社会教育宗旨及其实施方针与社会教育目标储集图书及地方文献供众阅览,并以举办各种社会教育事宜以提高文化水准"③。基督教青年会图书馆"为扩展会务,俾利抗建起见,近特购置附近被炸防地重新建筑"④,扩大馆舍规模。我们发现,全面抗战时期

---

① 《关于定期发表图书馆概况致重庆市图书馆的函》,1944年,重庆市档案馆藏,档号:0116-1-4。
② 《上海商业储蓄银行重庆分行关于发给荣誉券致七七图书馆的函》,1949年,重庆市档案馆藏,档号:0310-1-612。
③ 《璧山县立图书馆章程》,1942年,四川大学西南文献中心藏,档号:4-1-1。
④ 《关于请重庆市市长为图书馆题词上重庆市政府的呈》,1942年,重庆市档案馆藏,档号:0053-11-52。

重庆地区的图书馆以提升文化水平、服务抗战为目标，对重庆教育和抗战宣传做出了贡献。并且战时重庆图书事业也属于重庆抗战史研究范畴，反映了中国图书馆界在抗日战争中的作为。重庆市档案馆馆藏大量有关全面抗战时期的重庆图书馆事业档案，为研究这段历史提供了一手史料，有利于学界深化和拓展重庆抗战史的研究。

第二节　全面抗战时期重庆图书馆发展的背景

1937年7月7日，卢沟桥事变的爆发改变了中国现代发展进程，对我国东、西部地区产生了不同的影响。东部沿海地区因日军的掠夺、占领，各项社会事业损失很大。不同的是，西部地区深居内陆、远离战场，受日军侵华战争的直接影响相对较小。再加上国民政府以及东部沿海地区企业、工厂、文教机构、社团的迁入，西部地区成为中国抗日战争的大后方，战略地位十分重要，为抗日战争的胜利做出了巨大的贡献，这说明了时代大背景的变化对社会发展的影响是巨大的。

社会大背景的变化对社会发展的影响不仅是宏观的，也是微观的，是十分深刻的。图书馆作为文化事业的重要组成部分和实施社会教育的重要机构，是社会系统的一部分，深受社会发展和时代变化的影响，成为我们考察社会变迁的重要窗口。所以，时代背景是研究近代中国图书馆事业史一个值得重视的因素。只有将研究对象放在特定的背景下，才能得出相对科学、客观的结论。

清末时期，在公共图书馆运动的影响下，重庆地区的图书馆事业开始萌芽。中华民国成立后，重庆地区才有了近代意义上的图书馆。到全面抗战爆发前，重庆图书馆事业的发展已经取得了一定的成绩，为战时重庆图书馆事业的发展奠定了基础。"七七事变"后，在日军全面侵华与东部沿海地区沦陷的情况下，国民政府及各机关、企业、团体迁渝后,重庆的地位发生了很大的变化,成为全国政治、经济、文化中心和第二次世界大战东方战场的指挥中心,为图书馆事业的发展提供了历史发展机遇,刺激和带动着重庆图书馆事业的发展。同时,重庆地区的图书馆也在原有的基础上不断发展,共同演绎了战时重庆图书馆事业发展的历史。

一 战前图书馆发展的奠基作用

民国图书馆事业的发展是建立在晚清图书馆学思想的传播、图书馆实践以及公共图书馆运动的基础之上的,战前重庆图书馆事业的发展则奠定了战时图书馆事业发展的基础。全面抗战爆发前,重庆地区图书馆的发展已经有了一定的基础。从现有的史料看,近代重庆地区图书馆的出现明显晚于东部沿海地区。

自鸦片战争后,中华民族危机日益加深。与此同时,中国有识之士开始向西方学习,以挽救民族危机,"民族复兴"成为近代中国人民不懈追求的目标。在这个过程中,图书馆被认为是增加民智、提升国力的重要机构,是实现"民族复兴"的智力支撑。最早由西方传教士在国内宣传西方图书馆观念,然后林则徐翻译西书介绍西方图书馆,再到洋务运动、戊戌变法时期国人对西方图书馆的考察。伴随着藏书楼思想的传播与实践,清末时期兴起了公共图书馆运动[①]。这一时期,我国很多省份都建立了近代意义上的图书馆。然而,重庆地区的图书馆尚处于萌芽状态,并无近代意义上的图书馆,只有一些由同盟会员建立的公书社或书报社。其设立目的是为了宣传革命,为中国革命服务,带有强烈的政治色彩。如1906年,同盟会员朱叔痴、朱必谦、杨沧白、童文琴、梅雨、吴梅修、董送白等人"为了设置交通机关,沟通革命消息"而租巴县龙巷算学书院(又名渝郡书院)陈列书籍,设立重庆书报社,"供众阅览,这是应资产阶级革命需要而产生的雏形

---

① 程焕文:《晚清图书馆学术思想史》,北京图书馆出版社2004年版,第320—324页。

图书馆"①。显然，近代重庆地区的图书馆也是在"民族复兴"的语境下萌芽的。

在清末书报社的基础上，重庆地区的图书馆在民国初期由地方精英设立。1912年，文伯鲁募集图书，将重庆书报社扩充为图书馆，将馆址迁到神仙口文昌宫内。1915年时将其搬到夫子池教育会内，并且改名为巴县教育会图书馆，赖以庄任馆长。巴县图书馆虽然由巴县教育局拨款，但"实际上还是私立性质"②。这是目前可知近代重庆地区最早建立的图书馆，具有开风气之先的作用。除巴县图书馆外，重庆市区尚无其他图书馆建立。当然，同年石柱县也设立图书馆，成为重庆各区县中最早设立图书馆的县域。总体而言，这一时期图书馆设立较少，且类型单一，一直持续到20世纪20年代初。

这种情况的出现有其深刻的社会原因。有研究认为"1912年至1920年期间，四川地区不论学校图书馆还是公共图书馆的建立都显得相当萧条，是因为当1912年清帝退位，清朝统治结束后，中国近代第一次建馆高潮因为失去政府的积极参与而进入相对低谷"③。另外，当时民众普遍缺乏受教育的机会，识字人口不多，文化水平较低，导致民众对于图书馆事业的理解表现出无知、漠视的态度。民国初期，当时的图书馆并未将"共享""公开""免费"的管理经营理念落到实处，大多数图书馆仍是"重藏轻用"。再加上当时"中国的图书馆事业刚刚起步，主要阅读群体仍是传统知识分子，社会并未形成全民阅读的习惯"④。图书馆没有得到民众的普遍接受与认可，人们对图书馆的现实需求较小。所以，重庆地区很少有图书馆建立也是意料之中的。因此，辛亥革命后的十年可视为近代重庆图书馆事业的起步阶段。发

---

① 重庆市市中区文化艺术志编纂委员会：《重庆市市中区文化艺术志》，文化艺术出版社1990年版，第221页。

② 《渝城内通俗蟾秋巴县三图书馆调查》，《四川月报》1936年第2期。

③ 任家乐：《清末民国四川图书馆事业研究》，博士学位论文，四川大学，2013年，第175页。

④ 任家乐：《民国时期图书馆学教育研究》，国家图书馆出版社2018年版，第150页。

展缓慢，类型单一是这一阶段重庆地区图书馆发展的主要特征。

1917年，著名的图书馆学家沈祖荣从美留学归国，大力宣传美国新式图书馆。当时很多著名的图书馆学者都加入了宣传队伍，美国图书馆思想逐渐被国内所接受，国内兴起了一场"新图书馆运动"，大量图书馆在这一时期建立。1927年，国民政府定都南京后，国内政局趋于统一、稳定，经济不断发展，为图书馆的建立与发展提供了良好的环境。国内各地新建了一大批各类型图书馆，出现了近代中国图书馆发展的又一次高潮。从20世纪20年代后期开始，重庆地区各类型的图书馆不断建立，掀起了近代重庆地区新建图书馆的第一个高潮。

市立图书馆的建立。整个近代时期，重庆地区唯一的市立图书馆就是在这一时期建立的。1929年重庆建市，1934年11月，重庆市立通俗图书馆开始筹建。1935年3月12日，图书馆正式落成，对市民免费开放。该馆位于重庆市区中央公园，位置优越，环境优雅，读者无不称便①。该馆的建立在提升民智、实施社会教育方面做出了贡献，也成为战时重庆市立图书馆建立的基础。

（区）县级图书馆继续建立。巴县图书馆建立十余年后，北碚峡区图书馆在卢作孚的支持下得以建立，逐渐发展成为北碚地区影响较大的图书馆。1928年5月27日，卢作孚在北碚关庙创办了峡区图书馆。1930年10月，卢作孚又创办了中国西部科学院图书馆。1935年5月，峡区图书馆合并了中国西部科学院图书馆。1936年4月1日，峡防局改组为嘉陵江三峡实验区署，峡区图书馆改建为北碚民众图书馆②。同时，峡区图书馆先后在土沱场、澄江口、黄葛场等地建立分馆，规模不断扩大，逐渐发展成为一所有影响力的基层图书馆。

学校图书馆的建立。学校图书馆作为学校的附属机构，是学校教

---

① 《渝城内通俗蟾秋巴县三图书馆调查》，《四川月报》1936年第2期；黄德禄：《重庆市立图书馆概况》，《中华图书馆协会会报》1943年第3期。

② 侯江、方晨光：《民国时期北碚的图书馆事业》，《重庆图情研究》2013年第3期。

育的重要补充，是人才训练的重要机构，关乎社会的进步，桂质柏先生认为：

> 图书馆为智识之源泉，学问之源府；有图书则可促成人群之进步，增益社会之文明。大学居中国教育制度最高之地位，学术之促进，将来科学及社会领袖人才之训练，及文化标准之保持，尤为大学所应负之责任①。

一般而言，学校图书馆随着学校的建立而建立，随着学校的发展而发展。据档案记载，近代重庆地区最早的图书馆可以追溯至清末时期的川东师范学校图书室。1906年川东师范学校设立之时就成立了图书室，"典籍设备，尚称充实"。民国建立后，因经费缺乏及频繁迁移校址，该校图书室发展缓慢。直到1928年甘典夔接任川东师范学校校长后，典夔图书馆才正式建立，他大力推进图书馆建设。因为经费缺乏，馆藏建设困难重重。他将私人藏书捐给学校图书馆，先后捐有《四部备要》一部、《万有文库》一部、中级学校所需之首要书籍若干种。1931年时，典夔图书馆"图书年有增加，编制管理，规模粗具"。1935年3月20日，新馆落成。典夔图书馆在接收四川省立重庆高中的图书、各方捐赠图书以及采购的书籍后，藏书大大增加，"总量达一万一千余种，四万二千余册"②。

重庆大学图书馆是近代重庆地区第二所高校图书馆，该馆的建立晚于典夔图书馆。1929年10月12日，四川省立重庆大学在重庆菜园坝建立。时任校长刘湘重视图书馆建设，大力支持购买图书、设备。次年10月，重庆大学图书馆正式建立，彭永仪为第一任馆长，负责全

---

① 桂质柏：《大学图书馆使用法》，国立四川大学图书馆1936年版，第1页。
② 《川东联立师范学校典夔图书馆概况》，1937年，重庆市档案馆藏，档号：0129-1-43。

馆一切事务①。1933 年，重庆大学迁到沙坪坝，图书馆随校迁移后发展势头良好。到全面抗战爆发前，重庆大学图书馆有中日文图书 32606 册、西文图书 11347 册，中日文杂志 437 种、9260 册，西文杂志 196 种、3240 册，中日文报纸 25 种，西文报纸 5 种，碑帖 870 幅，共计图书、杂志 57356 册②。

此外，重庆地区的学校图书馆还有兼善中学图书室（1932）、汉藏教理院图书馆（1933）、巴蜀中学图书馆（1933）、重庆第一师范学校图书馆（1934）、四川省立教育学院图书馆（1935）等一批中学图书馆和高校图书馆。很明显，战前重庆地区的学校图书馆多在 20 世纪 20 年代末期到 30 年代中期建立。这些图书馆成为战前重庆地区图书馆的重要组成部分，在学校教育中发挥着应有的作用。

私立图书馆继续建立。全面抗战爆发前，重庆地区私立图书馆的数量很少。继巴县图书馆之后，1929 年，由重庆地区热心社会事业中外人士捐资创办了万国藏书楼。该藏书楼没有接受政府的赞助，是一所私立性质的藏书楼。万国藏书楼"以普及教育，提倡道德为宗旨"，收藏中外书报 64000 余种。其中"欧美原版书约十分之一，日文书约二十分之一，余为国文书籍"③。可见，万国藏书楼书籍数量较多，是重庆地区一所重要的私立藏书楼。当然，重庆市周边的一些区县也设有私立图书馆。如江津私立至善图书馆、南川仁社图书馆等。

附属图书馆也开始建立。附属图书馆多由一些团体、机关、企业设立，以服务单位人员为主要目标。这一时期设立的附属图书馆相对较多。如 1921 年，基督教青年会图书馆在重庆陕西街万寿宫设立，有图书 1000 余册。1923 年，创办巡回书库，每周调换一次，每年借阅书籍 2000 余次。1929 年设立少年阅览室，1933 年改名为青年会通俗

---

① 彭晓东：《重庆大学图书馆八十年》，重庆大学出版社 2011 年版，第 3—4 页。
② 《重庆大学图书馆概况》，1937 年，重庆市档案馆藏，档号：0144 - 1 - 106。
③ 重庆万国藏书楼董事会同人：《重庆之万国藏书楼》，《中华图书馆协会会报》，1929 年第 1—2 期（合刊）。

图书馆，1934年改名为蟾秋图书馆。1935年，美国新闻处图书馆在重庆中山三路149号设立。1936年，国民革命军第十八集团军驻渝办事处设立图书室①。在各附属图书馆中，影响较大的当属民生公司图书馆。1925年卢作孚成立民生公司后，注重职员教育，设立图书馆。1931年1月，卢作孚在民生公司设立图书室。1932年夏，民生公司创办书报阅览室。1934年，民生公司书报阅览室扩充为民生公司图书馆②。此后，民生公司图书馆不断发展壮大，成为国内非常著名的企业图书馆。

除了以上图书馆的建立外，重庆地区还有一些寺庙藏书楼和私人藏书楼，丰富了图书馆类型。总体而言，20世纪20年代至30年代中期，重庆地区的图书馆发展速度加快，图书馆数量逐年增多，图书馆发展体系初步形成，逐渐形成了市立图书馆、县立图书馆、私立图书馆、学校图书馆、附属图书馆、寺庙藏书楼、私人藏书楼等多类型的图书馆（藏书楼）发展体系。客观来讲，这样的图书馆发展体系与东部沿海几个大城市相比，仍有很大的差距，如缺少国际性图书馆、国立图书馆、省立图书馆等级别较高、规模较大、影响较大的图书馆。当然，这和当时重庆的政治、经济、文化发展水平以及社会环境有着密切的关系。当时重庆只是川东地区的重镇，相对落后的经济、文化发展水平和不稳定的社会环境一定程度上限制了图书馆的发展。尽管如此，战前重庆地区图书馆的建立与发展为战时重庆地区图书馆的发展奠定了基础。全面抗战爆发后，随着人口骤增对阅读需求的增加，重庆地区原有的图书馆大多发展迅速，其中不少图书馆成为战时重庆乃至整个大后方各类型图书馆中的佼佼者。

---

① 重庆市市中区文化艺术志编纂委员会：《重庆市市中区文化艺术志》，文化艺术出版社1990年版，第222、226页；重庆市文化局：《重庆文化艺术志》，西南师范大学出版社2000年版，第91页。

② 陈觉生：《本公司大事记略》，载《民生实业股份有限公司十一周年纪念刊》1937年版，第203页；张蓬扉：《公司图书馆三年来之回顾及今后之展望》，《新世界》1937年第5—6期（合刊）。

二 战初内迁机构、人口的带动作用

全面抗战爆发后，东部沿海的很多城市相继遭到日军的破坏。1937年8月13日，淞沪会战打响。此时，国民政府开始动员重要企业、工厂、学校向内地转移。同时，国民政府根据形势变化做出了迁都重庆的重要决定。在这样的背景下，东部沿海地区各类机关单位和人口开始西迁，大量涌入重庆。这些机构、人口的迁入对战时重庆图书馆事业的发展有着很大的带动作用，表现在三个方面：

第一，国民政府的迁入提高了重庆的城市地位，一跃成为战时中国的政治中心，为图书馆的发展提供了强有力的政治保障。古今中外，世界各国的政治中心往往也是文化中心。政治中心的集聚效应，吸引文教机关聚集在政治中心城市，带动文教事业的发展。全面抗战爆发后，国民政府的迁入使得重庆政治地位一路飙升。重庆作为战时首都和国民政府陪都成为国内外社会的焦点，图书馆的发展也得到了政府、社会名流、民族资本家的支持和同盟国的援助。他们不仅为图书馆的发展提供制度、法规保障，而且支持、参与图书馆的建设、管理，同时也为图书馆的发展提供必要的经费，基本上保证了图书馆的运转与发展。如民生公司图书馆是民族企业家卢作孚先生创办的一所企业图书馆，该馆战时的快速发展是因为"卢作孚对民生公司图书馆的发展很重视，在购书经费和人员上都有足够的保障"[①]，而其他公立图书馆的经费多是来自政府财政支持。此外，国民政府教育部先后颁布的《修正图书馆规程》《图书馆工作大纲》《图书馆辅导各地社会教育机关图书教育办法大纲》《普及全国图书教育办法》《各级学校及各机关团体设置图书馆室供应民众阅览办法》《县市立图书馆设置巡回文库办法》《图书馆工作实施办法》等一系列图书馆法规，以国家立法保障图书馆的规范化发展，表明了国民政府对图书馆发展的重视。另外，

---

① 任家乐、李禾：《民国时期四川图书馆业概况》，四川大学出版社2013年版，第53页。

抗战中后期，美国、英国等盟国向重庆输入影片图书、缩微胶卷，派图书馆专家赴重庆考察，指导中国图书馆事业。这些主要都源自于国民政府迁都及重庆地位上升和良好城市形象的带动作用，或者说是城市政治中心发展的结果。

第二，内迁企业、金融机构带动了重庆经济的发展，为重庆地区图书馆的发展奠定了经济基础。鸦片战争以降，上海长期占据全国经济中心地位。但随着全面抗战的爆发，我国的经济中心迅速转移到大后方的重庆。当时东部地区的企业、工厂、金融机构大多迁到陪都，再加上国民政府、重庆市政府以及各民族资本家新建了一批企业、工厂、银行、钱庄，重庆逐渐成为全国的经济中心。战时重庆经济实现了快速发展，成为国民政府和重庆市政府财政收入的重要来源之一，支持着各项社会事业的发展。虽然战时国民政府财政多用于军事支出，随着战事的继续而有减少的趋势，但比重仍然很大。如1938年时军费支出占总财政支出的59.73%，1939年为54.94%，1940年为71.36%，1941年48.79%，1942年为46.39%，1943年为41.97%，1944年为36.45%，1945年为33%[1]。因为庞大军费的支出，战时教育经费保持在很低的水平。1937年为4.2%，1939年2.31%，1941年为3%[2]。在通货膨胀比较严重的情况下，国民政府的经费虽然难以满足教育文化事业发展的需要，但仍是重要的经费来源。除政府财政拨款外，还有来自社会、企业、个人的教育捐款，这些经费成为战时教育经费的重要补充，促进了战时教育的发展。其中，也出现一些企业、银行、个人捐助图书馆的情况。如近代"重庆金融巨子"康心如先生热衷于教育事业和图书馆事业，1938年四川重庆私立南渝中学修建图书馆时就得到了康心如的捐助。该校曾发给国民政府主席四川行辕贺元靖（即贺国光）主任的文件指出："敝校承康心如先生捐建之忠恕

---

[1] 吴冈：《旧中国通货膨胀史料》，上海人民出版社1958年版，第153页。
[2] 国民政府教育部：《第二次中国教育年鉴 第二编》，商务印书馆1948年版，第24页。

图书馆,现已落成。兹定于月之廿九日(星期日)上午九时半举行开幕典礼,届时敬请光临指导,并恳赐予训词玉为戚存,专此敬请"①。另外,中华图书馆协会也得到会员的多次捐助费,保证了协会工作的开展。此类的情况战时较为普遍,不一而足,成为社会力量支持图书馆事业发展的突出表现。

第三,内迁的文教机构和人口充实了重庆图书馆事业的力量,推动、刺激着图书馆事业的发展。根据系统论的观点,图书馆是文化事业的一个子系统,受文化事业的影响。战时,东部沿海地区的许多文教机关迁到重庆,形成文化中心和教育中心。为了满足教育事业的发展,很多文教机关在发展的过程中都建立了图书馆(室)。而东部沿海迁来的文教机关本身就是一些著名的图书馆,或其他机关也都附属有规模大小不一的图书馆(室),这些图书馆的迁入充实了重庆图书馆事业的力量。自中英文化协会图书馆、中印文化协会图书馆、国立中央图书馆迁到重庆后就形成了国际性图书馆、国立图书馆、市立图书馆、县立图书馆、私立图书馆、附属图书馆、学校图书馆等多层次、各类型的图书馆发展体系。可见,战时迁入重庆的文教机关带动着重庆图书馆事业的发展。

另外,蜂拥而至的人口也对图书馆的发展提出了新的要求。众所周知,图书馆规模的大小、数量的多少与发展快慢与读者的需求密切相关。可以说,读者是刺激图书馆发展的重要因素。因为读者的需要,才有图书馆的建立。因为读者需要的增加,才有图书馆规模的扩大。全面抗战爆发初期,重庆地区图书馆的建立滞后于人口的增加。因而,1939 年初有文章指出:"重庆虽是做了文化的总汇,然而最缺少的还有一个重要的条件,就是没有一个完善而便利各个人研究、参考的图书馆"②。也就是从 1939 年开始,政府和社会精英重视图书馆的新

---

① 四川重庆私立南渝中学:《关于告知忠恕图书馆举行开幕典礼日期致贺元靖的函》,1938年,重庆市档案馆藏,档号:0142-2-252。

② 《重庆应设规模宏大的图书馆》,《中山半月刊》1939 年第 6 期。

建，一批图书馆在重庆地区开始建立。如1939年8月，重庆市立通俗图书馆奉令改名为重庆市立图书馆。此外，育才中学图书馆（1939）、乡村建设学校图书馆（1940）、国立女子师范学院图书馆（1941）、私立北泉图书馆（1942）、相伯图书馆（1943）、之万图书馆（1943）等一批公立、私立、学校图书馆也在1939年后纷纷建立，这些图书馆的建立主要是为了满足日益增加人口的阅读要求和学校教育的需要。

内迁重庆的大量人口刺激着重庆地区图书馆的发展，战时重庆图书馆事业的发展也离不开图书馆学人的积极参与、实践。全面抗战爆发后，很多著名图书馆学人随图书馆的内迁转移到重庆。如沈祖荣、毛坤、汪应文、汪长炳、徐家麟、徐家璧、皮高品、姜文锦、沈宝环、严文郁、黄元福、岳良木、蒋复璁、陈训慈、马宗荣、孙述万、彭道真、金敏甫、舒纪维、于震寰、王文山、卢震京、沈学植、洪有丰、孙心磐等。他们成为战时重庆地区各图书馆、图书馆学教育机构的中坚力量，为重庆乃至全国图书馆事业的发展鞠躬尽瘁。

因此，战时重庆地区图书馆的发展深受内迁机构、人口的影响。一方面国民政府迁渝，战时重庆政治、经济和文化地位迅速提高，为图书馆事业的发展提供了必要的经费支持和制度保证。来自东部沿海的文教机关充实了重庆图书馆事业的力量，推动着重庆图书馆事业的发展。另一方面，内迁重庆人口刺激着图书馆的新建和图书馆规模的扩大，一大批著名图书馆学人献身于图书馆事业，促进了重庆图书馆事业的发展。由此可见，战时重庆图书馆事业的发展在很大程度上得益于内迁文教机关和人口的推动。

三 战时社会环境变化的激励作用

图书馆事业属于社会文化事业的组成部分，与社会有着千丝万缕的联系。当然，社会环境的变化也对图书馆的发展有着深刻的影响。古代时期，中国是世界上最发达的国家，中国的藏书事业发展兴旺，形成了官府藏书、私人藏书、寺院藏书和书院藏书四大藏书系统。但自近代以来,中国逐渐落后,开始饱受西方资本主义国家的侵略,国力衰微。古代中国的藏书事业在西学东渐的过程中开始了近代转向,走向了公共图书馆发展之路。而中国近代意义上的图书馆是在西方国家侵略加剧、民族危机加深的情况下建立与逐渐发展起来的,是民族复兴的产物。

鸦片战争后,中国逐渐沦为半殖民地半封建社会。在西方资本主义国家的侵略下,国内有识之士开始挽救民族危机。林则徐被认为是"睁眼看世界的第一人",他组织人员翻译西书,开始介绍西方图书馆。他在《四洲志》提到了德国、丹麦、土耳其、英国、俄国、西班牙等六国的图书馆[1]。同一时期,魏源在《海国图志》一书中详细介绍了美国的图书馆。第二次鸦片战争后,清政府为了维护统治、实施自救开始了洋务运动。这一时期,国人开始走出国门,西方国家的图书馆成为他们考察的内容之一。甲午中日战争的惨败对当时中国人产生了很大的震动,他们开始思考中国落后的原因。梁启超认为"国家欲自强,以多译西书为本;学子欲自立,以多读西书为功"[2]。因此,梁启超、康有为等提倡开大书藏,设立藏书楼。如当时资产阶级政治团体强学会、苏学会、南学会等设有藏书楼。庚子事变后,清政府的统治开始风雨飘摇,随之开始改革。最终,在各方力量的协作下,晚清时期自下而上的藏书楼思想逐渐演变成为一场自上而下的公共图书馆运动。这一过程始终贯穿着一条线索,那就是民族危机的加重促使国人探索救国救民之路。他们翻译介绍西方图书馆、考察西方图书馆,设立西方式的图书馆,以开民智,增强国力。所以说,近代中国图书馆的产生是"民族复兴"时代背景下中西文化碰撞的产物,也是挽救民族危机的举措之一。

---

[1] 程焕文:《晚清图书馆学术思想史》,北京图书馆出版社2004年版,第142—143页。
[2] 张静庐:《中国近代出版史料(初编)》,上杂出版社1953年版,第58页。

实际上，整个近代中国图书馆事业发展的时代背景都是实现中华民族伟大复兴，这一历史任务激励着国人在发展图书馆事业的过程中不遗余力，出现了政府、社会、民间等力量共同设立图书馆、支持图书馆事业的局面。辛亥革命后，民国政府出台的一系列的图书馆法规是为了促进图书馆事业的发展，推动社会教育发展，以达到提高民众文化水平的目的。当时政府提倡社会教育，图书馆被认为是社会的大学，具有提高民众知识、促进国家文化的作用。如1920年沈祖荣在北京高师图书馆讲习会上做了题为《我们何以提倡图书馆呢》的演讲，他认为：图书馆之设立，"小而言之，可以增人民的知识；大而言之，可以促进国家的文化"①。

1931年9月18日，日本发动"柳条湖事变"，国内社会的主要矛盾开始转变为中日之间的民族矛盾。当时中国图书馆界挺身而出，开始利用自身优势开展"本职救国"。如编辑有关日本方面的书目，举办展览会，进行国防教育与战争宣传。1936年，日本意图侵占绥远和察哈尔而制造分裂活动。当时"镇江水陆寺巷江苏流通图书馆鉴于国难日深，绥东战事起，我前方将士，忠勇卫国，后方民众亦应奋起参加，充实国防知识与技能"②，特举办国防图书展览会。一方面可以起到增加民众国防知识，发挥抗战救国的宣传作用。另一方面也有利于增进民众的阅读兴趣，刺激图书馆的发展。

全面抗战爆发后，中日两国的民族矛盾成为国内社会的主要矛盾。随着抗日民族统一战线的建立，各项社会事业的发展皆以有助于抗战为中心。在民族危机加深的情况下，中国图书馆坚持"本职救国"原则，实施"文化抗战"路线，充分地参与到抗战事业中。虽然当时我国东部沿海地区的图书馆事业遭受严重损失，但是大后方地区的图书馆担起了实施社会教育，提升民众文化水平的重任，

---

① 沈祖荣：《我们何以要提倡图书馆呢》，《国民日报·觉悟》1920年8月27日。
② 《江苏流通图书馆筹备国防图书展览会》，《中华图书馆协会会报》1936年第3期。

都表现出了很大的积极性。如重庆市立图书馆曾在工作计划书中说到:"本馆位居陪都,其所负之社教使命至深且钜。尤以抗战时期改良社会风尚、提高文化水准、培养民众道德等,本馆责无旁贷,确应切实努力肩此重任,俾能发扬文化协助抗建大业"①。一些基层民众为了宣传战事,积极创办图书馆。如江津县长冲乡公所为抽收温房捐创设图书馆,其理由是:

> 查本乡地处偏隅,交通梗塞,以致文化无由输入而启发民智,亦□无由即月报,亦少人购阅,所以一般民众只知"日出而作,日入而息"。闻以战事而不知,询以政局而不晓。本席拟仿白沙油溪、朱沱、德咸等场办法设立官盈房,每室输一只抽捐内一斤之时价作为开办图书馆之用②。

可以想象,战时就连基层民众都积极投身于图书馆的建设,致力于启发民智,其他机关也不会落后。当时中华图书馆协会作为全国唯一运转的全国性图书馆,引导全国图书馆事业的发展。1939年时,中华图书馆协会曾发文指出战时图书馆的作用与使命:

> 抗战建国之工作艰辛而广博,且须全民动员,方克有济。图书馆为文化之中心,教育之利器,敌人之所以毁窃,吾侪之所依以更生,责任甚重,无待繁言。吾等图书馆既在此大时代,负此使命,责无旁贷③。

---

① 《关于审核重庆市立民众教育馆及重庆市立图书馆工作计划上重庆市政府的呈 附:工作计划》,1943年,重庆市档案馆藏,档号:0053-3-239。
② 《江津县长冲乡公所关于补报本乡抽房捐创设图书馆以输文化之提案上江津县政府的呈(附提案)》,1944年,重庆市江津区档案馆藏,档号:J001-1-699。
③ 中华图书馆协会理事会:《抗战建国期中之图书馆》,《中华图书馆协会会报》1939年第4期。

中华图书馆协会作为中国图书馆界的领导者，其言论代表着战时中国图书馆界的观点。所以，战时重庆地区图书馆的设立多以提高民众文化水平，服务抗战建国大业为目标。图书馆的教育功能和政治功能得到强化，这是由战时社会环境的变化所决定的。抗日战争是实现中华民族伟大复兴的重要阶段，全面抗战时期的图书馆义不容辞地肩负民族复兴这一历史任务。就是在"民族复兴"的语境下，战时重庆地区的图书馆在艰难的环境中实现了生存与发展，为社会各项事业的发展做出了重要的历史贡献。

第三节　全面抗战时期重庆图书馆发展的概况

与战前东部沿海地区图书馆的发展相比，全面抗战时期，重庆地区图书馆的发展表现出一定的复杂性，这是由战时重庆所处的社会环境所决定的。全面抗战爆发后，重庆的政治、经济、文化地位都有了很大的提高，为重庆地区图书馆的发展提供了机遇，促使战争初期重庆图书馆事业快速发展。但是，日军发动的全面侵华战争目的是占领中国、灭亡中国。当国民政府迁都重庆后，日军开始将打击目标转向重庆。为了迫使重庆国民政府屈膝投降，日军从1938年开始到1943年对重庆市区实施了长达五年的"无差别轰炸"，广大市民疲于"跑警报"，人心惶惶，给图书馆阅览服务工作的开展带来了很大的困难。同时，日机的轰炸也对图书馆产生了很大的破坏，重庆市立图书馆、重庆大学图书馆、巴县图书馆、国立中央大学图书馆、文华图专、江北县立民众教育馆图书室以及各学校图书都惨遭轰炸，对重庆地区各图书馆工作的开展和图书馆人才的培养产生了极大的影响。如1940年10月，重庆市立图书馆遭到日机轰炸，造成一定的损失。10月27日，馆长赵友培向上级部门呈报损失情况。他说到：重庆市立图书馆"图书阅览室楼梯炸坏，须加修复，始能开放"。所以"在被炸部分未修复前只开放杂志报纸阅览室,图书馆阅览室暂停开放"①。

实际上,影响战时重庆图书馆事业发展的因素还有很多。如严重的通货膨胀导致图书馆经费变相减少,制约图书馆事业的发展。全面抗战时期,由于抗日战争的持续,国民政府将大量的财政用于军费支出,赤字连年增加。国民政府只好大肆发行法币,因而造成通货膨胀。从 1939 年底,整个国统区都出现了通货膨胀,并迅速恶化。货币贬值,物价上涨,图书馆经费严重缩水。这使得本来就很缺乏的经费更是雪上加霜,很多图书馆都出现了经费不足的现象,严重影响着各图书馆的生存。就连当时重庆地区的国立中央图书馆也在战时遇到了经费问题,这从 1944 年 2 月 1 日该馆给江津县政府和县第三区署的一份档案中可以管窥一二:

> 案查本馆迁驻白沙,徇社会人士之需要,特在镇上办理民众阅览室,迄今已达五载,年来物资高涨,费用虽巨,但本服务社会之则,仍当勉励维持,以利地方需要。最近原租中兴路 78 号房屋,年租 7200 元,资以房东欲增至 24000 元。本馆经费有限,殊难负担,拟予撤办。素仰贵区热心社会维持公益,尚承惠拨公产房屋宇襄助本馆继续服务至所,愿望事关社会公益,相应函达即希②。

经费不足是限制民国时期图书馆事业发展重要因素之一,全面抗战时期尤甚,严重影响着战时中国图书馆事业的发展。

全面抗战时期,重庆既是中国的政治中心,也是第二次世界大战

---

① 《关于市立图书馆在被炸部分未修复前只开放杂志报纸阅览室的呈、指令》,1940 年,重庆市档案馆藏,档号:0053 - 12 - 87。
② 《江津县政府、县第三区署、国立中央图书馆关于划拨公产的指令、呈、公函》,1944 年,重庆市江津区档案馆藏,档号:J010 - 2 - 1392。

中国战场的司令部所在地，得到了世界很多国家的关注。中国的抗日战争与世界反法西斯战争的命运紧密地联系在一起，出于共同利益的需要，很多同盟国家支援中国抗战，其中就包括捐赠图书，特别是美国图书馆界与中国图书馆界的交流十分频繁。美国图书馆派员来华考察图书馆事业，中国图书馆学人也赴美考察、学习。这些活动不仅加强了中外图书馆界之间的交流，而且无形之中为中国图书馆事业的发展提供了帮助与借鉴。

全面抗战时期重庆图书馆事业在复杂的国内、国际环境下不断发展。受国内、国际大环境的影响，重庆地区各图书馆的发展具有明显的阶段性，从侧面反映了中国抗战的艰难历程。总体而言，战时重庆地区图书馆较战前有了很大的发展，图书馆的数量得到很大的增加，图书馆的类型不断丰富，是近代重庆图书馆事业的繁荣阶段，但各图书馆的发展表现样态有所不同，差异较大。总体而言，全面抗战时期，重庆地区的图书馆由三个部分组成，分别是战前原有的图书馆、战时迁入的图书馆和战时新建的图书馆。下文分别予以论述，以窥战时重庆图书馆事业的发展概况。

一　战前原有的图书馆大多发展较好

战前，重庆地区的图书馆在经历三十余年（从清末到全面抗战爆发前）的萌芽、起步、发展，已经有了一定的基础，初步形成了市立图书馆、县立图书馆、私立图书馆、学校图书馆、附属图书馆、寺庙藏书楼、私人藏书楼的图书馆（藏书楼）发展体系。全面抗战爆发后，重庆是战时首都，是国内外的焦点。图书馆作为实施社会教育和提升民众文化水平的重要机构受到更多关注，图书馆人才培养成为图书馆发展的重要工作。所以，当时国民政府教育部部长陈立夫极力支持图书馆人才的培养，以适应战时图书馆事业发展的需要。他认为："图书与档案管理人员之训练，急需扩充，以供应抗战时需要"①，应支持图书馆事业的发展。再加上战前重庆地区原有的图书馆（藏书楼）不像东部内迁图书馆经历长途迁移，遭受损失，因而在战时大多数发展较好。

重庆市立通俗图书馆是近代重庆地区唯一的市立性质图书馆，也是重庆市立图书馆的前身。全面抗战爆发改变了重庆市立通俗图书馆的命运，加速了重庆市立图书馆的诞生。随着人口的迅速增加，重庆地区原有的图书馆不能满足民众的阅读需要，馆舍局促、馆藏不足的问题日益凸显。时人呼吁建立规模宏大的图书馆，国民政府也重视市立图书馆的建设，1939年国民政府教育部召开会议，提出《各省市应设立省市立图书馆案》进行讨论，并通过决议，为市立图书馆的建设提供经费保证。这些因素共同催生了重庆市立图书馆。据档案记载，1939年8月，重庆市立通俗图书馆奉令改名为重庆市立图书馆，馆址位于重庆市区中央公园，先后隶属于重庆市社会局和重庆市教育局，成为战时重庆地区一所重要的公共图书馆，在服务民众阅读，实施社会教育方面发挥了应有的作用。

从重庆市立通俗图书馆到重庆市立图书馆看起来只是名称的改变而已，实则办馆理念已发生变化。民众图书馆是实施民众教育的重要机构，因为"一个民众教育机关，如果不设法多扩张几个图书馆，简直像一个失了武器的士兵，绝不能充分发挥出教育的效力"。"民众教育如果没有民众图书馆的辅助，便成为一种空虚的东西"②。一般来说，民众图书馆更体现的是民众教育功能，其服务对象多为普通民众（如农民、店员等），书籍多为通俗读物，突出了图书馆的民众教育功能。市立图书馆则不同，是一个地区重要的公共图书馆，服务对象更广，既有学术研究者，也有广大民众，突出了图书馆社会教育功能。这就决定了重庆市立图书馆以服务社会教育为发展

---

① 周洪宇：《不朽的文华——从文华公书林到文华图书馆学专科学校》，华中师范大学出版社2013年版，第284页。

② 刘锡铭：《民众图书馆与民众教育》，《辅导月刊（烟台）》1937年第2期。

方向。

战时重庆地位不断上升,重庆市立图书馆实际上不仅仅是一所市立图书馆,在很多方面充当着省立图书馆的角色。如1940年成立的四川省立图书馆设有研究辅导部、总务部、采编部、阅览部、会计室,重庆市立图书馆设有总务部、采编部、阅览部和研究辅导部,两馆的组织架构基本一样。可见,重庆市立图书馆并不是一所普通的市立图书馆。虽然该馆在战时遭受着日机轰炸的损失,面临着经费不足、裁撤人员等一系列的问题,但是,重庆市立图书馆以"改良社会风尚、提高文化水准、培养民众道德"为目标,以"发扬文化协助抗建大业"为责任,通过采取各种措施应对发展中的各种问题,在战时得到了很大的发展。图书馆舍规模的不断扩大,如建立新馆舍,设立分馆、书报流通处、阅览场等基层书报阅览机构。馆藏书籍、期刊、报纸数量也不断增加。1935年3月20日,重庆市立通俗图书馆建成之处只有书籍、期刊2800余册。到1945年6月,书籍增加到10423册、期刊1300余册、报纸70余份①。十年之间,馆藏数量增加了四倍有余。这样的藏书总量和增加速度与国立图书馆及一些附属图书馆相比很有限,但在战时极其困难的环境下,重庆市立图书馆能得到发展,并努力服务民众是值得称赞的。

民生公司图书馆是战前重庆地区的一所企业图书馆,是民生公司的附属机构。民生公司图书馆的建设是卢作孚实施企业文化建设,提升职员知识水平,提高轮船旅客服务质量的重要措施。卢作孚是近代中国著名的实业家,以经营民生公司而闻名。1925年卢作孚创办了民生公司,在公司发展的过程中,卢作孚注重职员的教育,创办图书馆成为他的选择。1931年创办了民生公司图书室,1934年时发展成为图书馆。民生公司图书馆的发展有着十分优越的条件:一是图书馆是公司的附属机构,公司收入的一部分作为图书馆发展所需经费,保证了

---

① 重庆市文化局:《重庆市文化艺术志》,西南师范大学出版社2000年版,第74页。

图书馆的经费需要。二是公司职员和轮船旅客成为图书馆的读者，有着相对稳定的读者群体。三是图书馆的发展与公司的发展形成了良好互动。公司为图书馆的发展提供必要的经费，图书馆的发展提升了公司职员的文化水平，提升了轮船服务质量。同时图书馆建设成为企业文化建设的重要部分，成为公司发展的文化软实力。所以，民生公司图书馆在战时得到快速发展。

全面抗战爆发后，民生公司图书馆在发展的过程中注重规章制度的制定与执行。该馆在《本公司图书馆巡回文库管理规程》《本公司图书馆巡回文库阅览规约》的基础上，于1944年制定了《民生实业公司图书馆外借规约》（共9条）。民生公司图书馆在开展业务时，严格执行图书借阅规定。如1939年7月9日，民生公司图书馆鉴于借书期限已过，便致函以催促许程式、徐宏镕、朱玉杰、郭子桢、王永恭、林瑞东、胡信道、沈鹏天、易清泉等人限期归还所借图书，否则照章赔偿[①]。另外，民生公司图书馆也随着情形的变化而相应扩大服务范围。全面抗战时期，重庆地区的人口迅速增加，阅读需求人口也不断增加。为了满足民众的阅读需要，民生公司除了办理轮船巡回文库外，开始办理图书外借业务，以增加服务对象，扩大书籍流通范围，发挥馆藏图书的作用。

民生公司图书馆也十分注重馆藏建设。建馆之初只有书籍几百册，到1937年有明显的增加。民生公司图书馆张蓬扉在《公司图书馆三年来之回顾及今后之展望》中对该馆藏书建设提出了设想："本馆现有图书一万七千余册，杂志一万六千余册，数量上似已不小，但一共七十余部分，每年有十余万人之利用，仍嫌过少。故在数量上，此后仍当谋积极之增加。至于有关公司事业之各种参考书，即本过去所应之标准三项：A. 关于交通者；B. 关于生产事业者；C. 关于本省文献

---

① 《关于限期交还前借民生实业股份有限公司图书馆之书籍致许程式、朱玉杰、郭子桢等的函》，1939年，重庆市档案馆藏，档号：0207 - 2 - 14。

者,尽力购求。其属于西文者,公司已允特别拨款购买。其有各机关团体出版者,或请其赠送,或以公司之新世界交换之"①。通过多种渠道增加藏书,到1944年民生公司图书馆有10万余册,涉及文史哲、政治、经济、军事、实业、应用技术、医药、宗教、美术等多个领域②。抗战胜利后,民生公司图书馆新馆建成,曾计划扩充图书,共达到20万册。但抗战胜利后不久,民生公司图书馆与北碚民众图书馆的合并结束了民生公司图书馆单独发展的历史,也就退出了历史舞台。

四川省立重庆大学图书馆是战前重庆建立的一所重要的大学图书馆,是战前、战时重庆地区高校图书馆的代表之一。全面抗战爆发后,重庆大学图书馆克服重重困难扩建图书馆舍。最终"在学校的大力支持下,重庆大学图书馆的改建工作如期完成,极大地方便了师生的使用"③。在扩建馆舍的同时,重庆大学图书馆还增加馆藏。除学校分配的图书馆经费购买书籍外,一些机关如燕京大学、教育部、国立北平师范大学、中国科学社以及个人捐赠图书,藏书量不断增加。并且战时日机轰炸重庆市区,重庆大学图书馆将一些书籍运到防空洞保管,减少了书籍的损失。1940年5月时,重庆大学图书馆有中文书籍44690册,西文书籍17173册④,共计61863册,藏书有了很大的增加。尽管如此,战时重庆大学图书馆的发展也经历曲折。因为重庆大学一度因"拒长风潮"而停顿,图书馆也随之停顿。但在四川当局的支持下,重庆大学很快又得到恢复,并升格为国立重庆大学,行政地位上升,经费增加。作为附属机构图书馆的地位也上升为国立大学图书馆,经费也得到增加,这有利于重庆大学图书馆的发展,为当今重

---

① 张蓬犀:《公司图书馆三年来之回顾及今后之展望》,《新世界》1937年第5—6期(合刊)。
② 郭丽平:《现代教育家卢作孚的事业与教育思想研究》,硕士学位论文,河北大学,2006年,第37页。
③ 彭晓东:《重庆大学图书馆八十年》,重庆大学出版社2011年版,第24页。
④ 《关于报送本校本年度图书目录及图书馆藏书统计表致四川省政府的函、附表》,1940年,重庆市档案馆藏,档号:0120-1-233。

庆大学图书馆的发展奠定了基础。

川东师范学校图书馆是近代重庆最早的学校图书馆,具有一定的地位。全面抗战爆发后,川东师范学校图书馆也不断发展。1939年5月,该馆随学校从重庆市区石马岗(今重庆市渝中区中山一路附近)迁到江津县白沙镇东海沱古坟湾。当时江津白沙镇文化机关聚集,成为大后方的文化中心之一,为川东师范学校图书馆的发展提供了良好环境。另外,江津位于郊区,受日机轰炸的影响较小,图书馆的发展有了相对安定的社会环境。川东师范学校图书馆与白沙地区的文化机关有着密切的联系,共同促进当地教育事业的发展。该馆的图书也有增加,1940年时有图书共计42330册①。若加上杂志、期刊和报纸,该馆藏书量超过43000余册。这个数目已经远远超过了重庆市立图书馆的馆藏量,足以说明川东师范学校图书馆的发展成绩。

除了以上图书馆有很大的发展,像四川省立教育学院图书馆、巴蜀中学图书馆、重庆青年会蟾秋图书馆、巴县图书馆、北碚民众图书馆等一批学校图书馆、公立、私立图书馆也都在战时得到不同程度的发展。巴蜀中学于1933年创办小学、幼儿园时就开始建馆,馆址位于重庆市中区黄花园。当时一些富商赠送《四库全书》一套、桌椅数十套,校长支持添购新书,辟校内小礼堂为馆舍。十年后又扩办告知,图书馆随之扩大②。这些图书馆在发展的同时,为战时中国图书馆学教育和社会教育做出了一定的贡献。如四川省立教育学院图书馆与四川省立图书馆联合举办图书馆图书管理员讲习班,培养中级图书馆专门人才,重庆蟾秋图书馆开办图书馆员短期训练班,培养图书馆专门人才。北碚民众图书馆在战时因地制宜开展读者服务和巡回文库等阅览服务,对于北碚民众教育和社会发展都有很大的影响。

---

① 《关于填送川东联立师范学校图书馆调查表的训令、呈(附表式)》,1940年,重庆市档案馆藏,档号:0129-1-147。

② 重庆市文化局:《重庆市文化艺术志》,西南师范大学出版社2000年版,第86页。

二 内迁图书馆大多处于停滞状态

全面抗战爆发后，东部沿海地区的图书馆受到日军侵略严重影响。为了减少损失，保留中国图书馆事业的基础，很多图书馆选择内迁陪都。由于重庆位于我国西南内陆，距离东部沿海地区较远，图书馆迁移路途遥远，途中不免损失很多图书。如许多图书馆在内迁的过程中还遇到风吹、日晒、雨淋等天气的影响，包括敌机的轰炸，导致图书、设备损坏。很多图书馆在迁移的过程中并不是一次性直接迁到重庆，而是经过多次迁移才到重庆，频繁的迁移不利于图书馆的稳定和政策实施的连贯性，也不利于图书馆服务读者工作的顺利开展。

国立中央图书馆是近代中国第二所国立图书馆。1937年11月18日奉令西迁，20日离开南京抵达武汉。12月15日，奉令迁往长沙，雇用民船将图书运至湖南岳阳，然后又奉令西迁重庆。1938年1月，雇用民船到达宜昌后入川，2月12日（原始档案为2月1日，但目前公开史料中都为2月12日，包括1947年出版的《国立中央图书馆概况》，所以文中采用1938年2月12日这一时间。）达到重庆。1939年3月，国立中央图书馆为了躲避日机轰炸，又迁到江津县白沙镇①。这样频繁、多次迁移使得国立中央图书馆的筹备工作进度进展十分缓慢，直到1940年8月1日才正式成立。像国立中央图书馆这样迁馆经历曲折的图书馆不在少数，特别是一些高校图书馆跟随学校辗转各地，然后于抗战中后期迁到重庆。由于迁移途中的复杂情况以及迁到重庆后的日机轰炸和通货膨胀等因素的影响，内迁重庆的各图书馆大多没有什么明显的发展，处于停滞状态。所以，全面抗战时期，"虽然沿海图书馆曾部分地内迁和西迁，但均无法开展正常工作，几乎处于停顿状态"②。

---

① 《抗战时期还都重庆之国立中央图书馆》，时间不详，重庆市档案馆藏，档号：0053-29-275。

② 程焕文：《民国时期图书馆事业的发展与评价》，《图书情报知识》1986年第3期。

在内迁各图书馆中，国立中央图书馆发展相对比较好，也是战时重庆地区发展最好的图书馆。不管是馆舍建设还是藏书建设都有很大的发展。比如国立中央图书馆拥有江津总馆和重庆分馆，形成了总馆、分馆的办馆模式。在江津国立女子师范学院设立新桥阅览室，大后方各地征购文献，馆藏数量、种类迅速增加，影响迅速扩大，成为战时重庆地区的"文化中心"。总体来看，全面抗战时期是国立中央图书馆发展的重要时期，"中央图书馆的创设，是战时中国文化事业建设的丰碑，开辟了全面抗战的文化战场，在抗战中发挥了不可替代的作用"①。

国立中央大学图书馆是近代一所著名的大学图书馆。民国初期，洪有丰、戴志骞、柳诒徵、桂质柏、卢震京等著名图书馆学家都曾供职于国立中央大学图书馆，为该馆的发展做出了贡献。因而，国立中央大学图书馆发展速度较快。到全面抗战爆发前，国立中央大学图书馆藏书名列国立高校图书馆之前茅，共计四十余万册。但是，全面抗战的爆发打断了国立中央大学图书馆的发展势头。为了保存馆藏图书，不得不将馆舍迁到重庆沙坪坝松林坡（今重庆大学）。内迁途中遭受严重损失，到达重庆后又遭到日机轰炸，馆藏损失很大。在整个抗战时期，该馆藏书量不仅没有增加，反而下降了不少。到抗战胜利，国立中央图书馆损失图书多达二十余万册，剩下的图书只有十八余万册②，不及抗战爆发前的二分之一。国立中央大学图书馆迁到重庆后于1938年又在柏溪建立两所分馆，勉强维持馆务。随着重庆人口的增加，国立中央大学学生人数不断增加，图书馆舍局促，不能满足学生的需要。当时"学生为争夺自习场所，松林坡馆舍每天拥挤不堪，晚上尤甚"③。就是在馆舍局促、馆藏图书不足的情况下，国立中央大学

---

① 刘劲松：《抗战时期中国图书馆界研究》，商务印书馆2018年版，第235页。
② 孟国祥：《抗战时期的中国文化教育与博物馆事业损失窥略》，中共党史出版社2017年版，第261页。
③ 重庆市文化局：《重庆市文化艺术志》，西南师范大学出版社2000年版，第83页。

图书馆仍然积极配合国际文化史料供应委员会，开展文化教育活动，"设立影片图书站，专供大学生及沙磁一带文化教育事业机关人员阅览"①。

私立复旦大学图书馆是在1918年由戊午级学生集资购书成立的戊午阅书社的基础上建立的戊午阅览室。该馆位于上海江湾路，后来发展成为仙舟图书馆、复旦大学图书馆。到1936年时，图书馆有中西文图书40597册②。藏书量并不多，甚至都少于战前重庆地区的四川省立川东师范学校典夔图书馆和四川省立重庆大学图书馆的藏书量。全面抗战爆发后，复旦大学图书馆于1937年12月底到达重庆。1940年复旦大学迁到北碚夏坝，马相伯捐图书馆一座，1942年开始修建。1943年5月，图书馆落成，时有藏书、期刊共22186册③。到1945年时，共有书籍、期刊37142册④。尽管抗战胜利前夕复旦大学图书馆馆藏比1943年增加1000余册，但仍和战前馆藏相差数百册。这表明抗战时期复旦大学图书馆并没有明显的发展，基本上处于停滞状态。

1937年7月，国立中央工业职业学校图书馆在南京成立。随着淞沪会战战局的日益明朗，国民党军队败局已定，国立中央工业职业学校图书馆也随学校踏上了西迁重庆的征程，1938年抵达陪都。因为迁移的时候带出的图书较少，所以国立中央工业职业学校的图书很少。据档案记载，到1939年时国立中央工业职业学校图书馆藏书不到两千册。这样的藏书量甚至不如重庆地区的一所中学图书馆的藏书量，想要实现发展，困难不小。其实，全面抗战时期迁入重庆的很多高校图书馆都面临着一个普遍性的问题，这些高校在重庆"复校后，都遇到

---

① 《关于成立国立中央大学图书馆影片图书站致国立中央工业专科职业学校的函（附规则）》，1942年，重庆市档案馆藏，档号：0126-2-213。
② 陈训慈：《中国之图书馆事业》，《图书馆学季刊》1936年第4期。
③ 任家乐、李禾：《民国时期四川图书馆业概况》，四川大学出版社2013年版，第116—117页。
④ 《全国专科以上学校近况》，《学生杂志》1945年第8期。

了校舍简陋，图书设备匮乏，师生生活清苦等困难"①。所以，在经费短缺、馆藏不足的情况下，图书馆能保持运转就已经不易了，想要有所发展就显得比较困难，这是内迁图书馆遇到的问题。

三 新建图书馆发展两极化趋势明显

一般来说，图书馆的数量、规模与读者数量成正比。读者增加，图书馆的数量也增加，规模也扩大。全面抗战爆发后，东部沿海地区的很多人口伴随文教机关、企业、工厂的内迁而转移到重庆。一时间，重庆的人口迅速增加。由战前的三十余万增加到抗战胜利之时的一百二十余万②，增加速度可见一斑。人口的增加对图书馆等公共文化资源的需要也增加，而重庆地区原有的图书馆因数量少、规模小，难以满足民众阅读需要。迁入的图书馆因长途跋涉，复馆后困难重重，一时难以满足广大民众的需要。所以，国民政府采取一边扩建原有图书馆，一边建立新图书馆的措施。从史料看，新建图书馆的主体较多，有政府、图书馆学人、教育者、社会文化名人、民族资本家等。战时图书馆的建立是以促进社会教育、提升文化水平、以利抗战建国为目标，这是抗战时期图书馆的重要使命。当时四川省政府主席张群给江津县政府的训令就提到了战时"图书馆教育旨在提高文化水准，培养健全公民。值此抗战建国，发动民众之时，亟应普及，裨收实效"③。正是在这样的时代背景下，一大批图书馆开始在重庆地区建立。

战时重庆地区新建的图书馆类型主要有私立图书馆、学校图书馆、附属图书馆（附属企业、团体、机关等）。各图书馆的创办以1938年"七七图书馆"的设立开始，一直持续到抗战胜利前夕。与迁入的图书馆相比，战时新建的图书馆避免了长途迁馆及损失的问题，但也受

---

① 李秉严：《四川高校图书馆100年》，四川科学技术出版社1999年版，第20页。
② 喻国泰：《我国米谷运销区域概述》，《粮政季刊》1947年第7期。
③ 《四川省政府关于核查单独设置图书馆应报各事项给江津县政府的训令》，1942年，重庆市江津区档案馆藏，档号：J003-1-69。

到经费紧缺问题的影响，发展情况不尽相同。总体而言，这些图书馆的发展呈现出两极化的发展方向：

一类新建图书馆发展较好，取得很好的成效。如私立北泉图书馆是全面抗战时期成立的一所私立图书馆，由北碚地区的民族资本家、文化名人等共谋设立。该馆的经费来源较广，主要有：①由北泉公园拨付之基金及按月补助费；②由主管官厅核付之基金及辅助费；③由该馆董事及公私法团各界人士捐助之基金及补助费；④该馆事业之收入；⑤该馆基金及其他款项存储及利用所得之息金①。也正是因为有着多元化的经费来源，私立北泉图书馆得以发展迅速，成为整个抗战时期重庆地区发展最好的私立图书馆，为北碚地区文化事业的发展研究做了贡献。除了私立北碚图书馆外，战时新建的学校图书馆中，国立女子师范学院图书馆发展较快。1940年9月20日，国立女子师范学院建立，次年图书馆建成。在馆舍修建的过程中，国立女子师范学院就开始购置图书。1940年时购书1552册，1941年购置1994册。同时，向国立中央图书馆和国立编译馆借有《万有文库》2945册②，馆藏数量不断增加。除私立图书馆和高校图书馆外，也有中学图书馆发展较为明显。清华中学图书馆于1938年在重庆市九龙坡土桥设立，占地500平方米，设有阅览大厅，有座位300个。建馆初期，藏书由教师、校友捐赠，涉及经史古籍、外国文学名著、《大英百科全书》《万有文库》，总数量达30000余册③。清华中学图书馆是中共地下党在重庆创办的一所图书馆，对于宣传革命理论起了重要的作用。此外，私立乡村建设学院图书馆、国立社会教育学院图书馆都有一定的发展，为学校教学和师生学术研究提供了条件。

另一类新建图书馆发展则较为迟缓，或者发展不明显，甚至出现严重的经费问题。如1938年9月20日，新建的私立七七图书馆由前

---

① 《私立北泉图书馆简章》，1942年，重庆市档案馆藏，档号：0081-4-3091。
② 李秉严：《四川高校图书馆100年》，四川科学技术出版社1999年版，第20页。
③ 重庆市文化局：《重庆市文化艺术志》，西南师范大学出版社2000年版，第87页。

量才图书馆馆长程远女士创办，但馆藏数量较少，且暂借大阳沟小学房屋作为图书室。1939年创办的育才中学图书馆更因馆舍局促、藏书不足，发展比较缓慢。此外，一些企业也都建立图书室，但规模不大，影响较小，与民生公司图书馆的发展和影响形成了鲜明的对比。个别图书馆因为政策、经费等问题合并成为民众教育馆的一部分，失去独立建制。如1943年之万图书馆在重庆南泉乡建立，因政策的变化改名为巴县县立民众教育南泉分馆。当然，像之万图书馆这样的情况在重庆地区不在少数。

可以发现，战时重庆地区新建的图书馆中，经费多的图书馆发展较好，而那些经费紧缺或经费预算较少的图书馆（室）发展十分缓慢。

如上所述，全面抗战时期，在复杂的国内环境下，重庆地区图书馆的发展表现情况不一。战前重庆原有的各图书馆大多发展迅速，成为战时重庆地区比较重要的图书馆。内迁的图书馆除了国立中央图书馆外，大多处于停滞状态。而战时新建的图书馆，既有发展比较好的，也有发展缓慢或停顿的，真实地反映了战时重庆地区图书馆的发展情况。

第四节　全面抗战时期重庆图书馆发展个案研究

历史研究要做到点、线、面的结合，才尽可能深刻地反映历史本来的面貌。同样，对于研究全面抗战时期重庆图书馆事业，我们不仅需要从整体上把握各图书馆的发展情况，也需要进行个案研究，并且将整体分析与个案分析相结合，从宏观和微观两个层面进行考察，才能得出较为科学的结论。根据战时重庆地区图书馆发展情况，下面从战前原有的图书馆、战时迁入的图书馆和战时新建的图书馆等三个方面分别选取一个具有代表性的图书馆进行个案分析，考察战时重庆图书馆事业的发展。

一 原有图书馆的发展——以北碚民众图书馆为个案

全面抗战时期，重庆地区原有的各图书馆大多发展较好，馆舍、藏书数量与种类都有很大的扩大和增加，为战时重庆地区的社会教育做出了重要的贡献。北碚民众图书馆是战前建立的一所基层公共图书馆，在战时发展迅速，并且成为卢作孚实施乡村文化建设的举措之一，为北碚地方文化事业和社会教育的发展做出了重要的贡献。有文章回忆说到：全面抗战时期，"北碚民众图书馆在当时充当了地方中心图书馆的作用"①，领导着其他图书馆的发展。因此，下面以北碚民众图书馆为个案，探讨战时该馆的发展情况。

（一）北碚民众图书馆的创办

北碚民众图书馆是卢作孚开展乡村建设的产物，其历史和战前的峡区图书馆、中国西部科学院图书馆有着密切的关系。1927年春，卢作孚到北碚担任江（北）、巴（县）、璧（山）、合（川）峡防团务局（以下简称峡防局）局长，开始建设北碚。卢作孚在北碚乡村建设的过程中十分注重人的教育问题。这主要是因为卢作孚早年践行"教育救国"理念，亲自参与了四川地区很多通俗教育馆和图书馆的修建及管理工作，积累了很多的民众教育经验。他深刻地认识到中国的根本问题是人的问题，是人的训练问题②。所以，他在建设北碚的时候注意民众的教育工作，设立了很多文教机构，包括图书馆、博物馆、中国西部科学院等社会文化机构和学术研究机构。

1928年卢作孚在北碚关庙设立了峡区图书馆，这是北碚地区较早的图书馆，具有开风气之先的作用。为了发展地方科技事业，1930年卢作孚创办了西部科学院，同年10月创办了中国西部科学院图书馆。

---

① 中国人民政治协商会议重庆市北碚区政协文史委员会：《北碚文史资料 第3辑 北碚的开拓者卢作孚》，1988年版，第139—140页。

② 卢作孚：《中国的根本问题是人的训练》，《兴华》1934年第32期。

1933 年因为峡区图书馆经费缺乏,遂与中国西部科学院图书馆合并,仍对外开放。当时馆藏有中、西、日文书籍 12000 余册,杂志 80 余种①。1936 年峡防局改组为嘉陵江三峡实验区署,西部科学院图书馆改名为北碚民众图书馆,由地方行政机关予以经费支持,成为战前北碚地区一所基层公共图书馆。

(二) 北碚民众图书馆的发展措施

全面抗战爆发后,很多文教机构迁到北碚,广大民众的阅读需要随之增加,北碚民众图书馆迎来了发展机遇。虽然战时各图书馆普遍出现了经费不足的问题,并随时有遭受敌机轰炸的危险,但是北碚图书馆可以因地制宜采取措施克服种种困难,并在服务民众方面做出了很大的成绩。

第一,努力开展馆藏建设工作,为阅览服务提供条件。馆藏建设是图书馆服务读者的基础,与图书馆的发展和价值的体现密切相关。北碚图书馆的馆藏建设分为两个方面:

一是增加馆藏资源。全面抗战时期,因为巨大的军费开支导致严重的通货膨胀,物价大幅上涨。同时,日军对东南沿海交通的封锁致使购买新出版书籍十分困难。当时北碚民众图书馆并没有划出专门经费采购图书,实行购书报销政策,一般都是由卢子英审核后报销。1939 年时,北碚民众图书馆有藏书 40000 册。1942 年周昌溶任馆长时购买了一批中国共产党领导人的著作,如毛泽东的《论持久战》《抗日游击战争的战略问题》、刘少奇的《论共产党员的修养》以及《抗战周刊》等进步书刊②。因图书馆经费日益拮据,购买书籍不易,征集书刊成为当时很多图书馆采取的重要措施。1938 年,北碚民众图书馆拟定《民众图书馆二十七年上半年工作计划大纲》,第一项工作就是征集书报。做法为:①第一步做征募图书启

---

① 《中国西部科学院圕概况》,《中华图书馆协会会报》1933 年第 2 期。
② 政协重庆市北碚区委员会文史资料委员会:《北碚文史资料 第 4 辑 抗日战争时期的北碚》,1992 年版,第 131—132 页。

事,请嘉陵江日报发表,第二步请峡区各事业机关主管人员在书面上、口头上向各方面热心文化事业之人士代该馆做征书运动,由张惠生负责;②调查有可以征求的期刊,并随时征求。每月进行一次,由刘汉村负责①。经过多方努力,北碚民众图书馆向各出版社、文化社团、友好人士征集不少书刊,极大丰富了馆藏。抗战胜利后,北碚民众图书馆和其他两所图书馆进行合并,组成为新的图书馆。卢作孚创办的民生公司图书馆从合川迁到北碚。1945年11月,两馆合并为北碚图书馆。1949年北碚图书馆又合并了私立北泉图书馆,藏书量达到240485册②,成为民国时期藏书量最多、影响较大的基层公共图书馆之一。

二是馆藏书籍的分类与编目。分类、编目是图书馆实施读者服务的基础,方便读者查阅书籍,以提高效率。所以,图书分类、编目向来是图书馆的重要工作。叶东皋就认为图书分类、编目犹如宇宙万事万物一样都需要分类,"因为图书卷帙汗牛充栋,若不分类罗列,不但无以致用;并且纵横杂乱,更难以检阅"③。北碚民众图书馆向来重视图书的分类与编目工作,成立之初就计划、实施此项工作。1937年北碚民众图书馆就完成了数千册图书的分类、编目工作。分类采用杜威的十进分类法,将图书分为普通、哲学、教育、社会、自然、应用、美术、语言、文学、史地等十类。编目主要有分类目录、书名目录、著者目录和书架目录等四种。这些工作的开展方便了读者,使得"阅览人寻找参考资料在时间上较前经济多了"④。

全面抗战爆发后,北碚民众图书馆藏书的增加,图书分类、编目工作持续进行。1938年北碚民众图书馆拟定的上半年工作计划中就涉

---

① 《北碚民众图书馆二十七年上半年工作计划大纲》,1938年,重庆市档案馆藏,档号:0081-3-446。
② 中国人民政治协商会议重庆市北碚区政协文史委员会:《北碚文史资料 第3辑 北碚的开拓者卢作孚》,1988年版,第140—141页。
③ 叶东皋:《图书编目分类的由来和意义》,《福建教育厅教育周刊》1929年第12期。
④ 张惠生:《一年来的民众图书馆》,《北碚月刊》1937年第9—10期(合刊)。

及到图书分类、编目的工作，共三项：①继续整理该馆分类法，上年整理工作已完成三分之二，三月底可完成全部工作；②分类、编目李果先生捐赠书籍中之《皇清经解》等书一千册；③随时完成到馆新购图书分类、编目。这些工作由刘汉村负责①。1940年北碚民众图书馆又制定工作大纲，涉及馆藏图书的编目问题。这些工作的开展为北碚民众图书馆阅览服务奠定了良好的基础。

第二，多种方式、因地制宜服务广大读者。战时北碚民众图书馆的服务工作为馆内服务和馆外服务两种。全面抗战中前期，敌机不时骚扰，人心惶惶，图书馆可为读者提供一个相对比较安静、安全的环境，藉以减轻民众的惶恐情绪。在这样的情况下，北碚民众图书馆为了吸引读者到馆阅读，通过在特定节日如儿童节设立儿童阅览室和展览室，展出很多图书，吸引儿童、成年人到馆借阅图书，并取得了良好的效果。从1939年开始，日机频繁轰炸重庆，陪都地区的一些图书馆被炸后或停止办馆，或停止阅览服务。很多图书馆的阅览工作受到很大的影响，不时中断。但是，北碚民众图书馆的工作人员却在战火中充分利用和平间隙办理图书借阅。警报拉响时，就进入防空洞躲避。警报解除后，就恢复正常服务②。这样的服务将图书馆以"读者为中心"的服务理念展现得淋漓尽致，对当今各图书馆读者服务工作仍有很大的借鉴意义。

除了馆内服务，北碚民众图书馆也根据当时的情况办理馆外读者服务工作，如办理巡回文库。北碚民众图书馆是一所基层公共图书馆，承担着北碚基层民众教育的重担。为了使基层民众或不方便到馆借阅的民众享有阅读机会和受教育的权利，北碚民众图书馆办理巡回文库、巡回书担，将书籍送到基层民众手中。1936年北碚民众图书馆成立之

---

① 《北碚民众图书馆二十七年上半年工作计划大纲》，1938年，重庆市档案馆藏，档号：0081-3-446。

② 政协重庆市北碚区委员会文史资料委员会：《北碚文史资料 第4辑 抗日战争时期的北碚》，1992年版，第133页。

后就开始办理巡回文库。到1938年时，该馆设有巡回文库四十个，将书籍"分送艺徒、店员、小贩、家庭妇女等阅读之。巡回书担，由北碚市街而推广至五里以内之乡村"①。战时因为图书馆经费缺乏，办理巡回文库所需设备无法购买。北碚民众图书馆就采用两个篮子代替书箱，装着各种书籍，派馆员翻山越岭，将书籍送到偏远地区民众的手里，并且劝其读书，真正实现了"每个读者有其书""每本书有其读者"的图书馆服务基层民众的目标。在战时敌机肆虐，通货膨胀恶化的情况下，北碚民众图书馆实施的读者服务工作真正地体现了图书馆人"置个人利益于不顾，忘我地工作，与图书馆同生共存亡"的牺牲精神②。这样的"图书馆精神"表明了他们将图书馆看作是一项崇高、神圣的工作，是值得当今图书馆人学习的。

第三，努力实现区域间图书馆的联合。全面抗战爆发后，重庆成为战时首都，北碚成为战时迁建区，东部沿海地区的不少机关单位、学术团体、学校、企业也随之迁到北碚，导致北碚地区的人口增加。北碚民众图书馆的阅览人数增加，对该馆的服务产生了很大的压力。然而，各图书馆"馆内藏书有限，大感供不应求，为扩大书源"，北碚民众图书馆计划"把各单位图书馆（室）联合起来，实现'智力资源共享'"。因此，周昌溶馆长走访了许多机关、单位图书馆的负责人，"倡议筹设联合图书馆，但因人力、经费、地址等必要条件均难解决，只得作罢"③。即便联合图书馆没有建成，但北碚民众图书馆仍然在各图书馆的联合中做出了贡献。抗战初期，北碚图书馆事业快速发展，设立图书馆社团成为北碚各图书馆的共同愿望。1940年11月17日，北碚图书馆联合会成立④。在北碚图书馆联合会的筹备过程中，

---

① 《北碚民众图书馆征求书报启事》，《新世界》1938年第4期。
② 程焕文：《图书馆精神》，北京图书馆出版社2007年版，第3页。
③ 政协重庆市北碚区委员会文史资料委员会：《北碚文史资料 第4辑 抗日战争时期的北碚》，1992年版，第133—134页。
④ 《北碚图书馆联合会成立大会》，1940年，重庆市档案馆藏，档号：0112-1-1。

北碚民众图书馆表现得十分积极，成为北碚图书馆联合会的筹备委员会委员，负责筹备事宜。北碚图书馆联合会成立后，北碚民众图书馆馆长周述亨被选为执行委员。此后召开数次执行委员会，北碚民众图书馆馆长周述亨都出席会议，参与提案的讨论。另外，北碚图书馆联合会计划制定了书籍流通办法、开展联合目录编制工作。北碚民众图书馆则积极配合，征集各图书馆的藏书目录，最终编辑成为联合目录，极大地方便北碚各图书馆资源共享，为各区域图书馆的联合做出了努力。

（三）北碚民众图书馆的发展成效分析

全面抗战时期，北碚民众图书馆在战前基础上有了明显的发展。从馆藏数量看，北碚民众图书馆的藏书量较大，1939 年时就有书刊 40000 余册，甚至超过了当时的一些省立、市立图书馆的藏书量①。战时该馆定期购买书刊，并且经常向出版社、文教机构征集图书、杂志。随着时间的推移，北碚民众图书馆的藏书量不断增加。战时北碚民众图书馆的影响不断扩大，成为北碚区域中心图书馆，领导着北碚地区各图书馆的发展。北碚民众图书馆取得这些成绩的原因是多方面的，主要为：

第一，北碚民众图书馆是卢作孚乡村建设的一部分，得到了卢作孚等人的大力支持。他在四川三峡乡村建设运动过程中认为图书馆的作用在于提升民众文化水平，"创办一个图书馆，供给近的人们到馆里读书，远的人们到馆里借书"②。很显然，卢作孚这样的规划是为了发挥图书馆服务民众、教育民众的作用，这与北碚民众图书馆的办馆

---

① 四川省立图书馆筹备的过程中开始征集书刊，1939 年藏有书籍 5326 册。1940 年 4 月 10 日，四川省立图书馆第二次建馆。5 月，该馆购入中华书局等新版书 6000 余册，旧本线装书 5000 余册，四川省地方志 700 余册，云南通志 100 册，金石拓片 100 余帧，西文书 200 余册，杂志 100 余种，报纸 30 余种。共计图书 17426 册，杂志 100 余种，报纸 30 余种，金石拓片 100 余帧。1944 年 11 月底，四川省立图书馆有书籍 49990 册。参见：《四川省立图书馆概况》，《中华图书馆协会会报》1940 年第 5 期；《四川省立图书馆四年半来的概况》，《中华图书馆协会会报》1945 年第 1/2/3 期。重庆市立图书馆的藏书量到抗战结束时只有 10000 余册，和北碚民众图书馆相差较大。

② 卢作孚：《四川嘉陵江三峡的乡村运动》，《中华教育界》1934 年第 4 期。

理念一致。而且北碚民众图书馆就是在卢作孚的支持下建立与发展起来的。全面"抗战时期，百事忙碌，战祸蔓延，民生凋敝，即在如此艰辛之境况下，卢作孚先生对图书馆的建设，也未尝稍息"①。并且卢作孚的乡村建设具有完整、系统、全盘的考虑，所以图书馆的发展具有明确的办馆理念和长期发展规划。实际上，北碚乡村建设和北碚民众图书馆的发展有着互相推动的作用。北碚乡村建设运动的开展需要图书馆提升民众文化水平，解决人的训练问题，而图书馆的发展需要北碚乡村建设的带动。这种良性的互动是北碚民众图书馆取得成绩的重要因素。

第二，北碚民众图书馆的发展和图书馆员的努力工作是分不开的。图书馆的核心是人，图书馆员是图书馆工作开展的基础，是图书馆工作的实行者，也是图书馆价值的追求者。战时北碚民众图书馆的书籍征集，图书的分类、编目等基础性工作都离不开各部门馆员的努力。而在读者服务方面，北碚民众图书馆馆员更是竭尽所能，为基层民众送去书籍，指导读书等。正是因为图书馆员兢兢业业的工作，才很好地践行了北碚民众图书馆服务基层民众的办馆理念。与此同时，北碚民众图书馆在馆员服务民众的过程中也就声名鹊起。可见，图书馆员的努力工作与民众之间形成了一种和谐的关系，促进了图书馆的发展。

第三，北碚民众图书馆采取较为灵活的办馆理念，因地制宜服务民众。全面抗战时期，整个国统区的图书馆普遍出现了经费不足的问题。北碚民众图书馆作为一所基层公共图书馆，经费很少，但该馆并没有因为经费问题而停滞不前。相反，北碚民众图书馆通过办理巡回书担，服务广大基层民众。当时用于巡回书库的经费不足时，就派馆员手提书篮，翻山越岭，将书籍送到民众手中，实现了服务民众的目标。这些措施既体现了北碚民众图书馆人的服务精神，又体现了该馆灵活的经营理念。

---

① 游弋：《创意城市 图书馆》，成都时代出版社2007年版，第76页。

二 内迁图书馆的发展——以国立中央图书馆为个案

与重庆地区原有的图书馆不同，内迁的图书馆多因长途跋涉，经历千难万险受到很大的损失。这些图书馆迁到重庆后，又遭受敌机轰炸和通货膨胀的影响，所以大多发展不明显或处于停滞状态。在内迁的图书馆中，国立中央图书馆有着很高的地位，是战时重庆地区唯一的一所国立性质的图书馆，受到社会各界的重视，也受政府稳定的财政支持，所以发展十分迅速，成为抗战时期重庆地区发展较好的图书馆之一。自1938年2月12日迁至重庆，到1946年初开始迁回南京，国立中央图书馆的发展情况及开展的工作主要涉及以下几个方面：

（一）建设馆舍

国立中央图书馆是近代中国第二所国立图书馆，但该馆的筹备之路却非常漫长，前后经历十余年的时间。1928年由安徽省教育厅韩安首倡议建立国立中央图书馆，得到国民政府的同意，并于当年就拟定了筹备计划书。但因"嗣以事中阻，致未实现"。1933年，国立中央图书馆才开始筹备工作[①]。蒋复璁为筹备处主任，负责筹备事宜。1936年时，国立中央图书馆筹备处对外开放。1936年5月13日，《新疆日报》以《国立中央图书馆将于两年内完成》进行了报道。实际上，国立中央图书馆在近四年后才正式成立。全面抗战的爆发对国立中央图书馆的筹备影响很大，筹备工作一度因内迁而趋于停顿。1937年11月，国立中央图书馆挑选了130箱珍贵书籍开始西迁。迁移过程一波三折，最终于1938年2月12日迁至重庆，继续开始筹备工作。1939年3月，国立中央图书馆筹备处又迁到江津县白沙镇。1940年8月1日，国立中央图书馆正式成立[②]。该馆呈"工"字型建筑，设有图表室、阅报室、儿童阅览室、杂志室、民众阅览室、西文参考室。

---

① 《国立中央图书馆之筹设》，《中国国民党指导之下政治成绩统计》1933年第4期。
② 《国立中央图书馆概况》，国立中央图书馆1947年版，第1页。

由此可见，国立中央图书馆的筹备比较曲折，历时较长①。

1938年国立中央图书馆迁到重庆筹备的过程中，发现重庆市区缺少一所大规模的图书馆。该馆"以重庆陪都重地，为西南文化之中心，故特建筑重庆分馆一所，以便民众之使用"而计划修建分馆②。1938年10月，国立中央图书馆重庆分馆修建开始破土动工。因为日机轰炸的干扰，分馆修建进度受到一定的影响，时断时停。但教育部、四川省教育厅、重庆市政府和中英庚款董事会的经费支持为分馆的修建提供了强有力的保证。1941年1月底，分馆完工，2月1日正式开放。关于重庆分馆的馆舍大致情况，我们可以从抗战胜利后国立罗斯福图书馆筹备委员会接收国立中央图书馆重庆分馆的房产情况略知一二：

> 原接收中央图书馆移赠馆厦一座，前楼三层后楼五层，瓦顶平房五间瓦顶厨房二间，瓦顶警卫室二间，竹席顶储藏室（改瓦顶厨房）瓦顶男女厕所一间，单顶平房七间（座落桂花园已毁）防空洞（全水泥），旗杆一根（已换），三开间楼房一座，五开间平房一座，二开间楼房一座，三开间平房一座（前二者已拆除另建五开间楼房一座），一开间平房一座（已改建饭厅），另添建厨房二所。③

可见，全面抗战时期国立中央图书馆重庆分馆的规模较大，是重庆市区规模最大的图书馆。再加上江津县白沙镇的总馆，国立中央图书馆实行总分馆的办馆模式，馆舍规模较大，成为大后方规模最大的

---

① 国立北平图书馆的前身京师图书馆1909年筹建，1912年正式成立，筹备两年。国立西北图书馆1943年2月开始筹备，1944年7月正式成立，筹备一年。国立中央图书馆1933年开始筹备，1940年正式成立，筹备历时七年。

② 蒋复璁：《国立中央图书馆概况》，《社会教育季刊（重庆）》1940年第4期。

③ 《国立罗斯福图书馆筹备委员会：国有土地附着物调查表》，1948年，重庆市档案馆藏，档号：0115-1-49。

图书馆。

（二）增加馆藏

国立中央图书馆筹备处迁往重庆的时候只带了部分珍贵书籍130箱，数量较少。到达重庆后，国立中央图书馆（筹备处）一边筹备馆舍，一边建设馆藏，并对外开放阅览。该馆增加馆藏的措施主要有：

第一，图书馆经费用于购买书籍。国立中央图书馆由教育部拨款，经费尚称充足。所以对于珍贵书籍，"亦不惜重价，随时购备"。1940年教育部向吴兴许氏购买善本书70余种，交该馆珍藏。其他如金石拓片、古今舆图都尽量征购。先后购入宋版书20余种，六朝、唐人写经40余卷，永乐大典书册。购入张氏韫辉斋藏书260种，天津孟氏1500种金石拓片，番禺商氏700种金石墨拓[①]。国立中央图书馆将善本书作为采购的重点，所以馆藏善本数量很多。如明嘉靖十二年彭城清省堂刊《沧浪先生吟卷》、元前至元二十七年刊《沧浪先生吟卷》、明抄本《职官分纪》、元刊本《汉隶分韵》、明崇祯上党冯氏抄本《王建诗集》、元刊清江阴缪氏艺风堂钞补本《精选名儒草堂诗余》、明初建安叶氏广勤堂刊本《唐音辑注》、南宋初年婺州刊巾箱本《唐韵》、明初奉新县刊本《贾浪仙长江集》等珍贵典籍[②]，是研究中国传统文化的重要参考资料。

第二，来自政府、文教机关的捐赠。国立中央图书馆制定了新书呈缴制度，这为增加馆藏提供了有利条件。1940年11月29日，江西省政府令各机关官书、刊物应寄送国立中央图书馆庋藏。此外，国民政府、重庆市政府、福建省政府、交通部、教育部等行政部门都令其所属机关将出版物寄送国立中央图书馆庋藏。一方面，政府部门出版物的寄送使得国立中央图书馆的馆藏不断增加，另一方面也说明了政府对国立中央图书馆的重视。此外，国立中央图书馆还在大后方征集

---

① 朱贤俊：《中央图书馆史料》，《江苏图书馆学报》1987年第6期。
② 资料来源于《图书月刊》上"善本书志"栏目的相关信息。

书刊。通过购买、捐赠、征集等方式，国立中央图书馆藏书量增加很快。到1943年，国立中央图书馆的藏书为中文图书63347册、西文书籍22013册、中文小册子5056册、西文小册子8971册。1947年初，有中日文书籍754551册、西文书39972册、善本书139282册[①]。

（三）编辑、出版书刊

民国时期，很多图书馆不仅是书籍的储藏地、图书的阅览场所，也是图书整理与出版地，充当了出版社的角色。国立中央图书馆作为民国时期一所重要的图书馆，在图书整理、出版方面做出了一定的贡献。其中，编辑、出版图书馆学专业期刊是该馆最为常见的出版工作内容。如"国立中央图书馆为沟通战时文化起见，特创办图书月刊一种。该刊创刊号业已出版，内分为：论著、出版介绍、文化消息、新书汇报、书评辑目诸栏"[②]。从1941年至1945年，《图书月刊》共出版了3卷，第1卷共8期、第2卷8期、第3卷6期，共计22期。该刊是战时重要图书馆学期刊，成为图书馆界了解消息的平台之一。

影印出版善本、丛书是国立中央图书馆在出版书籍方面的重要贡献。为了传承中国传统文化，该馆将馆藏善本图书选出珍贵且实用者，影印出版，主要有：①张道宗著《纪古滇说集》一卷；②许纶等编《九边图说》不分卷；③王在晋著《都督将军传》一卷；④张乃鼎著《辽筹》二卷；⑤欧阳重著《交黎抚剿事略》四卷；⑥茗上愚公著《东夷考略》不分卷；⑦无著《挠人安南辑略》三卷；⑧滇时宁著《三镇图说》三卷；⑨梁锡天编《安南来威图》三卷；⑩杨一蔡著《裔乘》八卷。这些书皆为明刊本，有关明代边防的书籍[③]。这些善本书籍的影印出版具有很强的政治意味，体现了国立中央图书馆以服务抗战为中心的理念和文化抗战的鲜明特色。

此外，国立中央图书馆还整理出版了一些书籍目录。为了适应战

---

① 朱贤俊：《中央图书馆史料》，《江苏图书馆学报》1987年第6期。
② 《国立中央图书馆图书月刊出版》，《读书通讯》1941年第22期。
③ 《国立中央图书馆影印善本丛书第一集出版》，《图书月刊》1942年第1期。

时需要，国立中央图书馆在南京、武昌、岳阳、长沙、宜昌、万县、重庆等地随时油印出版《战时国民知识书目》。1939年9月，开始编印《重庆各图书馆所藏西南问题联合书目》，石印出版[1]，以及编印的《金石拓片目录》等书目。这些书目的编辑与出版不仅方便读者查阅相关书籍，而且对于动员广大民众参与抗战具有一定作用。

（四）开展国际交流

近代中国图书馆事业的产生和发展与中外图书馆事业和文化的交流是分不开的。中国图书馆界在学习西方的过程中，不断探索建立"中国的图书馆学"，从单向交流走向双向交流。特别是全面抗战时期，出于共同应对世界反法西斯国家的侵略战争的需要，中外图书馆界的交流在抗战后期不断增加。国立中央图书馆与国外图书馆界之间的交流成为这一时期中国图书馆界与国际图书馆界交流的一个缩影，展现了中外图书馆界专业交往和文化交往的样态。主要有：

第一，派图书馆员赴国外著名图书馆实习、考察。如1937年6月选派职员陆华深赴德国，在德意志图书馆实习，同时也考察英美图书馆事业，各项费用由德意志图书馆资助。1939年9月，派职员于震寰赴美国哈佛大学图书馆实习，并研究西洋目录学。1947年5月，又派职员陶维勋赴美，在华盛顿大学图书馆实习，专研图书馆学[2]。国立中央图书馆的两位图书馆学者实习、考察结束后纷纷回国，成为中国图书馆界的著名学者。

第二，向英美苏等国家的大学赠送四库珍本。《四库全书》是中国传统文化的集大成者，成为中国文化的重要成果。国立中央图书馆在筹备期内奉令印行《四库全书珍本初集》，分别赠送给英、法、苏等国家图书馆若干部，以传播中国文化。1943年春，经教育部批准，

---

[1][2]《国立中央图书馆概况》，国立中央图书馆1947年版，第6—7页。

又印《四库全书珍本初集》十四部,赠英国四部、美国七部、苏联三部①。这些书籍的赠送,一方面可以起到宣传中国文化的作用,另一方面也带有一定的政治意味,有助于增进战时同盟国之间的友好关系。

第三,国立中央图书馆人员与美国图书馆界人士的交流。如全面抗战期间美国哥伦比亚大学图书馆欲采购中文书籍,国立中央图书馆岳良木先生则鼎力相助。抗战中后期,国立中央图书馆馆长蒋复璁先生为了了解美国图书馆事业发展情况,曾于1943年7月致函美国俄亥俄州图勒多公立图书馆馆长荀克氏(Russell T, Schunk),问及美国图书馆近况。荀克氏收到信函后回复到:

> 美国在此一年来,集中力量与国防工业之生产,图书馆方面甚少特著之活动,唯十月十六、十七、十八三日俄亥阿州图书馆协会曾在图勒多举行全州大会,有数逾七百之会员参加,并参观彼总馆之新建大厦。即在此图书馆成立一新型图书评议会,每两周在其可容三百人左右之中央大厅开会一次。……第一次举行之评议会,关乎中国之人民,并有不少中国人士参加。②

回信中,荀克氏较为详细地介绍了美国图书馆界发生的重要事情,这有利于蒋复璁了解到美国图书馆界的动态。美国俄亥俄州成立的图书评议会也对中国图书馆事业的发展和图书馆社团的成立具有一定的借鉴意义。

第四,书籍交换是国内外图书馆界交流的主要方式之一。国立中央图书馆出版品国际交换处负责"与各国互相交换出版品以增进友谊,沟通文化"。全面抗战爆发后,该处随国立中央图书馆迁至重庆。1938年9月,在昆明设立办事处,以便就近接收、登记。1940年1

---

① 《国立中央圕四库珍本分赠各国》,《中华图书馆协会会报》1941年第1—2期(合刊)。
② 《美国图书馆讯一斑》,《图书月刊》1943年第7期。

月，教育部、外交部、出版品国际交换处设立战时征集图书委员会，"分向各国征集图书，以充各大学被敌人所毁损者，关于征集之书籍，统由交换处承办提取及收转事宜"①。据统计，自1934年国立中央图书馆接办出版品国际交换处至1947年，共进口书籍116箱，129包，12363公斤；出口书籍111箱，778包，18013公斤②。这些书籍的进口与出口成为中外文化交流的重要见证。

（五）参与书价抑制工作

全面抗战时期，因日军封锁我国对外交通要道，使得大后方地区的学校、图书馆等文教机构购买书籍十分困难。同时，国统区严重的通货膨胀，运费增加。如战前运费一般不超过百分之五。战时涨致百分至一百五十。且货物运输困难，常常滞留，导致损伤等等③。而从东部沿海地区迁来的文教机构因为携带书籍较少，都出现了图书紧缺的问题。所以，大后方地区普遍性地出现了严重的书荒。1940年2月2日，《大公报》（香港版）以《抑制书价办法》为题报道了国立中央图书馆筹备处向教育部上呈的函件。国立中央图书馆筹备处"以现时市上图书售价，继续增长不已，有碍文化进展，拟陈抑制书价办法五项到部。该部查核所拟办法，尚见切实，对于书商顾客，两有裨益，特令各省市教育厅局转饬各书业一体尊站办理"。关于抑制书价的办法，兹录如下：

一、纸质不必求其精，装订不必求其美，但使校订无讹，印刷明晰，在今日编成美本。纸可改用土产，凡道林纸、白布纸之类舶来品，一概摒绝不用，既塞漏卮，亦省成本，如此则原刊不贵。

二、印刷可仿中央日报办法，分地出版，但以纸版寄送，即

---

① 杨宝华、韩德昌：《中国省市图书馆概况1919—1949》，书目文献出版社1985年版，第175页。
② 《国立中央图书馆概况》，国立中央图书馆1947年版，第12页。
③ 陈剑恒：《书价高涨与严重的书荒》，《教育通讯（汉口）》1940年第7期。

可铸字印行，如此则费可省。

三、香港工资高于内地，如在内地印刷发现，则工资可轻。

四、其印书工程繁重，非港沪不能出版者，应请教育部资请交通部转饬路局，于交通书籍时，予以便利。

五、至于现在书价，则参考用书以个人及机关所必须，故加价特大，实非一般读者所能堪；而原有印存之书及在抗战以前已运至内地者，更不应与普通新印及新运入内地之书，同时加价。①

上述五项办法对于抑制书价上涨有一定的作用，显示了国立中央图书馆（筹备处）热心社会文化事业。但这些办法也不能从根本上解决战时书价高涨的问题。全面抗战时期，大后方书价的上涨是多种因素作用的结果，特别是日军发动的侵华战争造成物价上涨，交通不便，进口书籍困难，以及书籍的严重破坏。所以，书价的稳定还需要一个稳定的国内、国际环境，需要经济良好发展等基本条件。

除了以上内容，国立中央图书馆（筹备处）还做了很多工作。比如战时赴沦陷区收购珍贵书籍、举办展览会、开办图书馆学补习学校等，这些工作很好地诠释了国立中央图书馆保存国粹、服务读者、发扬文化的精神，同时也说明了战时该馆迅速发展。因此，学界将国立中央图书馆与国立北平图书馆称为"民国时期国立图书馆之双星"②。

三 新建图书馆的发展——以私立北泉图书馆为个案

1937年7月7日，卢沟桥事变爆发后，东部沿海地区很多省份相继沦陷。8月13日，淞沪会战开始，一些企业、工厂、机关开始内迁，几乎伴随抗战的始终。所以，从1937年至1944年里都有不同的

---

① 《抑制书价办法——教部颁发办法五项，饬转令各书业遵行》，《大公报（香港版）》1940年2月3日。

② 黄少敏：《民国时期国立图书馆之双星——对国立北平图书馆和国立中央图书馆的比较研究并以此纪念中国国家图书馆诞生一百周年》，《大学图书馆学报》2009年第5期。

机关迁至重庆。随着迁渝机关、人口的增加,对图书馆等公共文化资源的需要不断增加。从 1939 年开始,重庆地区各图书馆不能满足读者的情形已成为不争的事实。当时,国民政府、重庆市政府、社会精英等规划在重庆地区新建各类图书馆,如私立图书馆、高校图书馆、中学图书馆、公立图书馆等。这些图书馆从 1940 年开始陆续建成,1942 年成立的北泉图书馆逐渐发展成为战时新建图书馆中的佼佼者。因此,以私立北泉图书馆为案例,对于我们深入认识战时新建图书馆的发展具有一定的参考价值。

(一)私立北泉图书馆的创办过程

私立北泉图书馆的创办与北碚社会发展有着密切的关系。1927 年卢作孚出任峡防团长,开始北碚乡村建设。卢作孚的乡村建设囊括社会各个方面,涉及交通、矿业、林业、工业、教育、卫生、团务等多个方面。经过十余年的努力,卢作孚的乡村建设取得了很大的成绩,社会稳定、和谐,经济发展迅速,得到了国内外著名人士的称赞。全面抗战时期,很多官员、社会名流都前往参观,得到了一致肯定与褒扬。1939 年 10 月 10 日,晏阳初在一次题为《四川建设的意义和计划》的讲话中说到:"重庆的北碚有卢作孚先生所热心经营的乡村建设区。他无论如何要我和梁簌溟先生前去参观一下。我看那里的工矿经济建设事业,都很有成绩"①。梁簌溟则说道:卢作孚"建立北碚乡村建设试验区,终于将原是一个匪患猖獗,人民生命财产无保障,工农业落后的地区,改造成后来的生产发展、文教事业发达、环境优美的重庆市郊的重要城镇"②。北碚社会事业的发展为图书馆的新建提供了条件,同时发展图书馆事业也是卢作孚乡村建设的需要。所以卢作孚非常支持私立北泉图书馆的修建,还曾任该馆常务董事。这是私立北泉图书馆得以建立的重要原因。

---

① 晏阳初:《四川建设的意义和计划(1939 年 10 月 10 日)》,载宋恩荣《晏阳初全集 第 2 卷 1938—1949》,湖南教育出版社 1992 年版,第 122 页。

② 梁簌溟:《怀念卢作孚先生》,《名人传记》1988 年第 5 期。

另外，全面抗战爆发后，北碚成为战时迁建区，很多的机关、企业、社团迁往北碚。而北碚原有的图书馆不能满足需要，建设一所图书馆十分必要。1938年，著名学者杨家骆将中国辞典馆编纂的《国史通纂》《民国史稿》《世界百科全书》《中国图书大辞典》等稿本及卡片资料八十余箱带到北泉公园。然后共同商议利用北泉购藏的五万卷图书，万余件古器、风物、美术品成立私立北泉图书馆。1942年1月开始组建董事会，经过九个月的筹备，图书馆于当年10月10日正式成立，杨家骆担任馆长①。因为经费主要来自捐赠，所以北泉图书馆为私立性质的图书馆。该馆设有总务部、采访部、阅览典藏部和研究部，"以倡导学术之研究，辅助社教之推行"为目标②。可见，全面抗战的爆发是私立北泉图书馆创办的直接因素，而北碚社会对于图书馆的需要则是根本原因。

（二）私立北泉图书馆的发展

1. 努力增加馆藏

私立北泉图书馆是以杨家骆带来的图书以及购买的五万卷书籍为基础进行筹备的，显然有了一定的藏书基础。在筹备的过程中，杨家骆还向全国各机关、团体和著名人士发函募捐图书。杨家骆的征书活动得到了国民政府一些重要官员和社会名流、英国驻渝领事的支持，他们都积极参与捐书活动③。

私立北泉图书馆成立后，该馆继续向社会各机关征集书刊，主要"灌（关）注馆中于公私法团之出版品及各地期刊、日报，拟辟置专藏，储其全份，其关紧西南文献者，更冀一纸不遗，并将编订藏书目录及北泉学报以为交换"④。据档案记载，私立北泉图书馆曾向铜梁县

---

①② 《私立北泉图书馆缘起》，1942年，重庆市档案馆藏，档号：0081-4-3091。

③ 李萱华：《北碚在抗战——纪念抗战胜利七十周年》，西南师范大学出版社2016年版，第187页。

④ 《私立北泉图书馆关于检送期刊、日报致铜梁县政府的函》，1942年，重庆市铜梁区档案馆藏，档号：J003-3-874。

政府、资源委员会钢铁厂、重庆市粮政局、江津县立初级中学、国立中央工业职业学校、四川省立重庆女子职业学校发出征集书刊、报章的信函，并征得不少公开出版物。私立北泉图书馆的藏书量也在不断增加，而且馆藏资源种类多，有书籍、期刊、报纸、版片、拓片、古物等。私立北泉图书馆"自民国三十一年设立以来，藏有图书五万卷、稿本千余册、古物美术品万余件，碑拓三千幅，精刻本木板三千篇，为战时后方文化仓库之一"①。丰富的馆藏资源也为开展阅览服务提供了条件，当时著名的剧作家夏衍就曾在私立北泉图书馆阅览多种书籍后受到启发，创作出了著名的话剧《复活》。

2. 搜集、整理与出版珍贵书籍

私立北泉图书馆的办馆宗旨明显与北碚民众图书馆不同，该馆服务对象并非只是普通民众。该馆以发扬中国文化，服务学术研究为目标。关于私立北泉图书馆的宗旨，《私立北泉图书馆简章》中有完整的记载，兹录如下：

一、搜集、整理关于西南史地资料，成立专藏，以为设立西南史地研究所之准备；

二、搜集、整理川人著作及有关西南之著作，并调查其存版，成立专藏，编刊为四川先哲遗著及西南掌故丛编；

三、搜集、整理关于中国宗教史资料，成立专藏，以为设立中国宗教史研究所之准备；

四、搜集、整理关于中医药研究资料，成立专藏，以为设立中国医药研究所之准备；

五、搜集一般参考书报及中西要籍，供北泉居民及游客之阅览，以提倡学术研究风气，补助社会教育之推行；

---

① 《北泉图书馆关于征集江津县立初级中学所出各书刊报章并请查收本馆丛书目录样页的公函》，时间不详，重庆市江津区档案馆藏，档号：J003-1-826。

六、搜集整理各项博物、美术品，成立陈列室，以为拆设博物、水族、金石、音乐、美术等馆之准备；

七、附设图书、博物、美术品流通服务处，以予学者及文化学术机关以便利。①

从现有的各种文献看，私立北泉图书馆宗旨的表述应该是目前各图书馆宗旨总内容最具体、字数最多的。宗旨内容非常清楚地表达了该馆的办馆方向和主要工作，其中搜集整理图书是重要的工作之一。私立北泉图书馆也在搜集、整理、出版图书方面做出了一定的成绩。

1942年12月21日，私立北泉图书馆开始搜集、整理、编辑《四川先哲遗著》和《西南掌故丛编》两部丛书。《四川先哲遗著》包括合川张石亲先生遗著《史记新校注》一百三十三卷、《二十四史校勘记》、《通史人表》七百卷，江津吴碧柳先生遗著百余册，杨家骆撰写的《校读记》若干卷、补充的《史记新校注心得举要》二卷、《张石亲先生年谱》等。《西南掌故丛编》包括《四川通史》《四川沿革地图》《西南中古金石图录》《川江航业史》《川江水道与航运》《川江通航河道图》（以上在邓少琴先生编著中），《四川学术编年史》（在杨家骆先生编著中），《四川历代大事年表》，《四川地名大辞典》《四川人名大辞典》《现代四川教育学术机关法团名录》《现代四川人名录》等②。两部丛书包含内容非常广泛，对于研究西南、四川地方历史、人物、考古、交通、学术史都有很大的参考意义。

1944年，私立北泉图书馆在教育部的支持下开始出版《私立北泉图书馆丛书》。第一次出版图书有姚际恒的《诗经通论》《诗经论旨附诗韵谱》、王引之的《经传释词》、孙经世的《经传释词补》《经传释

---

① 《私立北泉图书馆馆章》，1942年，重庆市档案馆藏，档号：0081-4-3091。
② 《私立北泉图书馆编辑研究事业述要》，时间不详，重庆市档案馆藏，档号：0081-4-3091。

词再补》、吴昌莹的《经词衍释》《经词衍释补遗》、陈澧的《切韵考》《切韵考外编》、严道的《道德指归论》（有附录一卷）、严复的《评点老子王弼注》、黎庶昌的《春秋左传杜注校勘记》、严可均的《严辑孝经郑玄注》、唐鸿学的《唐辑崔实四民月令拜扎记》、嵇康的《圣贤高士传赞》以及崔豹的《古今注》①。这些书籍非常珍贵，是研究古代文学、音韵学、农学、思想、文化的重要参考资料。教育部支持私立北泉图书馆出版古籍，可见国民政府对战时文化建设的重视。此外，私立北泉图书馆还出版了一些地方志，如《合川县志》《大足县志》《北碚志》等方志，对于了解、研究地方文化具有参考价值。

　　实际上，私立北泉图书馆积极从事珍贵书籍的整理与出版是有着一定的原因的，这和馆长杨家骆从事的工作有着紧密的关系。私立北泉图书馆馆长杨家骆先生长期从事图书出版事业，他汇编的《国史通纂》《中国图书馆大辞典》《中国学术百科全书》等大部头著作得到了海内外学者的称赞。全面抗战爆发后，杨家骆将中国辞典馆也迁到北碚。他掌管私立北泉图书馆后，继续发挥自身优势，从事重要文献的编辑、出版。为了便利书籍编辑书籍出版，杨家骆创办的印刷机构解决了书籍出版问题。1944 年 3 月 19 日，竺可桢到北碚考察。他目睹了杨家骆创办的印刷机构后，在日记中写到"晨六点半起，八点独自徒步赴北温泉。至北泉图书馆，晤杨家骆，知近开办南京印书馆，月印十五万字，有工人十五名"②。另外，全面抗战时期，大后方各文教机关的书籍十分缺乏，而后方各学校、机关对书籍的需要却不断增加，当时国民政府也重视文化事业，支持珍贵典籍的出版。为了满足学习、研究的需要，发扬中国文化，建设地方文化，出版珍贵书籍就成为私立北泉图书馆的一项重要工作。

---

①《木板精刻北泉图书馆丛书第一次出书目录》，1944 年，重庆市档案馆藏，档号：0126 - 2 - 202。

②《北泉图书馆：竺校长抗战西迁贵州日记》，1944 年（http://blog.sina.com.cn/xiqianqing）。

3. 开展其他工作

从各种资料看，征集图书、增加馆藏与搜集、整理出版书籍成为私立北泉图书馆的主要工作。除此之外，私立北泉图书馆还开展其他工作。如私立北泉图书馆馆长杨家骆曾带领考察团赴重庆大足考察大足石刻，并形成了很多图文资料，为研究大足石刻提供了丰富的一手资料。杨家骆还利用考察大足石刻的资料举办了大足石刻展览会，引起了很大的轰动，吸引了不少人员前来参观，成为美术界、艺术界的盛宴[①]。

全面抗战时期，私立北泉图书馆的创办，既有嘉陵江三峡试验区建设发展的基础，也有北碚乡村建设运动的需要，也是以杨家骆为核心的热心社会文化事业人员共同努力的结果，这也为该馆的成立与发展提供了有力的保障。私立北泉图书馆从成立之初就有着明确的定位，以搜集、整理地方文献为宗旨，以研究学术、实施社会教育为目标，以发扬中华传统文化为己任。私立北泉图书馆成立之后开展的一系列活动也以此为核心，真正地实现了一所私立图书馆弘扬文化的目的，也因此得到了战时大后方"文化仓库"的美誉。抗战胜利后，私立北泉图书馆的藏书有所减少，1949年与1945年成立的北碚图书馆合并为新的北碚图书馆，逐渐发展成为当今著名的北碚图书馆。

第五节　全面抗战时期重庆图书馆发展评价及小结

从近代视域看，全面抗战时期是近代中国图书馆事业的衰落时期，却是近代重庆图书馆事业的繁荣期。全面抗战爆发后，我国东西部地区图书馆事业的发展趋势明显不同。东部沿海地区的图书馆事业因日

[①] 黎飞：《抗战时期重庆图书馆事业研究（1937—1945）》，博士学位论文，四川大学，2021年，第154—155页。

军的侵略而迅速衰落,但西部重庆地区的图书馆事业因国民政府、各文教机关的迁入迅速发展。虽然全面抗战时期重庆地区的图书馆事业发展迅速,但从战时重庆地区各图书馆的具体发展情况来看,因为复杂的国内、国际环境影响,各图书馆发展情况表现不一。上面对抗战时期重庆地区图书馆的发展背景、发展概况进行了整体上的考察,并以整体分析和个案研究相结合的方式对战前原有的图书馆、战时迁入的图书馆和战时新建的图书馆进行了分析。通过研究,我们可以明显地看出战时重庆地区图书馆的发展情况较为复杂,不能一概而论。曾有文章认为"战时陪都地区图书馆事业一度成为战时中国图书馆事业的中心,领导和推动着全国图书馆界在困境中艰难地发展"[①]。此观点说明了战时重庆图书馆事业的地位,但对重庆图书馆事业的评价不够全面。总体而言,战时重庆地区图书馆的发展既取得了很大的成绩,也存在一些问题。

一 全面抗战时期重庆地区图书馆发展成绩

相较于战前来说,全面抗战时期,重庆地区各图书馆虽然面临着不稳定的社会环境,发展困难不时出现。不过,由于政府、社会精英、国际社会的支持与援助,重庆图书馆事业得到了很大的发展,在近代中国图书馆事业史上具有很高的地位。

(一)形成了比较完整的图书馆发展体系

全面抗战时期,重庆地区的图书馆由战前原有的图书馆、战初迁入的图书馆和战时新建的图书馆等三部分组成。全面抗战爆发前,重庆图书馆事业已经有了一定的基础,基本上形成了市立图书馆、县立图书馆、学校图书馆、附属图书馆、寺院藏书楼和私人藏书楼等图书馆发展体系,成为战时重庆图书馆事业发展的基础。全面抗战爆发后,东部沿海地区的一些图书馆,如国际性图书馆、国立图书馆、高校图

---

① 张波:《抗战时期重庆地区图书馆事业发展概述》,《大学图书馆学报》2010年第6期。

书馆等各类型图书馆迁到重庆,丰富了重庆地区图书馆的类型,也充实了重庆图书馆事业的力量,为重庆图书馆事业的发展注入了新的血液①。同时,为了满足广大民众的阅读需要,实施社会教育以利于抗战建国,国民政府、重庆市政府和社会精英人士大力提倡,并参与图书馆的设立与管理工作,一批学校图书馆、私立图书馆、附属图书馆(室)开始建立。在这种情况下,战时重庆地区的图书馆类型比较丰富,"重庆图书馆事业逐渐形成了国际性图书馆、国立图书馆、市立图书馆、县立图书馆、私立图书馆、学校图书馆、附属图书馆(室)、寺院藏书楼、私人藏书楼等类型图书馆(藏书楼)并存的发展体系"②。像重庆这样的图书馆发展体系在大后方各城市中是独一无二的,可与战前东部地区的北京、上海、南京等城市相媲美。

(二) 重庆成为战时中国图书馆事业的中心

全面抗战时期,重庆成为战时中国图书馆事业的中心。主要表现在:

一是图书馆的数量较多。当时一大批迁入和新建的图书馆使得重庆地区图书馆的数量不断增加。以高校图书馆为例,全面抗战爆发前,重庆地区的高校图书馆屈指可数,主要有四川省立重庆大学图书馆、四川省立教育学院图书馆和川东联立师范学校典夔图书馆。全面抗战爆发后,国立中央大学、国立中央工业职业学校、私立复旦大学、私立武昌文华图书馆学专科学校、国立江苏医学院、中央政治学校等数十所大学迁到重庆③。这些高校多设有图书馆(室),因而重庆高校图书馆的数量大大增加。除了迁入的高校图书馆外,战时重庆地区也建立了诸如国立师范学院图书馆、国立社会教育学院图书馆、私立乡村建设学院图书馆

---

① 姚乐野、黎飞:《全面抗战时期重庆图书馆事业的危机应对》,《重庆大学学报》(社会科学版) 2020 年第 6 期。

② 黎飞:《民国最后的图书馆协会:重庆市图书馆协会研究》,《图书馆建设》2021 年第 1 期。

③ 李秉严:《四川高校图书馆 100 年》,四川科学技术出版社 1999 年版,第 19—20 页。

等一批高校图书馆。应该说,重庆是战时大后方高校图书馆最多的城市。不仅如此,私立图书馆也开始新建,如七七图书馆、私立北泉图书馆以及周边区县永川的竹兰图书馆、涪陵的私立存古图书馆。所以,全面抗战时期,重庆地区各类型图书馆的数量在大后方是首屈一指的。

二是战时重庆地区的图书馆社团从无到有。图书馆社团是图书馆事业发展到一定阶段的产物,多在图书馆事业迅速发展过程中成立。全面抗战时期,重庆图书馆事业发展迅速,为图书馆社团的设立、存在与发展奠定了基础,一些图书馆社团相继成立。如抗战中期,北碚图书馆事业得到发展,北碚图书馆联合会于1940年11月17日成立。到抗战中后期,中华图书馆协会也从昆明迁到重庆。抗战胜利前夕,中国图书馆学社在重庆璧山成立,成为继中华图书馆协会之后唯一的全国性图书馆协会。所以,全面抗战时期重庆地区有三个图书馆社团,且两个都为全国性图书馆社团,这样的情况在近代中国图书馆史上也是少有的。

三是许多著名图书馆学人聚集在重庆。全面抗战爆发前,重庆地区的图书馆数量较少,且鲜有著名的图书馆学人。全面抗战爆发后,重庆成为战时首都。东部沿海地区很多的著名图书馆学人随着图书馆的迁移而到重庆,壮大了重庆地区图书馆学人群体规模。而且这些图书馆学人中不乏大名鼎鼎的图书馆学家,如沈祖荣、毛坤、蒋复璁、严文郁、李小缘、徐家麟、汪长炳、岳良木、沈宝环、于震寰、金敏甫等,他们坚守着中国图书馆事业。随着重庆地区图书馆数量的增加以及文华图专办学规模的扩大,更多的图书馆学人聚集在重庆,成为战时重庆图书馆事业发展的重要推动力量。

全面抗战时期,重庆地区图书馆发展体系不断完善,图书馆数量不断增加以及大量图书馆学人聚集在陪都,这使得重庆逐渐成为战时中国图书馆事业的中心,为战时社会教育、宣传抗战和保护中国文化做出了重要贡献。

(三) 重庆各图书馆的主要贡献

全面抗战时期，重庆成为战时中国图书馆事业的中心，大量的图书馆出现在重庆。当时各图书馆以提升民众文化水平，增加抗战建国力量，在多个方面都做出了贡献。

第一，重庆各图书馆为战时社会教育做出了重要贡献。图书馆的创设是为了保存国粹，造就通才，为学者提供研究参考。教育功能是图书馆的重要功能，也是图书馆工作的重要目标。全面抗战时期，在"战时教育平时看"的方针下，图书馆承担着社会教育的重任。1938年3月，国民党临时全国代表大会通过了《抗战建国纲领》。熊洪薇认为"我们要达到抗战建国的目的，非把这广大的民众唤醒起来，训练起来和组织起来不可"。恰恰"图书馆不但可以辅助学校教育和家庭教育之不足，而且可提高全民民众的思想程度，和提高全社会的文化水准，为更有力、更广阔的教育文化"[①]。所以，战时图书馆的教育作用和社会动员紧密地联系在一起。战时各图书馆开展社会教育的形式多样，包括开展馆内图书借阅业务，举办读书会，举办展览会等，以增进读者的阅读兴趣，提升读者的阅读能力。开办民众学校也是图书馆进行民众教育的形式之一。如1938年江津私立至善图书馆曾开办暑期民众学校，招收来自各行各业的民众，进行普及教育，提升民众的生产生活效率。也有一些图书馆设立巡回文库，将书籍送到基层民众手里，指导民众阅读、识字，北碚民众图书馆就在服务基层民众的过程中发挥了重要作用。

第二，各图书馆积极宣传抗战，增强抗战建国的精神力量。如国立中央图书馆奉令在阅览室粘贴有关抗战的标语，编辑、出版《战时国民知识书目》和《重庆各图书馆所藏西南问题联合书目》，有利于形成了解抗战、研究抗战的氛围。而国立中央图书馆、重庆市立图书馆等也设立抗战文库、抗战阅览室，方便民众阅览、研究。当时的一

---

① 熊洪薇：《抗战期中图书馆应做些什么工作》，《中华图书馆协会会报》1938年第2期。

些图书馆学人也积极宣传图书馆的抗战作用。如 1939 年，沈祖荣指出"今后二年中，我们对于民众要特别的注重。尤其是乡村及各偏远县的民众，因为他们在抗战中有极重要的位置。所以要将各机关所举办的各巡回图书馆，组织扩大、内容充实、方法改良，随处均有巡回图书馆的足迹"①。这些工作的开展都有利于动员民众抗战，增加抗战建国力量。

第三，各图书馆为保护中国文化而努力。书籍因为便于印刷、携带，容易获得，成为传承文化的重要载体，特别是一些珍本、善本、古本书籍。这些书籍多藏书全国各公私立图书馆、学校图书馆和藏书楼。全面抗战爆发后，东部沿海地区的很多图书馆、藏书楼受到日军的掠夺与破坏，图书损失很大。一些图书馆为了保存中国文化的根基，将馆藏珍贵典籍转移到大后方。如国立中央图书馆筹备处将 130 箱珍贵书籍运到重庆，进行筹备。浙江省立图书馆将馆藏《四库全书》运至贵阳，1944 年由陈训慈等图书馆学人运至重庆巴县青木关保存②。另外，东部沿海地区的很多私家藏书因为日军的侵略散轶民间，国立中央图书馆馆长蒋复璁则赴沦陷区收购，以免落入日人之手。各图书馆为保护中国重要典籍做出了重要贡献，有利于中国文化的保存。

此外，重庆地区各图书馆还开展许多工作。如在大后方地区搜购、征集地方文献，开展图书馆学短期教育，参与中华图书馆协会年会等，这些活动对于中国图书馆事业的发展具有积极作用。

二 全面抗战时期重庆地区图书馆发展的不足

全面抗战时期，重庆地区各图书馆发展迅速，在社会教育、宣传抗战、保护中国文化、发展中国图书馆事业等诸多方面都做出了应有的贡献，这样的成绩是值得肯定的。"重庆具有近代意义的图书馆，

---

① 沈祖荣：《今后二年之推进图书馆教育》，《建国教育》1939 年第 2 期。
② 《文澜阁四库全书保管委员会成立》，《中华图书馆协会会报》1945 年第 1—3 期（合刊）。

到了抗战期间，不仅数量增多，为着抗日宣传、唤醒民众，为着提高国民素质，其开放性特征也愈加突出"①。但是，抗战时期重庆地区图书馆的发展仍有着自身的局限性。

（一）图书馆发展程度普遍不高

虽然全面抗战时期重庆地区的图书馆事业发展迅速，形成了较为完整的图书馆（藏书楼）发展体系。但是这样的图书馆（藏书楼）发展体系与战前东部发达地区仍然有着很大的差距。从图书馆的规模看，战时重庆地区除了国立中央图书馆外，其他图书馆的规模普遍不大。而战前东部地区规模较大的图书馆非常多，如国立北平图书馆、私立燕京大学图书馆、国立清华大学图书馆、国立北京大学图书馆、国立中央大学图书馆等，这些图书馆的藏书都在20万册以上，有些多达40万册以上，而战时重庆地区藏书量有10万册的图书馆很少②。另外，战时重庆地区图书馆社团的活跃程度很低。这一时期重庆地区的图书馆社团有北碚图书馆联合会、中国图书馆学社和中华图书馆协会，前两个图书馆社团仅存在数月便无形解散，并未对重庆图书馆事业的发展产生实际性的影响。中华图书馆协会的活动频率也不断下降，逐渐流于形式。反观战前，中华图书馆协会召开三次年会，每次年会都有很多图书馆人参加，热闹非凡，提出很多议案，堪称图书馆界的盛会。

出现这种情况是有着深刻的国内、国际原因。全面抗战爆发前，特别是1927年南京国民政府建立后，国家趋于统一，社会稳定，经济快速发展，为图书馆的发展提供了良好的环境，图书馆事业的发展"形成了一派欣欣向荣的局面"③。虽然"九·一八事变"和"一·二八事变"对东北和上海地区图书馆事业的发展产生了一定的影响，但并未对全国图书馆事业的发展产生太大影响。所以中国图书馆事业不

---

① 周勇：《重庆通史第2册（第二版）》，重庆出版社2014年版，第517—518页。
② 其中的数据根据各种资料统计。
③ 韩永进：《中国图书馆史·近代图书馆卷》，国家图书馆出版社2017年版，第3页。

断发展，十年对峙（1927 至 1937 年）时期成为近代中国图书馆事业发展的黄金时期。然而，全面抗战的爆发改变了中国图书馆事业发展的大环境，即使远离战场的大后方地区图书馆的发展仍然受到抗日战争的深刻影响。不稳定的社会环境（日机轰炸）和严重的通货膨胀使得图书馆的发展出现了严重的困难，很多图书馆只能勉强维持馆务。当然这是重庆地区图书馆发展所无法避免的因素，也是战时重庆地区图书馆发展程度不高的重要影响因素。

（二）图书馆发展的连续性不强

全面抗战时期，重庆地区图书馆发展的另一个不足之处就是一些图书馆的发展缺乏连续性，这是由战时不稳定的社会环境和频繁变化的政策导致的。从 1939 年开始，日机开始频繁轰炸重庆市区，很多图书馆为了避免日机的轰炸而选择迁移馆址，或将藏书保藏起来。如 1939 年 8 月，重庆市立图书馆在重庆市中央公园成立。为避免日机轰炸，将馆址迁到江北红沙碛。因为地处偏僻，读者反响不好，又于同年 12 月迁回重庆市区中央公园[①]。来回迁移馆址，影响读者服务工作的开展。国立中央图书馆筹备处为了躲避敌机的轰炸，于 1939 年 3 月迁到江津县白沙镇继续筹备，一年后正式成立。国立中央图书馆重庆分馆的筹建也受到日机轰炸的影响，分馆于"二十七年十月开工，中间因敌机轰炸，稍有停顿。三十年一月落成"[②]。四川省立川东师范学校也因敌机的轰炸将学校和图书馆迁至江津县白沙镇。馆址的迁移，不可避免地使得图书馆工作的连续性受到影响，不利于阅览服务的有效开展。

虽然一些图书馆并没有迁移馆址，但也受到日机轰炸的影响，或暂时停止阅览服务，或停止办馆。当时日机轰炸重庆，"跑警报"成为重庆市民的日常生活之一。当警报响起，读者们就去防空洞躲避。

[①] 重庆市文化局：《重庆文化艺术志》，西南师范大学出版社 2000 年版，第 74 页。
[②] 《国立中央图书馆概况》，国立中央图书馆 1947 年版，第 6 页。

当警报解除后，就继续阅读，读者服务不免受到影响。1940年，日机轰炸重庆，重庆市立图书馆遭受轰炸。因为图书馆损失严重，馆长赵友培决定暂停阅览服务，读者阅读受到影响。

此外，战时图书馆政策的频繁变化也是图书馆发展缺乏连续性的重要原因。当时国民政府、四川省政府为了促进图书馆事业的发展，制定了很多图书馆法规。但是这些图书馆法规经常修订，就出现了政策执行的连续性较低的情况，并没有收到实效，只是流于形式。而四川省府出台的政策将图书馆并入民众教育馆，后又从民众教育馆将图书馆单独分出，这样朝令夕改的政策也影响着图书馆的发展。

战前东部地区图书馆的发展有着相对稳定的社会环境，各图书馆不仅不用"跑警报"，也不用频繁迁移馆址。相比之下，战时重庆地区图书馆的发展缺乏良好的社会环境，所以图书馆的发展的连续性不强，这是战时重庆地区图书馆发展的不足之处。

综上所述，战时重庆地区图书馆发展的局限性究其根源是因日军发动侵华战争影响的结果。日机的轰炸使得重庆地区图书馆的发展没有一个和平、稳定的环境。同时，日军侵华造成国统区严重的通货膨胀也是影响图书馆发展的重要因素。

三 全面抗战时期重庆地区图书馆发展小结

档案是研究历史的一手资料，具有极大的史料价值。对于图书馆史研究而言，档案因记载事件的微观性、详细性、具体性而有独特的价值，是其他公开史料所无法代替的。"由于档案是原始的，未经'创作'的一手材料，研究者不易受到前人思维惯性的影响，往往会有新的发现"[①]。重庆市档案馆、四川省档案馆、重庆市璧山区档案馆、中国第二历史档案馆等各级档案机构藏有丰富的全面抗战时期重

---

① 姚乐野、刘春玉、任家乐：《图书馆史书写中的"大历史"和"小历史"——以清末民国时期图书馆事业档案为视角》，《中国图书馆学报》2018年第2期。

庆图书馆事业档案，涉及战时重庆图书馆事业的诸多方面，有着很大的学术价值。利用档案和其他公开史料研究抗战时期图书馆事业，可以管窥抗战时期大后方图书馆事业发展的基本情况。

通过研究发现，全面抗战时期，重庆图书馆事业的发展是偶然性和必然性的统一。必然性表现在战前重庆地区各图书馆经历数十年的发展，为战时图书馆事业的发展奠定了基础。偶然性表现在受抗日战争的影响，国民政府的迁都给重庆图书馆事业带来了发展的机遇。1937年7月7日，日军发动全面侵华战争，战局形势对于国民党军队不利。国民政府开始讨论迁都，最终决定将重庆作为战时首都。1937年11月，国民政府开始迁都重庆，带动了很多文教机关的内迁，并迅速集中在重庆。一时间，重庆人口骤增，机关林立，对图书馆的需要增加。同时，国民政府支持图书馆的发展，以实施社会教育，动员民众抗战。在这样的背景下，重庆地区的图书馆整体上发展迅速。

但是，战时重庆地区各图书馆的发展情况并不一样。重庆战前原有的图书馆在战时大多发展较快，比如重庆市立图书馆、北碚民众图书馆、重庆大学图书馆、民生公司图书馆等。其中，北碚民众图书馆作为战时重庆北碚一所基层公共图书馆发展较快，开展了一系列工作，以服务基层民众为目标，做出了贡献。相比之下，战时迁入重庆的各类图书馆大多发展较慢，一些勉强维持馆务，停滞不前。但是，内迁重庆的国立中央图书馆筹备处不但结束筹备，正式成立图书馆，还在重庆市两浮支路建立重庆分馆、努力增加馆藏、出版书刊、积极参与国际交流。这些工作体现了国立中央图书馆作为国家图书馆的作用，为中国图书馆事业的发展做出了很大的贡献。战时新建的各类图书馆发展情况呈现出两极化的趋势，要么发展迅速，要么发展缓慢或停滞发展。在新建的图书馆中，私立北泉图书馆有着明确的定位，以搜集、整理、出版地方文献和珍贵典籍为主要工作，同时也努力增加馆藏、考察大足石刻、举办展览会，这些工作的开展使得该馆得到抗战大后方"文化仓库"的称号，足以证明私立北泉图书馆的地位与作用。

全面抗战时期重庆图书馆事业整体上发展迅速，取得了很好的成绩。图书馆发展体系日益完备、图书馆社团的数量也逐渐增加、大量的图书馆学人聚集在陪都，重庆成为战时中国图书馆事业的中心。但是，战时重庆图书馆事业的发展也因日军的侵华战争而表现出不同于战前东部地区图书馆发展的局限性，如图书馆发展程度不高、图书馆的发展缺乏连续性等。这种影响是十分深刻，伴随着抗日战争期间我国图书馆事业发展的始终。

第三篇

图书馆事业与图书馆教育、图书馆协会、图书馆职业化的互动关系研究

本篇利用图书馆事业档案，就图书馆事业与图书馆教育、图书馆协会、图书馆职业化、阅读推广等领域的互动关系进行研究。首先，选取文华图书馆学专科学校为代表，开展图书馆学教育专题研究，揭示图书馆事业与图书馆教育的互动关系。其次，以民国时期图书馆协（学）会等图书馆社团组织为视角，揭示图书馆事业发展与图书馆社团组织（协会、学会）的互动关系。再次，聚焦民国时期图书馆员群体发展和职业化，以民国时期女性图书馆员为研究对象，开展女性图书馆员专题研究，阐释女性图书馆员与图书馆事业发展、社会职业化、图书馆职业化等方面的互动关系。最后，聚焦民国时期阅读推广这一专项开展研究，揭示民国时期图书馆阅读推广工作的历史情境及其与图书馆事业发展的互动关系。

第 七 章

民国时期文华图专的
图书馆学教育研究

　　1920年武昌文华大学图书科（以下简称"文华图书科"）创办，这是中国图书馆学教育史上的一件大事，它标志着中国图书馆学专业化教育的开始。文华大学图书科在1929年发展为独立的武昌文华图书馆学专科学校（以下简称"文华图专"）。民国时期，这所学校以风气领先、师资雄厚、学生素质较高为业界赞誉，一直是中国图书馆学教育的风向标。在1949年以前，上海国民大学、北京大学、金陵大学、大夏大学、清华大学、国立社会教育学院、四川大学、云南大学等高等院校都曾开设图书馆学课程或专业；又有四川图书馆学校、成都女子职业学校高级图书管理科、天津市立师范学校图书馆学讲习班等中等职业教育机构成立，20世纪30年代以后还产生了上海图书馆学函授学校、商务印书馆函授学校图书馆学科等函授教育机构，至于一些临时举办的图书馆学讲习班、培训班还有很多。这些不同层次的图书馆学教育活动，推动了中国图书馆职业化的发展，造就了一批图书馆专门人才，对中国图书馆事业发展贡献了力量。文华图专的贡献是其中最重要的部分。

　　本章主要以档案为据，结合现有的研究成果，对文华图专的历史渊源、办学情况、教育内容及招生就业等几大问题进行系统专门研究。需要说明的是："民国时期文华图书馆学专科学校档案概况"已在第二章"清末民国时期图书馆事业档案概述"中作为典型案例进行了分析，本章不再赘述。

第一节 文华图专的历史沿革

在 20 世纪上半叶两次图书馆运动的洗礼下，图书馆作为公共文化设施及学校、研究机构辅助设施的概念已经深入人心。1919 年北京政府教育部《全国教育计划书》认为图书馆功用等同于学校，应"择国中交通便利文化兴盛之地，分别建设，以资观览"①。这些法规对于图书馆事业的发展有重要推动。图书馆员作为一种新兴的职业产生了，这是文华图专诞生的重要前提条件。在韦棣华、克乃文等美国图书馆人的影响下，中国图书馆学的教育开始了学科建构的进程。韦棣华及她所创办的文华图专对中国图书馆学教育具有开拓性的贡献。

一 韦棣华时期

在韦棣华到来之前，传教士在中国开办的学校已经颇有基础。在武昌，1871 年美国圣公会国内外差会的威廉斯主教（中文名韦廉臣）为纪念其兄长文惠廉，创立了"The Boone Memorial School"，即"文氏纪念学堂"或"文氏学堂"。1873 年又改为"文华书院"。这个早期以儒家经典及基督教教义教育为主的学校后来改变为按西方教育体制办学的新式学校。

1900 年韦棣华为劝说弟弟韦德生来到中国，于 5 月 16 日来到武昌。韦棣华来华前曾长期担任图书馆馆长。来华以后，最初在文华中学担任英语教学任务。她看到中国大众教育相当落后，遂产生了创办公共图书馆的想法，她在文华校园内的八角亭创办了一所小型图书阅

---

① 李桂林、戚名琇、钱曼倩：《中国近代教育史资料汇编 普通教育》，上海教育出版社 1995 年版，第 961 页。

览室，成为文华公书林的前身。之后韦棣华利用各种途径积极募捐，在各方面的帮助下，文华公书林终于在1910年5月落成了。成为华中大学图书馆、文华图专图书馆和公共图书馆三个馆的所在地。韦棣华以此为基础，积极向社会开放，并萌生了创办一所图书馆学教育机构的设想。

在20世纪初西方基督教会在华教育的重点转向高等教育以后，出现了开办教会大学的热潮。文华书院在1909年正式更名为文华大学，韦棣华同时期开始筹备文华图书科。韦棣华先后资助沈祖荣、胡庆生前往美国学习图书馆学，她自己也充分利用回国时间，前往各处图书馆学校学习。她于1907年到纽约布鲁克林的拉特学院学习一学期的图书馆学课程，1917年她作为特别生到纽约伯拉特学院进修，1918—1919年再入波士顿西蒙斯大学学习，1924年到奥克斯福特大学进修，1926年到麻省威廉斯大学政治学院进修，还在牛津大学学习过有关图书馆课程①。韦棣华、沈祖荣、胡庆生构成了文华图书科的最初师资。

韦棣华争取了教会的支持，她于1918年致函美国圣公会伍德主教，获得了圣公会对创办图书馆学校的准许，还争取到当时文华大学新任校长孟良佐、圣公会湘鄂教区主教韦卓民和中华教育改进社的支持。孟良佐同意在文华大学内附设一个图书科，并解决校舍和部分经费问题②。韦棣华长期性的工作是争取图书馆学校的办学资金，这项工作长期而琐碎，需要很好的耐心。募集对象主要是韦棣华的好友、美国图书馆界、美国妇女援助会、中国政商要人、美国圣公会等等，除资金以外，也会以实物形式捐赠。在文华图书科建立前后的很长时期，个人捐赠、机构捐赠占主要比例，然而这些捐赠绝大多数都不稳定。因此韦棣华成立了一个"筹募文华图书科基金临时委员会"来长

---

①② 周洪宇：《不朽的文华——从文华公书林到文华图书馆学专科学校》，华中师范大学出版社2013年版，第105页。

期做这件工作，到韦棣华去世时，此项基金已有23000元。韦棣华去世以后，她的好友康宁夫人又建立了一个韦棣华基金，华德女士、克宁博士、鲍士伟博士是基金董事会成员，这项基金主要用来供文华图专教师出国进修和购买图书使用，在抗战期间也用于补助学校日常运作①。美国圣公会的支持也很重要，美国圣公会一直视文华图书科及文华图专为其在华建立的学校。在文华图书科开始创办的初期，圣公会资助为学校的主要经费来源，这项支持直到抗战内迁以后才显著降低。

如果说上述数项资助一般人尚能做到，那么争取庚款支持则完全具有传奇色彩，对于既无显赫头衔，又无官方背景的韦棣华来说，游说于中美两国各届要人并获大的成功，实属不可能而最终成功的事件。争取庚款支持的成功，不仅为文华图书科获得了一项重要而稳定的资助，而且为文华图书科做了一次很好的宣传，对于文华图书科及以后的文华图专帮助很大。20世纪20年代韦棣华有过数次短暂返美的经历，在赴美前韦棣华拜会了中国150多位有影响力的人物，取得了他们的签名以及一些办学资助，在美期间积极游说美国各界人士对中国图书馆事业进行捐助，这些努力产生了两项意义重大的成果，一是促成鲍士伟访华，鲍士伟代表美国图书馆协会到访中国，是中美两国图书馆协会交流的象征，中国图书馆事业得益于美国图书馆协会指导，获得捐赠之处很多，这次访华是一个起点。二是明确了庚款退回的一部分用于中国图书馆事业，特别是作为文华图书科办学资金之一部分。

在师资及办学资金均有保障的情况下，韦棣华与文华大学校长孟良佐筹商就文华大学开设图书馆学科一事达成一致，名曰文华图书科（Boone Library School）。1920年5月1日②，文华大学图书科成立，是

---

① 彭敏惠：《文华图书馆学专科学校的创建与发展》，武汉大学出版社2015年版，第101页。

② 陈传夫主编：《文华情怀——文华图专九十周年纪念文集》，武汉大学出版社2010年版，第944页。

为大名鼎鼎的文华图专的前身。

韦棣华对中国图书馆事业的贡献分为四个方面，一是创办了中国第一个图书馆学教育机构文华图书科，以后又发展为独立的文华图专，是为开山鼻祖。后来的中国档案学教育、博物馆学教育也发源于此，可以说奠定了近代中国图书档案文献学科教育的基石。二是积极促成了庚款之相当部分用于图书馆事业，在当时积弱甚久的中国为图书馆事业、图书馆学教育争取到了一项稳定的资助。三是促成了美国鲍士伟博士的访华，为促进中美图书馆协会交流，中国与世界图书馆界联系做出了贡献。1926年韦棣华曾代表中华图书馆协会，与刘国钧等出席美国图书馆协会50周年纪念大会，1927年再次代表中华图书馆协会出席英国爱丁堡英国图书馆协会成立50周年大会暨国际图书馆员大会，后又推荐沈祖荣出席罗马召开的国际图书馆协会联合会第一次大会。这些工作既有象征意义，又为当时的中国图书馆界带来了一些实质的好处。四是韦棣华及其弟子沈祖荣、胡庆生等积极倡导新图书馆运动，为图书馆服务定位从读书人走向平民化做出了积极的贡献，提升了图书馆的社会价值，扩大了图书馆的社会影响。

二 沈祖荣时期

1924年，武昌博文书院、汉口博学书院大学部与文华大学合组为华中大学，因此文华图书科也改称华中大学文华图书科。1927年夏，因武汉政变华中大学办学停顿，而接受庚款资助的文华图书科教学并未停止，文华图书科实际上独立。1929年1月，文华图书科董事会向教育部办理专科学校立案手续，8月获批立案，文华图书科独立为私立武昌文华图书馆学专科学校，但由于经济上的原因，文华图专并未马上宣布单独建校①。

---

① 瞿成雄、查启森：《文华图专与华中大学的纠葛与分合——韦棣华"遗嘱"解读》，载陈传夫主编《文华情怀——文华图专九十周年纪念文集》，武汉大学出版社2010年版，第1022页。

1929年9月，华中大学复办，文华图书科因未正式建校名义上仍为华中大学一科，但是双方的关系越来越紧张。1930年6月华中大学教员委员会和评议会通过决议：文华图书馆学专科学校要么成为华中大学校长、评议会和教员委员会管理下的华中大学的一部分，要么脱离华中大学，这实际上是给韦棣华等人下了最后通牒①。作为回应，1930年6月20日文华图书科校董会决议："本校已于国民政府教育部立案，为办事便利起见，应行独立。惟课程方面仍可与华中大学协作一切"②。文华图书科已处于事实上的独立状态。1930年12月1日文华图专正式独立建校。"文华图书馆学专科学校原系本校学系之一，民国十六年武汉政变本校停顿后，未能复校之先，图书馆学系于民国十六年继续开办，十八年蒙教育部批准立案。兹教育部颁定大学规程图书馆学不能列为主修学系，故将文华图书馆学专科学校暂与华中大学分开，以符定章"③。文华图专获得了独立的办学地位。

韦棣华去世以后，文华图专仍与华中大学保持着密切的合作，并未完全"脱钩"。华中大学的男生住在"思殷堂"，图书馆学校的男生住在"博育室"，图书馆学校的女生和华中大学的女生住在"颜母室"。教职人员（来自华中文华基金会的三个图书馆专业方面的老师，也在华中大学工作了一年。图书馆学校所有的教职员也全部归于华中大学，并有参加华中大学所有会议的资格）、学生生源（重新开学后的第一年，华中大学高年级学生全部来自图书馆学校）均有混同④。

---

① 周洪宇、刘飒：《教会学校与近代中国图书馆事业——关于"文华"的个案研究》，《基督教与中国文化丛刊》2004年第2期。
② 黄宗忠：《武汉大学图书馆学系六十年——兼评文华图专和韦棣华在我国图书馆事业史上的作用》，《武汉大学学报》（哲学社会科学版）1980年第6期。
③ 查启森、赵纪元：《所见"文华图专"校史资料中若干异载的辨析》，载陈传夫主编《文华情怀——文华图专九十周年纪念文集》，武汉大学出版社2010年版，第947页。
④ 周洪宇：《不朽的文华——从文华公书林到文华图书馆学专科学校》，华中师范大学出版社2013年版，第207页。

沈祖荣还兼任华中大学注册部主任，华中大学图书馆馆长，且是华中大学评议委员会的成员，两校还共同举办毕业典礼。这种教学场所、教学人员相互掺杂的情况，虽属节约目的下的抱团取暖，也为华中大学觊觎文华图专提供了口实。通过与鲍士伟的良好关系，文华图专毕业生在美国进修获得了一些特别利益。"校中为学生便于深造起见，得鲍士伟博士之赞助，进行向美国关系方面取得一种认许，将来本校毕业生即可直接入美国图书馆学研究院校，美国图书馆协会教育股秘书曾来函询索本校课程与组织等规章，校长已据实作覆云"[①]。从韦棣华到沈祖荣，文华图专"个人经营"的典型特点，使其一直无法扩大办学规模，办学资金长期不足是重要因素。

1937年卢沟桥事变以后，中国大半国土沦陷，1938年6月11日，武汉会战开始，国民政府饬令武汉各机关学校限期迁移。1938年6月，文华图专西迁至重庆，教师范礼煌留守昙华林，后范礼煌去世，所余藏书在战乱时期全部散失。

1938年8、9月间，文华图专在重庆石马岗川东师范大礼堂内国立中央图书馆筹备处借得的房屋一间设立办事处，随后在重庆曾家岩借求精中学部分校舍办学[②]。因该校汇集有金陵大学、汇文女中、教育部电化人员训练班等校，人多房少，沈祖荣又于求精中学院内空地，自建西式单层新屋一座，作为教室、办公室及图书阅览室之用。又修建一楼一底的康宁楼作为礼堂、教职员宿舍、女生宿舍、饭厅、厨房等用途[③]。

战争形势严峻，外籍教师在学校撤离武昌时全部离开，沈祖荣和毛坤、徐家麟、汪长炳等在重庆坚持办学。文华图专在1941年5至7月间又遭受了四次轰炸，虽无人员伤亡，但财产损失严重。求

---

① 《校务简述》，《文华图书馆学专科学校季刊》1932年第3—4期（合刊）。
② 现为重庆市六中。
③ 《沈祖荣向教育部〈呈本校办公处康宁楼被炸损失清单恳请鉴核准予拨款重建〉文》，1941年，中国第二历史档案馆藏，档号：五一5284。

精中学提出不愿续借校舍，而新的校址还在寻找之中，文华图专原教务长汪长炳又应聘到新成立的国立社会教育学院担任图书博物馆学系主任，办学一时难以维系。此时毛坤站出来担任文华图专教务长，在各方扶持下，沈祖荣在重庆江北相国寺购买廖家花园地皮重建了学校，办学总算走上正轨。"全体师生搬迁过江，赓行授课。初因房屋一时未竣工，尝进餐于露天之下，讲授于卧房之间，面对此种情景，全体师生无一因此气馁，而精神之振奋，反而有加无已"①。除缺少教员外，文华图专面临严重的资金短缺。这一时期，文华图专除前述若干项资金来源以外，国民政府资助与庚款补助占据了主要部分。

表7-1　　　　　　　教育部对文华图专教席与设备的拨款②

年份	金额（元）	备注
1934	5000	一名教席
1935	6000	
1936	7000	二名教席
1937	8000	
1938	8000	7折发放
1939	7000	
1940	7000	
1941	12300	
1942	14000	

---

① 沈祖荣：《私立武昌文华图书馆学专科学校近况》，《中华图书馆协会会报》1942年第3—4期（合刊）。
② 彭敏惠：《文华图书馆学专科学校的创建与发展》，武汉大学出版社2015年版，第103页。

续表

年份	金额（元）	备注
1943	30000	
1944	50000	
1948	100000000	前三年待考

重庆办学期间，文华图专增加了档案管理科，这是文华图专办学的一个重要变化。早在1934年秋，文华图专的外籍专家费锡恩女士（Grace D. phillips）与毛坤一道开设了档案管理法课程，但附属于图书馆学并未成科，因受国民政府资助，又被称为"特种教席"。30年代以后国民政府提倡"行政效率运动"，文华图专因拥有档案学教学基础，受到教育部的重视，于1939年9月受命开办档案管理讲习班一班，修业期限一年，由徐家麟和毛坤担任主讲。1940年3月和9月又以"档案管理训练班"的名义，招收了两届学生。同年10月17日经教育部批准（教育部高34635号文），文华图专设立档案管理科，并将前招"档案管理训练班"在学之两班学生，分别编入档案管理科第一届、第二届继续学习，学制两年，入学资格定义为高中毕业[①]。文华图专成为中国最早开设档案管理专业的学校。

在重庆期间，随同学校西迁的图书馆学本科15、16两届学生先后毕业，1940年秋图书馆学本科第17届进校，这是文华图专招收的大学肄业两年以上学生入学的本科生的最后一届学生。1941年春起，因适应当时招生来源与教育部关于大专学制的统一规定，改招高中毕业学生入学，称图书馆学专科，学制仍为两年，至1946年夏共招收了九届[②]。由于入学门槛降低，文华图专的学生素质下降了，1940年以后

[①] 瞿成雄、查启森：《文华图专重庆办学实录》，《图书情报知识》2010年第5期。
[②] 何建初：《八年抗战中的文华图专》，载陈传夫主编《文华情怀——文华图专九十周年纪念文集》，武汉大学出版社2010年版，第913页。

毕业的学生人数虽多,但在图书馆界的声望远不及之前那些人数少而精的前辈。

在重庆期间文华图专办学条件、办学质量虽不能与武汉时相比,但增设了档案管理专业,由迁渝前的两类办班方式(本科班、讲习班)扩大到四类办班方式(本科班、专科班、讲习班、短训班),颇有进取之势。到1946年末返回武昌时,共毕业、结业达336人,已是武昌办学时期157人的两倍以上。

重庆办学期间,沈祖荣从文献整理的思维设想进行教育改革,改革后的文华图专教学将涵盖档案学、文秘学、博物馆学等学科,使这些学科亦能成为文华图专图书馆学一样的著名品牌,逐渐将文华图专发展为一个以图书馆学为基础,兼有档案学、博物馆学、文秘学等以图书档案文献整理为特征的独立学院。1943年,身为重庆美国大使馆大使特别助理,并同时担任美国政府外国出版物收集部际委员会中国主任和美国国会图书馆远东代表的费正清和袁同礼向国际关系董事会及其东方和南太平洋委员会提交了一份联合备忘录。在这份备忘录中,他们提出了进一步发展中美文化关系的建议,包括由美国图书馆协会为更多的中国图书馆购置资料,为美国图书馆购置中文出版物,和两国之间图书馆学学生与教师的交换计划等内容[①]。

到1944年的时候,美国图书馆协会东方和南太平洋委员会主席布朗在与沈祖荣的来往信件里谈到了三个问题,文华图专是否能满足中国图书馆培训需要,其中包括了在中国不同地区城市设立五所图书馆学校的设想[②];是否需要美国图书馆学教员来华执教,以及为文华图专提供奖学金的问题,沈祖荣均做出了肯定的答复。

---

① 程焕文:《中国图书馆学教育之父——沈祖荣评传》,台湾学生书局1997年版,第117页。

② 注:这应当是之后产生于1947年末的一份文件《拟援美国佛尔伯莱法案请求资助在中国组织图书馆研究会或讲习会建议书》的雏形。沈祖荣对多建图书馆学校的想法原则上支持,但认为并不现实,国内图书馆学校师资有限,学生素质不高人数亦少,增加图书馆学校并不利于教学。

沈祖荣于 1945 年 8 月 10 日向布朗提出《文华图书馆学专科学校战后工作计划》，该计划包含建立韦棣华纪念图书馆和把文华图专发展为一所能授予学位的图书馆学、档案学和博物馆学学院等等，其中重点在后者，该计划共需美金 627000 元。1946 年沈祖荣在《私立武昌文华图书馆学专科学校募集基金启事》中阐述了自己的观点。

  本校开办迄今历廿五载，毕业学生对于国内图书馆事业之推进与国际文化之沟通尚能胜任愉快，粗有成绩。民国三十年度起复蒙教育部核准添设档案专科，造就以科学方法管理档卷之人才，服务各机关社团以为提高行政效率之助，虽事属创举亦深得各界好评。因此本校同人在各方人士鞭策与鼓励之下不敢不力图上进，以期对国家社会多有贡献，为加深学术研究，广为储备人材以应今后之建国需要计，拟乘此抗战胜利举国复员之会筹建独立学院。此事经征求有关当局与各地校友意见无不欢为赞许早观厥成，进行办法拟一面将学校由渝迁回武昌并添设博物馆科，一面勘定新校址建筑新校舍添置图书仪器约聘国内外专家。一俟人才设备大体就绪，再呈请升格为独立学院，图书档案博物三系鼎立，以为东亚唯一研究文献管理之最高学府。①

沈祖荣的这一设想与 1941 年国立社会教育学院图书博物馆学系的建立有关，这所学校成立后立即吸引了一些文华图专的优秀教师如汪长炳、徐家麟等人，汪长炳、徐家麟都曾担任过文华图专的教务长，既富有教学经验，也富有管理经验，而该校图书博物馆学系又是我国第一个开设四年制本科专业的机构，对学生颇有吸引力。"原文华图专档案科首届毕业生（1940.3—1942.1）王世芳在毕业后的暑期中得

---

① 《私立武昌文华图书馆学专科学校募集基金启事》，1946 年，武汉大学档案馆藏，档号：1946-8。

知图博系招收二年级插班生,当即辞去才在国民党中央图书杂志审查委员会图书、档案室干了几个月的工作,以文华图专学历考入图博系,又学习了三年,于 1945 年 8 月毕业,取得教育学士学位"[1]。1946 年国立社会教育学院迁至南京以后也吸引了不少文华图专优秀学生前往任教,该系办学风格与文华图专相类似,学校完全由政府出资,在办学规模上超越了文华图专,让沈祖荣深感压力。

然而沈祖荣寄予厚望的来自美国的捐款却极不顺利,1946 年 5 月 10 日布朗在给沈祖荣的复信中说道:"文华图书馆学校的未来如何?它是否与中国某个正规大学联合?如果是,那是什么大学?文华图书馆学专科学校将设在何处?它获得永久财政资助的可能性有哪些?能够从中国政府得到哪些帮助?在这些问题没有答复之前,别指望我们寄给你们任何图书。如果文华图书馆学专科学校与某个私立大学联合的话,那么就可能得到资助的资金,因为中国的私立大学正在制订财政争取计划,这将使私立大学的各系得到充足的经费支持。我认为:在中国任何一个完全独立于大学之外的学校筹措基金将是非常不可能的"[2]。布朗在 1947 年 7 月 31 日给美国图书馆协会国际关系董事会的基普夫人的信里又说:"沈先生拒绝将其学校并入大学,热衷于保持其独立学校的地位。他不接受联合董事会、他的校友们、或一个小基金会的董事们关于将其学校并入某些大学的忠告。他已要我帮忙从洛克菲勒基金会争取一小笔拨款。如果我乐意做的话,我也不会争取到一笔拨款,况且如果他不将其学校与某个大学合并的话,要争取得到对其学校的财政帮助简直难于上青天"[3]。布朗的想法显然受到意欲合并文华图专的华中大学一些人思维的影响。

在这种压力下,沈祖荣态度有所松动,沈祖荣派儿子沈宝环赴美

---

[1] 王世芳:《我的工作总结》,载穆家珩主编《国立社会教育学院武汉校友会 峥嵘岁月(第四辑)》,苏州大学社会教育学院校友会 2005 年,第 402 页。

[2][3] 程焕文:《中国图书馆学教育之父——沈祖荣评传》,台湾学生书局 1997 年版,第 149—151 页。

留学，希望他与布朗交流，沈宝环秉承父意前往美国，积极与布朗沟通。1948年8月、9月沈宝环组织了两次讨论会，形成了《关于文华图书馆学专科学校与一大学合并计划的建议》，并让布朗最终签了字。然而合并之议只是布朗的一个借口而已。国民党在大陆节节溃败，美国对于看不到利益的援助并不感兴趣。此时美国不再有一位像韦棣华那样拥有巨大影响而又全力支持中国图书馆事业发展的友人[①]。周旋数年，尽管沈祖荣的计划从不缺乏口头支持，然而希望的援助却始终未至，而中国国内经济不振，也不能有所指望。沈祖荣的梦想遂化为泡影。

在回迁武昌办学的过程中，文华图专与华中大学再起纷争，先于文华图专回迁的华中大学占据了文华公书林，使文华图专不得不分散于崇福山街二号和昙华林两处。华中大学继续延续兼并文华图专的意图，"全国理事会[②]将不准文华图专校使用文华校院内的任何地产，除非文华图专校成为华中的一部分！"[③]

在深感收回文华公书林无望的情况下，沈祖荣飞赴上海、南京争取湖北籍的国民政府要员支持。沈祖荣带着居正、何键、吴国桢等人的信，找到湖北省主席王东原，为文华图专迁复武汉请求协助。校董吴国桢又先后致信王东原和当时湖北省教育厅代厅长钱云阶请求支持，得到二者的回信赞同，"拨定武昌抱冰堂侧之十桂堂东北两面空地为该校建修校舍之用"。算是解决了文华图专的校址问题。

在华中大学、差会以及布朗的压力下沈祖荣的态度有所退让，但这个时候美国联合托事部的麦克默伦又认为（文华图专与华中大学）

---

① 程焕文：《中国图书馆学教育之父——沈祖荣评传》，台湾学生书局1997年版，第134—136页。
② 注：按指设立在纽约的中国教会大学联合托事部。
③ 瞿成雄、查启森：《文华图专与华中大学的纠葛与分合——韦棣华"遗嘱"解读》，载陈传夫主编《文华情怀——文华图专九十周年纪念文集》，武汉大学出版社2010年版，第1023页。

重新合并不是那么必要，在中国的基督教大学的安排中，或者是应当办一所图书馆学校，而作这样的安排，可能同另一所大学结合在一起，是能够得到更有效的结果①。美国方面的意见使华中大学紧张起来，他们反复向麦克默伦陈述合并的重要性，然而随着 1949 年武汉解放，文华图专与华中大学多年以来的纠葛终告结束。

在文华图专数十年的办学过程中，沈祖荣还接到过几次内容不同的迁移或重组计划。30 年代，国立北平图书馆馆长袁同礼曾多次劝说文华图专迁往北京，"他将提供两倍的薪金和更好的教学设备"。沈祖荣认为文华图专从武昌迁离是对韦棣华的不忠，也担心在政府的领导下削弱文华图专的办学效果。1949 年初国民党在大陆败局已定，开始策动文华图专迁往台湾，沈祖荣拒绝了一切去台建议，武汉解放后，人民政府于 1951 年 8 月 16 日接管了文华图专，改私立为公立，1953 年 8 月正式并入武汉大学。

文华图专是民国时期图书馆学教育办学时间最长，且没有中断的图书馆学校，在教学水平、研究能力上长期居于领先地位，其毕业学生在中国图书馆界亦颇有声名，沈宝环认为"文华图专名实并不相符，这所袖珍型学府在课程设计、教学目标等各方面都是大学后研究所程度，在学术界地位崇高"②。

第二节　文华图专的课程设置

一　内迁前课程设置的进步与发展

到 1929 年独立建校时，文华图专已开设有十余种课程。到 1937

---

① 瞿成雄、查启森：《文华图专与华中大学的纠葛与分合——韦棣华"遗嘱"解读》，载陈传夫主编《文华情怀——文华图专九十周年纪念文集》，武汉大学出版社 2010 年版，第 1030 页。

② 梁建洲、廖洛纲、梁鱣如编：《毛坤图书馆学档案学文选》，四川大学出版社 2000 年版，第 2 页（序一）。

年，文华图专课程（见以下两表）设置得更为精细，"沈祖荣制定了一套我国最完善的图书馆学课程体系"①。从 30 年代文华图专学生的成绩册来看，共分为五大类科目，即：目录科目（Bibliographic）、学术科目（Technical）、行政科目（Administrative）、其他科目（Miscellaneous）、语言科目（Modern Languages）。大致是根据课程的内容和性质进行的简易分类，某些课程在归类上有过调整，比如新增加的簿记大意（Book-Keeping for Libraries）②和当代史料（Current History）课程，最开始归入其他科目，而后又调整至行政科目，说明科目划分只是根据课程内容与性质所作的大致分类。

表 7 - 2　　　　　　　文华图专课程一览表（1937 年前）③

科目	课程	学分
目录科目 Bibliographic	中国目录学（Chinese Bibliography）（必）	2 或 1
	西洋目录学（附印刷史）English Bibliography（including History of Printing）（必）	2 或 1
	中文参考 Chinese Reference（必）	1
	英文参考 English Reference（必）	1
	中文书籍选评 Chinese Book Review & Selection（必）	2 或 1
	英文书籍选评 English Book Review & Selection（必）	2 或 1
	版本学 Chinese Editions（必）	1

---

① 程焕文：《中国图书馆学教育之父——沈祖荣评传》，台湾学生书局 1997 年版，第 57 页。
② 注：沈祖荣认为"簿记之学，似应成为图书馆学训练必修科目之一种，以养成图书馆员管理经济记账账簿之技能。即在大学图书馆中，虽常有专司之机关，此项训练亦属必要。各公立省立图书馆中司账人员，即可不必延请。设此种知识果已成为我图书馆员具备之技能者"。见沈祖荣《中国图书馆及图书馆教育调查报告》，《中华图书馆协会会报》1933 年第 2 期。
③ 《图书馆学科本科学生成绩案》，1928 年，武汉大学档案馆藏，档号：1928 - 1。

续表

科目	课程	学分
学术科目 Technical	中西分类法 Chinese & English Classification（必）	2
	中西编目法 Chinese & English Cataloging（必）	2
	图书馆经营法（附装订）Library Records & Methods（including Binding）（选）	2
	排检法 Alphabeting & Filing（including Archive Administration）（选）	2 或 1
	索引 Indexing（and filing）（English）（必）	2 或 1
	打字与图书馆习字 Typewriting & Lettering（选）	2
	实习 Supervised Practical Work；including Typewriting & Lettering；French Library Terms.（必）	2 或 1
	毕业论文 Graduation Thesis（必）	1
行政科目 Administrative	图书馆行政（图书馆建筑附）Library Administration（including Library Building）（必）	2 或 1
	各种图书馆研究 Types of Libraries（选）	2
	儿童图书馆 Children's Libraries（选）	1
	当代史料 Current History（选）	1
	簿记大意 Book-Keeping for Libraries（从其他科目中调入）	1
其他科目 Miscellaneous	中西图书馆史（附书史）History of Chinese & Western Libraries（including History of Books）（必）	2 或 1
	图书馆学讨论 Library Science Seminar（选）	
	现代史料 Current History（选）后更换为（民众教育）Intro. To Adult Educ.（必）	1
	党义 Party Principles（必）	1
	体育 Physical Education（必）	1/2
	军事训练 Military Training（选）	1
	金石学 Metal & Stone Inscriptions（选）	2
	簿记大意 Book-Keeping for Libraries（后调出）	1
	急救 First Aid（必）	1

续表

科目	课程	学分
语言科目 Modern Languages	国文 Chinese（必）（选）	2 或 1
	日文 Japanese（必）（选）	2 或 1
	法文 Technical French（必）（选）	2 或 1 或 1 又 1/2
	德文 Technical German（必）（选）	2 或 1 或 1/2
	英文 English（选）	2
	英语及英文文献选读 English & English Literature Selected Readings（选）	2

表 7-3　　　　　1937 年文华图专的课程及课时①

	课程名称	课时
第一学年 第一学期	图书馆经营法 A（书籍之购求保管与应用）	2 学时
	图书馆分类法 A（分类法通论）	2 学时
	图书馆编目法（西文编目法）	2 学时
	图书馆史 A（西洋图书馆史）	2 学时
	目录学 C（中国目录学）	2 学时
	参考书 A（西文参考书）	2 学时
	打字与习字	2 学时
	索引与检字 AB（索引法、检字法）	2 学时
	博物馆学 B（古器物学）	2 学时
	簿记与会计	1 学时
	外国语	3 学时
	军事训练	2 学时

① 文华图书馆学专科学校编:《私立武昌文华图书馆学专科学校一览（二十六年度）》，该校印行 1937 年版，第 104 页。

续表

	课程名称	课时
第一学年 第一学期	国术	1学时
	实习	4学时
第一学年 第二学期	图书馆经营法 B（图书馆组织行政与建筑）	2学时
	图书分类法 B（分类法专论甲西方分类法）	2学时
	图书编目法 A（西文编目法）	2学时
	图书馆史 B（中国图书馆史）	1学时
	目录学 C（中国目录学）	2学时
	参考书 A（西文参考书）	2学时
	书籍选择 A（书选通论）	1学时
	索引与检字 C（序列法）	2学时
	博物馆学 B（古器物学）	2学时
	簿记与会计	1学时
	外国语	3学时
	军事训练	2学时
	国术	1学时
	实习	4学时
第二学年 第一学期	图书馆经营法 C（图书馆宣传及推广事业）	2学时
	图书馆分类法 B（分类法专论甲西方分类法）	2学时
	图书馆编目法 A（西书编目法）	2学时
	儿童图书馆学	2学时
	目录学 A（西洋目录学）	2学时
	参考书 B（中文参考书）	2学时
	书籍选择 B（西洋各科名著选要）	2学时
	档案管理法	2学时
	外国语	3学时
	国术	1学时
	实习	4学时

续表

	课程名称	课时
第二学年 第二学期	图书馆经营法 D（特种图书馆研究）	2 学时
	图书分类法 C（分类法专论乙中国分类法）	2 学时
	图书编目法 B（中文编目法）	2 学时
	毕业论文	1 学时
	目录学 B（西洋书籍史）	2 学时
	博物馆学 A（博物馆学通论）	2 学时
	书籍选择 C（中国各部名著选要）	2 学时
	档案管理法	2 学时
	外国语	3 学时
	国术	1 学时
	实习	4 学时

由于出处不同，两表有一些差异，因此从不同方面反映了这一时期的课程变化，一是由早期偏向技术类课程，增加了管理、历史与文书课程的比重，增加了理论教学的内容，重视素质教育，从"训练"转为更注重"教育"。图书馆学课程进一步拆分，并增设新课程。由于图书馆学讲习班的开设，办学规模扩大，原有的图书馆学课程拆分为更加专门性的课目，比如中西编目法（Chinese & English Cataloging）拆分为中文编目法、西文编目法、编目专题研究、特种目录编制法四门课程。各种图书馆研究（Types of Libraries）拆分为大学图书馆学、中学图书馆学、公共图书馆学，图书馆学建筑从图书馆行政（Library Administration）中拆分出来，成为单独的一门课程，增设图书馆学概论、图书馆讲演等新课程，这些变化都反映了专业教育的深入。

其余的课程包括党义（Party Principles）、体育（Physical Education）、军事训练（Military Training）、急救（First Aid）等，反映了时局对于教育的影响，急救（First Aid）增设于本科第十二届（1934.9—1936.6），当时正处于中日战争全面爆发前夕，文华图专不得不为即将发生的战争进行准备。在1938年至1940年期间，文华图专曾将党义（Party Principles）、国文（Chinese）两门必修课删除，1940年9月教育部在收到呈请后要求恢复。党义课程遂在内迁后不久改为三民主义课程。

> 教育部指令　　中华民国二十九年九月
> 廿九年八月廿七日呈一件——呈复未设国文、党义二科理由呈悉。该校廿八年度第二学期毕业生孙雁征等七名毕业资格，姑准一体备案，惟嗣后仍应收国文党义课程列为必修科目，并仰遵照。此令。
>
> 　　　　　　　　　　　　　　　　　　　　　部长　陈立夫①

素质教育有特点的如中西文书籍选读课程，"选读中国历代之文学家、思想家、史学家、艺术家、考证学家之代表作""选读意法德俄诸国大著作家之代表著作""选读英美两国著名的文学家、历史家、艺术家、科学家等的著作"，各种字体书写法，"上半年习西文各种字体，下半年习中国宋体字"，均非应用型课程，而是着力开拓学生的视野，扩大学生的知识面，使学生不仅在图书馆学上有专攻，也对其他学科，特别是文史学科有一定的了解，潜移默化中形成学生的综合素质。

重视外语教育是从文华大学图书科就有的传统，20世纪初，教会学校渐为社会所承认，英语学习就具有很强的吸引力。文华大学的设立旨趣就说：

> 教授各种学科，何以必用英语也？诚以今日生活程度之高，学者当以谋生为急务。其在本校毕业者，出而应世，生活程度自

---

① 《教育部指令》，1936年，武汉大学档案馆藏，档号：1936–7。

无问题之可言。即属半途辍学，于社会上亦可谋相当之位置，决不致感受生活之困难。且就吾人方面观之，中国学生果能通达英文，无论研究何种学问，进步较速。此本校之所以毅然决然采用英语教授各学科之一种方法也。①

由于现代图书馆学的基本理论、方法均来自于西方，韦棣华、沈祖荣、胡庆生及不少教师都接受过美国图书馆学教育，文华图专本身亦为教会学校，文华图专非常注重学生外语能力的培养。1938年文华图专西迁前很长时间中、日、德、法语言课一直作为必修科目，只是在本科第十二、十三届才改成选修课，在重庆办学期间，又增设俄语课程。此外文华图专在实习课程中还增设法语图书馆词汇（French Library Terms）教学。

该校又鉴于德日两国文字在吾国图书馆中亦颇占重要，故专科自一九三〇年起增设德文一门，讲师为一德人。此门除专科必修课程外，讲习班学生英文颇有根底者亦可选读，如邢云林翁衍桢等，均在选读之列。至于日文一门，去年本拟与德文同时增添，且已聘妥讲师，嗣以课程过多，碍难插入，不果，遂定专科第二学年增添。②

文华图专所在华中大学的校园环境，处处流行着英语交流的氛围。"班主任是胡庆生先生，其他老师有沈祖荣先生，还有一位外国老师叫 Miss Wood，专门教英国文学。胡先生教外文工具书，沈先生教图书分类法和编目法。另外我还选读了两门图书馆学以外的功课：一门是社会学，一门是打字，都是由外国老师教的。总共五位老师中有三位

---

① 《本校设立之旨趣》，《文华月刊》1921年第5—6期（合刊）。
② 《文华图书馆学专校校闻》，《中华图书馆协会会报》1931年第5期。

是外国人，他们上课都直接用英语讲授"①。沈祖荣组织学生翻译了《世界各国民众图书馆》和《世界各国国立图书馆》两本书，均是由各个学生承担完成的，以后陆续登载在《文华图书馆学专科学校季刊》上，体现了学生的英语水平。

图书馆学作为治学门径，对于从事其他研究也是颇有益处的。戴镏龄，一个毕业后转入英国语言文学研究的学者，从文华图专的目录学课程里获益非浅。戴镏龄在校时发表了颇有深度的英文文章（The Characteristics of Buddhistic Cataloging Methods and Their Influence on Chinese Bibliographical Circles）（《佛教目录在中国目录学上之影响》），可以看作是用西方图书馆学结合中国传统目录学理论的一个典范习作。受中文参考工具书和西文参考工具书的影响，戴镏龄发表了《字典简论》和 Wanted: A Chinese Encyclopedia（《我们需要一部中文百科全书》）两篇论文，无疑对他后来的《评英文新字典》《坏字典和一些错误的根源》《英国常用的几本英语辞典》等等都有深远的影响②。可以说文华图专的学生之所以脱颖而出，与其语言优势有一定关系。

二 内迁时期至1949年新中国成立前的课程变化

抗战爆发后，文华图专迁至重庆。在课程设置上内迁前后变化较大，档案学课程越来越占据重要比例，内迁前文华图专仅在排检法（Alphabeting & Filing）课程中附设有档案管理（Archive Administration）③，在当时仅是选修课程。1940年文华图专正式设立档案学专业，

---

① 钱亚新、谢欢整理：《钱亚新别集》，南京大学出版社2013年版，第206页。
② 程焕文：《英国语言文学大师戴镏龄先生鲜为人知的故事》（http://blog.sina.com.cn/s/blog_4978019f0100f2eb.html）。
③ 注："本校自前年秋季起增设'中西文档案管理'二课以来，对于是项研究，积极进行，不遗余力"。见于《校闻：试验新的档案管理》，《文华图书馆学专科学校季刊》1936年第1期；据此档案课程应初设于1934年秋。为排课方便，文华图专对每门课程编写了特定的代码，课表中对应填写授课教师的姓氏，比如（31—32沈）学生即知英语课是由沈祖荣校长授课，（205徐）学生即知公务管理课是由徐家麟老师讲授，这种代码课表的形式在1941年春季课表中曾短暂使用过。

由此增加了档案经营法、档案编目、档案分类、档案行政学、档案实习、中国档案论、西洋档案论、档案专题研究8门课程,档案学成为与图书馆学并重的教育类别。

表7-4　　　　内迁时期私立武昌文华图书馆学校学程一览表① (1940年或1941年)

代码	课目	学分	学时	代码	课目	学分	学时	代码	课目	学分	学时
11-12	国文A	4	一年	133-4	中文编目法	4	一年	231	政府组织概要	2	一学期
15-16	国文B	4	一年	133-11	中文编目法	4	一年	241	检字法	2	一学期
21-22	三民主义	4	一年	135-6	西文编目法	6	一年	243	索引法	2	一学期
31-32	英文	4	一年	137	编目专题研究	2	一学期	245	序列法	2	一学期
35	英文选	2	一学期	138	特种目录编制法	2	一学期	311	史地概论	2	一学期
36	西洋文学史	2	一学期	139	资料整理法	2	一学期	315	史料整理法	2	一学期
41-42	法文	6	一年	141	分类原理	2	一学期	321	社会科学概论	2	一学期
51-52	德文		一年	143-4	分类法	4	一年	325	自然科学概论	2	一学期
61-62	日文	6	一年	145-6	各种分类法研究	4	一年	329	文哲概论	2	一学期

---

① 《历年各科授课时间表》,1940—1941年,武汉大学档案馆藏,档号:7-240-1。

续表

代码	课目	学分	学时	代码	课目	学分	学时	代码	课目	学分	学时
71-72	俄文	6	一年	147	分类实习	2	一学期	331	研究方法	2	一学期
101-2	图书馆经营法	4	一年	151	图书选择	2	一学期	342	特种博物馆学	2	一学期
103	图书馆行政	2	一学期	153	书评	2	一学期	343	金石学	2	一学期
104	图书馆人事行政	2	一学期	155	出版调查与研究	2	一学期	345	考古学	2	一学期
105	图书馆设计	2	一学期	157	儿童读物研究	2	一学期	351	簿记与会计	2	一学期
107-8	图书馆学概论	4	一年	158	成人读物研究	2	一学期	353-4	军训		一年
109	图书馆史	2	一学期	161-2	中西文参考书	4	一年	355-6	看护		一年
111	大学图书馆学	2	一学期	165	参考实习	2	一学期	357	音乐		一年
112	中学图书馆学	2	一学期	201	公文研究	2	一学期	361-2	打字	1	一年
113	公共图书馆学	2	一学期	205	公务管理	2	一学期	363-4	实习		
115	儿童图书馆学	2	一学期	211-2	档案经营法	4	一年	365-6	小组训练		
118	图书馆建筑	2	一学期	213	档案编目	2	一学期				

续表

代码	课目	学分	学时	代码	课目	学分	学时	代码	课目	学分	学时
119	图书馆学专题研究	2	一学期	215	档案分类	2	一学期				
121-2	目录学	4	一年	216	档案行政学	2	一学期				
125-6	西洋目录学	4	一年	217	档案实习	2	一学期				
127	书籍史	2	一学期	221	中国档案论	2	一学期				
128	目录学专题研究	2	一学期	222	西洋档案论	2	一学期				
131	编目原理	3	一学期	225	档案专题研究	2	一学期				

这张成于1940年或1941年的《私立武昌文华图书馆学校学程一览表》（代码表）基本反映了内迁时期文华图专课程设置情况。

除增加了档案学课程外，文华图专涉足的领域还包括文秘学、出版学、博物馆学、考古学等文科项目，诸如书评、公文研究、公务管理、公文程式、政府组织概要、特种博物馆学、考古学、簿记与会计、社会科学概论、自然科学概论、出版调查与研究、儿童读物研究、成人读物研究、文哲概论、史地概论、学术讲演、社教工作、伦理学等二十余种新课程。如果说内迁前文华图专还是一所纯粹的图书馆学教育机构，那么内迁初期文华图专教育则尝试向各类文献整理学科迈进。

文华图专呈送给教育部备案的文件反映了这种变化。1942年的一份文件写道"二、增设新课程，本学期拟添设史地概论、史料整理法、博物馆学通论等课目。史地概论一课全体学生必修。史料整理法、博物馆学通论二课档案科学生必修，图书科学生选修"[1]。因此，不论是图书馆学专业还是档案学专业的学生，所习课程都存在一定程度的重叠，以扩大学生的知识面，学生选课的余地较内迁前大得多。这些课程设置说明文华图专有向档案、政府公务、出版、考古等领域扩展的趋势。由于文华图专在图书馆学教育领域已经卓有声誉，因此在上述领域拓展不仅具有一定的前瞻性，也具有获得成功的可能性。

1946年复员到1949年期间文华图专办学逐渐衰落，虽基本沿续内迁时期的课程设置，但有一定程度的收缩，课程设置鲜有改革，不少课程或合并或取消，有些被取消的课程甚至还是文华图专建校以来就有的老牌课程，诸如大学图书馆学、中学图书馆学、公共图书馆学、儿童图书馆学、图书馆人事行政、图书馆设计、英文选、西洋文学史、金石学、考古学、簿记与会计等。新增专业课程仅有图书馆推广事业、资料管理法两门，出现在专科第十二届（1949.9—1951.7）时期。政治课程变化较大，1949年以后三民主义被辩证唯物论、政治经济学等新课程所取代。

表7-5　　　　　　复员时期及合并前文华图专的课程设置[2]

科　目			
中国目录学	法文	西洋目录学	博物馆学
图书分类	德文	各种分类法	公文研究
西文编目法	检字法	中西文参考书	中国目录学
图书馆经营法	立排序列	图书馆行政	档案经营法
打字	索引法	索引法	政府组织

[1]《关于呈送本校民国二十九学年度校务行政计划与工作进度对照报告表及民国三十学年度校务行政计划及进度表的报告》，1942年，武汉大学档案馆藏，档号：7-1942-10。

[2]《文华图书馆学专科学校图十、图十一、图十二、档六级学生毕业证书存根案》，1949年，武汉大学档案馆藏，档号：7-3-6。

续表

科　目			
实习	社会科学概论	毕业论文	文哲概论
三民主义	中国档案通论	中文编目法	图书馆学通论
档案经营法	公文研究	图书选购	政府组织
文哲概论	人事登记	伦理学	资料管理法
国文	俄文	史地概论	辩证唯物论
英文	图书馆推广事业	自然科学概论	政治经济学
日文	政治课	教育学	体育

究其原因可能来自两个方面，其一是 1941 年在重庆璧山成立的国立社会教育学院设置了图书博物馆学系，分流了文华图专的教学力量，造成师资力量的缺口。随后解放时期政治的剧烈动荡又令部分师资离开大陆。其二当时文华图专正面临是继续坚持独立办学还是并入其他大学的困扰之中，其中牵扯了沈祖荣极大精力，这可能也是文华图专教学趋于保守的重要原因①。

三　教师构成

早期图书馆学教师群体由外籍教师、海归学者、本土学者、传统儒士四类人员构成，外籍教师人数很少，20 世纪 30 年代以后渐以海归学者、本土学者为主要师资。

（一）外籍教师

美国学者克乃文、韦棣华是中国图书馆学教育的启蒙者，不过外籍教师参与中国图书馆学教育的情况并不普遍。20 世纪 30 年代文华

---

① 注：关于文华图专并入武昌华中大学以及燕京大学的相关讨论可见涂光霈（Kuang-Pei Tu），(*Transformation and Dissemination of Western Knowledge and Values：the Shaping of Library Services in Early Twentieth Century China* [D])．1996：324-326。

图专外籍教师稍多,然而工作时间均不长。抗战全面爆发以后外籍教师全部离开,直到 1925 年文华图专复员武昌以后稍有恢复,"有外籍教师达丽安女士来校任教"①。

寻求师资国际化一直是沈祖荣办学的重要目标,这可能出于几方面的考虑,一是现代图书馆学源于欧美,外籍图书馆学专家在华任教,有利于了解国外同行的最新动态,便于树立学校的信誉。"学校以欧美各国图书馆事业,日新月异,不可企及,如欲本校课程有所改进,本校同学得受适当之造就,非聘有西国图书馆学之硕彦,来此施教,不克有济"②。二是聘用外籍教师有利于加强与国际图书馆界的联系,文华图专获得美国图书馆协会关于中国学生的深造认可,可以视为双方紧密合作的一种表现。"校中为学生便于深造起见,得鲍士伟博士之赞助,进行向美国关系方面取得一种许可,将来本校毕业生即可直接入美国图书馆学研究院校,美国图书馆协会教育股秘书曾来函询索本校课程与组织等规章,校长已据实作覆云"③。"在抗战前,日本图书馆界即有人建议派遣学生来本校留学。哥伦比亚大学图书馆学研究会并特许本校专科毕业生免试入学,以示优异"④。文华图专学生占 20 世纪上半叶中国海外图书馆学留学人员的大半以上,与良好的国际合作是分不开的。就语言训练来说外籍教师也有优势。

除韦棣华外,至少从 1925 年起文华图专已经有外籍教员在校任教。韦棣华去世以后,沈祖荣利用韦棣华基金,在圣公会帮助下积极联系外籍教员,"本校早有利用韦棣华女士薪金预算添聘美籍教授之意,惟前约二人,一因体弱医生禁远行,一则年龄过大,圣公会差会碍难委派。现又聘定柯小姐(Miss Croswell)及殷小姐(Miss Ingram)二人。殷小

---

① 转引自周洪宇《不朽的文华——从文华公书林到文华图书馆学专科学校》,华中师范大学出版社 2013 年版,第 338 页。
② 《新聘教授》,《文华图书馆学专科学校季刊》1932 年第 1 期。
③ 《校务简述》,《文华图书馆学专科学校季刊》1932 年第 3—4 期(合刊)。
④ 《四川省立体育、云南省立英语、广东省立工业、私立武昌文华图书馆学专科学校等概况一览》,时间不详,中国第二历史档案馆藏,档号:5-2150(2)。

姐现在北平，下学期开学时可到；柯小姐远在美国，来校或较迟"①。而《中华图书馆协会会报》的报道则是"该校原拟添聘美籍教授二人，薪金上本无问题，因韦棣华女士逝世，其应得薪金之数仍在预算之内也，惟所邀请两人，一则因有小恙医生禁远行，一则因自称对宗教无热诚，而美国圣公会差会碍难致聘"②。所以愿意来文华图专任教的外籍教师，多半都抱有对基督教的信仰。嗣后颇经周转，总算得偿所愿"爰已向本圣公会鄂湘教区吴孟两主教请得美国差会之允准，选派图书馆专家克若维女士于本年九月来校肩此重任。克女士经差会延聘，认为最适当胜任之一位教师，得人如此，诚堪庆幸。学校又以本届同学，行将毕业，不能领此教益，殊为可惜；乃在克女士未到校前，复求差会商请殷格荣女士来此暂代，殷女士品端学粹，和蔼可钦，兹在校助理一切，大慰所望云"③。文华图专历任外籍教员统计如下：

表7-6　　　　　　文华图专任教外籍教员概况④

姓名	性别	年龄	国籍	任课内容	年份	备注
韦棣华	女	68	美国	西文书籍选读；现代史料；英国文学	1920—1931	曾任美国 Richmond 图书馆馆员。1899 年来到中国后，在教会创办的文华学院担任英语教师，同时兼管图书馆工作，1920 年与沈祖荣、胡庆生创办文华图专

---

① 《校务简述》，《文华图书馆学专科学校季刊》1932 年第 3—4 期（合刊）。
② 《文华专校近讯》，《中华图书馆协会会报》1932 年第 1—2 期（合刊）。
③ 《新聘教授》，《文华图书馆学专科学校季刊》1932 年第 1 期。
④ 彭敏惠：《文华图书馆学专科学校的创建与发展》，武汉大学出版社 2015 年版，第 125—126 页；文华图书馆学季刊各期《校闻》，钱亮：《文华生活回忆——据钱亚新先生生前录音整理》，《图书情报知识》2008 年第 1 期；《私立武昌文华图书馆学专科学校各项经费书表及有关文书》，时间不详，中国第二历史档案馆藏，档号：五—5227；《私立武昌文华图书馆学专科学校补助费设置特种教席计划表》，1937 年，中国第二历史档案馆藏，档号：五—5227；《文华圕学专科学校消息一束》，《中华图书馆协会会报》1937 年第 6 期。

续表

姓名	性别	年龄	国籍	任课内容	年份	备注
李登伯夫人	女	28	美国	各种图书馆之研究	1925	爱荷华省立图书馆儿童部管理员
李德生女士	女	28	美国	打字法	1926	
彭悦义	男	42	美国	西洋图书馆史；外国文	1927	
殷格荣 Ingram	女	72	美国	英文	1932—1933	任教一年半，1933年离校
华玛丽 Miss M. H. Watts	女		加拿大		1934—1935	加拿大温哥华英属哥伦比亚大学教育学学士，纽约城哥伦比亚大学图书馆学校学士，温哥华公立图书馆馆员，高级中学英文及历史教员。在文华图专任教一年
裴锡恩 Grace D. Phillips	女		美国	档案管理	1934—1936	伊利诺伊大学图书馆学学士，支加哥大学神学学士硕士（1917—1923），麦梭芮大学职员（1906—1912），堪城公共图书馆阅览室及儿童图书馆管理员（1913—1916），威尔墨公立沙图书馆儿童部主任（1924），芝加哥大学神学图书馆主任（1925—1934）

第七章　民国时期文华图专的图书馆学教育研究　/　459

续表

姓名	性别	年龄	国籍	任课内容	年份	备注
毕爱莲 E. E. Booth	女		美国		1935—1938	由美国差会派遣来华继华玛丽教职，美国西北大学学士，伊利诺伊大学图书馆学校毕业，旅居烟台多年，熟悉中文
韩德霖	男		瑞典	法文	？-1935	1935年暑假辞职回国
蒋美德	女		美国	看护	1936	女生看护教员
赫露斯 （又译赫乐德） Ruth A. Hill	女	34	美国	档案管理；图书馆经营法；各种图书馆；儿童图书馆；选书	1936	华盛顿大学图书馆学学士，在纽约公立图书馆，西班牙山洛利塔图书馆，巴黎美国图书馆等处工作
韦德生	男		美国	群育讨论会及学生服务团巡回文库	？—1937	韦棣华之弟
谢富德	男		美国	博物馆学	1937	
周爱德 Iris Johnston	女	33	美国	档案管理、图书馆经营法、选书、儿童图书馆	1937	美国惠特曼大学文学专业肄业（1922—1923）；美国华盛顿大学图书馆学学士（1925—1928）；美国华盛顿大学文学士毕业（1928—1932）（工读）；美国利兹福公共图书馆主任（1923—1924）；美国华盛顿大学图书馆参考部馆员（1928—1937）
格拉塞			德国		1937	
达丽安					1947	

赫乐德（R. A. Hill）和周爱德（Iris Johnston）是文华图专内迁前最后两位外籍教师。赫乐德在文华图专内迁前即已离校。文华图专利用国民政府特别教席补助，曾拟延聘周爱德前往重庆任教，但周爱德最后放弃。

表7-7　私立武昌文华图书馆学专科学校 补助费设置特种教席状况报告表（二十五年度）[1]

院科别		教席项目		核定款额 国币 2560.00 元正	
教席姓名　赫乐德 原名 R. A. Hill 性别：女　年龄：34 籍贯：美国		学历　美国华盛顿大学图书馆学学士		经历　在美国西班牙法国任图书馆重要工作多年	
教席状况		上　学　期		下　学　期	
		担任学程	学　分	担任学程	学　分
		档案管理	1	档案管理	1
		图书馆经营法	4	图书馆经营法	4
		儿童图书馆，各种图书馆，选书（各一小时）	3	儿童图书馆为（二小时）余同上学期	4
薪给	月份	七月起薪，至第二年六月			
		每月220元			

---

[1] 《私立武昌文华图书馆学专科学校补助费设置特种教席计划表》，1937年，中国第二历史档案馆藏，档号：五-5227。

表7-8　　　　　　　　周爱德简历及教学计划①

姓名	周爱德 Iris Johnston	学历	经历	担任学程
性别	女	美国惠特曼大学肄业 文学专业 1922—1923	美国利兹福公共图书馆主任 1923—1924	上学期： 档案管理　2学分 每周时数　2小时
年龄	33	美国华盛顿大学毕业 图书馆学 1925—1928 图书馆学学士		图书馆经营法　5学分　每周时数　5小时 书籍选择　2学分 每周时数　2小时
籍贯	美国	美国华盛顿大学毕业 文学 1928—1932 文学士（工读）		下学期 档案管理　2学分 每周时数　2小时 图书馆经营法　5学分　每周时数　5小时
月薪	220元		美国华盛顿大学图书馆　参考部馆员 1928—1937	儿童图书馆　2学分　每周时数　2小时

---

① 《私立武昌文华图书馆学专科学校补助费设置特种教席计划表》，1937年，中国第二历史档案馆藏，档号：五-5227。

表 7-9　　文华图专外籍教师发表的论文概况

姓名	论文名称	《文华图书馆学专科学校季刊》刊期及页码
Grace D. Phillips（裴锡恩）	The Boone Library School through the Eyes of a Newcomer（《外国人眼中之文华图书馆学校》）	第七卷第二期，《校闻》315—318页
	Behind the Scenes in the Peiping National Library（《国立北平图书馆之内部情形》）	第七卷第三、四期，561—571页
	Libraries in China Review of the Papers Prepared on the Occasion of the Tenth Anniversary of the Library Association of China（《中华图书馆协会成立十周年论文综述："中国的图书馆"书后》）	第八卷第一期，155—159页
	Bibliographies Recent Library Books（《书目两篇：最近图书馆学书及讨论中国之英文书》）	第八卷第二期，293—302页
	Library Architecture in China（《中国图书馆建筑》）	第八卷第三期，435—452页
E. Eleanor Booth（毕爱莲）	Makeshift, and Progress（《权宜与进步》）	第七卷第三、四期，559—560页
	In Delight Do We Instruct（《指导他人的乐趣》）	第八卷第一期，141—143页
	Introducing Reference Service to China（《中国图书馆中之参考工作》）	第八卷第二期，279—281页

续表

姓名	论文名称	《文华图书馆学专科学校季刊》刊期及页码
RuthA. Hill（赫乐德）	*Library Service for Children in China*（《中国图书馆里的儿童服务》）	第九卷第一期，155—163页
	Librarianship: A Profession（《图书馆的职业问题》）	第九卷第二期，《校闻》307—312页

沈祖荣在给教育部《呈送本校二十八年度补助费设施计划暨二十七年案实施概况祈核夺示遵由》的文件中谈到："钧部二十八年六月（未填日期）第一三九七二号训令以本校二十八年度补助旨经核定为七千元，补助项目为图书馆学教席二人，暨学科设备着遵照规定，造具设施计划，连同上年度补助费案实施概况，併送审核，以凭备转发费。……再二十七年度补助费项下原设有教席二人（继续上年度），其中有周爱德（美国人，原名Iris Johnston）一名，因时局变化，路程阻隔，未能来川继续任教。除二十七年七月份薪金照例由该员于暑假离校时领去外，具余八月至十二月五个月薪金（月薪二百二十元，五个月，计国币一千一百元正。），当然停止发给"[①]。外籍教师收入很高，1931年至1933年期间，沈祖荣利用中基会特别教席的经费聘请外籍教师，其月收入大致是当时省级图书馆馆长的四倍[②]。

这些外籍教师除了授课外还发表过一些论文。《文华图书馆学专科学校季刊》曾开设过数期"外文之部"，由本校师生用英文撰写，裴锡恩是外籍教师里发表文章最多的，这些文章多以中国图书馆、图书馆教育界的特别之处着眼，分析中外图书馆界的不同之处。

[①] 《私立武昌文华图书馆学专科学校补助费设置特种教席计划表》，1937年，中国第二历史档案馆藏，档号：五-5227。

[②] Kuang-Pei Tu, (*Transformation and Dissemination of Western Knowledge and Values: the Shaping of Library Services in Early Twentieth Century China* [D])，1996：209-210。

除文华图专以外，其他图书馆学教育机构很少见外籍教师执教的记录，而文华图专外籍教师多集中于20世纪20年代中期至1937年以前，与文华图专的教会背景，以及韦棣华、沈祖荣与美国图书馆界密切的联系有关。

（二）海归学者

20年代中期以后的海外留学人数大大增加，自费留学出国者，及"委托培养"出国者均明显增多。1929年，沈祖荣应邀出席罗马国际图书馆大会，沈祖荣倡议各国应加强馆员交换，"一面各国常以此科富有经验之专家来华演讲，以及实地助理或提倡等事，一面中国则多派研究图书馆学尤富有国学之根基者特来各国为其服务，以负整理东方文化之责且得以受西方大图书馆之训练，尤须优待给其津贴是所至盼"①。得到数国代表赞成，德国代表立即提出了邀请。

在20世纪30年代，国立北平图书馆、国立中央图书馆、文华图专有计划地派人出国进修，"本校教务主任徐家麟先生，已由本校资送赴美入哈佛大学深造。徐先生由武汉动身系在八月廿七日。在起程前二日由武汉同学会发起共同在武昌青年会饯行。是日适为校长沈祖荣先生由秥岭返校之次日，故沈先生亦参加斯会，席间并谆谆赐教"②。留学者对于职业的选择多样，有些人不再从事图书馆工作，如冯汉骥、陆秀夫妇回国后改为从事历史学、儿童教育工作。然而更多的人，如汪长炳、徐家麟、王重民、岳良木、桂质柏、田洪都等人，回国后继续从事图书馆学教育工作。这些人出国前大多就有图书馆工作或者从事教育的经历，归国以后，学贯中西，又了解中国国情，因此很受学生欢迎。一些非图书馆学专业的海外留学者，也被聘为师资，不过大多从事语言类教学。"本校为求适应实际之需要，特添设日文及法文学程。除法文学程，由本校学生到华中大学合班上课外。特聘

---

① 沈祖荣：《国际图书馆大会》，《武昌文华图书科季刊》1929年第3期。
② 《校闻》，《文华图书馆学专科学校季刊》1935年第3—4期（合刊）。

在日本东京帝国商科大学毕业之高伯勋学生为日文讲师"①。"本校法文教员原系瑞典韩德霖先生，本年暑假韩先生返国。现本校已聘请张春蕙先生担任该课矣，张先生系法国黎耳大学硕士，留法有年，学识经验两俱丰富，学校诚庆得人"②。

（三）本土学者

大部分毕业于国内图书馆学教育机构，尤以文华图专毕业生返校任者最多，如毛坤、皮高品、汪应文等。一些与关联学科，如校雠学、金石学、版本学多由本土学者担任，如文华图专的中国版本学课程由武汉著名藏书家徐行可担任③。

民国时期图书馆学教育机构之间师资流动较少，文华图专、上海国民大学图书馆学系、金陵大学图书馆学系、北京大学图书馆学专修科之间师资交流很少。仅见傅振伦先生在1942年时曾执教文华图专，1948年又在北京大学图书馆学专科任教，讲授《档案与资料》④。1945年李永增执教于文华图专，后又任教过成都女子职业学校高级图书管理科这样少数的例子⑤。刘国钧从金陵大学图书馆学专修科到北京大学图书馆学专修科任教，已经是他离开金陵大学很多年以后，才于1951年从兰州调至北京。文华图专与国立社会教育学院图书博物馆学系之间的人员流动是个特例。当时图书馆博物馆学系系主任为汪长炳，教师杨家骆、顾颉刚、严文郁、鲁润久、黄元福、岳良木、钱亚新、徐家麟、荆三林、纪聚贤、沈维均、祝嘉⑥。图书馆学系的大部分师

---

① 《本校消息》，《文华图书科季刊》1931年第4期。
② 《校闻》，《文华图书馆学专科学校季刊》1935年第3—4期（合刊）。
③ 《本科消息》，《文华图书科季刊》1930年第1期。
④ 群忠、傅振伦：《关心图书馆事业的博物馆学家》，《图书馆界》1998年第1期。
⑤ 《私立武昌文华图书馆学专科学校教职员人名资格审查等有关人事的文件》，1936—1946年，中国第二历史档案馆藏，档号：五-2904；成都市地方志编纂委员会：《成都市志·文化艺术志》，四川辞书出版社1999年版，第256—257页。
⑥ 谢在田：《国立社会教育学院简史》，载苏州大学社会教育学院武汉校友会编辑：《峥嵘岁月（第1集）》，1987年版，第3—5页；傅道文：《我们的母校国立社会教育学院——一所具有创新特色的高等学府》；苏州大学社会教育学院四川校友会编辑：《峥嵘岁月（第2集）》，1989年版，第13页。

资是来自于文华图专。时逢抗战物资极度匮乏，文华图专经营困难。徐家麟、钱亚新、熊毓文等均被吸引前往任教，这固然是生存需要的考虑。从长远来说，国立社会教育学院图书博物馆学系又是国民政府批准的唯一四年制图书馆学教育机构，极有发展前途，经费、生源都非文华图专可比。国立社会教育学院复员南京以后，进一步吸引了不少文华图专学子。

第三节 文华图专的教学、实践与科研

一 教材

民国时期图书馆学教材各异，这是由于各教学机构彼此孤立发展，从未形成过对图书馆学教学一致的认识，当然也未形成统一的教材，教学内容也有所不同。教育机关仅起监督作用，并不对各教学机构的教学加以干预。当时西方图书馆学理论进入中国以后，正不断进行本土化改造，也造成教学内容多变。

武汉大学信息管理学院保存有不少文华图专教学时使用过的图书，有教材、参考书。不少图书打有标记，反映了当时教学教材的一些情况。这些教材有些来自海外的图书馆学著作或原版教材，如杜定友著《图书馆与成人教育》，其序言就说本书根据美国图书馆协会出版的 *Libraries and Adult Education* 编译而成。二为国内图书馆学专家所著书籍，这类教材最多，多是国内图书馆名家结合中国国情对西方理论的改良教材，如杜定友著《图书馆学概论》《学校图书馆学》、俞素昧著《图书流通法》、俞爽迷著《图书馆学通论》、傅振伦著《公文档案管理法》、金敏甫编著《图书编目法》、刘国钧著《图书馆学要旨》、马宗荣著《现代图书馆经营论》、洪焕椿著《怎样利用图书馆》等，从文华图专的教材选用来看，对校外图书馆学家的著作选择要多过本校师生所撰写的著作，说明文华图专亦注重国内图书馆名家的著作，有兼容并包的精神。

有些教材考虑到教师备课方便，学生学习方便，在绪言里往往交待课时数，每课附有参考，可以使学生做更进一步的研究；问题，使学生回顾全课要点，以便研究讨论；实习，使学生能获实际的知识和经验。总之，在20世纪30年代，图书馆学教材的编写正逐步走向成熟。

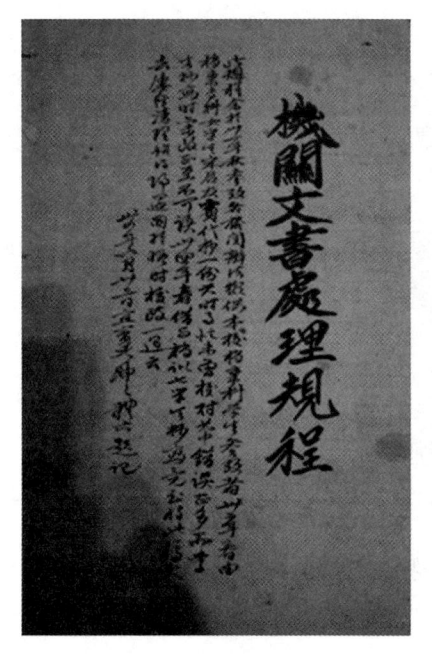

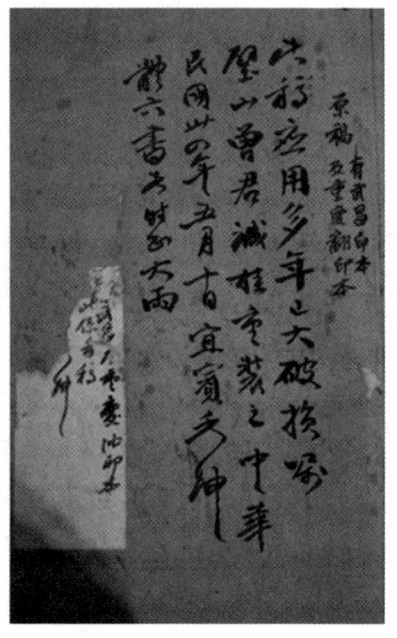

图7-1　毛坤著《机关文书处理规程》（未刊稿）封面及封底①

一本汪辟疆著《目录学研究》，封二印着"文华图专学生课本"字样，借书登记上有"廖洛纲于1934年1月16日，汪应文于1934年7月19日借阅过该书"的字样，说明文华图专的课本很可能不是每届学生人手一册，而是不断地为各届学生所循环利用。又有杜定友编《图书管理法》，在第二十六课"图书编目法"有"星形"记

---

① 此照片由毛坤之子毛相骞先生提供。

号，上用红笔注明"考""名录解释"字样，这很可能是当时教师考试的一个内容。还有教师自编教材及未出版著作，如文华图专1951年张毓村编著的《图书馆学实习教程（未定稿）》第一、二册，毛坤所著《机关公文书处理规程》等。《机关公文书处理规程》开篇就说"此规程余于卅一年秋参考各机关办法拟供本校档案科学生参考者"①。

由于当时图书馆学教育一直未能充分发展，教材销路很少，因此很多图书馆学讲义未能出版，对于不太知名的图书馆学人来说尤其如此。《中华图书馆协会会报》就登载了这样一则消息，"会员陈重寅君编有中学暨师范学校适用之图书馆学教本一书，脱稿已数年，向各书局接洽出版，均以销路无把握为辞，因请本会代为出版，本会收到此项稿件后，已送请执行委员会李小缘君审定，如无不妥之处即为付印，否则由本委员会将稿径还陈君云"②。

二 围绕教学方向开展教学活动

图书馆学教育机构的教学方向，是由当时图书界及社会所需要解决的问题或者说社会教育的大方向所决定的。1935年毛坤写了《图书馆当前的问题》，分析了当前中国图书馆的现状问题，也反映了同时期文华图专教学的方向。

文中谈到五个主要问题，关于图书馆学术者，中国目录版本之学属于现代图书馆学的一部分，然而并不完整，对于图书馆学的其他方面，在中国是找不到传统的，因此需要大力译介国外名著，学习吸收，然而图书馆是兼容并包的，无所谓本位主义，因此不论是洋的还是土的，只要有用就是好的。对于读书运动、识字运动、乡村教育，是要寻找到真正的需要，脱离了需要去强迫没有用处，办理好儿童图书馆，

---

① 毛坤：《机关文书处理规程序》，未刊本，1945年。
② 《图书馆学教本稿本之审查》，《中华图书馆协会会报》1931年第6期。

培养办理乡村图书馆的人才才是切实的步骤。因此中西结合,注重实践,与民众教育运动、读书运动相结合,满足时代与社会的需求构成了文华图专的教学方向,这是图书馆学教学与中国国情相结合的体现。20世纪30年代,文华图专开办民众讲习班,专门针对中西部地区招生,就有这方面的考虑。

(一)中西结合,以西为体

从一份1936年文华图专第二学期的授课表来看,可以分为语言类、理论类、实践类、国学类四类课程,"文华图专坚持中西并重古今兼顾,曾比照美国纽约公共图书馆学校课程设置而对称地设有'中西文参考书举要''中西文书籍编目学''中西文书籍分类法''中西文书籍选读'和'中西图书馆史'等课程。既开设中国目录学、中国版本学等研究传统文献的课程,又开设图书馆经济学、图书馆行政学、特别图书馆和各种图书馆之研究等西方色彩浓厚的课程,针对以中文为母语的学生,向着'学贯中西'的方向培养"①。"外国图书馆学,虽然有一部分我们可以采取;但有许多重要的部分,都不能运用到中国书籍上来的。比如书籍分类法,无论是杜威分类法 Dewey's Classifition 或是布郎恩分类法 Brown's Subject Classification 或克特尔 Cutter's Classification 用来分中国的书,不是不能包括中国书的全部,就是有许多类没有用处。又如序列法 Filing,外国是依字母排列,我国根本没有字母,怎么都有许多问题不能用外国的方法来解决。那么,要满足图书馆界的要求,我们只好别辟途径了"②。当然,"学贯中西"乃为不得已的做法,其目标是围绕着西方图书馆学理论,结合中国国情做改进。

例如一些课程的教学内容,中国目录学"讲述目录学的源流、派别和历代图书分类的异同与得失"。中文书籍编目学"讲述编目之历

---

① 彭敏惠:《文华图书馆学专科学校的创建与发展》,武汉大学出版社2015年版,第259页。

② 耿靖民:《发刊词》,《武昌文华图书科季刊》1929年第1期。

史、批评及中文书籍之编目法",西文书籍编目学(实习在内)"讲述编目的原则、种类、形式及各种目录的编制方法"。西文书籍分类法"叙述分类法的原理、种类、批评及杜威十进分类法的应用"①。说明在主干课程的设置上,东方西课程是较为平均的,既体现了面向中国国情的需要,也体现了兼容并包的精神。

(二) 注重实践

图书馆学为应用学科,从实践中学习理论,消化理论,探讨问题解决办法是图书馆学教育的特点。图书馆学教育可以分为知识学习与技能学习两类;二者是不同的,知识可以通过传授获得,而技能的掌握则更多的需要实践获得,虽然这些技能可以用语言描述,但多数情况下还是意会的知识。如果某位学生处理具体事务比其他学生更为出色,这可能不是因为他对知识的掌握更为娴熟,而是因为实践经验更为丰富。

就业市场需要的不仅是掌握理论的人才,更需要实际工作的熟手,实习因此占有课程教学相当大的比重,实习内容分为图书馆学实习,打字、习字训练,社会活动等。文华图专1933年图书馆学讲习班的课程大纲分为目录参考组、图书馆学组和辅科组。图书馆学实习属于图书馆学组,规定"每周二次,实习一年,内容为练习图书馆计划方案、建筑设备、图样规则、报告预算决算、统计、选书、购书、收书、登记、排架、清查、流通、装订、排片等"②。从图书馆建筑设计、管理、采访等各环节对学生进行操作训练。打字、习字训练属于辅科组,"打字每周一小时,教授半年,内容习打英文。习字每周一小时,教授半年,内容为练习书写中西各种图书馆应用字体"③。

---

① 吴鸿志:《武昌文华图书科之过去现在及其将来》,《武昌文华图书科季刊》1929年第2期。

②③ 《私立文华专科学校督学报告及校务概况表》,1933年,湖北省档案馆藏,档号:LS10-6-272。

表7-10　　私立武昌文华图书馆学专科学校二十五年度第二学期授课时间表①

		星期一			星期二			星期三		
		专二	专一	讲习	专二	专一	讲习	专二	专一	讲习
上午	8:25-9:15	纪念周	纪念周	纪念周	德文 格	分类学 汪		西文编目法 汪	西文目录学 毕	西文编目法 沈
	9:20-10:10				西文参考书 毕	图书馆经营法 赫	中文参考书 毛	书籍选择 赫	古器物学 易	中文目录学 毛
	10:15-11:05	分类学 汪	西文编目法 沈	中文编目法 毛			图书馆经营法 汪	书籍选择 汪		
	11:10-12:00	图书馆经营法 郝		日文 熊	中文编目法 毛	法文 毕	分类学 汪	档案管理 毛		日文 熊

---

① 《本科二十六至廿九各年学生毕业案》，1936年，武汉大学档案馆藏，档号：7-1-2。

续表

		星期一			星期二			星期三		
		专二	专一	讲习	专二	专一	讲习	专二	专一	讲习
下午	1:30 -2:20		图书馆史 毕	实习		儿童图书馆 郝	实习	毕业论文	簿记与会计 熊	打字与习字范
	2:25 -3:15	实习	打字与习字范	实习	实习	实习		国术 赵	国术 赵	国术 赵
	3:20 -4:10	实习	军事训练 看护训练 蒋谢	军事训练 看护训练 蒋谢		实习	实习	国术 赵	国术 赵	国术 赵
	4:15 -5:05		军事训练 蒋谢	军事训练 蒋谢						

续表

		星期四			星期五			星期六		
		专二	专一	讲习	专二	专一	讲习	专二	专一	讲习
上午	8：25-9：15	德文	西文编目法	打字与习字范	档案管理 郝	分类学 汪		西文编目法 汪	西文目录学 毕	西文编目法 沈
	9：20-10：10	德文	中文参考书 毛		西文参考书 毕	古器物学 易	中文参考书 毛	图书馆经营法 赫		
	10：15-11：05	分类学 汪		分类学 汪	各种图书馆 郝	图书馆经营法 汪	中文目录学 毛		公务管理 汪	
	11：10-12：00	图书馆经营法 郝	法文 毕	中文编目法 毛	图书馆史 毛		日文 熊	中文目录学 毛	法文 毕	档案管理 汪

续表

		星期四			星期五			星期六		
		专二	专一	讲习	专二	专一	讲习	专二	专一	讲习
下午	1：30-2：20		图书馆史 毕	实习		儿童图书馆 郝	实习			
	2：25-3：15	实习	打字与习字范	实习		实习	实习			
	3：20-4：10	实习				实习	实习			
	4：15-5：05									

  文华图专的理论教学和外语教学安排在上午，实习、打字与习字、军事训练这些实践课程安排在下午，晚间是自由活动时间。实习课程要求严格，钱亚新回忆"其中打字这门课主要不是上课听讲，而是不断地练习打字。老师除教一些指法外，就让你大量练习，教练习的时候有一个条件：不许打错，不许用橡皮擦，如果擦了改正，他是不接

受的，要你重打。这是一种严格的训练，因为当时编西文目录都是靠手打。我对这种学习方法比较欣赏，也能认真去练习，达到要求，并在以后学习外文编目课时派上用场"①。

　　文华图专学生在沈祖荣的提议下组织一个编目股，仿照一般图书馆的工作流程，由学生轮流担任不同工作，分类整理公书林四十余箱中国书籍，"股中一切计划，预算，采办材料用具，分配工作事宜，均由本级学生自动办理。地点确定在公书林二楼南端西室，每星期工作四小时，每人轮流作股长一次"②。武昌办学时期条件较好，1935年文华图专与武汉大学图书馆和湖北省立图书馆达成协议，将西文书籍的实习课安排在武大图书馆，中文书籍的实习安排在湖北省立图书馆，让学生尽快熟悉各类大型图书馆的工作内容③。受其他图书馆邀请，1929年文华学生周连宽、徐家璧、陶述先、曾宪文、吴鸿志前往北平大学图书馆整理西文书籍，1934年文华学生又前往希理达女中图书馆整理中西书籍。重庆办学期间，文华学生也经常前往国立中央图书馆等机关实习，还帮助英美大使馆编目英文书籍，这样的学习方式有趣并且扩大了社会交际。

　　文华图专教师张毓村专门编了《图书馆学实习教程》，在小引里写着："本教程暂订十四编六十八单元，作为二年制图书馆学专修科实习教材之用，盖其编制目的，除适合教学进度之要求，尤在启发同学确能充分掌握一系列之图书馆工作技能"④。内分七编，分别为图书馆学预备教育、登记、出纳、著者编码、工具书使用法、资料整理、手艺训练。以第一编图书馆学预备教育为例，内分书籍之结构、开揭新书及开切书页、图书排架法、检查新书、图书馆书法、盖章、书片

---

① 钱亚新著、谢欢整理：《钱亚新别集》，南京大学出版社2013年版，第206页。
② 《本科消息》，《武昌文华图书科季刊》1929年第4期。
③ 周洪宇：《不朽的文华——从文华公书林到文华图书馆学专科学校》，华中师范大学出版社2013年版，第320页。
④ 张毓村：《图书馆学实习教程（未定稿）》，武昌文华图书馆学专科学校印行1950年版。

书袋书标及限期表之写法与粘法七个单元。从书刊的结构,新书到馆后的处理流程,以及区分不同文献,如剪报、日报、杂志、小册、档案均有实践。其手艺训练包含打字测验、检字测验及图书装订三种,着重训练学生熟练程度。

与民众接触,宣传图书馆的作用,服务于社会是实习教学的又一重要内容,中国图书馆的发展由于是自上而下的过程,民众了解利用不够,需要进行宣传,包含了一定的社会责任。1932年文华图专组织学生于每星期日下午在昙华林附近及武昌城内各商店及团体机关办理巡回文库,教儿童千字课、唱歌、游戏、卫生、故事等[①]。内迁重庆后,沈祖荣在重庆歌乐山第一儿童保育院内设阅览室,供当地难童阅览之用。并积极筹备在市内继续办理巡回文库及服务伤兵等工作,以俾益抗战,嘉惠市民[②]。这样的实习活动贯穿了文华图专教学史的整个过程,沈祖荣曾不无自豪地认为:"个人从事图书馆事业逾卅年,自愧无多大成绩,但注意到有三点:(1)理论须与实际配合,因此领导学生办理实验圕,学用兼顾,真正做到为人民服务地步。(2)对于图书馆的管理,要同学中西兼顾,不偏重某一方面,俾能融合贯通。(3)图书馆是静止的,必须加强推广而积极活动,特设巡回车,经常流通和普遍供应图书"[③]。

实习的好处还可以通过相反的例子来证明。新中国成立初期,文华图专的实习活动明显减少,学生意见较大,提出以下建议。

其一,实验及实习机会太少,因为学校太小,希望有机会去各处参观,以提高兴趣,并有学习之机会。

[①] 赵福来:《文华图书馆学专科学校学生服务组织工作报告》,《文华图书馆学专科学校季刊》1932年第3—4期(合刊)。

[②] 《文华圕学专科学校由鄂迁渝工作概况》,《中华图书馆协会会报》1939年第5期。

[③] 《湖北私立文华图书馆学专科学校概况、访问材料、教职员工学生名册、调查表、毕业生历年成绩表》,时间不详,湖北省档案馆藏,档号:GM7-1-96。

其二，对于实习的时间似乎不太充足，课外的作业有时候太多，有些课程必须自己找材料去抄，抄的太多，实在有些累手。

其三，本校之实习及课外作业多于图书馆，但本校因经费的拮据无法购置实习时的用品，因此我们失去了一些实习的机会，如：书籍的精装、印刷等。

其四，对于各科的实习没有多大意见，只是功课表上格外注明了那每周两节的实习课有点不大满意，所谓实习应该是实实在在的做，真正的完成理论与实践配合的原则，但我们上学习课时很少切实的去做，还是坐在教室里听理论，两年将完了，许多应该学会做的事情都没有学会，所以我们希望在实习课时多注重做，少说话，课外作业太多了，同时每门功课的教师只注重自己所教的功课，恨不得将所有时间都花在他的功课上，因此交给我们许多课外作业，每个先生都如此做，结果加在我们身上的负担太重，时间支配不来，希望各科先生共同商量给予课外作业。

其五，对于实习方面，我们的实习事项，是临时决定的，而事先一项并无统筹计划和步骤，使同学在实习前无所准备，实习是糊涂的来而以糊涂的过去，其课外作业太多而乱，如抄笔记太费时。

其六，本校为经费、条件限制不能购买昂贵的实验仪器，比如实习装订术，没有装订的机器，仅凭口头讲授，可能的话，希望有这一类的东西时，实地的带我们去参观。①

（三）思维锻炼与理论研究

注重思维锻炼与理论研究是当时图书馆学高等教育的特点，以文

---

① 《湖北私立文华图书馆学专科学校各学科教学情况调查表、学生意见表》，时间不详，湖北省档案馆藏，档号：GM7-1-97。

华图专为典型,社会教育学院图书博物馆学系继承了这一传统。注重理论研究的传统开始于20世纪20年代,在文华图专档案里,在学生成绩单上曾印有图书馆学讨论(Library Science Seminar)这门课,1930级学生每人自拟一题进行研究。

> 同学除受课及实习外,并对中国图书馆界所遇之种种困难问题,各人随其所好,分别在课外作有系统的研究,俾将来在中国图书界能有所供献,例如:
>
> | | |
> |---|---|
> | 民国以来关于图书馆学中文论文提要 | 耿君靖民 |
> | 中国旧时标目提因 | 徐君家璧 |
> | 儿童图书馆 | 曾宪文女士 |
> | 国内新旧书坊目录之收集及整理 | 刘华锦女士 |
> | 中国书籍分类法之研究 | 陈颂女士 |
> | 中国书籍编目法之研究 | 陶君述先 |
> | 小册与文件保管法 | 李君继先 |
> | 中国书籍装订之研究 | 周君连宽 |
> | 汉字索引之研究 | 吴鸿志[①] |

《文华图书馆学专科学校季刊》的内容大多来自文华学生在读期间发表的文章,不少是具有前沿性、开拓性的,具有一定的理论深度。当时的图书馆学有价值有深度的图书馆学论文并不多见。刘国钧主持中华图书馆协会会刊《图书馆学季刊》时,经常为稿件太少屡屡向文华图专索稿,有时不得不合并刊期发表,而《文华图书馆学专科学校季刊》因为有对学生作业的要求,稿源较为充足。该刊以赠阅的形式发送各大学校图书馆、著名公共图书馆,颇有引领图书馆学研究风气

---

① 吴鸿志:《武昌文华图书科之过去现在及其将来》,《武昌文华图书科季刊》1929年第2期。

的作用，也是许多没有机会接受专门教育的图书馆员学习的参考。该刊在文华图专内迁后停办，抗战结束后沈祖荣曾试图恢复，但未能实现。

文华图专另一个展示科研的平台是"文华图专丛书"，包括了文华图书科和文华图专两个阶段。这些书稿有些是先发表在《文华图书馆学专科学校季刊》上的，而后修改完善再行出版的。文华图专丛书现今可考的有23种，以译自美日图书馆学家的著作为多。可以说在1937全面抗战爆发前，文华图专的学术研究达到了最好的水平。

《华中日报》副刊《图书与文献》是由汪应文在1947年至1948年间主持的图书馆学论坛，其作者以文华图专师生为多，是另一个发行范围较小的学术平台。除了对各自选题的研究，文华图专学生还有集体对新问题的讨论。"编目讨论会——中文书籍之编目法，现各处犹在试行期中，非有深切之经验与研究，则难臻完善。本级自去年以来，即有中文编目股之组织，意在实地练习，以知各种方法之利弊而求改良。本期更增设编目讨论会，每星期开会一次，将吾人实习时所遇之困难及意见，共同探讨，以求解决。其结果虽不能尽如人意，然研究所得，将来或可供图书馆界同人之参考耳"①。文华图专在内迁前的后两届学生课目中加入了毕业论文（Graduation Thesis）课程并作为必修科目，这是文华图专学生理论研究制度化的体现。

"群育讨论会"是文华图专组织的渊源悠久的名家论坛活动，起源于文华公书林的创办，以后渐成惯例，由不定期改为定期，1933年时定为每隔两周一次，周三下午公开演讲，学生可以自由发问，互动性较强，而被称为"群育讨论会"。演讲的主题以图书馆学为核心，但也包括大量的文献学、教育学、社会科学、历史学、法学、时政等问题的演讲。"本校群育讨论会于近三月内继续举行三次：（一）请湖

---

① 《本科消息》，《武昌文华图书科季刊》1930年第1期。

北省立图书馆谈锡恩馆长讲宇宙间人生之意义与价值。（二）请华中大学陈淑元教授讲目前中国本土文化运动之检讨。（三）请武汉大学吴其昌教授讲十世纪来中国私家藏书之沿革，及其所培造的学风，每次讲员讲毕，各同学随时发问，互相讨论，颇为受益"①。演讲者多系某一领域的专家、名人、政府高官，如闻一多、杜定友、蒋复璁、桂质廷、范洪五、袁同礼、王世杰、何鲁成等等。内迁重庆期间，这一传统继续延续，因时局动乱论坛主办次数减少。

汪长炳主持的国立社会教育学院图书博物馆学系延续了文华图专的办学风格，图书博物馆学系学生均要求撰写论文，在武汉大学信管学院资料室，还保留有图书馆博物馆学系赠送给文华图专的毕业论文，如常翠华的《儿童读物之研究》，刘世杰的《用文学作品教育民众》，吉鸿的《中小学生阅读兴趣研究》，谭家琛的《我国公共图书馆制度之改进》等。

国立社会教育学院图书博物馆学系也经常举办学术讲演，"本院每星期一纪念周例请海内专家莅院讲演，兹将本学期来院演讲人姓名及讲题探志于后。钱穆，从历史看中国社会；王芸生，一统与均权；顾颉刚，苏州文化；毛健吾，新闻事业与社会教育；向培良，中国文艺的欣赏"②。而同时期的金陵大学图书馆学专修科亦是如此，这是当时图书馆学高等教育的共同特点。

本章讨论几个对于图书馆学教育机构至关重要，但又不能完全控制的环节，招生、就业与深造。招生和就业反映了学校的声誉，也反映了社会对图书馆学专业教育的认可程度，深造则更多的是学生个人意愿的反映，只有对于图书馆职业的热爱，并且也认为这一职业适合自己，才会选择继续进修。

---

① 《校闻》，《文华图书馆学专科学校季刊》1935年第2期。
② 《纪念周讲演》，《国立社会教育学院院刊》1946年第1期。

第四节　文华图专的招生与就业

一　招生

民国时期图书馆学教育的招生情况似乎有些矛盾。从文华图专历届毕业生的就业情况来看，不少人能够在著名的大学图书馆、国家图书馆、省级图书馆和国外图书馆任职，甚至一开始工作就能担任图书馆馆长、主任等重要职位，《文华图书馆学专科学校季刊》多次报道文华学生就业形势良好，用人单位屡屡来函聘请的情况。然而投考的学生却并不多，文华图专出现过好几次招录员额未满的情况。有些考生已被录取但又放弃来学校就读，比如1928年录取了12名学生，实际到校只有9人；1935年录取了14人，实际到校也只有9人。1926年钱亚新回忆在上海交大图书馆参加考试时的情景，"参加考试的人，廖若晨星。六门功课，考了四个半天，成绩如何，毫无把握"①。这种结果可能有两个原因，一是大多数考生对图书馆职业前景不看好，影响了招生情况。社会对于图书馆员认同不高，沈祖荣回忆最初选择这一职业时所遇到的难堪，"亲朋好友，谁都不赞成，当面阿谀，则说'方今各处需才孔亟，以你大学毕业，何事不可为？乃作此招护书籍的事业，不其长才短驭'？背地议论，非说某'毫无远志'；即说某'学识平庸，不能充当学校的教员，不能做洋行的买办或写字，只有混迹书业，做书班的事业，这种整理书籍的工作，花费数元，雇一个失业的书贾担任足矣。何以在大学毕业之后，反去做这种工作，真是不可解'"②。可见社会认识的偏见限制了学生的投考热情。另一种原因可能是，招考门槛太高，不少人可能认为大学毕业或肄业两年以后，再花上两年时间去读图书馆学，

---

① 钱亚新著、谢欢整理：《钱亚新别集》，南京大学出版社2013年版，第201页。
② 沈祖荣：《在文华公书林过去十九年之经验》，《文华图书科季刊》1929年第1期。

然后进入一个发展空间有限的职业是否值得。当抗战时期文华图专、金陵大学图书馆学系将入学门槛降低至高中毕业程度时，情况才有所改观。

1920年成立的文华图书科的第一批学生完全来自文华大学，条件达到大学本科二年级程度肄业程度即可，还没有开设专门考试。这时文华图专尚未独立，图书馆学教育还处于试办的阶段，相当于辅系性质，学生毕业时可以同时获得文华大学及图书科的两个文凭，能增加更多的就业机会。不过第一届学生的就业情况颇为理想，六个学生均选择进入图书馆职业，而不是他们主修学科所确定的职业范围，这一结果大大鼓舞了士气，"……现已毕业一班。其学员有在厦门大学图书馆、上海商务书局图书馆、北京政治学会图书馆、北京协和医学院图书馆、燕京大学图书馆、清华大学图书馆任事；更有各图书馆向文华来聘馆员者，因毕业生均已就事，未毕业者尚在求学期中，无以应付，抱歉殊深"①。

最初招生并无入学考试，文华图专及金陵大学图书馆学系均是招收本校二年级肄业及以上学历对图书馆学感兴趣的学生。1926年文华图专获得庚款资助，中华图书馆协会受中华教育文化基金董事会委托文华图专面向全国招生，才开始有正规的入学考试，文华图专开始成为一所全国性的学校。

（一）招生广告与重视女性的趋势

自1926年，文华图书科在中华教育文化基金董事会的支持下，在全国重要城市，北京、上海、南京、汉口、广州发布招生广告和中华教育文化基金董事会图书馆学助学金规程，招考学生。1930年时候，增设沈阳考点，考场设在沈阳东北大学图书馆，招考城市达到六处。1926年招考广告如下：

---

① 沈祖荣：《民国十年之图书馆》，《新教育》1922年第4期。

中华教育文化基金董事会委托本会招生

中华教育文化基金董事会因鉴于图书馆学专门人才缺乏，近议决补助武昌华中大学文华图书科并扩充其课程；给予助学金额二十五名以期养成此项人才。现已在北京、上海、南京、汉口、广州五处招生，并来函特请本会会同该校办理。兹录原函如左：

迳启者，敝会文化事业，拟从图书馆入手，现已决定先在北京设立图书馆一所。顾图书馆一科，系专门学术，此项人才，培养尤不容缓，查武昌华中大学文华图书科。为国内唯一之图书馆学校。主任韦棣华女士，对于我国图书馆之发达，素具热心。敝会二月间常会议决，委托该校养成此项专才，因特设图书馆学教席及助学金名额，俾克实现预期之目的。此项办法，业经该校承诺，并商定进行手续在案。惟此次招收新生，系于北京、南京、上海、武昌、广州五处举行，旨在普及全国，以宏效益；

贵会为吾国图书馆事业之重要团体，势于此举谅荷赞同，所有此次招收新生事宜，特请贵会会同该校办理，以资协助，而利进行。为此具函奉托，即希察核见复为荷 此致 中华图书馆协会

中华教育文化基金董事会启　六月八日

中华教育文化基金董事会图书馆学助学金规程

本会为提倡图书馆学起见，自民国十五年八月起，每年设图书馆学助学金二十五名，每名国币二百圆，至十八年六月止，由本会委托武昌华中文华图书科给予之。

凡欲得助学金者，须具有下列各项之资格：

有关于图书馆事务之经验或兴趣者。

至少大学本科二年级程度肄业期满成绩及格者。

凡具上项资格者，皆得报名应入学考试，考试地点在北京、南京、武昌、上海、广州五处。

入学考试，由本会委托中华图书馆协会与武昌华中大学文华

图书科合组考试委员会执行之。

凡试验及格者，须按照武昌华中大学文华图书科所定课程，在该校选习，并须填具志愿书，声明毕业后志愿服务于图书馆事业。

每年给予之助学金，应按照投考者省籍，略采均用轮递之意。

助学金额如本年不得相当之人，则宁缺勿滥，此项学额所存之款项，应留为下学年之助学金额。

中华图书馆协会、武昌华中大学文华图书科招考图书馆学免费生规程

学额

中华教育文化基金董事会为提倡图书馆学起见，本年在武昌华中大学文华图书科设图书馆学助学金额二十五名，委托本会、科合组考试委员会执行招考事宜，被取录者照给助学金。（此项助学金每人每年二百元其中一百七十元为学膳宿费，余三十元分四期发给充杂费）

资格及程度

凡欲得助学金者，须具下列各项资格。

有关于图书馆事务之经验或兴趣者。

至少在大学本科二年级肄业期满成绩及格者。

须身体强健品行端正者。

试验科目

凡具上项资格者须经入学试验，试验科目列左：

（一）国文（二）英文（三）历史（本国史及西洋史）（四）物理、化学、社会学、经济学中任选一项。

课程

凡试验及格者须按照武昌华中大学文华图书科所定课程在校肄业两年，肄业期满考试成绩及格者给予图书科证书。

（注）大学毕业生在一年内能将图书科课程习毕者经考试委

员会核准得于一年内毕业给予图书科证书。

报名须知

考生须向武昌华中大学文华图书科报名。其报名各项格式须函附邮票十分，就近向北京石虎胡同中华图书馆协会及南京东南大学、上海南洋大学、武昌华中大学、广州广东大学各图书馆索取之。

考生须将各项证书按式样细填注并请其原肄业所在学校之校长或教务长签字证明。

考生须将修业或毕业证书或转学成绩证书寄来备验。

考生须缴费二元由所在邮局汇至武昌文华图书科。

各项证书及考费至迟必于七月五日以前一并挂号寄到武昌华中大学文华图书科以便备查。

审查后如认为所填不符或程度不合不能准考者，当即函告并将考费及证书一并退还，但履历书概不退还。

审查后认为合格者即寄与准考证一纸以为届时应试之凭证。凡准考以后无论应考与否取录与否考费履历书及像片概不退还。

考生应交本年所照四寸半身照片二张一粘履历书一粘履历书副张。

试期及地点

本年考试定于七月二十日起在北京、南京、上海、武昌、广州五处同时举行，考生须于报名时认定一处，认定后不得更改考试地址，当于寄与准考证时同时通知。

入学须知

考生于考取后须请著名西医检查身体并在所备之体质证书内详细填注签字，医生出身一并注明于到校前缴纳。

新生入校前应填写志愿书并请在武昌或投考地觅取能负一切责任者二人为正副保证人出具保证书。

各生须自备书籍文具及由投考地至武昌之舟车等旅费。①

这样的招生广告有几个特点,一是均选择全国重要城市如北京、上海、南京、武汉、广州、沈阳、成都、重庆、昆明等大城市设立考点,委托各大学图书馆代理考试过程,学生能就近考试,择优录取。这些大城市经济发达,风气开化,图书馆众多,便于就业。所设考点均为著名大学图书馆,考生对未来的职业前景有清楚的认识。二是文华图专与中华图书馆协会联合招生是很好的广告方式。"中华图书馆协会推荐了戴志骞、刘国钧与文华图书科教师组成考试委员会"②。虽然不过是名义上的协助,但为文华图专在业界树立最高学府的形象提供了无形的宣传,有利于招到素质良好的学生,也有利于增强考生的信心,即便是当代也没有学校能做到这一点。三是文华图专很注重在业界树立一所全国性学校的概念,而不是仅以本校、本地区为招生范围,这种意识也体现在之后的一年制民众班、讲习班的招考区域范围。因此,文华图书科从开始已经有很好的品牌意识和争创一流教育机构的思想。

受传统习俗的影响,早期图书馆学招生几乎是清一色的男性,1935年费锡恩(Grace D. Phillips)来文华图专任教时,仍然对中国图书馆界的男性占多数感觉惊讶,"假如你厌倦了美国图书馆工作的女性环境,那么来中国吧。这里男性主宰着图书馆工作。我们二年级的学生都是男性,一年级者男女各占一半"③。

20世纪20年代的女性受图书馆学教育的情况还只是极个别的现象,1927年入校的陆秀是文华图书科的第一位女生。30年代以后女性

---

① 《中华教育文化基金董事会图书馆学助学金规程》,《中华图书馆协会会报》1926年第6期。
② 《图书馆学助学金学生之考试》,《中华图书馆协会会报》1927年第2期。
③ Grace D. Phillips: *The Boone Library School through the Eyes of a Newcomer*,《文华图书馆学专科学校季刊》1935年第2期。

接受图书馆学高等教育有了明显的改观,到 40 年代以后已占据多数地位。查阅文华图专学籍档案,我们发现 30 至 40 年代以后女性的招录明显增多,以 1930 年招录的新生为例,已有朱瑛、张保箴、李絮吟、沙鸥、宋友英、黄连琴、罗家鹤七位女生。40 年代内迁时期及复员时期,文华图专女生人数有很明显的增长,有些年份可以占到一半以上。1941 年建校的国立社会教育学院这样的趋势更加明显,国立社会教育学院到 1944 年时,学习图书馆学女生人数已大大超过男生。"图书博物馆学系,现有一二三四年级学生一〇〇人,内男生四〇人,女生六〇人①。反映了女性接受图书馆学教育,以及进入图书馆业工作的情况已经越来越普遍。

(二)公费生与自费生

文华图专实行入学考试制度以后,最初只招收受庚款资助的助学生,入学资格为大学本科二年级肄业及以上学生,在文华图书科阶段,被纳入文华大学的高年级;独立办学以后,为了和学校的"专科学校"之名对应,称"图书馆学专科班",简称"专科班"。从办学目标和实施来看,这种二年制教育确实有着本科教育的水准。因此在 1941 年后,为了和后来的办学区别,称"本科班"②。此类学生又称为"正科",为"正式专科生"之简称③。

1927 年文华图书科因时局动荡,招生暂停一年。"该校教职员大半离校引避。以致校务暂归停顿。中华教育文化基金董事会所设之图书馆学免费生额。亦因之暂停。本年并未招考新生"④。从 1930 年起,文华图专既招收两年毕业的专科生,也开始招收一年制的讲习班学生,

---

① 陈礼江:《三年来之本院》,《教育与社会季刊》1944 年第 1—2 期(合刊)。
② 彭敏惠:《文华图书馆学专科学校的创建与发展》,武汉大学出版社 2015 年版,第 136 页。
③ 注:1930 年"招考图书馆免费生"简章中有"本年招考除正科外添设讲习班免费额十五名""设立图书馆学助学金额二十五名计 1. 正式专科生十名(两年毕业)2. 讲习班生十五名(一年毕业)"等语,因此"正科"即所谓"正式专科生"。
④ 《文华图书科之停顿》,《中华图书馆协会会报》1927 年第 6 期。

"本校本年招考新生，除原有之专门班外，并呈部邀准办理讲习班，一年毕业，以应国内各图书馆之需要"①。1931年因种种原因，讲习班停办，仍只招专科班②。1933年，文华图专拟将讲习班改为"民众班"③。民众班面向中西部经济文化落后的地区，招考地区限于山西、陕西、甘肃、四川、云南、贵州、广西、湖北八处。其公费生也要求有图书馆工作经验，仍由中华教育文化基金董事会给予资助。"凡在立案高级中学毕业，且在图书馆服务二年以上者，皆可投考"④。

图书馆学免费新生与基金会之新补助⑤

本会此次与文华图书馆学专科学校合办招考图书馆学免费生额事宜，深得各地图书馆之协助，至可感谢！试卷评阅结果如左：

壹　专科免费生正取五名

钱存训　男　江苏人　南京金陵大学肄业金陵大学图书馆服务　（宁）

徐　亮　男　湖南人　武昌华中大学肄业　　　　（鄂）

朱　瑛　女　安徽人　南京金陵大学肄业　　　　（宁）

朱用彝　男　河北人　北平中国大学肄业　　　　（平）

张保箴　女　湖北人　武昌华中大学肄业　　　　（鄂）

贰　专科免费生备取二名

李钟履　男　山东人　北平财商毕业国立北平图书馆服

---

① 《招考新生 本科消息》，《文华图书科季刊》1930年第2期。
② 《中华图书馆协会第六度报告》，《中华图书馆协会会报》1931年第1期。
③ 注：《私立武昌文华图书馆学专科学校民众班章程（二十二年七月）》，有"此章程民国十九年七月经教育部批准备案惟其时名讲习班今改民众班"字样，见《私立文华专科学校督学报告及校务概况表》，1933年，湖北省档案馆藏，档号：LS10-6-272。
④ 《图书馆学免费新生招考》，《中华图书馆协会会报》1933年第6期。
⑤ 《图书馆学免费新生与基金会之新补助》，《中华图书馆协会会报》1930年第1期。

务　　（平）

吕绍虞　男　浙江人　上海大夏大学肄业大夏大学图书馆服务　（申）

叁　讲习班免费生正取十四名

李絮吟　女　河北人　华西协合大学肄业北平第一普通图书馆服务（平）

邢云林　男　河北人　永清存实中学毕业南开大学图书馆服务　（平）

舒纪维　男　安徽人　南开大学肄业安徽大学图书馆服务　（宁）

张树鹄　男　安徽人　南京钟英中学毕业钟英中学图书馆服务　（宁）

吴立邦　男　安徽人　嘉兴秀州中学毕业秀州中学图书馆服务　（申）

翁衍相　男　江苏人　杭州第一中学毕业杭州流通图书馆服务　（申）

沙　鸥　女　江苏人　南京东南大学肄业上海交大图书馆服务　（申）

郭应丰　男　广东人　广东南海中学毕业南海中学图书馆服务　（粤）

喻友信　男　安徽人　芜湖圣雅各中学毕业文华公书林服务　（鄂）

黄继忠　男　湖北人　武昌中华大学附中毕业大学图书馆服务　（鄂）

骆继驹　男　江苏人　武昌文华中学毕业文华公书林服务　（鄂）

黄铸仁　男　四川人　四川巴中县立中学毕业万县图书馆服务　（鄂）

邓衍林　男　江西人　南昌宏道中学校毕业江西省立图书馆服务（鄂）

林斯德　男　湖北人　湖南楚怡中学毕业武汉大学图书馆服务　（鄂）

肆　讲习班免费生备取二名

宋友英　女　浙江人　浙江省立五中学毕业浙江流通图书馆服务（平）

顾恒德　男　安徽人　上海浦东中学毕业浦东中学图书馆服务　（申）

伍　专科自费生正取一名

黄连琴　女　湖北人　武昌华中大学肄业
（鄂）

陆　讲习班自费生正取三名

谢日齐　男　广东人　广州培正中学毕业培正中学图书馆服务　（粤）

罗家鹤　女　浙江人　之江大学肄业　　（宁）

辛显敏　男　湖北人　武昌博文中学毕业　（鄂）

专科免费生还分为正取和备取，正取学生不到校就读由备取学生递补，如备取生本年不能入学，则下一年招生时优先考虑，例如1930年正科备选生吕绍虞于1931年时才招为正选生。

1936年文华图专招收第三期讲习班学生时，在鄂湘川陕甘豫皖苏浙闽十省招收公费生十名，由各省教育厅在各省省立高级中学，师范学校中保送学生一名来校学生。这些由各省教育厅资助保送来的学生不经过考试，学历较低，以后的成就也较为有限，是文华图专与各地教育厅联合办学的一种尝试。

除中华教育文化基金董事会以外，北平图书馆馆长袁同礼及文华图专北平同学会也曾建立奖学生，资助公费学额。"国立北平图书馆袁守和馆长，为纪念其太夫人，特在本校设免学额一名，以志孝思，自本年度起每年无间，现双方订定该项简则，名曰［袁母韩太夫人免费学额简则］"①。1933年文华图专北平同学会所设纪念韦棣华女士奖学金简章如下：

第一条　名称　本奖金定名为文华图书馆学专科学校北平同学会纪念韦棣华女士奖学金。

第二条　资格　凡在文华图书馆学专科学校肄业已满一年品学兼优家道清贫者得向本奖学金董事会陈请本奖学金（以下简称董事会）

第三条　名额　本奖学金名额暂定一名

第四条　办法（甲）、奖学金每额附国币二百元分两期付给，上下学期各付壹百元。（乙）凡资格相符之学生愿请领此项奖学金者须于下学期开学后一月向本奖学金董事会具函连同成绩表。陈请准给与否由董事会函知。如本年度无相当资格者，其奖学金得由董事会保留之。（丙）凡已得其他奖学金或补助者不得领受本奖学金。（丁）领受本奖学金之学生如在第一学期内成绩不佳或上学期因故中途离校，本董事会得停付其第二学期奖学金。

第五条　董事会　本奖学金之董事会以董事三人组织之其董事由本同学会长期聘请，遇有缺额时仍由本同学会聘补。凡本奖学金这保官及其给予均由董事办理之。并奖每年办理情形于该学年终了后报告本会。其董事细则另订之。

第六条　施行　本简章自民国二十三年起施行。②

---

① 《本年新添免费学额》，《文华图书馆学专科学校季刊》1933年第3—4期（合刊）。
② 《文华专校新设两奖学金》，《中华图书馆协会会报》1934年第4期。

由各种机构选派人员前来就读，自行出资的机构也有不少。1932年，华西协合大学图书馆选派邓光禄来校学习，称为"特别生"，邓光禄来校前为华西协合大学图书馆馆长助理，后长期担任馆长一职。以后国立北平图书馆、广州协和神学校、浙江省立图书馆，云南省立昆华图书馆等机构，都保送资送学生前往就读①。"国立中央研究院院长蔡子民先生为发展研究院图书馆计，特派陈汲女士于今春来校学习图书馆学。陈女士乃前北京女子师范大学高材毕业生，对于图书馆事业素饶兴趣，将来于中央研究院之图书馆，必有莫大之襄助云"②。1938年国立中央图书馆函送馆员李鼎芳，钟静夫二人到该校选修课目③。但这些单位选派的学员，后来都不再以"特别生"称呼。1925年的上海国民大学图书馆学系，对图书馆在职人员进修也称"特别生"，可见"特别生"是专指图书馆员在职进修的情况。

从1930年开始，文华图专开始招收自费生，不过未在招生简章中明确说明，首批招录的学生有专科自费生黄连琴，讲习班自费生谢日齐、罗家鹤、辛显敏四人④。1933年招考专门班及民众班的招生简章明确招收了自费生的条款，"入学考试各科平均分数须在七十分以上者方能及格，七十分以下六十分以上者，得以自费入学。凡在七十分以下六十分以上愿自费入学者，报名时须注明之"。"专门民众两班自费新生均只能在武昌本校举行考试"⑤。

免费生与自费生的界线并不绝对，若出现"凡免费生在校之期考或年考，平均分数在七十以下者，取消其享免费生之权利"。60分至70分者为自费生，自费生凭意愿入学。如遇"免费生因成绩不良，造出有免费额时，得以自费生之成绩优良者提补之"⑥。

---

① 《本校保送与资送学生》，《文华图书馆学专科学校季刊》1933年第3—4期（合刊）。
② 《校闻》，《武昌文华图书科季刊》1929年第2期。
③ 《文华图书馆学专科学校由鄂迁渝后工作概况》，《中华图书馆协会会报》1939年第5期。
④ 《图书馆学免费生与基金会之新补助》，《中华图书馆协会会报》1930年第1期。
⑤⑥ 《图书馆学免费新生招考》，《中华图书馆协会会报》1933年第6期。

20 世纪 20 年代高等图书馆学教育机构普遍将入学学历定为大学肄业二年及以上水平方能入学，30 年代以后，文华图专通过开办讲习班、民众班，将入学学历降低为高中毕业。从文华图专 1930 年招录情况来看，有图书馆工作经验的学生占到了三分之二以上的比例，这是一个重要的变化。由于从本科二年肄业以上学生中很难招录到足够的学生，限制了文华图专的进一步发展，适当降低入学标准，开设讲习班和民众班有效缓解了生源不足的压力，扩大了学校的影响力，当然这也不可避免地导致学生素质降低。20 世纪 40 年代，经教育部要求，文华图专与金陵大学图书馆学专修科均把入学学历降为高中毕业程度，仅国立社会教育学院图书博物馆学系仍保持大学一二年级的入学水平，反映了高等教育从精英教育逐步走向大众教育的趋势。

（三）报名及录取程序

报考文华图专需向文华图专及各报名点函索报名格式，按相应要求准备个人履历、毕业证书，或请原肄业学校校长或教务长签字证明，并将个人履历、修业证书或转学证书寄来备验。"除毕业证书者外，均须请其原肄业学校之校长，或教务处填注履历表正副两张，并于正张上签字证明，凡以修业证书或转学证书代履历书正张上之成绩证书者，考取后仍须补交成绩证书"①。

考生被录取以后，需到医院体检，"请政府注册西医检查填注，并须其签字证明"②。排除几项重要疾病的可能，报考民众班的学生还需要交备所服务图书馆的证明书。

1933 年文华图专招考简章已规定被录取学生，需要填写志愿书，及寻找保证人，作为在校期间学习及生活责任的担保。"凡经取录者，务于本校开学前三日来教务处办理入学手续，填写入学志愿者，缴纳费用，并在武昌或投考地，觅取能负一切责任者一人为保证人，出具

---

①② 《图书馆学免费新生招考》，《中华图书馆协会会报》1933 年第 6 期。

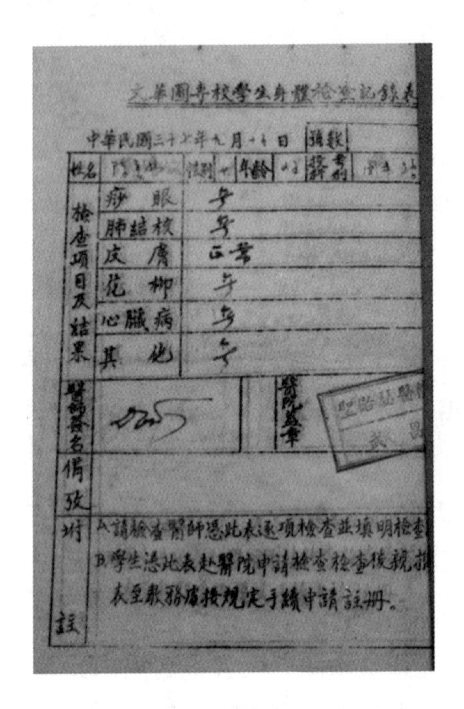

图 7-2　文华图专学生身体检查登记表

保证书，或持有其保送机关之正式分函者，方能入学"①。如考生张毓村的志愿书及担保书情况。

志愿书

具志愿书人张毓村兹蒙取录入

贵校肄业愿专心向学遵守校中一切规章布告所具志愿书是实

谨上

私立武昌文华图书馆学专科学校

具志愿书人姓名：张毓村（签章）
性别：男

---

① 《图书馆学免费新生招考》，《中华图书馆协会会报》1933 年第 6 期。

年龄：二十一岁

籍贯：湖北云梦

通讯处：武昌胡林翼路三四〇号中华民国三十六年九月十八日

保证书

具保证书人熊卓轩兹保证学生张毓村入贵校肄业该生系思想纯洁能遵守校规如有中途退学情形保证人愿负全责赔偿奖学金及其他损失再该生如染有危险病症而其家属又不在武汉时保证人愿负责照料一切此致

私立武昌文华图书馆学专科学校

具保证书人　熊卓轩（签章）

职业　教育

住址　武昌土司莹文华第一别墅

与保证学生之关系　世交

服务机关盖章

中华民国三十六年八月二十五日

附注：（一）保证人资格①文官须委任以上②武官须中尉以上③殷实商号店主或地方绅耆（二）保证人住址须在武汉（三）保送生由保送机关主管人保证①

（四）入学考试

1926年文华图书科开始公开招考以来，招录正科学生考试科目有四门，国文、英文、历史（本国史及西洋史）及物理、化学、社会学、经济学中任选一项，每年的七月份在各大城市同时举行入学考试，1930年文华图专入学考试增加了党义科目考试②。1937年改为大学已毕业者只考国文、英文及口试，大学未毕业者考国文、英文、中外史

---

① 《新生志愿书》，1946年，武汉大学档案馆，档号：7-1-8。
② 《招考图书馆学免费生》，《中华图书馆协会会报》1930年第5期。

地各科常识及口试①。增加了口试科目，取消了党义等科。

讲习班考试科目有党义、国文、英文、历史（本国史及西洋史）、普通理化、本国文化史六门，普通理化和本国文化史可以任选一门应考。文华图专采取学年制，但也给予能在一年内修完所有课程，特别优异的学生，经考试委员会同意，准其提前毕业。

1939年开设的档案管理讲习班考试科目有国文、英文、史地、口试②。文华图专谋求生源的广泛性，有意在主要城市设立考点，这些考试活动一般委托当地教育厅代为办理进行，但很少在公开文献中找到具体内容。笔者在档案里查到1933年文华图专与云南省教育厅有关代为招考事宜的相关文书。

1933年，文华图专招考一年制民众班，云南省教育厅接受委托后，组织专人负责组织考试，并委托专人阅卷，考期也曾改过一次，原考试日期为1933年7月12、13两日，后改为14、15两日，考试内容有口试、历史、中国文化史、党义、国文、英文六项。17日由考生自行向英国医院检查体格，将检查证呈云南省教育厅审查。教育厅厅长龚自知亲自主持口试一项，云南省教育厅预请专家于考后阅卷：

> 迳启者：查本厅代办考试武昌文华图书馆学专科学校民众班学生，完于本月十四、十五③两日在厅分别举行入学试验。除各科试题已由该校函送到厅外；兹送上试验日程表一份，特请台端评阅文科④。即希查照为荷，此致　李子廉先生
>
> 　　　　　　　　　　　　　　　　　　云南省教育厅

---

① 《私立武昌文华图书馆学专科学校招考新生》，《中华图书馆协会会报》1937年第6期。
② 《私立武昌文华图书馆学专科学校开设档案管理讲习班》，《中华图书馆协会会报》1939年第2—3期（合刊）。
③ 注：原为十二、十三，用红笔改过。
④ 原为历史、中国文化史试卷，用红笔改过。

七月十日①

招考结束后，云南省教育厅将所有试卷及考生证件寄往武昌，由文华图专评定成绩。

  敬启者：敝校此次招考民众班图书馆学免费生云南方面谨请
贵厅代为办理此种培植人才发扬文化之计，蒙贵厅不弃，乐于赞助，关于考试时所用之试题代报名格式业于五月廿五日已邮寄奉，此时想已收到。
  贵省距此道路遥远，寄递信物往返需时，伏祈于考试之后，即将各生试卷及各项证件寄交敝校，以便从速评定，早日通知。否则时间延长，敝校深恐影响投考各生前程也，此致
  云南省政府教育厅

私立武昌文华图书馆学专科学校
中华民国二十二年七月四日②

对于文华图专所要求的特别注意事项，云南省教育厅还发布启事，以登报形式提请考生注意。

  批注：此项学生已代招考，各生试卷已函寄校，专件拟呈，阅及存查。
  云南省教育厅训令第1249号
  令省立各级学校、直属教育机关（登报代令不另行文）
  案准
  湖北省私立武昌文华图书馆学专科学校函为本校学生收额有

---

①② 《布告武昌文华图书馆学专科学校学生入学试验日期由》，1933年，云南省档案馆，档号：1012-004-01145-044。

限，凡保送学生，未与本校先函商妥者，概难收录。即烦转令所属知照……等由一案。准此，合行登报代令，仰所属各级学校及直属教育机关，一体知照！

此令

兼厅长　龚自知

中华民国廿二年十月廿四日①

可见民众班学生为本省教育厅确定后，还需事先与文华图专交流，取得校方认可。

文华图专入学考试内容又是怎样的呢？现有文献几乎未见披露，笔者有幸找到1945年相关档案中有数份当时的入学试题。从考题内容上来看，涉及范围广泛，包括政治、经济、历史、科学、文学、地理等多个学，设问很深，需要考生有相当广泛的阅读范围和较大的阅读量，才有可能回答得好。

专科新生入学考试题（国文）②
1. 叙自己读书经过
2. 试言中国文字构造之法
3. 中国著名之诗家词家小说家剧作家散文家能各举三人否
训练班国文试题③
1. 述今日来校途中所见
2. 因事呈请校长准予休学申请书
新生入学公民试题④
1. 说明 国父实业计划之主旨，原则及其实施步骤。

---

① 《为保送武昌文华图书馆学专科学校学生应先与该校商妥再行保送给各级学校的训令》，1933年，云南省档案馆藏，档号：1012-007-00475-010。

②③④ 《呈报本校三十四年春季招考新生报名单各科成绩册等件请鉴核由》，1945年，中国第二历史档案馆藏，档号：6039。

2. 解释"民主""宪政""自由""政权""治权"及其相互关系。

3. 比较"自由经济""统制经济"与"计画经济"三者间之利弊，我国今后经济政策究以采取何者为宜？

4. 有人谓三民主义中"民族主义"为"汉族主义"其说然否试抒已见。

档训七新生入学常识试题①

1. 解释名词（任择八个）

细胞　对数　升华　底数　生活素　摩擦　中和　膨胀　保护色　电流

2. 试略述下列诸科学家对科学之贡献（任择六个）

爱因斯坦　培根　伽利略　牛顿　达尔文　兰格力　居里夫人　富尔敦

3. 试以（+）（-）号表示下列诸子题之正误

(1) 图形可以变更他的位置而不变他的形状和大小（　）

(2) 两直线相交只有二交点　　　　　　　　　　　（　）

(3) 凡直线可以任意延长　　　　　　　　　　　　（　）

(4) 分量的积不等于全量　　　　　　　　　　　　（　）

(5) 含有镁钙矿质的叫做软水否则叫硬水　　　　　（　）

(6) 镭可以治疗瘤、结核、麻疯等病　　　　　　　（　）

(7) 光之多少与植物上碳素同化作用有关系　　　　（　）

私立武昌文华图书馆学专科学校三十四年秋季新生入学考试复试②

史地试题

(1) 中国史可分为几个时期试略综述各时期民族政治社会经

---

①② 《呈报本校三十四年春季招考新生报名单各科成绩册等件请鉴核由》，1945年，中国第二历史档案馆藏，档号：6039。

济文化之演进

（2）欧洲有何数重要河流沿河有何主要国家与都会试说明之

（3）希腊文明与罗马文明各有何特点试举所知以对

（4）解释下列各项 a 南洋 b 西域 c 西南亚 d 巴尔干 e 拉丁美洲

（5）各生修习中外史地对于其中诸课题所获印象最深者或最感兴趣者为何试申言之。

以上五题择答四题完卷

由此可见文华图专考试分为口试、初试和复试三个环节，口试由组织考试的地方教育厅或委托机关负责，初试和复试则由文华图专评阅。

访问是另一种入学的方式，钱亚新回忆进入上海国民大学图书馆学系的经过，"那时我在上海当小学教员，看到国民大学的招生广告，使我又兴奋又好奇。兴奋的是感到在国家危亡的严峻时刻，竟有人奋起办学，实在是太难能可贵了。好奇的是该校除设有哲学、文学、史学、政经等学系外，还设有一个图书馆学系。这个图书馆学系是搞什么名堂的？我感到十分好奇。为了要满足好奇心，便写信给该系主任，要求让我访问一次。在一个阳光灿烂的上午，系主任杜定友先生在校会客室接了我。他眉目清秀，衣履整洁，精神饱满，仪态雍容。待我坐定，他就开门见山地回答我在信中所提出的问题，而后大谈特谈设置图书馆学系的目的是为了培养图书馆工作人员，普及图书馆事业，发展社会教育，从而达到救国救民的目的。他还进一步说明了图书馆是一所社会大学，图书馆学是一门新兴的科学，最后他特别强调说明全国各类型图书馆尤其是高等学校图书馆正缺乏大量的工作人员，所以毕业后的就业是可靠的，决不会'毕业就是失业'。听了杜先生的一番话，我觉得非常新颖，但又似懂非懂，不过想到学习图书馆学同样可以救国救民，而且将来出路可靠，这些正投我好。现在看来，这些想法完全是为个人打算,并不正确。和杜先生握手送别时,我除了表示衷心的感谢他的接待外,还说明了我想插班的愿望。他点头微笑表示欢迎,好像对我寄予殷切的期望。那年九月初我便注册入学,成为国民大学图书馆学系二年级的学生"①。

二 就业

(一) 毕业考试及毕业典礼

毕业是学生在校的最后程序,在文华图专,学生毕业要经过组成毕业考试委员会,呈教育部批准备案,举行考试,送教育部查核,发放毕业文凭,举行毕业典礼等程序。毕业考试委员会多由名流人士组成,1940年文华图专讲习班毕业考试委员会委员为:沈祖荣(本校校长)、严绂苹(私立武昌中华大学教务长)、王文山(交通部总务司帮办兼代人事司司长)、彭用仪(四川省立重庆大学图书馆长)、汪长炳(本校教务主任)、徐家麟(本校教授)、毛坤(本校教授)②。文华图专将考试委员会组成名单报教育部批准备案,教育部回复同意,并指派校外人员一名来校监考。

> 教育部代电　中华民国二十九年六月
> 　　私立武昌文华图书馆学专科学校校长世呈悉。该校本届毕业考试委员准如所拟,由校函聘。并派金陵大学理学院魏院长就近监试。抑即知照,教育部　印。③

1930年文华图专第八届学生毕业,其毕业考试及毕业典礼记录是较完整的一次,"此次毕业考试异常隆重,遵照部章先期呈请教部派员来校监考。部令湖北省教育厅派邬予先先生为监考委员。每卷每题

---

① 钱亚新著、谢欢整理:《钱亚新别集》,南京大学出版社2013年版,第199—200页。
②③ 《本科二十六至廿九各年学生毕业案》,1936年,武汉大学档案馆藏,档号:6039。

图 7-3　档案管理班毕业证书（1942）①

皆须监考员加盖私章，毫无作弊之可能。试毕所有试卷备送教育部查核，今已发还，甚称成绩之优越。此届毕业典礼，在文华虽云系第八次，而以立案之后计之则为第一次，故筹备举行十分隆重。时为六月九日晨，开会于该校之罗氏纪念厅，清风拂拂，来宾逾百，其盛事也。湖北教育厅黄建中厅长按时到校，训话逾一小时。讲述中国目录之源流变迁甚悉，闻者皆窃叹其饱学。次为杜定友先生演讲。杜先生作职上海交通大学，而不能不远千里而来，其热心图书馆事业，难得之事也。典礼举行后，由教授白锡瑞君领导学生于六月十五日东下参观江浙各地图书馆"②。

---

① 《教育部：文华图专 1945 年关于呈送战区生持贷金清册、膳贷清册的报告及电复（1944年 4 月—1945 年 3 月）》，1945 年，武汉大学档案馆藏，档号：7-1945-7。

② 《文华之毕业考试与典礼》，《中华图书馆协会会报》1930 年第 1 期。

图 7-4 文华图专图书馆学毕业证书（1947）①

文华每届都要举行隆重的毕业典礼，按惯例往往是先和华中大学毕业生在文华圣诞堂一同举行毕业礼拜，再转入公书林罗瑟厅举行单独的毕业典礼，这是展现"文华共同体"存在的重要形式②。

截止新中国成立后文华图专并入武汉大学前，共培养毕业生670人。其中有不少在中国图书馆界产生重要影响的人物，也有相当多的毕业生毕生从事图书馆职业。

---

① 《教育部：文华图专1945年关于呈送战区生持贷金清册，膳贷清册的报告及电复（1944年4月—1945年3月）》，1945年，武汉大学档案馆藏，档号：7-1945-7。
② 周洪宇：《不朽的文华——从文华公书林到文华图书馆学专科学校》，华中师范大学出版社2013年版，第364页。

表 7-11　　文华图专各班历届入学及毕业人数统计表①

入学时间	毕业时间	学科	届	入学人数	毕业人数
192009	192206	图本	1	6	6
192009	192306	图本	2	7	7
192209	192406	图本	3	5	5
192309	192506	图本	4	7	7
192409	192606	图本	5	8	8
192509	192706	图本	6	4	4
192609	192806	图本	7	9	9
192806	193009	图本	8	11	11
192906	193209	图本	9	8	8
193109	193306	图本	10	4	4
193309	193506	图本	11	9	9
193409	193606	图本	12	9	9
193509	193706	图本	13	9	7
193609	193806	图本	14	14	11
193709	193906	图本	15	7	6
193811	194006	图本	16	7	7
194010	194206	图本	17	9	7
194102	194301	图专	1	14	7
194110	194306	图专	2	12	6
194209	194406	图专	3	15	11
194302	194502	图专	4	8	4

① 包括了图书馆学本科班（图本）、图书馆学专科班（图专）、图书馆学讲习班（图讲）、档案管理讲习班（档讲）、档案管理专科班（档专）、档案管理短期职业训练班（档训）和档案资料管理训练班（档资）；见彭敏惠：《文华图书馆学专科学校的创建与发展》，武汉大学出版社2015年版，第186—188页。

续表

入学时间	毕业时间	学科	届	入学人数	毕业人数
194309	194506	图专	5	12	8
194409	194605	图专	6	13	8
194503	194701	图专	7	23	13
194509	194707	图专	8	31	15
194609	194806	图专	9	18	14
194709	194907	图专	10	36	28
194809	195007	图专	11	49	10
194909	195107	图专	12	30	13
195009	195302	图专	13	14	12
195109	195307	图专	14	31	26
193009	193106	图讲	1	17	16
193309	193406	图讲	2	11	10
193609	193706	图讲	3	13	13
193709	193806	图讲	4	12	8
193910	194006	档讲		12	12
194003	194202	档专	1	9	6
194010	194206	档专	2	11	5
194202	194401	档专	3	15	8
194409	194605	档专	4	6	2
194509	194706	档专	5	13	4
194709	194907	档专	6	40	21
194203	194206	档训	1	30	23
194209	194211	档训	2	41	40
194302	194305	档训	3	35	33
194310	194401	档训	4	27	21

续表

入学时间	毕业时间	学科	届	入学人数	毕业人数
194403	194406	档训	5	40	38
194409	194412	档训	6	38	35
194503	194506	档训	7	27	26
195009	195101	档资		44	44
小计				885	670

也有不少毕业生改变了职业方向，成为其他学科领域的专家。冯汉骥毕业后任职厦门大学图书馆，因与鲁迅交往密切，遂对历史、考古及人类学发生兴趣。1931年赴美后进入哈佛大学学习人类学，后又入宾夕法尼亚大学获人类学博士。最后成为著名的人类学家、民族学家和历史学家[①]。又如同为文华学子的陆秀，冯汉骥的妻子，毕业后赴美国攻读教育学硕士，最后成为了一名儿童教育专家。戴镏龄毕业后赴英国留学，后来成为著名的英国文学专家和翻译家。

（二）学校介绍

对于学校和个人来说就业都是最重要的事情，就业的好坏不仅关系学校声誉，也对未来招生有重要影响。文华图专的毕业生有一部分是用人单位委托培养的，毕业以后回原单位工作，但大部分学生需要市场消化。1937年全面抗战爆发前，就业情况非常好，不仅毕业生容易找到好的工作单位，升迁也很快，毛相骞先生认为上世纪20年代及30年代初的文华图专就是培养图书馆馆长的学校。《文华图书科季刊》也常见乐观的报道，"本会会员十人李继先、吴鸿志、徐家璧、房兆楹、陈颂、曾宪文、刘华锦、陶述先、周连宽、耿靖民等，均于本年六月毕业。各人行止，一因交通不便，二因正值暑假期间，尚未十分大定，然可预见测者如下。大约李继先北平北大图书馆，吴鸿志东北

---

① 冯汉骥之子冯士美先生口述，访问时间2016年11月2日。

大学图书馆，徐家璧陈颂北平北海图书馆，房兆楹燕京大学图书馆，陶述先国民政府外交图书馆，周连宽岭南大学图书馆，耿靖民南开大学图书馆，曾宪文刘华锦武汉图书馆云"①。1931年讲习班学生毕业以后，全部任职于著名高校图书馆、国家图书馆、政府机关图书馆等机构。

  邢云林（述平）在文华讲习班卒业后，仍回南开服务。近复有转职齐鲁大学图书馆消息。

  舒纪维（扬仁）在文华讲习班卒业后，至南京内政部卫生署图书馆服务。

  张树鹄（正侯）在文华讲习班卒业后，服务于国立北平图书馆。

  吴立邦（克昌）在文华讲习班卒业后，服务于之江文理学院图书馆。

  翁衍湘（剑禅）在文华讲习班卒业后，服务于圣约翰大学图书馆。

  沙鸥（筱宇）　在文华讲习班卒业后，服务于金陵女子文理学院图书馆。

  喻友信（鸿先）在文华讲习班卒业后，服务于上海东吴大学法科学院图书馆。

  骆继驹　　　在文华讲习班卒业后，服务于浙江大学文理学院图书馆。

  董铸仁　　　在文华讲习班卒业后，留校服务。

  邓衍林（竹筠）在文华讲习班卒业后，任事于国立北平图书馆。

  林斯德（颂齐）在文华讲习班卒业后，任事于青岛大学图

---

① 《同门会消息》，《文华图书科季刊》1930年第2期。

书馆。

宋友英（涌心）在文华讲习班卒业后，任事于国立北平图书馆。①

内迁重庆时期，由于增加了档案学专业及职业训练班，学生数量增加较多，加之时局不靖，就业压力增大。文华图专主动向可能的用人单位写推荐信，介绍毕业生情况，征求用人单位的意见。1943年文华图专向重庆市社会局发出征寻用人需求的函：

迳启者，本校为训练图书馆人员档案管理人员之学府，历届毕业学生，服务于各图书馆及各档案室尚称满意，查本届有档案管理专科及教育部指办之档案管理职业训练班各一班学生毕业，兹为便利各方征求是项学生起见，制有本校卅二年度毕业学生说明表及征求本校毕业学生工作登记表等件，兹随函检奉，希即查照填覆，俾便尽先介绍为荷！

此致

重庆市政府社会局

附本校卅二学年度毕业学生说明表及征求本校毕业学生工作登记表各一份

私立武昌文华图书馆学专科学校

三十二年十二月十日②

---

① 《会员消息》，《中华图书馆协会会报》1931年第1期。
② 《私立武昌文华图书馆学专科学校关于报送一九四三年毕业学生说明表及征求毕业学生工作登记表等件致重庆市社会局的函（附表）》，1943年，重庆档案馆藏，档号：00600012000330200005。

表7-12　私立武昌文华图书馆学专科学校三十二学年度毕业学生说明表

科别	档案管理专科第三届	教育部指办档案管理职业训练班
入学资格	高级中学毕业	初级中学以上学校毕业
名额及性别	男二名女六名	男二十四名
在校修业年限	二年	四月
主要课程	档案学	实际档案管理技术
辅助课程		图书资料管理常识
任职范围	档案管理专门技术工作 人事登记 文书处理 图书管理 资料管理	档案管理 图书馆及资料室助理 人事登记 文书及收发工作
备考	均于三十三年一月二十二日毕业	

表7-13　　　　　征求本校毕业学生工作登记表①

职务		
名额及性别		
待遇	正薪	
	津贴	
	其他	
食宿情形	食	
	宿	
工作地点		
主管人		
备考		

---

① 《私立武昌文华图书馆学专科学校关于报送一九四三年毕业学生说明表及征求毕业学生工作登记表等件致重庆市社会局的函（附表）》，1943年，重庆档案馆藏，档号：00600012000330200005。

这种征求函是每年就业工作的一部分，在重庆期间文华图专每年都向一些薪酬高，条件优厚的单位发函征寻，以下为1944年重庆市社会局收到的函及回复（征求函一），以及重庆市财政局对此的回复（征求函二）。

（征求函一）

迳启者，查本校办理之图书馆学专科及教育部指办之档案管理训练班历届结业学生均承各公私机关学校延用，成绩尚属满意。兹于本年六月下旬图专第三班学生十余名，档训班第五期学生四十名齐届结业。中除档训班有二十余名系由各机关保送仍回原机关供职外，其余均拟觅职服务，兹特检具征求本校毕业学生工作表一份，随函送达如贵局需用此项人才请即将表列各项填明，赐覆本校，自当酌为介绍学生前来面洽。此致！

重庆市政府社会局

附表式一份并第六期档训招生广告一份

私立武昌文华图书馆学专科学校　启
三十三年五月
校址江北香国寺唐家桥

回复：本局目前尚不需要是项人才，此件存查。①

（征求函二）

迳启者倾准

贵校卅四年六月六日教字第三五〇七号大函以现有档案管理专科一班学生毕业，行函请嘱予录用等由，查本局现

---

① 《私立武昌文华图书馆学专科学校关于填报征求毕业学生工作表致重庆市社会局的公函（附表、简章）》，1944年，重庆档案馆藏，档号：00600012000330200010。

在员额已满，无法延揽。容有缺出需要此项专才再行函请。

介绍唯函前由相应复请查照为荷

此致

私立武昌文华图书馆学专科学校

重庆市财政局

卅五、六、十①

也有一些用人单位主动征求毕业学生，不过在抗战内迁时期，这种情况较少。

国立中央工业专科职业学校

（全衔）公函 函字第163号 三十一年六月

事由：拟聘图书管理员及管卷员各一人，请代征求介绍由

迳启者本校拟聘图书馆管理员及管卷员各一人，贵校以往毕业生中有以上项适当人选，拟请代为征求，惠赐介绍以便洽聘，相应函请查照办理并希见复为荷。

此致

文华图书馆学校

校长魏〇〇

卅一年六月廿五日②

1942年7月，国际问题研究所收到文华图专用人征求函后立即回信，请予介绍毕业生前去工作。文华图专介绍沈宝环前往，被任用为该所图书馆中校馆长。沈校长对介绍毕业生就业工作非常重视，由他

---

① 《关于暂不录用档案专科班毕业学生致私立武昌文华图书馆学专科学校的函》，1946年，重庆档案馆藏，档号：00640002000050000026000。

② 《关于拟聘图书管理员及管卷员致私立武昌文华图书馆学专科学校的公函》，1942年，重庆档案馆藏，档号：01260002001180000029000。

亲自负责这项工作。所有获得的用人信息由秘书代为登记，使沈校长随时掌握用人信息。学生毕业时，沈校长亲自找学生谈话，进一步了解学生情况和志愿，再结合用人单位的要求，经反复衡量，慎重考虑后，才决定介绍哪位学生到哪个单位工作①。

（三）校友及学校声誉的作用

文华图专在图书馆界享有盛誉，不少毕业生担任著名图书馆要职，形成了一个文华学子关系网络，20 年代末 30 年代初文华图专就开始注重各地学生校友会的建设，以增加学校的凝聚力，也方便学生籍此寻找工作。校长沈祖荣非常注重与政府官员的关系，这些有利条件也为就业及再次就业有相当帮助。

文华学子梁鱣如 1949 年 5 月到达上海后，写信给北平图书馆馆长王重民先生，请求介绍工作，王重民先生并不认识他，但从来信中得知他是文华图专毕业的，就信任他，很热情地介绍他到中国科学院图书馆工作②。1946 年底毕业的周远照，就是经重庆市长张笃伦介绍，进入国立罗斯福图书馆工作的③。

1933 年，钱亚新接到文华老同学陆秀的来信，告知她将赴美国深造，希望钱亚新去天津河北省立女子师范学院图书馆接任她的主任职位。钱亚新在 8 月初赴任。1935 年卢沟桥事变爆发后，钱亚新不得不离开天津，经沈祖荣先生介绍，受聘到湖南大学图书馆任主任。抗战胜利后，四川社会教育学院迁往苏州，该院图书博物系主任汪长炳是钱亚新的老同学，他邀请钱亚新到校任教授④。1946 年四川大学图书馆馆长程时学主动让贤毛坤，自己担任副馆长，以及 1947 年国民政府国防部副官处的校友胡佑身，主动让贤梁建洲担任科长等事例，都说

---

①② 梁建洲：《文华图书馆学专科学校毕业生就业的优越条件》，载陈传夫主编《文华情怀——文华图专九十周年纪念文集》，武汉大学出版社 2010 年版，第 749、751 页。

③ 李彭元：《寻觅廖家花园——抗战时期文华图专重庆办学旧址廖家花园考》，载陈传夫主编《文华情怀——文华图专九十周年纪念文集》，武汉大学出版社 2010 年版，第 982 页。

④ 白国应：《钱亚新传略》，载陈传夫主编《文华情怀——文华图专九十周年纪念文集》，武汉大学出版社 2010 年版，第 267—269 页。

明了校友圈在工作方面的作用。

中华图书馆协会偶尔也承担介绍职业的工作，"本会会员某君，曾留学欧美，得硕士学位，对于图书馆学研究有素，著作丰富，历任各大学图书馆学教授，兼图书馆主任职务。各学校各图书馆各机关倘有意延聘，请即函向本会接洽，本会当可负责介绍也"[①]。

由于文华图专毕业生在英语方面的优势，有相当多的学生曾在美国图书馆界工作过，图书本科毕业生在美国图书馆界工作人数共30人，占该科毕业生总人数130人的23%以上，所占比例之高，是其他学校毕业生达不到的[②]。这些旅外学生较有影响的是裘开明和房兆楹，裘开明长期主持哈佛燕京图书馆的工作，创造性地编制汉和图书分类法，使中、日文文献与西方文献能够融合分类，成为西方图书馆对东亚文献普遍采用的一种分类法。裘开明大大充实了哈佛燕京图书馆的馆藏，使之成为西方汉学研究的最重要的资源。房兆楹也长期在美国、澳大利亚等地图书馆任职，他培养的学生史景迁（Jonathan D. Spence）、芮玛丽（Mary Wright）等是著名的中国史专家。

第五节 出国深造与国内交流

图书馆学人多以出国深造为荣，一方面现代图书馆学来自西方，出国进修有利于开拓眼界、提升学问。另一方面则是出于现实的考虑，当时国内图书馆学校、图书馆学专修科，都只是两年性质的专科教育。1940年时才成立国立社会教育学院图书博物馆学系，为我国第一个图书馆学本科教育机构。而出国者一般可以在国外获得图书馆学硕士学位，甚至图书馆学博士学位。国外尤其是美国优越的工作环境对留学者颇有吸引力，如果能在国外谋得好的工作是最理想的，如果归国则

---

① 《介绍职业》，《中华图书馆协会会报》1937年第5期。
② 梁建洲：《文华图书馆学专科学校毕业生就业的优越条件》，载陈传夫主编《文华情怀——文华图专九十周年纪念文集》，武汉大学出版社2010年版，第752页。

身价倍增，也容易谋到一个好的差使，担任著名公共图书馆和高校图书馆馆长、主任职位，因此出国具有求学和求职的双重利益。

文华图专毕业生，特别是20世纪20至30年代的学生，很多以出国为首要考虑。有一些毕业后在国内工作的学生，往往只是权益之计，过几年即出国留学。冯汉骥之子冯士美介绍，冯汉骥从文华图书科毕业工作以后，一方面要偿还当时教会学校借予的学费，另一方面则为积极出国做经费上的准备①。文华图专在美留学者很多，比如在哈佛大学留学的有裘开明、冯汉骥、黄星辉、于镜宇、陆秀、任简之；芝加哥大学的桂质柏；哥伦比亚大学的汪长炳、岳良木、徐家璧；普林斯顿大学的童世纲、吴元清；耶鲁大学的顾家杰；丹佛大学的聂锡恩等。在美国图书馆工作过的文华学子也有很多，如裘开明、王文山、曾宪三、李芳馥、房兆楹、徐亮、陶维勋、张保箴、吴宝珠、查修、徐家麟、姜文锦、黄慕龄、舒纪维、沈宝环、黄作平、曾宪文、杨猗如、富兰英等②。

表7–14 文华图专出国留学深造情况③

届别	姓名	小计（人）	毕业人数（人）	占比例
本科一届	裘开明、桂质柏、查修	3	6	50%
本科二届	冯汉骥、黄星辉、王文山、杨作平	4	7	43%
本科三届	刘廷潘、田洪都	2	5	40%

---

① 冯汉骥之子冯士美口述，访问时间2016年11月2日。

② 注：不完全统计，该表引自梁建洲、梁鳣如：《我国图书馆学、档案学专业教育的摇篮——记武昌文华图书馆学专科学校》，《四川图书馆学报》1996年第5期；但略有修改，根据梁建洲的另一篇文章《文华图书馆学专科学校毕业生就业的优越条件》，本科二届增加了杨作平、本科十三届改为黄慕龄。

③ 梁建洲、梁鳣如：《我国图书馆学、档案学专业教育的摇篮——记武昌文华图书馆学专科学校》，《四川图书馆学报》1996年第5期。

续表

届别	姓名	小计（人）	毕业人数（人）	占比例
本科四届	曾宪兰	1	7	14%
本科五届	严文郁、徐家麟、陆华琛、汪长炳、陈晋炎、葛受元	6	8	75%
本科六届	李芳馥、曹柏年、岳良木、黄风翔	4	4	100%
本科七届	陆秀	1	9	11%
本科八届	徐家璧、房兆楹、耿靖民、曾宪文	4	11	36%
本科九届	徐亮、张保箴	2	8	25%
本科十届	邓光禄、童世纲、于镜宇、吴元清	4	9	44%
本科十一届	戴镏龄	1	9	11%
本科十二届	胡延钧、顾家杰	2	9	22%
本科十三届	黄慕龄	1	7	14%
本科十四届	蓝乾章	1	10	10%
本科十五届	陶维勋	1	6	17%
本科十六届	孙雁征	1	7	14%
本科十七届	沈宝环	1	8	12%
合计（1—17届）		39	130	29%
图专四届	陈本林	1		
讲习一班	邓衍林、喻友信、舒纪维	3		
讲习二班	丁潜	1		
公办后二班合计（1—2届及办后一、二班）	李爱珠、彭斐章	2		
总计		46		

美国洛克菲勒基金会有一笔文华图专的专款，其所得利息为文华学子留学美国的专门款项，由文华图专向基金会申请使用，汪长炳、徐家麟都是利用这项费用出国留学的①。

除文华图专以外，两大国立图书馆，北平图书馆和中央图书馆也不时派员出国进修，北平图书馆派出去的馆员有严文郁、岳良木、王重民、向达等人，蒋复璁于1930年受北平图书馆派遣赴德进修两年，在柏林普鲁士邦立图书馆，巴彦邦立图书馆，德意志学术协进社之图书馆委员会实习，又在柏林大学图书馆学院学习课程②。王重民以"交换馆员"的身份被派往法国国立图书馆，对太平天国史料、敦煌遗书等散存国外文献进行整理。后又前往美国整理美国国会图书馆所藏的一批中文善本书撰写提要，为他以后从事目录学教学奠定了基础③。

内地图书馆学教育机构之间的学习也是进修的一种方式。钱亚新就是从上海国民大学图书馆学系转学到文华图专就读的。"文华图书科的招生广告在我校公布时，杜先生特地与我谈过一次话。他认为文华图书科设备比较完善，教师阵容比较整齐。如果真想学习图书馆学，这是一个很好的机会，因此竭力鼓励我报考。我除同意他的意见外，觉得考试科目偏重英文，比较难于准备，但考取后待遇不差，在经济上可再无后顾之忧了"④。

金陵大学的钱存训，曾参加过文华图专的公开招考，后因客观原因未能来校学习，文华图专因此特别呈教育部批准插班读书，未获批准。

---

① 梁建洲：《我对文华图专校史资料的一些异载的看法》，《图书情报知识》2010年第1期。
② 蒋复璁：《留德图书馆学工作报告》，《图书馆学季刊》1932年第1期。
③ 周佳贵：《王重民设立图书馆学专修科的始末》，《国家图书馆学刊》2013年第4期。
④ 钱亚新著、谢欢整理：《钱亚新别集》，南京大学出版社2013年版，第200—201页。

案查属校本年度招考专科新生钱存训一名，系南京金陵大学三年级生，曾在金陵男大及女大图书馆服务。考试成绩，经考试委员会核定，列为优等正取第一。嗣以逾期未来校报道，所遗缺额早经递补。兹准该钱存训函称，以大学四年级学业未完，现所任金陵女大图书馆职务，复莫由摆脱，人得该校方面图书馆专家李小缘君等具函证明其于图书馆学科研习及工作两项，曾在该校及该馆内，得有相当成绩，现拟恳请准其于明秋在该大学毕业后得插入现在专科班第二学年肄业，格外特别补习。①

除前文提到文华图专档案科学生王世芳毕业后再入社会教育学院图书博物馆学系学习外，笔者还见成都女子职业学校高级图书管理科学生邓崇玉，毕业后前往在重庆办学的文华图专深造。总的来说，由于国内图书馆事业并不发达，图书馆学教育基本孤立进行，因此国内交流学习的情况很少。

这些出国深造活动，多是由个人自筹经费，仅少数由文华图专、国立北平图书馆、国立中央图书馆资助前往，人数有限，也没有统一的规划。而国内交流活动相对更为稀少，且主要限于文华图专及国内著名图书馆。这些出国深造活动，尤其是从20世纪10年代至30年代，回国后大多投身于图书馆学教育，为图书馆学本土化的进步发挥了重要作用。

民国时期图书馆学教育招生情况不算乐观，这是因为图书馆教育对学生素质的较高要求，社会对图书馆业有所偏见，以及发展潜力并不大的职场空间等原因所致。因此当20世纪20年代至30年代初各大图书馆的高级职位逐渐饱和以后，加之战乱的影响，以文华图专为代表的图书馆学教育机构不得不放下身段，降低了对学生学历的要求，招生和就业都从精英化走向了大众化。虽然图书馆学教育总体来说招

---

① 《本校历年招生》，1937年，武汉大学档案馆藏，档号：二六一三六。

生不算理想,然而毕业生的就业形势相对很多专业来说并不算差,在抗战全面爆发以前,文华图专的学生基本都在大城市、著名公共图书馆、高校图书馆就职,也有相当一部分学生在国外图书馆工作。到了抗战时期,找到一份衣食无忧的工作也不算难事,只是在国共内战期间,形势才变得有些严峻,不过这是由于国内形势整体恶劣所造成的。

第六节 文华图专的历史评价

随着20世纪初公共图书馆运动的发展,图书馆学教育诞生了。由于中国长期处于封建社会,读书是为了致仕而不是为了社会需要,读书和民众生活相脱节,虽有相当多的私家藏书楼,却没有形成知识分享风气,这是近代图书馆产生时的社会状况。

在自上而下的图书馆建设热潮中,民众的反应显得滞后,办的好的仍然以学校图书馆为主。政府虽然承认图书馆业的价值,颁布了一系列图书馆法律法规,但对图书馆建设投入极少。由于政治动荡,战乱频仍,政府无心也无力将资源投向图书馆学教育,因此图书馆学教育活动是零散和小规模的,大多数图书馆员未曾受过任何训练。形成了一个极小规模的图书馆学人不断宣传呼吁与绝大多数未受教育的图书馆员保持沉默的奇怪格局。系统的图书馆学教育只停留在高等教育层次,而热闹一时的讲习会教育缺点甚多,而旨在培养大量"产业工人"的中等职业教育起步很晚。

近代图书馆学来自西方,图书馆学教育以西学为体,中学为用。图书馆学教育的特殊性使图书馆学人一致认为正规图书馆学教育的起点至少应为大学以上程度,低于这个程度只适合"操作训练"而不适宜接受相应的素质教育。文华图专对外招生要求大学二年级以上肄业程度令相当多的学生望而却步,以致中基会每年给予文华图专的补助名额很难招满,一直都只能维持一个极小的教学规模,与庞大的图书馆职业需求极不匹配。这种招生稀少的情况直到抗战内迁时期，应教育部的要求降低入学标准才有所改善。

另一方面，社会对于图书馆员的职业评价并不高，图书馆员的待遇甚至比不上生活清贫的教师。沈祖荣大学毕业以后自愿在文华公书林工作所受到的非议并非个案。这是因为当时的大学生数量本就稀少，毕业以后不论出国进修或是谋到一份待遇优厚的工作并非难事。而图书馆职业上升空间有限又不为社会传统所重视，因此一般家庭对于花费高昂代价培养出来的学生进入一个发展有限的职业颇有怀疑。图书馆学教育的特点与社会认识形成强烈错位，限制了图书馆学教育的扩大。

相比同期美国图书馆学教育，中国图书馆学教育所肩付的任务要大的多。图书馆学教育来自于西方，要形成中国的图书馆学，需要消化吸收西方图书馆学的理论，这个过程不能一蹴而就，不但需要学生前往国外留学，更多的需要翻译引入国外的经典著作，20世纪早期的翻译作品多是概述性质，只能使人"窥其门径"，而要"睹其精华"则需要翻译引入专业性更强的书籍。以文华图专为代表的一代学人为此付出了辛勤的努力，这是图书馆学教育的第一重任务。西方图书馆学与中国书籍存在诸多不适之处，需要不断试验加以改进，这是西方图书馆学本土化的过程。中国图书馆学教育不是照搬美国图书馆学教材，照本宣科就可以的，必须加以变通。因此教学的过程也是试验的过程，教学的过程也是不断创新的过程，而这种创新，必须建立在深谙东西方文化的基础上，包括了语言，历史，数理等许多相关学科，因此中国图书馆学教育的压力相对更加沉重，探索图书馆学本土化是为图书馆学教育的第二重任务。中国藏书楼历史虽然悠久，图书馆却是新鲜事物，图书馆学教育的目的不止限于课堂，还需要学生深入社会，向社会倡导图书馆的好处，使人们亲近它，熟悉它，因此中国图书馆学教育还肩付有社会教育的重任，这是第三重任务。可以说文华图专很好地履行了它的使命。

第 八 章

民国时期图书馆协（学）会研究

图书馆协（学）会是民国时期活跃于图书馆界的重要力量。它们是图书馆界最底层、最广泛、最多数的图书馆、图书馆工作者的代言人，是图书馆、图书馆工作者各项权益的维护者，它们凝聚了新与旧、中与西，经历了冲突与妥协、移植与试验，体现了守望与创新、信念与坚持。

第一节　民国时期图书馆协（学）会档案概况

目前，通过对全国各地收集到的民国图书馆相关档案的梳理，尚未见有关民国时期某一图书馆协（学）会的档案全宗，甚至作为当时全国性的图书馆协会——中华图书馆协会的档案全宗也未见于世。据文献记载：至1948年5月，中华图书馆协会档案及图章戳记已由北平运至南京国立中央图书馆内，另有旧档等一箱存于重庆沙坪坝南渝中学内，以及书物八箱由李钟履存于北平政治学会，皆因财力不足未能迁移至南京①。现代学者顾烨青先生也曾在其《中国近

---

① 《留京理监事联席会议》，《中华图书馆协会会报》1948年第3—4期（合刊）。

现代图书馆学人史料建设现状与展望》①中称其未得见中华图书馆协会的完整档案。

虽然民国时期图书馆协（学）会的档案全宗未能见得，但从对中国第二历史档案馆、北京市档案馆、重庆市图书馆等馆藏的一些图书馆相关档案，以及对一些档案汇编等文献的查阅后发现，图书馆协（学）会的档案多散见于国民政府、教育部、行政院、外交部等中央部门，以及相关市的教育局、社会局、警察局等地方部门的档案之中，包括图书馆协（学）会的简章、成立申请、会务工作报告、呈请推行图书馆协（学）会年会的议决案、申请补助以及图书馆协（学）会为推行标准化、读书运动等工作呈请相关部门予以支持的函件等。这些档案不仅零散且数量较少，尚不足以展示图书馆协（学）会会务工作的全貌，但从内容上来说，这些档案对于揭示图书馆协（学）会与政府之间的关系以及往来互动提供了非常有价值的证据。而且相对来说，除中华图书馆协会、北京图书馆协会以外的其他图书馆协（学）会的档案数量更少。但值得庆幸的是，民国时期各类期刊也是当时政府信息公布的一个重要媒介，其中刊载了大量图书馆协（学）会的会务工作报告、推行议案呈文等方面的信息，这些信息中有相当一部分就是图书馆协（学）会的档案中辑录出来的，能比较全面地描绘图书馆协（学）会的活动影像，因此这些期刊信息在一定程度上充当了"二手档案"的角色，对于本章的研究提供了有力的支撑。

民国时期的图书馆协（学）会档案的严重缺失有以下几方面的原因：

---

① 顾烨青：《中国近现代图书馆学人史料建设现状与展望》，《大学图书馆学报》2010年第3期。

一 因经费不支等原因图书馆协（学）会开展活动较少且形成的记录较少

民国时期不啻于一部战争史，各类军阀战乱以及外敌入侵等长期侵扰着图书馆、图书馆协（学）会的正常发展。而当时的图书馆协（学）会大都没有得到政府的稳定资助，多依附于当地的公共图书馆而设立，会所多设置于公共图书馆内，作为其办公地点和通讯地址。图书馆协（学）会的主要职员或负责人也多由这些公共图书馆的职员担任，因此，图书馆协（学）会与公共图书馆相辅相成。进入到民国中期以后，图书馆虽逐渐被认为是大众教育机关，但国民政府对于图书馆的运行经费时常克扣，对于职员待遇未能予以稳定的保障，这一点从图书馆协（学）会的年会中经常出现相关议题可见一斑：如《呈请教育厅通令各县市政府增加并保障所属各图书馆经费案》《建议本省中等以上各校图书馆专设图书室管理员并增进经费与设备案》《本省各图书馆预算之编配，应规定合理之项目及比率案》《规定各图书馆服务人员资格及待遇标准，以促进图书馆事业案》。同时兼职图书馆协（学）会工作的公共图书馆职员的薪酬无以保障，因此也造成了图书馆协（学）会各项活动开展乏力。如中华图书馆协会第一次年会中袁同礼报告会务工作，称"（中华图书馆）协会以前经费不充，未能自立，专倚北海图书馆，实行揩油主义"①。

此外这一时期的图书馆协（学）会因为是群众性组织，其经费多靠会员会费，但会员会费也多因战乱等原因不能按期缴纳。图书馆协（学）会的会务工作时缓时停，开展活动较少。而且一些图书馆协（学）会虽开展了活动，但未必能有经费聘任专门人员进行记录，记录也未必能得到妥善保存。由此也使得目前所见到的档案较少。

---

① 吟秋：《全国图书馆年会花絮录》，《申报》1929年2月4日。

二 图书馆协（学）会职员因为兼职工作无暇妥善收集和保存档案

抗战爆发后，战火波及之处的各类图书馆或停办，或迁往内地，主要依附于公共图书馆的图书馆协（学）会也随之停止会务，或随之迁移，相关活动的记录乏人，或因职员更迭未能使相关文件记录得到妥当保存。而且图书馆协（学）会的职员均为兼职，也会因战乱分散各地，或忙于主职工作，无法兼顾图书馆协（学）会的工作。以中华图书馆协会为例，1931年"九一八"事变后，北平的教育文化界就南迁图书和文物展开激烈讨论，反对派和主张派都有各自观点，但未达成一致。1933年山海关沦陷后，反对派妥协，4月19日国民政府教育部下令北京大学、清华大学、北京师范大学、国立北平图书馆等将重要图书器物运寄安全地点[①]，图书文物的南迁问题开始进入到实施阶段。

此后，各图书馆的图书器物开始陆续运送到南京、上海等地。1937年"七七事变"后，中华图书馆协会的实际负责人暨国立北平图书馆馆长袁同礼率部分职员南下，并奉教育部令，暂在湖南设立国立北平图书馆长沙分馆及办事处。当时的北大、清华、南开三所大学组成了长沙临时大学，而国立北平图书馆长沙分馆以该临时大学为依托展开图书馆服务。1938年，国立北平图书馆长沙分馆迁移昆明，并成立抗战史料室。此后，袁同礼主持的北平图书馆开始战时服务工作，确定以后的工作内容五项：一是南迁的珍贵文献仍由北平图书馆妥善加以保存；二是为国立西南联合大学，以及其他内迁的教育文化科研机构做好图书文献服务工作；三是要保证留平的北平图书馆的正常运行，而且要对未内迁的图书文献加以保护，以防日军毁坏掠夺；四是利用地理位置的便利，北平图书馆与国立西南联合大学展开合作并成

---

① 陈明颖：《抗战时期国立北平图书馆重要文献南迁》，《兰台世界》2020年第1期。

立中日战事史料征集会，大规模地搜集抗战资料，为未来国家的政治经济和文化的恢复，以及科学研究提供资料；五是利用北平图书馆迁往西南的机会，广泛搜集四川、广西、云南、贵州、湖南五省的方志、地图、石刻拓本等，以保存西南文献①。北平图书馆以北平、西南为中心开展工作的同时，在南京、上海等重要城市也设立了办事处，主要以保护南运珍品古籍为主要工作，而袁同礼则全权负责这些工作的组织协调。

由此可以看出，作为中华图书馆协会实际主持人的袁同礼在1931年以后直至抗战结束的十几年时间里，都以主持和保证北平图书馆业务工作的正常运转为主要工作内容，必然对于中华图书馆协会的兼职工作分身乏术。因此，诸如此类的图书馆协（学）会职员均为兼职，虽开展了相关工作，但因为职员多分散各地，相关活动的记录未必齐全，也未必能得到妥善积累和保存，这也是相关档案数量较少的原因之一。

三 新中国建立前图书馆协（学）会的分裂以及"应变计划"导致相关档案流失

民国时期的44个图书馆协（学）会，除了延安图书馆协会以外都设立在国统区，这些图书馆协（学）会受国民党意识形态的管制与压制，只有少部分职员对民主革命与共产党有所了解与认识。新中国建立前夕，社会大局已定，国民政府开始撤离大陆逃往台湾，这就要求图书馆协（学）会的职员也要相应地做出抉择。以中华图书馆协会为例，中华图书馆协会中一部分受新民主主义革命思想熏陶的职员开始倾向于共产党和共产主义，如刘国钧、杜定友等人留守祖国大陆，一部分受国民政府影响较大的如严文郁、蒋复璁等追随国民党赴台。还有一部分如袁同礼，一开始也经历了"犹豫、徘徊、观望、去

---

① 陈明颖：《抗战时期国立北平图书馆重要文献南迁》，《兰台世界》2020年第1期。

留不决"①，到1948年底大局已定之时，袁同礼举家赴美，相继在美国国会图书馆东方部和斯坦福大学研究所从事中国文化典籍的整理与研究工作，从一个长袖善舞的社会活动家完全转型为一个研究者，完全脱离开了复杂的政治舞台。在这样的局势下，随着图书馆协（学）会职员的"分裂"，其相关的档案也跟随这些职员分散到了世界各地。

此外，在临近解放时，国民党政府在仓皇撤逃前曾有过一个"应变计划"，命令各部门在撤退前破坏和毁灭各种档案卷宗和财产②，不难猜测，处于国统区的图书馆协（学）会也销毁了一批档案。这也是造成目前所能见到的图书馆协（学）会档案数量较少的原因。

第二节 民国时期图书馆协（学）会的酝酿与成立

据目前掌握的文献可知，民国时期先后有44个图书馆协（学）会先后出现。图书馆协（学）会的出现并非一朝一夕，也并非一蹴而就，既是由清末民初的社会政治、经济、文化以及教育等大环境的巨变所蓄积的力量引发的，又是图书馆事业发展到一定阶段的必然趋向，既经过了成立不获批准的无疾而终，又经过了星火燎原的蓬勃兴起。

一 清末新政后社会教育机构受到重视

清朝末年，大清的天朝上国地位受到了极大的挑战，先是英军的洋枪利炮叩开了广东珠江口外的大门引发了鸦片战争，战败后的清政府被迫与英国政府签订了《南京条约》，随后甲午战败、第二次鸦片

---

① 焦树安：《将毕生精力贡献给中国图书馆事业的袁同礼》，《国家图书馆学刊》2001年第2期。

② 上海市退（离）休高级专家协会管理专业委员会档案工作委员会、上海市奉贤区档案学会编著：《轨迹——上海档案事业发展六十年（1949—2009）》，中西书局2013年版，第2页。

战争战败，清政府被迫陆续签订《马关条约》《瑷珲条约》《天津条约》和《北京条约》等一系列丧权辱国的不平等条约，割香港岛给英国，辽东半岛（后因沙俄、法、德三国干涉还辽而未能得逞）、台湾岛及其附属各岛屿、澎湖列岛被迫割让给日本，广州、厦门、福州、宁波、上海、沙市、重庆、苏州、杭州先后被迫开为商埠，国家经济命脉被外国列强牢牢控制，整个国家岌岌可危。

清政府为维护摇摇欲坠的统治，被迫开始推行"新政"，其中教育改革最为激烈，1905年实行了1300多年的人才选拔制度——科举制被废除，随着新学制的颁布，现代教育全面开启，大量新式学堂创办。与此同时，一些有识之士也认识到了学堂中创设图书馆的重要作用，呼吁"开办各该学堂需用图书仪器……等项，或须购自上海，或须购自外洋……亟应设立学堂应用图书馆以资取给"①。湖北议叙知县张汝漪派员专设图书馆委员一职作为该县学堂管理人员之一并按月支付薪水，该图书馆委员负责拟定图书馆开办章程，联系国外购买图书，预估所需图书馆管理人员等②。全国各地新式学堂图书馆的设立持续推进并逐渐趋于规范化。

二 维新运动中公共图书馆的兴建

鸦片战争后，闭着眼的清朝统治者意识到了国运危在旦夕，不得不派出大批大臣出访西欧及亚洲各国，企图开眼看世界，进而"师夷长技以制夷"。晚清官派和自行出国人员当中，张德彝、郭嵩焘、王韬、李凤苞等带来了大量关于英国、法国、日本等公共图书馆的讯息，社会教育也提升到了与小学教育、基础教育同等重要的高度，图书馆与博物馆、阅报社、壁报牌、宣讲所、展览会等成为实施社会教育的重要机构。尤其是图书馆"造就人才，供国家使用"的功能迎合了当

---

① 《鄂督张设立学堂应用图书馆委员管理札》，《北洋官报》1904年第454期。
② 《鄂督张委张令办理应用图书馆札文》，载湖北省志《文杂志》编辑室编《文艺志》资料选辑（四）·图书馆专辑，1984年版（内部发行），第213页。

时清政府培养新式人才的需求。此后,康有为、梁启超等维新派将对欧洲和美国图书馆的见闻和考察引入国内,主张通过建学会、办学校、开办公共图书馆来振兴教育、启迪民智、培养人才,并作为传播新思想、新知识的利器,直言西方国家教育人才的渠道有三:学校、新闻馆、书籍馆(图书馆)。有学者说"梁启超的这些有关公共图书馆的记述对于清末新政时中国公共图书馆运动的兴起具有相当重要的影响"[1]。此后一些新式教会藏书楼出现的同时,一批由国人新办的藏书楼开始显露出近代图书馆的雏形。例如皖省藏书楼(1901年)、古越藏书楼(1903年)等,虽名为"藏书楼",但已在服务方式和理念、管理方法等方面基本具备了近代图书馆的特征,具有了公开、公平、公益的特点。维新派也开始在学会、学堂、报馆中开设图书楼(馆或室)。根据《戊戌变法政变记》中记载,受维新派此举影响,此后三年内全国五十多所学会、学堂、报馆先后设立,而且许多机构都积极筹集款项购置各种书报,并拟筹建公共图书馆,开放阅览,启发民智。有学者认为"我国近代图书馆便是在这个基础上逐步发展起来的"[2]。

此后,公共图书馆运动逐渐兴起,京师图书馆与各省立图书馆在这一时期纷纷建立。有学者指出这一时期形成了一个"形似"的近代图书馆时期[3],因为由上而下快速建立的省级公共图书馆,首先在制度层面上突破传统藏书楼的桎梏,以秘不示人转为开放大公,已显露出公平、公开、公共的思想理念,这就为中国近代图书馆迅速发展奠定了基础。

三 民国以还图书馆事业向前发展的呼声

1911年,辛亥革命爆发并推翻了统治了中国数千年的帝制。新政

---

[1] 程焕文:《晚清中国人对西方图书馆的考察(下)》,《图书馆理论与实践》2004年第5期。

[2] 林清:《清末维新运动对近代图书馆事业的影响》,《黑龙江图书馆》1988年第4期。

[3] 吴稌年:《中国近代公共图书馆运动起讫年研究》,《高校图书馆工作》2014年第5期。

府大力提倡新式教育与教育普及,并将图书馆与博物馆、美术馆等定性为通俗教育机构,更通过一系列规章制度的发布,如《通俗图书馆规程》与《图书馆规程》《全国教育计划书》等促进了近代图书馆事业的发展,省市县立公共图书馆、学校图书馆、学术团体及政府机关附设的图书馆得以普遍设立。据统计,截至1916年,"全国除山西、甘肃、新疆、绥远、察哈尔外,各省均建有省立图书馆"①。而且全国图书馆从1916年的293所(包括巡回文库),两年后即猛增至725所②。然而,数量的激增无法掩盖因地理、历史以及文化等因素的影响造成的全国图书馆发展的不健全、不均衡等问题。尤其是一些留学海外的人士,更能明显地体会到中外图书馆间的差距:"图书馆之有益于个人,有补于社会,有利于国家者岂浅鲜哉。欧美各国无不注重。年来图书馆事业日益发达,各乡市镇无处不遍设图书馆。其章程之完善,建设之美备,见之令人惊赞不绝。回观吾国大相径庭,相形之下,伤心曷极……吾国人心目中所有之图书馆,仅少数之藏书库耳,将书藏于一所,为一种保存之机关,或为个人之私蓄。他人不得自由入览、借观、参考,安能作为一公共读书之机关?藉此以修养学问乎?若此藏书于社会国家有何裨益?"③ 而且受发展阶段和社会认识水平的制约,当时的很多图书馆还未能实现"公开、公平、共享",离真正意义上的现代图书馆相距甚远,不能实现其教育国民、提升民智的功用。

四 近代结社兴起与国外图书馆社团的导引

近代以还,各类社团受民族危机、学术文化进步等各因素的驱使大量兴起。《中华民国临时约法》中规定人民享有结社、集会的自由,促使中国近代社团开始进入鼎盛时期。据统计,截至1912年10月,国内各类教育、文化、学术、学生、妇女、体育、宗教等社团总数高

---

① 黄鹏:《清末民初图书馆创建热潮略述》,《图书馆杂志》2001年第2期。
② 谢灼华:《中国图书与图书馆史》,武汉大学出版社1987年版,第251页。
③ 洪有丰:《图书馆问题》,《出版界(上海)》1917年第44期。

达300多个①。新文化运动与五四运动以连续的方式给国人以思想上的彻底解放和启蒙,仅五四运动后一年中出现的进步社团,就有数百个之多②。

曾留学多国的梁启超指出:"道莫善于群,莫不善于独。独故塞,塞故愚,愚故弱;群故通,通故智,智故强。……今欲振中国,在广人才;欲广人才,在兴学会"③。梁启超创办报刊,呼吁广设学会。当时教育会、算学会、农学会等纷纷设立,以研究学术,改良社会为目标,极大地冲击了封建思想文化,成为启蒙的利器。

当时的世界强国美国、英国、瑞士、德国、法国、日本等都已建立了各自的全国性图书馆协会,协调行业发展,组织图书馆学术研究,出版刊物等,使得本国的图书馆事业有了极大发展。而这一时期无论是留学海外还是本土培养的图书馆人都敏感的意识到了图书馆事业发展的瓶颈,并以建立图书馆界的行业和学术组织为出路。戴志骞获得清华学校的留美津贴赴美国纽约州立图书馆学校攻读图书馆学士学位,在美期间的所见所闻,使戴志骞"不禁受无穷之感触",认为正是美国图书管理员会将"图书馆为普通人民自修之所,为普通人民教育之关键"的理念根植于人民心中,而且"现今美国图书馆之发达,而人民得无限之利益者,均此会之力也"④。沈祖荣也指出"中国图书馆,其所以不能发达者,又在各该馆各自为政,孤立无助。推其原因,由于未建立联络研究机关以谋协助也"⑤。

五 图书馆协(学)会的成立

据目前收集到的文献资料记载,我国历史上出现的第一个图书馆

---

① 戈公振:《中国报学史》,三联书店1955年版,第178—181页。
② 王国忠:《进步社团的兴起与五四运动》,《绥化师专学报》1989年第3期。
③ 梁启超:《中国沉思·梁启超读本》,内蒙古出版社2008年版,第19页。
④ 戴志骞:《论美国图书馆》,《留美学生季报》1918年第4期。
⑤ 沈祖荣:《民国十年之图书馆》,《新教育》1922年第4期。

协（学）会是1918年成立的北京图书馆协会。当时北京地区的图书馆事业发展迅速，图书馆职业队伍人数扩充，图书馆业务工作中的问题急需解决，图书馆管理方法亟待统一，图书馆学术研究有待有序开展，"客观上要求图书馆之间联合起来……因此有必要成立地区的或全国的图书馆协作组织"①。虽然该协会后因政府不予立案未能合法开展活动，但却如星火，使图书馆协（学）会的成立渐成燎原之势。

　　1922年，北京高等师范学校开设了图书馆员讲习会（又称为"图书馆员讲习所""图书馆讲习会"），教授图书馆学课程，该讲习会附设有"图书馆员研究所"；同年，杜定友在广东省举办的图书馆管理员养成所下组织成立了"图书馆研究会"，同样也是以图书馆教育机构附设图书馆学会的方式以达到图书馆界往来联系、研究图书馆学术的目的。这一年，中华教育改进社在图书馆界人士的积极倡议下设置了下属机构——图书馆教育（研究）委员会，该委员会被认为是后来全国性图书馆协会——中华图书馆协会的前身，在当时充当了联系图书馆业界、开展图书馆学术研究的领导者角色。

　　1924年，北京方面重新组建图书馆协会，这一次该协会顺利在政府立案，极大地鼓舞了图书馆界，此后浙江省会图书馆协会、南阳图书馆协会、开封图书馆协会、天津图书馆协会、南京图书馆协会、上海图书馆协会、江苏图书馆协会、济南图书馆协会等共12个图书馆协会成立，1924年可谓"图书馆协会元年"。次年，广东图书馆协会接踵成立，更为重要的是，这一年酝酿已久的全国性图书馆协会——中华图书馆协会在退还庚款以及鲍士伟博士来访的双重驱动下成立了，至此以后，中国图书馆界有了真正意义上的民间领导机构，而且该协会在推动中国图书馆学术研究和图书馆事业向前发展、抗战复兴等方面都起到了巨大的推动作用。

　　此后直至抗战爆发前，苏州图书馆协会、杭州图书馆协会、武汉

---

① 《北京各类型图书馆志》，燕山出版社1993年版，第44页。

图书馆协会、中央大学区图书馆联合会、福建图书馆协会、山东图书馆协会、浙江省第二学区图书馆协会、瑞安图书馆协会、无锡图书馆协会、安徽图书馆协会、金陵大学图书馆学会、天津市图书馆学会、浙江省第一学区图书馆协会、江西省会图书馆协会、杭州图书馆联合会、四川图书馆协会、南宁图书馆协会、浙江省图书馆协会、浙江省第三学区图书馆协会、浙江省第十学区图书馆协会共 20 个图书馆协（学）会以势不可挡之态纷纷成立。

然而随着"七七事变"的爆发以及战火的蔓延，整个中华大地都陷入战火当中，图书馆事业受到重创，图书馆协（学）会的成立处于停滞状态。直到 1940 年后，一些非沦陷区才陆续有图书馆协（学）会的成立。截止新中国成立前，共有 8 个图书馆协（学）会成立，分别是：金陵大学图书馆座谈会、北碚图书馆联合会、成都图书馆协会、延安图书馆协会、兰州图书馆协会、中国图书馆学社、广东省图书馆协会、重庆图书馆协会。

第三节　民国时期图书馆协（学）会的运行与发展

一　图书馆协（学）会的定位与宗旨

民国时期先后出现的 44 个图书馆协（学）会，通过细致的文献梳理发现有 28 个图书馆协（学）会制定有会章等规章制度，分别有：《北京图书馆协会章程》《浙江省会图书馆协会简章》《天津图书馆协会简章》《南京图书馆协会章程（简章）》《上海图书馆协会简章》《江苏图书馆协会会章》《济南图书馆协会简章》《广州图书馆协会章程》《中华图书馆协会组织大纲》《苏州图书馆协会简章》《杭州图书馆协会简章》《中央大学区图书馆联合会简章》《太原图书馆协会简章》《福建图书馆协会章程》《山东图书馆协会简章》《浙江第二学区图书馆协会简章》《瑞安图书馆协会简章》《无锡图书馆协会简章》《安徽图书馆协会会章》《天津市图书馆学会组织简章》《浙江省第一学区图书馆协会简章》《江西省会图书馆协会简章》《浙江省图书馆协会简章》《浙江省第十省学区图书馆协会简章草案》《兰州图书馆协会简章》《重庆市图书馆协会章程》。有些图书馆协（学）会还因设立有下设机构而为下设机构制定了相应的规范和要求，如《中华图书馆协会执行部细则》《中华图书馆协会总事务所办事简则》《中华图书馆协会委员会规程》《福建图书馆协会执监委员会办事细则》《无锡图书馆协会执行委员会办事细则》《无锡图书馆协会执行委员会办事细则》《浙江省立第一学区图书馆协会执监会细则》《浙江省第一学区图书馆协会理事会细则》等。

  按照朱英的界定①，这些图书馆协（学）会的规章制度及其所规定的组织构架、人员配备等方面已经体现出了近代社团的特征：

  首先，其成员有着一致认同的明确宗旨和目标——以促进图书馆间的联络互助，促进图书馆学术研究和图书馆事业的进步为宗旨和目标，而且图书馆协（学）会所从事的活动具有一定的社会性，即需要联络其他教育文化机构，也需要依托政府来推行议案；其次，其全体成员有共同认定和遵守的付诸文字的规章——即各个图书馆协（学）会的会章、简章以及下设机构的办事细则等；而且这些规章制度首先具体指明该图书馆协（学）会的成立缘起、宗旨或目标，明确具体的工作和活动内容，规定该图书馆协（学）会的权力机构———一般为会员大会，规定职员的具体组成或来源机构以及选举或轮换办法；规定其会员所享有的权利、义务等。再次，这些规章制度还规定加入该图书馆协（学）会的会员必须符合其所拟订的会员资格规定，如图书馆、图书馆工作人员，或热心图书馆事业的人士；并且加入图书馆协（学）会需要履行一套组织程序，如需经已入会的一至两名正式会员加以介绍，而不是通过亲缘或地缘关系自行联结。图书馆协（学）会的规章制度中一般还会规定其经费来源，主要为会员会费，部分为社会捐赠和政府援助。最后，图书馆

---

① 乔志强：《中国近代绘画社团研究》，荣宝斋出版社2009年版，第16—17页。

协（学）会与其他社团一样内部一般设有不同层级的办事机构，如各类专业委员会、办事处、编辑部等等，往往这些机构分工明确，围绕该图书馆协（学）的宗旨或目标展开工作，并相互协调整个图书馆协（学）会的活动，使之达到一体化并充分发挥整体功能。

通过对以上图书馆协（学）会的规章制度的梳理可以看出，当时的图书馆协（学）会的功能定位与工作宗旨可以分为两种类型：图书馆协会和图书馆学会。

（1）图书馆协会

根据《现代汉语大词典》的解释，协会是指为促进某种共同事业的发展而组成的群众团体。而且协会也是发展到近代以来才出现的一种社会中介性组织，反映出行业在谋求社会生存空间中与政府权力的相互制衡。图书馆协会的出现无疑也是图书馆事业发展到一定阶段的必然产物，是在图书馆从业人员们的自我服务、自我协调、自我监督、自我保护的意识提升下产生的。图书馆协会侧重于行业协调、沟通，规范图书馆职业与行业行为，维护图书馆职业与图书馆行业利益，并且最终以促进图书馆事业发展和学术研究的进步为目标的非营利性组织，其会员是由图书馆，或研究图书馆学术、从事图书馆及相关工作，或对图书馆事业热心的、有兴趣的组织和个人组成的。根据顾烨青的研究，图书馆协会的主要功能有对内和对外两大类：对内，主要是支持和维护图书馆从业人员的合法利益，同时开展行业自律活动，以协调和促进图书馆事业和图书馆职业的均衡发展；对外，图书馆协会主要以行业代言人身份与政府相博弈，为图书馆业争取生存发展的空间和资源，同时又以行业代言人的身份面向和服务公众，与其他组织机构进行合作、交流和沟通，以求共同发展进步，是承担部分社会责任和行业发展责任的①。本书中的图书馆联合会虽名称不同，但性质也

---

① 顾烨青：《图书馆学会与图书馆协会之辨及其思考——写在中国图书馆学会成立三十周年之际》，《图书馆》2009 年第 6 期。

与图书馆协会相同。

民国时期共有 37 个图书馆协会先后出现。这一类的图书馆协会都会在其会章当中点明其工作宗旨，简单地谋求某一地方各图书馆间的协助互益，也有些图书馆协会以"研究图书馆学识，增进各图书馆间之利益及友谊、提倡全国图书馆运动"为宗旨（济南图书馆协会）。有趣的是在上海图书馆协会成立大会中，由杜定友报告发起上海图书馆协会的宗旨有三：一、研究图书馆学说，提倡图书馆事业；二、提倡读书运动；三、联络出版界以发扬文化[1]。但在其随后发表于公开刊物中的协会宗旨则是以"图书馆之联络与互助，图书馆学术之研究，图书馆事业之改进、图书馆事业之发展"[2] 为宗旨，删除了"联络出版界的发扬文化"的表述反映出在成立大会中参会人员的讨论对其宗旨的调整。

这些图书馆协会在其会章当中明确了其工作内容，如上海图书馆协会涉及的工作内容范围较广颇具代表性：讨论并研究图书馆相关的管理方法及各种规章制度，并试验于实际工作；在上海市范围内实行图书馆间的图书互借及交换活动，并形成制度和规范；向读者介绍馆藏图书并解答读者在阅览方面的问题；为图书馆选择图书，并就图书订购的问题与出版社合作；调查上海市各类型图书馆的发展状况及存在的问题，以谋求管理办法的改进；在上海市内各类型图书馆间轮流参观并组织集体研究；对馆藏图书的目录编辑并刊发公布，向读者介绍馆藏新旧书籍；出版发行图书馆学报，借此作为研究和讨论图书馆问题，流通图书馆的最新消息；出版和刊发上海各图书馆总目录及各种汇总信息和数据；设立研究图书学的图书馆；组织图书馆学讲习会，以教育图书馆员；为上海及全国各地的图书馆介绍引荐图书馆人才；宣传和鼓吹图书馆事业，以引发普通民众对于图书馆的重视；继续发

---

[1]《上海图书馆协会昨日开年会记》，《申报》1925 年 1 月 5 日。
[2]《上海图书馆协会简章》，《中华图书馆协会会报》1926 年第 5 期。

动和普及图书馆运动；其他关于图书馆及出版刊物的事项①。上海图书馆协会的工作内容有15项之多，几乎涉及当时图书馆事业发展的各个方面，而且其中一部分是关于图书馆学术研究、图书馆教育，上海图书馆协会的使命感与责任感可见一斑。

民国时期出现的37个图书馆协会，从层级上分为全国性的协会和地方性协会两大类，两个层级的图书馆协会的定位不同，其工作目标、内容也不同。

地方性图书馆协会以发展某一地方图书馆事业为工作范围，如前述各地方图书馆协会的宗旨多以联合某地图书馆、图书馆人，研究图书馆学识，增进各图书馆间的联络互助为宗旨，其成员也多以本地图书馆管理员及相关人士组成。

而中华图书馆协会作为当时唯一的全国性图书馆协会，以"研究图书馆学术，发展图书馆事业，并谋图书馆之协助为宗旨"②，中华图书馆协会三次修正其组织大纲，其宗旨始终未变一字。但其实此宗旨当中缺少了几个限定词，即本应为："研究（中外）图书馆学术，发展（中国）图书馆事业，并谋（中外）图书馆之协助为宗旨"，因为中华图书馆协会的工作并非局限于一国之内，而是放眼全球，这一论断并非主观臆造，从梁启超的《中华图书馆协会成立会演说辞》中可以证得。

首先，中华图书馆协会的成立基础即为当时国内各界纷纷效法欧美图书馆建立公共图书馆并配以各类馆舍、桌椅等设施——即"近虽取法欧美，颇有设施"③；其次，这一时期的效法为"形似"，而非"神似"，肖鹏认为这一时期的中国图书馆对于"公共、公开"这一美

---

① 《上海图书馆协会章程》，《图书馆》1925年创刊号。
② 《中华图书馆协会组织大纲》，《中华图书馆协会会报》1925年第1期。
③ 《中华图书馆协会缘起》，《中华图书馆协会会报》1925年第1期。

国图书馆模式的核心内涵还缺乏深入的实践①,其根源就在于未能深入挖掘"公共、公开"的公共图书馆理念所蕴含的深刻内涵,因此各图书馆的发展如想"将收远效,实待他山"②即学习欧美图书馆之大成;最后,中华图书馆协会的成立凝聚了中国图书馆人的历史和现实使命感——"我们中国的图书馆学者,实在感觉自己对于本国文化,世界文化都富有很重大责任,然而这种责任,绝非一个人或一个图书馆可以担任的下,因此不能不实行联络,在合作互助的精神下,各尽其能力以从事于所应做的工作"③。同时,中华图书馆协会的成立也代表中国图书馆人的深切期许——"一定能替全世界的图书馆学界增一道新光明"④。由此三点可见中华图书馆协会的工作宗旨和工作内容既希望推进中国图书馆事业与图书馆学术研究,又期待融入世界图书馆事业与图书馆学术研究的大潮。

(2) 图书馆学会

图书馆学会则是一种侧重于围绕图书馆事业开展学术研究和学术活动的非营利性学术组织,同样是由图书馆,以及研究图书馆学术、从事图书馆及相关工作,或对图书馆事业热心的、有兴趣的组织和个人组成的,其活动以开展图书馆事业相关的学术研究和交流,以促进图书馆学科发展、理论创新、知识普及为目的组织。图书馆学社、图书馆研究会、图书馆研究所、图书馆座谈会等与图书馆学会的性质功能一致,只是名称不同。民国时期这一类的图书馆学会共有7个。

这类图书馆学会一般"以解决图书馆草创时期问题为主,互通声气,联络感情,使图书馆学得以普及,图书馆事业得以扩充"⑤,或

---

① 肖鹏:《民国时期中美图书馆交流史序说:研究综述、理论基础与历史分期》,《中国图书馆学报》2018年第3期。
② 《中华图书馆协会缘起》,《中华图书馆协会会报》1925年第1期。
③ 梁启超:《中华图书馆协会成立会演说辞》,《中华图书馆协会会报》1925年第1期。
④ 《中华图书馆协会缘起》,《中华图书馆协会会报》1925年第1期。
⑤ 王子舟:《杜定友和中国图书馆学》,北京图书馆出版社2002年版,第213页。

"研究图书馆学术，发展图书馆事业为宗旨"①，反映出这类图书馆学会以研究图书馆学术为出发点，以推动图书馆事业发展为落脚点的实用主义倾向，以及对图书馆学术研究的现实支撑作用的深刻理解。

在具体开展的工作方面，这类图书馆学会多以出版刊物、举行学术讲演为主，"暨以激发本界之研究，共同建立中国图书馆学术，唤起各界之注意，协力推动中国图书馆事业"②。

从层级上来看，这一时期的图书馆学会也分为全国性学会、地方性学会、各机构附设的图书馆学会三类。

民国时期唯一的号称"全国性"的图书馆学会是由抗战时期在重庆璧山成立的国立社会教育学院组织成立的。当时的国立社会教育学院在1942年成立之时就开设图书博物馆学系，这是"我国历史上第一个集图书馆学博物馆学为一体的教学机构，也是第一个国有公办的四年制图书馆学高等教育机构"③。该系在教学上"着重基本技术训练与理论研讨"④，培养了大批图书馆专业人才，而且也正因为其理论与技术并重，先后有诸多图书馆学界、档案学界以及教育文化界知名专家任教，如汪长炳、严文郁、钱亚新、徐家麟、杨家骆、岳良木、顾颉刚、黄元福、鲁润玖、蓝乾章、熊毓文、顾家杰、李芳馥、周连宽等都曾先后任教于此，极一时之盛⑤。由于该系已形成一定的图书馆学术研究氛围，也吸引了诸多图书馆学术研究者。因此国立社会教育学院图博系教授、部分图书馆界学者及图博系在校学生于1945年3月30日发起成立了中国图书馆学社。该学社以"研究图书馆学术，发展图书馆事业为宗旨"。从该社的宗旨可以看出，其工作内容以图书馆学术研究和图书馆事业发展为主，但指向并不明确具体。毛世锟在该学

---

①② 毛世锟：《领导国内图书馆事业的两个会社》，《图书馆学报》1945年创刊号。
③ 顾烨青：《民国时期图书馆学会考略》，《山东图书馆学刊》2009年第6期。
④ 《图书博物馆学系》，《国立社会教育学院院刊》1947年（该院成立六周年院庆特辑）。
⑤ 顾烨青：《苏州大学图书馆学专业的历史溯源及其在中国图书馆学教育史上的地位和影响（苏州大学第七批大学生课外学术科研基金结项报告）》，苏州大学，2005年，第14—17页。

社创办的《图书馆学报(创刊号)》中撰文《领导国内图书馆事业的两个会社》,阐释中国图书馆学社成立缘由:"学术研究,端赖分工;事业推动,系乎群力……中国图书馆学术之建立,中国图书馆事业之推动,实至刻不容缓,中华图书馆协会经二十年努力,虽功绩昭著,然此项事业艰巨,究非独力所能竣工,兹有中国图书馆学社乃应运而生,共襄伟业,实堪称幸事"①。该社设理事会与监事会两个机构,其中理事会主要负责日常工作,理事为汪长炳、严文郁、徐家麟等。理事会下又特设编辑出版委员会,拟定计划陆续编印各种丛书,并发行图书馆类刊物,"暨以激发本界之研究,共同建立中国图书馆学术,唤起各界之注意,协力推动中国图书馆事业"②。该学社有社员百余人,经费以社员社费与捐助费为主,"为恢宏图书馆学理论,促进中国图书馆事业之发达"③,中国图书馆学社于1945年6月30日编辑出版了《图书馆学报(创刊号)》,该刊在向大众传播图书馆学相关理论的同时,也"给图书界供给一个图书馆学术研究发表的园地"④。中国图书馆学社虽冠以"中国"二字,但是据目前收集到的资料,其并未开展全国性的学术研究活动。国立社会教育学院在抗战胜利后东迁苏州,有关该学社的讯息也不再见。

民国时期冠之以"学会"之名的图书馆学会金陵大学图书馆学会是学校附设的非地方性图书馆学会以外,仅有天津市图书馆学会一个。

民国时期的图书馆学短期培训班蔚然成风,有效弥补了图书馆学专业教育的不足。据统计,以北京高等师范学校(暑期)图书馆学讲习会为肇始,1920—1949年间,全国各地举办图书馆学讲习会(班、

---

①② 毛世锟:《领导国内图书馆事业的两个会社》,《图书馆学报》1945年创刊号。

③ 《中国图书馆学社图书学报关于报送新闻纸类登记申请书并请备案上东川邮政管理局的呈(民国34年8月23日)》,1945年,重庆市档案馆藏,档号:0340-0002-00512-0200-467-000。

④ 王绿萍:《四川报刊五十年集成(1897—1949)》,四川大学出版社2011年版,第750页。

所）等30余次①。1930年天津市立师范学校开设图书馆学讲习班，由南开大学图书馆主任陆华深任讲师，学员十六人，除少数为私人加入外，其余均为天津市各通俗图书馆工作人员②。该讲习班在当时被认为是"津市唯一图书馆学之研究组织"③，由此可见，该讲习班已经不止讲授图书馆业务工作，还兼有开展图书馆学术研究的工作。同年11月15日由陆华深带领讲习班学员前往北平参观北平第一图书馆、国立清华大学图书馆等处。

1931年，由天津市属各图书馆工作人员以及部分市立师范图书馆学讲习班的毕业生，发起组织筹备天津市图书馆学会，推选出萧纲、崔文奎、杨传勋、林凤春、段复生五人任筹备委员，起草《天津市图书馆学会组织简章》，并将其发起理由呈文天津市国民党党部，其呈文梗概如下④：

> 凡事业种种都需要群策群力，而一个国家的教育和文化的进步也有赖于集思广益。现今世界文明各国中社会团体林立，尤其是学术结社更是蜂拥而起。这些社会团体和学术社团对于社会、对于国家的贡献远超过政府，这也是世界文明各国之所以兴起强大的原因。我国自从五四运动以来，学术结社的重要性已得到社会普遍认可。由此，1919年后各类学会和文社如潮起云涌，出版新式刊物，举办各类讲演的活动风靡全国。因此，有不少史学家认为中国正处在与欧洲文艺复兴相似的时期。但是现今，各种文化社团或因时代变迁而烟消云散，或因成立目的不纯正而体溃神失。目前全国建设伊始，文化是立国之本，教育又是民族发展根源。中央注重教育，推行种种措施提倡教育，国民也应奋然兴起

---

① 郑章飞：《中国图书馆学教育概论》，国际科技出版社2001年版，第37页。
② 《天津师范学校图书馆讲习班莅馆参观》，《图书馆》1930年（增刊116）。
③ 《津师校图书馆讲习班至平参观》，《中华图书馆协会会报》1930年第3期。
④ 《天津图书馆学会之筹备》，《中华图书馆协会会报》1931年第4期。

以求对国家有所贡献。目前，有服务于天津市图书馆业的同仁，向来感觉各图书馆有联络合作的必要。近日又从天津图书馆学讲习班结课，更有立即组织学社以共同研究的必要，因此于毕业师生共同聚餐之际决定发起组织"天津市图书馆学会"，以期奋起直追国内同仁。

此外，该学会还以缺乏组建团体的经验，缺乏结社常识为由，请天津市国民党党部派员指导组织。

但由于资料缺乏，该学会最终成立与否尚未得知。

各类机构附设的图书馆联络组织也是民国时期图书馆协（学）会的一种类型。

当时先后有北京高等师范学校图书馆员研究所（1920年）、广东图书馆管理员养成所图书馆研究会（1922年）、中华教育改进社图书馆教育研究委员会（1922年）、金陵大学图书馆学会（1931年）、金陵大学文学院图书馆学座谈会（1940—1941年）。这类图书馆协（学）会的共性是都由某一图书馆相关机构附设的。

1920年8月2日—23日，北京高等师范学校举办了图书馆讲习会。沈祖荣在《民国十年之图书馆》中记载"……此外尚有短期图书馆员研究所，附属于北京高师，乃系陈君晓庄，程君伯庐，戴君志骞等，于民国八年（应该为民国九年）时，组织夏令图书馆员讲习所，彼时来学者，共计八十余人之多；继以晓庄辞职，兼之时局不靖，好事多磨，是以中止，后难继续，殊为憾事"①。从该文可以看出，北京高等师范学校主办的图书馆员讲习会（又称为"图书馆员讲习所""图书馆讲习会"）附设有"图书馆员研究所"。但由于目前资料缺乏，具体情形尚未得知。

1922年3月27日，时任广东省教育委员会图书仪器事务委员和

---

① 沈祖荣：《民国十年之图书馆》，《新教育》1922年第4期。

广东省图书馆馆长的杜定友发起组织图书馆管理员养成所，该所也是以图书馆学职业教育为教学中心，对来自广东省内的52名中学在职教员开展了为期三周的图书馆学教育①。4月13日，在杜定友的倡导下，以图书馆管理员养成所的学员为主力成立了"图书馆研究会"，该"研究会以解决图书馆草创时期问题为主，互通声气，联络感情，使图书馆学得以普及，图书馆事业得以扩充"②。杜定友被会员推选成为会长，编辑部主任由南洋大学毕业归来的穆耀枢担任，文牍部主任由广东省图书馆职员孤志成担任，岭南大学图书馆中籍部主任陈德芸任调查部主任，图书馆管理员养成所的受教人员为当然会员。但该研究会是否开展活动，未有资料可证。

  1927年，金陵大学添设图书馆学系，并自行编印教材，开设图书馆学相关课程16门，形成了非常具有体系化的图书馆学学科教育。而且当时"该（学系）研究图书馆学者，若刘国钧先生对于分类，李小缘先生对于编目，万国鼎先生对于检字法，均系一时权威学者担任该系教授"③，聚集了一批学者，形成了一定的学术研究氛围。1931年，该校有计划添设图书馆专修科，彼时将形成一派学生荣荣的景象，因此图书馆学系同学特组织成立了图书馆学会，选举彭耀南、钱存训、周德洪、毕慕康、高小夫五人为图书馆学会执行委员，并邀请著名的图书馆学者和专家刘国钧、李小缘、万国鼎、陈长伟、曹祖彬五位先生作为学会的顾问以进行学术研究方面的指导，该会还议决该学期工作内容：一、为该学会继续征求会员，以扩大学会影响力；二、出版图书馆学刊物，以讨论和宣传图书馆学研究成果；三、举办图书馆学相关的学术讲演，邀请知名学者作为讲演人；四、组织会员及学生参观南京各大图书馆，并考察其工作情况；五、根据考察情况建议学校当局扩充图书馆学系，增加教师及学生，以培养更多图书馆员；六、

---

① 广东省立中山图书馆：《广东省立中山图书馆志》，广东教育出版社2012年，第232页。
② 王子舟：《杜定友和中国图书馆学》，北京图书馆出版社2002年版，第213页。
③ 《图书馆学会消息》，《中华图书馆协会会报》1931年第3期。

为毕业学生介绍工作及实习机会；七、学会的会务工作继续开展等①。从发起人、顾问以及拟定的学会的工作来看，该学会与金陵大学当时众多的学生社团一样，属于学生组织。

据《金陵大学校刊》刊载，1934年11月，金陵大学图书馆学会举行正式的成立仪式，会中选举出胡绍声任该学会总务，余文豪担任研究一职，贾逢源担任事务一职。从《金陵大学校刊》用"正式的成立大会"一词，以及当年《金陵大学校刊》第141号中刊录的在校备案学生社团表中，并未有图书馆学会的名称②可以推测，此时成立的应区别于1931年成立的图书馆学生社团，应该是一个以任教教师为主体，以在校图书馆学系学生为会员的正式学会。

金陵大学图书馆学会"正式"成立后，积极行动，"现该校又添办图书馆专修科之新计划，将来发展，实未可量"。此后开展活动较多，如举行学术演讲、在《图书馆学季刊》上开设专栏，参观位于南京的中央党部、外交部、铁道部三机关图书馆等③。

1937年抗战爆发，金陵大学迁至成都。1940年10月，由金陵大学图书馆全体职员，图书馆学系以及图书馆学专修科同学共同组织发起的金陵大学文学院图书馆学座谈会成立④。该座谈会分别在刘国钧、陈长伟、曹祖彬三位先生家中召集，虽无固定的会址和活动地址，但该座谈会每隔一二周就举行一次，以期收到集思广益、运用于实践的效果。经过短时间的筹备工作后，该座谈会开始运行，至1941年时已先后开会五次，五次讨论议题分别围绕以下主题展开：一、营业目录之参考价值；二、如何使读者还书迅速，以免书籍在读者手中迟滞，影响流通；三、剪裁工作之方法与功用，主要是针对剪报工作而言谈及具体的操作方法和剪报的重要性；四、小册管理及功用，主要是针

---

① 《图书馆学会消息》，《中华图书馆协会会报》1931年第3期。
② 《在校备案学生社团表》，《金陵大学校刊》1937年4月12日。
③ 《图书馆学会参观三机关图书馆》，《金陵大学校刊》1931年11月27日。
④ 黄雪婷：《曹祖彬图书馆生涯考察》，《大学图书馆学报》2017年第2期。

对出版社等印行的一些小册子等非公开出版物的管理展开讨论；五、开架式及闭架式之利弊，即分析两种图书馆书籍管理方法，并比较优劣。每次讨论先由主讲人"作详细精密之讲解，继由会员交换意见。理由经验均有讨论报告"[1]。从文中所用"会员"一词可以看出，座谈会应该有一定的规程，如会员标准和入会要求。但目前除《中华图书馆协会会报》外未有关于该座谈会的其他资料。

从上述民国时期各个图书馆协（学）会所开展的具体活动来看，行业性社团主要负有交流、合作、协调与沟通的职能，也兼有开展图书馆学术研究活动的功能，例如邀请图书馆学专家开展图书馆学讲演，出版协会会刊、会报，刊登图书馆学学术论文等。而图书馆学研究会的功能则较为单一，以开展图书馆学学术研究、学术讲演，出版图书馆学刊物与著作为主要工作内容，少有开展其他行业性活动的报道。

二　图书馆协（学）会的组织与构架

民国时期图书馆协（学）会的组织结构大体与同一时期的其他民间社团一样，在中华图书馆协会成立以前，基本仿照北京图书馆协会会章构建起组织结构，一般设正会长1人，副会长1人，书记1人（有的分别设有中文书记、英文书记各1人），会计1人（有的由书记兼任会计），任期一年，年会时选举出新职员。其中，《济南图书馆协会会章》中明确规定会长、副会长、书记以及干事的工作职责。

也有的图书馆协会如南京图书馆协会实行干事制，即设总干事1人，副干事1人，文牍1人，交际1人。但实际与会长制大同小异。上海图书馆协会成立之初设委员11人，由大会选举出，委员中互推委员长一人，编辑2人，调查2人，交际2人，会计1人，庶务2人，书记1人。江苏图书馆协会还规定该会为执行会务设总务部、研究部、

---

[1] 《金陵大学图书馆学座谈会成立》，《中华图书馆协会会报》1941年第3—4期（合刊）。

编辑部、交际部四个部门，并明确规定其职责。

图书馆协（学）会的会议一般分为大会或称为年会（每年一次）、常会（每月、每两月或每季一次）、临时会三种，还有的如上海图书馆协会设有委员会（每月一次）。修改会章则需要在大会或年会中经出席会员半数或三分之二以上同意才能生效。

会员方面，一般图书馆协（学）会的会员分为两种，有的按照个人与机构分成甲乙两类，有的按照会费不同分为甲乙两种，如广州图书馆协会，规定甲种会员会费每年十元，乙种会员会费每年二元。而且广州图书馆协会规定甲乙两种会员均有选举权，但被选举权仅限于甲种会员（图书馆主管者）及乙种会员中服务于图书馆者。大多数图书馆协（学）会的会员并未局限于图书馆从业人员，"或对于图书馆具有兴味者"（浙江省会图书馆协会、开封图书馆协会）、"有志研究图书馆学术者"（江苏图书馆协会）、"对于图书馆事业热心研究者"（上海图书馆协会）、"凡赞同本会宗旨者"（苏州图书馆协会）、"对于图书馆学术具有心得者"（南京图书馆协会）经会员介绍即可入会。此外，还有一些图书馆协（学）会设立了"名誉会员"，即有特别捐款或实力赞助者（中华图书馆协会、天津图书馆协会）。

这是中华图书馆协会成立以前图书馆协（学）会的会章中规定的组织与构架。中华图书馆协会成立以后成立的各图书馆协（学）会一般都效仿中华图书馆协会的组织构架。

1925年中华图书馆协会成立，成立大会上通过了《中华图书馆协会组织大纲》（以下简称《1925年组织大纲》）、《中华图书馆协会执行部细则》《中华图书馆协会总事务所办事简则》《中华图书馆协会委员会规程》等，初步完成了制度建设。中华图书馆协会的组织结构也基本围绕这些规章制度进行构建与调整。

（一）董事部的发展与变化

中华图书馆协会成立之初设有董事部，董事部设部长1人，由董事互选决定，董事15人，由会员公选决定；董事任期为3年，每年改选1/3；改选之际，由董事部依照实选人数的2倍推举候选董事，再经会员从中公选决定，但也可以于候选董事之外选举出董事。董事部的职权有：规定中华图书馆协会的主要工作与具体实施办法，规定筹募协会经费的来源与具体筹措办法，核定协会的预算与决算，审定并根据情况修改会员及名誉董事资格。此外，董事会还负有推举候选董事以及规定其他未列在内的重要事项的职责。

1929年的第一次年会中，中华图书馆协会重新修改了其组织大纲（以下简称《1929年组织大纲》），并对其组织结构做了重大修正，将董事会改为"监察委员会"[1]。年会中还制定了《中华图书馆协会监察委员会章程》[2]，规定监察委员会设公选的监察委员9人，主席1人，常任书记1人，掌理并保管记录文件及杂物事项，会计1人，掌理出纳及簿记事项，且监察委员不得兼任执行委员[3]。监察委员的任期改选等与前董事会基本相同。监察委员会每年至少开会三次，以委员出席2/3以上为法定人数，因事不能出席者需函托会员为其代表。监察委员会的职权有：对执行委员会的各项工作进行监督和检查，督促执行委员会执行议决案并及时报告执行进展；执行委员会因实际困难，确实无法执行议案时，须由执行委员会说明理由，并提交监察委员会复议，复议结果认为必须依据监察委员会纠正案执行时，执行委员会不得再行提出复议；如执行委员会开展的工作与大会议决案相抵触，则要根据大会议决案进行纠正，纠正执行委员会的议案，须监察委员会4人以上提出，经监察委员会2/3以上通过方可提交；监察委员会还负责审查协会的预算与决算，遇必要时可向全体会员弹劾

---

① 注1 此次组织结构的变更，本文的观点主要来自：张树华等编《20世纪以来中国的图书馆事业》（第88页）、中国图书馆学会编《百年大势历久弥新——中国图书馆百年大事》（第26页）。即：将原来的董事及执行两部，分别改为监察及执行两个委员。

② 《中华图书馆协会监察委员会章程》，《中华图书馆协会会报》1930年第4期。

③ 注2 原执行部被改名为"执行委员会"。

执行委员会①。此外，监察委员会也同样有监督机制——监察委员会如有违法事项，得由大会会员20人以上联署提出议案，经会员2/3以上认为违法者，可解散监察委员会并改组。

1937年1月，因当时其他学术团体的监察委员会多用"监事会"之名，中华图书馆协会随此风潮将其监察委员会更名为"监事会"②，同时对其组织大纲进行了些微修改，是为《1937年组织大纲》。

1944年5月，中华图书馆协会举行了第六次年会，会中对原《1937年组织大纲》进行修改，并最终通过了《1944年组织大纲》，新大纲中规定，监事会的监事9人由出席年会会员公选得之，不可与理事兼任。此外，会中还选举出了候选监事18人。同年11月，通过通讯选举选出新任监事9人。之后，中华图书馆协会再未进行过职员改选。

(二) 执行部的发展与变化

执行部是中华图书馆协会的具体工作执行部门，规定执行部设正部长1人，副部长2人，干事若干。其主要职权有：拟定中华图书馆协会的工作内容与具体实施办法，编制协会的预算及决算并提交董事会审核，执行董事部议决的事项并向董事会报告，根据实际工作需要组织各专业委员会。

《1929年组织大纲》将执行部改为"执行委员会"，增加了"执行委员会设常务委员五人，由执行委员互选之"的规定。在职权方面，还增加了"推举常务委员及候选执行委员"一项③。此外，年会中中华图书馆协会还制定了《中华图书馆协会执行委员会细则》，规定由常务委员主持会务工作，常务委员互选1人为中华图书馆协会主席执行一切事项；设常任书记1人，掌理并保管记录文件及杂物事项，会计1人，掌理出纳及簿记事项。此外，该细则还规定执行委员会负有组织各项专门

---

① 中华图书馆协会执行委员会：《中华图书馆协会概况》，中华图书馆协会事务所1933年版，第11页。
② 《执监委会改称理监事会》，《中华图书馆协会会报》1937年第4期。
③ 《中华图书馆协会组织大纲》，《中华图书馆协会会报》1925年第4期。

委员会之责；在日常工作方面，要求执行委员会每年至少开会二次，并且以2/3以上出席为法定人数；执行委员会每三个月向监察委员会做一次报告，陈述会务进行状况，有关报告情形，或在《会报》上发布。

1937年1月，中华图书馆协会执行委员会更名为"理事会"。抗战爆发直至1944年前，中华图书馆协会会务受到极大影响，都未按照组织大纲改选理事，仅在1943年决议该年度理事会职员由上届连任。

1944年5月的中华图书馆协会第六次年会中修订通过了《1944年组织大纲》。其中"组织"一章中规定，理事会的15人由会员公选之，不可与监事兼任，理事任期改为三年，理事会设常务理事5人，由理事票选之，再由常务理事中推出理事长、书记、会计各1人。常务理事任期为一年，理事、常务理事及监事可连选连任一次。"选举"一章中规定理事由出席年会的机关会员及个人会员票选得之。会中由监事会推选出候选理事30人。同年11月，会员在监事会推举的候选理事中选出新任理事。之后，理事会职员再未变动，直至中华图书馆协会于新中国成立前夕无形解散。

(三) 委员会的发展与变化

《1925年组织大纲》中规定执行部负有组织各个委员会的职权，各委员会向执行部报告，是执行部的下属机构。

执行部制定的《委员会规程》中明确规定各委员会设立的目的是由各委员会引导会员及图书馆员共同研究学术，或解决各委员会所属的各类特别问题[①]。由执行部聘请委员会委员，各委员会设主任与副主任各1人，由委员会委员选举得出，另设书记1人，由委员会主任推举（第一届主任、副主任及书记由执行部直接聘定）。委员会的职责有四项：关于某方面专门学术或某专门问题的处理与解决事项；关于某方面专门学术或某专门问题议案的审查修正事项；处理关于董事

---

① 《中华图书馆协会委员会规程》，《中华图书馆协会会报》1925年第2期。

部长或执行部长交付讨论或委托处理的事项；关于该委员会发展建议的事项①。而委员会履行其职务的具体方法，可自行决定，而且为工作方便起见可设分委员会。该规程未规定各委员会会议召开的频次，只规定委员会会议由书记与主任共同商讨召集。进行中的事项，须随时与执行部长接洽，并于某项问题研究完毕后，将具体报告交执行部执行。在经费方面，委员会的经费应由各会主任交预算至执行部长，执行部长向董事部提出核定。如所需经费超出本会预算，须由董事部协同委员会筹款项以补充。

《委员会规程》中对于委员会的职责规定较为详细、全面，保证委员会各项工作有据可循。

成立之初，中华图书馆协会拟设委员会13个：分类委员会、编目委员会、索引委员会、目录委员会、国际目录分委员会、政府出版物委员会、交换图书委员会、专门名词审查委员会、儿童图书馆委员会、乡村图书馆委员会、出版委员会、图书馆建筑委员会以及图书馆教育委员会②。后经执行部与董事部共同议定设图书馆教育委员会、分类委员会、编目委员会、索引委员会、出版委员会共5个委员会用于相关工作的开展。出版委员会下设编辑部与发行部。其中发行部在1926年将《季刊》委托由南京书店发行后自行解散，编辑部照旧，并请各地方图书馆协会会长为编辑。1925年6月2日，中华图书馆协会董事部还推举颜惠庆、熊希龄、丁文江、胡适、袁希涛5人组织成立了"财政委员会"，以筹划中华图书馆协会基金，但后因时局影响，未能开展相关工作。1927年6月间中华图书馆协会重组编目委员会，任命李小缘为主任，章箴为副主任，沈祖荣、查修、蒋复璁、爨汝僖、施廷镛、王文山为委员。

1929年第一次年会之后，中华图书馆协会"为执行年会议案及共

---

① 《中华图书馆协会委员会规程》，《中华图书馆协会会报》1925年第2期。
② 《中华图书馆协会之进行》，《申报》1925年5月29日。

同研究学术起见",特增设检字、编纂、建筑、宋元善本调查及版片调查委员会并聘任新委员。基于两刊都已形成了较为稳定的出版发行渠道与程序,编辑部分设为《会报》编辑部与《季刊》编辑部,分别负责两刊的稿件征集、统编等事项。

1932年,中华图书馆协会执行委员会在该年度第一次会议中决议改组委员会,原因是虽然当时各委员会实际工作"著有成绩者不少",但迄无成绩报告者亦居多数,甚至有"陷于停顿状态"者。推其原因或无计划,或无经费,故中途常有停顿。因此"亟应改组以便进行"①。全体执行委员会将各委员会重新改组,为提高工作效率,此次改组要求以主任与书记在同一地点为原则。其各委员会委员首先由委员会主席进行推荐,再由执行委员会函聘之。此外,为使各委员会切实开展工作,经商讨,最终议决三点:一是各委员会由主任先将一年内之具体计划函告执行委员会,二是每年六月编制工作报告,三是各委员会可预支三十元为经费,如用费过大,可陈明执行委员会酌量增加。经过改组后的中华图书馆协会新委员会有:图书馆教育委员会、建筑委员会、检字委员会、分类委员会、编目委员会、索引委员会、编纂委员会、版片调查委员会以及《季刊》编辑部。原宋元善本调查委员会被取消。《会报》的编辑由事务所专人负责,不再设专门的编辑部。1933年,中华图书馆协会新增两个委员会:图书馆经费标准委员会、审定杜威分类法关于中国编目委员会。

1936年,中华图书馆协会委员会"实际工作,著有成绩者,固属甚多,但无成绩报告者尚復不少",原因在于"或无计划,或无经费,均陷于停顿状态"②,为此中华图书馆协会再一次对各委员会进行改组,并仍以委员会主任与书记在同一地点为原则,各委员会委员由主任推荐,请全体执行委员通过,再由会函加聘。

---

① 《本年度第一次执行委员会议决案》,《中华图书馆协会会报》1932年第3期。
② 《中华图书馆协会第十一年度报告》,《中华图书馆协会会报》1936年第6期。

中华图书馆协会的具体事务的推行有赖于这些专门委员会。委员会的增减变化，一方面说明中华图书馆协会的工作重心在不断发生变化，另一方面也说明当时的图书馆事业的发展走向与图书馆学术研究热点与趋向的改变。

中华图书馆协会的会员主要分为四类：机关会员、个人会员、名誉会员与赞助（永久）会员。从整个会员体系来看，机关会员与个人会员无疑是核心，他们具有数量上的优势，也同时握有选举与被选举权，因而对于协会的发展方向产生决定性作用。名誉会员对于协会的发展起着辅助作用，一方面，中华图书馆协会借名誉会员的名望与社会影响力提高自身声誉与社会地位，另一方面，可直接从名誉会员处获得经济或政治上的支持。中华图书馆协会名誉会员与赞助（永久）会员没有选举与被选举权，这确保了中华图书馆协会的发展方向不会受到外界非专业人士的影响。

三　图书馆协（学）会的工作转向

民国时期图书馆协（学）会成立的时间如以"七七事变"为界，"七七事变"之前共出现37个，之后共出现7个，可以说"七七事变"打破了图书馆协（学）会赖以生存发展的根基——稳步发展的图书馆事业，图书馆协（学）会的发展受到严重影响，各个图书馆协（学）会或完全销声匿迹，或只展开零星活动，再不复"七七事变"之前的良好发展态势。

图书馆协（学）一会的工作转向也与其发展阶段相同，明显地分为抗战爆发前、抗战中和抗战结束后至新中国成立前，三个阶段的工作内容和目标也不同。

（一）抗战爆发前

从整体来说，1936年前成立的图书馆协（学）会都以促进图书馆间的协作互助、促进图书馆事业整体向前发展为目标，围绕图书馆标准化和法制化建设、倡导各类图书馆建设、倡导与开办图书馆学教育、呼吁图书馆经费保障、图书馆员及相关权益保护、开展古籍的保存保护活动、积极参与国际图书馆界事务等开展活动。这一部分内容详见李彭元《中华图书馆协会史稿》、霍瑞娟《中华图书馆协会研究》、宋建成《中华图书馆协会》、王阿陶《中华图书馆协会（1925—1949）研究》等论著中，此处不再赘述。

但是从1936年开始，图书馆协（学）会的工作内容又增加了一项：阻止内战和参与抗日战争。

当时，日本帝国主义对我国虎视眈眈，中国共产党提出了"枪口一致对外""停止内战，一致抗日"的主张。1936年6月，陈济棠和李宗仁、白崇禧，为北上抗日发表通电。随后，陈济棠、李宗仁将所属军队改称为"中华民国国民革命军抗日救国军"，表示誓率所部"为国家雪频年屈辱之耻，为民族争一线生存之机"。随后"抗日救国军西南联军"成立并要求蒋介石以抗日为名，出兵湖南境内。12日，毛泽东、朱德发布《为两广出师北上抗日宣言》，号召发起更大规模的抗日救亡运动。

在此内战一触即发，关乎国家民族前途命运走向的关键时刻，中华图书馆协会当即行动，与中国博物馆协会联合致函陈济棠、李宗仁与白崇禧，力劝其停止内战，一致对外：

> 勋鉴：抗敌救亡，举国同心，当此外侮方亟，允宜精神团结，力谋整个计划。报载两广军队移动消息，形同内战，不特为强邻造侵略之机，抑且启友邦蔑视之心。尚祈悬崖勒马，保民族一线之生机。一切抗外策略，只有全国上下出以整个的行动、一致的步骤，才足以救亡图存，国族前途实利赖之。临电神驰，诸乞鉴察。
>
> 中华图书馆协会·中国博物馆协会叩乞。①

虽内战得以停止，但日本帝国主义于次年发动了全面侵华战争，

---

① 《学术团体要电》，《申报》1936年6月15日。

大举进攻中国。至此,图书馆协(学)会的工作内容也开始发生转变,以积极应对抗战为主要工作内容。

(二)抗战爆发后

1937年全面抗战爆发后,上海图书馆协会立即召集全体执监委员及上海各图书馆馆长举行谈话会,议决组织战时图书馆服务团,决定制定全国图书馆界战时工作计划大纲,调查全国图书馆被敌摧残情况并公布世界,函请全国图书馆界举办战时读物文库、伤兵医院难民收容所巡回文库及战时书报阅览处,供给各救亡团体参考资料,征募经费及图书刊物,联合本市文化救亡团体,协同推进战时文化教育工作,编辑战时读物目录[①]。

上海图书馆协会的这次会议指明了战时中国图书馆协会开展工作的方向,也为战时诸多处于战火区、后方区的图书馆开展业务工作理清了思路。

抗战爆发后,中华图书馆协会总事务所由北平迁往昆明避乱,但会务工作丝毫未见停顿:"窃念(七七)事变以来,各地沦为战区,我国图书馆被毁惨重,而图书之损失尤难计数。敝会鉴于图书馆事业乃社会文化之重心,国力之所寄托,爰本中央抗战建国之旨,积极协助各图书馆之复兴与发展,年余努力,已获相当之效果"[②]。而当时教育部社会教育司回复"查该会为国内图书馆界互助联络之唯一机关,播迁后仍能协助被毁之图书馆力谋复兴,并参加抗战宣传工作,具见努力"[③]。

在当时国内诸多学术组织或暂停工作,或解散,大部分图书馆学期刊都不得不停刊的情况下[④],中华图书馆协会仍于竭蹶中努力推动会务工作,其《中华图书馆协会会报》在停刊一年后努力复刊,并照

---

① 《市图书馆协会组战时服务团制定全国图书馆界战时工作计划大纲》,《申报》1937年10月25日。

②③ 《中华图书馆协会呈为推进战时文化恳请补助以利复兴事》,1939年,台湾省"国史馆"藏,档号:019000001260A1939。

④ 范凡:《民国时期图书馆学著作出版与学术传承》,博士学位论文,北京大学,2008年,第213页。

旧赠阅。这一时期，中华图书馆协会毅然担起民族复兴、救亡图存的重担，高呼图书馆在战时及复兴期间的重大职责："战时学术界之恐慌，如何救济？现代科学刊物，如何传播？以及抗战期间如何启发民智？指导社会？战事结束以后，如何复兴？则图书馆之职责，颇为重大"①。由于战争中国图书馆的损毁以及大量书籍被抢掠焚毁，再加上政府对于图书馆经费的缩减，当时的图书馆不仅无法大量购进图书，更有甚者连日常的阅览服务都无法满足，图书馆工作几乎停滞。面对此现实情形，中华图书馆协会转变工作方向，以调查全国图书馆被毁状与协助全国图书馆积极复兴作为战时的主要工作内容②。

（1）调查揭露图书及图书馆被毁状况

抗战爆发后，我国图书馆被毁惨重，图书损失难以计数。"为协助被毁各馆早日复兴，以供研究参考起见"③，同时为了征求全国图书馆被毁事实及相关影像，以便向国际社会寻求帮助及战后向日方索赔，更为了揭露日军暴行，激发民族抗战精神，1937年，中华图书馆协会委托中外人士至各地访问调查全国图书馆被毁情况，并编制翔实的报告寄给中华图书馆协会。

现汕头市档案馆还保存有一份汕头市政府就该市公立图书馆被炸情形回复中华图书馆协会理事会的函件④：

> 现准大函嘱寄敝市公立图书馆被炸影片俾作国际宣传等由，具仰关怀文化至深钦佩。查该馆于本年七月一日被敌机轰炸，东

---

① 《中华图书馆协会呈请教部准予登记战区图书馆人员》，《中华图书馆协会会报》1938年第1期。

② 中国第二历史档案馆：《中华民国史档案资料汇编（第五辑）》，江苏古籍出版社1994年版，第810—822页。

③ 《中华图书馆协会二十八年度工作概况》，时间不详，台湾省"国史馆"藏，档号：019000001260A1939。

④ 《汕头市政府复中华图书馆协会理事会函》，1938年，汕头市档案馆藏，档号：笺函教字第733号。

座中弹,全部倒塌,损失图书杂志八千余册,报纸四百余本,其他器物悉数被毁,总计损失约值国币一万七千余元。而市立第四小学校中弹三枚,全校荡然,损失尤属不资。准函前由,相应检同炸后影片二张函送查收,希广为宣传,用张暴敌残酷为荷。

中华图书馆协会将接到的报告分类保存,并将报纸中有关中国图书馆损毁情况的报道剪裁并翻译编制成英文报告(RECENT CONDITIONS OF CHINESE UNIVERSITIES, COLLEGES, AND LIBRARIES),陆续于1938年初起分寄欧美各国学术机关,以唤起国际社会对于中国战时文化事业的关注。

1938年4月间,中华图书馆协会在全国各地共设立通讯处14个。经多方托人调查,中华图书馆协会于1941年发表了《"七七事变"后北平市图书馆状况调查》。从该调查中可知当时北平市的图书馆中"停办者有之,移让者有之,其能继续维持苟延残喘者,亦无非碍于他故,敷衍了事而已","较之事变以前之生气勃勃状态,诚不堪以道理计矣"①。

1941年,美国图书馆协会设立"战区图书馆救济委员会",负责调查各国图书馆的需要以及复兴计划等。该委员会还委托中华图书馆协会调查中国图书馆战前的状况,如藏书数量与馆舍地址、被毁书籍数目、阅览人的种类、图书馆的性质,等等②。

1943年11月,中华图书馆协会又将我国图书馆在战事中所受损失、当前的工作概况以及日后的复兴计划写成《中国图书馆之被毁及战后复兴》(英文)寄至美国图书馆协会。次年2月,该协会复函称已将《中国图书馆之被毁及战后复兴》收入其创办的《图书馆杂志》内"以广流传"③。

---

① 《"七七事变"后平(北平)市图书馆状况调查(1941年9月)》,《中华图书馆协会会报》1941年第1—2期(合刊)。
② 《美国图书馆协会设战区图书馆救济委员会》,《中华图书馆协会会报》1944年第3期。
③ 《美国图书馆协会函》,《中华图书馆协会会报》1944年第3期。

随即，陆续有美国图书馆协会国际关系委员会、英国图书馆协会、法国图书馆协会、德国图书馆协会、新西兰图书馆协会、美国专门图书馆协会、犹他州图书馆协会、纽约医科专门学校图书馆、美国国会图书馆、美国北达科他州图书馆协会、日内瓦世界文化合作会等纷纷复函，对中国横遭空前浩劫表示"无任悲愤与同情"，对于中华图书馆协会"以全力保护中国之图书馆，有功文化，深表敬意"①，商讨捐书类型、运输办法等，莫不鼎力协助。国际图书馆协会联合会主席歌德特（M. Godet）亦将中华图书馆协会来函有关中国图书馆被毁情形与恢复计划书在会员大会中宣读，并将其讲演辞刊载于《国际委员会记录》第10卷中，以广为宣传中国图书馆的损毁情况。

（2）向国内外征集图书

全面抗战爆发后，稳定的社会环境被打破，"全国各图书馆以及学术界人士播迁各地，或居偏僻之处，或居边陲各县"②，但社会各界对于图书的需求并未因战火而停止，然而这时交通邮递阻隔，个人采购甚为困难，国民政府无暇自顾。

1938年8月，中华图书馆协会将各地图书馆被毁状况，详加调查，编成英文报告，分寄各国以作国际宣传，同时请求征募书籍，以助我国图书馆界复兴，原函如下：

> 迳启者：暴日侵华以来，叠陷名城，狂施轰炸，人民颠沛流离，百业咸遭蹂躏，内中以文化机关之摧毁，尤为空前未有之浩劫；后来战区扩大，各省图书馆所藏之中西图书，秘籍珍本，多被毁尽敌人炮火之下，文化精华，悉成灰烬。而东南半壁，向为吾国文化中心，私家藏书，尤称美富。自江浙沦陷，古今文化事业，自有其永久性，必须联续迈进，亦不能继长增

---

① 《法国图书馆协会来函》，《中华图书馆协会会报》1938年第1期。
② 《本会图书服务部之工作》，《中华图书馆协会会报》1944年第3期。

高，经此浩劫，亟宜群策群力，力图恢复。敝会奉令协助全国图书馆从事复兴，除已在国内积极征募外，兹分向欧美各国征求书籍，俾赖国际同情之助，协助复兴，事关文化，用特函恳贵馆予以匡助，或代为征募，或代予接受，兹将关于我国图书馆被毁情形，缮具备忘录一件，即希台阅，并乞查照办理见复为荷。①

"此项申请颇获得各国人士同情与赞助。一年以来，各国捐赠图书者，至为踊跃。"②

图书馆协（学）会向国外各界征求图书先行一步，三个月后，国民政府才缓缓来迟。为"扶掖曾受战时严重打击之各文化机关"③，教育部与外交部于1938年12月6日在重庆川东师范学校组织成立了"战时征集图书委员会"，拟向各国作大规模宣传与图书征集。而自从抗战爆发以来，国内各学术团体和政府机构虽也为被炸毁的各图书馆向国内外募集图书，然而在向国外尤其是美国征募图书并且"已获有巨大效果者，却只有中华图书馆协会一处"④，因此，中华图书馆协会向国外募集图书可谓驾轻就熟。战时征集图书委员会于1939年3月召开的委员会会议中议决，在美国征集图书事宜，由政府正式委托中华图书馆协会继续办理。

1944年1月，中华图书馆协会在重庆成立了图书服务部，最初"为国外各处经（订）购各项中国文献，以资收宣扬国粹之效"⑤。但随后各地图书馆纷纷来函委托采购图书，该机构成为国内外图书采购的集散地，工作成效颇著，"实为战时服务之重要设施"⑥。

---

① 《图书馆复兴事业》，《中华图书馆协会会报》1938年第2期。
② 《中华图书馆协会二十八年度工作概况》，时间不详，台湾省"国史馆"藏，档号：019000001260A1939。
③ 《英国捐赠我国图书馆大批起运来华》，《中华图书馆协会会报》1939年第2—3期（合刊）。
④ 《政府委托本会继续办理在美征集图书事宜》，《中华图书馆协会会报》1939年第5期。
⑤ 《本会筹办图书服务部》，《中华图书馆协会会报》1943年第2期。
⑥ 《本会图书服务部之工作》，《中华图书馆协会会报》1944年第3期。

(3) 开展战时图书馆馆员登记

因战事即起,"各地沦为战区,文化机关,被毁尤甚,馆务停顿,馆员中荡析无归者,殊不乏人"①。图书馆员是我国图书馆事业发展的基础,抗战爆发后遭战乱颠沛流离乃至伤亡者甚众,而为方便对图书馆员施以救济,以便在战后复兴图书馆事业,中华图书馆协会积极争取各方支援,对图书馆员进行登记:1938 年,教育部为统筹战区专科以上学校教员战时服务及学生就学或训练,特制定《员生登记办法》。对此中华图书馆协会"鉴于图书馆事业,为社会教育之中心,自战事蔓延,被毁奇重。亟应设法救济,庶免流离,而得为国效力"②,特函呈教育部请援照《员生登记办法》,准予对战区图书馆员进行登记。不久,即得教育部获准施行。1939 年,中华图书馆协会在报告教育部的呈文中称"现正举行会员总登记,三月后可以竣事。大多数会员仍在图书馆界服务,其由战区转徙西北西南各省,尚未觅得相当工作者亦不乏人,本会能力所及,已陆续代为介绍工作"③。

(4) 促进西南地区图书馆事业发展

抗战爆发后,随着重庆成为战时首都,以及云贵川作为抗战大后方战略地位的确定,规模空前的人口、机构由东向西大流动,文化大迁移也随之形成。

中华图书馆协会也随之将事务所迁移到昆明。"西南各地已成后方重镇,推进文化建设实为当务之急"。中华图书馆协会为发展西南文化起见,对于西南文化机关展开系统调查,"深觉图书设备诸多简陋,以致社会教育颇难发展"。因此分函各省教育当局请多设图书馆,以应战时文化需要,并函请管理中英庚款董事会斟酌缓急补助西南各省图书馆。云南昆明图书馆由中华图书馆协会提议,已由中英庚款董

---

①② 《中华图书馆协会呈请教部准予登记战区图书馆人员》,《中华图书馆协会会报》1938 年第 1 期。

③ 《中华图书馆协会呈为推进战时文化恳请补助以利复兴事》,1939 年,台湾省"国史馆"藏,档号:019000001260A1939。

事会拨付建筑费五万元,该馆的馆舍建筑设计图样等也经中华图书馆协会贡献意见。四川省立图书馆也经中华图书馆协会向中英庚款董事会申请,拨给购书费三万元。中华图书馆协会还积极拟定计划推进西北地区图书馆事业发展,"藉以扫除文盲,促进社教,唤醒民族意识,激发抗战情绪,而增强抗战之力量"[①]。

（三）抗战结束后

1945 年,日军战败撤退,举国上下一片欢腾。呈现在图书馆协（学）会面前的是满目疮痍的图书馆,流离失所的图书馆员。战后复员是摆在图书馆协（学）会面前的重大难题。但其实战后复员工作在战时就已经是图书馆协（学）会的一项重要工作内容。

1939 年,中华图书馆协会在报告社会部的呈文[②]中,介绍其当时开展的工作有三项:

（1）拟定战时工作大纲,在各地设立分会,集中力量发展后方图书馆事业;

（2）调查全国图书馆被毁状况,以英文编成报告,作国际之宣传（已脱稿）;

（3）协助被毁之图书馆向国内外征求书籍,积极复兴。

该会今后计划进行的工作有:

（1）协助中央及地方政府在西南西北各省发展图书馆事业,指导各图书馆积极推进文化建设,训练专门人才,并予以技术方面之合作,俾能在抗战期间扫除文盲,促进民教,唤醒民族意识,激发抗战情绪而增强抗战之力量。

（2）在国外继续作系统之宣传,分请欧美各国学术界、出版界寄赠大批图书,协助我国被毁之图书馆从事复兴,以符中央抗战建国之

[①] 《中华图书馆协会二十八年度工作概况》,时间不详,台湾省"国史馆"藏,档号:019000001260A1939。

[②] 中国第二历史档案馆编:《中华民国史档案资料汇编（第五辑）》,江苏古籍出版社1994年版,第718—725页。

本旨，而供给战时及战后全国学术界之需要。

1943年，中华图书馆协会为筹划战后全国图书馆复兴计划起见，制订了《全国图书馆复兴计划意见调查表》①，分发全国各地图书馆。11月，中华图书馆协会基于调查结果又将我国图书馆在战事中所受损失、当前的工作概况以及日后的复兴计划写成《中国图书馆之被毁及战后复兴》（英文）寄至美国图书馆协会。1943年12月中华图书馆协会"以抗战胜利在望，复员计划亟待拟定，俾能与建国大业相配合，为集思广益起见"，发布了《中华图书馆协会征求全国图书馆复员计划》②，向全国图书馆做征求复员意见的调查，以供下次年会讨论。

1944年5月5—6日，中国教育学术团体第三次联合年会在重庆国立中央图书馆举行。参加者有中国教育学会、中华职业教育社等12个团体。中国图书馆协会亦按照惯例将此次联合年会作为其第六次年会。此次联合年会讨论的中心问题为：中国战后教育建设及世界教育改造与国际间文化之合作，所得结论拟供政府参考③。此次年会也对于战后复员工作展开了详细讨论，贡献了颇有价值的议案，为战后图书馆的快速复兴奠定了基础。

四　图书馆协（学）会的双重职能

民国时期图书馆协（学）会作为一种行业性组织，具有对内与对外的双重职能。

对内，即对图书馆、图书馆人，这是图书馆协（学）会的成立和存在的基石。图书馆、图书馆人通过图书馆协（学）会来表达利益诉求、参与社会管理、推进学术研究。图书馆协（学）会又通过图书馆、图书馆人对图书馆学术研究与图书馆事业产生影响。具体来说，图书馆协

---

①② 《中华图书馆协会征求全国图书馆复员计划》，《中华图书馆协会会报》1943年第2期。

③ 《教育团体年会》，《图书月刊》1945年第5—6期（合刊）。

(学)会的会员——图书馆、图书馆人通过选举权的履行来确保图书馆协(学)会始终朝着符合自身利益的方向发展；而图书馆协(学)会也通过其会员——图书馆、图书馆人所赋予其的社会地位和影响力，通过与政府之间的协调合作来维护和保障图书馆、图书馆人的合法权益，进行图书馆事业的标准化与法制化建设，协调和促进图书馆事业和图书馆学术研究的发展。李文裿对于图书馆协(学)会与图书馆界之间的关系做了非常好的归纳："图书馆协会为中国多数图书馆之集合体，必有多数健全图书馆为之基，协会方有合作进展之可能；同时亦惟协会能定远大切要之计划，作精密有力之诏示，转移社会之视听，引致当局之赞助，则各种图书馆之进展自可更得顺利。故各图书馆为尽其对协会所负精神之义务，自更应竭力以赴其事业；而协会为促进各图书馆之进步，亦不能不继其前绪，更为扩大的努力"[1]。由此可见，图书馆协(学)会与图书馆、图书馆人之间是互相影响的关系，且相得益彰。

图书馆协(学)会"对外"的职能，主要是对政府而言，尤其是一些图书馆协会，他们是图书馆界代言人，并以代言人的身份与政府相博弈与协调，"即双方经斗争和妥协而不断界定他们彼此之间的关系以及相互重叠和不断变化的边界……实际上帮助政府不断地重新调整与界定其国家权力施予图书馆界的合法性和行使范围……在某种程度上起到了补充甚至代替政府进行图书馆行业管理的作用"[2]。而且图书馆协(学)会一方面受到政府对社团管理政策的管理与干预，另一方面仍努力按照一种群众性组织开展活动，正如中华图书馆协会所提出的，"最为重要的是，全国各地的图书馆与民众教育馆决不应该与地方政治产生联系，不与地方政治建立关系，图书馆与民众教育馆应

---

[1] 李文裿：《写在本届年会(中华图书馆协会第三届年会)之前》，《中华图书馆协会会报》1936年第6期。

[2] 王阿陶：《中华图书馆协会研究(1925—1949)》，博士学位论文，四川大学，2012年，第269页。

该努力成为一种纯粹的学术机关①",这其实也是各图书馆协(学)会想要极力独立于政府和政治以外的一种表现,想要纯粹其作为图书馆界代言人的性质。但是由于经费缺乏、议案推行必须倚仗政府,不少图书馆协(学)会又不得不与政府往来密切,而且需要借助政府官员来提升其社会地位与影响力,这就使得不少图书馆协(学)会在独立与依赖之间左右摇摆,当然这是民国时期众多群众性组织身上都能看到的景象。

第四节 民国时期图书馆协(学)会的没落

从整体上看,除了中华图书馆协会和北京、上海图书馆协会以及延安图书馆协会以外,其他图书馆协(学)会的发展都不尽如人意,或成立时间短,不久中辍;或开展活动少,几近停滞。因前述种种原因,形成及保存的档案数量较少,因此无法根据档案梳理出这些图书馆协(学)会没落直至停止会务活动的原因。但根据民国期刊中刊载的各图书馆协(学)会的会务工作情况可以归纳总结为以下几个方面。

一 经费来源的不稳定与不足

依附于图书馆而成立的图书馆协(学)会作为一个民间群众性组织,不可能受到政府稳定资助,多依靠会员会费与热心人士捐款,但其会员多为各类型图书馆和图书馆管理员。当时的国民政府对于图书馆事业重视不足,连图书馆的正常运行经费都往往不能全力资助。《第二次中国教育年鉴》中称"省市立图书馆经费,抗战前与胜利后相较,数字上似已增加不少,以币值之贬低,实际缩减甚多"②。各大学附设的图书馆"其经费及购书费即由校中其他项内临时零星支取应付……每年度教

---

① 《第二次年会之筹备》,《中华图书馆协会会报》1933年第1期。
② 《第二次中国教育年鉴第九编社会教育》,载沈云龙主编《近代中国史料丛刊三编 第十一辑》,文海出版社有限公司1948年版,第1110页。

职员加薪时，便将图书馆员置诸脑后……"①。而当时时局跌宕，图书馆协（学）会个人会员各自奔命，自顾不暇，纵然心有余而力不足。由此可见，图书馆协（学）会的会员会费往往也只作空谈，各项调查事业、出版刊物的工作都会因经费缺乏停滞。

此外，在中华图书馆协会报送社会部《关于抗战以来（1938—1941年）会务活动概况并请按月补助经费》的呈文中在"现在何无困难"一项中，直指经费困难：

> 本会前此经费来源为：（一）中央党部补助费（每月百元），及（二）会员会费（机关会员每年五元，个人会员每年二元），自上年九月中央党部经费停止，各会员无力缴纳会费后，因之会务不无停顿。自本年七月起，将事务所移滇继续工作，除征求会费外，拟请中央党部念本会事业之重要，继续予以补助。②

1942 年，抗战进行到最激烈的阶段，图书馆协（学）会的运行受战争影响极大，经费窘困仍困扰着图书馆协（学）会。中华图书馆协会又呈文社会部请予经费资助：

> 呈为恳请发给补助费，以利全国图书馆事业推进事。
> 窃本会自民国十四年成立以来，组合全国图书馆界服务人员，以研究图书馆学术，发展图书馆事业，并谋图书馆间之协助为宗旨，登记会员遍于全国，发行各项刊物达数十余种，为国内颇著成绩之学术团体，在国际图书馆亦极负声誉。抗战军兴，国内文物被敌侵据损毁，要以各地图书馆为最重大。本会南移工作以来，

---

① 陆华深：《对于大学图书馆管理上的意见（十八年年会论文）》，《中华图书馆协会会报》1929 年第 1—2 期（合刊）。
② 中国第二历史档案馆编：《中华民国史档案资料汇编（第五辑）》，江苏古籍出版社 1994 年版，第 719—720 页。

一本抗战建国纲领，历遵中央暨钧部之指示，办理全国各图书馆被毁之调查，以协助设计发展，并在国际间做系统之宣传，征募值达约五十万元之大量图书贡献于政府，以分配各馆藉谋复兴，以及办理各种推进或计划之事业，历经按期刊行会报寄呈参阅。最近并蒙钧部以直辖社团颁给证书，准予立案在案。兹以会中事业积极推动，颇为繁重，尤以目前中心工作之一为在谋集中各地图书馆广泛之力量，以协助政府推进国民教育，一切设施需用，至为浩繁。益以近年物价日涨，开支倍增，其中本会会报印刷经费及国际征求书籍邮费两项增加尤巨，而本会除征收会员会费一项为固定收入以外，颇乏其他补助；惟各种事业关系社会大计及国际信誉，又不可因款绌而稍有停顿中辍，开源无从，支应匪易，谨恳钧部俯念本会事业重要，过去办理尚能实事求是，不无微绩，敬请准予按月拨赐补助费伍佰圆，藉资挹注，俾能早期推进完成各项计划，不胜企幸之至。是否可行，理合具文呈请钧部俯赐鉴核指导祗遵。

谨呈

社会部

中华图书馆协会理事长袁同礼谨呈①

在中华图书馆协会呈国民政府社会部的会务工作的呈文中仍列出经费短缺的窘境②：

> 经费——本会主要收入为会员会费及各方补助费，会员会费一项，因近年交通梗阻，多有欠缴，而物价腾涨不已，遂致开支不敷甚巨。二十八年五月起，幸承教育部允予按月补助，三十年

---

①② 中国第二历史档案馆编：《中华民国史档案资料汇编（第五辑）》，江苏古籍出版社1994年版，第720—722页。

七月起，又承中央宣传部恢复补助，国立北平图书馆方面按月补助办事人员薪金以及办公用费，得勉敷开支，使会务能照常进行，惟于会务发展方面之用款，则仍感殷需也。

即使是全国性图书馆协会尚且因经费问题时时难以为继，遑论其他各地方图书馆协（学）会。而且目前收集到的民国时期图书馆协（学）会档案中，申请政府补助的档案数量最多，也可以证明经费问题是困扰图书馆协（学）会的最主要问题。

二 职员非专职性、地域分散性以及缺乏群众性社团的管理经验和知识

无论是中华图书馆协会，还是其他各图书馆协（学）会，其职员往往身兼数职，尤其是负责人一职，大多专任地方图书馆馆长或馆员，或专任图书馆学校教师，而其所从事的图书馆协（学）会的工作是非专职的。因此，作为图书馆协（学）会的职员往往事务繁忙，分身乏术，难以充分参与图书馆协（学）会的各项会务工作和相关活动，这也在一定程度上使得图书馆协（学）会的相关工作难以展开，长此以往会务就逐渐无形停顿；而且除了一些机构附设的图书馆学会以外，其他图书馆协（学）会的职员大都分散各处，例如中华图书馆协会因为有职员轮换制，而诸多职员分布全国各地，不仅连正常的会务都时常无法按时参加，更遑论各项会务工作的开展和推进。

民国时期，虽有国内外图书馆学教育机构培育了一批具有图书馆学专业知识的人员，但相比当时全国各地图书馆的数量，显然这样的专业人员量少力微。虽然各图书馆协（学）会职员大都具有图书馆学基本常识或图书馆学教育经历，但还有很大一部分图书馆协（学）会的职员不具有图书馆学知识，因此在开展相关活动的时候相对掣肘。此外，虽然民国时期结社风潮兴起，但绝大多数社团都渐无声息，原因在于此类群众性组织会员之间联系松散，负责人员对于社团的组织建设、运行管理

方面的经验和知识尤为缺乏，导致了相关工作无法正常有效的开展和推进。

三 政局不稳定和政府介入带来的巨大影响

民国时期是中国历史上极为浓墨重彩的一段时期，既有思想的革新带来人们观念的突变，更有政局更迭以及外敌入侵给国家、民族带来的深重苦难。图书馆协（学）会由群众发起组织，由群众管理运作，加之当时内忧外患，对群众、对图书馆协（学）会的生存环境造成了极大的破坏。日军侵华以及中国人民奋起反抗的八年间，绝大多数图书馆协（学）会都已停止活动，或仅开展零散工作。战后各个图书馆也以复员工作为主，未能重组图书馆协（学）会。由此可见战乱对于图书馆协（学）会的巨大破坏作用。此外，据有关学者统计，1927年到1936年底，南京国民政府共制定了84部社团法律法规[1]，可见国民政府试图通过掌握社团的基本情况，监控社团的各项活动，最终引导和控制社团的发展方向。根据现代社团管理理论的研究成果，一般政府对民间社团的政策主要有五种[2]：一是防范和禁止社团开展活动；二是听任和无视社团的活动，不加以禁止或准许；三是采取小额经济资助和政治压力等手段对社团予以控制；四是向社团学习而非控制，最终利用社团达到行业及社会发展的目标；五是在社团相对自治的基础上，政府与社团展开合作，互相学习。纵观民国时期图书馆协（学）会尤其是中华图书馆协会的发展可以见得，国民政府是采取了第三种方式，即给予其不定期的资助，同时又积极介入中华图书馆协会的相关活动，如成立仪式、年会等。政府对图书馆协（学）会生存空间的挤压，也在一定程度上限制了图书馆协（学）会的发展。

---

[1] 明成满：《民国时期佛教慈善公益研究》，安徽大学出版社2018年版，第24页。

[2] 广少奎：《重振与衰变南京国民政府教育部研究》，山东教育出版社2008年版，第197页。

第五节 民国时期图书馆协（学）会的个案研究

中华图书馆协会是民国时期图书馆协（学）会的典型代表。

成立于 1925 年，无形解散于新中国成立前，作为当时唯一的全国性图书馆协会，中华图书馆协会走过了不辱使命的 24 年，带领着当时的诸多图书馆协（学）会、图书馆、图书馆人，对于图书馆学术研究和图书馆事业发展的整体推动居功至伟。

本节以中华图书馆协会第一次年会议案推行为典型案例，通过其与政府之间的往来互动，窥探其对于当时图书馆事业的促进作用。

中华图书馆协会于成立之后的第四年举行了第一次年会，该次年会成为我国图书馆史上的一次盛会，不仅因为当时"各处赴会者，颇为踊跃"[1]，来自 15 个省份的会员及来宾约 200 余人出席。国民政府也派内政部杜曜箕、教育部朱经农、陈剑修、工商部杨铎军、外交部黄仲苏、卫生部余梦庄、中央大学俞凤岐、巢仲觉参加，德国图书馆协会亦派代表莱斯米博士（Dr. G. Reismuller）参会，"名宿毕集，济济一堂，允称盛会"[2]。更为重要的是，"此次年会为推进国内图书馆建设之开始，所讨论各专门问题，又为当今图书馆界所亟须解决者，可供研究之资料"[3]。中华图书馆协会首次年会对于当时图书馆实际工作中遇到的各类问题进行了深入的讨论，既是一次实践问题的解决大会，又是一次学术开发的大会。

此次大会共分为图书馆行政组、编纂组、图书馆教育组、建筑组、分类编目组、索引检字组六个小组进行讨论，每个小组根据该组主题提出相关议案，并附上案由，讨论通过的议案再提交大会最终审核，成为议决案。

---

[1] 《中华图书馆协会年会今日在京开幕》，《申报》1929 年 1 月 28 日。
[2] 《中华图书馆协会第一次年会纪事》，《中华图书馆协会会报》1929 年第 4 期。
[3] 《庚午级参加中华图书馆协会年会》，《武昌文华图书科季刊》1929 年第 2 期。

表8－1　　　　　中华图书馆协会第一次年会议决案一览表

序号	组别	议案名称
1	图书馆行政组	由本会呈请教育部从速筹办中央图书馆案
2		呈请国民政府防止古籍流出国境并明令全国各海关禁止出口案
3		本会调查登记国内外公私所藏善本书籍编制目录以便筹备影印案
4		调查及登记全国公私板片（即版片）编制目录案
5		请协会通告全国各大图书馆搜集有清一代官书及满蒙回藏文字书籍案
6		请各大图书馆搜集金石拓片遇必要时得设立金石部以资保存案
7		呈请政府组织中央档案局案
8		由本会呈请国民政府通令全国各机关凡新旧印刷公布之出版品（统计公报书籍案牍图表文件）按照现入本会之图书馆一律颁送一份俾众公阅案
9		请国民政府整理前北平政府各机关旧存出版品分赠各图书馆案
10		请国民政府分赠政府各机关公报及一切政府出版品与各图书馆并指定中央图书馆编造政府出版品目录案
11		图书馆内刊掌故丛书及先哲遗著案
12		各省市县图书馆应尽力收藏乡贤著作案
13		图书馆内添设历史博物部案
14		呈请国民政府通令全国立法机关应设立法参考图书部案
15		呈请全国教育部集中全国及国际交换图书事业案
16		请国立中央研究院咨交通部对于国外寄赠国内学术团体之出版品由该院转寄者一律免纳邮费并请该院援各国先例代国内学术团体寄运出版品于国外案
17		各图书馆交换复本杂志案
18		各图书馆互借书籍法案
19		请建议国民政府减轻图书馆寄书邮费案

续表

序号	组别	议案名称
20	图书馆行政组	呈请教育部实行去年全国教育会议关于图书馆方面之各种议案
21		出版物须分洋装平装两种装订发行
22		通知书业于新出图书统一标页数法及附加索引案
23		函出版界以后发行翻译书请以原文附载原本作者书名版次年代发行所等项案
24		请中华图书馆协会劝各报馆宽留夹缝以便装订案
25		请中华图书馆协会规定杂志形式大小劝出版机关一律采用以便储藏并使页数衔接以便编制索引案
26		呈请教育部令各教育机关关于教育书报及其他刊物一律廉价出售以广阅读案
27		呈请教育部令各书坊凡有图书馆正式函件及图章一律优待出售案
28		采用"图书馆"新字案
29		呈请教育部通令各出版处以后出版图书要加印国语罗马字书名及国语罗马字著者姓氏案
30		请教育部颁布设立图书馆标准法令案
31		请厉行出版法案
32		由本会呈请教育部通令各省大学及教育厅聘请图书馆专家指导各该省图书馆一切进行事宜案
33		请各图书馆编辑周年报告案
34		请教育部对于假借图书馆及文化事业名义实行文化侵略之外人予以注意以防盗卖文物案
35		图书馆协会得请全国图书馆对于雇佣职员须有图书馆学识及宏富经验,至于职员之位置务须有确实保障须予与优良待遇案
36		图书馆应多用女职员案
37		呈请教育部通令各省市县应设民众图书馆案

续表

序号	组别	议案名称
38	图书馆行政组	呈请政府请将庙宇改设通俗图书馆案
39		呈请教育部通令全国各教育行政机关厉行设立公共图书馆案
40		建议国民政府通令全国各机关添设图书室案
41		请各公共图书馆充分购置平民常识图书并以相当宣传简便方法俾资普及阅览案
42		设立乡村图书馆以为乡村社会之中心案
43		请各图书馆设立流通借书部以求普及案
44		呈请教育部规定每年图书馆运动周日期通令各大学区各省教育厅同时举行以推广图书馆事业案
45		请教育部规定学校图书馆行政独立案
46		呈请教育部通令全国各学校于每年经常费中规定百分之二十为购书费并通令各大学区各省教育厅各特别市应于每年经常费中规定百分之二十为办理图书馆事业费案
47		国立大学图书馆购书分配案
48		请中华图书馆协会倡设一完美之中等学校图书馆于首都以为全国中等学校之模范案
49		请规定中等学校图书馆组织及事业以促进教育效能案
50		请教育部通令各大学区各省教育厅训令各小学校设立儿童图书馆遇必要时得联合数校共同组织案
51		请全国社团及行政机关设立专门图书馆案
52		各图书馆应广置佛书以宣扬东方文化案
53		最近训政期内每县至少应设立通俗图书馆一所案
54		凡学校图书馆或私立藏书楼未公开者应请协会通知一律公开案
55		呈请教育部对于捐助图书馆书籍或经费者及私立创办之图书馆应予褒奖案
56		请政府明令各省政府扶助私人创办之图书馆案

续表

序号	组别	议案名称
57	图书馆行政组	各省官书局应由各省立图书馆接管并在各该馆内附设印行所案
58		书店名号不得用"图书馆"案
59		军营内设立军人图书馆案
60		各图书馆须注重搜集关于实业军事及革命史实之书籍
61		影印四库全书应每省指定一图书馆陈列以广流传而维国粹案
62		图书馆购置书籍宜加选择以正人心案
63		请协会通告全国各大图书馆注重自然科学书籍案
64	编纂组	每年编纂图书馆年鉴案
65		本会应编刊新旧图书馆学丛书案
66		订定中国图书馆学术语案
67		编纂中国图书志案
68		编制累积式中国出版图书目录案
69		编纂古书索引案
70		编制各种图书馆选书目案
71		请本会编制全国地志目录案
72		本会应调查全国学术机关以供全国图书馆参考案
73		本会应详细调查全国定期刊物案
74		编制中文杂志索引案
75		编制中华人民大字典案
76		请由本会编译海外现存中国古逸典籍录及域外研究中国学术论列中国问题著作目录
77		本会应筹办短期图书馆刊物以资通讯案

续表

序号	组别	议案名称
78	图书馆教育组	训练图书馆专门人才案
79		请中华图书馆协会在暑期内聘请专门人才在各地轮流开办图书馆讲习所案
80		中学或师范学校课程中加图书馆学识每周一二小时案
81		各种各级学校应有有步骤的图书馆使用指导案
82		由中华图书馆协会拟定图书馆学课程请教育部决定施行案
83	建筑组	请协会组织建筑委员会研究计划图书馆建筑案
84		本会应指导特约图书公司制造图书馆应用物品案
85		本会应请专家研究中文书籍排架法并定平排直排之标准容量及架之深浅案
86		请国民政府财政部对于各图书馆呈请图书馆用品免税应予免税执照案
87	分类编目组	由协会编制标准分类法案
88		由编目委员会编订标准编目条例于下届年会发表案
89		组织标题编纂委员会并将协同编纂事交编目委员会负责
90	索引检字组	设立汉字排检法研究委员会案
91		本会决定对于各种检字法，应以研究试验以鼓励发明之态度为原则，暂不规定采用某一种方法
92		请各检字法发明者或出版机构将新检字法印刷品寄交各图书馆研究试用，将经验报告委员

从第一次年会议决案可以看出，图书馆行政组的议决案数量最多，而且主要围绕几个方面展开：

①图书馆工作标准化（颁布图书馆标准法令、厉行出版法）；

②保存保护地方文献（收集清代官书及少数民族文字，刊印地方掌故、贤哲遗著）、收藏地方文物（添设历史博物部、金石部）；

③充实馆藏（新旧出版品分赠各图书馆、交换复本、互借书籍、添加自然科学书籍、影印四库全书、减轻邮费）；

④广设图书馆（设立公共图书馆、图书室、民众图书馆、乡村图书馆、中等学校图书馆、儿童图书馆、专门图书馆、通俗图书馆、私人图书馆、军人图书馆）；

⑤提升图书馆业务水平（聘请图书馆专家指导业务、雇佣专业图书馆员）；

⑥保存保护古籍；

⑦保障图书馆及图书馆员（学校图书馆行政独立、规定经费、褒奖捐助）。

从以上主题可以看出这些议案都以当时图书馆工作的实际问题的解决为出发点，既有关于图书馆事业大布局的高屋建瓴，也有关于图书馆业务工作的操作细节，既有理论探讨，又有实践推进，而且难能可贵的是提出了《图书馆应多用女职员案》等诸多理念先进的议案，这对于当时图书馆员，尤其是女性图书馆员的任职提供了理论和舆论上的支持和先导。

中华图书馆协会年会也并未止步于议案的讨论，而是切实地根据不同议案或者向政府提出由政府推行，或直接函告各图书馆执行。第一次年会结束后，中华图书馆协会向政府提出推行五项议案的呈文，国民政府文官处收到呈文后转发行政院审核，其原文如下①：

迳启者：奉主席发下中华图书馆协会执行委员会呈，为该协会在首都举行第一次年会，讨论训政时期之图书馆工作问题，表决议案五端，并附呈报告二册，请准予实行。一案奉谕，交行政院审核等因。相应抄检原件，函达查照办理。此致

---

① 中国第二历史档案馆编：《中华民国史档案资料汇编（第五辑）》，江苏古籍出版社1994年版，第793—795页。

行政院

计抄送原呈一件，检送表一份，报告一册（表与报告略）

中华民国十八年十一月十一日

文官长古应芬

在原呈中时任中华图书馆协会执行委员会主席的袁同礼详列五条建议，并附有详尽的理由[①]：

一 广设专门图书馆

该呈条的理由是：目前世界各个强国，在进行任何事业方面均使用经过专门教育或培训的人才，并且用科学的方法加以处理和解释，因此各国政治也日见昌明。我国正值改革伊始，国家亟需建设者数不胜数，虽政府选拔专门人才不遗余力，但仍然需要在任用人才后给予其继续研究的机会和条件，才可使其工作日进有功。如若要达到这个目的，必须从上至下，非在全国各行政机关中普遍设立图书馆不可，并且各图书馆应按照工作人员所开展工作的性质购备专门的图书，不仅能促进学术进步，而且更能使国家政治得以改良。如果可以更进一步，将全国各行政机关内设立图书馆作为强制性的要求加以固化，则对于国家发展大有裨益。此类图书馆的设立，刻不容缓，而且近年来发展实业为民生要图，尤其需要执政者博稽广考，因此，特请政府下令立法、行政各院，以及教育、财政、工商、农矿、交通、卫生、铁道各部根据各自的职掌范围，设立专门图书馆，并在适当范围内将图书馆的藏书公诸民众，以发挥图书馆学术研究机构的职能，更使得政治昌明。

[①] 中国第二历史档案馆编：《中华民国史档案资料汇编（第五辑）》，江苏古籍出版社1994年版，第793—795页。

二 颁发全国各行政机关之出版品于各图书馆

该呈条的理由是：要想使我国国民具有基本的智识，应当使其知晓本国的政治、经济、法律、财政、外交、交通、建设、军备以及教育、文艺等各方面的状况。而过去和现在各级行政机关所开展的工作以及调查报告等，从未印刷公之于众。而所谓"公布"也不能使国民家喻户晓，只是赠送部分机关，往往束之高阁，无人过问。现今的图书馆既负有指导民众阅览的责任，同时又可作为国家宣传法令的机关。因此，中华图书馆协会恳请政府将其所属各机关公开的各类文件、法规、调查报告等分赠全国各图书馆，如此一来，普通民众只要一进入图书馆，就可以按图索骥国家的各类政令法规，了解国家进行事项，油然生发爱国之心。

三 防止古籍流出国境

该呈条的理由是：近年来因时局不靖，国家的大量珍贵古物被外国人先后盗窃或以考古名义运往海外，实在是我国文化上的重大损失。如若再不加以禁止，以后更难以补救，而古文献及旧档案等有关文献对于国家文化传承和学术研究尤为重要，因此应由政府明令全国各海关、各邮局严禁出口，如有违反即严惩不贷。

四 组织中央档案局

该呈条的理由是：对清朝政府的档案进行整理，以供现时资政者以及研究者作为参考，实为当务之急。但是中央各部及各地方政府对于档案的整理方法不统一，而档案又分散各地，极容易散佚。所以我国应该参考其他各国的做法，成立中央档案局，将分散各地的各类档案集中一处保管。而且档案作为一个国家的基本文献，尤其应该设立特藏部门，用科学方法加以整理典藏。中央档案局或应独立设立，或作为中央图书馆的一部分，而且应由政府选派图书馆专家组成设计委员会，妥善筹划整理方法，以最终提供参考便利作为档案整理的目标。

五 减轻图书馆寄书邮费

该呈条的理由是：图书馆的工作，不外乎书籍流通借阅。因此，对于邮政的依赖性很强，因此需要邮政给予特别扶助。所以，凡是图书馆邮寄出去的书籍，应由政府协商拟定减少邮政费用的办法。邮政部门虽然会因此而减少邮费收入，但是因为邮费降低而使得图书馆邮寄的书籍数量增多，所以邮政部门的收入反倒会增加。而针对图书馆邮寄图书的邮费优惠政策，在美国已通过国会讨论并执行，我国也应仿照办理。

国民政府行政院接中华图书馆协会呈文以后，转交教育部拟定相关意见，又转呈国民政府申请执行，原件如下[①]：

> 呈为呈覆事：前准钧府文官处第一零六一八号公函，以中华图书馆协会执行委员会呈送该会第一次年会议决案五项，请采择施行一案，奉谕交院函达查照等由。准此。当交教育部审核去后，兹据该部呈送审核意见前来。查该部所以甚是，似应准予分别照办，除第四项组织中央档案局应从缓议，第五项减轻图书馆寄书邮费已由院令行交通部核议外，其余三项拟请即由钧府依照所议分别令行，并转请中央令行遵办。是否有当，理合照缮原件，呈请钧府鉴核施行指令祗遵。谨呈
> 国民政府主席蒋
> 计抄呈教育部意见一件
>
> 行政院院长谭延闿
中华民国十九年六月四日

---

① 中国第二历史档案馆编：《中华民国史档案资料汇编（第五辑）》，江苏古籍出版社1994年版，第795页。

而教育部对于中华图书馆协会原呈各案进行审核，并拟具意见概要如下：

一　广设专门图书馆案

关于专门图书馆的广泛设置问题，教育部正在规划进行。原案主张由政府下令中央各院部根据各自的主管范围设立专门图书馆，并酌情开放，既可供在职的工作人员参考，又可供民众参考研究，用意至善。当时部分中央及各地方党政机关已有类似图书馆、图书室的机构，或因为预算有限，未能普及，或因为这类机构地方狭小不便对民众开放，故其效能不显。因此，下一步将拟请由中央暨国民政府分别下令各级党政机关先行酌情设立专门图书馆，而其已设者图书馆、图书室的机构也应尽力扩充图书数量和场地。更为重要的是，在这一条中，教育部提议将设置或扩充图书馆、图书室所需的经费列入该机关的正式预算，这就为机关专门图书馆、图书室的设立增加了可能性和可行性。而且教育部在该条批复中还提出已经设立或将要设立图书馆、图书室的机关在一定范围内酌情对外开放，给予民众阅览参考等方面的便利。

二　颁发全国各行政机关之出版品于图书馆案

教育部对于此呈条的回复是：原案本意在于宣扬推广政府法令及政情，使民众理解支持政府施政纲领，这自然是政府重视的一件大事。但全国的公私立图书馆数量不少，如下令或规定各党政机关将所印行的刊物悉数赠予全国公私立图书馆，势必会大大增加各机关的印刷费以及邮寄费，这又关系到各机关的经费预算，因此不可以政府强制命令加以要求和执行。但教育部又提出一项补救办法，即由国民政府命令各机关，将其发行的印刷品，针对全国各图书馆特别制订优惠采购办法，这样一来，各机关既不增加经费支出，而各图书馆又可以以低廉的价格添置刊物，此举实为各机关与图书馆之间的双赢，因此预计推行也较为容易。

三 防止古籍流出国境案

教育部对于此呈条的回复是：近年来，国内所存古籍珍本散失颇多，究其原因是外国人以各种名目转运出口，国家确实应该出台政策加以制止。教育部向来对于古籍珍本的保存问题颇为注意，之前遇有此类事件，曾多次行文各地军政机关暨财政、交通、铁道各部门饬令严查不怠。如若由政府发文命令相关机关及部门、各关口、各交通机关严厉稽查，不准古籍珍本运输出口，自然会收到更好的效果。此呈条因颇具可执行性，被教育部准予照办。

四 组织中央档案局案

教育部认为，中华图书馆协会的原案主张成立中央档案局以及中央档案局设计委员会，并使用科学方法整理、典藏清朝档案，所提议案切实重要。教育部拟先行组织中央档案局设计（筹备）委员会，对各项组织与建设方案以及档案收集方案加以研究，待有研究结果，立即通令全国执行。至于设立中央档案局，将现今机关产生的各类档案集中于该局的提议，因考虑到当时全国党政各机关分布于全国各处，所产生的档案若集中于一处，恐怕在日常办公当中多有不便，因此，教育部提出将现今机关档案集中于一处的提议暂且缓议。

五 减轻图书馆寄书邮费案

关于此条提议，教育部复文认为，目前各图书馆的书籍流通确实依赖邮寄读者，现在大多图书馆的经费困难，相关主管机构自然应想方设法减轻邮寄费用，目前新闻报纸邮寄费用订立有减费办法，也通过了交通部的审核并已开始执行。图书馆的书籍流通也可以参考该办法执行，因此该条提议转交交通部审核。

除了向国民政府呈文请予推行议案以外，中华图书馆协会还直接向主管社会教育团体的教育部呈文推行与图书馆事业切实相关的议案①：

> 呈为呈请事：窃敝会于本年一月二十八日至二月一日在京举行第一次年会，曾表决议案多种，内有数端，关系全国教育者甚大，用敢陈请，鉴核施行。
>
> ……
>
> 以上各端议决原案，俱见敝会年会报告中，附呈二册，敬乞鉴察，是否有当，尚待钧酌，不胜屏营待命之至。
>
> 谨呈
> 教育部部长蒋
>
> 中华图书馆协会执行委员会主席
袁同礼谨呈
附中华图书馆协会第一次年会报告两册
中华民国十八年十月十日

在给教育部的呈文中，中华图书馆协会列举了请予推行的议案十二条，详列如下：

一　颁布图书馆设立标准法令

在此提议中，中华图书馆协会认为当时正值训政时期，各地方都有筹设图书馆的提议，但如何建立图书馆尚无标准和法令，因此，各地方各自为政，长此以往将不免有畸形发展所带来的种种弊端。而教育部若颁布关于图书馆建设标准的法令，规定图书馆的创办者资格，以及图书馆在图书数量、经费、人员等各个方面的最低标准，并规定

---
① 《中华图书馆协会呈教育部拟具图书馆条陈请鉴核施行文（袁同礼）（教育部训令第六二七号附发）》，《天津特别市教育局教育公报》1930年第31期。

其获取图书、经费以及人员等的途径，图书馆的具体组织与管理方法，则不仅可以使已设立的图书馆以此标准为参照努力扩充或改进，而且新建立的图书馆也不至于落得花架子的虚名。而且，由教育部订立全国（公立）图书馆标准可以解决当时图书馆学专门人才普遍缺乏等带来的种种问题。

二 增加图书馆之经费

教育部曾指出，图书馆的要素有三项：书籍、人才和建筑，而这三项都与经费密切相关。早年，我国普遍设立的公共图书馆，往往因陋就简，而且保存的图书也多是开办之初就已购置的书籍，很少有连年购置新书的图书馆。而且大多数的图书馆馆舍腐旧，光线昏暗，气味难闻，难以引发读者的读书兴趣。再加之图书馆的馆员大多薪俸微薄，而薪俸又往往拖欠良久或不能足额发放，馆员生活困难，无法安心于图书馆工作。所以图书馆的管理和整顿最重要的就是要有充足的经费。而根据中华图书馆协会年会中的讨论认为全国各省市县应于每年的教育经常费中规定20%作为办理图书馆的事业费，包括支出给图书购置、人员薪俸以及改善馆舍环境等。此外，全国各级学校也应于每年经常费中规定20%作为购书费用。

三 励行设立图书馆

中华图书馆协会提出建立中央图书馆，因为作为一个国家级的图书馆，中央图书馆不仅是中外观瞻之所系，而且是学者学术研究和参考所必需的，确实有促成其早日建立并投入使用的必要。而公共图书馆与民众图书馆在训政时期是民众教育的利器，可以辅助政府训练民众，以及宣传三民主义，给予民众健全的知识，这是提议政府广泛设立图书馆的原因之一。其次，我国以农业立国，乡村社会中尤其要广设图书馆，并作为乡村小社会的中心。但全国各地的小学多半经费有限，不能在每个小学内都设立儿童图书馆，因此，根据目前的实际情况，在必要时联合多个学校共同组建一个图书馆，各地既有的宗祠、寺院也可以加以利用，作为图书馆的馆址使用。

四、图书馆事业进行应聘专家指导

中华图书馆协会议决案中认为，近二十年来，各省组织建立的省立图书馆和县立图书馆以及通俗教育馆，成绩不甚显著，原因在于缺乏专门人才从事图书馆管理和指导工作，各馆的具体情况也无法上达政府，因此也就无从改善。中华图书馆协会提出各省教育厅、各特别市教育局亟应酌情聘用图书馆专家或对于图书馆学颇有研究且成绩卓著者，由这些专家学者详细规划各类型图书馆的运行与管理工作，并负有随时对各地各类图书馆进行视察指导的职责，如此一来，图书的管理与流通效率可以大大提升。

五 注意图书馆专门人才

该提议的理由认为，图书馆的运行与管理工作也是一种专门的、专业性很强的学术问题，只有选用专门人才才能获得功效。当时正处于国家建设阶段，应该对于图书馆专门人才努力培养，以供图书馆实际工作使用。如何培养图书馆专门人才？可以从以下方面展开：

1. 设立图书馆专门学校大量培养图书馆学人才，或对于已经开设的图书馆学校给予充足的经费补贴；

2. 由政府通令各大学增加图书馆学课程或开设图书馆学系；

3. 每年举行图书馆学的专门考试，从中选出成绩最优者由政府出资派往欧美等国留学；

4. 在中学和师范学校的既有课程中增加图书馆学的课时，每周为1—2个小时，在中学的图书馆学课程可以设为选修课，在师范学校设为必修课；

5. 在各级各类学校中应有专门人员系统指导图书利用的方法。

六 实行全国教育会议议决案

1928年全国教育会议通过了关于图书馆事业方面的议决案多件，而且件件为当务之急，不容或缓，因此，亟应由教育部推行至全国，以发展图书馆事业。

七 请励行出版法案

中华图书馆协会指出，我国政府虽订立有著作权及出版法，但是实际效果并不显著。而且相关法规只由相关机关保存，并未公之于民众，失去了立法的意义和作用。因此，亟应修改和订立出版法的实施细则，并要求各出版社每新出版一种图书都要呈送六份，由教育部指定国内六大图书馆分别庋藏，同时要求这六所图书馆每一年度都编制印刷藏书目录，以便民众查阅。此外，在该提议下中华图书馆协会还建议由教育部规定，以后出版的新书应一律加写罗马字书名及著者姓氏。

八 教育书报减价

中华图书馆协会提出，书报是宣传的利器，其宣传功效比其他读物更大。但书报往往因价格昂贵，普通民众不易购置。教育部门作为宣传文化的机构，应负有推广教育的职责，对于出版的各类书报刊物，应由教育部规定减价措施，以便利文化宣传。

九 热心图书馆事业者予以褒奖

中华图书馆协会提议，捐助图书馆书籍或经费者，以及创办私人图书馆者，对于国民教育皆有功劳，政府之前虽已订立褒奖办法，但还应按时要求各地方官署予以推荐奖励，以及时鼓励。

十 规定学校图书馆行政独立

学校图书馆作为学校的附属机关，既与教务工作密切相关，又与学校行政事务相关，因为学校图书馆自身既有教育的性质，而其管理运行又需要专门的方法。因此，中华图书馆协会认为学校图书馆在行政系统上必须独立，才更有利于其发展，也才更能促进学校教育质量的提升。

十一　由省立图书馆接管各省官书局

当时各省立图书馆负有指导全省图书馆事业的职责，但该职责并未真正落实，而成为一句空谈。因此，中华图书馆协会认为各省立图书馆应该从事出版发行的事务，例如翻印古籍，宣传推广新书，印制书目和卡片目录，如此才能真正给予该省各个图书馆以工作上的支持与辅助。此外各省原大都有官书局，并庋藏版片，这些版片渐次朽毁，官书局也形同虚设，最好由省立图书馆接收官书局并加以改组，从事出版发行事宜，以促进本省图书馆事业发展。

十二　规定举行图书馆运动周

中华图书馆协会认为，"图书馆运动周"是为了提高民众对于图书以及图书馆的兴趣而设立的，通过"图书馆运动周"的活动为其提供读书机会与渠道，并提供阅读方法，这是使一般民众能享受其国民利益的最佳方法。因此，应该由教育部规定开展"图书馆运动周"的具体日期，并通令全国各级教育机关在规定时间内统一开展。

当时的教育部部长是蒋梦麟，蒋既是中华教育文化基金董事会成员，又是中华图书馆协会发起人和名誉会员，而且留学美国学习哲学和教育学，受新式教育思想的熏陶，对于图书馆事业颇为推崇。因此，中华图书馆协会的这一呈文也受到了教育部的重视，称其"所陈各节，不无可采"，不久就正式回复中华图书馆协会，概略如下①：

一 关于颁布图书馆设立标准法令者

《图书馆规程》已于 1930 年公布在案，至于图书馆设立的标准，教育部正在调查全国图书馆的状况，将根据调查结果以及征集图书馆专家意见后，再行编订。

二 关于增加图书馆经费者

目前经前大学院上呈国民政府审核并通令全国暂定社会教育经费占全部教育经费的 10%—20%。但社会教育的范围非常广，图书馆只是社会教育事业其中之一，难以将全部社会教育经费用于图书馆事业，而图书馆经费的比例拟暂缓划定，至于各级学校购书费一事，会饬令各级学校予以重视，并酌情规定购书费数量。

三 关于励行设立图书馆者

在第二次全国教育会议中通过了筹设中央图书馆的议案，并决定在八年内成立，教育部正在计划具体的实施。中央图书馆未成立以前，可以在即将成立的中央教育馆内设立图书部，搜集有关教育的中外图书陈列备用。至于各种专门图书馆、普通图书馆、民众图书馆以及儿童图书馆等，可以通令各省教育厅、各特别市的教育局自本年起广泛设立。

四 关于图书馆事业进行应聘专家指导者

关于此提议，教育部批准并转发各省教育厅、各特别市教育局酌情办理。

---

① 《教部对中华图书馆协会之批示》，《浙江教育行政周刊》1930 年第 43 期。

五　关于注重图书馆专门人才者

1. 关于开设图书馆专门学校一事应暂缓设立，而给予已开办的图书馆学校以津贴一事应遵照私立学校的相关条例办理。

2. 教育部将通令各大学在文学院或教育学院内根据实际情况增设图书馆学课程，或图书馆学系。

3. 教育部将通令各省教育厅、各特别市教育局以及清华大学，在每年留学生考试时，根据情况增设图书馆学名额。

4. 教育部已颁布了《中小学课程暂行标准》，正在执行试验阶段，待将来对该标准予以修正时，可将图书馆学课程增添到中小学课程当中。

5. 各级学校应提供给学生系统性的图书利用方法指导，而非由教育部规定。

六　关于实行第一次全国教育会议议决案者

关于此项提议教育部回复已由前大学院选择其中要点通令全国相关机构遵照执行。

七　关于励行出版法者

教育部对于此提议的回复是制定著作权及出版法，是内政部的主管范围，前大学院所公布的《新出图书呈缴条例》，已由教育部修正颁布。关于各书局、出版社的图书呈缴，现规定为各书局、出版社必须将新出版的图书4份分别呈送出版者所在地的省教育厅，或特别市教育局，并由省市教育行政机关保存，其余3份转送教育部，并由教育部再转发教育部图书馆、中央教育馆，以及中央图书馆。如若下令书局和出版社缴纳新书多份，显然与《新出图书呈缴条例》相违背。此外，不应强制要求书局与出版社在新书注明国语罗马字书名及著者。

八 关于教育书报减价者

教育部批准了中华图书馆协会的此条提议,并通令各级教育机关遵照办理。

九 关于褒奖热心图书事业者

教育部批准按照《捐资兴学褒奖条例》办理。

十 关于规定学校图书行政独立者

因为此事牵连甚多,在现实中难以实现,因此,不予讨论。

十一 关于由省立图书馆接管各省官书局者

因各省官书局具体情形各不相同,如果各省区中的官书局与图书馆有合并的必要与可能性,可自行呈请其省主管机关查明核办。

十二 关于规定举行图书馆运动周者

此项活动可于各省区或特别市举行识字运动或民众教育演讲时附带加以提倡,不需要单独举办。

1930年6月20日,教育部下发第六二七号训令,根据中华图书馆协会呈文相关内容通令各地教育厅教育局遵照办理:

> 案据中华图书馆协会呈,以根据十八年一月第一次年会议决案,拟具条陈,请予采择施行等情到部。查图书馆规程业经本部修正颁布在案,此种事业为促进学术研究、实施民众识字运动之基本设备,自应努力推行。除分别批示并分行饬办外,合行抄发原呈暨原批各一份,令仰遵照,并将下列各事项切实奉行:
> (1) 转饬各级学校对于购书费应特别注意酌量规定;
> (2) 自十九年度起积极增设各种专门普通民众儿童等图

书馆；

（3）对于图书馆事业应酌量聘请专家指导；

（4）每年考选留学生时应视地方需要情形酌定图书馆学名额；

（5）关于各教育机关出版之各种书报及刊物应尽量减价以广流传；

（6）转饬省立或私立大学校文学院或教育学院内酌设图书馆学程或图书馆学系。

所有以上各节遵办情形并仰随时具报此令。

计抄发原呈暨原批各一件

中华民国十九年六月二十日

教育部部长 蒋梦麟

关于上述请由政府推行议案的档案，是目前收集到的民国时期图书馆协（学）会最为完整地一份档案。不仅有中华图书馆协会的呈文，有行政院、教育部的审核批文，甚至有教育部的指令来推行相关议案。这份档案比较完整的再现了图书馆协（学）会与政府之间的往来互动，也是社会组织实施社会管理路径的一次全程展现。

此外，由于中华图书馆协会对于图书馆学教育的重视，其呈文中有关推广图书馆学教育者详列五条执行办法，条理切实，言辞恳切，因此教育部又专门下发文件，要求各国立大学酌情开设图书馆课程[①]。文件中称图书馆事业是教育建设中的要务，而且刻不容缓。虽然全国各地均已陆续筹设各级各类图书馆，而图书馆学的专门人才却倍感缺乏。中华图书馆协会所陈条文中有"注意图书馆专门人才"一节，特抄发原呈及原批文各一份，命令各国立大学在文学院或教育学院内酌

---

① 《教部令各大学酌设图书馆课程》，《湖北教育厅公报》1930年第6期。

情添设图书馆学课程或图书馆学系,用以培养图书馆学专门人才,发展图书馆事业。

从中华图书馆协会与政府之间的往来可以看出民国时期图书馆协(学)会与社会互动的线索之一,即通过年会以及对年会议案的努力推行,影响着中国图书馆事业的走向,推动着中国图书馆学术研究的进程。而且当时的图书馆协(学)会作为群众性的组织,对其会员无行政约束力,唯有通过国家机器才能将各种蓝图加以实现:"而奖劝策励仍有仰赖大部(教育部)之提携"[①]。"窃念图书馆事业,发展固需要专门人才,而尤仰赖党国之提倡,及政府之奖励……"[②]。

中华图书馆协会第一次年会多项议案的推行,也全赖当时教育部部长蒋梦麟的重视,在蒋离任后,中华图书馆协会各次年会议案的推行就大打折扣。这也反映出当时的国民政府的国家治理理念中并未将图书馆上升到关乎国家未来、国民素质的高低。相关的掌权者也仅仅将图书馆协(学)会作为标榜其民主的样本,而并不会对这样一个群众性组织加以重视。

曾有学者指出,"我国图书馆协会历史虽短,所做的工作成绩虽不能与先进各国相提并论,不过他能在不良经济环境下埋头苦干,努力勿懈,这种精神恐在世界各国少有的"[③]。从1918年第一个图书馆协(学)会成立,到新中国成立前各图书馆协(学)会无形解散,民国时期先后出现的40多个图书馆协(学)会努力开展各项会务活动,包括举办常会、会员大会与年会,联系国内图书馆界推行各类图书馆管理及业务工作标准等,通过政府推行议决案,并通过建言献策来改变政府对于图书馆事业的施政主张,联络国际图书馆界援华等等,都极大地推动了当时图书馆事业的

---

① 《呈教育部推行议案》,《中华图书馆协会会报》1933年第2期。
② 《令知中华图书馆协会议决案》,《江苏省政府公报》1930年第477期。
③ 董启俊:《中华图书馆协会第三届年会献辞》,《图书展望》1936年第10期。

发展。而各类图书馆协（学）会创办的 14 种刊物，带动了当时图书馆学术研究的热潮，繁荣并促进了当时的各项学术研究，在中国图书馆史中占据了重要的地位。

第 九 章

民国时期女性图书馆员研究

民国时期，女性图书馆员出现在图书馆事业中。女性进入近代图书馆行业，得益于女子教育与妇女解放运动营造的基础，图书馆职业化的发展则构建了行业环境。女性图书馆员逐渐在图书馆事业中稳定并坚守，成为民国图书馆职业队伍中的重要力量。本章所关注的女性图书馆员为民国时期从业于国内各级、各类图书馆中的本土女性。

第一节 民国时期女性图书馆员档案概况

民国时期女性图书馆员相关档案分散在图书馆事业相关档案中。本文主要根据民国时期女性图书馆员的发展脉络对档案进行了梳理。

民国时期女性图书馆员档案较为零散，本章主要采用了以下方式予以整合。

一 以人物为中心

民国时期，档案涉及的女性图书馆员相关档案较少，具有清晰、持续、较为完整从业经历的女性图书馆员档案就更少，她们是研究民国时期女性图书馆职业周期的最佳样本。她们从业前后的经历为女性图书馆员研究提供重要参考。如广东省档案馆馆藏岭南大学档案中存有《王肖珠简历》[档案号38-4-182（250）]，可作为研究王肖珠图书馆从业生涯的史料。另外，在档案中也查找到民国时期图书馆职员信息，通常以表格形式出现。如北京市档案馆《北平市私立民众教育馆、图书馆、阅书报处、聋哑学校概况调查表》（档案号：J004-004-00208）中查找到《市立图书馆及分馆概况调查表》（民国三十五年四月），包含有市立图书馆及分馆职员职别、姓名、性别、年龄、籍贯、学历、经历、到职年月等信息。可为该时期女性图书馆入职年龄、教育背景、担任岗位内容等的研究提供史料支撑。还可以通过同一图书馆连续出现的职员表进行分析，考察一段时间内女性图书馆员数量、占比的变化。如通过在广东省档案馆中查找的1930年《国立中山大学图书馆职员一览表》（档案号：020-003-77-104~110）、1939年《国立中山大学图书馆人员名册》（档案号：020-003-91-096~102）、1944年《国立中山大学图书馆员工名册》（档案号：020-002-540-109~112）可以做上述分析。关于女性图书馆员相对集中的档案有第二历史档案馆藏有的私立金陵女子文理学院档案（全宗号：668），全宗共有档案228卷，形成于1915年至1949年。耶鲁大学神学院图书馆收藏有亚洲基督教高等教育联合董事会全宗档案，其中有关金陵女子大学的共计426卷。可查询到余舜芝、张肖松、沙鸥、吴元清、孙雁征、沈荣锦等女性图书馆员在金陵女子大学图书馆的从业情况。

二 以事件为中心

如女性接受图书馆学教育的情况。民国时期，成都女子职业学校曾开设高级图书管理科。成都市档案馆馆藏成都女子职业学校档案（全宗号：61），全宗共有档案190卷，形成于1922年至1949年。其中包括招生简章、新生报名册、志愿保证书、学生名册、记分册、成绩册、注册簿、操行表；有关毕业生调查等档案资料。四川省档案馆亦有成都女子职业学校高级图书管理科相关档案。从第二历史档案馆中查询到的关于私立文华图书馆学专科学校学生及毕业生名册相关档案也可为女性接受图书馆学专业教育提供史料支持。抗战时期，女性图书馆员亦做出了贡献。如在考察时任湖南省立中山大学图书馆馆长黄淑范于战火中转移、保存馆藏时，湖南省档案馆可查询到黄淑范于1938年7月及9月先后三次就馆藏珍善图书转移方式及地点呈请教育厅。

民国时期女性图书馆员相关档案散布在该时期图书馆事业档案中，搜集有一定的难度。目前民国时期女性图书馆员相关研究中利用档案资料较少。档案资料的挖掘对于本时期女性图书馆员的研究有重要的推动作用。

第二节 民国时期女性图书馆员产生的时代背景

19世纪末至20世纪初，随着社会经济和女子教育的发展，女性逐渐进入职业领域。20世纪20年代前后的新图书馆运动直接孕育和促进了近代图书馆的发展与兴盛。这一时期，图书馆职业化形成了清晰可见的发展脉络。时代为民国时期女性拓展了图书馆这一崭新的行业之路。民国时期，女性加入到图书馆行业中，并逐渐成为近代图书馆事业中举足轻重的力量。

一 兴女学思潮及女子教育的发展提供了教育基础

鸦片战争撕开了清朝统治者摇摇欲坠的大国幻象，西方列强掀起瓜分狂潮，中国陷入前所未有的民族危机。社会进步知识分子在爱国主义思潮的驱动下开始积极探索挽救民族危亡的真理。维新派掀起的戊戌变法，强调教育对国家发展的重要作用，提出中国女性受教育问题是导致中国积弱积贫的重要原因。梁启超指出我国"积弱之本"始于"妇人不学"。同时，兴女学思想被提升至强国富民层面。梁启超认为,"欲强国,必由女学始"①,他以西方为例指出"女学最盛者,其国最强,不战而屈人之兵,美是也。女学次盛者,其国次强,英、法、德、日是也"②。

"男尊女卑"的观念一直固化在封建社会中,女性"无才便是德"的传统观念下,女性被排除在正规教育之外,仅能接受妇德、家政教育,从而被禁锢在从属的社会角色中。兴女学思潮主张男女享有相同的受教育权利,女性亦应进入学校接受教育。女性通过接受教育,从依赖男性的"社会分利者"转变为"社会生利者",实现自养,获得经济独立,为社会创造财富,从而最终实现富国强国的目标。以往女性纵使接受到一定的教育,仍处于"古之号称才女者,则批风抹月,拈花弄草,能为伤春惜别之语,糅诗词集数卷"③的局限中。兴女学强调通过受教育,使女性开拓视野与心胸,成为参与社会生活的新女性。

兴女学的思潮没有仅停留在理论探讨上,其倡导者们也身体力行地积极实践。在经元善、梁启超、施子英、康广仁等人的奔走努力下,1898年5月31日,第一所由中国人创办的女子学校——经正女学在上海成立。经正女学以"启其智慧,养其德性,健其身体"为教育宗旨④,采用中西并重的教法,在对接中国传统女子教育的基础上,积极转向现代女子教育。一时间,经正女学"声名鹊起,远方童女,亦愿担簦负笈而来,通寄总分两塾,凡往塾及报名而将到者七十余人"⑤。经正女学对后来的女学发展做了思想和实践上的准备。由于其良好的示范作用,"如苏州、松江、广东及南洋、新加坡等处,皆陆续设立女学堂"⑥。在兴女学思潮的推动下,晚清女子教育取得较大发展,为近代女子教育的发展奠定了良好基础。

---

① 梁启超:《论女学》,《时务报》1897年4月12日。
②③ 梁启超:《论女学》,《时务报》1897年4月12日。
④⑤ 经元善著、虞和平编:《经元善集》,华中师范大学出版社1988年版,第230、234页。
⑥ 《上海创设中国女学堂记》,《万国公报》1899年第125期。

1901 年清末新政开始施行，女学堂的创办不断兴起。1902 年下半年，上海务本女塾和上海爱国女学相继成立，成为女学兴办者效仿的对象。各省及沿海城市女学兴办蔚然成风。1901 至 1906 年间，苏州兰陵女学、私立公益女学（广州）、铜梁县女学堂（四川）、天津民立第一女子小学堂、山东女学堂、旅宁第一女学校、杭州女学堂、湖南第一女学校、容县龙胆女学（广西）、贵州达德女学校、北京豫教女学堂、福州乌石山女塾等女学纷纷开办[①]。

　　女子职业教育也随女子普通学堂的发展起步。一批女子师范学堂和职业学堂陆续开办。清末新政时期的女子职业学堂以蚕业纺织、技艺传授、医学卫生等类型居多。这些职业学堂根据社会实际需求，关注女性职业特点，将女子教育与职业培训相结合，为女性提供了进入职业领域的途径。

　　女子接受教育除在国内获得了从未有过的机遇外，也更为独立地走向世界。在此之前，女子留学多为跟随父兄丈夫，自费前往。清末新政时期，清政府颁布了系列鼓励留学的措施，女子留学开始起步。1905 年，湖南省派出 20 名女学生前往日本留学。归国之后，留学女子不仅充实了国内的女子教育教学，其新知与新思想还进一步推动了妇女解放的发展。

　　1907 年，根据《学部第一次教育统计图表》的统计结果，除吉林、甘肃、新疆未设女学堂外，全国女学堂共计 400 余所，女学生 15000 多人。女学的兴办促使清政府不得不做出反应。清政府陆续颁布了《女子小学堂章程》和《女子师范学堂章程》。女子教育获得了承认。至民国初年，女子教育获较好发展。1916 年，女子就读数量达到 170000 多人[②]。

---

　　① 朱有献：《中国近代学制史料 第 2 辑下》，华东师范大学出版社 1989 年版，第 632—633 页。

　　② 熊贤君：《中国女子教育史》，山西教育出版社 2006 年版，第 256 页。

二 女性就业思潮的兴起为女性进入职业领域开启道路

1902年,就中国经济的落后,梁启超提出"生利分利"说,认为国家实力的强弱,取决于生产者与消费者的多寡。他指出,男女"皆可各执一业以自养"。梁启超将女性职业与国家富强相联系的论述,对20世纪初女性从业产生了重要的影响。1915年,《妇女杂志》创刊号中,就有论者以"生利分利"说为依据,鼓励女学生习得一技之长。民国初年,女性参与到女子职业问题的讨论中。徐斧言在《女子职业问题之商榷》中认为,女子就业可实现女子自养①。吴峥嵘撰文《女子职业造福社会论》表明女子就业造福社会的意义所在②。女性职业议题加入到当时保国强种的民族主义话语体系中。

1918年,《新青年》登载了易卜生的《娜拉》,掀起了关于妇女解放及女性独立人格的探讨热潮。鲁迅提出"娜拉出走之后应该怎么办"的问题,指出娜拉须有经济上的准备,否则不是堕落,就是回来。他还表示,"一切女子,倘不得到和男子同等的经济权,我以为所有好名目,就都是空话"③。而后创作的《伤逝》,更是揭示了女性只有经济独立才能获得真正的自由。"觉醒"和"解放"成为当时新文化框架下女性主体认同的关键词,经济独立则是内在的关键支撑。同时,对于知识女性而言,谋求职业既有经济上的考虑,也要体现自身的社会价值。女性职业问题,与女性经济自立和人格独立相连接起来,被视作妇女解放的必经之路。

女性就业思潮随之兴起,社会开始探索女性就业的问题。大量以女性职业为主题的报道和文章被刊载出来,其中不乏对英国、美国、德国、日本等国女性就业情况的介绍与统计。《英国女子职业教育》介绍,"英国今日从事广义之职业者不遑枚举……女子职业数凡三百

---

① 徐斧言:《女子职业问题之商榷(附表)》,《妇女时报》1913年第9期。
② 吴峥嵘:《论说:女子职业造福社会论》,《妇女杂志(上海)》1915年第1期。
③ 鲁迅:《鲁迅全集 第4卷》,人民文学出版社1981年版,第598页。

三十九种，其中女子十万人以上从事者三十六种。一万人以上从事者四十七种。五千人以上从事者十六种"①。包含有医疗、印刷业、服装业、饮食业、官公吏、建筑业等行业。西方女子从业情况介绍给予了国内女子以激励与引导。

至20世纪20、30年代，女性就业获得一定发展。就业人数及职业类别都有所增加，同时"已有男子职业的一小部分，为女子开放了，如银行员、铁路事务员、商店的店伙，以及公司会社的职员等，都有女子加入。就是大学里的教授，以及官署中的吏员等，也颇有以女子充任的事情。这都是十年以前所没有的"②。以长久以来为男子把持的政府机构为例，女性也有了一席之地。据记载，1927年11月，开封司法厅成立，"聘用女职员3人，开封妇女进入政界。建设厅、财政厅、教育厅一律收用女书记。洛阳举行县长考试，徐秀贞、张秀芝两女士居然考取，即委任省政府秘书。放足处女职员更多，女子有了初步参政之权"③。

随着女性就业思潮的进一步发展，中国女子需告别长久以来闲居无事、依人而生的境遇，投身职业以获独立的呼声越来越强烈。同时，女性就业也在一定程度上获得了社会认同。主张女性就业成为较为普遍的共识。《女青年报》推出的"妇女与职业专号"卷首语中提到，"而我中国以经济落后，尤其感觉女子求业之必需，以前轻视女子职业者，亦一变而为提倡女子职业"④。

女性应以就业之路探求自立已经成为知识女性的共识，她们的关注点转向如何就业的问题，探索女性有效就业的途径。从女性自身特质出发，图书馆员、教师、医护、新闻事业、会计员、电话报务员、

---

① 《调查：英国女子职业教育（附表）》，《教育杂志》1910年第7期。
② 瑟庐：《最近十年内的妇女界的回顾》，《妇女杂志》1924年第1期。
③ 李元俊主编、政协开封市委员会编：《冯玉祥在开封》，河南大学出版社1995年版，第177—178页。
④ 杨卫玉：《卷头语》，《女青年月刊》1934年第2期。

书记员、保险员等都被认为是适宜女性的职业。在各种各样的职业中，图书馆行业被较多地认为与女性特质相契合，是女性适宜从事的行业之一。

与近代图书馆的发展一样，女性从业图书馆始于西方的影响。西方女性图书馆馆员从业经历为民国时期女性提供了职业参考。1913年《女子白话报》刊登的《美国女子职业谈》中，将图书馆事务员作为第一个职业进行介绍，涉及薪水、工作内容及接受继续教育的情况；同时表达了中国女子图书馆从业的意愿[①]。

1920年商务印书馆出版的《女子职业指导》中，就将图书馆视作适宜女性的职业予以推荐[②]。宋子伟指出，"（图书馆）负责管理人员，必须具有那种富于整理性与精祥和蔼的人。这种工作是件简便的专门技能，女子若能经过相当的训练，就是最适合的职业"。在分析了男女特质的不同之后，他甚至断言，"这门职业的将来，亦断然不是男子所能竞争得过的"[③]。陆瑶楣在《知识女性应有的职业态度》中提到，"妇女持久耐劳，温柔和悦，井井有条，最适合图书馆的工作"[④]。张逸菲在《中国妇女与职业问题》中，也将图书馆管理员作为一种适宜妇女从事的职业加以推荐[⑤]。

三 图书馆职业化发展奠定了行业基础

（一）民国时期图书馆职业化发展

职业化包含有两个层面的涵义：一方面，职业化是特定职业获得社会认同的历史过程；另一方面，职业化是特定人群专门从事特定工作这一概念的社会化。图书馆职业化既是一个渐进的历史过程，也是

[①] 贻荪：《实业美国女子职业谈》，《女子白话报》1913年第9期。
[②] 潘文安、孙祖城编：《女子职业指导》，商务印书馆1920年版，第116页。
[③] 宋子伟：《谈谈现代女子的两种职业：家事和图书馆管理》，《山光》1937年第9期。
[④] 陆瑶楣：《知识妇女应有的职业态度》，《女公民》1947年第2期。
[⑤] 张逸菲：《中国妇女与职业问题》，《妇女共鸣》1930年第32期。

图书馆从业者以个体从业经历将图书馆这一职业推向社会公共生活，并使其融入当时社会的过程。专业的知识、教育体系，行业协会及职业道德阐述是职业化较为明显的标志。民国时期图书馆职业化伴随图书馆事业发展而发展，是在行业的实践活动、研究活动及教育活动中不断孕育出来的。

1. 职业名称不断规范

清末民初，图书馆从业者称谓不断发生变化。1898 年，《京师大学堂章程》提到"藏书楼设提调一员，供事十员"[1]。1904 年《奏定学堂章程》"教学管理员章"第 20 节规定："图书馆经理官，以各分科大学中正教员或副教员兼任，掌大学堂附属图书馆事务，禀承于总监督"[2]。1910 年，《京师图书馆及各省图书馆通行章程》规定："图书馆管理员均应访求遗书及版本，由馆员随时购买，以广搜罗"[3]。名称虽然仍从旧制，但已从图书馆具体工作内容角度出发，出现了"图书馆经理官""图书馆管理员"等描述性的称谓。民国时期，图书馆从业者称谓逐渐规范为"图书馆馆员"或"图书馆员"。1915 年，《政府公报》刊登的一则人事信息中提到"派本部直辖中央观象台聘员汪劭兼任京师图书馆馆员"[4]。1917 年，《江苏教育行政月报》刊登了"京师图书馆馆员乔曾劭办理馆务六年"，获教育部三等奖章[5]。图书馆行业内也使用这一称谓。1920 年，无锡县立图书馆以《馆员借阅书籍规约》规范了内部的借阅制度[6]。

---

[1] 李希泌、张椒华主编：《中国古代藏书与近代图书馆史料春秋至五四前后》，中华书局 1982 年版，第 106 页。
[2] 陈元晖主编，璩鑫圭、唐良炎编：《中国近代教育史资料汇编学制演变》，上海教育出版社 2007 年版，第 392—394 页。
[3] 李希泌、张椒华主编：《中国古代藏书与近代图书馆史料春秋至五四前后》，中华书局 1982 年版，第 129—130 页。
[4] 汤化龙：《教育部饬第二三六号》，《政府公报》1915 年第 1150 期。
[5] 《部文：教育部令（二月二十七日）》，《江苏教育行政月报》1917 年第 3 期。
[6] 《馆员借阅书籍规约》，《无锡县立图书馆汇刊》1920 年第 6 期。

2. 专业知识体系逐渐形成

"一种事业，发达到一定的程度，便产生一种有系统的理论。有了有系统的理论，那种事业的发达，才有迅速的进步。这是各种事业的通例，图书馆也就不在例外"①。蔡元培在《〈图书馆学〉序》中指出了图书馆专业知识体系与民国时期图书馆事业发展间相辅相成的关系。自20世纪初始，日本、美国图书馆学理论借由译著传入中国，外来的图书馆学思想也激荡起本土化的回应。根据范凡在《民国时期图书馆学著作出版与学术传承》中的统计，1912年至1949年共出版图书馆学著作490本②。研究论文方面，李钟履编著《图书馆学论文索引》收录了清末至1949年9月全国报刊所载图书馆相关论文5000多篇，其中绝大部分为民国时期的论文，主题除图书馆理论外，还包括读者服务工作、藏书建设与组织、文献标引与编目等实际业务。对图书馆学理论及应用的探讨构建了本土化的图书馆学知识体系。

3. 专业教育体系的形成

民国时期，随着新图书馆运动及社会教育的兴起，图书馆学教育逐渐发展兴盛。图书馆学高等教育、职业教育及短期培训相结合的专业教育体系为图书馆事业发展培养了大量的专业人才。

在高等专业教育方面，1929年8月，私立武昌文华图书馆学专科学校（以下简称为"文华图专"）的更名被教育部核准，成为我国第一所独立的图书馆学专科学校。文华图专为我国图书馆事业培养了大量的人才。此外，上海国民大学图书馆学系（1925年）、金陵大学图书馆学系（1927年）、国立社会教育学院图书博物馆学系（1941年）、北京大学图书馆学专修科（1947年）等图书馆学专业教育兴办。同时，还有广州市立第一职业学校图书管理科（1929年）、安徽省立第一中等职业学校图书馆专班（1930年）、上海创制中学图书馆科

---

① 杨昭悊：《图书馆学（上）》，商务印书馆1923年版，第1页。
② 范凡：《民国时期图书馆学著作出版与学术传承》，国家图书馆出版社2011年版，第42页。

（1932 年）、上海图书学校图书科（1934 年）、四川省立成都女子职业学校图书管理科（1940 年）等由职业学校开设的图书馆学教育。北京高等师范学校暑期图书馆学讲习会（1920 年）、广东图书馆管理员养成所（1922 年）、东南大学暑期图书馆讲习科（1923 年至 1926 年）等短期开办的培训也普及了图书馆学教育。

4. 行业协会的建立

1921 年，中华教育改进社成立，下设图书馆教育组。1922 年 7 月，该社第一届年会决定成立图书馆教育研究委员会。1923 年，第二届年会通过"组织各地图书馆协会"案。图书馆行业内部加强互联的呼声日益增长。1924 年，北京图书馆协会成立。到 1925 年，浙江、天津、上海、南京、广州、苏州、济南等地都成立了图书馆协会。

1925 年，中华图书馆协会成立。协会下设分类、编目、索引、出版、图书馆教育 5 个委员会。协会成立后，在 1929 年至 1944 年间共召开了六次年会。在推动图书馆事业发展方面，协会曾就图书馆分类、编目、索引法、检字法等问题进行讨论，解决了制约当时图书馆发展的业务问题。在进行基础调查方面，协会开展了图书馆调查、抗战期间图书馆损毁调查、书店调查、版片调查、永乐大典及善本调查、期刊调查等多项调查。在行业刊物方面，协会刊发图书馆学专业期刊《中华图书馆协会会报》及《图书馆学季刊》。在图书馆人员培养方面，协会与高校、其他协（学）会一起开办了暑期学校，与文华图专联合招考图书馆学免费生，提出并协助图书馆员讲习会。协会还致力于国际图书馆界交流合作，与美国图书馆协会保持密切交往，同时还是国际图联的发起机构之一。

作为中国首个全国性图书馆协会，中华图书馆协会虽受时代的限制，但仍为民国时期图书馆的发展提供了统一的行业平台，对内建立起图书馆与图书馆间、图书馆员与图书馆员间交流互促的协作机制；对外建立起当时图书馆事业统一的行业形象，有力推动了民国时期图书馆的职业化发展。

5. 职业道德精神的探讨

职业道德是指从事一定职业的人员在职业活动中应遵循的行为规范的总和。民国时期，图书馆员职业道德表达并未完全成熟，更多的是对图书馆员认识、精神、准则、素养等的探讨，这些研究共同形成了对图书馆员职业道德精神的描述。徐家璧在《理想的图书馆流通部职员》中总结了 23 种美德，并指出这些美德和习性，对整个图书馆事业也非常有益①。于震寰翻译的《图书馆员立身准则》中强调了"对馆尽其忠诚为所有职员最优先之义务"，要"保持和谐与相互之合作精神"②。刘国钧在《图书馆馆员应有之素养》中提出"在图书馆员应有之态度中，最重要之点，为应确切一己之责任。所谓责任，即'服务'也。每一馆员之来此，应有为人群服务之想"③。《图书馆员职业道德规约》介绍了美国图书馆协会职业道德规约④。

(二) 图书馆职业化发展与女性图书馆员

1. 女性图书馆员是图书馆职业化发展中的重要组成部分

值得注意的是，民国时期图书馆职业化发展历程中，虽然男性占据了绝大部分历史空间，在有史料可寻的历史书写中，中国女性图书馆员的身影并不突出。但女性图书馆员的出现和她们的职业实践是图书馆职业化过程中的重要组成部分。在图书馆基层岗位上，女性图书馆员以职业群体的身份为民国时期图书馆的运行与发展提供支持。她们活跃在图书外借、读者服务等基础服务中。民国时期也出现了一批女性图书馆管理者，梁思庄、黄淑范、鲍益清等女性逐步成长为图书馆馆长、主任，开始成为图书馆管理中的重要力量。冯陈祖怡在图书馆协会中占有一席之地。蒋侣琴、胡耐秋、陈颂、胡文同、曾宪文等女性还发表了为数不少的图书馆学术文章。女性本身的性格特质不仅

---

① 徐家璧：《理想的图书馆流通部职员》，《武昌文华图书科季刊》1929 年第 4 期。
② 于震寰译：《图书馆员立身准则》，《中华图书馆协会会报》1931 年第 4 期。
③ 刘国钧：《图书馆员应有之素养》，《浙江省立图书馆月刊》1932 年第 9 期。
④ 徐家璧译：《图书馆员职业道德规约》，《中华图书馆协会会报》1940 年第 5 期。

与图书馆行业相符，也与当时业界对图书馆职业道德精神的描述相适宜。民国时期女性图书馆员的职业表达更好地充实了图书馆职业化发展。更重要的是，近代图书馆的发展从民国时期起步，女性加入图书馆行业是为自身解放获取新途径，也是对图书馆行业的认同。女性加入图书馆行业促进了民众的认识，图书馆职业进一步融入了当时的社会生活。

2. 图书馆职业化发展为女性图书馆员提供行业基础

民国时期，图书馆实践活动与职业化发展相辅相成。图书馆事业的发展是职业化的前提。而图书馆学知识体系的建立、专业教育及专业行业协会的发展、职业道德精神的探讨又进一步促进了图书馆行业的兴盛。1931年，中华全国图书馆协会曾对全国图书馆进行了统计，全国图书馆共计1488所，其中国立图书馆及省立图书馆共计48所，普通图书馆（市县立及私立）878所，学校图书馆387所，会社图书馆38所，机关图书馆36所，专门图书馆41所[①]。随着图书馆事业的发展，客观上需要更多人参与其中，从而为女性提供了更多就业机会。同时，图书馆职业化过程中专业教育的发展，从客观上为民国时期知识女性提供了更多的教育机会。

第三节　民国时期对女性与图书馆职业的认识

民国时期，围绕着女性加入图书馆行业，著名学者、行业协会及从业亲历者都各自从不同角度表明了态度及看法。这一时期，女性适宜于图书馆行业是主流的看法，儿童图书馆被特别提及，被认为需要女性图书馆员。由于社会发展的客观限制，亦有女性不适宜于图书馆管理的观点。

---

① 《全国图书馆统计（中华全国图书馆协会调查）》，《中华教育界》1931年第1期。

一 学者的认识

1. 梁启超：提倡女性从事图书馆行业

梁启超除了是近代著名思想家、政治家、教育家、史学家外，还与近代图书馆事业的发展渊源颇深，是近代图书馆事业的重要探索者和实践者。他曾创办万木草堂书藏（1890年）、兴办强学书藏（1895年）、创办松坡图书馆（1923年），并任京师图书馆馆长（1925年）。梁启超还担任了中华图书馆协会第一任董事部部长。

1922年，梁启超在北京女子高等师范学校的演讲《我对于女子高等教育希望特别注重的几种学科》中特别提出了教育和职业的关系，指出"教育是教人生活的，生活是要靠职业的"。他提出图书馆管理学"可以作为女子高等职业之基本者，格外施以训练"。"得极盼望女子教育方面，率先养成这种人才"，"因为女子的精细和诚恳，都是管理图书馆最好的素地"。梁启超号召"主持女子教育的人，从这方面极力预备"。他认为，"女子对于这门学科，只要有相当的素养，这门职业，我信得男子一定竞争不过女子"[①]。

梁启超次女梁思庄在加拿大麦基尔大学就读时，面临专业的选择问题。梁启超建议她选择生物学为主科，做国内女子的"先登者"。但梁思庄对生物学并不感兴趣，她在获得文学学士学位后，到美国学习图书馆学。而后在国内终身从事图书馆事业。在梁思庄的专业选择上，梁启超抱着"凡学问最好是因自己性之所近"的开明态度[②]，由女儿自行决定。但耳濡目染，梁思庄的职业选择和梁启超与图书馆事业的关联是分不开的。

2. 杜定友：女性适宜从事图书馆职业

杜定友在1928年至1941年间多次撰文，表达图书馆是适宜于女

---

① 梁启超：《我对于女子高等教育希望特别注重的几种学科》，《浙江教育》1922年第5期。

② 梁启超：《梁启超家书校注本》，漓江出版社2017年版，第856页。

性行业的观点。1928年，杜定友在《妇女杂志》上刊发了《图书馆与女子职业》一文。在文中，他指出保存文化和利用文化为现代图书馆的使命。由此出发，需从责任问题、择业问题、个性问题和机会问题来讨论图书馆与女子职业。图书馆的责任为发扬文化和普及教育，急需发展。"以图书馆的职业而论，女子们是很适于负担这一部分工作的。这种工作，非但女子可以承担，而且又是应该承担的"。从择业角度，"从事图书馆业，一方面对于人民的智慧和道德，有很大的帮助。一方面对于世界的学术，也有相当的贡献"。同时图书馆作为教育方法是富有兴味的。"女子服务于图书馆，实为最合宜的职业了"。从自身利益角度，在图书馆服务，可以获得精神上的食料和学术上的增加。女性具有沉静、整洁、耐久、温和的特质。而图书馆工作安静而有条理，首尚整齐，丝毫不苟；管理图书馆需有持久的美德，不能存"五日京兆"之心；图书馆管理员要有温和的态度接待读者。这些"对于女性，是很适宜的"。从机会角度，美国图书馆中女子占百分之八十以上。而中国从事图书馆职业的女子却很少。女子服务图书馆的机会较其他职业更多，也是获取男女平等的途径①。

1935年，杜定友在《妇女与图书馆事业》中指出，"一九三二年美国图书馆协会年报：共计出席会员一千三百十六人；其中男会员二百二十七人，女会员一千○八十九人""妇女从事图书馆事业者，人数一日增多，各国都有相同的趋势"。这足可证明妇女与图书馆事业有特别的关系。但在中国，"图书馆既不发达，而妇女从事此业者，更系绝对少数"，这值得引起注意。他认为，图书馆内部整理完善是向外发展、推广业务的基础。"而此项工作，最需要清醒冷静的头脑，整齐雅洁的习惯，循序而进的步骤，和蔼谦恭的态度。能忍耐稳定，而不见异思迁。能始终为社会服务，而不好高骛远。就此种个性而论，则妇女较为相近。所以各国妇女，从事于图书馆事业的多，也不是偶

---

① 杜定友：《图书馆与女子职业》，《妇女杂志》1928年第4期。

然的"。此外,他还呼吁妇女减少无谓的消遣,多利用图书馆,以修身益智的书籍充实生活;或以母亲的身份,引导儿童选择相当的图书,于教育有益①。

1941年,杜定友在广东省立女师发表题为"图书馆与女子职业"的演讲,后被整理刊发在《民族教师》上。他首先指出美国及其他各国女子从事图书馆事业的比例较高,"可知道女子从事图书馆事业是最适合的"。他表示,第一,管理图书馆需要条理和规律,工作人员要有精密的头脑、严谨的方法。第二,图书馆工作要有持静的态度。图书馆外勤及内勤管理都需要安静的人来处理,而且管理图书馆需要持久的耐性,将图书馆事业作为终身事业还需要坚定的意志。第三,管理图书馆要有慈爱的态度。要为读者创造适宜的环境,引导读者阅读。这些都与女子的个性相符。而且,作为职业选择,图书馆对社会有贡献,有进修机会②。

与梁启超一致的是,杜定友首先考虑到了女性与图书馆事业相符合的特质,进而得出女性适宜图书馆事业的结论。杜定友还进一步考虑到女性可以从图书馆行业中获取到的利益。从某种角度来说,这是从图书馆行业选择女性,到女性亦可主动选择图书馆行业。杜定友还对比了中美女性从事图书馆行业的状况,从而扩大了图书馆事业发展的视野。

3. 李小缘:女性不适宜于图书馆管理

民国时期,女性适宜于图书馆行业是主流的认知,但其中有学者认为女性不适宜图书馆行政管理。1926年,李小缘在《公共图书馆之组织》中阐明了这种观点。

在提及公共图书馆董事人选时,李小缘以美国董事会老年妇女举例,认为她们多有牢骚,有不尊重他人意见的现象。因此在委任女性

---

① 杜定友:《妇女与图书馆事业》,《唯美》1935年第10期。
② 杜定友:《图书馆与女子职业》,《民族教师》1941年第8—9期(合刊)。

董事一职时要慎重。谈到管理员名衔时,他提到"名衔必正而后各事方顺",女子在见识、考虑问题等方面不如男性,也易受到婚姻的影响而中断职业生涯。故男子更适宜于图书馆行政管理①。

民国时期,女性的解放是渐进的历史过程。女性进入职业领域受当时社会、教育、家庭、婚姻等的影响。李小缘所指女性因见识、情绪、婚姻家庭、不能独立等原因而不宜从事图书馆行政管理,是源于当时社会女性的解放进程而言。这客观反映了当时对于女性图书馆员在职场中所面临的问题。

4. 曾宪文:女性适宜担任儿童图书馆馆员

曾宪文关注儿童图书馆的研究,曾在1929年《武昌文华图书科季刊》第一卷的第1至第4期连续发表儿童图书馆研究相关论文。她认为,"馆员的一举一动,都能给儿童以最深刻的印象,儿童到馆阅书,书本虽可益人,而馆员的影响更大"。曾宪文指出,"据英美各国儿童图书馆的经验来看,处理馆务以妇女为最宜,因此儿童图书馆馆员,大多选用机敏,有健全教育,及气质驯良的妇女"。她希望"我国妇女,也能接踵而起,对于儿童图书馆多加研究,来辅助这些小国民"②。

对于女性适宜于儿童图书馆,杜定友也有类似观点。他在《儿童图书馆问题》中指出儿童图书馆的主任或馆长与馆员以女子为宜③。

二 行业协会的认识

1929年1月,中华图书馆协会第一次年会在南京金陵大学召开。年会召开时,会员总数为431名,其中机构会员162名,个人

---

① 李小缘:《公共图书馆之组织(附图表)》,《图书馆学季刊》1926年第4期。
② 曾宪文:《儿童图书馆之研究(续)》,《武昌文华图书科季刊》1929年第3期。
③ 杜定友:《儿童图书馆问题》,《教育杂志》1926年第4期。

会员269名①。会议共收到议案110件，讨论通过88件②。在年会图书馆行政组中，郑婉锦提出了"图书馆应多用女职员案"，大会通过了此提案③。该提案被记录在《中华图书馆协会第一次年会报告》中。

1930年7月，中华职业教育社第十一届社员大会在河南大学举行，上海图书馆协会在职业教育组会议上提出了"提倡图书馆职业案"。提案指出，国内对图书馆职业关注较少，图书馆界因此缺乏人才，导致图书馆事业发展不佳。图书馆职业对于女性"最为适宜"，"吾国职业教育正在盛昌之际，几乎多数人主张两性均须有职业，是则图书馆职业之提倡，亦不可或缓矣"④。

从全国性图书馆协会到地方图书馆协会，都共同倡导了女性应多加入图书馆行业。这表达了女性适合图书馆职业在业内成为一种共识。

三 图书馆女性从业者的认识

作为亲历者，女性图书馆员的从业经历及其感受更具有说服力。《大公报》（上海版）曾于1936年至1937年间连载了女记者蒋逸霄的"上海职业妇女访问记"，反映了上海不同职业妇女的真实状态。1936年10月，上海市图书馆征集部主任杨玉华的专访分三期刊出。专访中记者提问"对于女子服务于图书馆，有何感想与意见？"杨玉华表示，"我以为女子服务于图书馆是极适于个性的一种职业；因为女子的心思缜密，宜于做这类有关整理与保存的工作。依我所见，在事实上所表现的成绩，确乎是女子比男子好得多，有些地方，男子真有点及不

---

① 中华图书馆协会执行委员会编：《中华图书馆协会第一次年会报告》，中华图书馆协会事务所1929年版，第16页。
② 梁桂英：《中华图书馆协会年会述略》，《图书馆理论与实践》2013年第9期。
③ 郑婉锦：《图书馆应多用女职员案》，载中华图书馆协会执行委员会《中华图书馆协会第一次年会报告》，中华图书馆协会事务所1929年版，第120页。
④ 上海图书馆协会：《提倡图书馆职业案》，《教育与职业》1930年第116期。

上女子。在欧美各文明国家的图书馆里，所用职员几乎全体是女子"①。同时，从图书馆事业发展的前景来看，她推荐女性多关注图书馆行业。"我希望以后国内的妇女们，假如有机会受到较高的教育，对于图书馆学，很可多注意一下。将来国基稳定，社会教育发达，图书馆一定得要大量的增加，这实在是我们女子最适宜而且最有希望的出路"②。

1948年，一位署名为"逢挣"的女性图书馆员的工作是在书库里提线装书，她在描述自己的从业经历后有感而发，表示图书馆是适宜于女子的工作。"因为，女孩子天赋的比男孩子恬静、细致、忍耐性大，对付这样的工作也比较恰当"③。她还向女性发出倡导："若有尚在选择职业而未决定的话，我觉得图书馆还是一条不算巷道的人生途径，可以先试选学学看"④。

以上两位女性图书馆行业从业者，分别工作在图书馆的管理及基础服务岗位上，工作经历虽有不同，但都一致向当时选择职业的女性推荐了图书馆行业。

第四节 民国时期女性图书馆员发展概况

民国时期，女性加入图书馆行业，人数逐渐由少至多，经历了萌芽——发展——坚守的过程。她们为近代图书馆事业做出了独特的贡献。关于民国时期女性图书馆员的发展，有较为清晰的脉络。较为遗憾的是，部分女性图书馆员的从业经历无法完整追溯。本节将整合史料，勾勒出民国时期女性图书馆员发展的阶段。主要分为以下三个阶段：萌芽时期（1912年至1928年）、发展时期（1929年

---

①② 蒋逸霄：《上海市图书馆征集部主任杨玉华女士续》，《大公报（上海版）》1936年10月13日。

③④ 逢挣：《职业生活：我做了图书馆女职员》，《妇女（上海1945）》1948年第7期。

至 1937 年抗日战争全面爆发前）、坚守时期（1937 年抗日战争全面爆发后至 1949 年）。

一　萌芽时期（1912 年至 1928 年）

与始于西学东渐的近代图书馆相似的是，在中国最早出现的女性图书馆员是西方女性。1910 年，韦棣华女士创办了文华公书林，这是中国第一个真正意义上的公共图书馆和大学图书馆。这一时期，教会大学图书馆中还有其他的西方女性图书馆员。如 1918 年，金陵女子大学图书馆的首位图书馆主任 Miss Adelaide Gundlach[①]。她们对于中国本土女性起到了引导的作用。本时期，中国女性图书馆员出现并在图书馆事业中留下足迹。

（一）萌芽时期女性图书馆员情况

1. 女性图书馆员相关记载

20 世纪 10 年代正是新图书馆运动的起始，中国首批女性图书馆员也诞生在这个时期。第一位有据可查的中国女性图书馆员是冯陈祖怡。1919 年 9 月 25 日，南开大学举行开学典礼，图书馆亦随之同步创立，冯陈祖怡担任主任[②]。

之后文献中对女性图书馆员亦有记载。1921 年，《教育丛刊》刊登了高师图书馆事务员陆秀的照片[③]。1925 年，上海中西女塾校刊《墨梯》刊登了本校图书馆徐佩珍女士和施荷珍女士的照片[④]。1926 年，鲍益清任国民大学图书馆管理员[⑤]。同年，余舜芝入职金陵女子大学图书馆[⑥]。1927 年，伍智梅任广州市立中山图书馆筹备委员会常

[①] 朱茗：《金女大图书馆人物传》，南京师范大学出版社 2018 年版，第 30—32 页。
[②] 南开大学图书馆编：《南开大学图书馆建馆八十周年纪念集 1919—1999》，南开大学出版社 1999 年版，第 59 页。
[③] 《本校女教职员摄影 高师图书馆事务员陆秀照片》，《教育丛刊》1921 年第 2 期。
[④] 《中西女塾图书馆 施荷珍女士照片》，《墨梯》1925 年第 1925 期。
[⑤] 《鲍益清女士照片》，《图画时报》1926 年第 322 期。
[⑥] 朱茗：《金女大图书馆人物传》，南京师范大学出版社 2018 年版，第 92 页。

务委员①。1927年，宁波市立图书馆初创时期有馆长张汝钊和助理叶鸣两人，两人都为女性②。

2. 接受专业教育情况

民国时期，女性开始接受图书馆学专业教育。1920年，北京高等师范学校接受李大钊的倡导举行图书馆讲习所，发布的讲习所简章中对参与者提出了要求，"第五条 本会听讲人员不拘男女。（一）从事于图书馆教育者，（二）中等学校以上毕业生而有志研究图书馆教育者"③。同年8月，讲习所如期举办，"其时虽逢直皖之战，交通中断，而各省遣来听讲者，仍甚踊跃。计男生六十九，女生九人。两共七十八人。其中三分之二，均为各省公立及学校图书馆之职员"④。

1921年，文华图专第二届本科班中有胡芬、熊景芬两位女性⑤。据陆秀之子回忆，陆秀于1926年考入文华大学图书馆学本科第七届，两年后毕业到浙江大学工学院图书馆任主任⑥。1927年，《图画时报》刊登徐佩珍的照片时介绍"徐佩珍女士，中西女塾毕业生，并在高等班习图书馆学三年，现在母校为图书馆主任。中国女生习图书馆学者甚少，女士实难得之人材也"⑦。1928年，《中华图书馆协会会报》刊登了华中大学文华图书科消息，在录取的12名学生中，曾宪文（湖北）、刘华锦（湖北）、陈颂（湖南）均为女性⑧。

---

① 广东省立中山图书馆编：《广东省立中山图书馆志》，广东教育出版社2012年版，第305页。

② 邓大鹏主编、宁波图书馆志编纂委员会编：《宁波图书馆志》，宁波出版社1997年版，第100页。

③ 《图书馆讲习会简章》，《浙江公立图书馆年报》1920年第5期。

④ 戴志骞：《十五年来之中国图书馆事业》，《清华周刊》1926（纪念号增刊）。

⑤ 任家乐、姚乐野：《民国时期图书馆职业女性形象的塑造——以图书馆学教育与职业活动考察为据》，《图书馆建设》2016年第2期。

⑥ 冯士美：《忆先母陆秀》，《图书情报知识》2010年第2期。

⑦ 唐僧摄：《徐佩珍女士中西女塾毕业生并在高等班习图书馆学三年现在母校为图书馆主任中国女生习图书馆学者甚少女士实难得之人材也 照片》，《图画时报》1927年第406期。

⑧ 《华中大学文华图书科消息》，《中华图书馆协会会报》1928年第3期。

这一时期，女性接受图书馆学教育的较少。1928年，杜定友就曾在《图书馆与女子职业》一文中指出，国内从事图书馆的人，女性非常少①。虽有失偏颇，但以杜定友对当时图书馆行业的了解，女性确实很少。徐佩珍"中国女生习图书馆学者甚少，女士实难得之人材也"的评价也可以从旁佐证这一点。

3. 协（学）会中的女性图书馆员

中华教育改进社：1923年8月，中华教育改进社第二次年会在北京清华大学召开。冯陈祖怡和陆秀联合提出提案《呈请中华教育改进社转请各省教育厅增设图书馆学额培植师资案》，提案经讨论后通过保留②。冯陈祖怡还联合洪有丰、韦棣华提出提案《呈请中华教育改进社转请全国各公立图书馆将所藏善本及一切书籍严加整理布置酌量开放免除收费案》，提案亦获得了通过。该提案委冯陈祖怡及韦棣华将洪有丰所提议案（图书馆善本书籍，应行酌量开放）慎加研究，各拟一案，经会众讨论，合并成一案③。

1924年7月，中华教育改进社第三次年会在南京东南大学召开。在图书教育组第五次会议上改选了图书馆教育委员会成员，冯陈祖怡、冯绍苏当选委员④。

北京图书馆协会：1924年3月30日，北京图书馆协会成立大会在北京大学召开，会议修改并通过了《北京图书馆协会简章》，选举戴志骞为会长，冯陈祖怡为副会长⑤。协会成立之初，会议中安排有学术演讲。在北京图书馆协会1924年第三次常会上，冯陈祖怡发表演讲

---

① 杜定友：《图书馆与女子职业》，《妇女杂志》1928年第4期。
② 冯陈祖怡、陆秀提议：《呈请中华教育改进社转请各省教育厅增设留学图书馆学额培植师资案》，《新教育》1923年第2—3期（合刊）。
③ 洪有丰、冯陈祖怡、韦棣华提议：《呈请中华教育改进社转请全国各公立图书馆将所藏善本及一切书籍严加整理布置酌量开放免除收费案》，《新教育》1923年第2—3期（合刊）。
④ 《会议纪要》，《新教育》1924年第3期。
⑤ 陶行知著，胡晓风、金成林主编：《陶行知全集 第12卷补遗二卷》，四川教育出版社2002年版，第95页。

《中文目录编制问题》。

南京图书馆协会：1924年，北京图书馆协会成立后，南京图书馆协会成立。1926年，《图书馆学季刊》刊登《国内之部：各地图书馆协会消息：南京图书馆协会》中记载："南京图书馆协会自今夏改选，洪有丰、江恒、李小缘、刘国钧及余舜芝女士为干事以来，仍本从前之方针，会务积极推行"①。从中可推断余舜芝在1926年前即任协会干事。1926年10月，南京图书馆协会选购委员会议决定编写农村图书馆及中小学图书馆书目，余舜芝负责文学类书目的编写②。

中华图书馆协会：1925年6月2日，中华图书馆协会成立大会上，冯陈祖怡被选为执行委员③。

4. 学术论文论著情况

本时期，女性图书馆员初露头角，在学术上的成果不多。1922年，陆秀在《北京女子高等师范周刊》上发表了《报告——本校图书馆一年来的经过》，对北京女子高等师范学校图书馆馆藏整理、阅览室管理等工作进行了总结④。1923年，冯陈祖怡在《教育丛刊》上刊发了介绍北京师范图书馆发展沿革和新建图书馆情况的《北京高师图书馆沿革纪略及新图书馆》⑤；同期刊发《图书馆教育急宜发展之理由及其计划》，指出为"普及教育，增进文化"，弥补社会环境、经济状况不同而造成的知识不平等，应依劳动者、儿童、学生、毕业生、女子教育、专门学者的需要而为设施。从馆员态度及馆员学术等方面提出造就图书馆人才的方法⑥。冯陈祖怡在北京图书馆协会常会上的演

---

① 《各地图书馆协会消息：南京图书馆协会》，《图书馆学季刊》1926年第4期。
② 朱茗：《金女大图书馆人物传》，南京师范大学出版社2018年版，第94页。
③ 陈碧香：《中国现代女性图书馆先驱冯陈祖怡研究》，《图书馆理论与实践》2014年第2期。
④ 陆秀：《报告——本校图书馆一年来的经过》，《北京女子高等师范周刊》1922年第7期。
⑤ 冯陈祖怡：《北京高师图书馆沿革纪略及新图书馆》，《教育丛刊》1923年第6期。
⑥ 冯陈祖怡：《图书馆教育急宜发展之理由及其计划》，《教育丛刊》1923年第6期。

讲也被协会会刊所刊发①。1926年,冯绍苏论著《江苏省立第一女子师范学校图书馆目录》出版②。其学术成果与工作实践相关度较高。

(二)萌芽时期女性图书馆员的特点

1912年至1928年,中国女性图书馆员刚刚出现,在图书馆事业中所见力量虽比较零散,但已开始接受图书馆学专业教育,同时在图书馆建设、协(学)会、学术等方面有所建树。本时期女性图书馆员发展处于萌芽阶段,还没形成统一的力量。个体女性图书馆员所展现出来的从业经历不仅作为其他有志于自我独立女性的启蒙与引领,也是图书馆职业化发展的一部分。

笔者整合了本时期7位教育经历及图书馆从业经历较为清楚的女性图书馆员予以分析。样本数量虽然不多,但由于本时期女性图书馆员数量及相关史料都较少,故从这7位女性图书馆员中也可有所探索。

1. 普遍接受过良好的教育

本时期女性图书馆员大多都接受过良好教育。她们之中有"曾留美研究图书馆学,为我国女界中第一人"的冯陈祖怡③。也有在文华图专接受图书馆专业教育的女性。根据史料的情况,本时期7位女性图书馆员教育背景如下表所示:

表9-1　1912年至1928年7位女性图书馆员教育背景一览表

姓名	教育背景
冯陈祖怡	北京女子师范学校、美国加利福尼亚大学图书馆系
陆秀	天津直隶女子高等师范学堂、武昌私立文华大学图书馆学本科

---

① 冯陈祖怡:《中文目录编制问题》,《北平图书馆协会会刊》1924年第1期。
② 李景文:《民国教育史料丛刊总目提要》,大象出版社2015年版,第709页。
③ 宋景祁:《中国图书馆名人录》,上海图书馆协会1930年版,第111页。

续表

姓名	教育背景
冯绍苏	国立东南大学图书馆讲习科
徐佩珍	中西女塾、高等班习图书馆学
鲍益清	常熟淑琴女子师范、国立东南大学图书馆讲习科
余舜芝	美国加州波莫纳学院
伍智梅	广州夏葛医科学院、芝加哥大学医学院

从上表可知，在本时期7位女性图书馆员中，有留学经历的有3位，均为前往美国留学，这与民国初年，女子留学热潮转向美国的背景是相适应的。曾在国内就读过女子学院的有5位（广州夏葛医科学院为女子医科学校）。接受过图书馆学专业教育的有5位。冯绍苏无法追溯国立东南大学图书馆讲习科之前的学习经历，但当时各种图书馆教育培训一般都要求参与者有一定的教育基础。如1920年北京高等师范学校图书馆讲习所就要求听讲人员要有中等学校以上的背景，故可推断冯绍苏之前也有与之相当的教育经历。现有史料中没有查见余舜芝在国内的学习经历。良好的教育背景使这些女性图书馆员的职业生涯都延续的较好，冯陈祖怡、陆秀等人都活跃在之后的图书馆事业中。

2. 较为集中的相关地域及从业图书馆特征

本时期7位女性图书馆员籍贯为福建、江苏、湖南、广东等地。首次从业图书馆行业所在地为：天津、北京、浙江、江苏、上海等地。这些地域为当时经济文化发展较好的地区。具体可详见下表：

表9-2　1912年至1928年7位女性图书馆员籍贯及图书馆从业经历

姓名	籍贯	图书馆行业经历
冯陈祖怡	福建闽侯	南开大学图书馆（1919年—1920年春）、北京高师图书馆（1920年12月起）、上海国际图书馆分馆主任（1928年起）

续表

姓名	籍贯	图书馆行业经历
陆秀	江苏无锡	北京女子师范学校图书馆（1921年起）、浙江大学工学院图书馆（1928年从文华图专毕业后）
冯绍苏	不详	江苏省立第一女子师范学校图书馆
徐佩珍	不详	中西女塾图书馆（1925年）
鲍益清	江苏常熟	上海国民大学图书馆（1926年）、远东大学图书馆（1927年）
余舜芝	湖南长沙	金陵女子大学图书馆（1926年起）
伍智梅	广东新宁	广州市立中山图书馆筹备委员会（1927年起）

在她们加入的图书馆行业中，基本上全部为学校图书馆。4位女性图书馆员有女子学校图书馆（北京女子师范大学堂图书馆、江苏省立第一女子师范学校图书馆、中西女塾图书馆、金陵女子大学图书馆）从业经历。其中两所为教会学校图书馆（中西女塾图书馆、金陵女子大学图书馆）。值得注意的是，在以上图书馆所属学校中，开设有在当时国内教育界有一定影响的图书馆学教育系科。如鲍益清所在的上海国民大学图书馆就是①。

3. 较为全面地参与图书馆事业发展

本时期的女性图书馆员虽数量不多，却较为全面地参与到图书馆事业发展中。在图书馆管理方面，多位女性图书馆员担任了管理岗位。冯陈祖怡先后担任南开大学图书馆主任、北京师范大学图书馆主任及上海国际图书馆分馆主任。陆秀从文华图专本科毕业后即任浙江大学工学院图书馆主任，徐佩珍任中西女塾图书馆馆长，余舜芝任金陵女子大学图书馆主任，鲍益清任远东大学图书馆主任②。

---

① 王志国、王泽武、马淑坤：《图书馆与图书馆学》，内蒙古人民出版社2008年版，第200页。

② 姚云搏：《鲍益清女士 远东大学图书馆主任照片》，《图画时报》1927年第423期。

在图书馆业务建设及读者服务方面，陆秀在担任高师图书馆事务员期间，仿"杜威十类分法"整理馆藏图书，搜集新出版物，"不到三月，图书数量增加数十"。善用馆舍，增加阅览空间①。为纪念孙中山先生，建设中山图书馆，伍智梅受时任广州市市长林云陔的委托，于1927年加入广州市立中山图书馆筹备委员会，担任常务委员，赴南北美洲四国募集建馆经费。从美国、加拿大、墨西哥和古巴华侨处共募集到20余万元②。

二 发展时期（1929年至1937年抗日战争全面爆发前）

与萌芽时期女性图书馆员人数少、较为零散地出现在图书馆事业中，未形成群体力量不同的是，本时期女性图书馆员进入了一个较快的发展时期。相对于上一时期人数更多，更为普遍地接受了图书馆专业教育，在协（学）会中形成了女性馆员的力量。同时在专业学术上也有更多的成果。

（一）发展时期女性图书馆员情况

1. 女性图书馆员概况

随着民国时期社会教育的发展和新图书馆运动的开展，图书馆事业经历了快速发展时期。1931年，中华全国图书馆协会对全国图书馆进行了统计，全国图书馆共计1488所，其中国立图书馆及省立图书馆共计48所，普通图书馆（市县立及私立）878所，学校图书馆387所，会社图书馆38所，机关图书馆36所，专门图书馆41所③。这些图书馆的运行与发展离不开女性图书馆员的参与。

本时期，女性图书馆员人数较前一时期不断增加。1929年，浙江

---

① 陆秀：《报告——本校图书馆一年来的经过》，《北京女子高等师范周刊》1922年第7期。

② 黄俊贵主编：《广东省中山图书馆同人文选》，广东省中山图书馆1992年版，第218—219页。

③ 《全国图书馆统计（中华全国图书馆协会调查）》，《中华教育界》1931年第1期。

省立图书馆全馆22人中仅有女职员1人。1932年,全馆40人中已有女职员7人①。1933年,广东省立中山图书馆人员总数12人,其中女性7人,占比58%;1937年,人员总数26人,其中女性10人,占比38%。广东省立中山图书馆女图书馆员绝对人数虽在增加,但由于人员总数增加幅度更大,故占比下降②。

1934年,全国社会教育统计对各省市区图书馆概况进行了汇总。在被统计的31个省市区图书馆中,私立图书馆男性职员489人,女性职员31人;公立图书馆男性职员2705人,女性职员116人。其中女性最多的前三个省分别为:广东25人,浙江17人,江苏15人。西康、山西、甘肃、青海、辽宁、吉林、黑龙江、哈尔滨、热河、新疆无女性图书馆职员③。由此可见,女性图书馆员主要分布在经济较发达的沿海省份,而在西北、东北及西南较为偏远地区几乎没有。同时,女性图书馆员在公立图书馆中就职比例高于私立图书馆。

本时期,更多女性图书馆员出现在图书馆行业及社会视野中。1929年,北平特别市第一普通图书馆馆长罗静轩女士在运动中发表公开演讲④。1929至1930年间,钱丰格入职上海交通大学图书馆任主任⑤。1930年至1932年,陈颂先后在国立北平图书馆、国立青岛大学图书馆任职,在后者任编目股股长⑥。1933年至1936年,梁思庄在广州市立中山图书馆任干事,从事西文编目,并主持儿童阅览室⑦。

---

① 浙江图书馆志编纂委员会编:《浙江图书馆志》,中华书局2000年版,第60页。
②⑦ 广东省立中山图书馆编:《广东省立中山图书馆志》,广东教育出版社2012年版,第19、307页。
③ 李景文、马小泉主编:《民国教育史料丛刊(369)》,大象出版社2015年版,第92—93页。
④ 《北平特别市第一普通图书馆馆长罗静轩女士在运动中演讲照片》,《图画时报》1929年第529期。
⑤ 麦群忠、朱育培主编:《中国图书馆界名人辞典》,沈阳出版社1991年版,第530页。
⑥ 刘劲松、符夏莹:《民国时期陈颂的图书馆学思想及实践略》,《图书馆建设》2019年第1期。

1933 年，刘修业进入北平图书馆索引组工作①。1935 年，《图画时报》刊登了南京内政部图书馆职员金端芳的照片②。1936 年，《大公报》（上海版）刊登了上海市图书馆征集部主任杨玉华的专访③。

2. 接受专业教育情况

本时期，女性从事图书馆行业已成为共识。陈伯达提出"圕界莫不盛倡女性管理之说"④。但接受图书馆学专业教育的女性还比较少、业界认识到此间的紧迫性。广州市立职业学校开设了图书管理科，就是应了图书馆事业缺乏人才并适宜女性的需求⑤。

1931 年，安徽省立第一中等职业学校图书馆班 1930 年度共有毕业生 19 人，其中有赵莜梅、段松延等 5 名女生⑥。1932 年，创制中学女子部图书馆科创设，以图书馆科为中心，邀请杜定友、洪有丰、李小缘、沈祖荣、戴超及其夫人等作为专家指导。同时推荐学生到图书馆工作⑦。

有志于从事图书馆行业的女性也积极参加相关讲习所。1932 年山东民众教育馆图书馆学讲习所报名人数有 169 人之多，其中女性居半，"可见女子对于图书馆职业之兴味"⑧。

业界在组织图书馆学学习或实习时，也多表明男女不限的态度。20 世纪 30 年代，《大公报》（天津版）反复刊登上海图书馆学函授学校招男女学员的消息多达几十次。北平市立第一普通图书馆拟定实习

---

① 卢美松编：《福建北大人》，方志出版社 2002 年版，第 158 页。
② 奎章：《南京内政部图书馆职员金端芳女士照片》，《图画时报》1935 年第 1037 期。
③ 蒋逸霄：《上海市图书馆征集部主任杨玉华女士续》，《大公报（上海版）》1936 年 10 月 13 日。
④ 陈伯达：《本会书学函授社告全国圕界同志及留心永久专门职业者》，《上海圕协会会报》1930 年第 2 期。
⑤ 《广州市立职业学校添办图书管理科》，《图书馆报》1929 年第 4 期。
⑥ 《安徽省立第一中等职业学校圕班十九年度毕业生一览》，《中华图书馆协会会报》1931 年第 1 期。
⑦ 瑛：《创制中学女子部图书馆科的创设：女子职业的曙光》，《妇女生活（上海 1932）》1932 年第 13 期。
⑧ 《山东省民教馆图书馆讲习会》，《中华图书馆协会会报》1932 年第 1—2 期（合刊）。

规则时也特别指出实习人员不分性别①。进入文华图专学习的女性人数也大大增加。1922年至1927年间,文华图专没有女性本科毕业生。1930年至1938年,共计19名女性本科生毕业。1931年至1938年,讲习所毕业生中共有10位女性学员②。本时期,也不乏出国留学进行图书馆学专门学习的女性。1931年,梁思庄获得了哥伦比亚大学图书馆学学士学位。1936年,《中华》刊登了即将前往英国专攻图书馆学的"素拉女士"的照片③。1937年9月,刘修业前往英国伦敦大学图书馆专修科进修④。

3. 协(学)会中的女性图书馆员

本时期,女性图书馆员参与中华图书馆协会年会人数增多并较为稳定。部分女性图书馆员活跃在协会活动中,多次参加年会,提出提案并获通过。根据中华图书馆协会年会报告、出席会员录、合影等信息,1929年,中华图书馆协会第一次年会共有154人参加,其中女性11人,男性143人。1933年,第二次年会共有114人参加,其中女性11人,男性103人。1936年,第三次年会和中华博物馆协会第一次年会联合召开,共有121余人参加,其中女性10余人。关于女性图书馆员参加第一至第三次中华图书馆协会年会的情况,如下表所示:

表9-3　**女性图书馆员参加第一至第三次中华图书馆协会年会情况**

姓名	服务机构	参会情况	类别
冯绍苏	中央大学图书馆/ 中央党史史料编纂委员会	第一、二、三次年会	个人会员
鲍益清	国立暨南大学图书馆	第一、二次年会	个人会员

---

① 《施行实习规则》,《中华图书馆协会会报》1936年第3期。
② 周洪宇:《不朽的文华从文华公书林到文华图书馆学专科学校》,华中师范大学出版社2013年版,第362—364页。
③ "素拉女士"往英国专攻图书馆学照片》,《中华(上海)》1936年第44期。
④ 卢美松编:《福建北大人》,方志出版社2002年版,第158页。

续表

姓名	服务机构	参会情况	类别
周慧专	中央大学区教育行政院	第一次年会	个人会员
许世俊	大夏大学图书馆	第一次年会	个人会员
冯陈祖怡	北平师大图书馆	第一、二次年会	个人会员
余庆棠	中央大学区教育行政院	第一、二次年会	个人会员
程学桢	南京女子中学图书馆	第一次年会	机构会员代表
陆秀	浙江大学工学院图书馆	第一次年会	机构会员代表
王淑皇	南京内政部图书室	第一次年会	机构会员代表
钱丰格	交通大学图书馆	第一次年会	机构会员代表
余舜芝	金陵女子大学图书馆	第一次年会	机构会员代表
王宜晖	国立北平图书馆	第一、三次年会	个人会员
陈岭梅	江苏省立教育学院图书馆	第二次年会	个人会员
俞庆英	江苏省立教育学院图书馆	第二次年会	个人会员
沙鸥	北京大学图书馆	第二、三次年会	个人会员
曾宪文	国立北平图书馆	第二、三次年会	个人会员
宋友英	国立北平图书馆	第二、三次年会	个人会员
焦芳泽	山西大学图书馆	第二次年会	个人会员
俞庆英	江苏省立教育学院图书馆	第二次年会	机构会员代表
吕孝信	北平市立第一普通图书馆	第二次年会	机构会员代表
王秀英	西安陕西省第一图书馆	第二次年会	机构会员代表
梁思庄	燕京大学图书馆	第三次年会	个人会员
陈颂	国立山东大学图书馆	第三次年会	个人会员
杨玉华	上海市立图书馆	第三次年会	个人会员

注：此表根据《中华图书馆协会第一次年会出席人员一览表》《中华图书馆协会第二次年会出席人员一览表》《1936年中华图书馆协会年会资料集锦》统计。第三次年会出席年会会员名单未注明性别及机构会员名单，综合前两次年会会员名单及其他史料（含照片）进行了统计。

从表中可知，本时期，共有24位女性图书馆员参加了中华图书馆协会年会。其中，冯绍苏参加了第一至第三次年会，鲍益清、冯陈祖怡、余庆棠、王宜晖、沙鸥、曾宪文、宋友英参加了两次年会，在第二次年会上，鲍益清还兼以机构会员代表身份参加。这些女性图书馆员来自中学、大学（含教会大学）、公共图书馆、政府内部图书馆等。

女性图书馆员还积极向年会提交提案，以第一次年会为例，女性图书馆员独立或参与提交提案共计5个，通过5个。主题涉及专科图书馆设立、编纂图书馆学丛书及出版图书目录、古籍影印陈展、图书馆多用女职员等。详情见下表：

表9-4 女性图书馆员中华图书馆协会第一次年会提案情况（1929年）

提案人	案由	办法	决议情况
沈孝祥、王淑皇	应请全国社团及行政机关设立专科图书馆：图书馆为开拓智识，研究学术所必备，关于各项社团及行政各官署，应设专科图书馆，以供该团体较有利益之研究。如商会设商业图书馆等	1. 由本会呈请国民政府，通令全国各机构添设图书馆。2. 由本会通函各学术会社，创办专科图书馆	大会决议合并通过
徐庭达、徐辊知、陆秀、黄警顽、沈仲俊、谢源、王淑皇原案	请拨中华教育基金影印四库全书各省区指定一图书馆陈列以广流传而维国粹	1. 由本会请求中华教育文化基金会董事会拨款。2. 由本会接洽张汉卿印刷事宜。3. 由本会与中华教育文化基金会董事会、中央研究院、东三省影印四库全书委员会合组机构办理	大会决议通过

续表

提案人	案由	办法	决议情况
李小缘、柳诒征、郑婉锦原案	编制累积式中国出版图书目录	1. 设编制本目委员会。 2. 设图书登记所，函请出版界按时送书登记。 3. 由各地协会负责分区按时调查报告	大会决议合并通过
郑婉锦	因妇女心细耐劳，管理极负责。图书馆应多用女职员	由本会通函各图书馆，请尽量聘用女职员	大会决议通过
李小缘、冯陈祖怡、孔敏中、陈准原案	本会应编刊新旧图书馆学丛书：中国图书馆学因材料不全，研究阅读困难。关于图书馆学书籍多系西洋著作，不识西文者不易研求。现有之中文图书馆学书籍众多	由本会编纂委员会计划进行	大会合并修正通过

其中，李婉锦虽未参会，但提出的"图书馆应多用女职员案"得到了大会决议通过。这表明女性图书馆员的职业身份在图书馆行业中得以确认。年会上，中华图书馆协会还拟以学会身份函告图书馆尽量聘用女职员。女性从事图书馆行业得到了全国性协会的支持。作为女性职业，图书馆员被社会所认同。有关女性图书馆员聘用、招聘信息被刊登在报刊中。1929年，上海交通大学图书馆聘沙筱宇女士为助理员，管理借书处及藏书楼事宜。此事与学校其他人事变动一样，被刊登在《交通大学日刊》上①。1934年，《大公报》刊登了关于中山中

---

① 揆：《校闻：图书馆添聘女职员》，《交通大学日刊》1929年第3期。

学新购图书,扩充图书馆并聘本校毕业生夏英喆女士为图书馆管理员的消息①。1935年,《申报》刊登了聘请女性图书馆主任的消息,"某女中拟聘女性图书馆主任一位,须有图书馆学并经验者为合"②。1936年,《大公报》(天津版)刊登了儿童图书馆将聘用女馆员的消息③。

4. 学术论文论著情况

本时期,女性图书馆员学术论文及论著数量都较之上一时期有较大的增加。以参加第一至第三次中华图书馆协会年会的女性图书馆员为例,在"民国时期期刊全文数据库(1911—1949)"中以作者姓名为关键词进行检索,共获得图书馆相关论文28篇,全部为独立作者。其中胡耐秋8篇,发文量最多。其次为曾宪文和陈颂,均为5篇。主题包括民众图书馆、儿童图书馆、图书馆任务与地位、文献采选、国外图书馆事业介绍、工作实践总结等。有女性图书馆员形成了对固定主题的系列关注与研究,如胡耐秋关注民众图书馆研究(1931年《江苏省立教育学院江阴巷实验民众图书馆二十年度实施计划》《论著民众图书馆的认识与商榷》、1932年《抗日中心单元运动中的四大活动事业江阴巷实验民众图书馆研究实验事业之一》、1933年《民众图书馆民众阅读辅导班之实况(附表)》《民众图民众阅读辅导班之质况》)、曾宪文关注儿童图书馆研究(1929年《儿童图书馆之研究》系列论文3篇、《儿童图书馆之分类与编目》)。

在论著方面,根据对《中华图书馆协会会报》"新书介绍"栏目的检索,共获论著4部。分别为王京生翻译的《儿童图书馆》(1929年)、罗静轩编著的《儿童书目汇编》(1933年)、胡耐秋著《活的民众图书馆设施法》、陆秀编著《河北省立女子师范学院图书馆中文图书分类目录》(1935年)。这一时期,刘修业与王重民等人合作还编纂

---

① 《中山中学扩充图书馆招考免费生》,《大公报(上海版)》1934年6月10日。
② 《聘女性图书馆主任》,《申报》1935年10月24日。
③ 《儿童图书馆址设鼓楼镇署西将聘用女馆员一人》,《大公报(天津版)》1936年3月13日。

了《国学论文索引》，三编于 1934 年出版，四编于 1936 年出版，均署刘修业主编。同时，刘修业还主编了《文学论文索引》续、三两编，分别于 1934 年、1936 年出版。

（二）发展时期女性图书馆员发展的特点

1. 更多女性图书馆员充实到图书馆基础业务及服务中。

在女性图书馆员的萌芽时期，出现在民众视野中的女性图书馆员大多从事管理岗位。本时期，随着图书馆事业不断发展，女性从事图书馆行业逐渐被图书馆业内及社会民众所认同，更多女性加入图书馆行业中从事基础业务及服务工作。她们在初入图书馆行业前，有一定教育基础，其中部分有过文教行业的从业经历。这部分女性图书馆馆员逐渐成为近代图书馆日常运转、基础服务的重要基石。以 1934 年江西省立图书馆时任职员情况为例，登记员贺觉凡毕业于江西省立女子师范，在江西省立图书馆入职前曾就职于安福小学及教育厅第二科；编目股员邓晢于国立北平女子大学肄业，入职前曾在江西省立二中任职；书记蔡可级毕业于上海南洋女子师范，入职前曾在上海时报馆、尊孔学院、南京土地局任职[①]。

本时期，亦有女性图书馆员现身说法，发表文章讲述工作感受。丽伶女士在《图书管理员的生活》中描绘了她管理阅览室的困难及从热忱求知读者处获得的工作动力[②]。

2. 进入女性图书馆员发展的高峰期

本时期女性图书馆员进入到一个较快的发展阶段。相对于男性图书馆员来说，虽然本时期女性图书馆员绝对数量及所占比例都还不高，但与上一阶段（1912 年至 1928 年）女性图书馆员发展的萌芽时期相比，数量及所占比例都有了较大的提升。这在当时并不少见。1930 年

---

① 《江西省立图书馆现任职员一览表（二十三年度上半年）》，《江西省立图书馆馆刊》1934（创刊号）。

② 丽伶：《生活实录：图书馆管理员的生活》，《礼拜日周报》1938 年第 4 期。

国立广西大学图书馆18名馆员已中有女性图书馆员8人①，女性图书馆员占全馆馆员的44%。

除了本时期图书馆事业快速发展，从客观上提供了更多的就业岗位外，女性图书馆员得以快速发展的原因有三。

首先，图书馆员作为女性职业，得到了社会的认同。1936年记者采访上海图书馆女性图书馆员时，提出"因为妇女服务于图书，这也是近年来新兴的高尚的妇女职业之一，颇有介绍于社会的价值"②。可见当时对女性图书馆职业的评价。女性服务于图书馆，同其他文化行业一样，是受肯定的。

其次，女性图书馆员得到了图书馆行业支持。如前所述，在中华图书馆协会第一次年会上，郑婉锦提出多用女职员案，获大会决议通过。在本时期，中华图书馆协会召开了三次年会，集中了当时图书馆界管理及学术精英，汇集全国各类型图书馆。作为全国性的协会，中国图书馆协会影响力不容小视。该多用女职员案的提出可以作为本时期节点性事件，有力推动了女性图书馆员的发展。

最后，从未受过图书馆学专业教育、对图书馆行业不甚了解的女性就业的角度来说。从入职前的工作体验期待上，图书馆行业可提供与书籍相伴的知识氛围。这与她们的期待是一致的。1934年的一本《青年升学指导》中，有"敬告有志研究图书馆学的青年"专篇，提到编者"常常遇着许多希望服务于图书馆的男女青年，我问：'你为什么要服务于图书馆呢？'他们的回答，大都是：'因为可以有读书'的机会"③。同时，从图书馆行业的报酬来说，女性比男性更能接受较低的薪资水平。

---

① 《国立广西大学图书馆览》，1930年版，第47—50页。
② 蒋逸霄：《上海市图书馆征集部主任杨玉华女士续》，《大公报（上海版）》1936年10月13日。
③ 潘文安、陆伯羽：《青年升学指导》，大东书局1934年版，第129页。

3. 女性力量开始在图书馆行业中形成

本时期，在图书馆管理、建设、专业教育、协（学）会、学术研究中均有杰出女性图书馆员出现，女性力量逐渐形成。在图书馆管理上，1933年，伍智梅成为首任广州市立中山图书馆馆长。在图书馆建设上，1936年，国立西北农林专科学校图书馆首任主任黄连琴借鉴美国图书馆服务，提出参考咨询；起草并建立了图书馆制度体系。在专业教育方面，女性图书馆员不再仅作为被培训者出现。1930年，安徽省立图书馆创办图书馆专班，刘锦华任教员[①]。1932年，上海图书馆函授学校成立，鲍益清担任授课老师。在协（学）会中，冯陈祖怡任中华图书馆协会执行委员会委员。多位女性图书馆员在年会上提出提案。学术研究上，女性图书馆员发表的学术论文、撰写的论著数量远远超过前一时期。

三 坚守时期（1937年抗日战争全面爆发后至1949年）

"七七事变"以后，抗日战争全面爆发。战争给近代图书馆事业带来了巨大的损失。根据《抗战期间中国图书馆损失概况》记录，"抗战发生，图书馆事业受影响最大，或被摧毁，或被掠夺，其幸而存在或外迁者，无不尽力设法维护"。"至各省市之公私立图书馆，因受战事影响，损毁停顿者达百分之五十以上，其能幸存者亦均损失甚多。后虽逐渐恢复，据一九四三年之统计，全国亦仅有图书馆九百四十所，约占战前百分之五〇.八六"[②]。另有《全国图书馆统计表（1936年及1947）》统计数据，1936年全国50个省市图书馆（含单设图书馆、民教图书馆、学校图书馆及机关社团附设图书馆）共计5196

---

① 《国内外圕界消息：安徽省立图书馆创办圕专班》，《武昌文华图书科季刊》1930年第3—4期（合刊）。

② 《抗战期间中国图书馆损失概况》，中国第二历史档案馆馆藏，档号：5-1695。

所，1947年仅剩2702所，减少了47.9%①。

在抗战中留存下来的图书馆在馆舍、人员、文献等方面也是损失惨重。江苏省立镇江图书馆"于民国二十二年正式成立后至二十六年止，收藏图书已达十一二万册，并有珍贵古物多种，不意抗战发生，除寄存湖南一部分外，其余全部散失。胜利复员后经多方搜集，连同自湘运回及陆续添置各书合计，不过四万二千余册，仅得原数三分之一"②。1937年抗日战争全面爆发后至1949年间，图书馆事业经历了战中损失及战后恢复的过程。这一时期，女性图书馆员的发展也被时代的洪流所席卷，陷入了停滞，但女性图书馆员仍然坚守在图书馆事业中。

（一）坚守时期女性图书馆员情况

1. 女性图书馆员概况

本时期女性图书馆员史料较少，仅能从零星记载中获取信息。以广州省立中山图书馆的个案来观察。1937年，广州省立中山图书馆共有馆员26人，其中女性10人，所占比例为38%。1941年，共有馆员8人，其中女性图书馆员3人，所占比例为38%。1948年，共有馆员19人，其中女性图书馆员6人，所占比例为32%③。抗战全面爆发之后，广州省立中山图书馆总人数从1937年的26人下降到1941年的8人；女性图书馆员也由1937年的10人下降到1941年的3人，下降比例为70%。但女性图书馆员在总人数中所占比例一直较为稳定，保持在30%以上。

2. 接受专业教育情况

文华图专在1938年至1942年间，共有12名女性本科毕业生。

---

① 教育部教育年鉴编纂委员会编：《第二次中国教育年鉴》，商务印书馆1948年版，第1120页。

② 《江苏省立镇江图书馆因损失惨重，恳请尽先分配该馆收复区图书》，时间不详，江苏省档案馆藏，档号：1006-乙-932。

③ 广东省立中山图书馆编：《广东省立中山图书馆志》，广东教育出版社2012年版，第19页。

1943年至1949年间，共有71名女性专科毕业生。1938至1940年间，共有22名女性讲习班毕业生①。本时期从业于金陵女子大学图书馆的孙雁征就是于1940年毕业于文华图专专科班的应届毕业生。同期毕业的还有左绮芸、周斯美两位女生。

1940年，成都女子职业学校高级图书管理科成立。"该专业学制3年，至1949年底共毕业5个班级，共计77人；后停办于1954年，新中国成立后又毕业学生3个班级，培养学生共139人"②。

1948年，在《妇女》杂志刊登的一篇《职业生活：我做了图书馆女职员》中也提到了女性接受图书馆入职培训的情况。"'某文化机构招训服务生'，性别资格不分，年龄十八岁至二十岁，受训一年，分三期，每期依成绩淘汰"。第一期考核后，从16人淘汰至12人，其中女同学7位，男同学5位。"第二期后加上实习，与图书馆内有关课程：分类大意，图书馆通论，登记法之类的功课，然后再攒进每种工作法内去实地工作"③。

3. 协（学）会中的女性图书馆员

抗战全面爆发后，中华图书馆协会随国立北平图书馆辗转迁至重庆。本时期，中华图书馆协会共在重庆召开三次年会，分别是1938年的第四次年会、1942年的第五次年会和1944年的第六次年会。由于是在抗战期间，年会的规模较前三次缩小很多。

第四次年会共有63人参会，其中男性47名，女性16名。彭道襄、彭道真、陈波（国立中央大学图书馆）、王铭悌（中央党部图书馆）、张行仪（重庆大学图书馆）、胡文同、缪兰心（南开学校忠恕图书馆）、程远（七七图书馆）及文华图专孙雁征、裴湘纹、周斯美、

---

① 周洪宇：《不朽的文华——从文华公书林到文华图书馆学专科学校》，华中师范大学出版社2013年版，第362—364页。

② 任家乐、姚乐野：《民国时期四川省立成都女子职业学校高级图书管理科办学研究》，《大学图书馆学报》2015年第5期。

③ 逢挣：《职业生活：我做了图书馆女职员》，《妇女（上海1945）》1948年第7期。

任简、鲁乐义、周杰、左绮芸等女性参加了年会①。第五次年会共有34人参会，其中男性27名，女性7名。除彭道真、王铭悌、胡文同继续参会外，还有罗家鹤、高韵琇、高韵琬参会②。第六次年会共有65人参会，会员名录中未列出性别③。

在第六次年会上，鲍益清、蔡光聆等人提交了"成立地方图书馆协会以资联系案"，办法为"由本会分函各地图书馆，凡已成立地方图书馆协会而陷于停顿者，促其恢复，未成立者请早日成立，以资联系"。会上洪有丰、蒋复璁、陈训慈发言讨论，大会最终以陈训慈修正意见通过。提案改为"促进各地方图书馆协会之成立或恢复，以加强联系推进事业案"④。

4. 学术论文论著情况

有学者对抗日战争爆发前后图书馆界学术活动进行了考察，发现日军的侵华暴行对学术活动造成极大负面影响。与抗日战争爆发前相比，图书馆学专著及论文数量都呈断崖式下跌。根据范凡在《民国时期图书馆学著作出版与学术传承》中的统计，1938年至1949年10年间，共计出版图书馆学著作157种。而1933年至1937年5年间，就出版了图书馆学著作350种；其中1937年出版39种，1936年出版95种。1937年后半年抗日战争全面爆发，学术界所受影响不言而喻，该年度出版数量还不到1936年的一半⑤。谈金铠对民国时期图书馆学专业期刊进行了考察，在1928年至1936年的繁荣兴盛时期，共发表图书馆相关文献3769篇，平均每年418篇。进入到1937至1945年的衰落破败时期，共发表图书馆相关文献811篇，平均每年90篇⑥。

---

① 《本会第四次年会出席会员录》，《中华图书馆协会会报》1939年第4期。
② 《本会第五次年会出席会员录》，《中华图书馆协会会报》1942年第5—6期（合刊）。
③④ 《第六次年会会议纪录》，《中华图书馆协会会报》1944年第4期。
⑤ 范凡：《民国时期图书馆学著作出版与学术传承》，国家图书馆出版社2011年版，第42页。
⑥ 谈金铠：《略论新中国成立前我国图书馆专业期刊的发展》，《图书馆论坛》1991年第3期。

本时期所获女性图书馆员相关学术成果十分有限。论文仅查询到1940年彭道真发表在《中华图书馆协会会报》上的《国立中央图书馆白沙民众阅览室概况（附图）》，对国立中央图书馆白沙民众阅览室筹备经过及组织、馆址及布置、阅览手续及统计、借书情况及工作近况进行了介绍①。著作方面，1946年彭道真自刊《笔顺著者号码表》，根据陈立夫五笔检字法总结，中国第二历史档案馆存有全文②。

（二）坚守时期女性图书馆员发展的特点

1. 女性图书馆员对抗战时期图书馆建设贡献良多

抗战爆发后，经费缺乏、人员紧张、馆舍损毁、文献损失成为众多图书馆所面临的困局。女性图书馆员在抗战时期图书馆管理、服务、文献保护方面做出了贡献。

1938年3月，湖南省立中山图书馆馆长黄济辞职。时逢抗战，馆藏岌岌可危，湖南省教育厅令黄淑范接任馆长。黄淑范就任后就计划将馆内重要文献转运至辰溪。为给重要图书文献寻找妥善的存放地，黄淑范还到实地考察，最终确认了一处水路通畅的天王庙。1938年《中华图书馆协会会报》记录湖南省立中山图书馆当时的情况③。湖南省立中山图书馆于同年10月开始西迁，并最终于1939年3月抵达，其迁移的馆藏被安全保存在天王庙内。1940年10月，黄淑范辞去馆长职位，"以保管员的身份与干事黄人刚两人坚守在辰溪晓滩天王庙，履行保护藏书的职责，直到1942年将这批藏书运到沅陵完成交接方才离任"④。

抗战全面爆发之前，安徽省立图书馆所藏图书十余万册。抗战全面爆发之后，奉令分移数地馆藏，馆务逐告停顿。1937年10月，时

---

① 彭道真：《国立中央图书馆白沙民众阅览室概况》，《中华图书馆协会会报》1940年第4期。

② 吕绍虞：《中国目录学史稿》，武汉大学出版社2012年版，第168页。

③ 《湖南省立中山图书馆：该馆现有中文图书十万余册》，《中华图书馆协会会报》1938年第3期。

④ 沈小丁：《湖南近代图书馆史》，岳麓书社2013年版，第154页。

任馆长李辛白组织将古籍外的 3 万馆藏文献打包托付给赵筱梅,运往位于六安立煌的省立第二临时中学。蒋元卿(1944 年安徽省立图书馆馆长)回忆称赵筱梅到达六安后不辞而去。后石梅根据李辛白对馆藏文献转运的安顿、赵筱梅投身抗战的后期经历及赵筱梅本人的回忆进行考证,认为赵筱梅将押运馆藏应已交至省立二中①。

抗战全面爆发时,王肖珠在岭南大学图书馆担任总务部主任。广州虽遭受日军空袭,但图书馆的工作仍持续开展。总务部所负责的文献采访、捐赠、交换工作有序进行。1938 年《私立岭南大学校报》刊登了图书馆当年 1 月图书、杂志的订购、捐赠及交换数据②。1938 年 10 月,广州沦陷,岭南大学不得不迁至香港,图书馆也随之迁入。王肖珠与同事一起组织图书的运输。1945 年王肖珠任岭南大学主任后,积极组织开展馆藏清点及追讨工作。1948 年,因在战后重建工作中的突出表现,王肖珠被校长推荐至美国伊利诺伊大学攻读图书馆学硕士学位。

2. 坚守于民国时期图书馆事业

以查询到 1919 年第一位女性图书馆员冯陈祖怡开始,到本时期,女性图书馆员已发展了近 20 年。在历经了 1912 年至 1928 年的萌芽阶段,1929 至 1937 年抗日战争全面爆发前的黄金发展阶段后,战乱给图书馆事业带来重创,女性图书馆员的发展艰难前行。抗战时期,许多图书馆面临经费短缺,陷入时局动荡所导致的安全问题,甚至不得不就地疏散馆员。无论时局如何艰难,女性始终坚守在图书馆行业中,无论是乱时的文献保护,还是战后的重建工作,都积极参与其中。同时,她们积极参加图书馆学专业教育,从未缺席图书馆协会活动,在学术研究中发声。她们中的许多人,如梁思庄、钱丰格、陈颂等,其职业生涯都延续到建国以后,成为新中国的图书馆事业发展的中坚力

---

① 石梅:《抗战初期赵筱梅转运安徽省立图书馆藏书事考述》,《江淮文史》2019 年第 5 期。

② 《校务:图书馆一月份统计表》,《私立岭南大学校报》1938 年第 7 期。

量,女性图书馆员就此完成了在民国时期图书馆事业中的坚守过程。本时期,女性图书馆在行业中的比例有所上升。1941年,《现代妇女》刊登的《一个图书管理员的自述》中提到新入职参观各组室时,"发觉到图书馆从业员的:女性多于男性——关于这一点,我现在才知道,并且了解"①。

第五节　民国时期女性图书馆员个体与聚合专题研究

民国时期,参与到图书馆事业中的女性中不乏比肩男性的杰出者,在图书馆管理、图书馆学研究与教育等方面发挥了重要作用。同时,也有相当数量的普通女性图书馆员,成为民国时期图书馆服务大众、开启民智的坚实基础。本节通过个案对女性图书馆员进行进一步的分析。

一　女性图书馆员先驱:冯陈祖怡

作为民国时期第一位有明确史料可查的女性图书馆员,冯陈祖怡活跃在1919年到1935年的图书馆领域中,她接受过图书馆学专业教育,先后在南开大学图书馆、北京高师图书馆、中法大学图书馆、上海中国国际图书馆从事管理工作,曾在中华教育改进社图书馆教育委员会、北京图书馆协会、南京图书馆协会及中华图书馆协会中任职,具有较为成熟的学术思想。如此深入、全面地融入了民国时期的图书馆事业发展,这在当时的女性图书馆员中是非常罕见的。

(一)冯陈祖怡的原生家庭及求学生涯

冯陈祖怡,号振铎,冯为夫姓。祖籍福建闽侯。祖父陈峼,清咸丰年间探花,曾官至二品府尹。父亲陈宝珠,后更名为璇珠,清光绪年间举人,主张教育救国,于民国初年在北平创立春明学堂。母亲李

---

① 萧尼:《一个图书管理员的自述》,《现代妇女》1941年第6期。

云英，曾接受私塾教育。根据冯陈祖怡侄女陈燕金的回忆，冯陈祖怡于 1975 年过世，终年 80 岁。由此可推断她出生在 1885 年。冯陈祖怡家中姐弟四人，她排行老大。

1908 年，冯陈祖怡父亲病故，母亲独立支撑起家庭；除维持一家温饱外，母亲还专门请来私塾先生，教授家中孩子，为节省开支，也兼收亲友小孩。冯陈祖怡接受过良好的教育，是与父亲的维新思想与母亲的坚持分不开的[①]。

关于冯陈祖怡的教育经历，宋景祁在 1930 年编著的《中国图书馆名人录》提到，"曾留学研究图书馆学，为我国女界中之第一人"[②]。陈燕金所述更为详细，"（父亲）姐姐陈祖怡，是第一期女子师范学校毕业生，后又考取赴美勤工俭学，于加州大学图书馆系毕业，获硕士学位"[③]。1917 年 7 月，江亢虎受美国国会图书馆委托回国采书，有感于国人留学的期望与困难，借寰球中国学生会发起留美俭学会，冯陈祖怡出现在 13 位第一批自费留美学生中[④]。冯陈祖怡也曾在《图书馆教育急宜发展之理由及其计划》中提到过自己的留美经历[⑤]。由于加州大学当时并不能授予图书馆学相关学位，故关于冯陈祖怡是否获得了硕士学位，学界尚有争议。姬秀丽推断冯陈祖怡可能性较大的是参加了加州大学的夏季图书馆讲习会[⑥]。韦庆媛则将冯陈祖怡留学经历归于"加利福尼亚图书馆学校毕业"[⑦]。

[①③] 陈燕金：《情系南阳——纪念父亲陈慎吾先生诞辰一百周年》，载中国人民政治协商会议北京市海淀区委员会文史资料委员会编《海淀文史选编（第 10 辑）》，1997 年版，第 148—179 页。

[②] 宋景祁：《中国图书馆名人录》，上海图书馆协会 1930 年版，第 111 页。

[④] 李克欣：《中国留学生在上海》，东方出版中心 2013 年版，第 46 页。

[⑤] 冯陈祖怡：《图书馆教育急宜发展之理由及其计划》，《北京高师教育丛刊》1923 年第 6 期。

[⑥] 姬秀丽：《对中国现代女性图书馆先驱冯陈祖怡的再研究——与陈碧香女士的商榷及补正》，《图书馆理论与实践》2018 年第 6 期。

[⑦] 韦庆媛：《民国时期图书馆学留学生群体的构成及分析》，《大学图书馆学报》2018 年第 3 期。

（二）冯陈祖怡的图书馆从业经历

1. 南开大学图书馆

1919年9月，南开大学建校，冯陈祖怡任图书馆主任。她在此工作至1920年春辞职。当时的南开大学图书馆属草创阶段，经费及书刊都十分缺乏。"校董严范孙先生为支持图书馆开办，捐助中文图书数百册，另美金2000元，专作购置文理二科参考书之用。李炳麟先生亦同时捐款1000美金，方为图书馆奠定启动基础"[①]。冯陈祖怡面临白手起家的局面，从头干起。她离开南开大学图书馆时，其藏书已达几千册，图书馆初具雏形。

2. 北京高师图书馆

1920年12月，冯陈祖怡被聘为北京高师图书馆主任，1928年离开。在此期间，冯陈祖怡紧抓图书馆的管理工作，主持修订了原有规章，健全新书登录制度，重新誊录图书登记总簿[②]。她还"拟将现行分类法改为最通行之杜威分类法，将现行固定式 Fixed Location 之书架排列法，改为连属式 Relative Location 之排列法"[③]。

同时，冯陈祖怡还参与了图书馆新馆舍的建设工作。新馆舍从1921年10月开始建设，1922年10月竣工。新馆舍总面积1157m^2，为两层建筑，设有4个书库，可容纳中西文图书10万卷。可同时容纳200余名师生阅览及从事科研活动。馆舍由德、美、丹麦三国建筑师、电器设计师设计并施工，其规模和超前的设计在当时曾引起轰动，成为标志性建筑[④]。

在文献资源建设方面，至1922年12月，图书馆馆藏中文书籍（含中文旧籍和中文新籍）3375部4882册；外文书籍（含英文、日

[①] 南开大学图书馆编：《南开大学图书馆建馆八十周年纪念集1919—1999》，南开大学出版社1999年版，第44页。

[②④] 北京师范大学图书馆编：《北京师范大学图书馆百年馆庆纪念册》，北京师范大学出版社2002年版，第30、31页。

[③] 冯陈祖怡：《北京高师图书馆沿革纪略及新图书馆》，《教育丛刊》1923年第6期。

文、德文及法文书籍）7435 册①。至 1926 年校庆时，馆藏书刊总量达到了 5059 种 23937 册，总价值在 1.5 万元以上②。

冯陈祖怡在北京高师图书馆期间，有研究者指出她曾在 1926 至 1928 年间兼任春明公学女校校长③。《民国北京大中学校沿革》中提到，"民国 14 年（1925 年）10 月 10 日，全闽春明公学中学部在西四南大酱坊胡同 14 号设立。至 1926 年改为女校。当时只有 20 名学生。校长先后为李贻燕和冯陈祖怡"④。这印证了冯陈祖怡兼任校长的经历。

3. 中法大学图书馆

北京师范大学图书馆"馆史记略"中记载，1928 年，冯陈祖怡离开北京高师图书馆，但没有确认是几月⑤。根据姬秀丽的考证，冯陈祖怡 1931 年受聘于中法大学图书馆⑥。1933 年的《中法大学图书馆概况》"本馆职员"一表中出现了冯陈祖怡，任副主任。1934 年 2 月《全国文化机关一览》对中法大学图书馆进行了调查，冯陈祖怡仍为副主任⑦。而后，笔者在 1934 年 10 月的《中华图书馆协会会报》"会员讯息"中查见"冯陈祖怡由中法大学转任上海中国国际图书馆馆长"的信息⑧。考虑到信息传递及见刊有滞后性，可以推断冯陈祖怡在此之前就离开中法大学图书馆了。

4. 上海中国国际图书馆

1934 年 5 月，冯陈祖怡编著的《上海各图书馆概览》印刷出版，详细介绍了上海中国国际图书馆的沿革。提到中国国际图书馆成立于 1933 年，为李煜瀛创办，以期沟通中西文化，馆长胡天石。上海中国

---

① 冯陈祖怡：《北京高师图书馆沿革纪略及新图书馆》，《教育丛刊》1923 年第 6 期。

②⑤ 北京师范大学图书馆编：《北京师范大学图书馆百年馆庆纪念册》，北京师范大学出版社 2002 年版，第 34、35 页。

③ 陈碧香：《中国现代女性图书馆先驱冯陈祖怡研究》，《图书馆理论与实践》2014 年第 2 期。

④ 李铁虎：《民国北京大中学校沿革》，北京燕山出版社 2007 年版，第 174 页。

⑥ 姬秀丽：《对中国现代女性图书馆先驱冯陈祖怡的再研究——与陈碧香女士的商榷及补正》，《图书馆理论与实践》2018 年第 6 期。

⑦ 庄文亚：《全国文化机关一览》，世界文化合作中国协会筹备委员会 1934 年版，第 70 页。

⑧ 《协会：会员简讯》，《中华图书馆协会会报》1934 年第 2 期。

国际图书馆"系就世界社原有之图书馆改组而成,为分馆之一,分馆长冯陈祖怡先生"①。

1934年10月10日,"世界图书馆展览会"在上海中国国际图书馆召开。德国、英国、加拿大、美国、法国等16国图书馆参加。开幕时,冯陈祖怡报告了展览会筹备的经过。该展览会盛况空前,包括《中华图书馆协会会报》《申报》《大公报》在内的多家报刊都予以了报道。

1937年后,关于冯陈祖怡的图书馆从业经历便难以考察。根据陈燕金所述,冯陈祖怡于1960年在北京工业大学图书馆退休。

(二) 冯陈祖怡在图书馆协会中的经历

如本章第二节所述,冯陈祖怡曾在中华教育改进社图书馆教育委员会、北京图书馆协会、中华图书馆协会等多个图书馆相关协(学)会中任职。其任职相关内容不再赘述,仅列出表格以便清晰梳理,详情见下表:

表9-5　　　　　　　冯陈祖怡协会任职情况一览表

任职起始时间	协会名称	任职名称
1924年7月	中华教育改进社	图书馆教育组委员
1924年3月	北京图书馆协会	副会长
1925年6月	中华图书馆协会	执行委员
1929年3月	上海图书馆协会	监察委员

冯陈祖怡还在各种协会会议上提出提案。在中华教育改进社第二次年会上提出两个提案,提议培育图书馆学师资、图书馆善本书籍保存及利用。分别在中华图书馆协会第一、第二次年会上各提出了两个提案,提议编刊新旧图书馆学丛书及组织民众教育委员会。

冯陈祖怡也在协会平台上发表演讲,传递自己的图书馆理念。

---

① 冯陈祖怡:《上海各图书馆概览》,中国国际图书馆1934年版,第6页。

1924年,在北京图书馆协会常会上发表题为《中文目录编制问题》的演讲。1929年在上海图书馆协会第五届年会上发表题为《上海图书馆事业今后之工作》的演讲①。

1935年,国际图联向中华图书馆协会发出第八届国际图联大会邀请。受中华图书馆协会执行委员会的委托,冯陈祖怡参加了在西班牙召开的大会。在大会发言上,冯陈祖怡对日内瓦和上海两地的中国国际图书馆发展情况作了详细介绍,在世界图书馆前展现了中国女性图书馆员的风采。

(三) 冯陈祖怡的图书馆学思想

冯陈祖怡较早接受过图书馆学教育,亲眼目睹了西方图书馆的现状。返回国内之后,又投身图书馆实践,成为新图书馆运动的代表人物之一,积极推动近代图书馆事业发展。作为一名兼顾中西视野,具有强烈爱国情怀和持有图书馆职业发展责任感的女性图书馆员,冯陈祖怡不仅强调图书馆的社会教育功能,更重视图书馆专业化进程。前者推动图书馆事业发展融入近代中国强国探索之路,从民族情感层面为图书馆事业获取社会认同;后者为近现代图书馆事业发展奠定人才基础。她的图书馆学思想充分表现在其论著及图书馆相关实践活动中。

1. 强调图书馆的社会教育功能

冯陈祖怡认为,图书馆在教育中占有公认的重要的地位,可以用于辅助学校教育。图书馆可"普及教育,增进文化"。由于社会环境及经济状况的不同造成知识的不平等,根据不同的需要而进行设置,图书馆可调剂这种不平等。通俗图书馆可启发劳动者智慧,涵养其德性,"以提高其地位,以苏其困乏";儿童图书馆可培养其阅读习惯,作为学校教育的补充;学校图书馆为学生自主学习提供参考文献;专门图书馆除给学者提供渊博的同类文献资料外,还为相似研究主题研

---

① 胡道静著,虞信棠、金良年编:《胡道静文集 上海历史研究》,上海人民出版社2011年版,第127页。

究者搭建交流切磋平台。冯陈祖怡还特别提出部分知识女性进入家庭生活后，渐从社会中消失，原因在于"社会教育缺乏不足以抵制习俗，原有知识退化，教育之效能消失"，图书馆可从终身教育的角度与之有益。冯陈祖怡所提出的通俗图书馆、儿童图书馆、普通图书馆、专门图书馆、学校图书馆、乡村图书馆等，针对不同的受众群体所设立，将图书馆的社会教育功能予以拓展，细化实现。冯陈祖怡对社会底层民众的需求予以重视，其展现出的人文关怀正是所接受的西方图书馆思想的中国化表达①。

2. 重视图书馆人才培养

图书馆专业人才是职业化的重要组成部分。1923 年，在中华教育改进社第二届年会上，冯陈祖怡联合陆秀提出了增设留学图书馆学额培植师资案，提案指出，"图书馆之设立日见增加，而缺乏曾经训练之馆员"，而国内从事图书馆事业之专家人数少，无暇分身于图书馆学教育，急需培育师资，国内无图书馆学专门学问，要借取先进国为鉴镜，派遣人员至国外留学②。

1929 年，中华图书馆协会第一次年会将李小缘、冯陈祖怡、孔敏中原案合并修正为"本会应编刊新旧图书馆学丛书案"予以通过。该案主张编刊图书馆学中国旧有材料与西洋著作，作为发展图书馆事业的基础③。

除此之外，冯陈祖怡还从事图书馆学专业教育。1930 年，上海图书馆函授学校成立。1932 年更名为上海图书馆学函授学校。冯陈祖怡为其中的授课老师④。1935 年，上海图书学校成立。该校由李煜瀛创

---

① 冯陈祖怡：《图书馆教育急宜发展之理由及其计划》，《北京高师教育丛刊》1923 年第 6 期。

② 冯陈祖怡、陆秀提案：《呈请中华教育改进社转请各省教育厅增设留学图书馆学额培植师资案》，《新教育》1923 年第 2—3 期（合刊）。

③ 李小缘、冯陈祖怡、孔敏中：《本会应编刊新旧图书馆学丛书案》，载《中华图书馆协会第一次年会报告》1929 年版，第 159—162 页。

④ 《本社职教员一览表》，《上海图书馆协会会报》1930 年第 2 期。

立，上海国际图书馆作为实习单位之一。据张世泰之子张武耕所述，其父亲曾在该校学习，冯陈祖怡曾作为老师教授过张世泰①。

冯陈祖怡在《研究中日时间参考书目序》中提到，"自日本侵我东省，举国同忧。惟我知识界份子，悲痛尤甚……彼日人之谋我其处心积虑，繇来久矣……故于我之山川形势，政治经济，文化风俗，调查详尽，夫日人之知我若是其深澈。而我之所知于日人者，究有几何"。她还提出，应"人各尽其能，材各尽其用"，故"将中日外交及其他国际关系书籍辑成此目"，以供对日研究所用，达知己知彼之目的②。这与当时知识分子救国图存的精神氛围是高度一致的。冯陈祖怡作为知识女性，选择了图书馆行业作为融入时代的途径。

二　普通女性图书馆员：蔡成玉们

民国时期，除了在图书馆管理、协（学）会及学术领域崭露头角的女性图书馆员外，还有为数众多的普通女性图书馆员，她们主要从事图书馆基础服务、日常运行等非管理性岗位工作。虽默默无闻，但她们的从业经历是民国时期图书馆事业发展中的重要组成部分。1930年国立广西大学图书馆有女性图书馆员8人，其中助理馆员5人，书记3人，无人担任管理岗位③。1941年河南省立图书馆有女性图书馆员3人，其中事务员1人，雇员1人，练习生1人，亦无人担任管理岗位④。

她们在女性图书馆员发展的萌芽时期就已经出现。1921年高师图书馆事务员陆秀的照片出现在《教育丛刊》上，这是笔者查到最早的记录，其他普通女性图书馆员的文献记载在萌芽时期比较缺乏。进入到发展时期及坚守时期，从1931年起至1949年，一些关于普通女性图书馆员的自述性文章出现在报刊中，以《妇女杂志》《上海妇女》

---

① 广东省立中山图书馆编：《情书致中山图书馆》，广东教育出版社2012年版，第170页。
② 冯陈祖怡：《研究中日事件参考书目序》，《中法大学月刊》1932年第3期。
③ 《国立广西大学图书馆览》，1930年版，第47—50页。
④ 《河南省立图书馆概况》，1941年版，第40页。

《现代妇女》《女铎》等女性杂志为主。通过在"民国时期期刊全文数据库（第一~十一辑）中的检索及对内容的阅读筛选，共获得相关文章10篇，对普通女性图书馆员的从业经历进行考察。

1931年，《妇女杂志》以初次从事职业的经验为主题进行征文。蔡成玉《图书馆的生活》入选刊出，讲述了她在杭州私立浙江流通图书馆的工作经历①。由于每篇自述性文章仅围绕自身经历，故有缺失。此处拟以蔡成玉的经历为主线，其他普通女性图书馆员为补充，考察她们的从业经历。

（一）教育背景

蔡成玉由于家庭的原因，没有完成高中教育，在高级中学学习了一年后就没有继续就读了。民国时期，图书馆职业属于文化事业的一部分，入职需要一定的教育基础，才能支撑工作的开展。普通女性图书馆员一般都接受了中学教育。她们接受的教育使其具有女性独立的自知，从而选择进入职业领域。

（二）入职行业

如前文所述，民国时期，女性适宜于图书馆行业逐渐成为共识。进入图书馆行业，对于女性来说也是一个不错的选择，特别是在时局困难的时候更是如此。1938年，《礼拜日周报》刊登的女性图书馆员文章中提到，"在目前这个非常时期，百业凋敝的社会中，想要找寻职业，确是一个很严重的问题，尤其是吾们女子，因为有许多失业的大众，大家肩并肩地在十字街头徘徊着"②。

入职时，普通女性图书馆员通常有以下途径：一是经人介绍。蔡成玉经朋友介绍，进入杭州私立浙江流通图书馆工作。在1948年《女铎》所刊登的《我的职业生活——医科图书馆管理员》中，也提到是因有人介绍进入教会医院图书馆工作③。二是通过公开发布的招聘信

---

① 蔡成玉：《图书馆生活》，《妇女杂志》1931年第1期。
② 丽伶：《生活实录：图书馆管理员的生活》，《礼拜日周报》1938年第4期。
③ 毕璞：《我的职业生活——医科图书馆管理员》，《女铎》1949年第1期。

息应聘入职。随着对工作人员需求愈增，图书馆如其他行业一样，公开发布招聘信息，丽伶女士应征而被录用①。三是通过机构入职培训。《职业生活：我做了图书馆女职员》一文中，详细介绍了此种入职途径，招录时男女不限，经学习后入馆实习，最后获得图书馆职位②。

（三）工作内容

民国时期普通女性图书馆员所承担的工作主要涉及图书馆基础服务与日常运行。主要包括：

1. 图书外借及整理。蔡成玉承担的就是图书外借的工作，根据图书馆入馆读者的情况，有时工作会比较繁重，"照眼前的情形来说，图书馆有六千多读者，分别五个窗口借书，每个借书员得应付一千多读者，虽然每个读者借书日期有每日一次，或甚至每月一次，但借书员平均每日最少限度应付一百五十位读者""八个钟点应付一百五十位读者，书库里就得走上三百个来回"③。同时，还有整理图书，写通知信、讨书信、盖章等工作。

2. 阅览室管理。主要是阅览室秩序维护及整理。在管理阅览室的过程中，"起初，我以为管理阅览室的工作，是很简单的，只要不轻率从事，工作上绝不会发生困难，可是理想与事实，常常不能一致，我是时常碰到不少的困难……有时我为了本身职务的关系，对于少数读者，违反了阅览室的秩序的时候，去向他们善言劝导，或是加以干涉阻止，他们往往会引起误会，而反口出不逊讨厌我的麻烦"④。由于女性和蔼温和的特质，女性图书馆员还常常负责儿童阅览室的管理。

3. 图书编目、撰写卡片。根据文献，一位医科图书馆管理员将图书登入清册后，便参考波士顿医科图书馆分类法进行编目，编好书即造卡片，"一本书有三张卡片：一张是借书卡片，一张是书名索引，一张是

---

①④ 丽伶：《生活实录：图书馆管理员的生活》，《礼拜日周报》1938年第4期。

② 逢挣：《职业生活：我做了图书馆女职员》，《妇女（上海1945）》1948年第7期。

③ 黄英：《图书馆员》，《上海妇女》1938年第4期。

作者名字索引……打好了卡片还要在书脊上用白墨水写上分类的号码"①。1941年河南省立图书馆职员一览表上，李竹贤、杨如贞、石瑞英三位女性图书馆员的工作内容中也都有抄录卡片或书缮卡片的事项②。

此外，从查阅到的文献来看，民国时期普通女性图书馆员还有书库保管图书、整理古籍书库善本等工作内容。

（四）职业报酬

蔡成玉曾提及，"月薪比较菲薄"③。普通女性图书馆员的薪水与相近的女性职业相比位于较低水平。1936年，《女子月刊》曾刊登了关于厦门市妇女职业及月薪的调查统计。其中，小学从业妇女月薪为十元至三十元，中学三十至八十元，看护为十五至八十元，银行员为四十至八十元，海关为八十元，记者为三十至八十元，电话司机生为十五至六十元，图书馆为三十元，戏院为十五至二十元，酒店为十五至三十元，店员为五至十元，理发为十至三十元④。在调查的所有女性职业中，女性图书馆员月薪仅持平或高于小学、戏院、酒店、店员和理发从业女性月薪。在这些职业中，除小学外，均对受教育的程度要求不高。而与对受教育程度有一定要求的职业相比，如中学、银行员、海关、记者，女性图书馆馆员月薪仅与其月薪区间的下限持平，甚至达不到。1939年，《申报》刊登的聘请女职员月薪为二十五元另有佣金。在厦门、上海等经济较为发达城市，女性图书馆员的薪水尚且如此，可见她们的薪水并不高，且上升的余地不大。

（五）职业价值感

虽工作辛苦，收入不高，普通女性图书馆员在从业经历中还是获得了职业价值感。首先是对自己所投身的图书馆事业的有较高的价值判断，在工作中，她们认识到，"圕本身也有他相当的意义与价值的。

---

① 毕璞：《我的职业生活——医科图书馆管理员》，《女铎》1949年第1期。
② 《河南省立图书馆概况》，1941年版，第40页。
③ 蔡成玉：《图书馆生活》，《妇女杂志》1931年第1期。
④ 唐健萍：《厦门市妇女职业调查》，《女子月刊》1936年第7期。

一方面他是保存先人的文化遗产,另一方面,他是富有重大意义的社会教育的机关"①。

其次,她们认为自己的工作对社会亦有一定的贡献。"为了更多的人的需求和便利,我们把自己的时间、精力完全耗在编目、分类登记等等枯燥的工作上去,为大多数人谋幸福,总是快乐的事,虽说这事还说不上为大众谋幸福,但顶少算的上一点贡献,为了这神圣的贡献,我一分不敢忽略自己的任务。"②

同时,在工作中满足读者的需求,也使她们从中获得成就感与工作动力。"天天看到许多热心的读者们,冒着风雨很兴奋地来到图书馆阅读书报,那种努力求知的精神,是十二万分的使吾钦佩,吾能有这样的机会对那些热忱的读者们服务,虽然赶着我的生活枯燥和单纯,但是还是很有兴趣地愿意继续干下去。"③

(六)职业困境

民国时期普通女性图书馆员在进入图书馆之前,由于受当时女性从业风潮的影响和图书馆工作内容的要求,均有不同程度的女性解放意识和受教育水平,是当时知识女性就业的代表。这就使她们完全有别于受"三从四德"禁锢的传统女性,她们既投身图书馆工作,以此自养,从中获得职业价值感;也在职业困境中思索与苦恼。

1. 出现职业落差与倦怠

民国时期女性图书馆员在入职图书馆前,往往带有期待。其中,认为在图书馆可以近水楼台,任意阅读书刊,获得知识的滋养,最为普遍。但普通女性图书馆员在现实的图书馆工作环境中,并不能不受时间与手续的限制,随自己的兴趣阅读感兴趣的书刊。期待与现实的落差源于她们所接受的图书馆专业教育有限,入职前对图书馆的工作了解不多。

除了这种期待上的落差外,民国时期女性图书馆员薪水不高,还承

---

① 逢挣:《职业生活:我做了图书馆女职员》,《妇女(上海1945)》1948年第7期。
② 碧茵:《一个图书馆员的自述》,《奔涛》1937年第7期。
③ 丽伶:《生活实录:图书馆管理员的生活》,《礼拜日周报》1938年第4期。

担着事务性较强和较为繁琐的基础服务工作。整理图书时需搬运沉重且布满灰尘的图书，一天下来筋疲力尽。外借工作中往返书库寻找图书，因爬书架撕破旗袍、弄疼身体。管理阅览室时，需与不同读者接触，在维护阅览室规定或纠正读者损坏馆藏图书时，与读者发生矛盾与争吵。工作烦忙程度与店员相比有过之而无不及。这些都使她们容易产生职业倦怠，有民国时期普通女性图书馆员沮丧地表达，"做着这给许多人羡慕的工作，差不多有两年了，我并没感得到他们所理想中的幸福"[1]。

2. 难以获得进一步的职业发展

民国时期，女性开始有机会接受到图书馆专业教育，除留学海外之外，武昌文化专科学校、广州师范学校、河北女子师范学院等学堂次第开设了图书馆学或近似科目[2]，为女性接受图书馆专业高等教育提供了条件。民国时期接受过专业图书馆教育的女性数量较少，她们毕业后一般都有比较清晰的职业发展路线，从事图书馆管理工作或在学术上有所建树。但普通图书馆女性普遍未接受过图书馆专业教育，只有少数曾接受图书馆职业相关教育。以1930年国立广西大学图书馆普通女性图书馆员相关信息为例，可见下表：

表9-6　国立广西大学图书馆普通女性图书馆员履历表（1930年）[3]

姓名	年龄	籍贯	学历	从业经历	职位
许慧贞	25	广西苍梧	广州市立执信女子中学高中级部毕业	曾任广西省立梧州高级中学办事员	助理员
潘德芳	23	广西	广西一高中肄业	曾在平乐中心小学任教两年 在本乡中心小学又任教三年	助理员

---

[1] 碧茵：《一个图书馆员的自述》，《奔涛》1937年第7期。

[2] 袁密密：《书林中，那一袭远去的旗袍——近代中国女性图书馆从业形象的考察》，《图书馆》2015年第8期。

[3] 《国立广西大学图书馆览》，1930年版，第47—50页。

续表

姓名	年龄	籍贯	学历	从业经历	职位
何肇菁	29	安徽亳县	国立北平大学女子文理学院英文系毕业	曾在天津南开中学任教英文两年 继在南京国立中央大学实验中学任教英文一年	助理员
谢佩瑄	35	广西融县	融县女子师范学校毕业	苍梧县冠北乡某学校教员	书记
阳爱珍	33	广西桂林	桂林高中肄业	曾任桂林县义南镇中心小学教员 恭城城厢镇中心小学教员	助理员

如表中所示，这些图书馆从业女性担任的都是助理员、书记员等非管理职位，没有图书馆专业教育背景，由其他文教事业转业而来。由于缺乏学术背景，普通女性图书馆员难以在日常基础性服务工作中获取到图书馆工作的深入思考，从而形成学术成果或走上管理岗位。同时，由于民国时期男性图书馆员数量占有优势，他们接受图书馆专业教育的机会较多，男性图书馆员往往占据图书馆馆长、主任等职务，并在学术上优势更为明显。而且，民国时期普通女性图书馆员的从业年龄正位于女性婚嫁生子的阶段，家庭婚姻占用了她们的精力，也可能由此中断她们的职业生涯。凡此种种，民国时期普通女性图书馆员在职业发展上难以获得进一步的发展。

3. 无法忽视的女性歧视

民国时期，女性接受教育的合法性得以确认，逐渐融入各种职业领域，获得了极大的解放，但社会认同的变化却是一个渐进的过程。虽然知识女性已以独立姿态深入到社会之中，但女性歧视仍然存在。

民国时期普通女性图书馆员所面对的女性歧视主要来源于两方面。首先，在行业内部，她们的职业晋升机会和薪水水平都比同级别的男性要少；其次，她们所接待的男性读者仍有不尊重女性的言行。蔡成玉提到，"两个穿西装的青年……走进了图书馆，看见我们（两位女性图书馆员），就交头接耳的说……借了借书的名义，故意向我东问西问"①。还有青年三五成群地到阅报室，不怀好意地注视女性图书馆员，甚至用方言中对于女性侮辱性的称呼来谈论她们。

第六节 民国时期女性图书馆员群体形成的意义及影响

民国时期，无论是数量还是管理层级或学术地位，男性在图书馆行业中仍然处于优势，女性图书馆员虽在民国时期未改变这种力量对比，但经过37年的发展，她们已成为近代图书馆事业发展中一股隐性的重要力量。

一 妇女解放的历史性探索

中国近代的妇女解放是与社会变革紧密联系在一起的。第一次妇女解放的高潮出现在戊戌维新时期。女性被视作强国保种的新路径。不缠足运动、兴女学与办女报推动妇女解放运动切实进展。这一时期的妇女解放运动更多地是起到了思想启蒙的作用，更多是由男子倡导并实施，直接参与到其中的妇女人数并不多。五四运动时期，禁锢女性的封建礼教被进一步批判和摧毁，追求独立的新女性主动进入社会领域，甚至加入到革命中，从而推动了妇女解放运动的第二次高潮。

妇女解放为女性进入职业领域提供了最重要的前提条件之一。女性图书馆员不仅从妇女解放中受益，其从业经历的发展更是妇女解放的有力诠释。

---

① 蔡成玉：《图书馆生活》，《妇女杂志》1931年第1期。

1. 提升女性地位

直至鸦片战争时期,男尊女卑是两性认知中的核心观念。政治、经济、法律等具有权力性的领域是属于男性的,而女性仅限于家庭相关的领域①。虽然女性开始走出家庭这一私人领域,但女性从事的职业在社会层级中并不高,大多数还处于边缘地带。

1914年,《妇女鉴》曾对闽南妇女职业进行过调查。调查显示,不缠足的妇女从事的职业为耕田、渔业、杂役和女巫,缠足的妇女从事的职业为刺绣、纺织和杂业②,这是未受教育妇女职业的初始形态,严格来说,其中一些并不是真正的职业。1931年,《苏州振华女学校刊》对常熟、常州、杭州、湖州、荆沙、嘉定、青浦、苏州、无锡等地的妇女职业进行了系列调查,其中,常熟妇女职业调查情况如下表所示:

表9-7　　1931年常熟妇女职业调查一览表③

职业	所占比例	备注
教员	3%	
机关职员	很少	无比例数据
织布	30%	
摇纱	12%	
医生及看护	不过50(人)	无比例数据
缝纫	5—6%	
小生意	7—8%	
农业	30%	

---

① 谭兢嫦(Sharon K. Hom)、信春鹰主编:《英汉妇女与法律词汇释义》,中国对外翻译出版公司1995年版,第237—239页。
② 莠英:《妇女职业谭:闽南妇女之职业》,《妇女鉴》1914年第1期。
③ 季蕙贞:《各地妇女职业调查:常熟妇女职业的大概》,《苏州振华女学校刊》1931年第12期。

续表

职业	所占比例	备注
洗衣	1—2%	
喜娘及梳头	5%	
其他（守生婆、刺绣和做花边、修发、摄影、结生活及摇袜、开小店等）	4—5%	

从表中可以看出，属于受教育女性从事的行业，如教员、机构职员及医生、看护等所占比例非常少，绝大多数妇女从事的是农业、纺织业、洗衣、缝纫、小生意等行业，这些行业的社会地位都不高。

20世纪10年代开始，女性图书馆员出现在社会视野中。由于近代图书馆所担负的开启民智、社会教育的职能，加入图书馆行业的女性均有一定的教育基础，她们对近代图书馆的价值和作用都有较为清晰的认识。陈颂在《图书馆之任务与其在中国之地位》中指出，"图书馆为平民学习场"，"今日中国之学校教育，尚未均等。中人以上之子弟，随刻蒙其恩泽。而贫寒之士，则常有失学之感。图书馆教育则不然，无阶级之分，贫富之别，凡有志向学者，皆可登馆求学"[①]。亦有女性图书馆员表明，"图书馆本身也有它相当的意义与价值的。一方面它是保存先人的文化遗产，另一方面，它是负有重大意义的社会教育的机构"[②]。民国时期，社会教育被先进知识分子视作救亡图存、富国兴民的重要手段之一，女性投身近代图书馆事业发展与当时中国社会的前进道路是一致的。

在向女性开放的职业领域中，图书馆行业一方面和所有职业一样，为受过一定教育的知识女性实现经济自主和人格独立提供实践机会；

---

① 陈颂：《图书馆之任务与其在中国之地位》，《武昌文华图书科季刊》1929年第1期。
② 逢拎：《职业生活：我做了图书馆女职员》，《妇女（上海1945）》1948年第7期。

另一方面，图书馆作为社会文化事业的一部分，担负着保存文化、开启民智的重任。女性图书馆员的从业，较之于其他低技术性职业而言，为当时的女性在文化领域提供了更大的话语权。

2. 推动女性自我解放

女性的自我解放代表着女性真正意义上的解放，这与女性的觉醒有关。早期的妇女解放运动，是在男性倡导者的推动下进行，女性并未独立觉醒并抗争，处于被动的地位。女性须自身觉醒，才能实现自身解放。自身觉醒分为两个阶段，首先是对自我的了解，接下来是为满足自身需要的主动探索。

民国时期处在从事图书馆行业的最初阶段，女性对图书馆行业的了解是不足的，少数接受了图书馆学专业教育的女性，也受父兄、丈夫的影响很大。梁启超、杜定友等杰出教育家、图书馆学家对图书馆事业不遗余力、身体力行的推广，提出女性适宜于图书馆行业的倡导，这为当时的女性进入图书馆行业起到了重要的引导作用。在此过程中，女性图书馆员也逐渐形成了对图书馆行业的认识，她们开始对比自身的需求与图书馆行业的特点，自主选择进入这一职业领域，并由从业经历中获取到个人体验。女性图书馆员萧尼叙述了自己由喜欢阅读而爱上图书馆，立志成为一名图书馆员的初衷。她表示立志做图书馆员，是为了自己①。蔡成玉在进入图书馆工作的第一天表示"这于我的性情，我的志趣很相配合"②。她们或觉得图书馆工作令人满意而安适，或感觉苦闷而劳累；也从中进一步获取图书馆专业知识。

女性图书馆员也透过图书馆从业经历反思职业女性所面临的普遍问题。其一是女性在精神层面的自我提升，逢挣认为，图书馆"以帮助自己进步，心胸开阔，（无形中的）也可使自己知道，这个世界上，除了自己、金钱、男人而外，还有许多精粹的好宝物，可供自己一辈

---

① 萧尼：《一个图书管理员的自述》，《现代妇女》1941 年第 6 期。
② 蔡成玉：《图书馆生活》，《妇女杂志》1931 年第 1 期。

子享受不完,这个享受都超出在一切物质享受之上的"①。其二是女性在职场中遇到的男性歧视。蔡成玉指出,"男子们在报纸上杂志上谈论,时时批评女子,说女子自己不知道解放,女子经济不能独立"②,但她在工作中却遇到男子对女性图书馆员轻浮而不怀好意的言行。对此,她主张予以反击。其三是职业女性与婚姻家庭的关系。杨玉华主张受教育的妇女都要服务社会,对于结婚以后,受家务、儿女牵扯精力的情况,她强调如果社会能为女性培育下一代及家务方面给予支持,"反对妇女出来做事的人,不也就失却了他们的立脚点吗?"③

女性图书馆员在报刊这一公共视野中的变化也十分值得关注。1929年前,女性图书馆员出现在报刊上,多以照片的形式出现,配以简短文字说明。如《教育丛刊》《墨梯》《图画时报》《时事新画》等曾刊登过陆秀、徐佩珍、施荷珍、鲍益清、罗静轩等人的照片。1929年开始,女性图书馆员的文章开始较多地出现在《武昌文华图书科季刊》《上海图书馆协会会报》《图书馆学季刊》《文华图书馆学专科学校季刊》《国立北平图书馆馆刊》《无锡图书馆协会会报》《中华图书馆协会会报》等图书馆专业期刊上。纵观这一变化,女性图书馆员开始是以照片这一平面的、突出女性特质的形式出现;而后转变为以隐去女性身份的学术表达。米歇尔·福柯将"凝视"赋予了权力的意味,女性图书馆员通过努力,突破关于女性的旧有观念,向公众展示出自身价值,从而实现了自身的解放。

二 西方图书馆观念的本土化表达

西方图书馆观念从最初的西来,经历本土化的过程后融入近代图书馆事业发展。清末民初,西方女性图书馆员最先出现在近代图书馆中,成为中国女性符号性榜样。中国女性图书馆员力量不断壮大,最

---

① 逢挣:《职业生活:我做了图书馆女职员》,《妇女(上海1945)》1948年第7期。
② 蔡成玉:《图书馆生活》,《妇女杂志》1931年第1期。
③ 蒋逸霄:《上海市图书馆征集部主任杨玉华女士续》,《大公报》1936年10月13日。

终在现代图书馆中占据绝对数量，形成与西方图书馆界一致的情况。民国时期女性图书馆员的发展过程，可以从另一个角度观察西方图书馆观念的本土化过程。

1. 西方女性图书馆员的符号性榜样

清末民初开始，西方女性图书馆员出现在近代中国图书馆事业发展中，她们直接加入中国图书馆的工作，或成为影响近代中国图书馆发展的先驱人物，或与中国女性图书馆员并肩工作。韦庆媛对民国时期涉华外国图书馆学者群体进行了考察，其中共有 20 位西方女性图书馆员。她们分别来自美国、加拿大、挪威等国，曾服务于东吴大学图书馆、岭南大学图书馆、之江大学图书馆、华中大学图书馆、华西协和大学图书馆、金陵女子大学图书馆、沪江大学图书馆、燕京大学图书馆、清华学校图书馆等大学图书馆①。以上为女性图书馆学者群体，实际上，加入中国的西方女性图书馆员更多。

在来华的西方女性图书馆员中，最无法忽视的是韦棣华，她以一己之力，为近代中国图书馆发展做出了巨大贡献。1901 年，韦棣华在思文学校八角亭内为师生提供书刊借阅。1905 年，开放文华书院藏书室。1907 年，韦棣华女士参加美国图书馆协会年会并宣传了她在中国的图书馆工作情况，同时为文华公书林的建设募款。1910 年，文华公书林正式开放。文华公书林在韦棣华的主持下，成为我国首个真正意义上的公共图书馆和大学图书馆，文华公书林也成为新图书馆运动的中心。1914 年和 1917 年，韦棣华两次资助国人赴美接受图书馆学教育。1920 年，韦棣华创办我国第一个图书馆学专业教育学校——文华大学文华图书科。1924 年，韦棣华推动庚子赔款用于中国图书馆事业发展。1931 年，韦棣华因积劳成疾，在武昌病逝。裘开明将她誉为我国图书馆学之导师。毛坤亦盛赞韦棣华"以一美国人服务中国数十

---

① 韦庆媛：《民国时期涉华外国图书馆学者群体的构成及分析》，《图书馆》2018 年第 5 期。

年，无种界，无国界，扶弱济贫，重道德，实智识，数十年如一日，非天下之大至公者孰能如此"①。

以韦棣华为代表的西方女性图书馆员参与并推动了近代图书馆事业的发展，她们或从宏观上促进事业发展，如韦棣华创办了文华公书林及文华图专；或在图书馆管理中有所建树，如沈荣祖在《中国图书馆及图书馆教育调查报告》中称赞戴罗瑜丽对协和医学院图书馆管理有方②；或在具体的图书馆业务中颇有心得，如朱士嘉在编制《西北图籍录——新疆》时曾特别提及得燕京大学图书馆西文编目主任王美桂（Miss M. Wellerx）之助最多③。

这些西方女性图书馆员大多接受过图书馆学专业教育，如戴罗瑜丽毕业于纽约州立大学图书馆学院；或有过图书馆工作经验，如曾服务于金陵女子大学图书馆的玛瑞安J·埃文（Miss Marion J. Ewing）到中国前曾在马塞诸塞州牛顿公共图书馆、哈佛大学神学院图书馆、加利福利亚州波莫纳学院图书馆工作④。

对于民国时期有志于从事图书馆行业的女性而言，由于时代的局限，西方女性图书馆员的从业经历无法复制；但可从西方女性图书馆员那里考察到身为女性可以在图书馆事业中达到的广度和深度。

2. 中西女性图书馆员发展的相似道路

以美国图书馆发展情况为例，19世纪美国图书馆男性占多数。1870年，美国女性图书馆员仅占20%。1900年，女性图书馆员的数量上升至75%。1930年，女性图书馆员占比91%⑤。1939年，吕绍虞翻译自美国芝加哥大学图书馆学研究院学者的《美国女职员概况》对美国女性图书馆员职业状况进行了考察，在行政职位上，美国藏书10

---

① 毛坤：《悼韦棣华女士》，《武昌文华图书科季刊》1931年第3期。
② 沈祖荣：《中国图书馆及图书馆教育调查报告》，《中华图书馆协会会报》1933年第2期。
③ 朱士嘉、陈鸿舜：《西北图籍录——新疆》，《禹贡》1936年第89期。
④ 朱茗：《金女大图书馆人物传》，南京师范大学出版社2018年版，第51页。
⑤ 朱玲珍：《美、中两国女图书馆员状况之比较》，《图书馆学情报学》1996年第8期。

万册以上的图书馆共计 317 所，其中 128 所图书馆由女性担任馆长，占 40%；在图书馆协会中，女性在董事会及执行委员会中担任主席的不多，但在圆桌会议主任席的女性占五分之三。同时，全国有四分之三的省图书馆协会由女子担任主席及其他职务①。西方女性图书馆员在图书馆事业中的力量经历了一个由少变多、由弱变强的过程。

民国时期，图书馆行业以男性为主导。从人数上来看，民国初期，全馆均为男性的情况并不少见。1926 年东方图书馆全体职员合影就全部为男性②。历届中华图书馆协会年会中，男性参加人数都远远超过女性，前三次年会女性参会占比都不足 10%。从管理层级来看，男性占据了绝对优势。王一心对 1912 年至 1939 年通俗图书馆馆长进行了性别统计，101 位馆长均为男性③。从学术情况来看，《图书馆学季刊》著者人次统计中，排在前 20 位的全部为男性④。从参与协（学）会的情况来看，男性也处于较高的地位。1937 年浙江图书馆协会第一届职员表中，14 位常务理事、理事、候补理事全为男性⑤。中华图书馆协会中也是类似的情况，如冯陈祖怡出任执行委员的情况并不多见。

整个民国时期，都没有史料可证明女性图书馆员的力量超过男性图书馆员。吕绍虞对于美国图书馆女性图书馆员的相关介绍无疑为当时的女性图书馆员提供了激励。图书馆发展的历史进程却不会停止。女性在图书馆事业中占据优势已在 20 世纪的美国被展示出来，我国女性图书馆员的发展亦有这样的趋势，民国时期仅是这种趋势的开端，《浙江图书馆志》较为完整地记录了 1929 年至 1999 年浙江图书馆人员性别统计情况。如下表所示：

---

① 吕绍虞：《美国圖女職員概况》，《上海妇女（上海1938）》1939 年第 8 期。
② 东方图书馆编：《东方图书馆概况》，商务印书馆 1926 年版。
③ 王一心：《民国时期通俗图书馆馆长群体特征分析》，《图书馆建设》2020 年第 2 期。
④ 范凡：《民国时期图书馆学人》，《图书与情报》2011 年第 1 期。
⑤ 《浙江省图书馆协会第一届职员（民国二十五年）》，《浙江省图书馆协会会刊》1937 年第 2 期。

表9-8   浙江图书馆人员性别统计情况一览表①

年度	总人数	女性人数	女性所占比例
1929年	22	1	4.5%
1932年	40	7	17.5%
1949年	35	10	28.60%
1955年	49	16	32.65%
1973年	64	23	35.93%
1982年	78	33	42.31%
1996年	158	91	57.59%
1999年	209	130	62.2%

三　女性成为中国图书馆事业中的重要组成力量

新图书馆运动中出现了第一代图书馆人和真正具有近现代意义的各类型图书馆。民国时期，近代图书馆在管理体系、工作内容、技术方法等方面不断发展，图书馆学术、图书馆学教育、图书馆协会得以创立完善，在此过程中，图书馆职业逐渐从职业特点不明显的简单工作，逐步进入具有职业组织架构、职业学术、职业教育和职业学协会的职业化阶段，图书馆职业化是图书馆事业成熟化的重要标志。作为女性实现经济自立和人格独立的基础，从事职业被视作走向妇女解放的必经之路而被大力提倡。图书馆作为开启民智的重要手段，吸引女性进入图书馆职业，同时，女性特质与图书馆职业的契合，也被广泛认同，女性图书馆员的出现和她们的职业实践成为图书馆职业化过程中的重要组成部分。以民国时期女性图书馆员从业的路径去考察图书馆职业化，可以与当时的社会结合得更紧密。

随着近现代图书馆的发展，女性图书馆员比例不断增大，直至远

---

① 浙江图书馆志编纂委员会编：《浙江图书馆志》，中华书局2000年版，第60页。

超男性。女性图书馆员的从业，不仅为民国时期图书馆的服务与运行提供了坚实的保障；还可以从源头上阐明图书馆发展中的这种职业性别偏差。民国时期普通女性图书馆员的工作实践，使女性的社会存在能力获得认同，也形成了女性图书馆员的社会职业角色。女性的参与从此在图书馆事业中逐渐稳定并强化，从而展现了中国女性图书馆员在图书馆事业中的坚守，最终成为中国图书馆事业中的重要组成部分。

第十章

民国时期图书馆阅读推广研究

虽然"阅读推广"是当代词汇，但大范围以普通民众为对象的阅读推广实践实则发源于民国时期。这一时期推广大众阅读的有教育部门、师生群体、宗教团体、社群组织、出版发行机构、图书馆、教育馆等不同主体。随着近代图书馆事业在中国的本土化发展，图书馆既是其他主体开展阅读推广的重要方式和载体，也是阅读推广的主体，在民国时期的阅读推广中发挥了极其重要的作用，成为近现代中国阅读推广的主力。

第一节 民国时期图书馆阅读推广档案概况

阅读推广是民国时期图书馆服务内容之一，但无论是原始档案，还是学界对民国时期图书馆事业史料再整理，都较少将阅读推广作为独立的史料整理对象，暂未见阅读推广专题史料。民国时期图书馆阅读推广史料散见于各类公开出版物和不同档案全宗。随着民国时期图书报刊和档案的数字化保护和利用，该时期阅读推广史料载体有纸质、数字等不同形态。我们曾根据民国时期阅读推广史料载体和类型的不同，归纳了民国时期阅读推广史料的检索方式：数字化民国报刊中阅读推广史料采用关键词检索的方式进行初筛；数字化的档案资料可利用关键词检索之外，还应结合档案案卷目录、文件名目录查找相关内容；民国图书中的阅读推广史料则可结合以"事"为系和依"人"索书等方式查找。因为民国时期阅读推广具有多主体参与的特征，该时期阅读推广档案史料零散分布在不同主体的档案全宗。

通过到部分省、市、高校档案馆调查和收集民国时期阅读推广相关档案，发现这些档案的分布规律如下：一是集中于民国时期阅读推广主办单位的档案全宗，如各级图书馆、教育馆的全宗；二是散见在其他相关单位全宗，主要是从文书处理痕迹看有上下级关系或有公文往来关系的单位，根据档案的文书处理记录可分为上行文、下行文和平行文，如图书馆（含教育馆）发往地方教育部门、社会局、各地方政府统计或建设部门的文件，被其他单位留档保存。两类档案中涉及阅读推广史料的比重不同，事件完整程度存在差异，可互为参考和补充，为描摹民国时期图书馆阅读推广图景定位及勾勒线条。

一　民国时期图书馆阅读推广档案的分布

现存民国时期图书馆阅读推广档案情况与该时期各地图书馆事业发展情况、档案保管和受损情况紧密相关。通过到第一历史档案馆、第二历史档案馆、部分省（自治区）、市、高校档案馆开展实地调研、文献调研和网络调研，综合利用《全国民国档案通览》和各级档案馆指南、各省市档案馆馆内和在线开放查询系统，查找、收集、梳理并归纳各级各类档案保管部门中民国时期图书馆阅读推广档案的保存情况。由于民国时期图书馆开展了图书馆推广及阅读推广系列实践，但不同图书馆的实践和表述各有差异，根据已有研究成果、公开出版物和已查询到图书馆阅读推广实践档案，归纳成下面第一个表，民国时期图书馆阅读推广主题关键词表。其中主题关键词主要对档案的文件名加以筛选，泛主题关键词则根据图书馆在不同时期或不同地区的设立情况、所属情况和合作（往来）情况从宏观视角筛选全宗或案卷。根据下面第一个表所列的关键词进行检索，或根据档案指南、目录对档案全宗和文件名加以筛选，得到下面第二个表各馆馆藏民国时期图书馆阅读推广相关档案情况一览表。

表10－1　　　　　民国时期图书馆阅读推广关键词表

主题关键词	展览、读书会、巡回文库（巡回书车、巡回图书、巡行书（文）库、巡回图书担、图书汽车、轮船图书馆）、阅览、阅读（阅读指导）、读书运动、图书流通、图书教育等
泛主题关键词	图书馆、教育馆、社会教育、教育厅、教育局、社会局、教学团等

表10－2　　各馆馆藏民国时期图书馆阅读推广相关档案情况一览表

馆藏地	馆藏图书馆阅读推广档案情况
北京市档案馆	北平市政府全宗（1928—1937、1945—1949，全宗号J1）文教卫生类中包含图书馆管理办法、民众识字班暂行管理办法等内容。 北平市社会局全宗（1928—1937、1945—1949，全宗号J2），1932年北平市政府裁撤北平市教育局的事项归社会局，职能包含文化教育事业的管理。在文教卫生类中有部分图书馆购书目类的呈、办事细则等内容。 北平市教育局全宗（1906—1937、1945—1949，全宗号J4），京师督学局（1906—1912）、京师学务局（1912—1928）。在该全宗之社会教育类中，包含各民众教育馆、阅报处、识字班开办申请立案的呈文、组织规程等内容

续表

馆藏地	馆藏图书馆阅读推广档案情况
首都图书馆（国家图书馆）	京师图书分馆（1913—1926，全宗号：1），共225卷。该馆创办情形、开馆通知、规章制度、经费预算及决算；馆长任免令、人事变动的文件；图书流通数字等文件。 京师通俗图书馆（1913—1926，全宗号：2），共226卷。该馆创办经过、规章制度、经费预决算报表；馆长任免令、人事变动的文件；书刊流通数字、读者阅览数字等文件。 京师第一普通图书馆（1927—1948，全宗号：3），共1524卷。该馆成立、改名和改址文件；馆长任免、员工动态的文件；该馆章则及收发文函件；呈报的各种统计表及调查表；经费预算、决算表；有关购书、征订新书、书刊流通、读者统计的文件。 中央公园图书阅览所（1917—1943，全宗号：4），共1312卷。该所历史沿革、章程、年度工作报告及各项统计、经费预决算；馆长任免、职工履历及动态文件；与北平市政府等单位往来文件；有关图书购置、流通、读者统计等文件
福建省档案馆	福建省教育厅全宗（全宗号2），社会教育中包含各县、市地方社会教育概况及社会教育机关一览，民众教育馆章程，各级民众教育馆工作细则、计划，各县、市普及民众识字教育报告、实施计划等文件；文化学术团体中有福建省立图书馆暂行章程及人员任免情况，厦门市图书馆1947年实施概况表等内容。 图书馆辅导各地社会机关图书教育办法大纲；关于修正福建省立图书馆暂行章程的指令；福建省图书馆调查表；福建各县县立图书馆暂行章程；呈送县立图书馆章则五种（福鼎县政府）；关于抄发读书简则的密函、代电；关于抄发读书简则给各社教机关等的代电

第十章　民国时期图书馆阅读推广研究 / 659

续表

馆藏地	馆藏图书馆阅读推广档案情况
广东省档案馆	中山图书馆（1911—1949年，全宗号83），共765卷。图书馆组织情况、人事管理、经费统计表、工作计划、工作报告等文件；广东省教育厅训令。 广东省政府公报：令发中国文化服务社读书会简章（附登记表）19401221；令发县（市）立图书馆设置巡回文库办法（1942）；转令知厅设儿童图书馆并规定各图书馆附设儿童阅览室（附原案）19331210；令发图书馆概况报告表仰遵照填报（附表式）19350131；令知关于民教馆图书阅览部门应延长开放时间普通图书馆得斟酌办理19350610；令发全国图书馆调查表（附全国图书馆调查表）19351031；修正图书馆规程（1939）；图书馆工作大纲（1939）；令发国立中央图书馆组织条例（1940）；电发本省各公私立中等以上学校图书馆及民众教育馆暨公立图书馆设立省政图书阅览部（室）暂行办法（1942）；转令发提倡流通图书馆案及促进流动识字教学案（附决议案两件）（1932）；令饬注意搜集东北问题等书并设法指导学生阅读（1932）；查禁图书杂志；令发修正普及全国图书教育办法等五种（1944）；国立西康学生营图书馆关于捐助图书及杂志一事的函（004－005－0059－008～009）；关于公布广东省合作事业管理处图书室管理规则一事的文（004－005－0059－180）
广州市档案馆	广州市立民众教育馆全宗（全宗号历字119），该馆设有书报阅览处、儿童阅书报处。现有档案形成时间主要为1946—1949年。 国立中山大学全宗（全宗号历字68）中有图书馆概况相关档案。 私立岭南大学全宗（全宗号历字67）中有学校图书馆有关资料。 私立广东国民大学（全宗号历字66）中有学校图书馆概况等档案

续表

馆藏地	馆藏图书馆阅读推广档案情况
湖北省档案馆	湖北省政府全宗（全宗号LS1）中，教育类下有图书馆、民教馆、科学馆的组设、人员配备、工作计划等材料。在新闻类下有查禁各种书刊的密令、训令和一览表等档案。 湖北省教育厅全宗（全宗号LS10），学务处（张之洞治鄂时）、提学使司（1906）、教育司（1912）、教育厅（1917）。在高等教育中，有私立武昌文华图书馆学专科学校校历、督学报告、校务概况、员生名册等材料（1930—1948年）。在社会教育类中有社会教育法规、计划及概况调查等材料，1936、1939—1947各年湖北社会教育统计报告表，1929—1947年湖北民众教育馆、校组织规程、办法大纲、人员名册及工作报告等。在文化艺术类科技图书方面，有1945年湖北省图书馆、民教馆视察报告，关于建立省图书馆的有关材料（1930—1937年），湖北省图书馆所藏民间曲谱等类图书一览表，1948年图书馆概况及职员名册
武汉市档案馆	中原民众教育馆关于请求资助创设儿童图书馆的公函教字第62号（19470629）；中原民众教育馆关于请求资助创设儿童图书馆的笺函；汉口市三民区第一中心国民学校关于将该校学生美术作品及书法作品送汉口市立图书馆参加儿童节展览的公函；汉口市立图书馆关于儿童节举行书画展览函请检送有关科学图片俾资展览的公函；汉口市立图书馆退还儿童节书画展作品收条；儿童节小艺术家的天才书画展览。汉口市立图书馆关于本馆各阅览室空气闷热附呈预算及估单请准予购置电扇俾利阅览的呈；汉口市政府关于批准汉口市立图书馆利用防水书库材料间隔期刊阅览室的指令［三十七年］市教字第04626号；汉口市立图书馆龚孟贤关于用修缮防水书库部分材料间隔阅览室的签呈图字第487号；汉口市立图书馆关于公余读书会简章规定内容的公告；汉口市政府关于汉口市立图书馆所呈阅览人数统计表准予备查的指令［三十六年］市教字第00818号；汉口市政府统计室关于汉口市立图书馆所送资料无阅览人数请即填复的函；汉口市立图书馆关于函请将借阅书籍三十八册交还来人接回的公函图字第548号；汉口市立图书馆职员罗淑勋关于将久未借阅者的借阅保证书全部销毁的签呈；汉口市立图书馆关于呈送民国三十七年九月份阅览人数统计表祈鉴核的呈图字第497号 19481013 汉口市立图书馆；阅览人数登记簿；汉口市立图书馆借阅证；汉口市立图书馆职员程时杰关于该馆民众通俗书刊藏书情形的签呈

续表

馆藏地	馆藏图书馆阅读推广档案情况
湖南省档案馆	湖南省教育厅全宗（全宗号59）：有湖南省及各县市社会教育概况；各县社会教育机关、图书馆、民众教育馆统计报告表；甄审县立民众教育馆长办法及民政教育馆长自传材料；各县市民众教育馆、图书馆等社教单位职员名册、履历表及章程、细则、计划等材料；省立中山图书馆、省立南岳图书馆、衡阳图书馆有关章程、机构变化、工作报告等文件
吉林省档案馆	吉林省教育厅全宗（全宗号J110）社会教育内有关于民众教育、办理图书馆教育会、博物展览等内容。 吉林省立图书馆①全宗（1912—1931年，全宗号J225），共203卷，上架排列长度3米。档案主要内容分机构人事、图书管理、经费和庶务四大类。其中可能跟图书馆阅读推广相关的有图书馆设置、职员履历表，关于拟定图书借阅的章则和图书搜集借阅制度；出版发行教育公报；预决算等经费，节日庆典、国语推行、提倡国货等文件。 吉林省立民众教育馆②（1916—1931年，全宗号J226），共有179卷，1.5米。在各馆所拟定章则、组织条例和各部办事细则、修正教育月刊等文件、举行教育品展览会文件、关于教育的章则条例、通俗馆各部办事细则、每年度月支付预算书、计算书等材料中，包含阅读推广内容的档案

---

① 吉林省立图书馆的主要职能是"为便利社会教育及人民研究学问、保国粹而惠士林"。
② 吉林省立民众教育馆，原为1922年创立的吉林省立通俗教育馆，1930年7月改为吉林省立民众教育馆。主要职能为创办各项民众教育——民众学校、民众识字处、讲演所、图书馆、民众运动场、民众茶园等，编审民众刊物，办理各种博览或展览会等。

续表

馆藏地	馆藏图书馆阅读推广档案情况
江西省档案馆	江西省教育厅（1927—1949年，全宗号J046）社会教育类里关于各县社会教育工作推行与改进的办法、规定；省级社教机构实施社教工作的报告、计划；普及史学民众识字教育工作的训令、报告、计划；推行科学文化、卫生、健康教育和组织妇女写作竞赛会的训令、办法、报告等档案内容与阅读推广相关。 江西省立图书馆①全宗（1922—1949年，全宗号J053），共有档案308卷，分综合、人事财务、业务三大类。其中综合类有该馆历年年度工作报告、工作计划大纲、办事细则；图书馆规程；社会教育概况调研报告。人事财务类该馆和庐山图书馆委员会的规程；馆长、职员名册、任免、聘用等文件。业务类中保管、阅览、辅导等内容中包含馆外借阅办法；各种阅览规则；机关借书办法；增设图书阅览所和儿童阅览室、办理乡村图书流通部、开放阅览的文件材料；举办儿童阅读比赛、地方教育与儿童生活研究展览等内容。 江西省立试验民众教育馆②全宗（1928—1949年，全宗号J052），共97卷。综合类有该馆办事细则、章程，工作计划、年度报告；社会教育巡回团组织大纲；德育活动及新生活运动的要点。识字教育类有全民十年扫盲方案；该馆与江西省妇女联合举办妇女儿童补习的训令、函、办法；失学民众教育计划；开设补习学校、补习班、识字工作的训令、呈、计划；该馆附设补习班级儿童补习，各种识字课本；开展社教运动月，办理民众学校的文件材料等内容

---

① 江西省立图书馆的主要宗旨是"储集图书、保管文献，以供公开阅览，推进社会教育，提高地方文化"，1946年改称江西省立南昌图书馆。1927年，馆内设总务股、典藏股、编目股、阅览兼推广股。1940年调整为总务部、采编部、阅览部、特藏部、研究辅导部。

② 江西省立试验民众教育馆，原为1928年3月成立的江西省立通俗教育馆，1930年改为江西省立民众教育馆，1932年3月，将江西省立博物馆、体育场、第一至第四阅览室、南昌市立博物馆、江西省立通俗演讲所并入该馆，1940年改称江西省立实验民众教育馆，以实施各种社会教育事业并辅导各县社会教育发展为宗旨。

续表

馆藏地	馆藏图书馆阅读推广档案情况
辽宁省档案馆	奉天省教育厅①全宗（1916—1931，全宗号 JC19），该全宗内社会教育与文化事业中，有民众义务教育委员会、农民识字运动委员会暨盲通俗教育研究会等机构设立、举办各种讲演会的材料；文化事业方面有图书馆规程等材料可能包含阅读推广相关内容
山东省档案馆	山东省巡回教学团（见山东省教育厅全宗，全宗号 J101）：为配发收音机及巡回文库书派员领取的训令；巡回文库图书目录；巡回文库图书借阅规则；巡回文库团体借阅概况调查表。 山东省图书馆（见山东省教育厅全宗，全宗号 J101）：教育部为送普及全国图书教育办法及图书馆工作实施办法给山东省政府的咨文及有关文件；山东省政府教育厅为奉抄发实施爱民月宣传及办法给省立图书馆的训令、为转发六项运动书给省立图书馆的通知、为蒋主席六秩寿辰自行编制壁报扩大宣传给省立图书馆的训令、为省立图书馆拨交省民教馆小学生文库一部等情的指令、34 年度社会教育工作计划、为全体参加十月十日国庆纪念给民教馆、图书馆的训令、为奉令转知省立图书馆组织章程及办事细则业经修正的训令、为从速修正省图书馆所拟普通书借阅暂行办法及借书单的指令、为接到省图书馆呈报派员在将校研究班开设简易图书室的指令、为发防疫漫画及卫生教育画以广宣传给省图书馆的训令；山东省立图书馆组织规程；关于本馆借书等方面的布告、公函、通告等；设立临时阅览处的通知；为寄普通书籍借阅暂行办法的公函；举办巡回文库给教育厅的呈文；为拟举办巡回文库以便利各小学学生阅读拟具办法一份给教育厅长的呈文；为筹设门外阅览一案奉令补编预算给教育厅的呈文；山东省图书馆普通书籍借用办法；省立济南中学为学生借阅书籍问题给省立图书馆的复函；为遵令编制三十四学年度社会教育工作计划给省教育厅的呈文附计划；为拟将附设第二讲演所停办改成联合书报阅览室给教育厅的呈文；向教育厅呈报派员在将校研究班开设简易图书室的呈文；省中等学校国文教改委员会为向省立图书馆借书的证明信；山东省训练团为请省图书馆赐借图书的公函；山东省立图书馆临时阅览处规则

---

① 辽宁省教育厅，1906 年设奉天学务公所，1917 年改为奉天教育厅，1918 年改为辽宁省教育厅，1931 年"九一八"事变后撤销。

续表

馆藏地	馆藏图书馆阅读推广档案情况
	私立齐鲁大学（全宗号：J109）：图书馆二十四年暑假报告；齐鲁大学普通报告书——图书馆；图书馆简介、齐大医院图书馆报告（1930年，英文）；齐鲁大学复员报告——图书馆概况；请开放贵校图书馆便于学生阅览事由；齐大图书馆借阅规则，年度报告（1946）等。 山东省政府建设厅（全宗号：J102）：关于准函嘱派员堪估管理员室及阅报室等处房屋检附估计表给山东省立图书馆的便函
青岛市档案馆	青岛市图书馆概况（档号：B0038 - 001 - 00766 - 0047）
江苏省档案馆	江苏省教育厅①全宗（全宗号1006），共2212卷，文件起止时间为1930—1949年。在社会教育类中有整顿恢复原有省立各社会教育机关的文件；各县社会教育设施标准；省、县、市实施民众识字扫盲教育、推广国民教育、实施救国教育、推行电影教育、卫生教育的文件；恢复改进县市民众教育馆等文件包含与阅读推广相关的内容
南京市档案馆	南京特别市政府社会局②全宗（全宗号1001 - 5），在教育类中有关于教育、开展儿童年、推行识字运动的经费开支报告；义务教育、民众教育馆、图书馆调查表等档案中可能包含阅读推广相关内容。 南京市民众图书馆全宗（1945—1949年，全宗号1009），共16卷。图书馆概况；南京市社会局给该馆的训令等

---

① 江苏省教育厅于1917年12月成立，隶属于江苏省政府。1927年该厅撤销后改行大学区制，设教育行政院，1929年8月恢复名称，1945年2月并入省政务厅，1945年11月恢复为现名。该厅职能是掌管各级学校、图书馆、音乐戏剧、电影播音等教育以及其他社会教育事务。

② 南京特别市政府社会局，前身是社会调查处，1932年教育局并入社会局。

续表

馆藏地	馆藏图书馆阅读推广档案情况
上海市档案馆	中华业余图书馆全宗（1938—1949年，全宗号 Q103），共 16 卷。该馆规章制度、工作方法；该馆董事、工作人员名册；读书会会员名册等文件名，以"图书馆"为检索，得到 751 条检索结果，主要集中涉及上海市图书馆、上海市流通图书馆、中华业余图书馆、儿童图书馆、学校图书馆等，其他档案散见于上海市教育局全宗、上海市政府会计处、上海市工务局、审计部上海市审计处（审核上海市图书馆年度不同月份或季度的支付预算）、上海市参议会等全宗。上海市教育局关于市立流通图书馆人事任免及移交事项；上海市教育局关于私立鸿英图书室互助室呈请立案、呈请成立上海通俗流通图书馆、吴淞路阅览所及各公园流动图书馆；上海市教育局关于市立流通图书馆要求拨款修理借邑庙余屋拨给万有文库等事由；中华业余图书馆读书会名册、工作学习班名册；上海市教育局关于公私立小学组织教师读书会办法；中华儿童教育社上海社友读书会会员一览；施哥党中华文化社组织读书会；中华建设服务社流通图书；中华建设服务社读书会和有关活动通知、记录等；中国文化服务社读书会入会须知；中华业余图书馆工作方法、规章制度、读者和图书情况；上海市参议会请市府就现有公园内设简型流动图书馆开展社教文件；中华业余读书会名册、工作学习班名册；上海市政府关于市立图书馆文件；上海通信图书馆《上海通信图书馆月报》（1、2、4、5 期）；世界红十字会中华东南各联合救济队总监理部第一救济队附设大众文库借阅规则和办理结束移交清册及图书目录等；日伪上海市教育局关于各校呈报兼办民众阅报牌、阅览室、运动场等情形，并要求增发经费的来往文书，附社教机关统计表呈报；上海市教育局关于民教馆儿童阅览室公约及阅书竞赛室民众娱乐室等规则；上海市工务局有关东方图书馆定期开放赠送长期阅览卷文书；上海市政府会计处关于市立图书馆展览费、图书购置费、增设流动车经费等文件

续表

馆藏地	馆藏图书馆阅读推广档案情况
浙江省档案馆	两浙盐务管理局：两浙盐局税警办事处拟定职员小组会议及组长会议读书会之规则等训令（1940）；功过、南监场购办流动书库（1942）；局长函电、图书室章程、识字班（1947—1948 年）。 之江大学有关图书的文件、图书馆有关文件、新图书馆；1946 年图书馆概况及有关文件等。 浙江大学有新图书馆、图书交换、图书刊物交换互赠案；图书订购、图书审查规程、教育部查禁订售图书的文件；浙江大学图书馆向浙江图书馆借图书；关于建浙江图书馆组织情形报告、简章、规则、会议记录及预算书等（1928）。 浙江省教育厅：浙江省立图书馆设施、各县图书馆馆长履历等
沈阳市档案馆	沈阳市立图书馆全宗（1946—1948 年，全宗号 L23），共 14 卷。1946 年沈阳市政府接收奉天市立图书馆，改名沈阳市立图书馆。馆设总务部、采编部、阅览部、特藏部、研究辅导部。有市图书馆工作大纲、工作计划、工作报告、事业进行计划、组织章程、办事细则等；职工手册、图书清册、藏书册数和书籍杂志阅览情况调查表、经费计算书等与阅读推广相关内容
天津市档案馆	天津市各社教区民众教育馆全宗（汇集全宗，1935—1948 年，全宗号 J113）。天津市第一至第九社教区民众教育馆①，设教导、阅览、康乐、生计四个组。跟阅读推广相关有教导组（广播、通俗讲演、识字班、职业培训和专题知识讲座）、阅览组（图书阅览、放映电影幻灯、新闻展览、壁报宣传）。是 9 个单位汇集全宗，共 722 卷，10.42 米。其中民教馆概况、组织规程、工作计划书、工作报告、现状调查、辞聘职员等材料。审查年画办法、取缔小人书办法、阅览图书规则、图书登记表、举办展览、游艺活动、图书调览、讲演等各种活动办法等相关档案

---

① 天津市第一至第九社教区民众教育馆，是天津市教育局派驻各区从事民众文化教育活动的区级事业单位。前身是 1928 年前后各区建立的 5 所通俗讲演所、2 处新民教育馆、6 处通俗图书馆、10 处新民阅书报所。1938 年伪天津特别市公署将各阅书报所等改设为天津特别市一至九社教区新民教育馆。1946 年改为第一至第九社教区民众教育馆。设教导、阅览、康乐、生计四个组。

续表

馆藏地	馆藏图书馆阅读推广档案情况
	中国纺织建设公司：关于中国纺织建设公司第一厂共有图书馆阅览；关于扩大图书馆等问题的九点建议；关于函达图书馆已将巡回书籍整理册请予派人来取一事给第一厂的函（附目录）；关于派人来取巡回书籍致第三厂的函等
云南省档案馆	云南省教育厅①全宗（1903—1950 年，全宗号 1012），共有档案 9078 卷，上架长度 226.825 米。在社会教育、图书文博体育与学术团体等内容中包含阅读推广相关内容。前者中有社会教育章程、民众教育馆提倡女学、家庭教育规则、倡办社会教育办法、民国教育文库、教育部通俗教育办法等内容；后者中有省立图书馆兴建、各县图书馆设立的材料，各学校图书馆建设图画照片及史略汇集、省立图书馆辑刊《云南丛书》、中央图书杂志审查委员会抄发奖励图书杂志办法、图书馆工作实施办法、令发省立大学教育系增设图书馆学课程、奉颁《万有书库》分发各地图书馆巡回借阅等材料。 云南省图书杂志审查处全宗（全宗号 1013），1938 年成立，有查禁图书杂志、查禁戏剧电影等内容，关于图书审查上下级往来的训令、代电、函等，包含训令、往来信件、年度、季度或阅读审查表，对某一图书、刊物、剧本等的审查等内容。可作为阅读推广读物选择的重要补充内容。 云南省建设计划委员会全宗（全宗号 1128），有云南省立昆华图书馆、云南省立志舟图书馆民国三十七年度工作计划、事业推进实施工作计划等文件，包含图书馆阅读推广内容。 云南省选送留美公费预备班全宗（全宗号 1114），云南省选送留美学生委员会关于请派员接管新建昆明图书馆事给云南省选送留美学生预备班的公函；云南省选送留美学生预备班关于云南省选送留美学生预备班图书阅览的布告、图书管理员的聘书等文件。 云南省新闻记者公会全宗（全宗号 1096），云南省政府关于抄发国立图书馆等各大馆校名册给云南省政府新闻处的训令；云南省政府新闻处关于办理边疆读物事给云南省教育厅的函等

---

① 云南省教育厅，先后名为学务处（1906）、提学使司（1907）、学政司（1911）、教育司（1913）、教育科（1914）、教育厅（1921）等。

续表

馆藏地	馆藏图书馆阅读推广档案情况
	云南省经济委员会纺织厂全宗（全宗号1047），复旦大学同学会等关于建立右任图书馆缘起；云南省纺织厂厂长金龙章关于报监盘昆华图书馆交代情形事给云南省政府主席的签呈；云南省立昆明图书馆关于请莅临监盘交代事给金龙章的咨；中国全国工业协会云南省分会关于成立工矿图书室计划等事给朱健飞的函；云南大学土木工程系一九三五级级友会关于送第三期刊物及请代为介绍读者等事给朱健飞的函；云南纺织厂秘书处关于统筹订购报纸集中阅览事给各部处组的通知；云南全省经济委员会关于阅读总理遗教与抗战建国等书给云南纺织厂的训令；云南省政府新闻处关于请订阅中央周刊一事给云南纺织厂的函
河南省档案馆	国民党河南省党部全宗（全宗号M0002），有读书会相关档案，如河南省各县（区）报纸按期送审办法业余读书会；业余读书会、本会民国三十二年度元月至二月份发各种书刊一览表。 河南省政府全宗（全宗号M0008），有巡回阅览等内容，如关于请颁发教学图书及儿童读物以便发各校巡回阅览给省政府刘主席的呈、印领条；图书借阅规则；关于修正图书馆规程第九条的训令；修正图书馆规程第十四、十五、十六、十七条；征集图书的公函；编造本省国民教育费选购图书分配预算的报告；图书馆修理费；制定款源购买图书充实图书馆案；增购各县民众教育馆图书的提议案；查禁图书的训令；关于发教学图书及儿童读物的训令；关于催报各县县立图书馆实施概况调查表及图书杂志报纸调查表。 河南省博物馆全宗（全宗号M0019）关于拟将博物馆之佛经与图书馆之古器交换庋藏以便公展给教育厅的函。 河南省水利局全宗（全宗号M0029），关于筹集儿童图书馆读物、图书及代金的公函；关于请向儿童图书馆惠助儿童读物等的函；关于郑行修理图书室费用、购置桌椅书籍费等准予备案给郑行的函；关于拟定图书流通办法草案给李效民的函；关于各项书籍、月刊分寄及图书借阅给李效民的函等材料

续表

馆藏地	馆藏图书馆阅读推广档案情况
中山市档案馆	在民国档案中教育卫生类中，有省教育厅、县政府关于儿童教育馆、民众服务教育馆规程、巡回文库、识字教育等问题的代电、训令、大纲、规则、章程、呈复等内容。未注明全宗、卷数等信息
重庆市档案馆	国立罗斯福图书馆全宗（1946—1949年，全宗号0115），共68卷。有该馆组织条例、工作报告、阅览服务工作报告等包含阅读推广内容。 重庆市立图书馆①全宗（全宗号：0116），共99卷。有该馆组织规程、工作报告、工作计划、图书馆借书办法、借书登记规则、阅览场所管理办法、图书流通管理协议书、图书借阅统计、阅览人数统计等跟阅读推广相关内容
重庆市万州区档案馆	万县公立通俗图书馆全宗（1927—1942年，全宗号0150），共10卷。该馆开馆文件、组织大纲、细则、经费预决算；职员履历概略；藏书室、阅览室规则及标语等。 万县民众教育馆（图书馆）全宗（1937，全宗号0151），共1卷。该馆概况、职工名册等文件
璧山县档案馆	璧山县政府图书馆（1942年，全宗号6）。图书馆章程、有关巡回事序情况等文件

---

① 重庆市立图书馆，原为1934年设立的重庆市立通俗图书馆，1939年改为重庆市立图书馆，先后隶属重庆市政府教育科、社会局、教育局。

续表

馆藏地	馆藏图书馆阅读推广档案情况
中国第二历史档案馆	1. 北洋政府档案 教育部全宗：大总统府秘书厅为扩充京师图书馆事宜致教育部公函、附扩充京师图书馆计划及京师图书馆办法说明书（1924-03-03）；《图书馆规程》《通俗图书馆规程》；通俗教育研究会借用图书简章。 农商部全宗：《农商部地质调查所图书馆暂行规则》（1922-07）。 交通部全宗：交通部图书阅览室规则；交通部为订定公布本部图书阅览室4规则令（1917-06-21）；交通部图台日阅览室规则；交通部图书阅览规则；交通部为订定公布交通部图书阅览规则令（1921-03-21）。 2. 民国政府档案 教育部全宗中包含国立、省立图书馆概况表；全国年度图书馆室、部分省份（川、鄂、徽、青、浙、甘、西康、云、桂、闽）图书馆一览表《教育法令》之修正《图书馆规程》；全国现有图书馆一览表；编具、催送或恢复经费预算分配表等公函或呈文，报告图书馆预算补助情形等经费相关；国立北平图书馆馆务概况；量才流通图书馆馆长程远为请补助经费给教育部部长陈立夫的呈；国立北平图书馆工作报告书简述；西安市市长王友直关于洽商筹设图书馆问题给教育部代部长陈学屏电；中央图书馆杂志审查委员会关于1942年各月份言论动向报告给教育部公函；私立武昌文华图书馆学专科学校校长沈祖荣关于填送1940—1942年毕业生服务情形调查表给教育部呈；台湾省社会教育概况表（民教馆、图书馆）；国立罗斯福图书馆1948年4月和11月分别举行的善本展览及参观人数统计表，国立罗斯福图书馆筹备委员会借交重庆市立图书馆展览图书统计表（1948）；国立中山大学图书馆工作报告、工作标准和借阅统计表；教育部关于准予将第一次专题展览存重庆用具赠予中央图书馆给国立中央博物馆筹备处指令、用具清单（1944）等。教育部志愿王湛关于陈报调查1946年度各省市民众教育馆情况、1946年度收复区暨光复区恢复民众教育馆一览表、各省市民众教育馆、图书馆及公共体育场一览表等表；《战区设置秘密图书馆办法》；《第六届边疆教育会议第三组提案》之马鹤天关于边疆各省立图书馆或教育馆内应专设边疆图书室并陈列边民之服饰用具及边地产物提案；教育部为核准充实东方图书馆给国立北平西北图书馆后备委员会指令；国立西北图书馆筹

续表

馆藏地	馆藏图书馆阅读推广档案情况
	备委员会筹备主任刘国钧为遵令充实东方图书馆给教育部部长陈立夫呈；国立重庆大学图书馆历年教职员及学生借书及杂志未还统计表、目录等；中国国民党中央执行委员会宣传部关于检送中央各部会出版会报第一次会记录等件给教育部函、附件2：编印党员阅读书籍计划要点；重庆市政府为规定《中国之命运》一书为全国中等以上学校课外必读书籍给教育部咨；中国国民党中央执行委员会宣传部为请派员出席讨论党员应看及必看书目问题第二次会议给教育部笺函；教育部钱云阶关于告知选定党员修养必读书目给该部部长陈立夫签呈；豫东各县私塾义塾读书会自修班书目统计表；留日学生资格甄审委员会自传及读书报告评阅委员名单；北平师范大学真正读书会有条件欢迎李蒸长校报告等。 附件1：山东省巡回教学团各队巡回文库图书借阅规则（1946年12月）、附件2：山东省巡回教学团办事细则（1946年12月）；山东省教育厅为请准予追加巡回教学团巡回文库购置费预算给教育部呈；教育部关于巡回文库只准购置一组给山东省教育厅指令；教育部关于核备巡回教学团增设巡回文库计划书及经费预算给山东省教育厅指令；山东省教育厅关于转送巡回教学团设置巡回文库计划及所需购置费预算书给教育部呈、附件：山东省巡回教学团巡回文库设置计划、购置预算书（1946年5月30日）；山东省教育厅关于检送巡回教学团1946年度预备费结存数报告及巡回文库购置费预算书给教育部呈、附件1：山东省巡回教学团1946年度预备费结存数报告表（1946年8月）、附件2：山东省巡回教学团巡回文库购置预算书（1946年5月30日）；教育部关于应送巡回教学团1946年度预备费结存数暨巡回文库购置费预算给山东省教育厅指令；山东省教育厅关于巡回教学团巡回文库购置经费请仍准由该团1946年度预备费项下动支给教育部呈；教育部第一社会教育工作团团长董渭川、副团长郁瘦梅为告知已办有民众书报阅览室及巡回书库给该部部长陈立夫呈。 国立中央图书馆全宗（1933—1949年，全宗号624），共93卷。该馆历史沿革、组织大纲、工作报告、会议记录等综合性档案。 日伪维新政府教育部全宗（1938—1940年，全宗号2059），共22卷。拟定的社会教育及民众教育章则；各省市社会教育行政计划、社教机关、图书馆概况调查；有关接收江苏图书馆并改组"国立"图书馆等文件

续表

馆藏地	馆藏图书馆阅读推广档案情况
	日伪国立中央图书馆全宗（1938—1945年，全宗号2067），共43卷。该馆组织法规、业务法规、出版物底稿经费预决算；该馆与有关单位业务联系的文件；赠送各机关图书清册等
中国第一历史档案馆	有两条清政府关于阅读的档案，分别是《谕为严禁私自翻译汉文小说事》《阅书规则》，前者体现了读物选择的影响因素，后者可做比较研究以体现不同时期阅读主体、阅读条件和阅读机会的转变
四川省档案馆	四川省立图书馆全宗（1941—1949年，全宗号民109），共22卷。图书馆机构、部室设置、职员聘用等文件；四川省政府、省教育厅、财政厅等办法的训令、指令、同年购置等
武汉大学档案馆	私立武昌文华图书馆学专科学校相关档案，图书馆学教育中有关于图书馆推广的内容
中山大学图书馆	民国时期中山大学图书馆概况、年度工作报告等内容

从整理的民国时期图书馆阅读推广档案一览表可知，民国时期图书馆（通俗图书馆、流通图书馆）与教育馆（通俗教育馆、民众教育馆）都是社会教育的重要机构，由于图书馆与民教馆的关联密切，本文将图书馆阅读推广的范畴限定为民国时期各级各类图书馆、民众教育馆开展的阅读推广实践。因不同时期、不同地区行政机构设置的差异，图书馆与民教馆或独立设置、或合办，所属上级部门也存在差异，加上不同档案馆接收整理民国档案数量和归档具体程度不同，在档案全宗分布上，该时期图书馆阅读推广档案散见于不同全宗。各级各类图书馆全宗中包含图书馆阅读推广档案外，还广泛分布于地方政府全宗、地方政府教育部门全宗、地方政府社会局全宗、民众教育馆全宗、

民国档案教育卫生类或文化教育类、地方政府统计部门全宗、地方政府建设部门全宗、国民党地方党部、地方经济委员会纺织厂、地方图书杂志审查处全宗、地方巡回教学团、部分高校等全宗。

二 档案的主要内容

民国时期图书馆阅读推广档案包含了较丰富的内容，但阅读推广作为该时期图书馆工作的一部分内容，经常与图书馆推广、读者指导等其他工作结合，故即便在图书馆全宗里，阅读推广相关档案也是散见于不同文件中。从图书馆组织规程、图书馆概况、图书馆工作大纲、图书馆简介、年度/月度工作计划、年度/月度工作报告、复员报告、经费预决算等综合性文件，到阅览规则、借阅规则、借阅办法、图书流通办法或细则、读书会章程、读书会简则、设置巡回文库办法、设立儿童图书馆或附设儿童阅览室、举行展览会文件、巡回文库领取文件、阅览人数统计等与阅读推广直接相关的档案都包含此内容。根据内容侧重、相关度和详细程度，分为以下两类：

（一）综合类档案

民国时期图书馆综合类档案，主要是指以图书馆或教育馆的整体为描述对象或主体的文件。这些档案或是图书馆和教育馆设立、组织、章程或管理相关文件，或是图书馆和教育馆在某一时期事业发展概况或情况简介，或为图书馆和教育馆年度/季度的工作计划、工作报告、预算书等等。这些档案不是图书馆阅读推广直接相关档案，却是图书馆、教育馆等社会教育机关开展阅读推广的基础，有助于了解不同图书馆开展阅读推广时具备的基础条件。

首先，民国时期图书馆所属管理部门全宗中的工作性文件，多为图书馆的上行文。民国时期图书馆、教育馆、阅报处等均属社会教育，或由教育部或地方政府教育部门管理，或由地方政府社会局管理，图书馆与上级管理部门往来的文件被保存在其所属管理部门全宗。在社会教育管理部门如教育部、地方政府、教育厅、教育局、社会局等全宗中，保存有图书馆、民众教育馆、阅报处等开办申请立案的呈文、组织规程、管理办法等档案；有不同年度地方社会教育机关统计表、调查表、各馆概况、章程、工作细则、工作计划、计划实施情况等由图书馆、教育馆向上级管理部门提交的文件；有图书馆、教育馆等社教机构向地方政府相关部门提交的常态经费预算、专项经费申请、专项事务办理等的呈文；有省级社教机构实施社教工作的报告和计划；各县社会教育工作推进与改进的办法和规定，这些社会教育机关立案和工作文件一方面为我们揭示了不同时期不同地区社会教育所属的管理部门演变，一方面也是了解该时期图书馆等社会教育机关创立和发展情况的一手资料。

其次，民国时期图书馆和教育馆全宗中有综合性文件、人事财务和具体业务等不同类型档案。有不同图书馆或民教馆的章则、规程、组织条例和各部办事细则；社会教育概况调研报告；图书馆自编刊物；工作计划大纲、年度工作报告；上级管理部门关于开展各项社会教育活动的训令、指令和通知；图书馆关于借书等方面的布告、公函、通知通告、呈文等等相关档案。阅读推广与图书馆组织、建筑和各项具体业务紧密相关，虽然这些档案是图书馆、教育馆馆内组织章程、人事财务及开展具体业务的过程性、综合性文件，但其中包含部分阅读推广的内容，对了解地区尤其是个体图书馆阅读推广的开展具有重要的史料价值。

此外，有一些档案在不同地区档案、不同全宗，甚至不同报刊中反复出现，虽然其主体文本基本一致，但其分布、实施和保存情况侧面体现了政策传递情况。

（二）专题类档案

专题类档案是指从民国档案中发掘的以图书馆开展各种阅读推广实践为主要描述对象或主题的档案，较综合性档案呈现出围绕某一特定问题或具体业务的专一性。现有民国档案中图书馆阅读推广专题类档案更多聚焦在图书阅览、图书流通、巡回文库、读书会、展览等方面开展的各项工作。

首先，图书馆从设置阅报处到开设专题图书室，再到针对儿童、学生、职员等不同群体设置专门阅览室，办理乡村图书流通部等，体现了图书馆推广阅览的对象群体和服务范畴的拓展情况。如从广州民众教育馆全宗可以知道该馆设有书报阅览处、儿童阅书报处，或将书报文献作为开放阅览的对象，或以儿童、学生为对象的儿童阅览室，"转令知厅设儿童图书馆并规定各图书馆附设儿童阅览室（附原案）（1933年）"；或根据上级管理部门要求，设置专题文献以供阅览，如"令饬注意搜集东北问题等书并设法指导学生阅读（1932）"；或设置简易图书室、公园流动图书馆，如从山东省教育厅与山东省立图书馆往来文件可知山东省图在省教育厅的指令下为将校研究班学员设置简易图书室，有"为接到省图书馆呈报派员在将校研究班开设简易图书室的指令"和"向教育厅呈报派员在将校研究班开设简易图书室的呈文"，或"为拟将附设第二讲演所停办改成联合书报阅览室给教育厅的呈文"。又如从上海市档案馆藏相关档案可知上海不同阅览室设立情况，"上海市教育局关于私立鸿英图书室互助室呈请立案、呈请成立上海通俗流通图书馆、吴淞路阅览所及各公园流动图书馆；上海市参议会请市府就现有公园内设简型流动图书馆开展社教文件"。或从政府会计部门档案"上海市政府会计处关于市立图书馆展览费、图书购置费、增设流动车经费等文件"可知晓上海市立图书馆在增设流动车、举办展览等方面的经费情况等等。

其次，从民国档案中图书馆（民教馆）各种阅览规则、借书办法可了解图书馆图书阅览、借阅条件等，部分档案馆藏有借书证明信、图书馆职员关于销毁久不借阅读者借阅保证书的函，如"山东省立济南中学为学生借阅书籍问题给省立图书馆的复函""省中等学校国文教改委员会为向省立图书馆借书的证明信""山东省训练团为请省图书馆赐借图书的公函"等。以及相关图书馆根据上级管理部门指令修正图书借阅办法，如"为从速修正省图书馆所拟普通书借阅暂行办法及借书单的指令""山东省立图书馆临时阅览处规则"等档案可以了解图书馆图书借阅办法和规则的修订历程。此外，如对民教馆图书阅览部门正常开放时间的规定和要求，"令知关于民教馆图书阅览部门应延长开放时间普通图书馆得斟酌办理（1935年）"等。

第三，关于巡回文库、读书会、展览等图书馆阅读推广主要方式的档案。有关于设置巡回文库、读书会的办法和章程等过程性文件，如巡回文库的借阅办法、图书目录、借阅人数统计表、派员领取巡回文库的训令、巡回文库领取收条等；也有读书会章程、办法、活动和通知、读书会会员名册、会员读书报告等档案。图书馆展览经常与当时重要活动或节日、主题相结合，开展图书、博物等专题展览，以宣传图书馆和推广阅读。如"举办儿童阅读比赛、地方教育与儿童生活研究展览"，重庆市档案馆馆藏国立罗斯福图书馆档案中有关于借、还相应物品以进行展览的往来文件。这些专题性档案散见于图书馆、教育馆及其往来单位的不同全宗，需要通过筛选加以梳理汇集，与公开出版物中关于展览、巡回文库和读书会的报道宣传相比，档案更多展现了该时期图书馆在开展不同阅读推广实践的准备、过程和结果。

正如前文所述，民国时期图书馆阅读推广档案虽然零散，但在勾勒该时期图书馆阅读推广图景上有着不可忽视的重要作用。一是部分档案记载了公开出版物没有记载的内容，二是阅读推广档案与公开出版物中阅读推广相关记载相比较，在一定程度上档案更为详尽地展现了图书馆开展阅读推广的背景、环境、缘起、过程和结果。因此，民国档案对图书馆阅读推广历史梳理有补充、互证、阐释等作用。

第二节　民国时期图书馆阅读推广的背景分析

清末以来，图书馆作为学校教育的辅助和社会教育的主要机构，逐渐在各地设立，随着图书馆数量的增加和图书馆学科的开设和发展，近代图书馆思想逐渐被接受，并被图书馆人付诸实践，图书馆发展过程中需要吸引更多的读者，故图书馆的推广和阅读推广是同时并进的必要工作，受图书馆推广阅览的影响，读者日益增加，又在一定程度上助推图书馆的发展。

一 民国时期图书馆推广阅读的政策演变

民国时期教育部（含中华民国大学院）多次颁布了图书馆的相关章程办法，先后有《图书馆规程》和《通俗图书馆规程》（1915年），《图书馆条例》十五条（1927年），《图书馆规程》十四条（1930年），《修正图书馆规程》三十三条，《图书馆工作大纲》三十五条和《图书馆辅导各地社会教育机关图书教育办法大纲》十五条（1939年），《各级学校及各机关团体设置图书馆（室）供应民众阅览办法》九条（1941年），《图书馆规程》三十四条（1947年），通过对比上述部颁图书馆相关章程，可知民国时期政府对图书馆事业态度的变化。

（一）1915年两份图书馆规程的比较

1915年，国民政府教育部颁布《图书馆规程》《通俗图书馆规程》，从规程中图书馆概念和范畴的表述，可知在民国初年，图书馆和通俗图书馆是有区别的，从两份规程的具体内容来看，有以下区别：

首先是行政区域设置图书馆的硬性规定不同，藏书存在差异。《图书馆规程》第一条"各省、各特别区域得设图书馆，储集各种图书，供公众之阅览。各县得视地方情形设置之"①。而通俗图书馆则是"各省治、县治应设通俗图书馆，储集各种通俗图书，供公众之阅览。各自治区得视地方情形设置之"②。从教育部对行政区域设置图书馆的硬性规定来看，对通俗图书馆的设置区域（层级）的范围比较广：图书馆只强调在省级、特别区域设置图书馆，对县级设置图书馆不作要

---

① 《图书馆规程（四年十月二十三日）》，《教育公报》1915年第8期。
② 《通俗图书馆规程（四年十月二十三日）》，《教育公报》1915年第8期。

求，而通俗图书馆则要求省级、县级行政区域都应设立。可知，在理论政策上，通俗图书馆的应用范围程度较高。

在馆藏图书方面，图书馆庋集图书的范畴较通俗图书馆更广，通俗图书馆强调储集"各种通俗图书"，在图书选择上加以"通俗"的限定，是通俗图书馆读者群体基层化的体现。而图书馆则储集"各种图书"，不加以任何限定，可知其图书选择范畴的广泛。如 1917 年公布的《浙江公立图书馆规程》将图书馆藏书分为两大类，"一、保存类，以文渊阁本、宋元明刻本、海内孤本及精抄名校本属之；二、通常类，以通行之图书杂志属之"①。浙江公立图书馆除了购备通行图书报刊外，还负有收集保存国粹之责，故在图书选择和馆藏购置上，图书馆的图书范畴比通俗图书馆的图书范畴更广。

二是有偿阅览和无偿阅览的区别，《图书馆规程》第九条规定"图书馆得酌收阅览费"②；而《通俗图书馆规程》第七条明确规定"通俗图书馆不征收阅览费"，以及第九条"通俗图书馆得设公众体育场"③。在阅览是否收费方面，图书馆可以征收阅览费，而通俗图书馆则必须是无偿阅览，对普通民众尤其是生活经济拮据的民众而言，到馆阅览是否收费，是他们是否来馆阅读的重要影响因素。此外通俗图书馆可以附设体育场，可知通俗图书馆在吸引民众来馆阅览的举措，提供免费阅览并可以在图书馆附设的体育场锻炼。

民国初年，蔡元培担任教育总长，以"无人不当学"为由，提倡平民教育，设置通俗图书馆是开展平民教育的重要措施之一。通过对比 1915 年教育部颁布的两份《规程》可知，通俗图书馆针对普通民众的阅读能力，收集通俗图书，为其提供免费阅览，并为其提供锻炼场地，也是推广阅览的重要举措。

---

① 《咨浙江省长准咨送浙江公立图书馆章程等应准备案饬知文（第三千六百六十三号，六年十二月八日）·附原送章程细则》，《教育公报》1918 年第 3 期。
② 《图书馆规程（四年十月二十三日）》，《教育公报》1915 年第 8 期。
③ 《通俗图书馆规程（四年十月二十三日）》，《教育公报》1915 年第 8 期。

(二) 部颁图书馆法规的历时比较

南京国民政府时期，加大了社会教育实施力度，教育部陆续颁布图书馆条例、办法、工作大纲等章程，对图书馆事业和以图书馆为中心的社会教育事业加以指导和规定。通过对图书馆政策的历时对比可知，1927年图书馆政策第一次发生明显的变化；1939年，《修订图书馆规程》图书馆政策第二次发生显著变化。

1. 日渐凸显便民阅览观念

1927年12月20日，中华民国大学院公布《图书馆条例》，较1915年《图书馆规程》而言，内容更加详细，增加对图书馆馆长的任职资格、图书馆职能、图书馆经费在教育经费中比重等方面的规定，其中涉及图书馆阅读推广的规定有第七条，"图书馆为便利阅览起见，得设分馆、巡回文库及代办处，并得与就近之学校订特别协助之约"，第八条对图书馆馆长的任职资格加以限定，"馆长应具左列资格之一：一、国内外图书馆专科毕业者；二、在图书馆服务3年以上而有成绩者；三、对于图书馆事务有相当学识及经验者"[①]。第七条是直接指导和规定图书馆在推广阅览方面的相关举措，而第八条关于图书馆馆长的规定，对图书馆阅览推广间接产生影响。在该《条例》中，以图书馆推广阅览为中心，开展便利读者的服务，如设置巡回文库及代办处，这是从政策角度对图书馆推广阅览举措的指导及规定。图书馆馆长是总领图书馆一切事务的人，对馆长任职资格的限定，是在图书馆学教育兴起之后，以"术业有专攻"为基点，围绕图书馆专业学习背景，或图书馆工作经验等方面加以限定，可知时人对图书馆学专业性的认可，以及对图书馆事业发展的重视。

1930年，教育部修订大学院之《图书馆条例》，并更名为《图书馆规程》，"通令各省市教育行政机关，抄发原规程令仰知照并转饬所

---

① 《法规：图书馆条例（中华民国大学院公布）》，《第四中山大学教育行政周刊》1928年第28期。

属,一体知照"①。但该《规程》是在《条例》的基础上修正,关于推广阅览的具体条款内容上没有变动。

图书馆相关政策在1927年产生明显的变化,有以下三方面因素的影响,一是第二次北伐的胜利,南京国民政府成立,改革文教政策;二是新图书馆运动开展近十年,已取得一定成效,图书馆学人对公共图书馆的宣传,在图书馆建设、图书馆学教育与图书馆协会等方面取得一定进展;三是"启迪民智"与"唤起民众"等社会思潮对民众的重视和强调。无论是新图书馆运动还是不同社会思潮的呼声,都开始将普通大众纳入图书馆服务的对象,故相关规程增加了图书馆职能、组织、经费、馆长任职资格等方面的规定,并将便民阅览作为图书馆开展图书馆服务及外延的目的。

2. 政策文本中图书馆社会职能的拓展

1939年7月22日,教育部公布的《修正图书馆规程》②增至33条款,内容较前三次图书馆章程更加详细。第一条增加了"图书馆应遵照中华民国教育宗旨及其实施方针与社会教育目标",在原图书馆宗旨之外,增加了"并得举办各种社会教育事业,以提高文化水准"的职责。对图书馆的社会职能加以规定,明确图书馆辅助教育和参与社会教育的义务。

其次,增加了区域设置图书馆的硬性要求,规范图书馆职能部门的设置。第二条规定"省市(行政院直辖市以下仿此)至少应各设置省市立图书馆一所,各县市(普通市以下仿此)应于大众教育馆内附设图书馆,其人口众多,经济充裕,地域辽阔者,得单独设置县市立图书馆"③。从省市级"应设"图书馆到省市至少应各设置省市立图书馆一所的转变,以及要求全国县市级必须设置图书馆,经济允许可单独设置图书馆,否则附设在民众教育馆,对县市级行政区域必设图书

---

① 《教育部令发图书馆规程》,《申报》1930年5月11日。
②③ 《修正图书馆规程(二十八年七月二十二日教育部第一七〇五五号训令颁布)》,《浙江省政府公报》1939年第3179期。

馆加以硬性规定。并规范省市级和县市级两类图书馆职能部门的设置。第八条规定，"省市一级图书馆设总务部、采编部、阅览部、特藏部、研究辅导部"，第九条规定县市级图书馆设"总务、采编、阅览、推广"四组，详细划分各职能部门的具体职责，其中与阅读推广相关的部门是省市级图书馆的阅览部（阅览、庋藏、参考、互借等）和研究辅导部（调研、统计、视察、辅导、图书馆工作人员进修及各项训练、各项推广事项）；县市级图书馆涉及推广阅览的职能部门是阅览组（阅览、库藏、参考、互借等）和推广组（演讲、播音、识字、展览、读书指导、补习学校以及普及图书教育事项）。各图书馆职能部门的具体设置情况，依照各地方情形，可"全部设立或合并设置"，即图书馆社会职能的增加，部门职能的细化，图书馆职能部门设置可以合并，但图书馆事务范畴随着职能的增加而扩大。该规程二十至二十三条，规定了图书馆应举行和设置的会议，其中阅读推广方面的会议有"由馆长各主任及各该方面有关之教育行政机关代表组织之，以馆长为主席，讨论图书馆办理辅导或推广事业之兴革事项""省市立图书馆及民众教育馆分别辅导县市及地方自治机关公立或私立图书馆，并谋事业之联系"① 等，出于辅助教育及开展社会教育的目的，图书馆体系内部的互动、图书馆与教育机关及其他社会教育机关的联系和互动加强。此外，第十条在便利阅览的具体举措方面，增加了图书站、协助学校办理图书阅览事宜，增加了图书馆休假、工作时间等方面的规定。

1939年《修正图书馆规程》的变化最显著是图书馆社会职能的增加和明确，围绕图书馆社会职能的拓展，对图书馆内部职能与图书馆外延服务等方面加以限定。同年，教育部《图书馆工作大纲》及《图书馆辅导各地社会教育机关图书教育办法大纲》的公布，是图书馆政

---

① 《修正图书馆规程（二十八年七月二十二日教育部第一七〇五五号训令颁布）》，《浙江省政府公报》1939年第3179期。

策体系化的体现,也是在三十年代图书馆事业发展,图书馆职能良好发挥,产生了一定社会影响的基础上,对图书馆进一步发展的把握,基本奠定了民国后期图书馆的发展模式。由于战争的缘故,图书馆政策在实践范围和实际内容上受到较大影响。但就政策上来说,这是民国时期图书馆政策的第二次转变和细化,1947年的教育部公布的《图书馆规程》基本与1939年《修正图书馆规程》相同,此处省略不述。

以上是对1915年、1927年、1939年不同时期代表性图书馆法规的比较和阐述,民国时期图书馆法规的体系化和细化,体现了图书馆在文化教育事业中的重要性日益被关注,也侧面反映了图书馆事业的发展态势,政策支持对图书馆事业和图书馆阅读推广产生了积极影响。

二 民国时期图书馆事业发展趋势良好

承清末图书馆在中国的萌芽之势,至1915年,全国18行省都设置了省立图书馆,是时,全国省级图书馆基本设置。新图书馆运动对图书馆事业产生了深远的影响,在图书馆数量上的体现,通过相关统计数据可以窥其一角。

1. 图书馆数量变化

民国时期教育部及图书馆人几次发起图书馆数量的统计调查,主要有1918年和1921年沈祖荣对全国图书馆的调查统计,这两次调查仅有部分图书馆给予反馈,故不列入对比范畴。1925年,中华图书馆协会统计全国图书馆数量;1931年,第一次教育年鉴有关于图书馆的调查统计;1935年,许晚成《全国图书馆调查录》对全国图书馆数量的统计;1946年,对战后图书馆数量的统计。其中,纳入图书馆统计范畴的有:普通图书馆,专门图书馆,民众图书馆,社教机关、公私官署、团体附设图书馆,书报处,巡回文库,大小中学图书馆以及私家藏书楼。各时期图书馆数量统计结果见下表。

表 10-3　　　　　　民国不同时期图书馆数量统计表

年份	图书馆数量（所）
1925	502
1930	2935
1931	2953（一说2935）
1935	5820
1946	831

从上表可知民国时期图书馆数量变化的趋势，"新图书馆运动"之后，图书馆的数量迅速增长，至1935年达到高峰，从1925年的502所增加到1935年的5820所，是1925年图书馆数量的11倍；由于日本的侵略战争摧毁了大量图书馆建筑和藏书，故抗战胜利后，图书馆数量跌落至831所，大起大落之势，体现了民国时期图书馆曲折的发展过程。

清末"公共图书馆运动"至1915年，各省基本设立省级图书馆。1916年沈祖荣从美国纽约州立图书馆学校留学归来，于1917年，"与中国基督教青年会全国协会干事余日章一道，携带美国图书馆的各种影片、模型和统计表等，前往湖北、湖南、江西、江苏、浙江、河南、山西等地，宣传美国图书馆学理论和技术方法"①，从而掀起了席卷全国，时间持续约10年的"新图书馆运动"。从"公共图书馆运动"至"新图书馆运动"期间，由于政治、经费等因素的影响，图书馆事业发展相对缓慢，"新图书馆运动"对中国图书馆事业的影响不仅体现在图书馆数量的快速增加，也促进了图书馆体系的形成。

2. 图书馆体系的形成

民国初年图书馆根据设置机关的不同，分为公立图书馆、机关或团体附设图书馆、私立图书馆以及通俗图书馆等。随着"新图书馆运

---

① 来新夏：《中国图书事业史》，上海人民出版社2008年版，第401页。

动"的展开,近代图书馆体系逐渐形成,图书馆数量增加,且各类型图书馆兼备。在图书馆设置地域上,全国大范围多层次设置图书馆,形成了地域分布广的图书馆网络;从图书馆构成来看,从以省级图书馆为主要构成,到省级、市级、县级及其他各类型图书馆兼顾的变化,并开设分馆,采用总—分馆模式扶持基层图书馆发展;图书馆学教育的开展,为"新图书馆运动"培养了生力军,图书馆学科得以发展;此外各类型图书馆协会先后成立,是近代图书馆体系形成的标志。

从图书馆本身体系的发展来看,图书馆增设儿童阅览室、妇女阅览室等,以拓展图书馆读者群体;图书馆藏书从以传统书籍为主要藏书,到以新出版读物为主要藏书的馆藏变化;从采用书本式目录到书本式目录与卡片目录兼顾的目录检索方式的变化;从图书馆闭架阅览到开架阅览的阅览方式转变等,是图书馆内部运行体系的完善,也为图书馆开展阅读推广做了必要准备。

1920年,韦棣华女士在武昌创办文华图书科,仿照美国图书馆学校制度和图书馆学人才培养实践,培养中国图书馆人才,是中国图书馆学人才的重要培养基地。随着庚子赔款多余部分的退还,韦棣华女士为了推广中国图书馆事业,积极争取美国退还庚子赔款,用于发展中国图书馆事业。中华教育文化基金董事会第一次会议,决定将庚子赔款其中一部分用于"促进有永久性之文化事业,如图书馆之类",当代学者认为该决议"为新图书馆运动的进一步开展奠定了物质基础"[①]。

新图书馆运动促进民国时期图书馆数量迅速增长,在全国大范围设置类型多样化的图书馆,图书馆学教育的展开以及图书馆协会的成立,促使以图书馆为中心,辐射图书馆内外事宜的图书馆体系形成,促进民国时期图书馆事业多角度多层次发展,使图书馆与已有读者加强联系,或与潜在读者建立联系,进而发挥图书馆在读者与图书发生

---

① 来新夏:《中国图书事业史》,上海人民出版社2008年版,第401页。

关系的中枢作用。图书馆在推广社会阅读、辅助民众教育方面发挥了重要作用。

3. 民国时期图书馆读者服务内容的拓展

民国时期图书馆大范围多类型的设置，体系化的发展趋势，是图书馆服务理念的转变和图书馆服务内容拓展的基础，是图书馆吸引读者来馆阅览，并采取系列图书馆宣传推广活动，展开阅读推广诸多举措的必要前提。本节通过对民国时期图书馆服务，尤其是图书馆读者服务与图书流通业务的拓展，分析图书馆服务拓展本身对读者的内在需求，以及各类型社会教育共同发展对图书馆推广阅览的外在影响，从以读者为中心和以图书为中心两个角度，分别论述民国时期图书馆阅读推广的具体措施。

民国时期教育部几次修订《图书馆规程》或《图书馆条例》，主要是高屋建瓴予以方向性把握，不能体现图书馆服务的具体变化。本部分拟通过对比同一图书馆不同时期的规章制度，分析其历时差异性及这种变化产生的原因。

以浙江省立图书馆①为例，浙江省立图书馆章程有《浙江图书馆章程》（1912）、《浙江公立图书馆章程》（1917）、《浙江省立图书馆暂行章程》（1931）、《修正浙江省立图书馆暂行章程》（1934）、《浙江省立图书馆章程》（1941）、《浙江省立图书馆章程》（1942）六次修订，通过对比该图书馆不同时期章程，从图书馆宗旨、组织结构、职员执掌事项的变化，探讨民国时期图书馆服务内容的拓展。

---

① 浙江省立图书馆，前身为1900年设立的杭州藏书楼，1903年扩充改建为浙江藏书楼，1909年与浙江官书局归并创建浙江图书馆。1915年2月改名浙江省立图书馆，同年12月，据教育部《图书馆规程》，改名浙江公立图书馆。1927年11月，浙江省政府发文令改称浙江省立图书馆。抗战爆发后，浙江省立图书馆屡次迁徙，馆藏善本分批转移。1939年6月1日，汪伪"浙江省立图书馆"成立，1945年抗战胜利后，浙江省立图书馆迁返杭州，接收汪伪"浙江省立图书馆"。由于不同时期该馆名称稍有不同，为方便阅读起见，本文一律称为浙江省立图书馆。

（1）图书馆宗旨的历时变化

图书馆宗旨是图书馆设置的原因以及期望达成的目标。民国不同时期浙江省立图书馆章程所阐述的办馆宗旨稍有差异，为了清晰展示这些变化，以所收集的相关章程为资料基础，制成下表。

表 10-4 民国不同时期浙江省立图书馆宗旨对照表

年份	章程	宗旨
1912	浙江图书馆章程（1912年6月24日浙江都督批准公布）	未见有宗旨的表述
1917	浙江公立图书馆章程（1917年12月8日浙江省政府审定）	以储集中外图书，供人阅览
1930	浙江省立图书馆暂行章程（浙江省政府委员会第328次会议通过，1930年8月8日浙江省教育厅颁发）	以储集图书，保存文献，公开阅览，并辅导各县市图书馆
1934	修正浙江省立图书馆暂行章程（1934年8月8日浙江省政府委员会第697次会议通过，1934年9月20日浙江省教育厅印发）	保存文献、储集图书，供给阅览，促进社会教育，阐扬学术文化，并辅导本省各公私立图书馆
1937	浙江省战时各级图书馆工作大纲（1937年8月22日教育厅教字第321号代电颁发）	以指导民众参加全体动员之准备，从事抵抗敌人侵略，并指导民众应付战时种种智识为目的；运用平时已有之组织及活动，从事广大救国宣传工作，领导民众作长期抗战之准备①

---

① 《战时各级图书馆工作大纲》，《浙江教育》1937年第9期。

续表

年份	章程	宗旨
1941	浙江省立图书馆章程（1941年4月修正）	储集图书及地方文献，供众阅览研究，并举办社会教育，阐扬学术文化，辅导并协助本省公私立各图书馆设施
1942	浙江省立图书馆章程（1942年1月厅令修正）	储集图书及地方文献，供众阅览研究，并举办社会教育，阐扬学术文化，辅导并协助本省公私立各图书馆设施

（资料来源：浙江省图书馆志编纂委员会编：《浙江省图书馆志》，中国书籍出版社1994年版。）

从上表可知，浙江省立图书馆一直以储集保存图书和供给阅览为宗旨，这是设置图书馆的基本目的和基础职能，此外，由于不同时期的社会需求，图书馆办馆宗旨经历了3次拓展。第一次拓展在1931年，增加了辅导各县市图书馆的内容，这是"新图书馆运动"影响下，图书馆之间加强联系，近代图书馆体系形成的体现，也从侧面展示了县市级图书馆逐渐发展的趋势。

第二次拓展是在1934年，增加了"促进社会教育，阐扬学术文化"的内容，这与当时如火如荼的民众教育以及新生活运动的发起密切相关。该年，浙江省立图书馆馆长陈训慈发表《新生活运动与读书》一文，认为"新生活运动是一种社会教育运动"，必须与"读书求智运动并进"，公共图书馆作为"研究院、学校以外，最广大的求智读书场所"，除了能"整饬物质生活"，还可以"充实和改善精神生活"。由于"图书馆阅览事业的进展程度"是"检验社会读书风气重要的试金石"，因此，为了促进新生活运动，增进社会读书风气，要"尽力提倡民众利用公共图书馆"[①]，使广大民众养成到馆阅读的习惯，

---

① 陈训慈：《新生活与读书运动》，《晨光（杭州）》1934年第1—2期（合刊）。

并阐述了图书馆促进社会教育的重要作用。此外，浙江省立图书馆扩大了对其他类型图书馆辅导的范畴，从县市级图书馆的范畴扩大至"本省各公私立图书馆"。

第三次拓展与转向是在 1937 年，主要受战争这个外在因素的影响，被迫拓展图书馆宗旨和职能。浙江省教育厅在抗日战争爆发后，对各级图书馆战时工作的原则和方法加以指导。浙江省立图书馆在战争期间除了转移和保管图书馆珍贵馆藏外，还增加了以下内容"动员民众从事抵抗敌人侵略，指导民众应付战时各种智识；利用已有组织及活动，从事广大救国宣传工作，领导民众作长期抗战之准备"①。战争期间，图书馆工作也处于非常状态。

通过对浙江省立图书馆宗旨进行历时对比可知，民国时期图书馆宗旨变化，意味着图书馆职能的拓展和图书馆服务的延伸。

（2）图书馆服务内容的拓展

民国时候图书馆职能的拓展在图书馆事务中的体现，最直观的是图书馆内部组织结构的调整与变化，根据上述浙江省立图书馆不同时期的《章程》为例说明。

1912 年，浙江省立图书馆的组织和人事结构较简单，除了正、副馆长各 1 人外，下设司书员 2 人，"负责督同司书生收发图籍，兼访求采购图籍"；司书生 3 人，负责"收发图籍及藏书事务"；书记 2 人，负责"文牍、会计、庶务等事务"。从职员设置可知该馆的事务以图书为中心，除了正副馆长统筹图书馆事务外，共有图书馆职员 7 人，其中负责图书采购收发等事务的职员 5 人，占职员总数的 71.4%。此时，浙江省立图书馆已经开放阅览，只是当时该馆馆址设在偏远位置，读者到馆阅读不甚便利；此外，到馆阅读须使用观书券，"每张观阅书券三个铜元"，符合 1915 年教育部颁发的《图书馆规程》图书馆得

---

① 《教育类：战时各级图书馆工作大纲（教育厅二十六年八月二十三日第三二一号代电颁行）》，《浙江省政府公报法规专号》1938 年第 2 期。

酌收阅览费的规定，只是阅览费将很大一部分读者拦在图书馆外了。

1917年，浙江省立图书馆的组织结构发生了改变，根据图书馆主要事务的属性分类设置岗位，如馆长之下设管理员、编纂员、文书、庶务各1人，其中文书下设缮录1人；管理员下置掌书4人，负责图书收发保管事宜。将图书采购编纂事务独立出来，围绕图书而工作的职员6人，占职员总数的66.7%。此外，浙江省立图书馆除藏书室外，增设"挂图室、目录室和阅报室"，将原阅书室分为"男子阅书室、女子阅书室、儿童阅书室及特别阅书室"四类。是年，是"新图书馆运动"开始的年份，浙江图书馆阅览室的分类细化，是读者群体拓展的应对措施，也是为吸引潜在读者群体所采取的举措。

1931年，"新图书馆运动"影响下的浙江省图书馆组织结构再一次发生变化，图书馆组织结构渐趋成熟：馆长之下设"征集组、编纂组、阅览组和推广组"四组，"每组设主任1人，下设组员、事务员、书记若干人"。体现了上世纪30年代浙江省立图书馆的组织结构日渐体系化，并在阅览组下增加阅览指导事项；增设推广组，负责图书巡回、县市图书馆之辅导及其他推广事项。1934年，改推广组为辅导组；增加编目组，负责图书分类、编目和制卡等事项。1941年，浙江省立图书馆改组为部，设"总务部、采编部、阅览部、研究辅导部"四部。

从"新图书馆运动"开始，浙江省立图书馆开始设置多样化的阅览室，到上世纪三十年代以后，浙江省立图书馆设置阅览组（部），开始提供阅读者辅导服务；并开展巡回文库、巡回书车、图书代办处等图书流通业务；组织读书会，督促、辅导读者阅读；设置广告牌、发行宣传单（册）及刊登广告宣传图书馆，宣传阅读的诸多益处，呼吁民众积极阅读。以上种种，是浙江省立图书馆的阅读推广实践，也是民国时期各类图书馆开展阅读推广活动的缩影，是该时期图书馆服务内容拓展的体现。

1930年9月3日，浙江省教育厅颁发《浙江省县市图书馆暂行规程》，该章程由浙江省政府委员会第338次会议通过，对浙江省县市图书馆的宗旨和业务加以规定：县市图书馆的业务有6项，其中除了第六项"关于文献之保存，凡史料名著之收集，精抄名校之征存等事项属之"① 是涉及文献搜集保存业务外，其余5项图书馆业务都属于阅读推广的范畴，引原文如下：

一、关于阅读兴趣之提高者，凡馆内馆外之讲演、读书团研究会之组织等事项属之；

二、关于阅书机会之增加者，凡各种阅览室之开辟，分馆之举办，巡回书库书车之设置，日夜馆之开放，书籍之出借等事项属之；

三、关于阅览之指导者，凡阅书方法之指示，书报内容之讲述，阅书者疑问之答复等事项属之；

四、关于书报之介绍，凡新出书籍目录之揭示，书报提要之编辑，孤本藏版之翻印等事项属之；

五、关于参考材料组织供给者，凡专门学术参考之搜集、行政参考资料之搜罗等事项属之。②

该规程细化并规定了浙江省县市级图书馆职能范畴，尤其注重图书馆在阅读推广方面的业务，从推荐书目的制定、研究书目的搜集供给，到民众阅读机会的提供以及民众阅读兴趣的唤起等举措，图书馆不同职能之间各行其是，又相互联系，为县市图书馆的阅读推广实践提供政策指导，体现了新图书馆运动之后，县市图书馆职能的拓展。

三 阅读意识的萌芽和阅读能力在社会群体的下移

民国以来，各种社会思潮、文化运动的影响下，除了发展基础教

---

①② 《浙江省县市图书馆暂行规程》，《衢县教育》1930年第1期。

育外，通俗教育、平民教育、民众教育分别兴起，对非学龄民众展开识字教育、道德教育和生计教育等教育，培养基层民众的识字阅读能力，促进了民国时期大众阅读的产生和发展。

民国时期社会教育的一个重要工作是国民教育，对革命的性质及其必然性、国家公民意识的宣传，以期养成"新国民"意识。此外，各种社会思潮的传播，在实际宣传中呼吁民众参与，如新文化运动之"启迪民智"，开始对民众的启迪，1925年总理遗言之"唤起民众"，大范围推动民众参与北伐、支持国民政府。无论是政府还是各党派，都从规模不一的学潮和工潮中，注意到民众认知、吸引民众支持的重要性。

民国初年，虽然官方已经增加了对基础教育和社会教育的实施力度，但由于政治的不稳定性，政策的制定与实施之间隔着重重障碍，就民众本身而言，识字能力和知识有限，固有传统观念的束缚，经济和时间上的窘迫等因素的影响，基层民众很少具有通过阅读增长知识和增加生活技能的意识和能力。而随后开展的"通俗教育、平民教育、民众教育"等针对基层民众开展的社会教育，以识字教育为重心，尤其是"千字课"的开设和普及，使文盲能较快习得常用字，使其具有阅读能力的基础；其中国民教育（公民教育）对国民权利和义务相关常识的强调，逐渐改变"读书是一部分人的特权"的思想，普通民众对阅读产生渴望；与此同时，"新图书馆运动"对图书馆事业的宣传、鼓励和吸引民众利用图书馆降低阅读成本等举措，使基层民众参与阅读成为可能，虽然民国时期图书馆未能普设，但南京国民政府时期对基层民众教育馆的强制建设，民众教育馆设阅报室或图书室（部），增加基层民众参与阅读的可能性。

1928年，第一次全国教育会议通过《实施民众教育及社会教育案》，政府官方肯定了民众教育的地位，语言文字教育作为民众教育的中心任务，与"识字运动"的目标相契合。各地开设普设民众学校、民众教育馆、图书馆，通过语言文字教育，培养失学民众基本的阅读能力，并结合民众教育馆图书室、阅报室以及图书馆等公共阅读空间和民众读物供给站，辅助民众教育之语言文字的习得。南京国民政府前十年，政府围绕民众教育，自上而下建设民众教育网，在此过程中，政府对民众阅读的关注和强调，进一步推动社会一般民众参与阅读意识。抗战期间，国民政府内迁，还针对各地方图书馆、学校、社会教育实施机关开展图书教育的问题，颁布了关于图书教育的工作大纲。从部分民众萌生阅读意识，到政府主导和提倡民众阅读，拓展了社会各阶层、各群体参与阅读的意识，实现在中国阅读史上"精英阅读"向"大众阅读"的初步转型。

此外，不同社会群体出于不同的目的，开展系列阅读推广活动，即便当时文盲占80%的比重，至少在20%非文盲群体中，阅读意识在逐渐增强；随着对文盲识字教育的开展，阅读成为辅助识字教育的途径之一。各种不同主体开展的一系列与阅读直接或间接相关的活动，促成民国时期阅读意识和阅读能力在社会群体中的下移，为图书馆开展阅读推广打下了一定的思想基础。

四 大量民众读物出版发行

清末部分地区开始注重民众读物，1905年，山西报局以"晋省民智不开，于晋报之外，亟宜另设白话报，以资普及"。1908年，学部为使年长失学或贫寒不能入小学者，能应付"日用寻常所以应用"以及"可藉以谋生，不至流于邪僻"而编辑简易识字课本，为使民众皆能"明于忠君报国之义，藉为谋生学艺之资"[①]，而编辑国民必读，是为官方编辑出版民众读物之始，但是清末的民众读物相对有限，民众读物编辑出版的繁荣主要是在民国时期。

民国时期出版业发展，尤其是以上海为中心的地区，中小型出版企业在上世纪二三十年代繁盛一时。据汪耀华《上海书业名录》

---

① 杨才林：《民国社会教育研究》，社会科学文献出版社2011年版，第194页。

（1906—2010年）统计民国时期不同年份的书店数量，1911年新旧书店有150家，到1935年各类书店增加为261家，期间经历了旧书业的关闭，实际上新增的书店应该比两次统计数量的实际差额更多。朱联保在《近现代上海出版印象记》列出了上世纪二三十年代上海400余家书店，较《上海书业名录》记载的数量更多，部分书店仅短暂存在几年就关闭了，也是数量差别的一个原因。上世纪八十年代，朱联保回忆旧上海图书出版业时，描述上海三十年代的文化街，"上海市中心黄浦区内，东西方向的福州路、广东路，自河南中路起至福建中路一段，汉口路自河南中路至广西路一段；南北方向的河南中路、山东中路，自沿岸东路至九江路一段，街昭通路短短一段，这一区域内书店、报馆林立"，故新中国成立前被称为"文化街"；而苏州河以北四川路一带，被称为第二条文化街，可以窥见民国时期上海出版业的繁荣。

在社会教育如火如荼开展、阅读推广逐步推进的时期，广大民众是出版物的潜在消费者，民众读物的市场前景良好。这一时期不仅官方有通俗读物的编辑部门，民众教育馆也有编辑出版民众丛书、民众定期或不定期刊物及画报等通俗读物。各出版企业也针对普通大众的读者市场，除了出版民众教育的课本，如商务印书馆出版的《民众教育读本》、世界书局出版的《民众千字课本》、中华书局出版的《三民主义民众课本》等民众学校的课本外，还出版了一系列关于科学常识、文学欣赏、公民修养的民众补充读物，故该时期民众读物的数量增加、形式多样、内容丰富，为图书馆馆藏拓展和促进民众阅读增加了机会。

在政府政策支持下，我国图书馆事业得到较大发展，图书馆服务内容显著拓展；同时，随着民众逐渐萌发阅读意识，以及出版市场中大众读物日渐繁荣，图书馆阅读推广有较好的发育土壤，在该时期摸索着发展起来。

第三节　民国时期图书馆阅读推广的发展状况

一　民国时期的图书馆阅读推广

民国时期图书馆阅读推广的主要方式有图书馆推广、读书会、巡回文库及各类型展览。图书馆推广以新图书馆运动期间为代表，通过演讲、图片展览向大众宣传利用图书馆，图书馆事业得到一定发展后，逐渐拓展图书馆服务范畴，通过发传单、贴标语、设置巡回文库、开展主题展览、举办读书会等，向大众推广阅览。

目前能看到关于图书馆（民教馆）读书会的记载较多，不完全统计有吴县第一民众教育馆民众读书会、吴县县立图书馆儿童读书会、江苏省立教育学院实验民众图书馆读书会、江苏省立徐州民众教育馆实施区成人读书会、上海妇女教育馆妇女读书会、上海县颛桥民众教育馆颛桥读书会、上海县第一农民教育区颛桥农民教育馆定期读书会、上海县图书馆儿童读书会、上海县公共图书馆成人读书会、宜兴县立公共图书馆读书会、福建省立民众教育馆读书会、福建省立民众教育馆儿童读书会、鄞县县立图书馆成人读书会、鄞县县立图书馆儿童读书会、崇德民教馆读书会、山东省立民众教育馆附设儿童读书会、安徽省立图书馆成人读书会、安徽省立图书馆中学生读书会、安徽省立图书馆儿童读书会、安徽省省立第三民众教育馆民众读书会、阜阳县立民众教育馆民众读书会、广西省立民众教育馆民众读书会、广西省立民众教育馆儿童读书会、邕宁县立民众教育馆民众读书会、浙江省立民众教育馆小朋友读书会、铜山县公共图书馆成人读书会、北碚图书馆暑期读书会、民生公司职员读书会，等等。读书会的对象有儿童、学生、成人、妇女等群体。

民国时期巡回文库从图书馆无法普设的重要补充，发展成图书馆的外延服务。民国时期巡回文库的开展较早，韦棣华女士于1914年在文化公书林设置巡回文库；同年，海城县立图书馆设巡回文库两处，次年增设巡回文库12处。1918年沈祖荣开展全国图书馆调查，共有33所图书馆反馈调查表，其中有5省公共机关分设巡回文库22处，而同年关于社会教育的统计中显示截止该年，全国范围内设置的巡回文库有259处。但是在公开文献中记载关于巡回文库设置事宜的，仅有京师小学教员巡回文库、海城县立图书馆巡回文库、江苏省教育厅训令之议案以及无锡县图书馆创办巡回文库，为后来巡回文库大范围、多主题的开展拉开序幕，也开启了民国时期阅读推广实践的另一有效途径。现有文献关于民国时期巡回文库最多的是江浙一带，江苏为首，其次是浙江、湖北、奉天、山东、广东、福建、湖南、云南、江西、黑龙江、辽宁、吉林、山西、广西、安徽、四川、西康等地。亦即除了西藏、热河、察哈尔、新疆、青海等地没有见到相关文献记载，其他各地几乎都曾举行了规模不一的巡回文库推广阅读实践。

民国图书馆在实践中拓展图书馆阅读推广的内容和形式，若以阅读为中心，可分阅读前、阅读中、阅读后三个阶段，分别阐述民国图书馆在读者阅读各阶段提供的读者服务。

（一）阅读前——图书馆使用方法的推广

沈祖荣先生在《在文华公书林过去十九年之经验》一文中，描述了公书林成立之后的到馆阅读状况，"那时来馆阅书的人，寥若晨星，几乎门可罗雀"，他们采取了多种方式推广图书馆，首先吸引文华本校的学生来公书林看书，结果是"不徒学生们来的，不过翻阅几份日报，读几本杂志。茫然而来，轰然而去"[1]。可知在民初，即便是高校学生，对图书馆很是陌生，并且不明白图书馆使用方法。

针对上述情况，文华公书林调整策略，联系各教员了解学生需要阅读的相关书籍，检出单独陈列，便于学生查找使用，在本校学生逐渐了解和掌握图书馆使用方法之后，又到武昌各官立学校动员校长和

---

[1] 《在文华公书林过去十九年之经验》，《文华图书科季刊》1929年第2期。

教职员，请他们劝令学生前来阅书，成效并不明显，因为他们认为"天地间安有这好的事，他们从美国捐钱来买书，给中国人读，恐怕当中含有别的嗅味"①。由此可见，教职员、学生尚且觉得图书馆是陌生事物，遑论普通百姓，民国时人对图书馆的陌生、质疑、谨慎的态度，使得图书馆事业以及图书馆使用方法的宣传和推广成为要务之一。

让民众了解图书馆，吸引民众来馆，是阅读的前提，民国时期图书馆事业的宣传和推广从在图书馆门口、街道设置广告牌，散发图书馆宣传册（单），在地方报刊上刊登图书馆广告等，到请专家名人进行演讲，加以宣传推广，早期的图书馆人做了各种形式的尝试，为推广图书馆以及图书馆使用方法，以达成图书馆图书与读者建立联系，即读者进入图书馆阅读。

随着"新图书馆运动"的展开，图书馆数量增长势头可喜，各地设置各级各类型图书馆，图书馆使用方法的介绍更为重要，图书馆学人译著出版了介绍图书馆使用方法的图书。与此同时，中国基督教青年会发起读书运动，邀请胡适等名人讲演读书的重要性，以及如何读书，为想要读书的人指导读书方法、研究学问的方法，等等，而图书馆以其丰富的图书资源，成为重要的辅导机构，也促使民众掌握图书馆使用方法，促进图书流通，以达到利用图书馆藏书的目的。图书馆推广组应内外要求而成立，除了介绍宣传图书馆利用方法，还帮助扶持其他图书馆建设，以期更适于民众使用。

如阅览室设置的变化，图书馆从清末民初开始设置阅览室，到根据读者性别、年龄分设阅览室，或根据读物类型来设置阅览室，方便读者阅览。如北京市立第一普通图书馆阅览室设置："分大阅览室（72人）、新闻阅览室（40人）、儿童阅览室（60人）、杂志阅览室（32人），阅览室的开放阅览时间9：00—17：00（11月—3月）或者是8：00—18：00（3月—10月），阅览概无限制，图书可外借。为便

---

① 《在文华公书林过去十九年之经验》，《文华图书科季刊》1929年第2期。

利阅览者起见，与市内各公私立图书馆及学校图书馆皆有联络，各馆图书均可互借"①。可知三十年代的图书馆，为了便利读者到馆阅览，采取了细化阅览室分类，放宽借阅限制，以及开展馆际合作等举措。

此外，为便利民众借阅图书，在乡镇、学校、街道等地设置巡回文库，将图书馆图书按时分批提供给边远地区或忙碌无暇来馆的民众阅读。组织民众读书会，将有阅读意向的民众汇集起来，形成一种空余读书的氛围，以读书会会员为媒介，将更多民众吸引到图书馆，感受阅读，并加入阅读。

(二) 阅读中——阅读指导

在图书馆宣传推广图书馆使用方法的同时，图书馆本身也在发生变化，如上文提及即便读者到了图书馆，除了阅读报纸杂志以外，不知如何着手图书查找。这与当时图书馆的分类、编目以及索引编制密切相关，民国时期图书馆学人就图书馆的分类编目也进行了多方探索，不同图书馆可能采用不同的分类编目，有继承中国传统目录学分类法，如四分法；有采用西方图书馆分类法，如杜威十进分类法；也有兼顾二者的，将中文图籍和外文图籍采用两种不同的分类编目等等。对于读者而言，没有目录学的基本常识，只是检索目录查找图书就很费神。

在没有统一分类法和编目索引制定的标准时，图书馆编纂组在书目编撰、索引编制时面临极大挑战，既要求对藏书进行科学的分类编目和索引编制，又要条目明晰，便于读者使用。通过图书馆学人和目录学家的努力尝试，在引进卡片式目录之后，通过图书馆员对读者进行简要介绍，指导读者如何检索图书，让读者面对馆藏从茫然到有序可循。或者由图书馆员根据读者的阅读意向，根据书目或索引快速地为读者推荐或选择图书，是为图书馆从编目索引为民众在图书选择上

---

① 《民国二十七年五月北京市立第一普通图书馆概况》，载吴廷燮等纂《北京市志稿 文教志（下册）》，北京燕山出版社 1998 年版，第 413—414 页。

提供的初步服务。

其次，在阅读过程中，由图书馆新增的阅览组（部）在阅读过程中给予阅读辅导，阅览组职员的职责相对灵活，对读者进行阅读辅导的形式多样，读者在阅读过程中遇到疑难问题，可以直接向图书馆员寻求帮助，图书馆员可当面给予答疑；或者由读者通过文字提问的形式，提交图书馆员，稍后或在读书会常会上给予解答；抑或由图书馆员向专业人士请教，然后给予解答；或介绍相关图书，让读者从书中寻求答案。图书馆组织读书会的辅导员，一般都是图书馆馆员兼任，不仅在阅读过程中给予阅读辅导，还在阅读后通过不同形式的考核，对读者阅读行为和成效加以辅导。

（三）阅读后——读后奖励机制

民国时期图书馆及民教馆图书部（室）组织的民众读书会，对有阅读意向的民众，使其免于时间和金钱的限制，提供阅读机会，一方面在民众中宣传和推广图书馆，使更多的民众了解图书馆，使用图书馆，实现图书馆存在的价值。图书馆职员在民众读书会中担任主任或辅导员，除了在读书会阅读过程中辅导读者阅读，在读书会读书时间之外，批阅读书会会员提交的读书报告或作文，根据读书报告语言文字、理解层次等分级评分，并给成绩优秀者以图书或实物奖励，用奖励机制鼓励民众读书。

此外，通过组织读书会周会，鼓励不同会员训练表达能力及讨论意识。如儿童读书会的周会，会组织小朋友们将阅读的故事以表演的形式展示出来，既增加会员的理解，又促进儿童表现力及交流沟通能力的发展。读书会周会的主要议题之一是会员报告，会员报告阅读图书的感想或了解到的知识，使其他未阅读该书的人大致了解图书内容，辅导员在报告会上对读者理解偏差或有疑义的地方予以指正，并不时邀请学识丰富的人来讲演，拓展会员的眼界和知识面。

上述图书馆读者服务无论是在阅读前，还是阅读过程中，抑或阅读后续的服务，贯穿在图书馆事业以及读者阅读活动中，具有连续性，是图书馆阅读推广整体事业的构成部分。

民国时期图书馆事业的发展，社会整体环境的变化，丰富了图书馆的宗旨，拓展了图书馆的服务内容和服务范畴，吸引了大量民众认识图书馆、了解图书馆、走进图书馆，是图书馆自身业务拓展的影响；随着社会阅读意识的下移，图书馆读者群体下移，使图书馆在辅助教育、支撑社会教育、推广社会阅读、改良社会风气等方面产生积极影响。

二 图书馆阅读推广对象的拓展

新文化运动至抗战爆发期间，大众阅读发展趋势良好，体现在读者数量的增加和读者群体的拓展，通过民国时期不同图书馆的相关统计数据，分析阅读群体的变化。

表10-5 1929—1933年天津市市立通俗图书馆读者阅览统计表①

年份	男读者（人）	女读者（人）	儿童读者（人）	总计（人）
1929	338816	1702	62416	402934
1930	494191	4645	104868	603704
1931	464811	4923	103621	573355
1932	537096	5323	62507	604926
1933	929324	11444	48796	989564

资料来源：天津市市立通俗图书馆五个年度阅览人数统计表：《天津市市立通俗图书馆月刊》1934年第4—6期（合刊）。

天津市市立通俗图书馆1929年有6所，1930年增至7所。通过上表分析可知，1929年—1933年间，天津市市立通俗图书馆阅览人次统

---

① 《天津市市立通俗图书馆五个年度阅览人数统计表》，《天津市市立通俗图书馆月刊》1934年第4—6期（合刊）。

计主要以年龄为读者群体的首次划分依据，14（16）岁以下为儿童，儿童读者统计时不分性别；14（16）岁以上为成人，其中又根据读者性别分为男性读者和女性读者。男性读者群体占主导地位，儿童读者次之，女性读者所占比重最低。五年间到馆阅读总人次整体上呈增长趋势，不同读者群体的变化趋势不同，男性读者年阅览人数增加最多，但由于1929年该群体阅读基数较大，故男性读者群的增长趋势反而不是最明显的，相对平缓。儿童读者在1930年和1931年的增长迅速，但1932年和1933年两年间，到馆阅览人数直线下降，甚至跌破了1929年的阅读基数。其中女性读者群体增长趋势最明显，1933年女性读者群体到馆阅读人次是1929年的6.7倍，虽然女性读者到馆阅览总人次最少，但是体现了一个明显的趋势，即女性读者群的拓展。

民国时期大众阅读的发展，在读者群体的社会身份上也有所体现，虽然民国时期不同地区图书馆对读者的社会身份分类稍有不同，但总体上有相同的趋向。如妇女单为一类，然后再根据男性读者的具体工作性质，学生、教员、党政、军警、商人、农民（或工农）、儿童、普通（这个普通类含义相对模糊）、部分图书馆还设有参观人、阅报人等分类。

其中工人、农民、商人以及妇女这四个读者群体的阅览人数较少，与其他类别读者的阅览人数相比，有一定的差距，但是从历时阅览史的角度来分析，工人、农民、商人以及妇女参与阅读，具有重要的历史意义。中国传统"士农工商"的分类，虽然儒家强调以农为本的思想，但是在阅读尚是一部分人的特权时，只有"士"名正言顺地拥有阅读的权利和身份，农民、工人、商人是被摒弃在传统的读者群体之外。此外，"三从四德"等传统观念对女性思维的禁锢，妇女也不能享受阅读的权利。但是在民国时期，阅读活动对社会身份的限制被打破，反而呼吁尽可能多的民众参与阅读，通过阅读了解相关知识，掌握生活技能，养成"新国民"，进而促进国家的强盛。虽然这四类读者月到馆阅读人数有限，但是诸事开头难，从他们拥有阅读意识和阅读能力，这只是大众阅读的开始。

　　图书馆针对工商读者群，到街道、商铺、工厂设置巡回文库或巡回书车，为工商读者群体提供读物。在赶集时间前往乡镇集市或城隍庙，陈列图书报刊，供农民阅览。图书馆对边远地区民众到馆阅读不甚便利，开展图书代办点、巡回文库、通信借书等业务。妇女读者的拓展，也对图书馆产生一定影响，图书馆季刊曾刊载了两幅照片，一幅是墨西哥母亲读书会，一张是国内某图书馆妇女读书会，两张照片有异曲同工之处，即虽然名为母亲读书会或妇女读书会，照片上出现的却不仅仅是母亲，几乎每个母亲身边都依偎着孩子。也意味着妇女在家庭教育中的重要性及其阅读行为对孩子的积极影响。

　　随着新图书馆思想的传播和图书馆阅读推广实践的增多，读者群体得以拓展，图书馆用各种形式推广阅览，引起民众阅读兴趣，培养民众阅读习惯的举措，扩大了社会阅读的群体和范围。

第四节　民国时期图书馆阅读推广个案研究

　　据现有文献可知，由于地区发展不平衡以及受战争影响程度的不同，民国时期重庆地区巡回文库设置较东部沿海省份稍晚，现存民国时期巡回文库相关档案主要集中在上世纪三、四十年代，散见于不同全宗。综合当时公开发表的巡回文库相关文章、事业报告等资料，对北碚管理局民众图书馆和民生公司图书馆巡回文库开展专题研究。

一　北碚管理局民众图书馆巡回文库概况

　　民国时期重庆地区设有巡回文库的有重庆市立图书馆、峡区图书馆、民生公司图书馆、嘉陵江三峡乡村建设实验区署等单位，就巡回文库的性质来分，有公立和私立两类，从巡回文库设置的层级来看，从市县级、区级、学校、乡镇以及民生实业有限公司下属诸单位等都有设置，约略可知该时期巡回文库的应用范围较广。现存文献记载较多的主要是北碚管理局民众图书馆①和民生公司图书馆，本部分以这两馆为例，进行典型分析。

1928年，峡区图书馆创办后，以"收藏图书供人阅览""指导人阅览"②为宗旨，开展了一系列推动社会阅读的活动，通过设置分馆、书报流通处以及在人流量大的公园设置图书担等方式，为民众提供阅读的机会和读物。1932年，峡区图书馆在峡局军事股设书报流通处，以"扩充巡回图书处，便利官兵教学与阅览，改善官兵生活，增进志气与能力，强迫读书习惯之修养"③为宗旨，可知峡区图书馆当时已经意识到巡回文库在拓展阅读方面的作用，并有意识地扩充图书巡回事业。

1936年，嘉陵江三峡乡村建设实验区民众图书馆针对到馆阅览人数、借书人数及书籍等相关统计数据，分析到馆阅览的读者主要是"学生、教师、公务员及市民，很少有劳工、小贩、学徒和农人们的足迹"，故创办巡回图书担，"想把馆内适当的读物，尽量介绍给民众，并尽量推广到民间去"④。该馆也意识到巡回图书担推广阅读会面临重重困难，故计划有步骤地开展巡回图书担的实践，体现在巡回图书担目标的层次性和区域的有序拓展。前者通过巡回图书担依次实现"把图书送上门""借此推广民众教育和公民教育""提起普遍的读书兴趣，增高一般的文化水准"三个目标；后者如首先"在北碚市附近五里以内挨户送书"，然后准备"作放射式的推广到四乡，到各场"⑤，主要是由近及远，由街市向乡下的区域拓展规划。

巡回图书担在实践过程中，送书上门的方式便利民众，民众乐于接受这样的阅读推广，从"接受送书的人，几乎全是劳工、小贩、店

---

① 北碚管理局民众图书馆，亦称峡区图书馆、中国西部科学院图书馆、嘉陵江三峡乡村建设实验区民众图书馆、北碚民众图书馆，是同一馆不同时期的称呼，有时也简称民众图书馆。
② 《峡区周年来事业》，《嘉陵江日报》1928年6月30日。
③ 《峡局军事股书报流通处简章》，《嘉陵江日报》1932年11月3日。
④⑤ 张慧生：《巡回图书担的实验》，《工作月刊》1936年第4期。

员及妇女"可知，没能到馆阅读的民众，并非拒绝阅读，一旦提供阅读的机会和读物，他们是乐于阅读的。根据巡回图书担的民众接受和欢迎程度，于1937年4月，该馆扩大了巡回图书担的工作范围，"现该馆在本乡第七保和第三十三保两处活动，与义务教师切取①联络，每三日前去一次，最近将扩大工作范围，准备到第八保进行宣传读书之重要，以期将有用之智识介绍到农村去，俾愚对当前社会亦有所认识"②。可知该时期民众图书馆巡回图书担呈增长趋势，虽然增长速度不快，一保一保逐步增加。

北碚民众图书馆除了设置巡回图书担以外，因为"对于图书之流通，系极注意，而流通之口，尤以巡回文库，收效最大。故该馆前有巡回文库6只，巡回于各公安队及区立小学校间，然各保义务学校，尚未普遍巡回，日迭向该馆请求，但因不敷分配，卒未设置"③。可知该馆通过巡回图书担送书上门和设置巡回文库两种巡回方式推广民众阅读。从该馆当时巡回图书担和巡回文库的设置区域来看，巡回图书担当时主要在该馆5里范围内巡回图书，而巡回文库则主要设置在各公安队和区立小学，该馆巡回图书的范畴主要在北碚城区及城郊。

1937年4月，重庆李果生先生向嘉陵江三峡乡村建设实验区民众图书馆捐赠所藏图书，共4505册④。正当民众图书馆面临"书籍不够，感到供不应求的困难"之时，李果生先生的图书捐赠恰似一场及时雨，为民众图书馆解决了书籍不够的问题。于是，该馆在收到图书后分类编目，"装置旧有书箱内，合现有巡回文库四十个，巡回各学校间"⑤，即将巡回文库巡回的范畴拓展到各乡各保，并制定了《民众圕学校巡回文库巡回办法》。附原文如下：

---

① 原文即"切取"二字。
② 《民众图书馆巡回图书担将扩大工作范围》，《嘉陵江报》1937年4月10日。
③⑤ 《民众图书馆便利乡民读书拟定巡回文库办法》，《嘉陵江报》1937年5月11日。
④ 《三峡乡村建设实验区图书馆敬谢李果生先生》，《嘉陵江报》1937年4月2日。

1. 本馆为各乡师生及学生家属阅读之便利,特设巡回文库,其作用在增进教育效率、传达现代文化深入农村为目的。

2. 学校巡回文库由学校负责人管理之,期达前项目的。

3. 文库每月更换一次,必要时得由本馆伸缩时间。

4. 收到文库须照目录清点并出收条为据。

5. 义务巡回文库暂以两校为一组,共文库一个,无文库之学校,得分本组一半之书刊陈列,该校两星期后再更换其余一半,但在文库更换之三日前归还原库,其手续如左:一、更换文库之后一日,由无文库之学校教员到本组领文库之学校领取,于两星期后再更换其余一半;二、由两校管理人当面撰择清点出据,交文库管理人保存;三、领回照本办法上规定执行图书之管理;四、更换文库之前五日将借出图书收齐于文库更换前三日送还原库;五、有图书遗失未还清事,由学校负责人于更换时报告本馆照章处理。

6. 本文库须陈列于方便地方,使学生及乡人得于指定时间在室内开放借阅不得借故关闭。

7. 管理者得斟酌情形许学生及学生家属填写借书券,借回家中阅读,定期归还,全责由管理人负责。

8. 管理人应逐日填写统计表。

9. 文库管理推进情形随时由本馆派员稽查。

10. 如管理人有调进退清事,文库须移交清楚,否则为后届负责人是问。

11. 文库书籍遗失损坏照定价加二分之一赔偿。

12. 本办法应用于巡回之学校。①

---

① 《民众圕学校巡回文库巡回办法》,时间不详,重庆市档案馆藏,档号:0081-6-14。

1937年5月，在李果生图书捐赠的促进下，嘉陵江三峡乡村建设实验区民众图书馆为当地47所义务小学校配置了23个巡回文库，其中"北碚镇10个、黄葛镇3个、文星镇4个、二岩镇2个、澄江镇4个"①。该馆将巡回文库配发各小学校之后，"为明了巡回文库实际状况，及在乡间所收效果，以资作为改进标准起见"②，于本年6月8、9日，派辅导员周述亨③下乡视察北碚镇和黄葛镇的巡回文库，以便发现文库在巡回中存在的问题，并有针对性地加以解决。同年10月，该馆将巡回文库的数量从23个增至35个，巡回地点依然主要设置在各义务小学。

从现有文献可知，1936—1937年间，嘉陵江三峡乡村建设实验区图书馆在图书巡回方面的实践，在义务小学校中以巡回文库为主要方式，在城区市民中以巡回图书担为主要方式。在该馆1938年的工作计划中，对巡回文库的工作规划有"巡回文库一月内全部收回整理，二月内全部发出，由蓝际钦、李文达负责"④，可知，1938年该馆还是将巡回文库的开展，视为该馆的主要工作之一。巡回范畴也由城区及城郊拓展至乡镇，重庆市档案馆藏有民国时期该馆巡回文库到乡镇后，有关于通知各保前来领巡回文库的通知，"来贵镇文化股领取巡回文库为要"⑤，详见下图。

---

① 树亨：《北碚黄葛两镇义务校巡回文库视察记》，《嘉陵江报》1937年6月12日。
② 《民众图书馆派员下乡视察巡回文库》，《嘉陵江报》1937年6月8日。
③ 周述亨：北碚管理局民众图书馆工作报告及工作计划中作"周述亨"，嘉陵江报载《巡回文库视察记》一文作者写作"树亨"，经考证为同一人。
④ 《民众图书馆二十七年上半年工作计划大纲》，时间不详，重庆市档案馆藏，档号：0081-3-44。
⑤ 《关于前来镇文化股领取巡回文库的通知》，时间不详，重庆市档案馆藏，档号：0081-1-7。

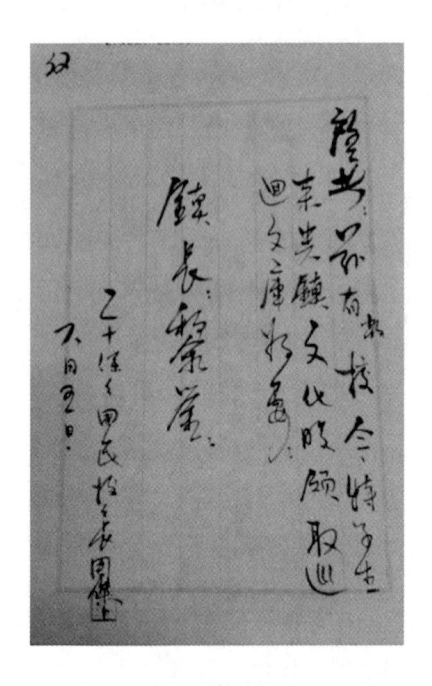

图 10-1　关于前来镇文化股领取巡回文库的通知
（资料来源：重庆市档案馆，全宗号：0081）

李爵如领到巡回文库的收据，"领到民众图书馆巡回文库第一号，库内计一百一十三本，此据"①，见图 10-2。

1941 年方有关于该馆巡回文库的相关消息，嘉陵江三峡乡村建设实验区长卢子英颁布训令，要求该区民众图书馆编配巡回文库，供给各学校使用，"本署为增进教师教学智能，提高教育效率起见，凡区属各乡镇中心学校，由该馆按照附表各组配合文库交由各中心校参考"②。

---

① 《李爵如领到民众图书馆第一号巡回文库的收据》，时间不详，重庆市档案馆藏，档号：0081-6-67。

② 《关于编配嘉陵江三峡乡村建设实验区巡回文库的训令》，时间不详，重庆市档案馆藏，档号：0081-4-67。

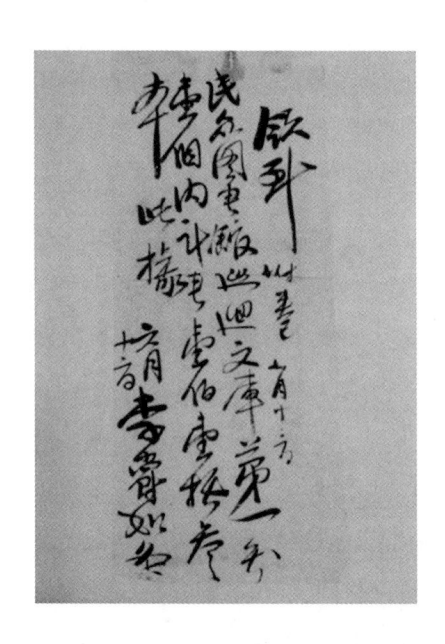

图 10-2　李爵如领到巡回文库的收据

（资料来源：重庆市档案馆，全宗号：0081）

虽然北碚设置巡回文库的时间较东部沿海城市稍晚，但是该馆具有巡回图书的意识之后，根据当地的实际情况，尝试不同类型的图书巡回方式，在文库巡回过程中积极发现问题，并尽可能地解决问题。民国时期重庆地区除了北碚民众图书馆巡回文库相关文献保存较多之外，还有较多文献记载民生实业公司图书馆巡回文库相关实践。

二　民生实业公司图书馆巡回文库实践分析

1931 年，民生公司从合川迁至重庆，创办了民生公司图书馆，亦称民生实业公司图书馆。1933 年，该馆拟在各分公司、办事处创设图书分馆，同时举办巡回文库，1933 年 1 月 19 日民生公司至民生机器厂的函件有相关记载：

兹通知事　本公司为适应各部职工及搭轮旅客读书之需要起见，决于宜昌分公司、上海办事处、合川电水厂、民生修理厂创设图书分馆，于船上创设固定文库，于各部间举办巡回文库，由本公司事务总所图书馆自行规划办理外，所有各分公司、办事处、电水厂、修理厂图书分馆暨各轮固定文库设备等项，均应各就当地情形拟具详细办法，于文到两周内送交总事务所。图书馆月备参考，兹更印发问题九项，务希分别确切答复，连同前项办法。①

从这份档案可知，民生公司图书馆为了促进流通图书，便利职工及旅客阅读，提出了创立分馆、固定文库、巡回文库等方法，并要求各分部根据各地实际情形拟定轮船巡回（固定）文库具体办法，目前尚未看到各分部拟定的巡回文库详细办法的文献，而重庆市档案馆保存有《民生实业公司图书馆巡回（固定）文库阅览规约》《民生实业公司图书馆巡回文库管理规约》，可大致了解民生实业公司图书馆巡回文库的具体运行。该馆《管理规约》内容如下：

1. 所有图书一律由总馆发给，不得自行采购。
2. 文具纸张表册一律由总馆供给。
3. 旅客持船票换阅览券时，须在船票上注明旅客姓名及书名，以便收票时查对。
4. 每日须将阅览券汇集订好，并分别登入日记各项，月终时送来总馆，以便统计。
5. 巡回办法　巡回文库之移转应照总馆通知办理，不得随意转交。
6. 移交手续　文库由此轮移交他轮时，双方须逐一点清后，

---

① 《关于拟予宜昌分公司、上海办事处、合川电水厂等创设图书分馆、举办巡回文库等致民生机器厂函》，时间不详，重庆市档案馆藏，档号：0207-6-5。

注明移交表，并签字盖章以清手续。

7. 如有污损遗失，按阅览规则第五项办理，并报知本馆。

8. 凡有赠送或寄存图书者，应交总馆，以凭办理登记登报等事。

9. 凡旅客职员有意见发表时，管理人应虚心接受，并报知总馆，以便斟酌改善。

10. 管理人遗失钥匙，不问其为何种原因，均需取薪洋七角，以资补□。①

该《管理规约》是民生实业公司图书馆针对各巡回文库的管理制度，以巡回文库负责人为对象，强调该馆巡回文库的所属，以及应具有的原则和纪律。包含了巡回文库图书的购备和配置，巡回途中各种图表工具的供给，文库的巡回办法和巡回路线，文库管理人员的职责等内容，档案《管理规约》较该馆公开发表的《管理须知》② 多了第10条，管理员职责范围内遗失巡回文库钥匙必须赔偿的内容。从相关档案来看，各巡回文库在巡回途中，难免有疏漏，有该馆至民生机器厂催还巡回文库钥匙及遗漏书籍的函件，"贵厂送还之第49号巡回文库，业经收到，惟尚欠书籍五册（《世界航空现状》《实用汽车修理学与工业化》《材料强度学》《女儿书》《青春的梦》）、第九号钥匙一把，请从速交还，以清手续为荷"③。在文库巡回过程中，存在疏漏图书或钥匙的情况，民生实业公司图书馆清点时发现遗漏，故致函催还，若属遗失，则须赔偿，从《管理规约》的第7、10条以及《民生实业公司图书馆巡回（固定）文库阅览规约》第5条可知。

---

① 《民生实业公司图书馆巡回文库管理规约》，时间不详，重庆市档案馆藏，档号：0207－6－4。

② 任家乐、李禾：《民国时期四川图书馆业概况》，四川大学出版社2013年版，第62页。

③ 《关于从速交还民生机器厂第49号巡回文库钥匙致该厂的函》，时间不详，重庆市档案馆藏，档号：0207－6－4。

1. 阅览权　凡属本轮职工、旅客，均得享受。

2. 时　间　除本轮职工随时均可借阅外，旅客则在起程查票后借书，收票前还书。

3. 借书规定　每次一册为限，可以续借。

4. 借书手续　除本轮职工填明阅览券外，旅客则将船票向管理人换取阅览券借阅。

5. 借出图书如有污损，斟酌赔偿，遗失则照价加倍赔偿。

6. 固定文库内所有参考书籍一律限于管理室参考。

7. 附则（1）凡愿赠送或寄存图书者，本馆极表示欢迎。（2）凡寄存之图书，须将姓名写明，以便登记，如系赠送，则更记于该图书上，永久纪念，并登《新世界》鸣谢。①

从该馆《巡回（固定）文库阅览规约》的对象可知，文库最初主要设置在轮船上，巡回文库图书的借阅对象主要是轮船职工和旅客。档案《阅览规约》与该公司公开出版的阅览规约相比，除了行文略有不同之外，内容上也有细微差别，一是档案《规约》对借书的规定，除了"每次一册"的限制外，多了"可以续借"一条；二是公开《规约》有"职工借取之书，如遇旅客填券索阅时，当即让与"②一条，档案《规约》无；三是遗失图书的赔偿方面，公开《规约》要求"照原价加三倍赔偿"③，档案《规约》中则是"照原价加倍赔偿"；四是附则中对赠书人刊登致谢的载体不同，公开《规约》表示"登报鸣谢"，档案《规约》可见修改痕迹，将"登报鸣谢"改为"登《新世界》鸣谢"。从这些差异可知民生实业公司图书馆在巡回文库的实践

---

① 《民生实业公司图书馆巡回、固定文库阅览规约》，时间不详，重庆市档案馆藏，档号：0207-6-4。

② 任家乐、李禾：《民国时期四川图书馆业概况》，四川大学出版社2013年版，61—62页。

③ 《本公司图书馆巡回（固定）文库阅览规约》，《新世界》1933年第29期。

尝试和章程修订。

1937年，民生实业公司图书馆馆长张蓬扉在工作报告中，回顾了该馆巡回文库的发展历程，该馆的巡回文库从"1933年的20个木箱，到1934年增至40个，而1935年增至80个，其中大箱20个，小箱60个，每个巡回书箱可装图书100册，每两个月调换一次，该图书馆分发于巡回的图书共有6266册"，该馆巡回文库的覆盖范畴，"从该公司的轮船拓展至各分公司办事处及公司有关之事业团体"[1]。民生公司图书馆的巡回文库从产生到发展，仅用了短短几年，就将发展起来的各公司事业所在地纳入巡回文库的范畴，由于民生公司客轮的航行路线远近不一，从地域上看，民生公司图书馆文库巡回路线地理范围广阔，与中国东部铁路客运的巡回文库一样，具有跨地区的特点。

鉴于该馆巡回文库的有效实践，在当时的实业界产生了一定的影响，1938年12月15日，渝陕相关各事业经济调整委员会致函天府煤矿公司，"本会欲起各事工作人员公余读书起见，特与民生公司图书馆商洽借书办法，已得民生图书馆同意，在贵公司设立巡回文库。即请贵公司指派专员负责直接与民生图书馆接洽，每月由贵公司作一阅书统计（人数书各）送交本会，除已函民生图书馆外，即希查照为荷"[2]。从上述函件可知，民生公司图书馆不仅在其事业范围内开展巡回文库，还拟为其他公司职员设置巡回文库，目前尚未看到该巡回文库成功设置的记载，据相关学者的研究成果推测，应该是尚未设置。因为1938年冬民生公司图书馆被一场夜火焚毁了大量馆藏，该馆受到重创，加上战争影响，由是中止了巡回文库的设置[3]。民生实业公司

---

[1] 张蓬扉：《公司图书馆三年来之回顾及今后之展望》，《新世界》1937年第5—6期（合刊）。

[2] 《渝陕相关各事业经济调整委员会关于设立天府矿业股份有限公司巡回文库并请派员负责阅书人数统计事宜致天府矿业股份有限公司函》，时间不详，重庆市档案馆藏，档号：0240-29-11。

[3] 任家乐：《民国时期四川图书馆事业研究》，博士学位论文，四川大学，2013年，第175页。

巡回文库虽然仅存在短短数年，从该馆巡回文库的发展速度和社会影响力，依然能推断该馆在民国时期对巡回文库的积极实践。

此外，重庆地区还有其他图书馆（含民教馆图书部）在民国时期设置了巡回文库，重庆市立图书馆由"阅览部负责分馆、阅览场、书报流通处及巡回文库"[①] 相关事宜，1939 年该馆遭日军空袭炸毁，现存该馆巡回文库实践的文献较少，无从详考。重庆市立民众教育馆在 1939 年"创制巡回文库车"[②]，以推广阅读。而 1941 年，重庆市社会局训令，令重庆市立图书馆转饬所属各图书馆办理巡回文库一事[③]，重庆市立图书馆以该馆于 1940 年已经与三民主义青年团渝市各青年服务社、青年馆办理阅览场，阅览场的性质和阅览办法与巡回文库相近，且经费人员限制，不拟另外举办巡回文库[④]。

综上可知，北碚管理局民众图书馆和民生实业公司图书馆开展的巡回文库实践，利用巡回文库的因地制宜的灵活性，结合地方的实际情形，有效地开展阅读推广，并取得一定的成效。

第五节　民国时期图书馆阅读推广的影响分析

民国时期图书馆在储集中外图书，供给民众阅览，辅助教育，开展社会教育、图书教育等方面，发挥了重要作用；在抗战期间辗转保存图书，积极收集地方文献和战时文献，利用战前推广阅览的组织，如读书会、巡回书车（流动教育车）等进行抗战宣传，唤起民众爱国热情，激励国民抗战决心。纵观民国时期阅读推广活动的整体发展状

---

① 任家乐、李禾：《民国时期四川图书馆业概况》，四川大学出版社 2013 年版，第 51 页。
② 《重庆市立民教馆近讯》，《申报》1939 年 11 月 1 日。
③ 《重庆市社会局令市立图书馆转饬教育部颁县市图书馆设置巡回文库办法的训令》，时间不详，重庆市档案馆藏，档号：0116 - 1 - 5。
④ 《重庆市立图书馆委托三民主义青年团渝市各青年服务社青年团办理阅览场与三民主义青年团中央干事会往来函件》，时间不详，重庆市档案馆藏，档号：0116 - 1 - 2。

况，分析图书馆进行推广阅览的优势及成效，探析民国时期艰苦的社会环境中，图书馆推广阅览的有效经验。

一 图书馆双重身份更利于其融入多样化阅读推广实践

民国时期参与阅读推广活动的社会力量多元化，不同社会力量促进社会阅读的方式不同，其中图书馆不仅是该时期阅读推广的主体，也是该时期其他社会力量开展阅读推广的重要方式。如蚁社通过蚂蚁图书馆为有阅读倾向的民众提供读物；上海出版界以书店读书会为阅读推广的方式之外，创办图书馆或图书部，为读书会会员提供图书借阅服务，如现代书店读书会等。这些图书馆并非一朝一夕就创办起来的，而是在经过诸多阅读推广方式的尝试之后，摸索出以图书馆为推广阅读的重要方式。同时，图书馆自身的发展和影响，为以图书馆为有效阅读推广方式提供群众基础。

其次，图书馆以开放合作的态度，积极与其他社会力量共同促进该时期的阅读推广。民国时期不乏其他社会力量与图书馆共同组织读书会、巡回文库、阅览场以促进社会阅读举措，如重庆市立图书馆与三民主义青年团渝市青年服务社、青年馆共同办理阅览场；各机关单位与地方图书馆共同组织的读书会；安徽省立图书馆与江南运输公司合办的火车巡回文库等，图书馆和图书馆之间的合作互助，有地方图书馆协会、总一分馆等，如北碚图书馆联合会，为了促进各图书馆图书流通，制定了《北碚图书馆联合会图书流通办法》[①]，最大范围内促进各图书馆的图书流通，便利民众就近阅读各馆馆藏图书报刊。

综上可知，民国时期图书馆在阅读推广中的双重身份，以及图书馆开放合作的理念，是图书馆成为阅读推广主力的原因之一。

二 提供相对丰富的图书资源

民国时期普通民众社会阅读意识的觉醒与读书无用观念冲突，阅

---

① 《北碚图书馆联合会图书流通办法》，时间不详，重庆市档案馆藏，档号：0111-1-1。

读意识受经济能力的限制,而图书馆馆藏建设的发展和开放利用,在一定程度上缓解了民众阅读需求和经济限制的冲突。图书馆相对丰富的图书资源,经图书馆人各种推广阅览采取的诸多举措,为民众利用图书馆图书提供了可能,是图书馆阅读推广的优势之一。

1. 民众阅读的经济限制

学界关于民国时期出版史和大众阅读的研究,认为民国时期图书报刊等出版物的成本大大降低,民众获取图书的能力增加。但对于一般民众而言,阅读不是那么迫切需要的事务时,即便出版物的成本降低,并不意味着一般民众愿意花钱买书,对于大多数民众而言,生活成本占总支出的大半乃至全部。遑论该时期民众阅读的意识并不强烈,从 20 世纪二三十年代迭起的读书运动可以窥其一角。所以民国时期有阅读意识并具有购买能力的读者群体比重有限。

新文化运动前后兴起的学生读书会或青年读书会可以辅证,学生(尤其是中学生和大学生)的阅读能力自是不在话下,并具有自觉阅读意识,但是各自购买图书的能力相对有限,故成立读书会,共同筹钱买书共同阅读,每个人花同样的钱,尽可能阅读更多的图书,青年及工友读书会也是同样的运行模式。换言之,在有阅读意识没有足够购买能力的限制下,民众阅读受到经济条件的限制。

2. 缓解读者经济压力

图书馆相对丰富的图书资源也不是一蹴而就的,经历了发展变化积累的过程,民国初年图书馆藏书以中国古籍为主,当然,这与民国初年的图书市场密切相关。正如梁启超在中华图书馆协会成立会上所说,当时图书市场上的图书供应主要是中国古书和鸳鸯蝴蝶派小说或故事,前者一般民众没有阅读兴趣,后者没有向一般民众进行阅读推广的意义。20 世纪二十年代中后期,新文艺图书的译著出版和供应,在一定程度上为图书馆提供了图书选择;商务印书馆"万有文库"的编辑出版,也为诸多图书馆提供了选择;随着各机关民众读物的编著和出版,图书市场可供图书馆选择的图书日益增加。如教育类图书、医疗卫生类图书、常识类图书、历史地理类图书等成为图书馆购书的选择，进而影响图书馆的图书构成，使图书馆的馆藏结构更趋于适合一般读者阅读。

图书馆的图书构成发生改变的同时，新图书馆运动提倡的图书馆图书资源公开和共享，在很大程度上减缓了民众阅读的经济压力。在图书馆推广阅览的诸多举措中，减少读者时间上和经济上的限制，是图书馆推广阅览，吸引读者前来阅读的宣传语之一。以读书会为例，新文化运动前后的读书会以会员集资购买图书阅读为主；新图书馆运动之后，各地图书馆、民教馆组织读书会的相关信息占主导地位，而且图书馆组织的读书会不仅免费为会员提供图书，甚至连读书笔记需要的铅笔和笔记簿都免费提供，以激励民众阅读兴趣。此外，图书馆还为读者提供公共的阅读空间，便于社会阅读氛围的形成。

三　提供阅读场所

民国以来，图书馆宗旨一直有供人阅览的条款，但是在民初图书馆阅览条件跟新图书馆运动之后的图书馆阅览条件有着显著的区别。如民初图书馆设置的阅览室有限；图书开放主要采用闭架制度，可到馆阅览，图书基本不可外借；到馆阅书的手续相对繁琐，需要购买阅书券，携阅书券方可入馆阅书。从单一阅览室的设置，到阅览室的分类细化：或以读者性别年龄为划分依据，分设男子阅览室、女子阅览室、儿童阅览室等；或根据读物的性质分类，分设图书阅览室、新闻阅览室、期刊阅览室及儿童阅览室等，不同阅览室的设置，是图书馆读者群发生变化的体现，也是图书馆推广阅览的举措。

图书馆不同阅览室的设置，为民众到馆阅读提供公共的阅读空间，从图书馆设置阅览室到图书馆吸引民众来馆阅读，图书馆进行了一系列的推广活动，为了吸引民众到馆阅读，实现图书馆设置阅览室为民众提供公共阅读空间的价值。在图书馆藏书不能外借的时候,图书馆阅览室是民众阅读的最好去处,北碚峡区图书馆为了使民众更舒适地在阅览室内阅读,冬天在阅览市内添设炭盆,供民众边阅读边取暖;夏天在图书馆的院子里设置桌椅,供民众在树荫下阅读;在山区供电尚未普及的时候,峡区图书馆在民众俱乐部开设夜间阅览室,提供电灯为民众晚间阅读提供可能。

图书馆为民众提供的公共阅览空间并不仅仅是指在图书馆内设置的阅览室,包含图书馆举行的巡回文库、巡回书车、巡回图书担等。在城市的街道、公园、茶园设置巡回文库,以该巡回文库为中心,开展的阅读活动,也形成一个简陋的公共阅读空间。在乡镇,有的巡回文库设在城隍庙,方便民众前来阅览,或在乡镇赶集的日子,设置巡回文库,陈列图书,供给阅览,也是简略的公共阅读空间。此外依托茶园、学校、汽车、火车、轮船等设置的巡回文库,在某种程度上来说也是公共阅读空间,对促进民众阅读产生了积极影响。

首先为民众提供了可供阅读的图书和场所,并且图书馆内部的公共阅读空间内,有图书馆职员为读者提供图书介绍查找、阅读辅导等读者服务;其次是图书馆人利用公共阅读空间开展系列阅读推广的活动,如组织读书会会员一起看书、讨论,儿童会员表演、讲故事等,通过播音机、演讲等吸引民众来馆,为有阅读意向的民众提供较好的阅读氛围,共同阅读,相互督促,以形成阅读的良好习惯。

四 图书馆阅读推广中国经验的摸索

民国时期图书馆推广阅览的另一个有利因素是国外图书馆阅读推广的经验借鉴。近代图书馆思想和观念传入中国后,国内图书馆在传承传统藏书思想与西方图书馆思想间寻求平衡,新图书馆运动后基本明确了向近代公共图书馆发展的趋势,故国外图书馆的办理经验及阅读推广的经验被介绍、引进以及实践。

民国时期中国图书馆事业本身在寻求国外图书馆理念在国内的适应性，民国时期报刊上经常可见图书馆学人对国外图书馆事业的介绍，涉及阅读推广方面的介绍有各国图书馆年阅览人数的统计、国外图书馆巡回文库（汽车图书）、读书会等内容的介绍。同时，国外图书馆学家来中国介绍和分享国外办馆经验及应用技术，他们所介绍的经验并非都适用于国内图书馆的建设，所以中国图书馆学人在中国图书馆事业的实践和理论构建两方面不断探索，以寻求最切合民国时期国内情形的图书馆发展形态和理论。

首先，图书馆学人在实践中摸索推广阅览的有效途径，归纳经验并提炼规律，通过图书馆协会、短期培训班、图书馆学期刊等方式进行推广。涂光霈《西方知识和价值的转换与传播：20世纪早期中国图书馆服务的形成》，对西方图书馆服务意识对中国图书馆的影响和转型有系统的研究。中国近代图书馆服务思想受国外影响较大，这是毋庸置疑的。但是在理念转化为实践的过程中，尤其在民国时期全国地区差异明显，文盲比重太高，传统读书观念的束缚，在国内推广阅读面临的阻碍远不是国外经验能照搬应用可解决的，即中国图书馆人在图书馆建设的同时需要推广图书馆，实现其存在价值。如国外采用汽车巡回图书，国内图书馆不具备汽车巡回的条件，于是制造巡回书箱、巡回书橱、巡回书车等适合国内实际情形的巡回工具，是民国时期图书馆人在图书馆理念的支撑下，努力推广阅览的尝试。在相关的文献记载中，有关于巡回工具制造的材料、方法、价格以及图式，便于国内不同地区的图书馆借鉴参考。地区差异性也会影响阅读推广工具的差异，所以要在实践中摸索最适宜的工具和方法。图书馆在实践中对理论和国外经验适应性的尝试，有助于本土化经验的形成，因时因地制宜的可操作性。

其次，图书馆学人在图书馆学及图书馆图书流通、读者服务的理论探索，从理论层面探析民国时期图书馆阅读推广的通用性理论，有国内外图书馆的具体实践经验总结，也有抽象的概论性阐述。图书馆人在相关理论指导下开展阅读推广实践，在实践中发现问题，并加以改进，是该时期图书馆阅读推广取得成效，扩大图书馆社会影响力，促使图书馆成为近代乃至当代阅读推广主力的原因。

参考文献

一 文献档案资料

国家图书馆编:《近代著名图书馆馆刊荟萃》(全二十册),北京图书馆出版社2003年版。

北京图书馆出版社编:《近代著名图书馆馆刊荟萃续编》(全二十册),北京图书馆出版社2005年版。

北京图书馆出版社编:《近代著名图书馆馆刊荟萃三编》(全二十二册),北京图书馆出版社2006年版。

王志庚、顾烨青主编:《近代著名图书馆馆刊荟萃四编》(全十六册),国家图书馆出版社2013年版。

王强主编:《近代图书馆史料汇编》(全四十一册),凤凰出版社2014年版。

王余光主编:《清末民国图书馆史料汇编》(全二十二册),国家图书馆出版社2014年版。

刘宝瑞、秦亚欧、朱成涛编校:《民国图书馆学文献学著译序跋辑要》,国家图书馆出版社2012年版。

北京图书馆业务研究委员会编:《北京图书馆馆史资料汇编1909—1949》(全两册),书目文献出版社1992年版。

陈源蒸、张树华、毕世栋编:《中国图书馆百年纪事1840—2000》,北京图书馆出版社2004年版。

李致忠主编:《中国国家图书馆馆史资料长编》,北京图书馆出版社

2009年版。

山西省图书馆编:《山西省图书馆史料汇编》,山西人民出版社2003年版。

黄洁主编:《民国时期图书馆学报刊资料分类汇编·儿童图书馆卷》(全三册),国家图书馆出版社2014年版。

武昌文华图书馆学专科学校:《文华图书馆学专科学校季刊》(全八册),北京图书馆出版社2009年版。

中华图书馆协会执行部:《中华图书馆协会会报》(全六册),北京图书馆出版社2009年版。

辜军、葛艳聪、李翠薇等主编:《民国时期图书馆学三种期刊分类索引》,北京图书馆出版社2013年版。

丁道凡编:《中国图书馆界先驱沈祖荣先生文集》,杭州大学出版社1991年版。

国家图书馆编:《袁同礼文集》,国家图书馆出版社2010年版。

梁建洲编:《毛坤图书馆学档案学文选》,四川大学出版社2000年版。

钱亚新、白国应编:《杜定友图书馆学论文选集》,书目文献出版社1988年版。

史永元、张树华编:《刘国钧图书馆学论文选集》,书目文献出版社1983年版。

王嘉陵主编:《四川省图书馆·成都图书馆百年同人文集(1912—2012)》,四川大学出版社2013年版。

邢永福主编:《明清档案通览》,中国档案出版社2000年版。

全国民国档案通览编委编:《全国民国档案通览》(全十册),中国档案出版社2005年版。

《安徽省立图书馆全宗》,安徽省档案馆藏,全宗号:5L。

《北京市教育局》,北京市档案馆藏,全宗号:J4。

《重庆市立图书馆》,重庆市档案馆藏,全宗号:116。

《福建省教育厅》,福建省档案馆藏,全宗号:2。

《国立罗斯福图书馆》，重庆市档案馆藏，全宗号：115。
《国立中央图书馆全宗》，中国第二历史档案馆藏，全宗号：624。
《国民政府教育部》，中国第二历史档案馆藏，全宗号：5。
《中山图书馆全宗》，广东省档案馆藏，全宗号：83。
《湖南省教育厅》，湖南省档案馆藏，全宗号：59。
《江西省立图书馆》，江西省档案馆藏，全宗号：J053。
《南京市民众图书馆全宗》，南京档案馆藏，全宗号：1009。
《上海市教育局》，上海市档案馆藏，全宗号：Q235。
《沈阳市立图书馆全宗》，沈阳市档案馆藏，全宗号：L23。
《四川省立图书馆》，四川省档案馆藏，全宗号：民109。
《天津市各民众教育馆》，天津市档案馆藏，全宗号：J113。
《中央研究院》，中国第二历史档案馆藏，全宗号：393。

二 学术专著

陈传夫主编：《文华情怀——文华图专九十周年纪念文集》，武汉大学出版社2010年版。

程焕文：《晚清图书馆学术思想史》，北京图书馆出版社2004年版。

程焕文：《中国图书馆学教育之父：沈祖荣评传》，国家图书馆出版社2013年版。

范凡：《民国时期图书馆学著作出版与学术传承》，国家图书馆出版社2011年版。

韩永进：《中国图书馆史》（四卷），国家图书馆出版社2017年版。

黄增章：《中国图书馆事业开拓者：杜定友》，广东人民出版社2009年版。

焦树安：《中国读本·中国藏书史话》，中国国际广播出版社2011年版。

来新夏等：《中国近代图书事业史》，上海人民出版社2000年版。

赖伯年主编：《陕甘宁边区的图书馆事业》，西安出版社1998年版。

李秉严、姜晓、袁学良：《四川高校图书馆100年》，四川科技出版社1999年版。

李朝先、段克强：《中国图书馆史》，贵州教育出版社1992年版。

李刚：《制度与范式：中国图书馆学的历史考察（1909—2009）》，科学出版社2013年版。

李嘉琳：《山西大学图书馆史》，三晋出版社2012年版。

李劲军：《韦棣华与中国图书馆事业》，山东画报出版社2017年版。

李景文：《河南大学图书馆史》，河南大学出版社2008年版。

李希泌、张椒华：《中国古代藏书与近代图书馆史料春秋至五四前后》，中华书局1982年版。

刘劲松：《抗战时期中国图书馆界研究》，商务印书馆2018年版。

刘少泉：《中国图书馆事业史》，四川大学出版社1993年版。

卢荷生：《中国图书馆事业史》，（台北）文史哲出版社1986年版。

马振犊：《民国档案研究》，金城出版社2020年版。

彭敏惠：《文华图书馆学专科学校的创建与发展》，武汉大学出版社2015年版。

任家乐、李禾：《民国时期四川图书馆业概况》，四川大学出版社2013年版。

任家乐：《民国时期图书馆学教育研究》，国家图书馆出版社2018年版。

沈小丁：《湖南近代图书馆史》，岳麓书社2013年版。

四川省图书馆事业编纂委员会：《四川省图书馆事业志》，四川大学出版社1993年版。

宋建成：《清代图书馆事业发展史》，（台北）花木兰文化出版社2006年版。

宋景祁：《中国图书馆名人录》，上海图书馆协会1930年版。

王国强：《澳门图书馆事业发展史》，澳门图书馆暨资讯管理协会2006年版。

吴晞：《从藏书楼到图书馆》，书目文献出版社1996年版。

厦门市图书馆：《厦门图书馆事业百年》，鹭江出版社2006年版。

谢灼华：《中国图书和图书馆史》（第三版），武汉大学出版社2011年版。

徐凌志：《中国历代藏书史》，江西人民出版社2004年版。

余训培：《民国时期的图书馆与社会阅读》，清华大学出版社2013年版。

张锦郎、黄渊泉：《中国近六十年来图书馆事业大事纪》，商务印书馆1974年版。

张人凤：《张元济与中国近现代图书馆事业》，上海科学技术文献出版社2014年版。

张树华、张久珍：《20世纪以来中国的图书馆事业》，北京大学出版社2008年版。

赵谓炯：《山西图书馆事业史话》，三晋出版社2012年版。

郑锦怀：《"中国现代图书馆运动之皇后"韦棣华研究》，中国海洋大学出版社2020年版。

周洪宇：《不朽的文华——从文华公书林到文华图书馆学专科学校》，华中师范大学出版社2013年版。

朱茗：《金女大图书馆人物传》，南京师范大学出版社2018年版。

Lin S. C., *Libraries and Librarianship in China*, New York: Greenwood Publishing Group, 1998.

Tu K. P., *Transformation and Dissemination of Western Knowledge and Values: the shaping of library services in early twentieth century China*, Los Angeles: University of California, 1996.

Yu P., *Ways with Words: Writing about Reading Texts from Early China*, Los Angeles: University of California Press, 2000.

三　博士学位论文

陈林：《近代福建基督教图书出版事业之研究（1842—1949）》，博士学位论文，福建师范大学，2006 年。

程焕文：《西学东渐与晚清图书馆学术思想研究》，博士学位论文，中山大学，2003 年。

范凡：《民国时期图书馆学著作出版与学术传承》，博士学位论文，北京大学，2008 年。

李久平：《民国时期图书馆学期刊研究》，博士学位论文，四川大学，2013 年。

李彭元：《民国时期公共图书馆思想研究》，博士学位论文，中山大学，2012 年。

刘兹恒：《20 世纪中国的图书馆学本土化研究》，博士学位论文，北京大学，2005。

孟化：《国家图书馆与近代文化（1909—1949）——从京师图书馆到国立北平图书馆》，博士学位论文，北京师范大学，2011 年。

孟雪梅：《近代中国教会大学图书馆研究（1868—1952）》，博士学位论文，福建师范大学，2007 年。

彭敏惠：《文华图书馆学专科学校的创建与发展》，博士学位论文，武汉大学，2011 年。

任家乐：《清末民国四川图书馆事业研究》，博士学位论文，四川大学，2013 年。

孙荣耒：《近代藏书大家傅增湘研究》，博士学位论文，山东大学，2007 年。

王阿陶：《中华图书馆协会研究（1925—1949）》，博士学位论文，四川大学，2012 年。

王蕾：《藏与用：清代藏书思想研究》，博士学位论文，中山大学，2011 年。

王小会：《民国时期图书馆法规与制度研究》，博士学位论文，中山大学，2012 年。

王子舟：《杜定友和中国图书馆学》，博士学位论文，武汉大学，

1999年。

许欢：《民国时期大众阅读研究》，博士学位论文，北京大学，2006年。

周旖：《岭南大学图书馆藏书研究》，博士学位论文，中山大学，2010年。

四 期刊论文

白光田：《维新思潮与近代图书馆事业》，《大学图书馆通讯》1985年第4期。

蔡振翔：《袁同礼的中国藏书史研究》，《国家图书馆学刊》2015年第2期。

陈幼华、吴永贵：《新图书馆运动对近代出版业的影响》，《图书馆杂志》2000年第6期。

陈海东：《中国图书馆历史探源》，《情报科学》2002年第8期。

程焕文：《中国近代图书馆学期刊史略（上）》，《图书馆》1985年第5期。

程焕文：《中国近代图书馆学期刊史略（下）》，《图书馆》1985年第6期。

程焕文：《光荣与梦想：二十世纪中国图书馆事业回顾》，《图书馆》1994年第3期。

程焕文：《跨越时空的图书馆精神——"三位一体"与"三维一体"的韦棣华女士、沈祖荣先生和裘开明先生》，《中国图书馆学报》2002年第5期。

程焕文：《建国以来晚清图书馆学术史研究综述》，《图书馆学研究》2003年第11期。

程焕文：《百年沧桑世纪华章——20世纪中国图书馆事业回顾与展望》，《图书馆建设》2004年第6期。

程焕文：《百年沧桑世纪华章——20世纪中国图书馆事业回顾与展望

（续）》，《图书馆建设》2005 年第 1 期。

程焕文、王蕾：《影响 20 世纪中国图书馆史学研究的八位史家及其代表著作——谨以此文恭贺图书馆史学家谢灼华教授 70 华诞》，《图书馆论坛》2005 年第 6 期。

崔红娟、刘振西、王颖慧：《20 世纪上半叶美国图书馆对中国图书馆的影响》，《图书馆理论与实践》2006 年第 5 期。

樊清文：《张元济与中国近代图书馆》，《图书馆工作与研究》2008 年第 8 期。

范并思、邱五芳、韩继章：《新世纪新视点三人谈之追寻 20 世纪的图书馆精神》，《图书馆》2002 年第 3 期。

范并思：《建设一个信息公平与信息保障的制度——纪念中国近代图书馆百年》，《图书馆》2004 年第 2 期。

范凡：《晚清至民国时期私立图书馆研究》，《图书情报工作》2007 年第 1 期。

范凡：《民国时期图书馆学人》，《图书与情报》2011 年第 1 期。

范玉红：《中国近代社会教育思潮与图书馆观念的迁变》，《图书与情报》2005 年第 3 期。

范玉红：《中国近代图书馆建设的社会教育意识》，《图书馆》2005 年第 4 期。

范玉红：《梁启超的图书馆观念与近代社会教育思潮》，《图书馆》2007 年第 5 期。

冯大刚：《试谈谈近代科技发展对图书馆的深远影响》，《广东图书馆学刊》1986 年第 4 期。

冯佳：《民国时期商会图书馆》，《图书情报工作》2010 年第 9 期。

冯文龙：《我国近代图书馆的兴起》，《成都大学学报》（社会科学版）1995 年第 4 期。

符夏莹、刘劲松：《民国时期儿童图书馆馆员的阅读指导思想述评》，《山东图书馆学刊》2018 年第 4 期。

符夏莹、刘劲松：《民国时期女性与图书馆职业关系的认识述评》，《图书馆理论与实践》2020年第4期。

傅桂玉：《清末儿童图书馆观念萌芽期相关问题辨析》，《图书馆工作与研究》2016年第7期。

傅金柱：《晚清地方督抚与近代图书馆建设》，《图书馆理论与实践》2003年第3期。

高学安：《古越藏书楼与中国近代图书馆事业》，《浙江学刊》1998年第3期。

葛光：《封建藏书楼向近代图书馆变革成败新探》，《广东图书馆学刊》1985年第3期。

耿达：《从"事业史"到"社会史"：中国图书馆史研究范式探讨》，《图书馆》2019年第6期。

龚蛟腾：《清末至民国图书馆事业的勃兴与繁荣（上）》，《图书馆》2011年第1期。

龚蛟腾：《清末至民国图书馆事业的勃兴与繁荣（下）》，《图书馆》2011年第2期。

龚蛟腾：《中国图书馆学近代化演进分析——从古代校雠学说到西式图书馆学》，《图书与情报》2014年第1期。

顾微微：《中国近代图书馆与文化之变迁》，《图书与情报》2000年第4期。

顾烨青：《民国时期图书馆学会考略》，《山东图书馆学刊》2009年第6期。

韩淑举：《我国近代公共图书馆制度变迁中的精英参与》，《图书馆工作与研究》2011年第1期。

韩文宁：《张元济对中国近代图书馆事业的贡献》，《图书与情报》1998年第2期。

韩绪芹：《韦棣华与中国图书馆学的渊源》，《图书与情报》2007年第1期。

何建中：《民国时期我国私立大学图书馆发展史略》，《图书与情报》2004年第5期。

胡俊荣：《晚清三次社会变革与中国图书馆的近代化》，《中国典籍与文化》2000年第2期。

胡俊荣：《中国近代图书馆学著作的出版》，《图书与情报》2000年第3期。

胡俊荣：《西方传教士对中国近代图书馆的影响》，《图书馆》2002年第4期。

胡筱华：《中国近代图书馆事业的开拓者——梁启超》，《图书馆工作与研究》2008年第8期。

华礼娴、姚乐野：《1898—1937年儿童社会教育与儿童图书馆的互动》，《图书馆建设》2017年第3期。

黄洁：《民国时期儿童图书馆述略》，《图书馆工作与研究》2013年第3期。

黄少明：《民国时期的私立图书馆》，《图书馆学研究》1993年第2期。

黄雪婷：《曹祖彬图书馆生涯考察》，《大学图书馆学报》2017年第2期。

黄雪婷：《民国图书馆学学人研究回顾与展望》，《新世纪图书馆》2020年第2期。

黄幼菲：《中国近代图书馆是多元文化融合的产物——兼议中国近代图书馆学的形成及发展》，《图书馆工作与研究》2010年第9期。

黄宗忠：《论20世纪的图书馆》，《图书情报知识》1996年第1期。

黄宗忠、徐军：《20世纪后半期的中国高校图书馆事业》，《图书与情报》2000年第4期。

霍国庆：《百年沧桑三次高潮四代学人——20世纪中国大陆和台湾地区图书馆学史总评》，《图书馆》1998年第3期。

霍国庆：《百年沧桑三次高潮四代学人——20世纪中国大陆和台湾地区图书馆学史总评（续）》，《图书馆》1998年第4期。

姬秀丽：《20世纪二三十年代我国图书馆人群体探析——以〈中国图书馆名人录〉为例》，《图书馆论坛》2014年第11期。

江山：《近代世界儿童图书馆的发展及其对中国的影响》，《图书与情报》2011年第1期。

江山：《民国时期国内民众图书馆的兴起与发展》，《图书馆》2012年第2期。

景海燕：《从图书馆学译著看20世纪西方图书馆学对中国的影响》，《图书与情报》2001年第2期。

康建强：《清代新型图书馆兴起的条件与原因》，《图书馆理论与实践》2002年第5期。

兰天阳：《论维新派与中国近代图书馆的产生》，《图书馆工作与研究》1997年第5期。

黎飞：《民国时期的图书馆协会及其活动编年》，《图书馆建设》2020年第2期。

黎飞：《民国最后的图书馆协会：重庆市图书馆协会研究》，《图书馆建设》2021年第1期。

李常庆：《日本近代图书馆学教育的诞生》，《中国图书馆学报》1998年第5期。

李常庆：《中日图书馆学教育之比较研究——从近代图书馆的诞生到最初图书馆学校的建立》，《大学图书馆学报》1998年第5期。

李常庆：《中日图书馆学教育之比较研究（续一）——从近代图书馆的诞生到最初图书馆的建立》，《大学图书馆学报》1998年第6期。

李常庆：《中日图书馆学教育之比较研究（续二）——从近代图书馆的诞生到最初图书馆学校的建立》，《大学图书馆学报》1999年第1期。

李刚、倪波：《20世纪中国图书馆学的现代性与学科建制》，《中国图书馆学报》2002年第4期。

李娇：《湖南图书馆史上唯一一任女馆长黄淑范生平考》，《图书馆》

2020年第12期。

李满花、傅荣贤：《20世纪初我国图书馆学研究中国化诉求得失评》，《图书情报工作》2008年第12期。

李敏：《杜定友先生图书馆学学术成就初探》，《图书与情报》2007年第2期。

李彭元：《八年抗战中的中华图书馆协会》，《图书馆论坛》2009年第5期。

李宪民：《梁启超与近代中国图书馆事业》，《图书馆杂志》2000年第10期。

李玉宝：《论〈万国公报〉对我国近代大学图书馆制度体系构建的启发意义》，《图书馆》2012年第3期。

李玉宝：《论传教士对我国近代图书馆制度体系构建的影响》，《图书馆工作与研究》2012年第6期。

李玉宝、黄影菁：《论李提摩太对我国近代图书馆建设的影响》，《图书馆理论与实践》2013年第12期。

梁灿兴：《寻回图书馆失落的脊骨——公民社会：近代图书馆发生和发展的基石》，《图书馆》2005年第2期。

梁灿兴：《近代图书馆事业的社会独立及其原因——图书馆事业是公民社会信息资源自治的社会运动》，《图书馆》2006年第1期。

梁文：《19世纪末20世纪初我国图书馆事业发展的特征》，《图书馆》2002年第5期。

廖铭德：《20世纪"新图书馆运动"研究述评》，《图书情报工作》2009年第3期。

林霞：《中国近代图书馆学的形成——二十世纪二、三十年代中国图书馆学研究》，《四川图书馆学报》2005年第4期。

刘驰：《中国藏书史近代转向的内在理路——以"书藏"为线索》，《大学图书馆学报》2021年第1期。

刘红泉：《中印两国近代图书馆学发展之比较初探》，《图书馆工作与研究》2007 年第 6 期。

刘洪波：《图书馆学的科学传统：考察二十世纪中国图书馆学的一种方式》，《图书馆》1992 年第 3 期。

刘洪权：《二十世纪前半期图书馆与中国文化传承研究》，《图书情报知识》2015 年第 2 期。

刘劲松、张书美：《中基会对民国图书馆学教育的赞助》，《图书馆学研究》2010 年第 3 期。

刘劲松、符夏莹：《冯陈祖怡的图书馆思想与实践论略》，《国家图书馆学刊》2017 年第 5 期。

刘劲松、符夏莹：《民国时期陈颂的图书馆学思想及实践论略》，《图书馆建设》2019 年第 1 期。

刘峻明、桂裕民：《中国图书馆学博士第一人——桂质柏先生》，《图书情报知识》2009 年第 6 期。

刘丽萍：《商务印书馆与中国近代图书馆事业》，《图书馆论坛》2010 年第 3 期。

刘文科：《"西学东渐"对中国近代图书馆文化的影响》，《图书情报工作》2006 年第 7 期。

刘雯：《刘国钧与杜定友图书馆学思想比较》，《图书馆》2011 年第 4 期。

刘应芳：《论太虚对中国佛教图书馆近代化的影响》，《图书馆》2011 年第 3 期。

刘应芳：《民国时期图书馆学教育本土化研究及其现代意义》，《图书馆建设》2012 年第 2 期。

刘兹恒：《20 世纪初我国图书馆学家在图书馆学本土化中的贡献》，《图书与情报》2009 年第 3 期。

卢刚：《近代图书馆的先身——学会藏书楼》，《求索》2003 年第 3 期。

卢正言：《近代图书馆的先声——关于国英和他的藏书室共读楼》，《图书馆杂志》1992 年第 3 期。

卢中岳：《关于中国近代图书馆事业史的分期问题——与张遵俭等同志商榷》，《图书馆》1963年第2期。

陆行素：《中国近代图书馆与学会》，《图书馆杂志》1995年第4期。

罗德运：《中国图书馆学：20世纪的历程与反思》，《武汉大学学报》1990年第1期。

孟雪梅：《近代中国教会大学图书馆文献收藏特点分析（上）》，《大学图书馆学报》2007年第3期。

孟雪梅：《近代中国教会大学图书馆文献收藏特点分析（下）》，《大学图书馆学报》2007年第4期。

农伟雄：《我国近代图书馆发展史上的几个重要短训班》，《图书馆杂志》1990年第5期。

农伟雄、关建文：《美国图书馆界的中国学人——记裘开明先生》，《图书馆理论与实践》1993年第2期。

潘梅：《袁同礼的图书馆人才培植方法及启示》，《图书馆建设》2011年第11期。

潘燕桃、程焕文：《清末民初日本图书馆学的传入及其影响》，《中国图书馆学报》2014年第4期。

裴成发：《20世纪前半叶的中国图书馆学》，《图书馆理论与实践》1992年第3期。

裴成发：《20世纪前半叶我国对国外图书馆学研究述评》，《图书馆》1993年第3期。

彭海斌：《王韬对法英日近代图书馆的考察》，《图书馆杂志》1989年第6期。

彭一中：《我国近代图书馆的产生》，《广东图书馆学刊》1983年第2期。

秦亚欧、孙旸：《地方图书馆协会对民国图书馆事业的促进及影响研究——以上海图书馆协会为例》，《图书馆学研究》2011年第22期。

卿家康：《20世纪上半叶我国图书馆学基础理论研究概述》，《图书馆理论与实践》1989年第1期。

卿玉弢、王黎、朱俊波:《简析中国近代图书馆的产生和发展》,《图书馆》2009年第4期。

任家乐、姚乐野:《民国时期四川省立成都女子职业学校高级图书管理科办学研究》,《大学图书馆学报》2015年第5期。

任家乐、姚乐野:《民国时期图书馆职业女性形象的塑造——以图书馆学教育与职业活动考察为据》,《图书馆建设》2016年第2期。

任家乐、姚乐野:《民国时期中学图书馆研究与实践述略》,《国家图书馆学刊》2016年第1期。

任家乐、刘春玉:《民国初期及中期图书馆职业化的发展与表现(1912—1937)》,《大学图书馆学报》2018年第4期。

任家乐、刘春玉:《严文郁访美征书事:史料整理与分析》,《图书馆论坛》2019年第12期。

沈占云:《中华图书馆协会成立的背景因素、历史意义之考察》,《图书馆》2006年第1期。

石烈娟:《加强西方近代图书馆文明在我国传播研究——以晚清早期使臣群体研究为视角》,《图书馆》2010年第3期。

石烈娟:《近代中国留日学生对图书馆事业的影响述论——以考察20世纪初留日学生主要活动为中心》,《图书馆》2014年第5期。

疏志芳:《近代中国对图书馆社会教育职能认识的嬗变》,《图书情报知识》2008年第1期。

疏志芳:《近20年来中国近代图书馆史研究综述》,《池州学院学报》2008年第5期。

宋兵:《张元济和我国近代最早的民办图书馆》,《大学图书馆学报》2014年第5期。

隋元芬:《中国近代图书馆事业的兴起》,《浙江社会科学》2000年第5期。

覃利:《试论二十世纪初图书馆推广平民阅读之三大举措》,《河南图书馆学刊》2013年第9期。

谭世芬、胡俊荣：《中国近代图书馆发展迟缓原因探析》，《图书与情报》2002年第4期。

唐艳：《民国时期阅读推广史料分析》，《国家图书馆学刊》2018年第3期。

王阿陶、姚乐野：《图学史卷 时代华章——〈中华图书馆协会会报〉研究》，《大学图书馆学报》2014年第3期。

王贵海、洪跃、车宝晶：《近代图书馆捐赠事业的滥觞与弘扬》，《图书情报工作》2013年第19期。

王丽娟：《二十世纪二三十年代对大学图书馆功能的认识及现代启示》，《吉林师范大学学报》（人文社会科学版）2010年第2期。

王姗姗、王余光：《传统经典阅读的当今意义》，《中国图书评论》2004年第6期。

王小会：《论李大钊对近代图书馆制度体系构建的贡献》，《大学图书馆学报》2010年第1期。

王小会：《近代私立图书馆法规研究》，《图书馆杂志》2011年第10期。

王晓军：《略论民国时期图书馆际互借》，《大学图书馆学报》2011年第5期。

王新田、彭杏花：《中国近代图书馆发展概说》，《镇江师专学报》（社科版）1998年第4期。

王旭明：《20世纪"新图书馆运动"述评》，《图书馆》2006年第2期。

王余光：《图书馆学史研究与学术传承》，《山东图书馆学刊》2009年第2期。

王余光、钱昆：《张舜徽先生学术思想对图书馆学的影响》，《图书馆论坛》2015年第4期。

王余光：《试论中国图书馆学史研究中的几个问题》，《图书馆论坛》

2015 年第 4 期。

王昭华：《近代中西文化交流的桥梁——中国国际图书馆述略》，《大学图书馆学报》1993 年第 2 期。

王兆辉、王祝康、任竞：《清末新政与我国近代图书馆的兴起》，《图书馆论坛》2012 年第 6 期。

王子舟：《20 世纪中国图书馆学发展的三次高潮》，《图书情报工作》1998 年第 2 期。

王子舟：《图书馆学研究对象的历史误读》，《图书馆》2000 年第 5 期。

王子舟：《重读近现代图书馆学典籍的必要性》，《图书情报工作》2009 年第 11 期。

王子舟：《推动中国现代图书馆学教育的韦棣华女士》，《中国图书馆学报》2013 年第 4 期。

韦庆媛：《民国时期图书馆学留学生群体的构成及分析》，《大学图书馆学报》2018 年第 3 期。

韦庆媛：《民国时期涉华外国图书馆学者群体的构成及分析》，《图书馆》2018 年第 5 期。

韦庆媛：《民国时期图书馆发展格局中的多元主体分析》，《国家图书馆学刊》2019 年第 1 期。

吴定安：《端方对我国近代图书馆事业的贡献》，《图书馆》2012 年第 3 期。

吴蜀红、周群：《近代五邑地区民间图书馆探究》，《图书馆论坛》2009 年第 2 期。

吴澍时：《民国时期基层图书馆史料概述》，《图书馆理论与实践》2017 年第 8 期。

吴澍时：《民国时期县市图书馆政策法规研究》，《图书馆》2017 年第 8 期。

吴稌年：《近代图书馆活动中心的形成与转移》，《图书与情报》2000 年第 2 期。

吴稌年:《中国近代图书馆发展之三阶段》,《晋图学刊》2001年第3期。

吴稌年:《中国近代图书馆学的学术转型——以杜定友、刘国钧为中心》,《图书情报工作》2004年第10期。

吴稌年:《中国近代图书馆精神的形成》,《图书与情报》2005年第1期。

吴稌年:《国学大师对中国近代图书馆事业的贡献》,《图书与情报》2005年第2期。

吴稌年:《中国近代社会思潮对近代图书馆的孕育》,《图书情报工作》2005年第2期。

吴稌年:《"整理国故"运动对近代图书馆建设的促进》,《图书与情报》2006年第4期。

吴稌年:《美国图书馆思想对中国近现代图书馆发展的影响》,《晋图学刊》2006年第5期。

吴稌年:《图书馆学/协会促进近代图书馆学术转型》,《图书馆理论与实践》2007年第2期。

吴稌年:《中国近代图书馆史分期的历史语境》,《图书情报工作》2008年第3期。

吴稌年:《中国近代图书馆学理论中的"动静说"》,《图书馆》2008年第5期。

吴稌年:《中国近代图书馆之隶属关系》,《图书馆理论与实践》2008年第6期。

吴稌年:《社会教育理念下的图书馆学思想——马宗荣先生与近代图书馆事业》,《中国图书馆学报》2009年第2期。

吴稌年:《中国近代图书馆"西学东渐"阶段的学术思想特征》,《图书情报知识》2009年第5期。

吴稌年:《中国近代社会思潮对图书馆学术思想的巨大影响》,《图书馆》2010年第2期。

吴稌年：《中国近代图书馆界的比较研究源流》，《图书馆理论与实践》2010年第12期。

吴稌年：《社会教育思潮对中国近代图书馆的影响》，《图书馆》2011年第6期。

吴稌年、顾烨青：《中国近代图书馆专业人才培养之途径》，《图书情报知识》2014年第5期。

吴慰慈、杨文祥：《从传统图书馆学向现代图书馆学的转型与过渡——1996—2000年的中国图书馆学基础理论研究》，《图书馆》2001年第1期。

吴星溪：《20世纪中国图书馆思想论纲》，《图书馆》2002年第2期。

吴永贵、陈幼华：《新图书馆运动对近代出版业的影响》，《出版发行研究》2000年第7期。

吴永贵：《以出版配合推动图书馆事业的发展——论商务印书馆对我国近代图书馆事业的贡献（之一）》，《图书馆杂志》2001年第7期。

吴永贵：《我国私立图书馆的典范——论商务印书馆对我国近代图书馆事业的贡献（之二）》，《图书馆杂志》2001年第8期。

吴永贵：《着眼全国图书馆发展大局——论商务印书馆对我国近代图书馆事业的贡献（之三）》，《图书馆杂志》2001年第9期。

吴永贵：《商务印书馆对我国近代图书馆事业的贡献》，《出版发行研究》2001年第9期。

吴永贵、林肖海：《文华图专与中国近代图书馆学学科建制》，《图书情报知识》2009年第3期。

吴则田：《韦棣华在中国近代图书馆史上的活动》，《图书情报知识》1983年第4期。

武世俊：《张謇与我国近代图书馆事业》，《图书与情报》2004年第6期。

肖鹏：《民国时期中美图书馆交流史序说：研究综述、理论基础与历史分期》,《中国图书馆学报》2018 年第 3 期。

谢欢:《新教育运动对我国近代图书馆事业的影响》,《大学图书馆学报》2014 年第 3 期。

谢灼华:《关于图书馆事业史研究的几个问题》,《武汉大学人文科学学报》1959 年第 7 期。

谢灼华:《维新派与近代中国图书馆》,《图书馆杂志》1982 年第 3 期。

谢灼华、胡先媛:《十年来图书馆史研究综述》,《高校图书情报学刊》1989 年第 4 期。

谢灼华:《论 20 世纪前半叶的中国图书馆》,《大学图书馆学报》1999 年第 6 期。

谢灼华:《二十世纪上半叶浙江图书馆馆刊的历史地位》,《图书馆研究与工作》2006 年第 1 期。

谢灼华:《特点和影响:20 世纪上半叶的文华图书馆学专科学校》,《图书情报知识》2009 年第 1 期。

谢灼华:《回顾民国时期古代藏书与近代图书馆史研究》,《图书馆理论与实践》2009 年第 10 期。

辛小萍、张海华:《网络化、电子化的虚拟图书馆——二十世纪九十年代的图书馆》,《图书与情报》1995 年第 3 期。

熊月英:《近代化运动与湖南图书馆事业的源流》,《湖南师范大学社会科学学报》1996 年第 2 期。

熊忠玲:《西方近代图书馆学思想的形成与发展》,《江西社会科学》1996 年第 12 期。

徐鸿:《中国近代图书馆学的产生与发展》,《图书情报知识》1988 年第 1 期。

徐菊:《近代中国图书馆关于公平使用图书馆资源的思想》,《图书馆》2007 年第 3 期。

徐凌志、卓腮娇:《中国古代藏书楼向近代图书馆转型原因探析》,《江西社会科学》2006 年第 9 期。

燕辉、魏小盈:《主体需求推动下的图书馆价值变迁研究——以20世纪以来中国图书馆发展历程为线索》,《图书与情报》2012年第3期。

杨清华、叶华:《杜定友先生的图书馆管理思想与实践》,《图书馆论坛》1992年第6期。

杨志永:《民国时期我国公共图书馆事业的变迁特点及原因分析》,《图书情报工作》2011年第21期。

杨子竞、张珅:《20世纪上半叶"海归派"对中国图书馆事业的贡献》,《图书与情报》2008年第1期。

姚乐野、刘春玉、任家乐:《图书馆史书写中的"大历史"和"小历史"——以清末民国时期图书馆事业档案为视角》,《中国图书馆学报》2018年第2期。

姚乐野、黎飞:《全面抗战时期重庆图书馆事业的危机应对》,《重庆大学学报》(社会科学版)2020年第6期。

叶柏松:《再议藏书楼与图书馆》,《图书馆》2003年第1期。

叶农:《戊戌变法与我国近代图书馆事业的诞生和发展》,《图书馆》1988年第1期。

印永清:《近代中国图书馆事业对外开放的历程》,《情报资料工作》2001年第5期。

曾凡菊:《中华图书馆协会与民国时期图书馆界的交流——以协会年会为中心的考察》,《图书馆理论与实践》2008年第1期。

翟志宏:《有关近代中国教会大学图书馆藏书的两个问题》,《图书馆》2009年第5期。

张德芳、钟昌式:《近代图书馆的终结和现代图书馆的崛起》,《中国图书馆学报》1997年第4期。

张殿清:《中华文化教育基金董事会对中国近代图书馆的资金援助》,《大学图书馆学报》2006年第2期。

张峰:《二十世纪我国图书馆学理论研究两次高潮的比较与分析》,

《图书情报知识》1992 年第 2 期。

张敏：《民国时期图书馆学期刊研究范围及学术意义》，《图书馆理论与实践》2015 年第 7 期。

张书美：《袁同礼先生的读者服务观》，《图书馆》2007 年第 1 期。

张树华：《北京近代图书馆的产生、发展和现状（一）》，《大学图书馆学报》1990 年第 1 期。

张树华：《北京近代图书馆的产生、发展和现状（二）》，《大学图书馆学报》1990 年第 2 期。

张树华：《北京近代图书馆的产生、发展和现状（三）》，《大学图书馆学报》1990 年第 3 期。

张树华：《北京近代图书馆的产生、发展和现状（四）》，《大学图书馆学报》1990 年第 4 期。

张树华：《北京近代图书馆的产生、发展和现状（续）》，《大学图书馆学报》1990 年第 5 期。

张树华：《北京近代图书馆的产生、发展和现状（六）》，《大学图书馆学报》1990 年第 6 期。

张喜梅：《胡适与近代图书馆》，《图书馆工作与研究》2009 年第 5 期。

张雪梅：《试论孙毓修对中国近代图书馆学的贡献》，《图书馆》2009 年第 2 期。

张雅男：《宗教对我国古代和近代图书馆的影响》，《图书馆工作与研究》2011 年第 6 期。

张研：《中国近代图书馆的读者服务工作探析》，《图书馆理论与实践》2009 年第 4 期。

张研：《中国近代图书馆时代特征之探析》，《图书馆理论与实践》2010 年第 6 期。

张志伟：《中国近代图书馆目录初探》，《图书与情报》1991 年第 1 期。

赵玲：《张元济的图书馆学思想与实践》，《图书情报工作》2005 年第 10 期。

赵彦龙:《中国古近代图书馆发展差异的历史分析——兼评〈从藏书楼到图书馆〉》,《图书馆工作与研究》1999年第2期。

郑永田、庞弘燊:《吴稌年与近代图书馆史研究》,《图书馆》2012年第1期。

周红:《教育救国思想与中国近代图书馆的产生》,《图书馆理论与实践》2005年第5期。

周红、张彩霞:《走向平民——中国近代图书馆的平民化历程》,《图书馆理论与实践》2009年第3期。

周家华:《20世纪前半叶北京大学图书馆的出版活动》,《中国出版》2010年第4期。

周庆、项玉兰:《从启蒙、萌发到诞生——论我国近代图书馆的建立过程及西方图书馆思想的影响》,《图书馆理论与实践》2012年第7期。

朱强、王波、范凡等:《北京大学图书馆的历史、现状与展望》,《大学图书馆学报》2012年第6期。

Liao J., "Chinese-American alliances: American professionalization and the rise of the modern Chinese library system in the 1920s and 1930s", *Library & Information History*, Vol. 25, No. 1, 2009.

Liao J., "The contributions of nineteenth-century Christian missionaries to Chinese library reform", *Libraries & the Cultural Record*, Vol. 41, No. 3, 2006.

Liao J., "The genesis of the modern academic library in China: Western influences and the Chinese response", *Libraries & Culture*, Vol. 39, No. 2, 2004.

Sturgeon R. L., "Preserving the past, preparing for the future: Modern Chinese libraries and librarianship, 1898 – 2000s", *World Libraries*, Vol. 14, No. 1, 2012.

Tsay M., "The influence of the American Library Association on modern

Chinese librarianship, 1924 to 1949", *Asian Libraries*, Vol. 8, No. 8, 1999.

Wen C. H., "The impact of American librarianship on Chinese librarianship in modern times (1840 – 1949)", *Libraries & Culture*, 1991.

Zheng J., Deng C. Y., Cheng S. M., et al, "The queen of the modern library movement in China: Mary Elizabeth Wood", *Library Review*, Vol. 59, No. 5, 2010.

后　　记

　　2015年12月，由本人主持的国家社科基金重大项目"清末民国时期图书馆事业档案整理与研究"（项目编号：15ZDB128）获得立项。项目共设五个子课题，本人作为首席专家担任其一，另外四位子课题负责人分别为：周耀林教授、任家乐研究员、董粉和教授、马振犊研究馆员。项目主要参与者包括：袁莉教授、王嘉陵研究馆员、王阿陶副研究馆员、华礼娴副研究馆员、刘裴裴副研究馆员、范炜副教授、赵跃副教授、彭敏惠副教授、黎飞助理研究员、胡康林讲师、刘小娟副研究员、唐艳助理研究员、刘春玉副教授、秦慧研究馆员等。研究团队历时六年，制定详细的研究计划，统筹推进清末民国时期图书馆事业档案的全面普查、收集整理、编纂出版和专题化研究，形成了系列文献资料汇编、系列学术论文和学术专著等成果。项目已经圆满完成任务，并于2022年8月以优秀等级获批结项，呈现在读者面前的这本《清末民国时期图书馆事业档案及其利用研究》即是该项目系列研究成果之一。

　　在项目研究过程中，研究团队首先对清末民国时期图书馆事业档案进行了全面的普查、收集与整理工作，编纂近代图书馆档案汇编、民国时期图书馆学家学术文集以及图书馆档案指南等。目前已出版的成果包括《近代图书馆档案汇编》（第一辑，私立武昌文华图书馆学专科学校档案，全4册，国家图书馆出版社，2021年）、《近代图书馆档案汇编》（第二辑，国立罗斯福图书馆档案，全12册，国家图书馆出版社，2021年)、《近代图书馆档案汇编》（第三辑，景堂图书馆档案，全12册，国家图书馆出版社，2022年)、《民国时期图书馆学家学术文选》（全9册，国家图书馆出版社，2019年）和《图书集刊》（共2册，巴蜀书社，2020年）等，为深化图书馆史研究奠定了坚实的史料基础。

其次，研究团队利用收集整理的图书馆事业档案，不断推动近代图书馆史的再研究、再书写，目前已发表学术论文近30篇，包括CSSCI、SSCI来源期刊论文18篇、人大复印报刊资料转载1篇。主要利用档案材料就如何重新书写图书馆史，围绕图书馆协会、图书馆学教育、基层图书馆管理与运行、儿童图书馆和地区图书馆等主题展开，进一步深化了近代图书馆史一些关键领域的研究，代表性论文如下表所示。

序号	成果名称	作　者	发表刊物、年份和期数
1	近代中国图书馆职业化与社会变迁的互动关系研究	姚乐野，胡康林	中国图书馆学报，2023（6）CSSCI
2	图书馆史书写中的"大历史"和"小历史"——以清末民国时期图书馆事业档案为视角	姚乐野，刘春玉，任家乐	中国图书馆学报，2018（2）CSSCI，人大复印报刊资料《图书馆学情报学》2018年第7期全文转载
3	全面抗战时期重庆图书馆事业的危机应对	姚乐野，黎飞	重庆大学学报（社会科学版），2020（6）CSSCI
4	文华图专儿童图书馆专业教育的兴起、发展与历史贡献	华礼娴，姚乐野	国家图书馆学刊，2022（4）CSSCI
5	我国近代第一个图书馆专业协会成立经过及深远影响	王阿陶，姚乐野	图书馆建设，2021（1）CSSCI
6	中华图书馆协会请庚款用于图书馆事业发展史实考	王阿陶，姚乐野	高校图书馆工作，2020（2）

续表

序号	成果名称	作者	发表刊物、年份和期数
7	1898—1937年儿童社会教育与儿童图书馆的互动	华礼娴，姚乐野	图书馆建设，2017（3）CSSCI
8	民国时期中学图书馆研究与实践述略	任家乐，姚乐野	国家图书馆学刊，2016（1）CSSCI
9	民国时期图书馆学函授教育研究	任家乐，姚乐野	大学图书馆学报，2016（1）CSSCI
10	"中国开放档案共享平台"历史档案共享调查研究	姚乐野，丁琳玲	兰台世界，2017（4）
11	1918—1937年巡回文库的图书选择：阅读导向与读者需求	唐艳，姚乐野	图书馆建设，2016（4）CSSCI
12	Educating Peasants: The Beibei Public Library in Light of Rural Reconstruction, 1928 - 1950	Ren Jiale, Yao Leye and Liu Chunyu	International Journal of Libraries and Information Studies, 2019, 69（2）, SSCI
13	民国初期及中期图书馆职业化的发展与表现（1912—1937）	任家乐，刘春玉	大学图书馆学报，2018（4）CSSCI
14	现代视野下省级图书馆职能演变及定位	何光伦，王嘉陵	中国图书馆学报，2019（2）CSSCI
15	民国最后的图书馆协会：重庆市图书馆协会研究	黎飞	图书馆建设，2021（1）CSSCI

续表

序号	成果名称	作者	发表刊物、年份和期数
16	民国时期的图书馆协会及其活动编年	黎飞	图书馆建设，2020（2）CSSCI
17	民族文化交流交融下的近代西康图书馆体系建设	刘小娟	民族学刊，2021（11）CSSCI
18	民国时期北碚图书馆人员选聘与管理探析	刘小娟	中华文化论坛，2021（6）北大核心
19	近代四川地区图书馆社团考	王阿陶	中华文化论坛，2020（4）北大核心
20	论《文华图书馆学专科学校季刊》的学术视角及深远影响	周耀林，周迪	档案学研究，2018（4）CSSCI
21	我国档案教育初创时的难关与突破——以毛坤的《档案经营法》为视角	彭敏惠	图书馆论坛，2017（9）CSSCI
22	民国时期阅读推广史料分析	唐艳	国家图书馆学刊，2018（3）CSSCI
23	民国时期四川县级通俗图书馆发展研究——以四川营山县晋康图书馆为例	秦慧	高校图书馆工作，2021（2）
24	民国四川县级通俗图书馆长群体研究	秦慧	四川图书馆学报，2021（6）
25	基于博硕士学位论文的中国近代图书馆研究进展	宋美锦，胡康林	四川图书馆学报，2023（6）

本书是项目的研究成果之一，由姚乐野负责拟定提纲、修改和统

稿等工作，具体各章节分工如下：绪论由姚乐野撰写，第一章由姚乐野、胡康林撰写，第二章由姚乐野、赵跃撰写，第三章由刘春玉撰写，第四章由刘小娟撰写，第五章由华礼娴撰写，第六章由黎飞撰写，第七章由任家乐撰写，第八章由王阿陶撰写，第九章由刘裴裴撰写，第十章由唐艳撰写，后记由姚乐野撰写。

本书以清末民国时期图书馆事业档案及其利用为研究对象，对清末民国时期图书馆事业及其档案概况、图书馆的管理与运行，以及图书馆事业与图书馆教育、图书馆协会、图书馆职业化、阅读推广等领域的互动关系等进行了深入探讨和研究，在研究中形成了如下重要观点：

首先，从清末到民国时期是中国传统藏书楼衰落，近代图书馆兴起和发展的重要历史阶段，其间跨越不同的历史时期，图书馆事业的兴衰演变呈现出明显的复杂性、阶段性特点。清末，伴随着中国社会性质的演变，西学东渐、传教士接踵东来、社会变革跌宕起伏，西方图书馆思想开始传入中国，与中国传统的藏书理念相互碰撞与融合。在这一过程中，中国传统官方藏书楼、书院藏书楼、私家藏书楼等逐步向公共图书馆、学校图书馆、私立图书馆等演变。民国时期，随着国立图书馆、省立图书馆、县立图书馆、大学图书馆（含教会大学图书馆）的大量出现，以武昌文华图书馆学专科学校为代表的专门图书馆学教育机构的创设，以中华图书馆协会为代表的图书馆协会（学会）等专业学术社团的产生与发展，中国传统目录学、校雠学、版本学与西方图书馆学交汇合流，逐步形成与国情相结合的中国图书馆本土化发展道路。在传统文化和西方图书馆思想的双重影响下，我国近代图书馆蓬勃兴起与发展。因此，无论是在图书馆发展史的阶段性上，还是在图书馆事业本身的实践方面，近代图书馆史都是一个非常值得研究的重点领域。然而，长期以来，学界对近代图书馆史的研究主要依据的资料为当时的报刊、著作、论文等公开出版的文献，极少利用档案开展相关研究，使得近代图书馆史上的一些重要领域和关键问题未能得到系统而深入的研究。究其原因，一方面，与近代图书馆史有关的档案的史料价值尚未引起图书馆史研究者的充分重视；另一方面，这些档案分散保存在我国各级各类档案馆，未经系统揭示、整理和编研，对研究者来说，客观上存在查找和获取的困难。

其次，档案是个人、社会和国家在发展的过程中留下的历史记忆，具有原始性、真实性，储存着形式多样、内容丰富的历史信息。因此，档案被认为是历史研究的一手资料，是推动历史研究向纵深维度发展的基础。近代以降，档案资料汗牛充栋、浩如烟海，为近现代历史研究提供了优越的条件。对于图书馆史的研究而言，档案资料尤为重要。这是由于档案材料是原始的，未经创作的第一手材料，研究者不易受到前人思维惯性的影响，往往会有新的发现。而图书馆本身又是与政府联系非常紧密的行业，因此档案材料对于这方面的研究价值是不言而喻的。因此，近代图书馆档案是当时图书馆事业发展的原始记录，是研究该时期图书馆史最为真实可靠的第一手资料，对于更为深入系统的揭示和书写该时期图书馆史具有重要的参考价值与支撑作用。收集、整理和利用近代图书馆档案，编纂和出版相关专题档案汇编、建设专题档案数据库，为深化近代图书馆史研究提供史料基础与辅助条件，是一项惠及学界的大型基础性文献保障工程，具有重要的理论意义、应用价值与社会意义。需要指出的是，近代图书馆档案体量庞大且分散各地，需要图书馆学界、各档案馆、出版社通力合作、持之以恒，久久为功，不断推出新的专题档案编研成果。

再次，中国图书馆事业有悠久的历史渊源，与图书馆学相关的图书分类学、文献目录学、校雠学、藏书思想等古已有之，但图书馆学成为专门之学科，图书馆业成为专门之职业，图书馆人形成职业认同，以及图书馆社会服务理念的确立，均始自20世纪初。1920年武昌文华大学图书科的创立开启了中国图书馆学现代化的百年历程，现代图书馆学在中国经历了从无到有、从小到大，从蹒跚学步到屹立于人文社会科学众多学科之林的艰难而曲折的发展过程。百年的现代中国图书馆学发展史可以明显地分为两阶段,即新中国成立前的三十年,是现代图书馆学学科形成和初步发展的阶段;新中国成立后的七十年,是现代图书馆学快速发展和走向成熟的阶段。民国时期,中国图书馆学人在吸收西方图书馆学理论的基础上,融入中国传统文献学思想,提出了建设"中国的图书馆学"的思想,并在实践中逐渐探索出一条适合中国国情的图书馆学发展之路。在这一过程中,图书馆界及相关学科学者发表了大量有关图书馆学学术论文与档案文献。对民国时期图书馆文献资源的收集整理、系统研究和编辑出版是一件十分有意义的学术传承活动,其学术价值大致体现在以下几方面:一是有助于全面梳理20世纪上半叶中国图书馆学术发展史,厘清这一时期现代图书馆学本土化、学科化和职业化发展进程中的一系列若干重大问题,深化近代图书馆史的研究。二是有助于"辨章学术,考镜源流",系统总结近代图书馆学家的图书馆学思想、理论、学术流派及其对学科发展的贡献,同时,探究这一时期历史环境、社会思潮、图书馆事业发展对图书馆学家产生的重要影响。三是有助于图书馆学的学术传承与创新发展。当代中国的图书馆学是历史上图书馆学的继承与发展,客观分析近代图书馆学的学术演变、主要成就与存在问题,对正确认识图书馆学的发展规律,推进当代中国图书馆学的创新发展具有重要的学术价值和时代意义。

本书通过清末民国时期图书馆事业档案概况分析、整理与揭示,为海内外学者提供了可利用的图书馆档案文献查询指南,夯实了近代基层图书馆管理与运行、图书馆学教育、图书馆社团等领域深入研究的文献基础。利用挖掘整理的清末民国时期图书馆事业档案,并与其他相关文献互相补充、互相印证,弥补了清末民国时期图书馆事业研究的薄弱环节,从图书馆的管理与运行、图书馆与社会的互动关系,对民国时期国立、省市立、基层和儿童图书馆,以及图书馆学教育、阅读推广、学会(协会)和女性馆员等方面进行专题研究,为近代图书馆史、文化史和教育史等方面的研究提供了重要的原创性成果,为当代图书馆事业的发展、书香社会的建设和全民阅读推广等工作的开展提供了历史借鉴。

清末民国时期图书馆事业档案的整理是一项系统工程，近代图书馆史的书写更需要久久为功和持续深耕。尽管研究团队通过六年的努力，产生了一批阶段性成果，并连续举办了两届"地方文献与图书馆史研究学术研讨会"，在学界同行和图书馆等实践部门产生了一定的影响，但由于研究团队时间精力、档案文献获取等限制，研究尚存在一定的不足。如在档案整理与研究方面，清末民国时期图书馆事业档案广泛分布在各级各类档案馆、图书馆等机构，档案总体数量庞大、价值非凡。但由于这些档案分布广泛，规范化整理与开放程度不一，以及时间精力等因素的影响，研究团队对民国时期图书馆档案的揭示和研究比较充分，而对清末图书馆事业档案的研究相对不足；同时，对北京、天津等地区图书馆事业档案的整理与研究不够系统和全面。在利用档案开展图书馆史研究方面。近代图书馆史的书写是一项系统工程，课题利用档案对不同类型不同层次图书馆的管理与运行、图书馆事业发展各要素之间的互动关系等进行研究，重点从国立罗斯福图书馆、四川地区基层图书馆和全面抗战时期重庆地区图书馆、儿童图书馆，以及图书馆学教育、图书馆协会和图书馆阅读推广等方面开展了系列专题研究。但对于这一历史阶段的不同类型、不同地区和不同时期的图书馆研究还存在不足，诸如清末教会图书馆、清末私人藏书楼、民国时期学校图书馆等方面的研究还有待加强。在未来的研究中，一方面研究团队将持续推进更多地区的近代图书馆事业档案的收集、整理和研究，加强与档案界、图书馆界、出版界的合作，编纂和出版近代图书馆事业档案汇编，为深化近代图书馆史的研究奠定更加坚实的文献基础。另一方面，持续推进挖掘民国时期图书馆事业档案的史料价值，加强档案资料在图书馆史研究中的利用；加强不同阶段、不同地区图书馆事业发展史的研究，拓展图书馆学人群体、图书馆界的国际交流等方面的专题史研究，以期为近代图书馆史研究做出更大的贡献。本书存在的不足之处，恳请各位读者批评指正！

  本书的出版，首先，要感谢全国哲学社会科学工作办公室为本课题提供的研究经费支持；其次，要感谢中国第二历史档案馆、四川省档案馆、重庆市档案馆等各级各类档案馆，以及图书馆部门的支持和帮助；最后，要感谢中国社会科学出版社社长赵剑英先生、责任编辑张潜博士为本书出版付出的辛勤劳动。

姚乐野

2023 年 12 月于四川大学